KB192605

임진왜란과 조선 그리스도교 전사(前史)

임진왜란과
조선 그리스도교 전사(前史)

박 형 무

경인문화사

　오래도록 공부하고 정리해 두었던 토막들을 하나로 묶어 보았다. 우리나라 천주교사를 공부하면서, 이따금 언급되는 임진왜란에 대해 깊은 관심을 갖게 되었고, 더불어 왜란 당시 남해안에 남겨진 왜성에 대해서도 주목하게 되었다. 임진왜란과 그리스도교의 연결고리는 나의 관심의 영역을 일본 교회사로 넓혔고 나아가 중국 교회사, 그리고 그리스도교의 동방 전교로까지 확대해 갔다.

　그동안 공부하고 정리해 둔 것들을 한 권의 책으로 묶고 제목은『임진왜란과 조선 그리스도교 전사(前史)』라고 붙여보았다. 좀 과하다고 느껴지기는 했으나 그리스도교가 임진왜란을 통해 조선으로 유입된 것이 거의 확실하다는 판단으로 그렇게 붙여본 것이다.

　여러 저명한 연구자들이 기록한 자료들을 찾아 읽고 정리해 두었던 것들을 묶은 것 외엔 새롭게 발견한 것들이 없으니 이것이 나의 한계일 것이다. 애초부터 한계를 자각했고, 새로운 발굴은 나의 역량을 띄어 넘는 것임에도 자료수집에 최선을 다했다. 수차례 일본을 건너가 관계되는 지역 탐방과 관련 서적들을 구입했고, 임진왜란과 관련된 우리나라 남해안 지역을 시간 나는 대로 찾아다니며 당시의 상황들을 채록했다.

　임진왜란이라는 역사적 불행이 이 땅에 천주 신앙이 전래되는 계기가 되고 나아가 전교로까지 발전되었다지만 임진왜란은 우리의 이해관계와는 무관하게, 일본의 일방적인 침략과 약탈과 살육의 전쟁이었기에 이 논제는 우리의 관점에서는 '악함의 극치'에서 종교라는 '선함의 정점'의 뿌리를 찾는 역설을 안고 있다. 그리고 신앙의 관점에서 임진 왜란을 관찰해 볼 때 신앙 전래의 주체인 일본을 중심에 두고 기술할 수밖에 없는 상황이므로 임진왜란에 대한 우리의 기본적인 생각과는 배치(背馳)되고 오해를 살 우려도 없지 않다. 아무리 종교적인 관점에서 본다고 하더라도 조선을 침략하고 수많은 무고한 사람들을 살육한 그 잔인한 행위들이 종교라는 선함으로 가려지지는 않을 것이다.

아무튼 역사적 사실들을 좀 더 객관적으로 보고 정리함으로써 그동 안 우리로서는 불편하게 느껴져 왔던 임진왜란과 이후의 시간 속에서 펼쳐졌던 일본을 통한 조선과 조선인에 대한 그리스도교의 전래에 대 해 좀 더 자세하게 알아보고자 했다. 그리고 이국(異國)에서 천주 신앙 을 받아들여 처음으로 교회를 세우고, 믿음을 지키기 위해 엄청난 박해 를 견디고, 궁극에는 순교로 나아간 우리 조선인 신앙 선조들을 돌이켜 보고자 했다.

이 책이 나오기까지 저의 부족함을 메워주신 한국교회사연구소 조 한건 프란치스코 소장 신부님, 한국 순교복자수녀회 박양자 바르바라 수녀님, 항상 저를 신앙의 바른길로 나아가도록 이끌어주시는 홍상표 바오로 신부님, 일본어 서적들을 번역해준 사촌 동생 신혜숙 세실리아 한국 외국어대 교수께 감사를 드린다.

끝으로 항상 곁에서 버팀목이 되어준 아내 정미경 글라라에게 감사 를 표한다.

2021년   성모성월에
박형무   프란치스코

추천의 글

임진왜란, 7년 전쟁, 조선시대를 전반기와 후반기로 나누는 큰 기점이 되는 사건입니다. 우리는 임진왜란이라 하면 충무공 이순신을 제일 먼저 떠올립니다. 왜군을 격퇴한 이순신을 영웅으로 받들어 일본과의 전쟁에서 결코 패배하지 않았음을 얘기하고 싶어서일 것입니다. 그러나 남해에 남겨진 왜성과 당시에 군종으로 한반도에 입국했던 예수회 선교사 세스페데스 신부는 잘 주목하지 않습니다.

이 책을 쓰기 위해 수년간, 아니 그 이상 남해의 왜성과 세스페데스 신부의 서한을 추적하고 답사한 박형무 선생님은 역사학 전공자가 아니라 평생을 의사와 의학교수로 살아온 분이십니다. 역사학계의 넓은 학문 세계에서는 때때로 강호의 고수보다 재야의 숨은 학자들이 더 날카로운 매의 눈과 특별한 시선을 가지고 한 지점의 역사를 예리하게 잡아내기도 합니다. 결코 간단치 않은 분량의 책이지만 저자의 수년간 노력, 정성과 관심이 들어가 있음을 미리 감안하고 읽어보신다면 훨씬 더 흥미롭고 쉽게 책장을 넘길 수 있을 것입니다. 그리고 무엇보다 왜성과 관련된 이야기들은 이 책의 저자가 직접 보고 들으며 밝힌 생생한 경험들이 반영되기 때문에 현장성이 느껴질 것입니다.

박형무 선생님은 예전에도 한국교회 관련 자료인 『자책』이라는 한글 필사본을 윤문하여 내놓은 바가 있습니다. 천주교 박해에서 배교한 후 유배 생활을 하면서 스스로 자책하며 남긴 글을 어느 수녀님의 권고로 2년여간 한줄 한줄 묵상하며 현대어로 옮기기도 했습니다. "부월(斧鉞)에 죽는 이는 잠시 치명(致命)이어니와, 은수(隱修) 고수자(苦修者)의 공부는 일생의 치명이라." 신앙을 위해 순교(殉敎)한다는 것이 어찌 쉬운 일이겠습니까? 하지만 배교하고 나서 다시 신앙의 삶으로 돌아가는 과정 역시 평생의 순교라고 말하고 있습니다. 박 선생님은 그러한 아름다운 회개의 글을 긴 시간 음미하고 윤문하며 묵상을 했습니다.

무엇보다 저자인 박형무 선생님은 제가 근무하고 있는 한국교회사연구소 동인회의 감사를 오랫동안 맡고 계십니다. 한국 교회사에 관심을 갖고 계시는 평신도 연구자의 모임에서 회장단의 일원으로 계시면서 함께 연구하며 봉사도 하고 계십니다. 그동안 일본 교회사와 한국 교회사 공부에 갈고 닦은 실력과 수십 년간의 답사의 결과를 이 책에서 만나게 될 것입니다. 박 선생님은 이 책을 통해 학문적인 결과를 기대하기보다는 흥미롭게 읽어가며 교회사에 대한 관심을 갖고 더욱 연구하도록 요구하실 것입니다. 즉 이번 책은 학술서적이라기보다는 답사기와 수필 형식으로 이루어진 편안한 글이라는 뜻입니다. 이 책을 통해서 임진왜란을 새롭게 바라보고 이 땅에 천주교가 본격적으로 들어오기 전에 어떠한 흥미로운 일이 있었는지를 들어보시면 좋겠습니다.

다시 한 번 이렇게 편히 앉아 긴 답사와 고된 추적 이야기를 보고 읽을 수 있도록 해주심에 감사드립니다.

한국교회사연구소 소장
조한건 신부

차 례

제1부 일본 천주교회사 속의 임진왜란

제2부 임진왜란과 천주교 전래

제3부 조선인 순교자와 증거자

순천왜성과 고니시 유키나가(小西行長)

그동안 순천(順天)을 몇 차례 가볼 기회가 있었다. 처음 순천에 가본 것은 여름철이었는데 비 내리는 순천만(順天灣)의 갈대와 만의 끝자락에 놓인 나지막한 용산(龍山), 그리고 배를 타고 바라본 순천만의 풍광은 너무나도 아름다웠다. 그러나 비도 오고 시간에도 쫓겨 다음에 오면 꼭 충분한 시간을 갖고 오래도록 즐겨보리라 마음먹었다.

순천에 두 번째로 가게 된 것은 어느 봄날이었다. 그러나 만을 꽉 채웠던 갈대는 겨울에 모두 잘려 늦가을 농사를 끝낸 들판처럼 그저 허허롭게 던져져 있었다. 기대한 만큼 실망의 폭도 깊었다. 그날 내 순천의 나머지 여정은 꼭 한번 봐 두어야겠다고 벼르던 일본 왜성(倭城)으로 정했다. 왜성에 관해 순천시청에서 설명을 해주시는 분이 올 수 있다고 해 M교수와 둘이서 가보기로 했다.

그날 순천왜성은 나에게 하나의 경이로움으로 다가왔다. 우리나라 한구석에 일본의 왜성이 실제로 존재하다니! 바닷물을 끌어들여 만든 해자(垓字)의 흔적과 남겨진 왜성의 돌더미에서 임진왜란과 정유재란의 옛이야기가 굽이굽이 흘러나오는 듯했다. 일부만 남아있는 석축성벽은 일본 성(城)의 정형대로 비스듬히 기울어져 축조되어 있었고, 복원된 성벽은 높고 두꺼워 내가 느낀 첫 인상은 사뭇 압도적이었다. 꼭대기의 본성 -이를 본환(本丸)이라 함- 은 널찍한 운동장을 연상케 했는데 본환의 한

순천왜성(順天倭城).

쪽 끝에는 두 단으로 만들어진 돌계단 위에 천수각(天守閣)대 만이 하늘로 향해 우뚝 솟아오르는 듯 남겨져 있었다. 언젠가 보았던 봄날의 벚꽃이 피어 흐드러진 도요토미 히데요시(豊臣秀吉)의 화려한 오사카성(大阪城)이 겹쳐졌다.

　순천 방문은 나에게 우리나라에 남아있는 왜성을 공부하는 계기가 되었다. 왜성에 관해 공부를 해가면서 내가 우리 역사에 무지했음을 알게 되었다. 일본에는 오사카를 중심으로 '왜성연구회'가 조직되어 있다 한다. 그 회원들은 '한국의 왜성은 일본 성의 중요한 화석'이라는 인식 아래 한국에 와서 왜성 현지를 샅샅이 답사했고 모든 왜성의 지도와 평면도를 작성해, 이미 『한국의 왜성과 임진왜란』 등 왜성에 관해 완벽히 정리된 서적 5권을 출간했다고 한다.

　그날 시청에서 나온 여직원이 '순천왜성에서의 전투'에 대해 나름대

정왜기공도권(征倭紀功圖卷) 명나라 수군 도독 진린을 수행한 종군화가에 의해 그려진 것으로 추정되며 임진왜란 7년 중에 남겨진 유일한 기록화라는 점에서 사료적 가치가 매우 크다. 폭 30cm, 길이 65cm의 두루마리 채색화로 등장인물은 4,400명(조·명 연합군 2,330명: 조선군 113명, 일본군 2,070명) 선박 235척(조·명 연합군 136척: 조선군 9척, 일본군 99척)이 그려져 있어 정유재란 최대 규모의 전투인 왜교성 전투가 세밀히 묘사되어 있다.

로 자세히 설명해주며, 며칠 후 열리는 순천대학교 주최 <임진왜란 7주갑 기념 전국학술대회>의 책자에 정유재란과 순천왜교성 전투에 관해 보다 자세히 설명되어 있을 것이라 하여 책을 부탁하고 헤어졌다.

순천왜성은 순천만 신성포(新城浦)의 바닷가 나지막한 구릉 위에 위치하고 있었는데 성문 앞 해자 위에 일본식 목조다리가 놓여 있었다하여 왜교성(倭橋城) 혹은 예교성(曳橋城)이라고도 불렸다. 도요토미 히데요시의 조선 재침 명령에 따라 정유재란에 출병한 고니시 유키나가(小西行長)에 의해 1957년 9월에 착공돼 만3개월 만에 축성되었으며 남해안에 남겨진 약 31개의 왜성 중 가장 서쪽에 위치하고 있다. 임진왜란 당시 마지막 전투가 있었던 곳이며 전라도 지역에 남아 있는 유일한 왜성이다.

고니시는 정유재란 초기에 부산포왜성에서 장기간 주둔하다 7월 칠천량 해전에서의 승리로 제해권을 장악하면서 조선 수군의 위협이 제

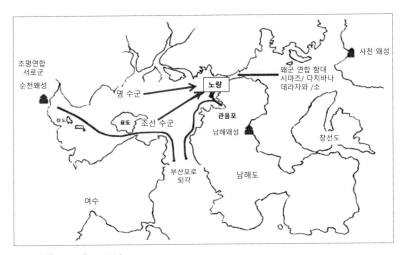

노량해전(露梁海戰) 1598년.

거되자 임진왜란 당시 철수했던 웅천왜성으로 재 입성했다. 이후 정유
재란 당시 총대장이었던 고바야카와 히데아키(小早川秀秋)가 군 주력을
좌·우군으로 재편할 때 좌군에 편성되었다. 그는 좌군대장 우키타 히데
이에(宇喜多秀家), 그리고 시마즈 요시히로(島津義弘) 등과 함께 고성·사
천·하동 등을 차례로 유린하고 구례에서 수군과 합류해 남원· 전주로
진격했다. 그러나 충청도 직산 전투에서 패한 후 정읍 회의에 의거[1],
한반도 남쪽으로 후퇴해 1597년 9월 경 순천 신성포에 왜성을 축조했
고 종전까지 약 1년간을 이곳에서 주둔했다.
　　1598년 히데요시의 사망으로 조선 철수가 결정되고 이를 간파한
조·명연합군은 사로 병진작전을 펼쳐 일본이 점령한 남해안 지역의 재

---

1) 1597년 9월 16일 직산 전투에서 조·명연합군에 패한 왜장들은 정읍에 모여 대
책을 강구했고, 여덟 곳에 왜성을 신축하기로 결정했다. 이때 신축된 왜성으로
는 동쪽으로부터 울산, 양산, 마산, 견내량, 고성, 사천, 남해 그리고 순천왜성
이 있다.

탈환에 나섰다. 그러나 중로군이 사천에서 대패하자 나머지 동·서로군도 적극적인 전투보다는 대치하는 상황을 보였고 낙동강 주변, 부산·울산 등의 왜군은 순조롭게 철수가 진행되었다.

그러나 서쪽 끝 순천왜성의 고니시만은 조·명연합군에 포위되어 근 2개월을 성 내에서 항거를 계속하고 있었다. 고니시는 명의 서로군 제독 유정(劉綖)과 수군 도독 진린(陳璘)과 협상하고 뇌물을 줘 퇴로를 보장받으려 했다. 아니 명확히 보장을 받았다.

"일본 관백(關白)이 죽었으니 순순히 조선에서 철수를 할 것입니다. 약속대로 뒤에서 공격하지 말기 바랍니다. 모든 수급과 군기를 두고 갈 테니 내가 성을 떠난 뒤에 입성해 취하도록 하시지오."

고니시는 대략 이런 내용의 서신과 함께 많은 뇌물을 보냈고 이에 명의 유정은 약속의 징표로 인질을 일본 측에 보냈다. 명으로서는 어차피 끝난 타국(他國)의 전쟁터에서 더 이상 자국 병사의 피를 흘리지 않겠다는 생각이었을 수도 있었다.

그러나 조선의 수군통제사 이순신은 일체 이에 응하지 않았다. 고립된 고니시는 사천의 시마즈(島津義弘)에게 지원을 요청했다. 지원에 나선 시마즈 이하, 다치바나(立花宗茂), 데라자와(寺澤廣高) 그리고 고니시의 사위인 남해왜성의 소(宗義智)가 이끄는 수군 함대는 창선도(昌善島)에 집결해, 1598년 11월 19일 노량(露梁)의 관음포(觀音浦) 앞바다에서 조선 수군과 마주치게 되고 명의 진린 도독이 이끄는 수군의 합세로 임진왜란 이후 최대의 해전이 벌어졌다. 이 해전에서 왜병은 반 이상 전사했고 왜선 500여 척 중 250여 척이 격침됐으며 100여 척이 포획돼 일본의 참패로 끝났다. 그러나 이 전투에서 통제사 이순신이 전사하게

된다. 11월 20일 고니시는 사천에서 지원 나온 시마즈와 함께 남은 50
척의 범선을 타고 순천왜성을 탈출해 여수해협과 부산포를 거쳐 일본
으로 철수한다.

이로써 전 왜군의 철수가 완료되고 7년의 전쟁은 막을 내리게 된다.
순천왜성은 전쟁을 끝맺는 시점에서 매우 중요한 위치를 점하고 있는
장소였다.

그날 나는 시청 여직원에게 임진왜란 당시 침략의 주역이었고 조·
명연합군에 포위돼 순천왜성에서 결사 항전을 했던 고니시에 대해 좀
다른 관점에서 말해줬다. 여직원은 처음 듣는 이야기라며 매우 흥미롭
다고 했다.

고니시 유키나가 아우구스티노 그는 누구인가. 어떠한 인물인가? 나
는 고니시에 대해서는 오래전부터 양가의 감정을 가지고 있다. 이러한
양가의 감정은 한편으로는 내가 한국인이라는 점에서 그리고 다른 한
편에서는 내가 천주교인이라는 점에서 느끼는 감정일 것이다. 7년의 전
쟁 중 참전한 많은 왜장 가운데 가장 선봉에 섰던 사람은 육상전에서는
고니시 유키나가와 가토 기요마사(加藤淸正), 해상전에서는 구키 요시타
카(九鬼嘉隆)로 우리는 이들을 소위 '왜란 원흉 3인방'으로 꼽고 있다.
이들은 모두 도요토미가 일본 전국을 통일할 때 가장 혁혁한 공을 세움
으로써 도요토미의 인정을 받고 출세한 충복(忠僕)들이다.

그러나 나의 개인적인 관점에서 보면 고니시에게는 좀 다른 일면이
있었다. 고니시는 철저한 기리시탄[2]이었다. 그의 세례명은 아우구스티

---

2) 기리시탄은 '그리스도교' 혹은 '그리스도교 신자'를 표현하는 역사적 호칭이다.
1549년 일본에 그리스도교(천주교)가 전해지면서부터 메이지 시대 초기 1873
년 그리스도교의 금지제도를 안내하는 방(高札)이 철거될 때까지 당시 포르투
갈어 'Cristao'를 일본어로 '기리시탄'이라고 표기했기 때문이다. 이 용어는 막

노였다. 내가 읽은 어느 글에서는 그가 어쩔 수 없이 전쟁에 참여했으며 전쟁으로 인해 하느님의 구원을 받지 못하게 될 것을 무척 염려했다고 한다. 그는 딸 소서 마리아를 쓰시마(對馬島) 후추(府中 현 이즈하라 嚴原) 번의 초대 번주 즉, 대마도 영주 소 요시토시에게 시집보냈다. 사위 소는 교토에서 다리오(Dario)라는 세례명으로 천주교에 입교했다. 임진왜란 당시 장인 고니시와 사위 소는 조선 침략의 선봉장으로, 그리고 길잡이로 왜군의 최일선에 서서 출진(出陣)하게 된다.

전쟁이 소강상태에 들어선 임진란 이듬해 고니시는 조선에 파병되었던 기리시탄 다이묘(大名)와 일본의 천주교 병사들을 위해 일본 부관구장에게 신부의 파견을 요청하게 되는데, 1593년 12월 외국인으로는 처음으로 스페인의 예수회 신부 세스페데스가 조선 땅을 밟게 된다. 그리고 경상도 웅천(熊川)에서 우리나라 최초의 미사(彌撒)가 받쳐지게 된다.

고니시는 임진왜란 중 명나라 심유경(沈惟敬)과의 화평교섭을 통해 가급적 전쟁을 빨리 끝내고자 했다. 그는 정적이었던 가토와는 달리 화의를 중시하여 명과의 강화조약에 적극적이었다. 후일 히데요시가 죽은 후 후계자의 권력 다툼 때 고니시는 문치파(文治派)인 이시다 미츠나리(石田三成)의 서군에 가담하여, 도쿠가와 이에야스(德川家康)의 동군에 맞서 분전했으나 세키가하라 전투에서 패하게 된다. 그는 할복할 것을 명받았으나 천주교의 규율에 따라 이를 거부하고 교토 로쿠죠(六條)강

부의 아시카가 요시테루(足利義輝) 장군이 1560년 가스파르 빌렐라 예수회 신부에게 준 포교허가장에 '기리자단(幾利紫旦)'이라는 글자로 처음 나타난다. 이후 기리시탄이라는 용어는 한자로 '切支丹(절지단:사지를 자른다)'으로 표기하나 일본의 천주교 박해시대에 박해자들은 천주교를 폄훼하여 귀리지단(鬼利支端), 귀리사탄(鬼利死炭), 귀리사탐(鬼理死貪) 등으로 표기했다.

변에서 참수(斬首)당해 생을 마감하게 된다.

불교 신자였던 가토와는 일생을 경쟁관계에 있었다. 가토는 세키가하라 전투에는 직접 참가하지는 않았으나 당시 동군으로 규슈에서 공을 세워 고니시의 영토를 차지하게 되고, 히고국 구마모토와 주위의 넓은 땅의 영주로 그리고 후일 용맹스러운 무사로서 일본인의 존경을 받는 영광을 누리게 된다.

고니시가 전쟁 중 거두었던 한 조선 소년 권 비센테는 우리나라 최초의 천주교 신자가 되고, 신학교에 입학해 조선의 두 번째 예수회의 선교사가 되었으며, 훗날 일본에서 순교해 복자위에 올랐다. 그리고 그의 조선인 양녀였던 오다 줄리아 역시 막부의 천주교 탄압으로 유배되어 여생을 유배지에서 보내며 삶을 마감했다. 일본에서는 매년 그녀의 추모제가 열리고 있다.

임진왜란 당시 조선인 약 5만 명이 포로로 잡혀갔으며 그들 중 일부가 천주교 신자가 되어 사명당(四溟堂)이 추진한 포로 귀환 때 조선으로 돌아오게 되고, 일본에 남겨졌던 조선인 신자 중 일부는 순교해서 복자의 반열에 오르게 된다.

임진왜란은 그 성격을 규정짓기가 쉽지 않은 전쟁이다. 16세기 말 동아시아 3국이 관여해 아시아를 뒤흔들었던 최대의 전쟁이었으나 한·중·일 3국은 모두 자기 국가 역사관의 범위 안에서 그 연구를 진행해 왔기 때문이다. 임진왜란이라는 전쟁의 거대한 소용돌이 속에서 필연코 많은 사람들의 강제적인 이동으로 인해 여러 분야에서 섞임과 교류가 이루어졌을 것이며 전통과 문화, 일상생활, 정신과 생각에서도 많은 변화가 일어났을 것이다.

임진왜란 중 종교적인 관점에서는 양국 간에 어떠한 변화가 있었을까? 일본의 유학은 불교의 승려였던 후지하라 세이카(藤原惺窩 1561~

1619)로부터 시작되는데 초기 일본 유학에 영향을 미쳤던 인물은 조선 통신사로 갔던 학봉(鶴峰) 김성일(金誠一), 그리고 정유재란 당시 포로였던 수은(睡隱) 강항(姜沆) 등 조선의 이퇴계(李退溪)학파였다. 아마도 임진왜란을 즈음해 조선의 유학 특히 퇴계 사상에 심화된 세이카는 궁국에는 일본의 퇴계학통을 만들게 된다. 조선의 유학이 일본에 전해지고 임진왜란 이후 도쿠가와 막부의 체제를 뒷받침한 하야시 라잔(林羅山 1583~1657)은 세이카의 제자이니 아무래도 일본 유학의 뿌리는 조선에 있다고 할 수 있을 것이며 임진왜란이 그 계기가 되었다고 할 수 있겠다.

그렇다면 역으로 임진왜란 직전 일본에서 만개한 그리스도교의 조선 전래의 가능성은 어떠한가? 위에서 간단하게 살펴본 바와 같이 비록 침략자이기는 하나 일본 천주교 왜장과 병사들의 조선 내 유입, 이로 인해 후속적으로 사목을 위한 신부의 조선 방문과 정착 및 조선 포로들과의 만남 그리고 이들의 천주교 개종, 이에 덧붙여 명나라에서의 예수회 신부 마테오 리치의 활동 등 왜란의 배경에는 종교의 전파라는 커다란 사건이 놓여있게 된다.

우리나라 천주교회의 탄생은 이승훈(李承勳)이 북경 북당의 그라몽 신부로부터 세례를 받고 돌아와 수표교(水標橋)에서 세례를 베풀어 공동체를 만든 1784년을 그 기원으로 삼고 있다. 그러나 일부에서는 '임진왜란 기원설'을 주장하고 있는데, 특히 스페인 예수회에 의해 이 같은 주장이 제기되고 있다. 이미 살펴본 바와 같이 임진왜란 때 조선으로 들어온 예수회 신부와 천주교 신자였던 왜군들에 의해 조선 천주교가 세워졌다는 주장이다. 조선을 침략했던 일본 천주교 대명과 병사들을 돌보기 위해 조선에 왔던 세스페데스 신부가 조선인들과 접촉해서 세례와 성사를 베풀 수가 있었을까? 그 가능성은 희박해 보인다. 스페인 예수회 신부 메디나는 이에 대해 다음과 같이 기술하고 있다.

> "세스페데스 신부는 조선인들에게 교리를 전파하려고 시도했다. 그러나 그것은 단지 생각에 불과한 것일 뿐 그의 바람은 이루어지지 않았다. 그 이유들 중 특기할만한 것은 조선인들은 가지고 갈수 있을 만큼의 식량만을 가지고 산 속으로 숨고 일본군들이 이용할 수 없게끔 논밭을 전부 태워 버렸기 때문이었다. 새로 잡혀 오는 조선군 포로들을 상대로 한 포교는 가능했을지 모르나 그런 상황에서 그들에게 다소나마 도움이 된 유일한 것은 세스페데스 신부의 친근한 보살핌과 한칸 수사의 의료 시술이 전부였다."

그렇다면 임진왜란 후 일본에서 세례를 받고 조선으로 돌아온 많은 조선인 포로 천주교 신자들은 고국으로 돌아와 신앙생활을 계속했을까? 이에 대한 국내 기록도 전혀 발견되지 않고 있어 그 가능성 또한 희박해 보인다. 비록 모든 증거가 희박하기는 하나 가능성을 열어두고 연구해봐야 할 남겨진 역사적 난제들이다.

제1부
일본 천주교회사 속의 임진왜란

제1장. 천주교의 한반도 전래설

우리나라는 1784년을 한국 천주교회가 창립된 해로 기념하고 있다. 1784년 2월 만천(蔓川) 이승훈(李承勳)[1]은 북경의 천주당, 북당(北堂)에서 예수회[2] 그라몽(Jean Joseph de Grammont 梁棟材 1736~1812) 신부로부터 '베드로'라는 세례명으로 세례성사를 받고 돌아왔다. 그러나 1784년을 한국 천주교회 전래의 시작 첫해로 기념하는 것은 단순히 이 역사적 사건을 기념해서가 아니다. 이승훈 이전에도 한국인으로 세례를 받은 사람이 있을 수도 있겠으나 이러한 사건을 계기로 이 땅에 신앙공동체가 설립되었다는 기록은 찾아볼 수 없다. 그러나 이승훈은 1784년 조선에서 그리스도교 신앙의 반석이 될 것이라는 의미에서 '베드로'로 세례를 받은 후 자신의 천주교 입교가 밑거름이 되어 초기 광암(曠菴) 이벽(李蘗)의 수표교(水標橋) 집과 명례방(明禮坊) 김범우(金範禹)의 집에서 세례성사와 신앙집회가 이루어지게 되었다. 이로 인해 한국 최초의 천주교 공동체인 수표교 공동체와 명례방 공동체가 탄생했고 이 공동체가 오늘날의 커다란 한국 천주교 공동체에까지 연연히 이어져 있기 때문에 1784년을 한국 천주교회 창립의 해로 기념하고 있는 것이다.

---

1) 이승훈(李承薰 1756~1801년). 인물 상세 정보 38쪽 참조.
2) 예수회 상세 정보 39쪽 참조.

최초의 조선인 세례자 만천(蔓川) 이승훈(李承薰 1756-1801). 황창배 作. 명동 주교좌 성당 소장.

우리나라의 천주교는 선교사의 도움 없이 평신도의 자발적인 노력에 의해 신앙의 진리를 발견하고, 교회 공동체가 시작되어 복음이 전파되고, 성직과 성사가 이루어지며 -이는 이후 독성죄에 해당된다는 사실을 알고 중단했지만-그럼에도 불구하고 순교에까지 이르는 열절한 신앙을 내보인, 세계 교회사에 그 유래가 없는 독특한 역사를 가지고 있다. 또한 성직자가 없음에도 교구로 설정된 유일한 나라라는 독특함을 보이고 있다.

이러한 큰 흐름에는 한국 천주교사를 연구하시는 모든 분들께서 대체로 수용하시고 계신 듯하다. 그러나 '천주교가 우리나라에 처음 알려진 것은 언제일까?'라는 약간은 다른 차원에서의 물음에 대해서는 많은 이견이 있는 듯하다.

여기에는 가깝게는 1779년 천진암 강학기원설, 영남의 홍유한(洪儒漢 1726~1785)설, 병자호란과 소현세자(1612~1645) 기원설, 허균(許筠 1569~1618)설, 그리고 임진왜란(1592~1598) 기원설 등이 있는 것 같다.

그중에서 임진왜란 기원설은 연대가 가장 오래 거슬러 올라가며, 더욱이 이웃 일본과 관련해서 관찰해야 할 복잡함을 가진 문제로 판단돼

명례방 공동체 한성 남부 11방의 하나인 명례방 장악원(掌樂院) 앞 한국 천주교회의 첫 순교자가 된 역관 김범우(金範禹) 토마스 집에서 이벽(李蘗)의 주도 아래 이루어진 신앙 공동체로 오늘날 명동 성당의 모체가 되었다. 명동 주교좌 성당 소장.

이에 대해 살펴보고자 했다. 이 책의 내용은 새로운 사실보다는 그동안 국내외에서 연구된 사실들을 종합하고 정리해 보았다.

- 천주교가 우리나라에 처음 소개되고 알려진 것은 언제일까?

조선 후기 순암(順菴) 안정복(安鼎福)[3]의 벽위론서(闢衛論書)인 『천학고(天學考)』에는 다음과 같이 언급되어 있다.

"천주교(西學) 서적은 이미 선조 말년에 이미 조선에 들어왔다. 고관이나 학자들 중에 이를 보지 않는 이가 없었으며, 그들은 제자

---

3) 안정복(安鼎福 1712~1791년). 인물 상세 정보 39쪽 참조..

(諸子)나 도교 또는 불교의 서적과 같이 여기고, 서재에 비치해 두고서 완상(玩賞)했다. 근래에 와서 한 선비가 사절을 따라서 연경(燕京)으로 건너가 책들을 구해가지고 왔다. 그리하여 계묘(癸卯)년과 갑진(甲辰)년 사이4)에 젊은이들 가운데 재기(才氣)가 있는 자들이 천학의 설(說)을 주장하니 마치 상제(上帝)가 친히 내려와 사자(使者)의 교시를 내린 것 같았다."

그러나 당시에 전해진 초보적인 책들로는 그 윤곽을 제재로 파악하기가 어려웠으므로 천주교를 신앙으로 받아들일 만큼 깊고 소상하게 알지 못했다고 하였다.

대한제국이 망하자 중국으로 망명한 박은식(朴殷植)5)은 1915년 근세에 일어났던 사건들을 종합해 태백광노(太白狂奴)6)란 필명으로 『한국통사(韓國痛史)』를 집필했다. 이 물음에 대해 그는 책에서 다음과 같이 답하고 있다.

"인조 때 사신 정두원(鄭斗源)7)이 중국에서 돌아올 때, 마테오 리치의 친구인 로드리게스(Rodriguez 陸若漢)8)가 기증한 치력연기(治曆緣起), 천문략(天文略), 마테오 리치의 천문서(利瑪竇天文書)와 자명종을 얻어와 임금께 올렸다. 또 서양 대포와 지도, 직방외기(職方外紀), 서양 풍속기 등을 전하니 이것이 우리나라에 서양 학문이 들어오게 된 효시였으나 포교 사실은 고찰할 수 없었다. 또한 효종 4년(1653) 네덜란드인 하멜(Hendrik Hamel 哈梅兒 1630~1692)이 제

---

4) 계묘(癸卯)년과 갑진(甲辰)년 사이는 1783년에서 1784년 사이를 말한다.
5) 박은식(朴殷植 1859~1925년). 인물 상세 정보 40쪽 참조.
6) '나라 잃은 미친 노예'라는 의미.
7) 정두원(鄭斗源 1581~ ?). 인물 상세 정보 40쪽 참조.
8) 로드리게스(Rodriguez 陸若漢 1559~1633년). 인물 상세 정보 40쪽 참조.

주에 표착해 14년간 체류했지만 포교 통상한 사실은 없고 천주교가 숙종 때 청나라에서 들어왔다는 말이 있으나 역시 확실치 않다."

또한 그는 여섯 째 장인 '대원군이 천주교를 엄금하고 신자를 학살함'에서 대원군의 천주교 박해에 관한 피의 역사는 배외 감정에서 나온 폭정이었으며 지금에 와서 보면 우리나라에서 천주교의 세력이 커진 것은 바로 그때 흘린 피의 대가라고 생각된다고 주장했다.

육당(六堂) 최남선(崔南善)이 1946년에 기술한 『조선상식문답(朝鮮常識問答』에서는 '기독교가 언제 어떻게 들어 왔는가'라는 물음에 대해서 다음과 같이 답하고 있다.

"기독교의 동방초전(東方初傳)은 당 태종 시대에 '경교(景敎)'라는 일파가 장안에 와서 개교했고 원의 시대에도 전파가 커서 '야리가온(也里可溫)', '가리가온'이란 이름으로 존재했다. 원과 고려와는 친밀한 사이였으니 생각해보면 이 경교가 고려 때에 어느 정도 전파되었을 법하나 그 증거를 찾을 수는 없다.

조선의 명종(明宗) 대에 기독교(경교가 아닌 오늘날의 천주교)가 일본으로 전해졌고 선조 시대 임진년에 침략한 왜군 중에 고니시 유키나가 이하 다수의 교인이 섞여 있었기 때문에 신부 중 한 사람인 그레고리오 세스페데스가 군대 위문을 위해 조선에 내왕한 일이 있었으나 조선인에게 미친 영향은 드러난 것이 없다. 임진왜란 때 포로로 잡혀갔던 사람이 일본 혹은 남양(南洋)에서 입교한 이가 많아 송환된 사람들 중에는 신자도 있었지만 그 이후는 알 수 없다. 임진왜란 말기에 이탈리아 신부 마테오 리치가 북경에 들어가 천주당을 세우고 크게 교의를 선전하니 그곳에서 간행한 도서와 선사받은 기물이 사신 편에 조선으로 전래되었다. 사대부 사이에서는 서교(西敎), 서학(西學)이라고 알려졌으나 그것이 신앙에까지 다다랐다는 흔적은 나타나지 않았다."

이어서 최남선은 천주(天主)에 대해서도 다음과 같이 기술하고 있다.

"천주(天主)란 말은 한문의 뜻으로 하느님이 되고 기독교의 신을 속(俗)의 하느님이라고 부르는 까닭에 보통 서어(西語)의 GOD나, 혹 그 종류의 말을 의역한 것으로 생각하는 이가 많지만 실상은 라틴어의 제우스(Zeus, 상제)를 의역한 말입니다. 다만 천주라는 글자를 고른 것은 음을 표시하는 동시에 뜻으로도 통하는 점을 취한 것입니다. 초기의 예수 교사가 제우스를 번역할 때에 천주의 글자를 생각한 것은 진실로 총명하기 짝이 없는 일로서 동양인의 도덕적 대상인 천제(天帝)를 연상시키는 '천주(天主)'란 말이 어떻게 우리들에게 친밀감을 줘서 이교에 대한 혐오감의 정도를 완화했는지 모릅니다. 더구나 하느님이라는 전통 신앙에서 자라난 조선인은 만인일반(萬人一般)으로 기독교의 '여호와'가 곧 우리의 '하느님'이지 별것이냐 하는 풍습이 있었던 것은 오로지 천주라는 번역어의 공입니다.

천주교는 광의로는 예수 계통의 모든 교파를 총칭하는 것이지만 보통은 '로마 가톨릭' 교파를 가리키는 이름입니다. 천주공교(天主公敎)라고 말함은 '가톨릭'을 공(公)이라고 번역한 어형(語形)이며 '로마'교, '라틴'교라 함은 희랍교회에 대한 이름이요, '서교회西敎會'라고 함은 희랍교를 동교회(東敎會)라고 부름에 대한 이름입니다."

- 서교(西敎): 구라파의 천주교와 이마두(利瑪竇)의 『천주실의(天主實義)』

조선 중기의 성리학자로 선조와 광해군 때 부연사행(赴燕使行)의 일원으로 세 차례에 걸쳐 북경을 다녀온 이수광(李睟光)[9]은 후일 348종의 도서를 각 부분별로 발췌하여 『지봉유설(芝峯類說)』을 편찬했다. 그는 이 책 속에서 마테오 리치의 『천주실의』를 소개했다.

또한 유몽인(柳夢寅)[10]은 조선 중기 명종에서 인조 때에 걸쳐 살았던 인물로서 그가 남긴 『어우야담(於于野談)』은 수필문학의 백미로 꼽히고 있는데 그의 이 책 속에 천주교에 관한 글이 실려 있다. 아마도 이 글에 나타난 사실이 1600년경 조선 양반들의 기독교에 관한 전반적인 이해의 수준이었으리라 생각해 여기 그 전문[11]을 소개해 본다.

"천축의 서쪽에 나라가 있어 '구라파(歐羅巴)'라고 하는데, 구라파란 그 지역 말로 '커다란 서쪽'이란 뜻이다. 그 나라에는 하나의 도(道)가 있어 '기례달(伎禮怛)'이라고 하는데, 그 지역 말로는 '하늘을 섬긴다.'는 뜻이다. 그 도는 유교도 불교도 선교도 아니고, 별도로 하나의 갈래를 세운 것이다. 무릇 마음을 다스리고 일을 행하는 데 있어 하늘의 뜻에 어그러지지 않아야 한다고 말한다. 그리하여 여러 나라에서는 각기 천존의 형상을 그려 놓고 받들어 섬기며, 석가와 노장 및 우리의 유교는 배척하여 마치 원수처럼 적대시한다. 우리의 도에 이르러서는 일컬어 기술한 바가 많지만 큰 뿌리는 현격히 다르고, 불교에 대해서는 윤회설을 심히 배척하지만 천당과 지옥은 있는 것으로 여긴다.

그곳 풍속은 혼인하는 것을 숭상하지 않고 평생토록 여색을 가까이하지 않는 사람을 택해 군장(君長)으로 삼고 '교화황(敎化皇 교황)'이라고 부른다. 천주의 뜻을 이어받아 가르침을 베풀고 세상을

9) 이수광(李睟光 1563~1628년). 인물 상세 정보 41쪽 참조.
10) 유몽인(柳夢寅 1559~1623년). 인물 상세 정보 41쪽 참조.
11) 박명희, 현혜경, 김충실, 신선희 역주. 『어우야담』 전통문화연구회, 2001년, 192~193쪽. ; 이희준. 『계서야담 어우야담』 명문당, 1993년, 254~255쪽.

깨우치는데, 세습하지 않고 현인(賢人)를 택해 세운다. 사사로운 집을 이루지 않고 오직 공무에만 힘쓰며, 또한 자녀 없이 오직 백성들을 자식으로 삼는다. 글은 대략 회회(回回)[12]와 같이 왼쪽에서부터 쓰며, 글자는 가로로 써가며 행을 이룬다. 그 선비는 친구 간의 사귐을 중히 여기고, 대다수가 천문과 별자리에 정통하다.

만력(萬曆) 연간에 이마두(利瑪竇 마테오 리치)라는 자가 있었는데, 구라파에서 태어나 팔만 리를 두루 다니다가 남쪽 오문(澳門 마카오)에서 10여 년을 머물렀다. 능히 천금의 재산을 모았는데 모두 다 버리고 중국에 들어가 여러 서적과 성현의 글을 두루 보고 계묘년(1603년, 선조 36년)에 책을 저술했는데, 상·하 2권 8편으로 이루어졌다.

첫 편에서는 천주가 처음으로 천지를 창조하고 주재하며 편안하게 길러 주는 도를 논했고, 제2편에서는 세상 사람들이 천주를 잘못 알고 있음을 논했다. 제3편에서는 사람의 영혼은 불멸하기 때문에 금수와는 크게 다르다는 점을 논했고, 제4편에서는 귀신과 인간의 영혼, 천하 만물을 일체라고 할 수 없는 것에 대해 논했고, 제5편에서는 육도(六道)의 세계를 윤회한다는 설의 그릇됨을 논변했다. 제6편에서는 하늘의 뜻은 멸할 수 없음을 해명하고, 천당·지옥과 선악의 보응(報應)을 풀이했으며, 제7편에서는 인성이 본디 선함을 논하고 천주가 바른 학문임을 서술했다. 제8편에서는 서구의 풍속을 모두 들고 전도하는 선비가 혼인하지 않는 이유를 논하고, 아울러 천주가 서쪽 땅에 내려와 탄생하고 머문 것에 대해 풀이했다.

제목을 『천주실의』라고 했는데, 천주는 상제(上帝)를 말하고, '실'이란 텅 비지 않은 것이니, 노장과 불교의 '공空'과 '무無'를 배척한 것이다. 그 끝 편에 다음과 같은 내용이 적혀 있다.

한(漢)나라 애제(哀帝) 원수(元壽) 2년(기원전 1년) 동지 후 3일에 그 나라의 동정녀에게 강림하여, 혼인하지도 않았는데 잉태해 남아

---

12) 회교권.

를 낳으니 이름을 '야소'(耶蘇 예수)라고 했다. 야소란 것은 세상을 구원한다는 뜻인데, 그가 스스로 종교를 세웠다. 한나라 명제 때에 이르러 서역에 신인(神人)이 있다는 말을 듣고 사신을 보냈는데, 길을 절반도 못가 독국에서 불경을 가지고 돌아와 성교, 유교를 그르치게 되었다.[13]

대개 이마두는 이인(異人)이다. 천하를 두루 보고서 이에「천하여지도(天下輿地圖)」[14]를 그리고, 각기 그 지역의 말로서 여러 나라에 이름을 붙였다. 중국은 천하의 중심에 있고, 구라파는 중국의 4분의 1보다 크며, 그 남쪽 지방은 매우 더운데 유독 그 곳만 가보지 못했다. 그러나 그 종교는 이미 행해져서(전파되어) 동남의 여러 오랑캐가 자못 존중하고 믿는다.

일본은 예로부터 석가를 숭배하고 섬겼는데, 기례달교(伎禮怛敎)의 교리가 일본에 들어오자 석가를 배척하니 요망한 것으로 여겼다. 불도가 된 자를 용납하지 않고 침을 뱉어 마치 진흙이나 찌꺼기처럼 여겼다. 전에 평행장(平行長)이 이 도를 존중했다고 하는데, 유독 우리나라에는 알려지지 않았다. 허균(許筠)이 중국에 이르러 그 지도와 게 12장을 얻어왔다. 그 말이 매우 이치가 있으나 천당과 지옥이 있다고 하며, 혼인하지 않는 것을 옳다고 여기니 어찌 그릇된 도를 끼고 세상을 미혹되게 하는 죄를 면할 수 있으리오?"

정조 때 안정복은 천주교 서적이 이미 선조 말년에 조선에 들어 왔고 많은 이들이 보았으나 초보적인 내용으로 인해 그 윤곽을 제대로 파악하지 못했다고 하였고, 최남선도 서학이라고 알려졌으나 신앙으로

---

13) '예수는 세상을 구제하면서 몸소 서역의 신인이라는 소문이 떠돌았다. 사신을 파견했더니 사신은 반도 채 못가서 인도로부터 불경을 얻어가지고 와 그것이 성교(聖敎)라고 잘못 전해진 일도 있다.'라는 의미이다.
14) 세계지도.

받아들일 만큼 깊고 소상하게 알지 못해 그것이 신앙에까지 다다랐다는 흔적은 나타나지 않았다고 했다. 천주교를 잘 알지 못해 종교로 받아들일 수가 없었다는 것이다.

그러나 이수광의 『지봉유설』이나 유몽인의 『어우야담』의 이러한 내용으로 보아 적어도 조선 중기에 양반 선비들은 천주교의 실체에 대해 완벽히 깨닫고 있었던 듯하다. 다만 천주교라는 새로운 종교가 조선에 전파되고, 이를 신앙할 것인가 하는 것이 문제였지, 천주교의 본질이 무엇인가 하는 단순히 앎이라는 관점에서 천주교를 이해하는 데는 아무런 문제가 없었던 것으로 보인다. '오히려 천당과 지옥이 있으며 혼인하지 않는 것을 옳다고 여기니 어찌 혹세무민의 죄를 면할 수 있으리오'라는 구절에서 보듯 당시 사람들의 생각으로 이 종교가 가지는 한계점을 생각하여 받아들이기 어렵지 않았을까 하는 생각이다. 따라서 이승훈이 북경의 천주당에서 세례를 받고 돌아옴으로써 공식적으로 한국 천주교회가 창립되기 전 적어도 양반층에서는 지식적인 앎의 형태로서의 천주교는 잘 이해되고 있었으리라는 것은 자명해 보인다.

예수회 신부였던 프란치스코 볼드리노(Francesco Boldrio) 신부가[15] 1617년 일본에서 예수회 총장 무지오 비텔레스치(Muzio Vitelleschi)에 보낸 11월 9일자 편지에서 조선은 포모사(대만), 류큐(오키나와), 에조(홋카이도)와 함께 아직 한 번도 복음이 전해지지 않은 곳이기 때문에, 이곳에서 새로운 선교 사업을 펴는 것이 하느님의 사업이라고 생각하며, 다만 이 사업이 선교단을 위한 시설과 인원 부족으로 거절당할 수 있으나, 만일 총장의 관심과 열정이 있다면 시작될 수 있는 사업임으로, 교황께서 도와주셔야 할 것이라고 생각한다고 써 보내고 있다.

---

15) 프란치스코 볼드리노(Francesco Boldrino 1575~1633년). 이탈리아 출신의 예수회 신부. 인도 고아와 마카오에서 활동했으며 1633년에 순교했다.

물론 한 선교사 신부의 입장에서 본 관점이기는 하나 조선은 편지가 쓰인 1617년까지는 아직 한 번도 실제적인 복음이 전해지지 않은 곳으로 생각하고 있음을 알 수 있다. 비록 교리서와 수도회 소속 교리교사, 그리고 일본에서 세례를 받은 조선 신자들의 귀환으로 천주교의 조선 내 전래가 있을 수도 있으나, 선교사 신부들에 의한 전통적인 방법의 복음 전파는 아직 이루어지지 않았다고 판단해 이러한 표현을 사용한 듯하다. 아울러 일본 내 조선 포로의 세례를 조선 천주교의 전래로 생각지 않았음도 명확하다.

그러나 조선에 천주교의 기틀을 놓은 파리외방전교회가 편찬한『조선 천주교 그 기원과 발전』에서는 임진왜란과 조선 천주교의 관계를 다음과 같이 기술하고 있다.[16]

> "임진왜란 당시 일본에 있던 예수회의 그레고리오 데 세스페데스 신부가 조선에 파견돼 그리스도교 병사들 가까이에서 성무 활동을 벌이게 되었다. 그와 동시에 신부는 여러 차례에 걸쳐 조선인들에게 그리스도교의 교의를 전파하려 애썼으나 어떤 성과도 낳지 못했고 이듬해 그는 일본으로 되돌아가야만 했다.···(중략)
>
> 일본군이 조선에 머무는 동안 많은 포로를 붙잡았는데 그들은 일본에 노예로 끌려가게 되었다. 그들 가운데 여럿이 복음을 듣고 입교했고, 17세기 초 박해가 일어났을 때 그들의 일본 교우들과 예수 그리스도를 고백하는 영광을 함께 나누는 큰 영예를 누렸다. 그들의 삶과 순교는 일본 교회에 속하는 것이 사실이다. 그렇지만 그 태생을 따졌을 때 그들은 조선 교회의 시초라 할 수 있다. 그들 중 아홉 명은 비오 9세에 의해 1867년에 시복된 205인의 명단에 올라있다."

16) 파리외방전교회 저, 김승욱 옮김.『조선 천주교 그 기원과 발전』살림출판사, 2015년, 37~38쪽.

파리외방전교회의 『조선 천주교. 그 기원과 발전』에서는 임진왜란 당시 조선 포로들 중 일본에서 천주교 신자가 돼 순교한 사람들은 그들의 삶과 순교가 일본 교회에 속하는 것이기는 하지만 그 태생을 따졌을 때 그들은 조선 교회의 시초라 할 수 있다고 했다. 따라서 견해에 따라서는 조선 교회의 시초를 임진왜란과 관련된 일련의 사건에서 찾을 수 있는 가능성도 있을 것으로 추정된다.

근자에 한 국내 다큐멘터리 '금속활자의 비밀들'의 제작팀이 동양의 금속활자가 유럽으로 흘러간 흔적을 찾던 2015년 8월 바티칸 비밀문서 수장고에서 1333년 로마교황 요한 22세(재위 1316~1334)가 고려 왕에게 보낸 편지의 필사본을 발견했다고 발표했다.

'존경하는 고려인들의 국왕께' 라는 라틴어로 시작되는 이 편지는 1333년 프랑스 남부 아비뇽의 임시 교황청17)에 머무르던 교황 요한 22세(燕京: 베이징)에서 선종한 몬테코르비노(Monte-corvino)의 후임 주교로 니콜라스(Nicolas)라는 사제를 원나라로 파견하면서 그를 통해 당시의 고려 왕인 충숙왕에게 이 편지를 전달하고자 했다. 그러나 베이징으로 향하는 도중 그가 사라짐으로써 이 편지가 직접 고려 왕에게 전달되었는지는 확인되지 않고 있다.

특히 편지의 내용에는 교황청의 사제들이 그곳, 고려로 직접 건너갔다는 점을 암시하고 있으며 "왕께서 그곳의 그리스도인들에게 잘 대해 주신다는 소식을 전해 듣고 기뻤다."는 내용이 들어있어 고려와 교황청과의 교류가 이루어졌을 가능성이 추정되고, 이 편지로 우리나라의 천주교 전래가 지금까지 밝혀져 있는 역사적 사실을 훨씬 거슬러 올라갈 수도 있을 가능성이 제기되었다.

17) 클레멘스 5세는 정치적인 이유로 바티칸에 가지 못하고 1309년 아비뇽에 임시 교황청을 두었으며 이후 1376년까지 7명의 교황이 아비뇽에 머물렀다.

편지를 보낸 1333년은 고려 27대 충숙왕 2년으로, 한반도에 최초로 발을 디딘 것으로 알려진 유럽인 스페인 신부 세스페데스가 임진왜란 당시 조선으로 왔던 해보다 무려 260년을 앞서고 있다. 한편으로는 세계에서 가장 오래된 금속활자 인쇄본인 고려의 「직지심체요절(直指心體要節)」이 발행되기 44년 전이라 고려와 유럽의 교류로 미루어보아 고려의 활자기술이 1455년 활판인쇄에 성공한 쿠텐베르크 활자에 영향을 미쳤을 가능성도 제기되고 있다.

그러나 편지의 수신인(라틴어 원문 Regi Corum, Soco de Chigista)이 고려 말의 복잡한 정치 구도상 원의 부마였던 고려의 충숙왕, 아들 충혜왕 혹은 심양왕인 왕족 왕고(王暠)중 누구인지,[18] 아니면 베이징으로 가는 길목에 있었던 다른 몽고 왕국의 왕인지 현재로는 확실치 않다고 했다. 편지 내용상 일반인들에게도 광범위하게 가톨릭 신앙이 퍼져있음을 보여주는 대목이 있는데 고려에는 그런 정황이 없으며 요한 22세가 니콜라스 신부에게 편지를 들려 보낸 것은 일종의 안전통행증의 역할을 한 것으로 보인다고 한다.

한편 편지 내용이나 주변 정황상으로 충숙왕에게 보낸 편지라고 보기에 어렵다는 견해도 있다.

---

18) 충숙왕의 재위기간은 1313~30년, 1332~39년이며 공백 기간 2년은 아들 충혜왕이 다스렸다. 고려 말의 왕들은 칭기즈칸 일족의 부마로 한반도의 왕궁에 앉아 있는 국왕이 아니라 칸의 궁정에 있는 고위 관리 정도로서 빈번하게 북경을 왕래했다. 심양왕 혹은 심왕은 대체로 고려 왕이 겸하고 있었다. 그러나 충숙왕 때는 왕족인 왕고가 심양왕을 차지하고 충숙왕과 대립 관계에 있었다.

인물 상세 정보

1) 이승훈(李承薰 1756~1801년).

영조 32년 반석방(盤石防: 현 서울 중림동)에서 태어났다. 본관은 평창, 호는 만천(蔓川)이며 대대로 남인에 속하여 제물포에 거주해오다 조부 이광직 때부터 중앙으로 진출했다. 외가는 실학의 태두인 성호(星湖) 이익 (李瀷)의 가문으로, 이익의 증손인 이가환(李家煥 1742~1801)이 그의 외삼촌이 된다. 정약종(丁若鍾) 아우구스티노와 정약용(丁若鏞) 요한의 매형이며, 백서(帛書) 사건의 황사영(黃嗣永) 알렉시오의 처고모부가 된다. 성호의 제자인 녹암(鹿菴) 권철신(權哲身)의 문하에서 수학했다.

아버지 이동욱(李東旭 1738~1794)이 동지사의 서장관으로 임명되자 이벽(李蘗 세례자 요한 1754~1786)의 권고로 아버지를 따라 북경으로 가 1784년 2월 경 북당의 그라몽 신부(Grammont 梁棟材 1736~1812)로부터 세례를 받게 된다. 그의 세례명은 '베드로'인데 초대 교회의 베드로처럼 조선 교회의 반석이 되라는 뜻이 담겨 있었다. 이로써 그는 조선인으로는 최초의 천주교 신자가 되었다. 당시 그의 나이 27세였다.

그러나 그는 후일 자신이 전한 천주 신앙을 부인함으로써 한국 천주교회의 창설 주역으로서의 빛나는 공적을 스스로 포기한 복잡한 인물이 되었다. 그의 사후 직계 후손인 신규, 손자 재의, 재겸, 증손인 연구, 균구 등 70년 동안 무려 4대에 걸쳐 7명의 순교자를 배출했다.

근자에 한국 천주교회는 그를 다시 순교 성인으로 추대하고자 하는 운동을 전개하고 있다. 죽기 전 그가 남긴 마지막 유시 월락재천 수상지진 (月落在天 水上池盡: 달은 서산에 지더라도 하늘에 있고, 물은 비록 위로 솟구쳐도 못 속에서 다한다)을 볼 때, 폐쇄적인 조선 유교사회에서 입으로는 어쩔 수 없이 배교를 외치면서도, 마음 깊은 곳에서는 결코 자신의 신앙을 버리지 않았다고 평가되고 있다.

2) 예수회

예수회의 왕성한 활동이 세속의 권력자들, 그리고 교회 내의 경쟁자들과 갈등과 논쟁을 빚게 되어 예수회는 그들의 공동의 적으로 몰리게 되었다. 그리하여 포르투갈 정부에 의해 처음으로 예수회의 축출 조치가 취해지고, 결국에는 1773년 교황 클레멘스 14세 의해 '교회의 평화'를 위해 그리고 예수회의 존립 목적인 '유익한 봉사'가 불가하다하여 해산 조처가 취해졌다. 예수회는 교황의 이 해체 교서를 순명으로 받아 들였다. 그러나 러시아의 여(女)황제 에카테리나 2세는 자국내에서 예수회를 보호하고 교황의 교서를 따르지 않았다. 31년 후인 1814년 교황 비오 7세는 예수회의 해산 교서를 취소하고 예수회를 완전 복구시켰다.

따라서 1784년 프랑스 예수회 신부 그라몽에 의한 이승훈의 세례는 예수회의 해체로부터 복원에 이르는 기간 중에 이루어졌다.

3) 안정복(安鼎福 1712~1791년).

조선 후기 기호남인(畿湖南人)이며 성호학파(星湖學派)에 속한 실학자로 호는 순암(順菴)이다. 경기도 광주의 덕곡(德谷)에서 태어나 35세 때 성호(星湖) 이익(李瀷)의 제자가 되었으며 성호의 학문과 사상을 가장 철저하게 전승한 성호학파의 한 사람이다. 사헌부 감찰, 목천 현감 등을 지냈으나 관직생활을 오래하지는 않았으며 주로 덕곡에 칩거해서 저술과 후학 교육에 힘썼다.

『천학고』는 1785년 지은 벽위론서(闢衛論書)로 순암문집 17권에 수록되어 있다. 그는 성호의 문하에서 일찍부터 서학을 배격했다. 그는 서학을 직접 배척하기 위하여 『천학고』와 『천학문답(天學問答)』을 집필했다. 『천학고』에서 중국과 조선에 천주교가 전해진 기원을 밝혔고, 유교적 입장을 견지하고 천주교를 비판했다.

스승 이익은 천주교에 대해 수행의 관점에서는 긍정적이었으나 종교적인 면에서는 반박하는 입장을 취했다. 이익의 제자들은 천주교에 대해 두 파로 나눠졌는데 안정복, 신후담(愼後聃 1702~1761) 등은 천주교를 비판하고 배격한데 반해(성호 右派), 녹암 권철신 등은 관용적이고 신앙으로 받아들였다(성호 左派). 이후 안정복 계열은 황덕일(黃德壹)·황덕길(黃德吉), 이후 허전(許傳) 그리고 그의 후학들로 학통이 전승되면서 천주교를 주된 목표로 벽위(闢衛)의 강도를 더해가며 영남 지방으로 확산되어 더욱 심하게 천주교를 배척했다.

5) 박은식(朴殷植 1859~1925년).

황해도에서 태어났으며 민족사학자이자 황성신문과 대한매일신보의 주필로서 활약한 언론인이며, 임시정부의 2대 대통령을 지냈다. 『한국통사』에 대해 '자신이 세상에 태어난 이후 자기가 목격한 최근의 역사 즉 1864년 갑자(甲子)년부터 1911년 신해(辛亥)년에 이르기까지 3편 114장을 지어 통사라 이름하니 감히 정사를 자처하는 것은 아니나 우리 동포들의 국혼이 담겨있는 것임을 인정해버리거나 내던지지 않기를 바랄 뿐이다.' 라고 하였다

(6) 정두원(鄭斗源 1581년~ ?)

조선 중기의 문신으로 인조를 도와 반청숭명(反淸崇明) 정책을 실천하는데 앞장섰다. 1630년 2월에 진위사(陳慰使)로 선발되었고 7월 한양을 출발 요동을 점령하고 있는 후금 군대를 피해 해로를 통해 산동 반도의 등주(登州)를 거쳐 1631년 2월 북경으로 가 사행의 임무를 수행한 후 다시 등주를 통해 귀국했다. 7월 귀국 당시, 등주에서 마테오 리치의 친구인 로드리게스(Rodriguez 陸若漢) 신부를 만나 다수의 한역 서학서와 진귀한 서양의 기물 등을 기증받아 인조에게 올렸다. 당시 로드리게스 신부로부터 받아가지고 온 것들로는 치력연기(治曆緣起), 디아즈(Diaz) 신부의 천문략(天文略), 마테오 리치(利瑪竇) 신부의 천문서(天文書), 알레니 신부의 직방외기(職方外紀), 서양 풍속기 등의 서적과 자명종 천리경(千里鏡), 그리고 서양 대포 홍이포(紅夷砲)와 지도 곤여만국전도(坤與萬國全圖) 등이 있다.

7) 로드리게스(Juan Rodrigues Tsuzu 중국명 陸若漢 1559~1633년).

정두원에게 서학서와 서양의 기물 등을 제공한 로드리게스 신부는 통사 및 역사학자로서 잘 알려진 포르투갈 출신의 예수회원이었다. 1577년부터 약 46년간 일본에 머물면서 막부 장군, 영주들과 친분관계를 유지하며 선교활동을 펼쳤다. 일본에 천주교 박해가 일어나자 1623년 중국으로 건너갔다. 1630년 말 후금과의 전쟁에서 포르투갈 군인을 동원하는 등 명나라 황제를 도와 조선 조정에서도 긍정적인 인물로 호평을 받았다. 1631년 귀국하는 조선 사신 정두원 일행을 만나 다수의 서양서적과 진귀한 물품을 조선 임금에게 선물했던 것은 예수회의 전통적인 '위로부터의

전교 방식'을 보여준 것이라 하겠다.

8) 이수광(李睟光 1563~1628년).

조선 중기의 성리학자로서 호는 지봉(芝峯)이다. 당대 신흠(申欽), 유몽
인(柳夢寅), 한백겸(韓百謙) 등과 교유했으나 어느 당에도 편중되지 않았고
강직하고 온화한 입장을 견지했다. 홍문관 제학 등의 외직과 도승지, 대
사헌, 예조·형조 참판, 이조판서 등 요직을 두루 역임했으며 사후 영의정
에 추증되었으나 청백한 삶을 자랑삼아 '성시(城市)속의 은자'로 자처했
다. 스스로 성리학자임을 자청하며 도, 불, 양명학 등은 이단으로 해석했
고 실용성을 추구해 실용지학이면 무엇이든지 취사·절충하려는 학문적
개방성을 보여 '실학의 선구자'로 평가받고 있다. 그는 선조 23년(1590)
성절사(聖節使) 서장관으로, 30년(1597)에는 진위사(進慰使)로, 광해군 3
년(1611)에는 주청사(奏請使)로 세 차례나 중국에 파견돼 견문을 넓혔다.
1603년에는 북경에서 가져온 마테오 리치의「구라파국여지도(歐地圖)」를
직접 보고 중국 중심의 전통적인 천하관을 탈피하게 되었다. 광해 5년
(1613) 계축옥사(癸丑獄事)로 폐모살제(廢母殺弟)가 발생하자 관직에서 은
퇴해 우리나라 백과전서의 효시로 일컬어지는『지봉유설(芝峯類說)』의 집
필에 몰두하여 이듬해인 1614년에 탈고했다. 이 책을 통해 마테오 리치
의『천주실의』를 소개하였으며, 천주교에 대해 개방적인 태도를 보여주
었다. 이러한 이수광의 천주교에 대한 기술과 태도는 성호 이익을 거쳐
권철신, 이가환, 정약용등 남인의 보유론적 서학 수용의 길로 계승되었
다. 그 자신은 천주교를 신앙하지 않았으나 그의 8대손 이윤하(李潤夏) 때
부터 그의 집안이 천주교를 신앙하기 시작했다.

9) 유몽인(柳夢寅 1559~1623년).

조선조 중기의 문장가로서 자는 응문(應文)이고 호는 어우당, 간암, 묵
호자이다. 1589년(선조22) 문과에 급제해, 대사간, 이조 참판 등을 지냈
다. 인조반정 때 역적으로 몰려 처형당했으며, 1794년(정조 18) 신원되었
다. 시호는 의정이다. 그의 문장은 제재와 구상이 독창적이고, 의경이 참
신한 것으로 알려져 있다. 문집으로는『어우집』이 있으며, 한국 최초의
야담집『어우야담(於于野談)』은 수필 문학의 백미로 손꼽힌다.

제2장. 최초의 조선 가톨릭 전교 계획

조선에 그리스도교를 전하고자 하는 최초의 선교 계획은 중국이나 조선 내에서가 아니라, 일본에 가톨릭을 전했던 예수회에 의해 처음으로 구상되었던 것으로 보인다. 물론 이 계획은 일본 국내의 상황으로 실행되지 못하고 중단되었다.

외부로부터 수립된 이 선교 계획은 계획에 참여했던 가스파르 빌레라(Gaspar Vilela)[1] 신부가 1571년 11월 3일 인도 고아에서 프란치스코 데 보르하(Francisco de Borja) 예수회 총장(General of the Order)에게

---

1) 가스파르 빌레라(Gaspar Vilela 1526~1572년) 포르투갈 아비스(Aviz)출생의 예수회 신부.
   인도에서 1553년 예수회에 입회한 후 1556년 일본에 입국해 선교활동을 해왔다. 1558년까지 히라도와 이키츠키(生月)에서 활동했으나 불교도들의 반발로 인해 다이묘의 명으로 추방되었다. 1559년 토레스 신부의 명에 의해 교토에 입성했다. 다음 해 쇼군 아시카가 요시테루(足利義輝)를 알현한 후 교토에서의 거주와 포교허가를 얻었다. 그러나 쇼군이 암살되자 1565년 교토에서 인근의 사카이(堺)로 또다시 추방되었으며, 다음 해 분고 후나이로 옮겼다. 1566년 조선으로 들어갈 계획을 세웠으나 실행되지 못했다. 이후 나가사키로 파견돼 1569년 나가사키 최초의 교회인 토도스 오스 산토스(제성인의 성당)를 건립했다. 이 성당을 거점으로 2년간 1,500여 명에게 세례를 베풀었다. 1570년 아마쿠사 시키의 토레스 신부의 임종에 입회한 후 동년 가을 인도 고아로 돌아가 1572년 그곳에서 선종했다.

조선과 일본 지도, 1595년. 루도비코 테이사라(L. Teisara) 作, 출처: Wikimedia
Commons.

보낸 편지2)에서 처음으로 나타난다.

빌레라 신부는 1553년 일본에서 선교 전 동방 항로를 통해 스페인
에서 인도의 고아로 와 예수회에 입회했다. 그는 하비에르 이후 일본
예수회의 장상인 토레스 신부의 명으로 1559년 일본의 수도 미야코(京
都)3)에 파견돼, 많은 시련을 겪은 후 마침내 1566년 교토와 사카이에
2개의 새로운 가톨릭 공동체를 설립하는데 성공했다.

그해 토레스 신부는 처음으로 조선의 선교 계획을 수립했으며 빌레

---

2) Juan Ruiz-de-Medina S. J. 『The Catholic Church in Korea. Its Origins 1566-1784』
   English translation-Instituto Storico S. I.- Roma 1991, pp.201~202.
3) 미야코(京都): 현 교토.

라 신부는 향후 선교를 위한 지역으로 조선에 관한 많은 연구 자료들을 모았다. 포교장 토레스는 야마구치(山口)와 분고(豊後)에서 무역을 하고 있는 상인을 통해 조선에 관한 정보를 얻고 있었다. 그러나 이러한 조선에 대한 세부적인 선교 계획은 그로부터 5년 후인 1571년 고아에서 쓴 그의 편지에서 최초로 밝히고 있다.

- 가스파르 빌레라 신부의 편지

"나는 총장 신부님께 일본 너머에 있는, 그러나 이곳으로부터 그리 멀리 떨어져 있지 않은 어떤 나라들에 대해 말씀드리고자 합니다. 만약 선교단을 그곳으로 보내신다면 훗날 많은 수확(결실)을 얻으리라 생각됩니다.

이곳에서 이틀 정도를 항해해 가면 중국과 일본 사이에 조선이라고 불리는 왕국이 있는데 그곳 사람들을 우리는 타타르라고 부릅니다. 그들은 매우 용맹한 국민들이며 활을 잘 쏘고, 말을 타면서 모든 종류의 무기들, 특히 주로 활을 가지고 싸우는데 매우 익숙합니다. 일본인들은 그들과 교역하여 매년 그곳으로 가는데, 그곳에는 매우 큰 왕국이 있다고 합니다.… (중략) 또한 타타르인[4]들은 우호적인 민족이라고 합니다.

코스메 데 토레스 신부가 그곳으로 신부 한 사람을 보내 일을 할 수 있을 것인가를 알아보고 결정하는데 무려 5년이란 시간이 걸린 것 같았으며, 그는 그 일을 나에게 맡겼습니다.

그러나 내가 출발하는 시점에 일본에서 내전이 일어나 조선으로 가지 못했습니다. 보다 확실하게는 주님께서 그렇게 하기를 원하셨

---

4) 영어 번역판에는 몽골인(Mongols)이라고 번역되어 있으나 스페인 판에는 타타르인(Tartaros)으로 나타나 있다. 문맥상 당연히 조선인을 지칭하는 말이다.

다고 말하고자 합니다. 왜냐하면 그 후 내가 일본에 머물게 됨으로써 얻어지는 수확(열매)을 그분(주님)께서 원하셨기 때문입니다. 다른 보물(조선)은 그것을 얻기에 더 가치가 있다고 여겨지는 어떤 사람을(누군가를) 기다리고 있습니다.

내가 생각키로는 만약 신부님이 그곳에 계신다면, 주를 위해 많은 봉사를 할 수 있을 것이며 일본 영주들의 도움에 의해 그곳에 거의 어려움 없이 쉽게 갈 수 있을 겁니다. 그들로부터 받은 편지에 의하면 어떤 영주는 그곳에 잘 알려져 있어 그 땅으로 쉽사리 들어갈 수 있다고 합니다. 매년 일본 상인들이 그 땅(조선)을 방문하기 때문에 그곳으로 거주하기 위해 가시는 신부님은 무엇이든 일본으로부터 도움을 받을 수 있을 것입니다.

그 왕국(조선)의 항구를 통해 안전하게 중국으로도 들어갈 수도 있습니다. 그 항구는 중국의 황제가 살고 있는 북경이라고 불리는 도시와 매우 가까이 위치하고 있습니다. 많은 노력이 필요하겠지만 그러한 모든 일은 이곳으로 부터 쉽게 할 수 있습니다. 멀리서 보았을 때 나타나는 것만큼 어려움이 그렇게 큰 것 같지는 않습니다."

가스파르 빌레라 신부가 1571년 인도 고아에서 프란치스코 데 보르하 예수회 총장에게 보낸 편지 내용을 보면, 조선의 가톨릭 전교를 처음 계획한 사람은 일본에 있었던 하비에르 후임의 예수회 초대 장상 코스메 데 토레스 신부였으며 조선 선교를 실천하기 위해 그 책임을 맡은 최초의 신부는 빌레라 자신이었던 것으로 보인다. 장상인 토레스 신부는 일본 선교 17년째가 되는 1566년, 일본에서 활동 중인 유능한 신부를 조선으로 보내 복음을 전파하려는 계획을 최초로 시도했다. 그러나 최종적으로 계획이 내려지기까지 무려 5년이란 장기간의 세월이 걸렸으므로 보아 매우 심사숙고 끝에 내려진 결론이었던 것으로 보인다.

빌레라 신부는 비록 자신이 조선 선교의 책임을 맡기는 했으나, 당시 일본의 상황으로 인해 일본 선교에 전념하게 됨으로써 조선 선교는 더 이상 진척시키지 못했다. 그는 나가사키로 파견돼 그곳의 선교에 집중했고 나가사키 최초의 성당을 건립했다.

그는 조선 선교라는 이 보물은 후일 이를 더 가치 있다고 여기는 누군가를 위해 잠시 보류되었으며, 아직은 주의 손길이 닿지 않은 이곳 불모지 조선에 선교사가 들어감으로써 주의 영광을 더욱 들어낼 수 있으리라는 생각을 하고 있었다. 더구나 조선은 일본의 영주들이 잘 알고 있는 지역이라 그들의 도움으로 쉽게 들어갈 수 있으며, 또한 일본 상인들이 교역을 위해 매년 정기적으로 방문하고 있어 그곳에 선교사가 간다면 모든 필요한 물자들은 일본을 통해 공급이 가능할 것이라고 했다.

더욱이 조선의 항구는 중국 황제가 살고 있는 북경에 가까이 있어 장차 조선을 통한 중국의 선교도 가능하리라 생각했던 것 같다. 따라서 많은 고통이 따르겠지만 조선을 포함한 동아시아 지역에서의 선교는 어쩌면 밖에서 생각하는 것 보다는 큰 어려움은 없을 것 같다는 생각을 또한 피력하고 있다. 일본을 통해 조선을 중개로 한 중국의 가톨릭 선교는 일본에 머물렀던 하비에르가 살아생전 계획하고 피력했던 동아시아 전교의 방식이기도 했다.

이 계획의 최초 발상자였던 토레스 신부는 이 자필서한 1년 전 시키(志岐)에서 사망했다. 빌레라 신부의 이 제의는 보르하 당시 예수회 총장의 마음을 사로잡기에는 충분했을 것으로 보인다. 그러나 보르하 총장도 서한을 보낸 지 1년 후인 1572년에 사망함으로써 죽기 전 이 서한을 받아보았는지 확실치 않다. 빌레라 신부 역시 같은 해 고아에서 사망함으로써 이 전교 계획에 대한 더 이상의 진전은 없었던 것 같다.

메디나 신부는 그가 저술한『조선 천주교 기원』에서 비록 당시 조선에 복음 전파가 계획대로 이루어지지는 못했으나 조선의 천주교회는 두 공헌자, 즉 최초 계획자인 토레스 장상 신부와 조선에 파견 신부로 임명된 빌레라 신부, 이 두 분을 하늘에 바쳐 그 뿌리를 내리기 시작했다고 기술하고 있다.

제3장. 예수회와 프란치스코 하비에르

　　임진왜란 발발 이듬해 전쟁은 정점을 지나고 소강상태에 접어들고 있었다. 일본은 명과의 화평조약이 진행됨에 따라 남해안 지역으로 물러나 12개의 요새, 왜성(倭城)을 구축하고 그곳에서 머물고 있었다. 일본은 명과의 강화조약에서 조선 8도 중 충청 이남 지역의 5도를 우선적으로 일본 측에 양도할 것을 요구했다. 반면 명은 도요토미 히데요시 (豊臣秀吉)를 일본의 국왕으로 책봉해주는 조건으로 조선으로부터 완전 철수를 요구했다. 양측의 요구 조건이 처음부터 엄청난 차이를 보임으로써 궁극적으로 협상이 성공할 가능성은 없었다. 협상은 결말을 맺지 못하고 시간만 끄는 상황에서 일본군은 조선의 영토 밖으로 완전히 물러나지 않고 영남 일대에 머물면서 장기간 주둔하려고 했었다. 명군 역시 남하해 그저 대치하는 이상한 상황이 전개되었다. 후일 명의 서광계 (徐光啓)는 이를 두고 임진왜란은 '전쟁도 협상도 이루어지지 않은 어정쩡한 전쟁'이었다고 규정했다.

　　임진(壬辰) 다음의 계사(癸巳)년도 거의 끝날 무렵 1593년 12월 27일 성(聖)요한 축일, 쓰시마(對馬島)를 출발한 한 척의 배가 조선 남해안에 도착했고, 이튿날 이 배는 최종 목적지인 곰개(웅천熊川, 일본명 고문가이)에 도달했다. 이 배에는 일본 규슈에 있던 스페인 신부 '그레고리오 데 세스페데스(Gregorio de Cespedes)'가 타고 있었다. 그는 임진왜란을 계기로 조선에 들어오게 됨으로써 한국 땅을 밟은 최초의 서구인이 되었고 그의 조선 도착은 네덜란드의 하멜(Hendrik Hammel)이 제주도에 표착한 1653년보다 정확하게 60년을 앞섰다. 세스페데스 신부의 도착으로 이 땅에서 첫 미사는 웅천(熊川)성에서 집전되었을 것이다.

일본 규슈에서 선교하던 예수회 신부인 그가 어떤 이유로 이 조선의 땅을 밟게 되었을까?

이 물음에 앞서 일본에서는 어떻게 임진왜란 이전에 천주교가 전래되었고, 어떻게 15세기에 만들어진 예수회가 일본에 진출하게 되었을까 하는 물음의 해답을 먼저 찾아야 할 것이다.

- 이베리아 반도의 통일과 가톨릭 복음화

이베리아 반도의 중심에는 메세타 고원이 있는데 로마제국은 이를 '히스파니아'라 불렀다. 육로를 통해 들어온 서고트족은 메세타 고원 중북부에 거주하며 이 고원을 중심으로 강력한 서(西)고트(Visigoth) 왕국을 건설하고, 586년 아리우스파였던 서고트 왕정은 가톨릭으로 개종했다.

711년 이슬람 세력이 서고트 왕국을 점령한 이래 이베리아 반도는 이슬람의 지배 아래 놓여있었다. 그 후 반도의 서북부 산악 지역에 그리스도교의 아스투리아스(Asturias) 왕국이 세워져 남진정책을 통해 이슬람 세력을 축출하기 시작하는데 이를 레콩키스타(Reconquista)운동, 즉 국토 재정복 혹은 국토회복운동이라 한다. 왕국의 후신인 카스티야 왕국은 안달루시아까지 통합하고 서쪽의 갈리시아를 지켜냈으나 포르투갈을 놓쳤고, 동쪽에서는 카탈루냐가 독자적으로 국토회복운동을 펼쳐 발렌시아 남부까지 넘어가고 말았다. 카스티야는 후방을 지키기 위해 북부 바스크의 자치권을 인정했다. 카스티야 왕국의 이사벨(Isabel

이베리아 반도의 1275년 상황.

1451~1504) 여왕과 아라곤의 왕자 페르난도(Fernando 1452~1516)가
1469년 결혼해 그리스도 지역을 공동 통치하게 되고, 두 왕국은 합병해
1479년 스페인 왕국이 시작되었다. 이들은 국토회복운동을 통해 국토
를 확장하고 마침내 이슬람의 마지막 나스르(Nasr) 왕가의 그라나다 왕
국(1232~1492)을 점령해 무어인들을 강제 개종시키고, 반도에서 이슬
람을 완전히 축출하여 레콩키스타를 완성하게 된다. 이로써 이베리아
반도의 그리스도화를 이루게 되었다.

- 대항해 시대와 이베리아 제국

세계 역사상에는 소위 대항해 시대(大航海時代)[1]라고 불리는 시기가 있었다. 이 시기는 대발견 또는 대탐험 시대라고도 불리는데, 15세기 후반부터 18세기 중반까지 유럽의 배들이 넓은 세계를 돌며 탐험을 통해 아메리카 대륙과 같은 지리적 발견을 달성하고 아울러 새로운 항로를 개척하며 무역을 하던 시기를 말한다.

당시 막강한 해군력를 보유하고 유럽의 바다를 지배하던 이베리아 반도의 스페인과 포르투갈은 경쟁적으로 해외로 진출함으로써 처음으로 대항해 시대를 열었으며, 특히 포르투갈의 항해 왕자 엔리케(Henrique 1394~1460)는 이 시대의 첫 인물로 꼽히고 있다. 회자되는 당대의 유명한 탐험가들로서는 1487년 희망봉을 발견한 포르투갈의 바르톨로뮤 디아스, 1492년 아메리카 대륙을 발견한 이탈리아 제노바 출신의 크리스토퍼 콜럼버스, 1497년 인도 항로를 처음 개척한 바스코 다 가마, 1521년 세계일주에 성공한 포르투갈의 페르디난드 마젤란 등이 있으며 에르난 코르테스, 프란시스코 피사로 등과 같이 탐험가를 표방한 잔인한 정복자들도 있었다.

콜럼버스는 1492년 스페인 왕국의 군주인 카스티야의 이사벨 1세와 아라곤의 페르난도 2세의 지원을 받아 산타마리아 호를 타고 아시아를 찾으러 서쪽으로 떠났다. 그리고 그는 자신이 죽는 날까지도 인도라고 믿었던 새로운 대륙, 서인도 제도를 최초로 발견했다.

포르투갈의 바스코 다 가마(Vasco da Gam 1469~1524)는 1498년 리

---

1) 대항해 시대라는 용어와 정의에 대해서는 비판적인 시각이 있다. 유럽의 대항해 시대보다 70년을 앞서 명나라 초기 7차례의 정화(鄭和)에 의한 대항해(1405~1431년)가 있었으므로 이 용어는 유럽의 관점에서만 본 편협한 용어라는 비판이 있다.

스본을 떠나 아프리카 최남단 희망봉을 돌아 인도 캘리컷에 도착함으로써 동인도 항로를 발견한 최초의 유럽인이 되었다. 인도 항로의 개척으로 인해 포르투갈은 해상 제국의 기초가 다져졌으며 아시아에서 활약하는데 큰 발판이 되었다.

대탐험 시대의 정점은 아마도 1521년 포르투갈의 페르디난드 마젤란(Ferdinand Magellan)[2]이 세계일주에 성공한 사건일 것이다. 그는 스페인 왕의 후원으로 1519~1522년까지 대서양과 태평양을 횡단하여 처음으로 세계일주의 기록을 남기게 된다. 그는 대서양을 남하해 남미의 리오데자네이로에 도착했으며, 1520년 1월에는 라플라타 강 하류에 이르러 그곳에서 겨울을 지냈다. 그 후 훗날 마젤란 해협으로 명명된 남미대륙의 최남단 해협을 돌아 반대쪽 바다에 이르렀고 필리핀을 거쳐 아프리카 남단의 희망봉을 돌아오는 세계일주를 달성했다. 너무나 험난한 해협을 건넌 직후에 마주한 잔잔한 반대쪽 바다에 감격해 그는 이 바다를 태평양이라 이름 지었다. 그는 사상 최초로 태평양을 횡단하여 지구를 일주하는 동시에 남태평양 제도와 필리핀 제도를 발견했고, 이를 통해 지구가 둥글고, 아메리카와 아시아가 별개의 신대륙임을 명확히 증명했다.

포르투갈에 의한 동방 항로와 스페인에 의한 서방 항로의 바닷길이 개척되고 항해를 통한 세계일주가 가능해짐으로써 대항해 시대가 열리게 되었다. 이로써 험난했던 실크로드의 육로 경유의 무역은 사라지고 해양을 통한 동서무역의 시대가 열렸다.

대항해 시대의 결과 새로운 대륙 아메리카의 발견으로 감자와 옥수수, 카카오 등 여러 새로운 과일과 채소들이 유럽으로 들어왔으며 금과

---

2) 페르디난드 마젤란(Ferdinand Magellan 1480~1521년). 인물 상세 정보 71쪽 참조.

은 등이 스페인을 통해 유럽으로 대량으로 유입되어 가격혁명이 일어나게 되었고 이는 자본주의적 대규모 경영이 확산되는 계기가 되었다.

그러나 대항해 시대는 결코 환상적인 시대만은 아니었다. 스페인과 포르투갈은 노예무역을 통해 막대한 자본을 벌어들였고, 서아프리카의 흑인 노예들을 아메리카 대륙에 팔아넘기는 등 강제 이주를 통해 신대륙을 개척했다. 대항해 시대는 비유럽, 비기독교 세계의 식민 지배의 시발점이었으며, 인류가 사리사욕을 위해 문자 그대로 무자비한 정복을 하게 된 시발점으로 볼 수 있다.

- 포르투갈의 동방 진출

대항해 시대를 선도한 포르투갈과 스페인은 세계 해상권의 우위를 차지하기 위해 경쟁했다. 두 나라는 해상권을 원만하게 해결하기 위해 1494년 6월 교황 알렉산더 6세의 중재로 스페인의 작은 마을 토르데시야스(Tordesillas)에서 협약을 체결하게 되었다. 두 나라의 해상권 독점을 허용한 이 '토르데시야스 조약'은 대서양에 위치한 아프리카 카보베르데(Cabo Verde) 군도에서 서쪽으로 1,770km 떨어진 곳에 남북으로 길게 경계선을 그어, 그 경계선 서쪽에서 발견된 땅은 스페인이, 동쪽에서 발견된 땅은 포르투갈이 갖도록 했다. 즉 대서양의 해상 분할선으로 세계를 둘로 나누어 서쪽은 스페인이, 동쪽은 포르투갈이 해상권을 독점하는 것을 인정한 것이다.

이 두 나라는 가톨릭의 충실한 후원자였다. 이들 이베리아 국가들은 로마교황청과 보호권협정(保護權 Padroado)을 맺어 유럽 동쪽 지역의 식민지 즉 필리핀을 제외한 아시아는 포르투갈에, 그리고 서쪽 지역의 식민지 즉 브라질을 제외한 남미는 스페인에 귀속되는 것을 로마교황청이 인정함과 동시에 그 지역의 교회 운영과 선교의 책임을 각 나라에 위임했다. 이에 따라 아시아 지역에서 선교활동을 하기 위해서는 포르투갈 왕의 승인을 받아야만 했고 아시아에서는 포르투갈 왕국의 보호 아래에서만 활동이 가능하게 되었다.

카브랄(Pedro Alvars Cabral)은 포르투갈의 항해자로 바스코 다 가마에 의한 인도 항로 발견 후 최초로 조직된 인도 파견선단의 대장이 되었다. 그는 1500년 3월 9일 리스본을 출범, 희망봉을 향해 가다 풍랑을 만나 표류하던 중 4월 22일 우연히 브라질 서해안에 도착했다. 그는 그곳을 포르투갈 국왕인 마누엘 1세의 영토로 하고 다시 동진하여 희망봉을 돌아 인도에 도착해서 캘커타를 포르투갈의 영토로 삼았고 이듬해 귀국했다. 브라질이 남미대륙에서 유일하게 포르투갈령이 된 이유이다.

포르투갈은 1510년 인도의 고아를 점령한 후 점차 세력을 확장하여 1511년에는 말라카를 점령했다. 그 후 1557년 마카오를 식민지화하고 이를 거점으로 동방의 국가들과 무역을 시작했다. 반면 스페인은 1533년 남미의 잉카 제국을 멸망시킨 후 태평양을 넘어 필리핀의 루손 섬을 점령하고 1571년 마닐라를 식민지화하여 이곳을 동양 무역의 거점으로 삼았다.

- 동아시아에서 예수회의 천주교 전래

동아시아에서의 천주교의 전래는 일본으로부터 시작되며, 일본에서의 가톨릭 전교에는 예수회와 예수회 아시아 선교의 책임자로 파견되었던 프란치스코 데 하비에르(Francisco de Xavier)가 그 중심에 있다.

16세기 가톨릭교회의 개혁을 주도했던 예수회는 최초에 파리대학에서 신학을 공부하던 7명에 의해 이루어졌다. 이들은 1534년 8월 15일 프랑스 몽마르트르 언덕의 서원, 즉 가난, 순결, 순종, 순례와 영혼 구원

에 헌신할 것을 맹세하고 수도
단체를 결성함으로써 설립되었으
며, 1940년 9월 교황 바오로 3세
로부터 설립을 공인받게 되었다.

일본의 최초 가톨릭 전교는
1549년 프란치스코 하비에르에
의해 이루어지게 되는데, 그는 예
수회를 창립했고, 이냐시오 로욜
라와 함께 초기 예수회를 이끈
가장 뛰어난 인물 중 한 사람으
로, 훗날 가톨릭교회의 성인으로
추대되었다. 그는 일본뿐 아니라

예수회 문양 Iesus Hominum Salvatar(IHS):
'예수는 인류의 구세주'의 약어이다. 3개의
못은 십자가에 예수를 못 박은 못을 상징
한다.

먼저 인도와 말라카, 몰루카 등 동남아 지역에도 천주교를 전교했으며,
중국 전교를 눈앞에 두고 광동의 상촨다오(上川島)에서 생을 마감했다.
그는 일생 동안 30개국을 걸어서 '그리스도의 복음'을 전한 초인적인
인간이었으며 살아생전에 이미 살아있는 성자로 추앙을 받았다. 현재
그의 썩지 않는 유해는 인도 고아의 대성당에 모셔져 있다.

천주의 섭리는 참으로 오묘하여, 하비에르가 선종한 그해 1552년 중
부 이탈리아에서 마테오 리치(Matteo Ricci 利瑪竇)가 태어났으며, 훗날
하비에르가 창설한 예수회에 입회해 선교사가 되었고 명의 수도 북경
으로 들어가 중국에 천주교를 전함으로써, 중국의 앞바다에서 생을 마
감한 하비에르의 이루지 못한 중국 전교의 유업을 완성했다.

*** 아르헨티나의 베르골료 추기경께서 현재 베드로 사도의 265번째
후계자인 제266대 '하느님의 종들의 종'인 교황으로 착좌하고 계시다. 교
황은 1282년 만에 유럽을 제외한 지역에서 탄생한 비(非)유럽권 교황으로

이냐시오 데 로욜라. Peter Paul Rubens 作, Norton Simon Museum 소장. 출처: Wikimwdia Commons.

프란치스코 하비에르. Miguel Cabrera 作. 출처: Wikimedia Commons.

사람들의 주목을 받았으며, 예수회에 소속된 첫 교황이다. 그의 교황 명은 프란치스코이다. 청빈과 겸손의 아시시의 성 프란치스코(1181~1226)를 계승하겠다는 그의 의지가 담겨진 이름이나, 한편으로는 예수회의 창시자였으며 동아시아에 천주교를 처음으로 전한 프란치스코 하비에르를 떠올리게 되는 것은 나의 지나친 감정일 것이다.*** (저자 단상)

- 프란치스코 하비에르와 예수회

프란치스코 하비에르는 1506년 4월 7일 오늘날 스페인에 속한 나바르 왕국의 상게사(Sanguesa)에서 후안 데 하수(Juan de Jasso)의 3남 2녀의 막내아들로 태어났다. 어머니 마리아 데 아스필쿠에타(Maria de Azpilcueta)는 하비에르 가문의 유일한 상속인이었으므로 하비에르 성채를 포함한 막대한 유산을 물려받았다. 아버지는 명문 볼로냐대학 출신으로 하비에르 출생 당시 재무장관과 나바르 왕국의 최고회의 의장이었으며, 이 성채의 주인으로 '하비에르 성채의 영주'로 불렸다.

하비에르(Xavier)는 '새 집(New House)'이라는 의미인데, 약 300년 동안이나 마리아 부인 가족의 소유였던 이 성을 오래전에 재건축하면서 얻은 이름이었다. 프란치스코는 하비에르 성(스페인 북부 나바르 지역의 팜플로나로부터 약 40km가량 떨어져 있다.)에서 태어났으며, 외가의 성을 따르게 되었다. 외가는 매우 신앙적인 가정으로 큰 누나 마달레나(Maddalena)는 간디아의 '가난한 클라라회' 수도원의 원장으로 활동했다.

나바르 왕국이 위치한 피레네 산맥의 이 지역은 전통적으로 바스크(Basque)라고 불렸으며 스페인과는 다른 언어와 문화를 가지고 있어 오늘날까지도 분리 독립운동이 계속되고 있는 곳이다.

하비에르가 여섯 살 되던 해 나바르는 스페인에 강제 병합되었다. 그로부터 3년 후 하비에르가 9세 때 마음의 병을 얻은 아버지가 죽자 그때부터 가세가 기울었다. 하비에르의 아버지가 죽은 지 여섯 달 후 나바르를 스페인에 강제 병합했던 스페인 왕이 죽게 되자 쫓겨났던 나바르 왕은 프랑스 군대와 함께 돌아와 무장투쟁을 시작했다. 그러나 전투는 스페인의 승리로 돌아갔고, 나바르 왕은 다시 프랑스로 쫓겨 갔다. 1516년에 벌어진 전투에 하비에르 가문이 가담한 사실이 들어나자 스페인은 하비에르 가문의 성들을 파괴했고 가담했던 하비에르의 두 형과 사촌들은 성을 버리고 무장투쟁을 시작했다.

1521년 5월 프랑스 군대가 다시 나바르로 쳐들어 왔을 때 나바르의 애국자들은 프랑스 편에서 다시 무장투쟁을 시작했다. 초반 프랑스군의 승리에도 불구하고 나바르는 다시 스페인의 지배 아래에 들어갔다. 훗날 하비에르와 함께 예수회를 창립하게 되는 이냐시오[3]도 당시 30세

나이로 팜플로나 전투(1521)에 참전했다. 그는 나바르 왕국의 수도 팜플로나의 성채를 점거한 스페인 군대의 지휘관으로 나바르-프랑스 연합군과 극렬한 전투를 벌였다. 이 연합군은 하비에르의 형과 사촌들이 선두에서 전투를 지휘했다.

이냐시오는 팜플로나 전투에서 다리를 크게 다친 상태로 체포되고 하비에르 성채로 후송되어 2주간의 치료를 받게 되었다. 비록 적군이었지만 같은 바스크 출신이었기 때문에 하비에르 성채에서 치료를 받을 수 있었던 것 같다. 당시 성채에 있었을 하비에르는 15세의 소년이었으며 후일 예수회를 결성하게 되는 이들은 당시 서로 우연히 마주쳤을 수도 있었을 것이다.

하비에르의 두 형과 사촌들은 프랑스로 피신했다. 1년 후 새로 등극한 스페인 왕은 프랑스 편에서 싸웠던 이들을 모두 사면했다. 마침내 1524년 나바르의 반란군들이 항복했고 하비에르의 두 형과 사촌들도 집으로 돌아왔다. 그러나 어린 시절 겪은 이 같은 사건들은 하비에르에게 큰 상처를 남겼다.

- 예수회 설립

하비에르는 1525년 9월 어머니와 파괴된 하비에르 성을 뒤로 남긴 채 피레네 산맥을 넘어 프랑스 파리로 유학을 떠났다. 그는 파리대학의 단과 대학인 상트 바르브(Sainte-Barbe) 대학에서 1536년까지 총 11년간 수학했다. 당시 파리대학에는 50여개의 단과 대학들과 약 4천 명의 재학생들이 있었고 대규모의 단과 대학은 독립적으로 운영되었다. 그는 기숙사에서 프랑스 알프스의 사부아 출신인 피에르 파브르(Pierre

---

3) 이냐시오 데 로욜라(Ignatius de Loyola). 인물 상세 정보 71쪽 참조.

Favre)⁴)와 같이 방을 썼다. 그 후 1529년 10월에 스페인 바스크 출신의 이냐시오가 생트 바르브에서 철학 공부를 시작하게 되어 이 셋은 한 방에서 지내게 되었다. 두 사람은 이냐시오에게서 많은 영향을 받았다.

이냐시오는 학식이나 외모가 뛰어나지도 않았으며 다리를 심하게 저는 신체 장애를 가진 30대의 가난하고 나이 많은 대머리의 만학도였다. 그러나 그는 다른 이들의 영혼을 구제하기 위해 자신의 남은 생을 바치고자 하는 놀라운 영성을 가진 영적인 지도자였다. 피에르 파브르는 이냐시오의 생각에 바로 동조해 그의 첫 동료가 되었다. 그러나 하비에르는 여전히 세속의 성공에 더욱 관심이 많았으므로 이냐시오가 그를 설득하기까지는 더 많은 시간이 필요했다. 결국 하비에르도 이냐시오의 영향으로 완전히 새로운 인간이 되었다.

이들 세 사람은 특별한 모임을 갖게 되며 여기에 이냐시오의 열정에 동참한 4명, 훗날 이냐시오 다음으로 제2대 예수회 총장을 역임하게 되는 스페인 출신 디에고 라이네스(Diego Lainez)와 알폰소 살메론(Alfonso Salmeron)과 니콜라스 보바디야(Nicolas Bobadilla), 그리고 포르투갈 출신으로 훗날 포르투갈 예수회 관구장이 되는 시몽 로드리게스(Simao Rodrigues), 이렇게 일곱 사람은 1534년 8월 15일 몽마르트르 언덕에 있는 작은 성당 생드니 소성당의 지하묘소에서 그 유명한 몽마르트르 서원을 통해 예수회(Society of Jesus)의 초석을 놓게 된다. 미사는 그해 초 이미 사제 서품을 받았던 피에르 파브르가 집전했다. 개인적으로 정결과 청빈을 서원했고 예루살렘을 순례하며 그곳에서 비신자들의 개종을 위해 일하기로 결심했다. 나중 세 명이 더 합류함으로써 초기 구성원은 파리대학 석사 10명으로 늘어나게 된다.

---

4) 피에르 파브르는 2014년 1월 3일 로마 제수 성당에서 성인품에 올랐다.

1534년 하비에르와 이냐시오는 신학공부를 시작했다. 그러나 위장병을 앓았던 이냐시오는 증세의 악화로 다음 해 3월 잠시 고향에 들러 요양하기로 했다. 이냐시오는 1537년 봄에 예루살렘 순례를 위해 베네치아에서 동료들과 다시 만나기로 약속했다.

1536년 1월 정규교육을 모두 마친 후 몽마르트의 서원대로 예루살렘 성지순례를 위해 베네치아에 모였다. 배편을 기다리는 동안 그들은 베네치아의 병원에서 두 달간 봉사활동을 하며, 로마를 방문해 교황 바오로 3세를 알현하고 예루살렘의 성지순례와 사제 서품을 허락해주도록 요청했다. 1537년 6월 24일 이냐시오와 하비에르 그리고 4명의 동료가 베네치아에서 사제 서품을 받음으로써 본격적인 '하느님의 일'을 하게 되었다.

집단으로 사제 서품을 받던 이 시기까지도 이들은 특정한 수도회를 새로 만들 것이라고 생각하지는 않았다. 그들은 예루살렘 성지순례를 함께 하고 평생 신앙의 동지로서 그리스도의 삶을 본받아 살아가겠다는 것이 그들의 목표였다.

1537년 여름 내내 아드리아 해에서 베네치아와 오스만 터키 사이에 긴장이 고조되자 예루살렘 성지로 가는 배편을 기약할 수 없게 되었다. 그들은 인근 비첸차에 모여 계획을 수정해 이냐시오는 로마로 가서 교황을 위해 봉사하고 다른 이들은 대학에 남기로 의견을 모았다. 이러한 계획과 함께 그들 모임의 명칭에 관해 논의하여 '예수의 친구들(또는 동반자들)의 모임'으로 결정했다. 이냐시오는 '라스토르타의 현시'라는 영적 환시를 통해 이 명칭의 선택이 옳았음을 확신했다. 이후 모임은 공식적으로 '예수회'로 불리기 시작했다.

예루살렘 성지순례는 어렵게 되었으나 그들은 예수회를 계속 이어가기로 했고 그들의 신앙적 열정은 다른 곳으로 결집시키기로 했다. 이

예수회와 관련된 주요 유럽 도시들.

냐시오 등은 로마로 가서 조직적인 신규 수도회 활동 가능성을 타진해
보기로 했다. 나머지 회원들은 두 명씩 짝을 지어 이탈리아의 대도시를
돌면서 더 많은 회원을 모집하기로 했다.

초기 예수회는 이냐시오 로욜라가 몽세라트의 베네딕토 수도원과
만레사 동굴에서 묵상과 수련을 통해 이룩한 이냐시오 개인의 영성을
기초적 토대로 그 운영이 주도되었다. 이냐시오의 영성은 '세상 모든
것 안에서 역사하시는 하느님을 발견하는 것'을 목표로 삼았다. 선교
방식 또한 이냐시오가 확립한 선교방식의 대원칙에 따라 대도시를 우
선으로 하는 대도시의 원칙과 위에서 아래로 내려가는 선교방식을 택
했다.

하비에르는 1538년 1월 볼로냐를 배정받고 전도자의 삶을 시작한 후 그해 4월 로마로 오게 된다. 흩어진 예수회 회원들이 속속 로마로 모여들었는데 이들이 로마로 모인 뒤로부터 약 7개월 동안 이단 혐의로 조사를 받게 되며 11월에서야 로마재판소로부터 루터파 이단이라는 혐의로부터 완전히 벗어나게 되었다.

이듬해 사순절 기간 동안 이냐시오와 초기 예수회 회원들은 예수회의 목표와 존재 이유에 대한 3일간의 회의를 거쳐 이 신앙공동체를 정식 수도회로 격상시키기로 만장일치로 결정했다. 이리하여 1539년 4월 19일 예수회 조직의 결성을 공식적으로 의결하게 된다.

예수회의 설립 정신은 이냐시오에 의해 다섯 항목으로 정리되었다, 그중 네 번째의 서원은 '교황께서 명령하시는 임무는 아무리 힘들고 위험할지라도 반드시 따른다.'는 교황의 명령에 절대복종을 수도회의 존재 이유로 내세우는 파격을 채택했다. 일반적인 수도회의 청빈, 정결, 순명의 3대 서원(誓願) 위에 교황에 대한 순명을 제4의 서원으로 추가했다. 예수회가 마치 군사조직처럼 보이는 이유는 이러한 점에 기인했을 것이다.

예수회의 규약인 총장의 종신직으로 인해 총장에게 과도한 힘의 쏠림과 교황에 대한 절대복종으로 인해 일어날지도 모를 수도회 간의 과도한 충성 경쟁의 위험성으로 예수회의 정식 승인은 지연되었다. 그러나 마침내 1540년 9월 27일 교황 바오로 3세의 교서에 의해 가톨릭교회의 공식적인 수도회로서 설립이 공인되었다. 이냐시오는 예수회 초대 총장에 추대되어 교황의 승인을 받았다.

이냐시오는 예수회의 본부를 로마 도심의 한가운데 두었고, 교황의 숙소 바로 인근의 산타마리아 델라 스트라다 성당으로 정했다. 중세 기존의 수도회가 세속을 떠나 도시 외곽에 위치했던 것과는 판이하게 차

별을 두었다. 예수회는 도시 한 복판에서 '도시의 수도회'로서 자리 잡고, 상위층 혹은 지배층을 우선적으로 선교하고자 했던 것이다. 예수회의 이러한 상위층 우선 선교 원칙에 따라 훗날 하비에르가 일본 선교 시 교토에 있는 일본 왕을 알현코자 했으며, 마테오 리치 또한 중국 선교를 위해 북경의 신종을 알현하고자 했던 것이다.

무엇보다도 예수회의 최대 공적은 교황청의 반(反)종교개혁 운동의 선봉에 서서 프로테스탄트 세력의 확산을 막았다는 점일 것이다.

- 동방으로의 선교

예수회 창설이 정식으로 승인되기 전부터 예수회원의 파견 요청이 여러 곳으로부터 들어왔다. 파리대학 출신의 엘리트 집단인 새 수도회에 교황은 중요한 임무를 맡기고자 했다. 이들에게 교황 바오로 3세는 '종교개혁을 일으킨 이단'으로부터 유럽과 가톨릭교회를 구하라는 특명이 내려졌다. 사실 1517년 독일 비텐베르크 대학의 마르틴 루터에 의해 촉발된 종교개혁의 사조는 울리히 츠빙글리, 장 칼뱅과 토머스 크랜머를 통해 스위스, 프랑스 그리고 영국 등 전 유럽으로 급속히 퍼져 나갔고, 1527년 신성로마황제 카를 5세의 용병들에 의한 로마 약탈(Sacco di Roma)로 가톨릭교회는 엄청난 위협에 직면하고 있었다.

총장 자격의 이냐시오와 볼로냐에서 걸린 말라리아로 인해 거동이 불편한 초대 비서직의 하비에르를 제외한 모든 회원들은 교황의 특별한 지시에 따라 모두 유럽으로 흩어지게 된다.

당시 포르투갈 국왕 요한(주앙) 3세는 리스본을 떠나는 모든 포르투갈 무역선에 가톨릭교회 선교사가 동승할 것을 법으로 정했고 포르투갈을 통해 전 세계의 복음이 전해지기를 원했다. 그는 이웃 스페인 국왕과 가톨릭 신앙 수호자 자리를 놓고 경쟁을 벌이던 야심만만한 통치자였다. 그러나 포르투갈 자국의 사제나 수도사만으로는 그 인원이 부족했다. 그는 로마주재 포르투갈 대사를 통해 우수한 예수회 선교사 인력을 선교에 투입할 수 있도록 교황께 청원해 볼 것을 지시했다.

포르투갈 국왕의 청원을 받은 교황 바오로 3세는 이냐시오에게 적임자 두 명을 포르투갈의 아시아 선교책임자로 파송할 것을 지시했다. 니콜라스 보바디야와 시몽 로드리게스가 선택되었다. 그런데 보바디야가 로마에 왔을 때 건강이 급격히 악화되었다. 로마에 남은 이냐시오와 하비에르 둘 중 한 사람이 대신 인도로 가야만 했다. 하비에르는 총장 이냐시오에게 '제가 여기 있습니다.' 라는 단 두 마디 말을 남기고 다시는 돌아오지 못할 로마를 떠났다. 그는 말라리아에 걸려 거동이 불편함에도, 이냐시오의 권고를 받자 아무런 질문이나 이견 없이 곧바로 미지의 아시아 대륙을 향해 떠났다.[5] 포르투갈을 떠나기 전 왕의 전령으로부터 받은 교황의 편지는 그를 교황대사로 임명한다는 내용이었는데 따라서 하비에르는 인도에서 활동하는 모든 포르투갈 성직자들에 대한 권한을 부여받게 되었다.

하비에르에게 이냐시오는 동료이자, 스승이며, 영혼의 아버지였다. 그가 이냐시오에게서 온 편지를 받거나 쓸 때면 마룻바닥에 무릎을 꿇고 예를 갖췄으며, 편지를 읽은 후에는 이냐시오의 서명을 오려내 작은 금함에 넣어 목에 걸고 다녔다. 그는 편지에 다음과 같이 적고 있다.

---

5) 하비에르와 시몽 로드리게스는 1540년 3월 15일 로마를 출발하여 그해 6월 말 포르투갈의 리스본에 도착했다. 그들은 인도로 가는 배편을 기다리는 동안 성사와 설교 영성수련 등을 수행했다. 이들의 활동을 본 사람들은 그들을 계속 그곳에 머무를 수 있게 해달라고 청했다. 포르투갈 왕의 건의에 대해 교황은 시몽 로드리게스를 포르투갈에 남기고 하비에르만 인도로 파견했다. 하비에르는 예수회에서 처음으로 비그리스도교 국가 선교사가 되었다.

"제게 생명처럼 고귀하신 신부님이 건강하게 살아 계신다는 것 자체가 제게 크나큰 위안과 기쁨이 됩니다. 편지에 쓰신 여러 가지 고귀하신 말씀과 위로 중에 제일 마지막에 '잊어버릴 수도, 잊어버릴 가능성도 없는 하비에르에게 이냐시오가 씀'이라고 쓰신 부분을 저는 눈물을 쏟으며 읽고 또 읽었습니다."

동방에서의 전교 당시 그가 겪은 수많은 고통과 시련 그리고 인간적인 고독 모두를 극복할 수 있었던 것은 이냐시오의 보이지 않는 도움과 쉬지 않는 이냐시오의 기도 덕분이라고 믿었다. 하비에르는 죽음이 둘 사이를 갈라놓기 전에 이냐시오를 다시 한 번 만나고 싶다는 소망의 서한을 보냈고 이냐시오는 당장 유럽으로 귀환할 것을 지시하는 답장을 보냈으나 그때는 이미 하비에르가 임종한 후라 살아생전에 둘은 서로 만나지 못했다.

- 하비에르의 인도, 말라카와 몰루카 제도에서의 선교활동

하비에르는 1541년 4월 7일 리스본에서 산티아고(Santiago) 호를 타고 인도로 출발해 1542년 5월 6일 인도 중서부의 고아에 도착하였다. 아시아의 리스본으로 불렸던 고아는 1539년 바오로 3세에 의해 교구 설립이 인가되었고, 예수회의 설립과 동시에 그 일대의 선교 책임이 예수회에 주어졌다. 당시 프란치스코 수도회의 활동이 활발한 곳이었다. 그는 아시아의 예루살렘이었던 그곳에서 교리해설서와 성가의 번역 등 활발하게 전교활동을 했으며, 교회 지도자를 키우기 위해 고아 대학을 설립함으로써 인도에서 예수회가 선교할 수 있도록 그 기반을 마련했다.

그는 고아와 인도 최남단의 진주 해변에서 활동했으며 1만여 명에

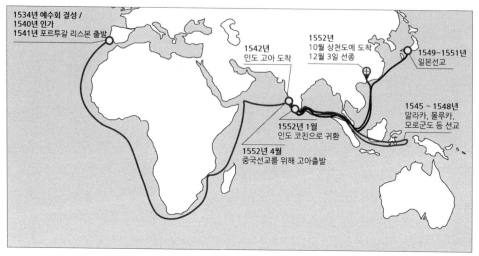

1534년 예수회 결성 /
1540년 인가
1541년 포르투갈 리스본 출발

1542년
인도 고아 도착

1552년
10월 상천도에 도착
12월 3일 선종

1549~1551년
일본선교

1552년 1월
인도 코친으로 귀환

1545 ~ 1548년
말라카, 몰루카,
모로군도 등 선교

1552년 4월
중국선교를 위해 고아출발

프란치스코 하비에르의 선교경로.

게 세례를 베풀었다. 그 후 1544년 9월에는 동서양 무역의 중심지였던
말라카와 1546년 1월에는 향료 제도(몰루카 제도의 옛 이름 인도네시
아 제도)에서 선교활동을 했다. 2월에는 암보이나 섬, 6월에는 테르나
테 섬, 9월에는 필리핀 남부의 모로족에게 1547년까지 선교활동을 했
다. 동남아시아 일대에서 목숨을 건 선교활동을 한 후 1547년 7월에 말
라카로 다시 돌아왔다. 그곳은 2명의 예수회원이 하비에르의 일을 이어
받았다. 이후 하비에르는 동아시아로 건너와 일본 전교에 나서게 된다.
그는 1542년 인도에 온 이후 상찬다오에서 선종 때까지 10년 6개월 동
안 약 10만 명을 그리스도교로 개종시켰다. 그는 성 바오로 이후 가장
많은 사람을 그리스도교로 개종시켰다고 알려져 있다.

교황청의 발표6)에 의하면 전 세계 가톨릭 신자는 12억 5천만 명 정

---

6) 교황청 국무원 통계처 통계연감 2013년.

도이며 전인구의 17.7%를 차지하고 있다고 한다. 아메리카 대륙이 64.8%로 가장 높으며 그 다음은 유럽이 39.9%이다. 가톨릭 신자가 가장 많은 나라는 브라질로 1억 7천만 명이며 다음이 멕시코로 1억 9백만 명, 필리핀 8,160만 명, 미국 7,180만 명, 이탈리아 5,770만 명 프랑스 4,776만 명 순이다.

아시아는 3.2%인 1억 4천만 명으로 다른 대륙에 비해 현저히 낮다. 아시아 국가 중에는 천주교 국가였던 스페인이 오랫동안 통치했던 필리핀이 8,160만 명으로 가장 많으며, 전 세계 국가 순위로는 3위이다. 다음이 인도로 2,016만 명, 인도네시아가 757만 명, 베트남이 661만 명이며, 그다음 다섯 번째가 우리나라로 539만 명이다. 일본은 100만 명 정도인데 그 반이 외국인임으로 순수 일본인은 50만 명 정도로 추정된다고 한다.[7] 묘하게도 얼추 하비에르가 전교한 나라 순서대로 천주교의 신자 수를 반영하고 있다.

프란치스코 하비에르의 향기로움이 썩지 않는 그의 몸처럼 오늘날까지도 풍겨지고 있는 것일까?

- 『천주성교공과』 속의 방지거 하비에르 첨례

과거 100년간 우리나라 천주교의 기도서였던 『천주성교공과』[8]에도

---

7) 한국 천주교 신자 수 556만 명, 한국 천주교회 통계 2014년. 일본 천주교 신자 수 42만3500명, 국민 1억2100만 명 중 0.35%. 동아일보. 2019년 11월 25일.
8) 『천주성교공과(天主聖教功課)』
 일반적으로 성교공과 또는 공과로 불려졌던 기도서로서, 1969년 제2차 바티칸 공의회 결과로 새로운 기도서인 「가톨릭 기도서」가 나오기까지 약 100여 년간 한국 천주교회의 공식기도서로 사용되었다. 제2대 조선교구장 앵베르 주교는 모두가 쉽게 배우고 익힐 수 있는 공과의 편찬에 착수했는데 한문본 공과 두 책을 원본으로 공과의 내용은 모예(Moye 1730~1793년) 신부의 『천주경과天主

하비에르 첨례(瞻禮)시 읊는 하비에르에 대한 기도문이 실려 있다. 이로 미루어 1800년 후반부터 우리 선조들도 하비에르의 공덕을 잘 알아, 모든 칭송과 존경의 언어로서 아시아에 그리스도를 전한 프란치스코 하비에르를 노래해 왔음을 알 수 있다.

성 방지거 사베리오 도문

성 방지거 사베리오 여,
인도국과 동방의 으뜸 탁덕이신 성 방지거 여,
평화의 복음을 널리 펴신 성 방지거 여,
예수의 성명을 원방에 드러내기로 간선하신 그릇이여,
거룩한 사랑이 가득하여 먼 지방에 두루 넘치게 하신 그릇이여,

성부의 영광을 크게 드러내신 이여,
성자의 충성을 우러러 법 받으신 이여,
성신의 은총을 널리 전하신 이여,
종도의 뜻을 항상 품으신 이여,
종도의 행실을 밟으신 이여,

───

經課』를 취했고, 그 구성 체제는 롱고바르디(Longobardi 1559~1654년) 신부의 『천주성교일과天主聖教日課』를 따랐다.
앵베르 주교가 기해박해로 순교하자 이 작업은 중국에서 귀국한 최양업 신부, 한글과 한문에 능통했던 다블뤼 보좌주교, 베르네 주교 등에 의해 보완, 정리돼 필사본으로 교우들에게 보급되었고, 이어 베르네 주교의 감수 아래 1862~1864년에 4권 4책의 목판본으로 간행되었다. 『천주성교공과(天主聖教功課)』목판본 그리고 그 후 활판본의 『주년첨례경과』에 '성 방지거 사베리오 첨례 도문'이 실려 있는 것으로 보아 조선 천주교의 초기부터 우리의 신앙 선조들도 프란치스코 하비에르의 아시아 전교의 공덕을 크게 칭송하고 있었음을 알 수 있다.

동방 성교의 근기여,
천주 성교의 동량이여,
외교인을 가르쳐 밝히신 빛이여,
진주를 믿고 공경함의 지극한 표준이여,
간측한 정성의 밝은 거울이여,
덕을 정이 닦음의 표양이여,
영적을 많이 행하신 기이한 성인 이여,
권능이 바다의 성낸 물결을 항복하게 하신 이여,
명령이 태양과 사행을 승순하게 하신 이여,
진도를 보호하신 이여, 이단을 쳐 물리치신 이여,
성교를 전하여 알게 하신 이여, 소경을 보게 하신 이여,
험난한 바다 건늠을 보호하신 이여, 저는 이를 다니게 하신 이여,
염병과 난리에서 구원하신 이여,
사마를 몰아 멀리 도망케 하신 이여,
병자의 나음이여, 죽은 이의 생명이여, 곤궁한 자의 의탁이여,
근심하는 자의 위로여, 약한 자의 의지함이여,
거룩한 사랑의 곳집이여, 추덕을 풍성히 갖추신 이여,
썩지 않는 궤여,
지극히 빈핍하신 성 방지거 여, 지극히 정결하신 성 방지거 여
지극히 청명하신 성 방지거 여, 가장 겸손하신 성 방지거 여
주를 위하여 십자가를 게으름 없이 달게 메신 이여,
사람의 상생하는 신익을 위하여 간절 하사 쉬지 않으신 이여,
오관을 굳이 막아 마음에 사욕이 없음이 천신과 같으신 이여,
마음을 다하여 백성을 돌아봄이 성조와 같으신 이여,
주의 마음에 흡합하여 능히 장래 일을 앎이 선지자와 같으신 이여,
동방을 진기함으로 위 높고 공적이 무성함이 종도와 같으신 이여,
먼저 행하고 후에 말하여 가르침에 부지런함이
성사와 같으신 이여,

예수를 위하여 생명 버리기를 원함과 충성을 다함이
치명자와 같으신 이여,
몸을 괴로히 하고 영혼을 꾸며 도덕이 순전하신 정수자여,
신형이 정결하여 하자가 없으신 동신이여,
주의 특은을 입어 모든 성품의 거룩한 공적을 겸하신 이여,
성 방지거 아시아의 광휘 여, 성 방지거 예수회의 광영이여 (중략)
큰 은보 성 방지거는 우리를 위하여 빌으사,
우리로 하여금 그리스도의 허락 하신 바를 얻게 하소서.

인물 상세 정보

2) 페르디난드 마젤란(Ferdinand Magellan 1480~1521년).

포르투갈 출신으로 선배인 바르톨로메오 디아스, 바스코 다 가마, 크리스토퍼 콜럼버스, 조반니 카보토(존 캐벗) 등과 더불어 대항해 시대를 대표하는 모험가이자 항해자이다. 그는 1517년 스페인에 귀화해 스페인 국왕 카를로스 1세의 후원으로 최초의 세계일주 항해를 성공함으로써 사실상 대항해 시대의 정점을 장식한 인물이다.

마젤란 본인은 중도에 필리핀 막탄 섬에서 사망해 결과적으로 세계일주 항해에는 실패했으나, 그가 인솔했던 함대는 스페인 태생인 후안 데 세바스티안 엘카노(Juan Sebastian Elcano 1486~1526)에 의해 세계일주가 성공적으로 마무리 지어졌다. 최후까지 살아남았던 선원 중 서기 역할을 했던 이탈리아 출신의 안토니오 피가페타(Antonio Pigafetta 1491~1534)는 후에 자신의 고향인 베니스로 돌아가 이 항해 기록을 『최초의 세계일주에 대한 기록』이라는 책으로 엮음으로써 극적으로 마젤란의 빛나는 업적이 알려질 수 있게 되었다.

마젤란 함대의 세계일주는 수많은 역경을 돌파하며 이뤄낸 역사에 남은 유명한 항해였으나, 출발 3년 만에 5척의 선박 중 가장 작은 빅토리아(Victoria) 호의 265명 선원 중 13명만이 귀환했고, 마젤란 자신의 생명까지 빼앗긴 참담한 것이었다. 그러나 이로써 바다를 통해 세계일주가 가능하며, 또한 지구가 둥글다는 것이 실증되었다. 아이러니컬하게도 현재 필리핀에는 마젤란 동상과 그를 죽인 원주민 부족장 라푸라푸(Lapu-Lapu)의 동상이 같이 세워져 있는데, 마젤란은 최초로 세계일주에 성공한 공로로, 라푸라푸는 필리핀 최초로 침략자를 물리친데 대한 찬사로 함께 나란히 추앙받고 있다고 한다.

3) 이냐시오 데 로욜라(Ignatius de Loyola 1491~1556년).

스페인 바스크 지방의 아스페이티아에서 13남매 중 막내로 태어났다. 처음 세례명은 이니고였다 오냐의 베네딕토 수도원 아빠스를 기리는 의미의 세례명이었다. 이니고가 1535년 3월 석사학위를 받을 때 대학에서는 그에게 이그나시오(Ignatius)라는 라틴식 이름- 엄밀히말하면 이냐시우스라고 발음함-을 부여했는데 그 후로는 스스로 그 이름을 사용했다.

1951년 팜플로나 전투에서 부상한 이냐시오는 회복하는 동안 주님의 부름을 받게 되었다. 그는 예루살렘으로 순례를 결정했고 우선 바르셀로나를 향해 출발했다. 1522년 3월 21일 몽세라트의 베네딕토 수도원에 도착해 총 고해한 후, 인근 만레사 동굴에서 열 달간을 머물며 묵상과 수련을 통한 영적생활을 했다. 이 만레사에서 받은 영적 체험을 바탕으로 이냐시오는 1548년 『영성 수련』을 저술하게 된다. 이냐시오의 영성은 '모든 것 안에서 하느님을 발견하기(Finding God in Everything)'로 요약해 볼 수 있을 것이다.

늦은 나이에 신학 공부를 시작한 이냐시오는 46세에 사제가 되었다. 1540년 동료들과 함께 예수회를 창립하여 초대 총장으로 선출되었고, 이후 1556년 로마에서 선종할 때까지 총장을 맡아 예수회의 기틀을 다졌다.

1609년 시복되었으며, 1622년 프란치스코 하비에르와 함께 교황 그레고리오 15세에 의해 시성되었다. 그의 기념일은 7월 31일이다.

제4장. 프란치스코 하비에르에 의한
천주교 전래

사도 시대 이후 가톨릭교회의 가장 위대한 선교사는 아마도 프란치
스코 하비에르일 것이다. 1662년에 시성된 그는 흔히 사도 시대의 바오
로 사도에 버금가는 위대한 선교사로 불린다. 수많은 역경과 위험을 무
릅쓰고 머나먼 거리를 오가며 선교에 헌신했기 때문이다. 교황 비오 11
세는 1927년 그를 '선교의 수호자'로 선포했다.

일본의 천주교 전래는 예수회의 창설자이며, 동방의 사도로 칭송되
는 프란치스코 하비에르가 1549년 8월 15일 규슈(九州)의 가고시마(鹿
兒島)에 도착함으로써 시작된다. 이로부터 1633년 에도 막부의 3대 쇼
군 도쿠가와 이에미쓰(德川家光)에 이르러 교회 조직이 붕괴되고, 천주
교 신앙이 지워지는 시기까지를 일본에서는 '그리스도의 세기'라 부
른다.

〈일본 역사 속의 천주교 전래와 임진왜란의 위치〉

시대	연대	역사기록
구석기 시대		
조오몬(繩文) 시대	약 9,000년 전	
續 조오몬 시대		
야요이(彌生)	약 2,400년 전	벼농사, 청동기 문화
	기원 전 660년	1대 진무(神武)천황

고훈(古墳)	300년~	15대 오진(應神)천황, 철기 문화
아스카(飛鳥)	550년~	29대 긴메이(欽明)천황, 불교 전래
나라(奈良) 시대	710~784년	43대 겐메이(元明)천황, 국가개념 형성 역사적 기록을 갖춤
헤이안(平安) 시대	794~1192년	50대 간무(桓武)천황, 도읍을 헤이안(京都)으로 옮김
가마쿠라(鎌倉) 막부 1192~1333년		1192년 미나모토 요리토모(源賴朝): 정이대장군(征夷大將軍)에 취임 1274년 여·몽 연합군의 침입 :분에이(文永)의 역(役)
	1333~1336년	겐무(建武)의 신정(新政)

무로마치(室町) 막부
1336~1573년
		1336~1392년 남북조 / 1392~1467년 무로마치 /
		1467~1573년 전국(戰國)시대
		1467~1477년 오닌(應仁)의 난, 무로마치 막부
		    명목상으로 존재
		1549년 프란치스코 하비에르 일본 가고시마 도착
		1573년 오다 노부나가 아시카가 요시아키(足利義
		    沼)를 교토에서 추방

아츠지(安土) 시대	1573~1582년	1582년 혼노지(本能寺)의 변. 오다 노부나가 피살
모모야마(桃山) 시대	1582~1603년	1587년 도요토미 히데요시의 금교령 1592년 임진왜란 1597년 정유재란 1598년 도요토미 히데요시 사망
에도(江戸) 막부	1603~1868년	1603년 도쿠가와 이에야스: 정이대장군에 임명 1614년 도쿠가와 이에야스의 금교령 마닐라와 마카오로 추방 1614년과 1615년: 오사카(大坂)의 진(陣) 1587년 파리외방전교회 일본 입국
메이지(明治) 시대	1868~1912년	대정봉환(大政奉還 1867)으로 왕정복고 1873년 금교령 철폐 제국헌법 1889년 / 청일전쟁 1894~1895년 / 러일전쟁 1904~1905년
다이쇼(大正) 시대	1912~1926년	123대 다이쇼(大正) 제1차 세계대전 1914~1918년
쇼와(昭和) 시대	1926~1988년	124대 히로히토(裕仁) 제2차 세계대전 1939~1945년
헤이세이(平成)시대	1989~2019년	125대 아키히토(明仁)
레이와(令和)시대	2019~현재	126대 나루히토(德仁)

- 환상의 섬 지팡구와 남만인(南蠻人)의 도래

일본은 마르코 폴로(Marco Polo)에 의해 환상의 섬나라 '지팡구' 즉 '황금이 나는 땅'으로 유럽인들에게 처음 소개되었다. 그는 당시 중국 원나라에 떠돌던 소문, 즉 일본은 금과 은이 넘쳐나는 지상의 낙원이라는 허황된 소문을 그대로 기록함으로써 일본이 신비와 환상의 나라로 소개된 것이다. 콜럼버스도 "서쪽을 돌아 지팡구와 카타이에 도착할 계획을 세웠다."고 말한 바 있다.

하비에르의 도일(渡日) 6년 전인 1543년(天文 12), 포르투갈인을 태운 중국 무역선이 샴에서 명나라의 영파(寧波)로 향하던 중 태풍을 만나 규슈 가고시마(鹿兒島)의 남쪽 타네가시마(種子島)에 표착했다. 이들이 일본에 온 최초의 유럽인인데 타네가시마의 영주 타네가시마 토키타가(種子島時堯)의 도움으로 무사히 귀국할 수 있었다. 이때 영주 토키타가는 포르투갈인으로부터 서양식 철포를 구입해 그 제조법을 가신들에게 배우게 했다.

포르투갈 철포가 전해지자 이를 모방해 제작된 화승총(火繩銃)이 토키타가로부터 사츠마의 영주 시마즈(島津)와 무로마치(室町)막부에 헌상되었다. 그 후 철포는 센고쿠(전국, 戰國) 다이묘들에게 퍼졌고 철포의 전래는 일본 전국에 커다란 영향을 미쳐 훗날 일본 전국의 통일을 촉진하는 요인이 되었다. 1575년 나가시노(長篠)전투에서 철포로 무장한 3천 명의 오다 노부나가(織田信長)의 철포대가 당시 천하무적을 자랑하던 갑주의 다케다(武田)군 기마부대 1만 5천 명을 격파함으로써 철포의 위력을 증명했고, 노부나가가 전국을 재패하는 기틀을 마련하게 되었다.

이후 포르투갈인들은 점차 일본의 여러 항구로 입항하게 되고, 또한 무역을 확대해 나가게 되었다. 1584년 스페인도 필리핀의 루손을 거점

남만인의 도래. 남만병풍, Kano Naizen 作, 1600년. 고베시립박물관 소장.

으로 일본과의 무역을 시작했다. 무로마치 이후 센고쿠 시대1)에는 일
본에 온 포르투갈과 스페인인 그리고 이탈리아인까지도 남방으로부터
내항해 왔다하여 남만인(南蠻人)2)이라고 불렀으며, 이들과의 무역을 남
만무역(南蠻貿易), 그들이 전래해 온 서양문물 전반을 남만문화(南蠻文
化)라 불렀다. 반면 후일 이들에 뒤이어 에도 시대에 일본에 온 화란인
은 따로 구별하여 홍모인(紅毛人)이라 했다.

---

1) 무로마치(室町) 막부(1336~1573년) 말경 발생한 오닌(応仁)의 난(1467~1477년)
　으로 막부는 명목상으로 존재하게 되며 약 100년간의 전국(戰國)시대(1467~
　1573년)가 펼쳐진다. 1573년 오다 노부나가가 무로마치 막부의 마지막 장군 15
　대 장군 요시아키를 교토에서 추방함으로써 무로마치 막부는 막을 내렸다. 이
　후 오다 노부나가의 아즈치 시대(1573~1582년), 도요토미 히데요시의 모모야마
　시대(1582~1603년), 도쿠가와 이에야스의 에도 막부 시대(1603~1868년)가 도래
　했다.
2) 남방의 야만인이라는 의미이다.

- 프란치스코 하비에르의 일본에서의 전교활동

하비에르와 야지로의 운명적 만남

로마교황의 사절로서 인도에 파송되었던 하비에르는 인도와 말라카, 몰루카 등 동남아 지역의 어려운 선교활동으로 아시아 전교가 한계에 부딪쳐 있었다. 하비에르의 아시아 전교는 1547년 말라카에서 하비에르가 포르투갈인 알바레스 선장을 통해 사쓰마 태생의 야지로(安次郎)라는 일본 무사를 만남으로써 새로운 돌파구를 마련하게 된다. 이를 계기로 하비에르는 일본에서의 포교를 결심하게 된다.

야지로가 말라카에 온 사연은 이러하다. 야지로는 일본에서 살인사건에 연루돼 가고시마에서 도피처를 찾던 중 1544년 여름 포르투갈 무역 개척선단의 조지 알바레스 선장을 만나게 된다. 그는 말라카로 야지로를 데려오면서 살아있는 성자로 존경받고 있던 하비에르에 관해 많은 이야기를 들려주었다. 이로써 범죄에 연루돼 고국을 떠나야만 했던 야지로는 살아있는 성자 하비에르와의 만남을 학수고대하게 된다.

야지로를 태운 배는 1546년 말 말라카에 도착했다. 그러나 당시 하비에르가 몰루카 제도에서 목숨을 건 선교를 펼치고 있었기 때문에 두 사람은 서로 만날 수가 없었다. 하비에르와의 만남이 계속 미루어지자 결국 그는 일본으로 돌아가게 된다. 돌아가던 중 태풍을 만나 중국 해안의 작은 섬에 기착하여 뜻밖에도 그곳에서 하비에르가 말라카로 돌아오고 있다는 소식을 접하게 돼 그는 다시 말라카로 돌아오게 된다.

1547년 12월 7일 마침내 하비에르와 야지로의 운명적인 만남이 이루어지게 되었다. 하비에르는 야지로와의 만남을 이렇게 회고하고 있다.

"그는 나를 처음 보았을 때 크게 감격했으며 우리가 믿고 있는 종교에 대해 알고 싶다는 강한 열정을 보였습니다. 그는 포루투갈 어도 곧잘 해서 대화에 별 문제가 없었습니다. 일본에 있는 사람들이 이 사람처럼 똑똑하고 새로운 것을 배우는 데 열심이라면 아마 지금까지 발견한 어떤 나라보다 신속하게 복음이 전파 될 것입니다.… (중략) 저는 그에게 함께 일본으로 가서 그리스도교를 전파하면 많은 사람들이 개종할 가능성이 있느냐고 물었습니다. 그러자 그는 일본인들이 먼저 제게 많은 질문을 할 것이고, 일본인들은 이성적인 판단을 하는 사람들이기 때문에 제가 얼마만큼의 지식이 있는지 확인한 다음에야 개종할 것이라고 말했습니다."

반면 하비에르를 만난 야지로는 어떻게 느꼈을까? 그는 이렇게 회고하고 있다.

"그분은 저와의 만남을 크게 기뻐하였으며, 저를 포옹하시면서 이 만남은 분명히 하느님께서 준비하신 것이라고 말씀하셨습니다. 저는 그분을 뵐 때마다 영혼이 새롭게 됨을 느꼈습니다. 그분의 얼굴을 바라보기만 해도 제 영혼은 안식과 위로를 얻었습니다."[3]

일본 선교의 초석이 된 이 둘의 운명적 만남은 이렇게 시작되었다. 1547년 12월 말 하비에르와 야지로는 말라카를 떠나 인도로 향했다. 일본으로 곧장 가는 대신 인도에서 완벽한 선교 준비를 한 후에 일본으로 가고자 했다. 하비에르는 야지로를 아시아 선교 본부인 인도 고아의 성·바울 신학교에 보내 일 년 반 동안 신학수업을 받게 했다. 그는 야지로를 장차 일본 선교를 위한 번역사와 통역사로 훈련시키고자 했다.

3) 김상근, 『아시아 선교의 개척자 프란치스코 하비에르』 홍성사, 2010년, 171~174쪽.

그러나 야지로가 한자에 능숙하지 못했기 때문에 하비에르는 크게 실망했는데, 실제로 야지로는 단기간에 효과적인 번역사가 될 수는 없는 상황이었다. 야지로는 1548년 5월 20일 파울로 데 산타페(Paulo de Santa Fe)[4]라는 세례명으로 고아 대성당에서 세례를 받았다. 이로써 야지로는 일본인 최초의 천주교 신자가 되었다.

하비에르는 인도에서 두 번째 체류하는 15개월 동안 인도 전역을 돌며 아시아 선교의 최고책임자답게 인도와 말라카 그리고 몰루카 제도에 쌓여진 산적한 문제를 해결하고자 동분서주했다. 또한 새로운 아시아 선교의 중심이 될 일본에서의 큰 계획도 수립해 이냐시오에게 보고했다.

야지로가 고아에서 신학교육을 마치자 1549년 4월 25일 하비에르는 인도 총독의 사절로서 일본을 향해 고아를 떠났다. 따라서 하비에르는 일본 선교에 앞서 1년 반을 준비한 셈이 됐다. 그는 일본으로 가는 중도에 말라카에서 한 달가량 머물렀다. 말라카의 수비대장은 바스코 다 가마의 넷째 아들 베드로 다 가마였는데 그는 살아 있는 성자로 추앙받던 하비에르를 환대하고 존경하여 일본 선교에 필요한 모든 재정을 지원하기로 했다.

당시 말라카에서 일본으로 가는 해상항로는 일본 왜구의 출몰과 태풍 때 바람의 힘에 의해서만 선박을 북쪽으로 밀어 올려 항해가 가능했음으로 이 항로로 항해하는 것은 목숨을 건 지극히 위험한 일이었다. 그럼에도 불구하고 무역상들이 이 항로에 적극적이었던 이유는 동아시아의 중개무역을 통한 막대한 이익 때문이었다.

명 말기의 조세제도는 은 본위여서 마카오를 통한 풍부한 일본 은의

---

4) '성스러운 신앙의 바오로'라는 의미이다.

수입이 필요했다. 그러나 명은 일본과의 교역을 국법으로 금지하고 있어 중국의 은값은 계속 치솟고 있었다. 반면 일본은 군웅이 할거하는 전국(戰國)시대로 각 영주들은 자신을 내세우고 과시하기 위해 값 비싼 중국산 고급비단이 필요했다. 이러한 상황으로 인해 동방 항로를 장악하고 있었던 포르투갈의 무역상들은 동아시아의 마카오와 나가사키를 축으로 하는 중개무역에 뛰어들어 이를 독점했으며, 포르투갈은 중개무역의 수익을 극대화하기 위해 교역을 통제하고, 포르투갈 국왕이 임명한 선장에 의해 운송을 관할하게 했다.

한편 일본은 이들을 남만인으로 비하하면서도 은과 비단의 중개무역을 통한 막대한 재정적 이익 때문에 호의를 보이는 이중적인 태도를 보였다. 하비에르가 일본 선교에 나설 무렵 포르투갈 상인들에 의한 동아시아의 중개무역은 초기 시작 단계에 있었고, 이후 많은 선교사들의 일본 입국의 허용은 이러한 배경에서 진행되었다.

**가고시마(鹿兒島)에서의 전교활동

1549년 8월 15일 성모승천대축일에 하비에르와 동료 코스메 데 토레스(Cosme de Torres)신부, 보좌수사 후안 페르난데스(Juan Fernandez), 일본인 야지로와 그의 두 시종, 그리고 인도 성·바울 신학교에서 교육을 받은 중국 청년 마누엘(Manuel)등 일행이 마침내 야지로의 고향인 일본 규슈 남부 사츠마의 가고시마에 도착했다. 이나리가와 강이 바다로 빠져나가는 한적한 마을 기온노스쵸의 해변에 하비에르 일행이 첫 발을 디딤으로써 일본에서의 천주교가 시작되었다. 이때 하비에르는 43세였으며, 그는 일본에서의 선교가 동아시아 선교의 새로운 교두보가 될 것으로 기대했다.

가고시마에 도착한 후 야지로가 먼저 사츠마 영주 시마즈 다카히사

(島津貴久 1514~1571)의 초청
을 받게 되었다. 그리고 마침내
하비에르도 1549년 9월 29일
다카히사를 만나 그의 환영을
받았으며, 선교의 허용은 물론
종교의 자유도 인정하겠다는 약
속을 받게 되었다. 다카히사는
시마즈(島津)가문5)의 15번째
다이묘(大名)로 6년 전 전국 말
기에 타네가시마에 표착한 포
르투갈인을 통해 철포의 전래
를 비롯한 많은 혜택을 얻었던
경험이 있었다. 영주 다카히사
는 하비에르를 무역선단을 이

성 프란치스코 하비에르 초상화. 작자미상.
고베시립박물관 소장.

끄는 중심인물로 보았으며, 그의 조건을 허용함으로써 포르투갈 무역선
단의 유치를 통해 중개무역의 가능성을 기대했을 것이다.

하비에르는 다카히사의 성채에서 영주의 아내와 자녀 등 영주의 최
측근 일본인 15명에게 처음으로 세례를 베풀게 되었다. 오늘날 생각해
보면 아마도 그들은 하비에르를 불교를 전파하러 인도에서 온 전법승
(傳法僧)정도로 오해했을 가능성이 크다. 아무튼 당시 다카히사는 하비

5) 시마즈(島津)가문의 문장(紋章)은 십자가에 동그라미를 두른 모양이다. 그러나
   원래 시마즈 가의 문장은 동그라미가 없는 그냥 십자가였다. 1594년 사츠마에
   도착한 하비에르는 이 문장을 보고 시마즈 번주가 기독교 신자가 아닌가하고
   놀랐다는 일화가 있다. 시마즈 다카히사(島津貴久 1514~1571년)는 시마즈 가의
   15대 당주로, 차남 요시히로(義弘)와 그의 아들 히사야스(久保)가 임진왜란에
   참전했다.

하비에르 가고시마 체류 기념비. 일본 가고시마의 프란치스코 하비에르 기념공원 일각에 세워진 기념비로 하비에르 내항 400주년(1949년)을 기념하여 건립되었다.

에르 일행을 환영하고 적극 협조를 약속했다.

하비에르는 영주에게 먼저 복음을 전하고, 다음으로 미야코(교토, 京都)의 일본 국왕, 그리고 마지막으로는 거대한 중국의 황제에게 복음을 전한다는 원대한 계획을 가지고 있었다. 그는 이냐시오가 확립한 선교 방식의 대원칙에 따라 '위에서 아래로'의 선교방식을 고수했다. 당시 하비에르가 인도 고아의 교우에게 보낸 편지6)에서 그가 일본과 일본 문화에 대해 어떻게 생각했는지를 알 수 있다.

6) 히라카와 스케히로 저, 노영희 옮김. 『마테오 리치. 동서문명교류의 인문학 서사시』 동아시아, 2002년, 46쪽.

"저의 체험을 바탕으로 이 일본이라는 나라에 대해 알려드립니다. 먼저, 일본 국민은 지금까지 제가 만난 여러 국민들 가운데 가장 좋은 사람들입니다. 이교도 중 일본인에 필적할 만한 민족이 다시는 없으리라 생각될 정도입니다. 일본 사람들은 대단히 예의가 바르고 선량하며 교활하지도 않습니다. 놀랄 만큼 명예를 존중하는 사람들로, 명예를 다른 어떤 것보다도 중요하게 생각합니다. 그들은 대체로 가난합니다만, 가난하다는 것이 상류계급이나 그렇지 않은 사람들 사이에서 부끄러운 일이 아닙니다.

무기를 무척 중요하게 여겨 남자는 14세가 되면 항상 칼을 옆에 차고 다닙니다. 사무라이는 가난을 부끄럽게 여기지 않고, 무기를 항상 갖고 다니며, 다이묘에게 충성을 바치는 일을 매우 중요하게 생각합니다.…(중략) 그들은 이해력이 남달라 잘 알아듣고 새로운 것을 배우는 것에 대한 열정이 있습니다. 그들은 고대 중국 철학자들의 지혜를 믿고 있습니다. 많은 일본인들이 해와 달을 숭배합니다. 그들은 이성적 판단을 존중하며 이성적으로 옳다고 판단되는 것에 따라 살아가는 사람들입니다."

하비에르는 일본인을 매우 긍정적으로 평가했으며, 이에 따라 일본 선교에 대해서도 매우 기대가 컸고, 또한 낙관적이었던 것 같다.

자신감을 얻은 하비에르는 『예수의 길』이라는 천주교 서적을 일본어로 발간하였으며, 『공교요리(公敎要理)』라는 교리해설서를 저술했다. 이 저서에 감명되어 베르나르도(Bernardo)[7]라는 젊은 일본 무사가 하

---

7) 가고시마에서 처음으로 개종한 청년무사로서 일본 이름은 알려져 있지 않다. 그는 일본에서는 늘 하비에르를 수행하여 교토까지도 동행했다. 하비에르를 따라 일본을 떠나 인도를 거쳐 포르투갈로가 코임브라(Coimbra)대학에서 공부함으로써 일본 최초의 유럽 유학생이 되었으며 예수회에 정식 입단했다. 로욜라의 배려로 로마에서도 신학공부를 해 초기 예수회에 큰 영향을 미쳤으나 고국에는 돌아오지 못하고 포르투갈의 코임브라에서 사망했다.

하비에르 기념공원에 있는 3인의 동상. 오른쪽부터 하비에르, 중앙이 베르나르도, 왼쪽이 야지로이다. 두 사람 모두 가고시마 출신이다.

비에르에게 첫 번째로 세례를 받았다. 얼마 후에는 미카엘(Michael)이라는 농부를 포함한 15명이 신자가 되었으며, 1년간의 전도로 1백 명이 신자가 되었다. 이들 중에는 가고시마 최후의 그리스도인으로 남은 마리아(Maria)도 있었다. 그러나 그가 27개월간 일본 체류 후 시몽 로드리게스에게 보낸 편지[8]에는 정반대의 내용을 담고 있다.

8) 김상근. 『아시아 선교의 개척자 프란치스코 하비에르』 홍성사, 299쪽.

"절대로 뉴 스페인(멕시코)에서 '은의 나라(일본)'를 찾기 위해 배를 출항시키지 말기를 바랍니다. 이런 무모한 시도들은 슬픈 결과만 안겨줄 뿐입니다. 거친 바다에서 살아남아 일본에 도착한다 할지라도 나아질 것은 없습니다. 일본인은 매우 호전적이고 탐욕스러운 민족이어서 뉴 스페인에서 배가 도착하면 모든 것을 강탈하고 말 것입니다. 앞에서 거듭 강조한 것처럼 일본인들은 욕심이 많아 만나는 스페인 사람들을 모두 죽이고 무기를 빼앗을 것입니다."

선교 초기 일본 영주들이 하비에르의 가톨릭 선교를 적극적으로 받아들였던 데는 나름대로 몇 가지 이유가 있었다. 첫째로 경제적인 이유를 들 수 있다. 우선 그들은 포르투갈을 통한 중개무역을 통해 경제적인 부를 축적할 수 있었다. 이를 위해서는 포르투갈의 무역선단이 필요했으며, 아마도 포르투갈 무역선에 동승해 일본에 온 하비에르를 그들은 이들 무역선단을 이끄는 핵심적인 인물로 보았기 때문이다.

두 번째는 종교적인 오해에서 발생된 것으로 하비에르 일행은 가톨릭의 하느님을 야지로의 번역에 따라 대일(大日: 다이니치)라고 불렀으며 일본인들에게 다이니치를 믿으라고 선교했다. 그러나 당시 일본 불교의 한 종파인 진언종(眞言宗)에서도 이미 그들의 대광불(大光佛)의 이름으로 이 대일이라는 용어를 사용하고 있었다. 다이니치는 인도 불교의 한 분파에서 믿는 부처의 이름이었던 것이다. 따라서 인도 즉 부처의 고향인 천축(天竺)으로 부터 온 검은 사제복의 하비에르를 일본인들은 불교의 선교자로 생각했으며, 그들이 전하고자 했던 새로운 종교는 아마도 그들이 이미 접하고 있는 불교의 한 분파 정도로 오해했던 것이다.

훗날 이러한 잘못을 알게 된 하비에르는 야마구치에서의 전교 당시 길거리를 지나가는 일본인에게 "절대로 다이니치를 믿지 마십시오. 절대로 다이니치에게 기도하지 마십시오."라고 외치는 황당한 사건을 일으키게 된다. 대신 그는 이번에는 데우스(Deus)를 믿으라고 외치게 된다. 그러나 이 또한 일본어인 다이소우(대허大嘘-큰 거짓말)와 비슷하게 들림으로써 놀림을 받게 된다. 하비에르는 초기의 선교 당시 언어 소통에 문제가 있어 야지로의 번역과 통역에만 의존할 수밖에 없었음으로 이러한 상황이 초래되었을 것으로 보인다.

**가고시마(鹿兒島)에서 히라도(平戸)로

1550년 6월 포루투칼 무역선이 규수의 북부 히젠(肥前)의 히라도 항에 입항하게 되었다. 하비에르는 히라도에 포르투갈 무역선이 도착했다는 소문을 듣게 되었다. 하비에르는 틀림없이 유럽과 인도, 말라카의 예수회로부터 배편을 통해 편지가 도착했으리라 생각했다. 그는 8월 지체 없이 가고시마를 떠나 히라도로 갔다. 그러나 기대했던 편지는 없었다.

당시 하비에르는 히라도에서 약 한 달을 머물러 있는 동안 히라도의 젊은 영주 마츠우라 다카노부(松浦隆信)[9]를 만나게 된다. 그는 포르투갈과의 교역을 바랐고 그의 영지 내에서 선교의 자유도 보장했다. 하비에르는 다시 히라도로 돌아오겠다는 약속을 남기고 가고시마로 되돌아갔다.

초기에 우호적이었던 불교는 개종자가 점점 늘어나자 하비에르에게 적대적이 되었다. 결국 승려들은 시마즈 영주를 설득해서 더 이상의 개

---

9) 마츠우라 다카노부(松浦隆信 1529~1599년) 히라도의 이교도 영주. 그의 적자인 마츠우라 시게노부(松浦鎭信)는 이교도 영주로서 히라도 마츠우라(松浦)가문의 제26대 당주였다. 시게노부는 임진왜란 당시 아들 히사노부(松浦久信)와 함께 고니시 유키나가가 이끄는 제1군에 참여했다.

종을 금지하게 했고 선교도 금지시켰다. 시마즈 영주가 가톨릭에 대해 차가운 모습을 보이자, 하비에르는 가고시마를 떠난다.

가고시마로 돌아온 하비에르는 가고시마 공동체를 야지로에게 맡기고 그는 나머지 일행들과 함께 미야코로 가서 일본 국왕을 알현코자 했다. 변방인 가고시마에서 보다 일본 천황이 있는 미야코로 가서 직접 천황을 만나 복음을 전하는 것이 보다 현명한 선교방식이라 생각했다.

**미야코로 가는 길: 히라도(平戶) - 야마구치(山口) - 미야코(京都)

1550년 9월 그는 다시 히라도로 갔다. 무역에 관심이 많았던 영주 마츠우라 다카노부는 하비에르가 포르투갈 선원들의 존경을 받는 것을 보고 그를 환대하고 선교를 허가했다. 그는 한 달간 그곳에 머물면서 100여 명에게 세례를 베풀었다. 10월 말 히라도를 떠나면서 그곳의 선교는 토레스 신부에게 맡겼다.

하비에르는 일본어에 능통한 후안 페르난데스 수사와 베르나르도를 대동하고 하카다(博多 현 후쿠오카: 福岡)와 시모노세키(下關)를 거쳐 야마구치(山口)에 도착했다. 그가 이때부터 야마구치에서 길거리 설교를 시작하자 선교활동의 소문이 퍼져 나가기 시작했다. 야마구치에는 당대 가장 강력한 실권을 가진 영주였던 오우치 요시타카(大內義隆)가 있었는데 요시타카는 직접 하비에르 일행을 불러 그의 설법을 듣기를 원했다. 43세의 요시타카는 한국계 린쇼오 태자(琳聖太子)의 직계 후손으로 소위 백제계였으며, 수오(周防)와 나가토(長內)를 다스리는 일본에서 가장 명망 있는 영주이며, 학자, 시인과 예술가들의 보호자였다. 하비에르가 요시타카의 알현이 가능했던 이면에는 당시 하비에르의 가르침에 관심을 보였던 한 일본 귀족 나이토 다카하루의 주선이 있었기 때문이었다.

당시 일본 다이묘들의 대부분이 그랬듯 요시타카 역시 교만하고 사치스러웠으며 동성애 등의 음탕한 행동에 빠져있었다. 그러나 당시 일본의 지배층은 자신들의 이러한 행동에 대해 별다른 죄의식을 느끼지 못했다. 하비에르는 이를 적나라하게 정면으로 비판함으로써 요시타카의 분노를 사게 되었고, 일행의 신변을 걱정할 정도였다고 한다. 이런 이유로 하비에르 일행은 더 이상 선교가 불가능하게 되었으며 야마구치를 급히 떠날 수밖에 없었다. 그러나 하비에르가 미야코에서 별 소득 없이 돌아옴으로써 영주인 오우치 요시타카와 다시 만나게 되고 이곳을 중심으로 전교를 펼치게 된다.

12월 말 하비에르는 야마구치를 떠나 미야코로 향했다. 야마구치에서 이와쿠니(岩國) 항구까지는 육로로 이동했는데, 겨울의 이 여정은 춥고 너무나 힘들어 후안 페르난데스 수사는 흰 눈길 위 하비에르의 발에서 흐르는 핏자국을 따라 걸었다고 기록하고 있다. 이와쿠니에서는 세토나이카이 해로를 통해 사카이를 거쳐 1551년 1월 13일 기대하던 수도 미야코에 도착했다.[10] 히라도를 떠나 걸어온 지 두 달 만이었다.

사카이에서는 야마구치의 귀족 다카하루가 소개한 상인 쿠도 히비야(工藤日比屋, 히비야 료케이)의 도움을 받게 되었다. 하비에르는 사카이의 쿠도로부터 미야코에서 유일하게 도움을 청할 수 있는 사람, 즉 고니시 류사(小西隆佐)를 다시 소개받게 되는데 그가 바로 고니시 유키나가의 아버지였다. 하비에르는 추천을 받은 고니시 류사로부터 자신

---

10) 하비에르의 미야코(京都)까지의 여정은 다음과 같다.
　　가고시마——히라도(平戶)----하카다(博多)——모자(門司)(여기까지 규슈)----시모노세키(下關)(여기부터는 혼슈)——야마구치(山口)——이와쿠니(岩國)----미야지마(宮島)----사카이(堺)——미야코
　　　　　　　　(—— 도로로 걸어서 이동　---- 배편을 이용하여 이동)

이 알현하고자 하는 일본 천황과 그가 방문하고자 하는 히에이잔(比叡山)의 불교대학에 대해 뜻밖의 소식을 전해 들었다.

당시의 수도 미야코는 전란으로 폐허가 되었고 쇼군의 권력은 유명무실해졌다. 각 지방은 세력 확장을 꾀하는 다이묘들의 전쟁이 계속되었고 홍수, 기근과 역병 등의 재해로 전 국토가 황폐해졌다. 미야코에 거주하는 일본 천황은 고국 스페인이나 포르투갈의 국왕과 같은 강력한 존재가 아니었다. 실권이 전혀 없는 상징적인 존재였던 것이다. 왕실은 가난해서 왕의 접견을 원하는 사람은 반드시 일정량의 조공을 받쳐야 왕의 알현이 가능했다. 하비에르는 아무런 선물이나 진상품도 가져오지 않았고 처참하고 남루한 행색이었음으로 왕의 알현을 허가받지 못했다. 류사는 왕을 정말 만나고자 한다면 비단 옷으로 갈아입을 것을 충고했다.

또한 그가 방문하고자 했던 히에이잔의 불교대학은 천태종 불교의 본산이기는 하나 일반인의 출입이 엄격히 금지되고 있었다. 11일 동안 미야코에 머문 하비에르는 더 이상 미야코에 머물 필요가 없음을 깨달았다. 또한 그는 당시 일본이 전국에 군웅할거하고 있는 다이묘들에 의해 다스려지며, 일본 왕은 이들을 통제할 아무런 정치적, 군사적인 힘이 없다는 사실을 깨달음으로서 '위에서 아래로'의 예수회 선교방식이 일본에는 적용하기가 어려울 것이라는 사실도 함께 알게 되었다. 그는 오사카를 거쳐 1553년 3월 배편으로 히라도로 다시 돌아왔다.

**영주 오우치 요시타카와의 재회

교토에서 별다른 성과를 얻지 못한 하비에르는 일본 국왕 대신 당시 일본의 가장 강력한 영주였던 오우치 요시타카를 다시 만나 그의 도움을 받고자 했다. 1551년 3월 야마구치에 도착한 하비에르는 이번에는 화려한 비단옷을 차려 입고 요시타카를 다시 만나 일본 국왕 대신 그에게 진귀한 선물들을 받치고, 그의 영지 내에서 선교를 허락해 줄 것을 청했다. 요시타카는 기꺼이 하비에르의 청을 들어주었다.

야마구치에 머무는 동안 약 500명이 세례를 받음으로써 하비에르가 일본에 도착한 이래 처음으로 대규모의 개종이 이루어졌다. 이들 중 비와호시(琵琶法師)[11]로 불렸던 맹인 료니시(了西)의 라우렌시오(Lorenzo)로의 개종은 가장 괄목할만한 사건으로 후일 그는 일본 예수회 초기 역사에서 중추적인 역할을 하게 된다. 또한 아시카가 각코(足利學校)라는 당대 최고의 유학자가 개종함으로써 일본 사회에 큰 충격과 함께 예수회 전교에 큰 도움이 되었다

오우치 다이묘는 천주교가 서양의 새로운 문화를 받아들일 수 있는 통로가 될 것으로 판단했고, 다이도지(大道寺) 라는 빈 절을 교회로 내줄 정도로 하비에르의 전도활동을 도와주었다. 다이도지는 일본 최초의 성당이 되었다. 요시타카로부터 정식 허가를 얻어 스오(周防)국 야마구치에서 5개월간 선교하는 동안 분고(豊後) 후나이성(府內城)[12]의 영주 오토모 요시시게(大友義鎭)의 초청을 받게 되었다.

---

11) 비파법사(琵琶法師) 라우렌시오(1526~1592년).
그는 1526년생이며 규슈의 히젠 시라이시(肥前 白石 현 히라도 시) 출신으로 병가의 이야기(兵家物話)에 가락을 붙여 이야기로 비파를 타던 장님스님으로, 1551년 하비에르에게 라우렌시오로 세례를 받았다 하비에르가 야마구치를 떠난 후에도 그곳에서 활동했고 1563년 예수회 도주쿠(동숙)가 되어 코스메 디 토레스 신부 아래에서 일본 예수회 역사에서 중추적인 역할을 하게 된다. 40년간 그리스도를 전하며 일본 곳곳을 돌아다녔던 그를 빼고는 일본의 초기 교회를 말할 수 없을 정도로 많은 활동과 빛나는 업적을 쌓았다. 가스파르 빌레라 신부와 함께 교토 지역에서 전교를 하다가 1592년 2월 3일 66세로 나가사키에서 선종했다.
12) 현재 오이타(大分)현.

★★영주 오토모 소린(大友宗麟)과의 만남

하비에르가 야마구치에서 선교하는 동안 분고 후나이성의 영주 오토모 요시시게의 초청을 받았다. 1551년 9월 후나이성으로 이동하며 히라도에서 선교하던 토레스 신부를 불러 페르난데스 수사와 함께 야마구치를 책임지게 했다. 포르투갈과의 교역이 유리하다고 판단한 후나이성의 영주 오토모 요시시게는 하비에르의 선교에 최대한 지원을 약속했다. 후나이에 머물러 선교하는 동안 하비에르는 600~700명에게 세례를 베풀었다.

후나이성에서의 대대적인 개종을 끝으로 그는 일본을 떠나기로 결심했다. 그가 갑자기 일본을 떠나기로 결심한 이유는 사실 일본으로 온 이후 그는 단 한 차례도 예수회로부터 선교에 관한 편지를 받지 못해 아시아 선교 연결축의 어디에선가 문제가 발생되었다고 생각했던 듯하다. 그리스도교 선교의 동양 전초 사령관이었던 하비에르는 일단 돌아가 아시아 전체의 예수회 선교 현황을 점검해 보고자 했다. 또 다른 하나의 이유는 중국의 선교였다. 일본을 개종시키려면 우선 보다 큰 중국을 개종시켜야 한다는 사실을 깨달았다. 일본 선교의 성공 여부도 결국에는 동아시아 패권을 쥔 중국 선교의 성공 여부에 달려있음을 직감했던 것이다.

그는 1551년 11월 20일 후나이성을 떠나 인도로 향했다. 그가 일본에 머물렀던 기간은 2년 3개월이었다. 그는 이 기간 동안 50여명에 이르는 영주들을 포함해 약 700여 명을 개종시켰다.

오토모 요시시게는 훗날 소린(大友宗麟)으로 개명했고 하비에르를 처음 만난 지 27년이 지난 1578년 예수회의 가브랄 신부(Cabral 1528~1609)로부터 프란치스코란 세례명으로 세례를 받게 된다. 그는 1563년 일본 최초의 크리스천 다이묘가 된 오무라 스미타다(大村純忠) 바르톨

로메오와 함께 초기 일본 천주교의 보호에 앞장섰던 가장 열렬한 천주
교 영주가 되었다.

- 중국을 찾아서: 하비에르의 선종

일본 후나이 성을 떠나 인도로 향하는 도중 하비에르 일행은 큰 태
풍을 만나 훗날 그의 마지막 선교지이며 임종지가 된 상촨다오(上川島)
에 잠시 머물렀다. 이곳에서 오랜 친구이며 예수회의 후원자였던 디오
고 페레이라를 만나 그의 무역선 산타크루즈 호로 싱가포르, 말라카를
거쳐 1552년 1월 24일 인도 코친으로 귀환했다. 이 무역선에는 베르나
르도, 야지로의 두 시종, 일본인 개종자 마테오 등이 동승했다. 페레이
라 선장은 선상에서 중국의 상황을 설명하고 중국 선교를 적극 설득해
하비에르가 아시아의 선교 방향을 중국으로 틀었다고 한다.

말라카에서는 이냐시오가 보낸 1549년 10월자 편지를 받게 되면서
자신이 교황대사에서 아시아 전체의 책임과 권리를 가진 최고위직의
사제인 순찰사(Visitor)에 임명되었다는 사실을 알게 되었다.

인도에 도착한 하비에르는 3개월 정도 머무는 동안 코친과 고아에
서 시급한 문제를 해결한 후 1552년 4월 복음을 기다리는 거대한 제국
중국을 향해 고아를 출발했다. 말라카를 거쳐 10월에 광동(廣東) 앞의
섬 상촨다오에 도착했다. 상촨다오는 광동강이 태평양과 만나는 곳에
위치하며 내륙에서 14km 떨어져 있는 광동성에서 두 번째 큰 섬으로,
포르투갈 상인들의 무역항이 있는 곳이었다.

그러나 그는 이곳에서 장례미사를 집전 후 열병에 걸려 중국 전교를
눈앞에 둔 채 1552년 12월 3일 선종하게 된다. 상촨다오에 가매장되었
던 하비에르의 유해는 다음 해 인도 고아로 옮겨져 봄 지저스 대성당13)
의 성 프란치스코 하비에르 채플에 안치되었다. 유리로 개봉되어 있는

인도 고아의 봄 지저스 대성당. 하비에르 유해가 안치되어 있으며 세계문화유산으로 등재되어 있다. 사진. Hema Priyadharshini. 출처: Wikimedia Commons.

그의 유해는 임종한지 450여년이 지났지만 썩지 않고 여전히 그 모습 그대로 보존되어 있다고 한다.

하비에르 사후 일본에서의 천주교의 포교 가능성이 확인됨에 따라 그의 뒤를 이어 많은 예수회 선교사들이 속속 일본으로 들어와 전교에 힘씀으로써 일본에서 천주교가 융성하는 계기가 마련되었다. 하비에르가 시작한 중국 선교는 하비에르가 선종한 그해 1552년 이탈리아의 마체라타에서 태어나고 1571년에 하비에르가 창설한 예수회에 입회한 마테오 리치가 하비에르 사후 31년 뒤 1583년 9월 광동 항에 도착하면서 다시 이어지게 되었다.

---

13) 선한예수 혹은 아기 예수라는 의미이다.

- 하비에르 선종 이후 일본의 상황

하비에르가 일본을 떠날 즈음 1551년 야마구치에는 오우치 요시타카의 심복 스에 다카후사(陶隆房)가 반란을 일으켜 요시타카가 자결한다. 요시타카의 후원을 받던 야마구치의 그리스도교 공동체도 위험에 빠지게 되고 토레스 신부와 페르난데스 수사는 나이토 다카하루의 거처로 피신하였다. 다카후사는 새 영주로 요시타카의 양자이며 오토모소린의 이복동생이었던 오우치 요시나가(大內義長, 혹은 하루히데大內晴英)를 오우치 가의 32대 당주로 옹립했다.

요시나가는 천주교에 호의적이었고 토레스 신부에게 교회 재건을 위한 허가장을 교부했다. 그러나 오우치 가의 모든 실제적인 권력은 다카후사에게 있었다.

하비에르의 썩지 않는 유해. 봄 지저스 대성당에 안치되어 있는 하비에르의 관. 관은 10년에 한 번씩만 공개된다고 한다. 사진. Nikhil Sharma. 출처: Wikimedia Commons.

1556년 초 교토에 선교를 허가하는 윤허장을 얻기 위해 토레스 신부는 라우렌시오를 히에이산(比叡山)의 엔랴쿠지(延曆寺)로 파견했으나 거절당했고 그가 야마구치로 돌아왔을 때 야마구치를 포함한 주코쿠(中國) 지역은 오우치가의 하위가문이었던 나가토(長門)의 모리(毛利)가문의 공격을 받고 있었다. 실권을 장악하고 있었던 다카후사는 1555년 모리 모토나리(毛利元就)에게 패사했고 1557년 요시나가도 모리의 공격으로 자결함으로써 쥬코쿠의 오우치 가는 멸문하였다.

모리 모토나리가 야마구치를 장악하고 이 지역의 그리스도 신자들을 탄압하기 시작하자 토레스 신부는 오토모 소린이 있는 후나이로 거처를 옮기게 되니, 이에 따라 후나이가 일본 가톨릭교의 중심지가 되었다.

- 하비에르와 조선, 그리고 일본의 조선인

일본의 복음전도는 1549년 8월 세 명의 예수회 선교사 즉 하비에르와 토레스 신부 그리고 페르난데스 수사에 의해 시작되었다. 이들 3명의 선교사들은 이미 1548년부터 조선의 존재를 알고 있었으며 1549년 6월에는 리스본에, 그리고 9월에는 로마에까지 조선의 존재에 대한 소식이 전해졌다. 이로써 유럽 사람들이 조선 왕국의 이름을 처음으로 듣게 되었다. 이 정보의 진원지는 하비에르가 1547년 12월 말라카에서 처음 만났던 일본인 무사 야지로였다. 토레스 신부와 페르난데스 수사도 1548년 3월부터 야지로와 그의 두 일본인 동료와 대화할 기회를 갖게 됨으로써 조선에 관한 많은 이야기를 전해 들었다.

1549년 6월부터 이 3명의 예수회 선교사는 말라카로부터 가고시마까지 그들을 태워 데려갔던 정크선의 중국인 선장 아완(阿旺 Awan)과의 대화를 통해 조선에 대한 많은 소식들을 들을 수 있었다. '해적'이라고 불렸던 아완은 아시아의 해양에 대해 야지로보다는 더 잘 알고 있었다. 그래서 항해 중 하비에르가 해도를 꼼꼼히 살펴보고, 장래 유용할 수 있는 사항들을 자세히 점검했으리라는 것을 추정해보지 않을 수 없다. 그리고 하비에르가 가고시마에 1년 동안 머무는 동안, 또한 1550년 봄 히라도(平戶)로 옮겨가서도 조선에 대해 더욱 많은 것들을 알게 됐을 것으로 보인다. 히라도는 쓰시마(對馬島)를 통해 일본열도와 한반도 그리고 중국을 연결하는 해상무역의 전진 항구였다.

그러나 1550년부터 1556년까지 조선 왕국에 대한 개인적인 정보를 얻을 수 있는 곳은 야먀구치였다. 당시 수오(周防)와 나가토(長內)지역의 다이묘인 오우치 요시타카는 야마구치에 도읍을 정하고 있었는데 그는 백제계 린쇼 태자(琳聖太子)의 직계 후손이었다. 요시타카의 양자로서 후계자였던 요시나가는 분고 영주 오토모 소린의 동생으로 요시나가의 어머니가 오우치 가문이었으므로 그와는 모계 쪽 인척간이었다.

당시 조선 사신과 수행원들은 인구 5만 명 이상의 이 도시를 가로질러 화려한 행렬 후, 영주 오우치 요시타카가 야마구치 궁에서 그들을 영접했으며, 1552년 이후에는 야마구치의 후계자였던 오우치 요시나가(大內義長)가 그들을 영접했다. 따라서 하비에르 일행의 예수회 선교사들은 조선 사신들의 이 특별한 행사를 직접 목격했을 것이다. 또한 페르난데스 수사는 하루에도 두 번씩이나 길거리에서 포교활동에 나섰으므로 조선 사신의 수행원들 중 일부는 청중들 속에 섞여 이 흥미로운 외국인 선교사의 설교를 들었을 가능성이 있다.

하비에르 신부 자신도 매일 도시를 오가면서 도진코지(唐人小路)라 불렸던 외국인들의 거리를 가로 질러 다녔고, 그곳에서 조선과 중국서적들을 팔던 도혼야(唐本屋)라는 외국인들의 서점을 직접 보았을 것이다. 그러나 대륙으로부터 온 외국인들, 즉 조선과 중국인들은 모습이

섬나라 일본인들과 비슷해서 당시 야마구치 내에 2천 명이나 되는 집단 거류지(Sino-Korean colony)를 형성하고 있었지만 외국인이었던 하비에르 일행이 이들을 구별하는 것은 용이하지 않았을 것이다.[14]

아무튼 하비에르 일행과 당시 야마구치에 체류하던 조선인들이 조우했을 가능성이 있겠으나 구체적인 기록은 없어 보인다. 하비에르는 자신의 기록들 속에 조선에 대해서는 언급하지 않았다. 당시 그에게서 그러한 것들을 기대할 수 없었을 것이다. 일본의 선교활동이 겨우 18개월 전부터 시작되었으며, 그와 동료들 어느 누구도 가고시마에서 시작한 일본어 공부를 계속하는 것 이외에는 그리고 많은 방문객들 -그들은 밤과 낮 오랜 대화로 그들을 괴롭혔는데- 을 맞이하는 것 이외에는 시간적 여유가 없었기 때문이었다.

하비에르 후임인 토레스 신부도 야마구치에서 체류하는 동안 바다 건너 조선의 전교에 대해 심각히 고려했는지를 알 수는 없다. 그러나 교회의 문은 일본인뿐 아니라 모든 외국인들에게도 열려있었다. 후나이(府內)에서의 초창기 서간에 의하면 선교사들이 돌보았던 어린이들 중에는 중국 아이들도 있었으며 토레스 신부는 이들을 자신의 친자식처럼 여겼다고 했다.

가스파르 빌레라 신부의 기록에 의하면 하비에르 후임이었던 일본 예수회 장상 토레스 신부가 조선에 복음을 전파할 구상을 했던 시기가 그가 분고 영지에 머물고 있었던 1556~1566년 무렵이었고 이웃나라 조선의 상황에 대한 정보를 조심스레 수집해 왔으며,[15] 이에 따라 빌레라 신부 자신은 조선 선교에 뛰어들 만반의 준비를 하고 있었음을 알 수 있다.

14) Juan Ruiz-de-Medina S. J. 『The Catholic Church in Korea. Its Origins 1566-1784』 English translation-Instituto Storico S. I.- Roma 1991, p.35.
15) 위의 책, p.36.

- 프란치스코 하비에르 시복과 시성

하비에르는 동아시아에 온 첫 번째 선교사였다. 그가 헤쳐온 아시아의 바다는 멀고도 험했다. 그는 특별히 '동양의 사도'라 불리며, 아시아에서 10만여 명을 그리스도교로 개종시켰고 유럽의 동양 선교에 관한

히라도의 프란치스코 하비에르 기념성당. 금교가 풀린 후 1931년에 건립되어 처음 미카엘에게 봉정되었으나 헌당 40년에 하비에르의 히라도 방문을 기념하여 동상을 세우고 현재의 명칭으로 불리게 되었다. 좌우가 비대칭임에도 불구하고 그 아름다움은 조금도 흐트러짐이 없다.

관심을 불러 일으켰다. 아시아에서 보여준 그의 선교 적응주의적 태도 즉 지역문화에 적응해야한다는 생각은 후일 예수회 선교의 기본정신이 되었다.

프란치스코 하비에르는 1619년 10월 25일 교황 바오로 5세에 의해 시복되었으며 1622년 3월 12일 교황 그레고리우스 15세에 의해 이냐시오와 함께 시성되었다. 축일은 12월 3일이며 1927년 비오 11세 교황에 의해 '가톨릭 선교의 수호성인'으로 선포되었다.

일본에는 하비에르의 전도활동에 따라 가고시마에 하비에르 상륙 기념교회16)가, 그리고 히라도와 야마구치에 하비에르를 추모하는 성당이 세워져 있다.

---

16) 1908년 건립되었으나 제2차 세계대전으로 파괴되어 1949년 교황 비오 12세의 기부금으로 재건되었다.

제5장. 일본 천주교의 시작과 부흥

일본의 그리스도(가톨릭) 교회사는 1549년 예수회의 프란치스코 하비에르가 가고시마에 도착함으로써 시작되었다. 그는 일본 천주교의 개척자로서 2년 3개월 동안 일본에 머물렀다. 하비에르가 일본을 떠난 후에도 하비에르의 뒤를 잇는 우수한 외국인 선교사와 일본 가톨릭 개종자의 적극적인 활동, 그리고 가톨릭 영주들의 그리스도교의 보호와 배불정책으로 급속한 성장을 이루어갔다.

초기 일본 가톨릭교회의 성장에 기여한 예수회의 선교사로는 하비에르와 함께 일본에 온 토레스, 초기 일본 교회의 숨은 설립자라 불리는 페르난데스, 교토의 전교에 주력한 빌레라와 오르간티노, 도요고에 병원을 세운 알메이다, 『일본사』를 쓴 프로이스, 동아시아 순찰사 발리냐노 신부 등이 있으며, 일본인 개종자로는 하비에르의 야마구치(山口) 2차 방문 당시 그에게서 세례를 받았던 비파법사 라우렌시오를 꼽을 수 있다. 가톨릭 영주들로서는 앞서 소개한 규슈의 영주들 외에 다카기의 다카야마 우콘(高山右近), 단파의 나이토 조안(內藤如安), 우토의 고니시 유키나가 등이 있다.

또한 교토를 중심으로 그리스도교는 전국 각지로 확대되었는데 다이묘의 보호를 받지 못한 상태에서 일반 민중을 대상으로 활발한 포교가 전개되었다. 1564년 교토의 실력자였던 마츠나가 히사히데(松永久秀)

의 가신들이 일본인 선교사 라우렌시오의 설교에 감명 받아 세례를 받게 된다. 이를 계기로 다카야마 부자(父子) 등 많은 영주들이 연이어 세례를 받음으로써 크리스천 다이묘가 속속 등장하게 된다.

하비에르가 돌아간 후 일본에 온 선교사들은 일본의 수도 교토에 교회를 세우기를 원했다. 오르간티노 신부가 1575년 다리오 다카야마 등 신자들의 협력으로 일본풍의 3층 규모의 대교회를 건축하기 시작해 1578년 난반지(南蠻寺)라고 불리는 교회를 완공했다.

영주가 기리시탄이 되자 승려들은 더 이상 기리시탄들을 박해하지 않게 되었다. 일본 가톨릭은 히데요시의 임진왜란 즈음 1590년대에 전성기를 맞아 신자의 수가 30만 명에 달하게 되며, 당시 일본 총인구의 약 1.3%가 천주교인이 되었다. 이들은 주로 규슈, 야마구치와 일본의 서남부 게이키(京畿) 지역에 집중되어 있었다.

- 교토에서의 전교

프란치스코 하비에르는 수도 교토를 일본 전교의 근거지로 삼고자 했다. 그는 천황을 만나기 위해 일본 겨울의 고통을 인내하며, 힘들게 교토를 찾아갔으나 뜻을 이루지 못하고 교토를 떠났다. 아니, 그는 이 계획을 스스로 포기했다. 당시 전국시대의 일본이 다이묘들에 의해 다스려지며, 폐허 속 교토의 일본 왕은 이들을 통제할 아무런 힘이 없다는 사실을 알게 되었기 때문이다. 예수회의 '위에서 아래로의' 선교방식을 적어도 일본에서는 적용하기가 어려울 것이라는 사실도 함께 깨닫게 되었다. 일본은 고국 스페인과는 달랐던 것이다.

하비에르의 뒤를 이어 선교 책임자가 된 고스메 데 토레스 신부는 1556년 갑자기 라우렌시오 료니시(了西)1)를 히에이산(比叡山)으로 파견하여 교토 선교에 착수했다. 당시 교토에서 새로운 종교를 전하려면 불교의 본산인 히에이산 엔랴쿠지(比叡山 延曆寺)의 허가가 필요했다. 그러나 허락을 얻지 못해 무허가로 포교를 한 까닭에 포교 과정에서 히에이산 엔랴쿠지로부터 엄청난 탄압을 받았으며 예상대로 성공을 거두지 못했다.

교토에 다시 예수회 선교사가 들어온 것은 3년 후인 1559년 11월 30일이었다. 토레스 신부는 분고에서 활동하는 가스파르 빌렐라 신부와 일본인 장님 수사 라우렌시오 료니시 그리고 아키쓰키(秋月)의 도주 쿠 다미아노, 이 세 명을 다시 교토로 파견해 본격적인 선교를 시작했다. 이듬해인 1560년 1월 쇼군 아시카가 요시테루(足利義輝)를 알현한 후 교토에서의 거주와 포교 허가를 얻게 되었다. 사실 토레스 신부는 1556년 이후 교토에서 포교 허가를 얻으려고 노력했으나 실패했는데 마침내 쇼군 요시테루로부터 3개조로 된 윤허장과 세이사츠(制札)를 교부받게 되었다.

쇼군의 포교 허가로 엔랴쿠지는 그리스도교에 대한 직접적인 박해가 불가능하게 되자 종교 논쟁을 통해 그리스도교를 논파해 신부들을 교토에서 몰아낼 계획을 세웠다.

당시 교토의 실권을 장악하고 있던 마츠나가 히사히데[2]는 당대의 대표적 두 학자 유키 타다마사(結成忠正)와 기요하라 에카타(淸原枝賢)[3]를 교리 논쟁의 토론자로 선정했다. 마츠나가 휘하의 무사였던 야마토(大和)의 쿠니사와(國澤)[4] 성주 다카야마 히다노카미(高山飛驒守)는 "교리 논

---

1) 하비에르에게 세례를 받은 야마구치의 가장 인상 깊은 일본인 장님 수사.
2) 마츠나가 히사히데(松永久秀)는 쇼군 요시테루의 집정이던 미요시 나가요시(三好長慶)의 집사였다.
3) 후일 호소가와 그라시아 부인에게 세스페데스 신부를 대신해서 세례를 준 키요하라 마리아는 기요하라 에카타의 딸이었다. 고니시 유키나가(小西行長) 휘하의 유명한 그리스도교 무사 유키 야헤이치는 유키 타다마사의 일족이다.

쟁은커녕, 나라(奈良)에서 당장 신부들을 몰아내야 한다."고 주장했다.

그러나 유키와 기요하라는 먼저 라우렌시오 수사로부터 그리스도의 가르침을 듣고 오히려 천주교로 기울었으며, 마침내 1563년 나라에서 빌렐라 신부에게 세례를 받고 천주교 신자가 되었다. 그들은 빌렐라 신부를 모시고 교토로 들어갔다. 높은 지위와 학식을 갖춘 그들이 신부를 논파하기는커녕 오히려 그리스도교 신자가 되어 교토로 돌아온 사실에 대해 교토는 경악했다. 이 사건은 결과적으로 교토 지역에 그리스도교의 씨를 뿌리는 결정적 결과를 가져왔다.

다카야마 히다노카미 역시 나라에서 라우렌시오 수사로부터 다리오라는 세례명으로 세례를 받았다. 그가 쿠니사와(國澤)성으로 돌아온 후, 부인 마리아와 3남 3녀의 자녀, 그리고 150명의 가신 모두가 신자가 되었다. 그중에는 11살의 장남 다카야마 우콘(高山右近) 유스티노가 있었다. 프로이스가 '그리스도교의 반석'이라고 칭송했던 우콘은 초기 일본 교회에 미친 공적이 너무나 커, 그의 열성과 봉사로 일본 교회의 성장이 이루어졌다고 해도 과언이 아닐 것이다. 다리오 히다노카미는 그의 먼 친척으로 셋츠국(攝津國) 요노성(余野城)의 성주인 구로다(黑田)에게 "그리스도의 가르침 이외에 영혼을 구제할 길은 없다. 따라서 어떠한 희생을 치르더라도 그리스도교로 개종하기를 바란다."는 전갈을 보냈다. 다리오의 권유로 구로다도 부친, 처자, 형제와 가신 등 그의 일족 53명이 라우렌시오 수사의 가르침으로 세례를 받게 되며 후일 구로다의 장녀 유스티나는 우콘과 혼인을 한다.

그러나 교토에서 그리스도의 전교는 전란으로 인해 그다지 성공적이지 못했던 것 같다. 예수회가 교토로 입경한지 5년이 지난 1565년 1월

---

4) 쿠니사와(國澤)는 현 나라현 하이바라이다.

루이스 프로이스와 알메이다 신부가 교토로 들어왔다. 프로이스는 "전교에 지친 40세의 빌렐라 신부는 마치 70세 노인으로 보였다. 머리카락은 백발로 변했고, 교토의 추위로 몸은 몹시 여위어 있었다."고 언급해 빌렐라 신부의 교토 전교가 얼마나 힘들었는지를 단적으로 말해주고 있다.

그들은 쇼군 아시카가 요시테루(足利義輝)에게 신년인사를 갔으나 쇼군은 반년이 채 못돼 암살되었다. 교회는 기리시탄 무사들에 의해 지켜졌으나 유키 타다마사가 암살되었다. 빌렐라 신부는 그의 장례를 교회 식으로 치뤘는데, 교토에서 처음으로 거행되는 이 장엄한 교회 장례식에는 만 명이 넘는 관중이 몰려들어 또 한 번 그리스도교 홍보의 장이 되기도 했다.

그러나 그리스도교의 반대파들에 의해 초래된 이 사건으로 1565년 빌렐라 신부는 천황의 명에 따라 교토에서 인근의 사카이(堺)로 또다시 추방되었으며, 다음 해 분고로 거처를 옮기게 된다. 사카이에는 프로이스 신부만이 남게 되었다.

1568년 오다 노부나가가 교토에 입경하여 권력을 장악함으로써 정국이 다시 안정을 찾아 프로이스 신부는 1569년에 수도 교토로 다시 돌아왔다.

- 일본 전국의 통일 시점에서의 천주교

일본 중세의 전국시대를 논할 때 빠짐없이 순차적으로 언급되는 인물이 있다. 오다 노부나가(織田信長), 도요토미 히데요시(豊臣秀吉), 도쿠가와 이에야스(德川家康)의 세 사람인데, 이들은 센고쿠 3영걸(戰國 三英傑)로 꼽혀 국가적 영웅으로 전 일본인들의 추앙을 받고 있다. 이 걸출한 세 사람에 의해 점차적으로 일본 전국(戰國)의 통일이 이루어진다.

그리스도교의 일본 전래는 이 전국시대에 이루어짐으로써 이들 세명의 인물이 일본 가톨릭의 전교에 미쳤던 영향은 거의 절대적이었던 것 같다. 이들이 가톨릭을 어떻게 생각했고, 어떻게 바라보았으며, 어떠한 반응을 보였는지가 동 시대의 가톨릭의 상황을 결정지었을 것으로 추정된다. 또한 이들이 어지러운 전국을 수습해 나가는 과정에서 가톨릭은 이들에 대해 어떻게 처신했는지를 살펴보고자 한다.

**오다 노부나가의 등장

오다 노부나가는 오와리(尾張)5) 태생인데 이곳은 수도 교토에 진출하려면 반드시 지나가야 할 요충지였다. 그는 1534년 오와리국의 3분의 2를 소유한 노부히데(織田信秀)의 둘째 아들로 태어났다. 이복형인 노부히로는 모친의 낮은 혈통으로 인해 서자 대우를 받았다.

1546년, 13세에 정식 후계자가 된 노부나가는 15세 때(1549) 아버지로부터 오와리 일부를 물려받았다. 1552년 아버지 노부히데가 병사하자 뒤를 이었고 1558년에는 반란을 일으킨 동생 노부카츠를 죽이고 오와리 전체를 통치하게 되었다. 1559년 2월에는 교토로 상경하여 쇼군 아시카가 요시테루를 알현하고 자신이 오와리의 실질적인 새 실력자임을 대내외에 과시하였다. 이를 시작으로 1560년에는 오케하자마(桶狹間) 전투에서 3천 명 소수의 군대로 동해의 최고 유력자인 이마카와 요시모토(今川義元)의 대군 2만 5천명을 격파해 일약 전국적으로 주목받는 신흥세력으로 떠올랐다. 그는 차츰 주변국 미노(美濃), 이세(伊勢)를 정복하기 시작해 14년 후에는 약 50개국을 정복함으로써 전국 통일의 기틀을 마련했다.

---

5) 현 아이치현(愛知縣).

오다 노부나가(織田信長)

오다 노부나가 초상. 일본화, 카노 소수 作.
출처: Wikimedia Commons.

오다 노부나가. 작자미상. 이탈리아 화가가
그렸다고 전해진다. 출처: Public Domain_
Wikimedia Commons.

　1565년 13대 쇼군 아시카가 요시테루가 자신의 부하 미요시 삼인중
(三人衆)과 마쓰나가 히사히데(松永久秀)의 하극상으로 살해되자 노부나
가는 요시테루의 동생 요시아키(足利義昭)6)를 앞세워 마쓰나가 일파를
타파하고 1568년에는 교토로 들어가 그를 막부의 15대 쇼군에 등극케
하였다.

　노부나가는 1567년 미노(美濃)7)를 제압한 후부터 '천하포무(天下布
武)8)'라고 새긴 도장을 사용하기 시작해 새로운 질서를 형성하고, 일본

---

6) 아시카가 요시아키(足利義昭 1537~1597년).
　　그는 일찍이 출가했으나 1565년 무로마치 막부의 13대 쇼군이었던 형 아시카
　　가 요시테루가 암살되자 환속했다. 1568년 노부나가의 도움으로 15대 쇼군이
　　되었으나 얼마 지나지 않아 노부나가와 대립하였다. 1573년 노부나가에 의해
　　교토에서 추방되었다. 그 후 모리 씨에게 몸을 의탁해서 노부나가와 맞섰다.
7) 현 기후현(岐阜縣).

통일이라는 자신의 포부를 대
내외에 밝히고 목표를 본격적
으로 추진하게 된다. 노부나
가의 이러한 목표는 쇼군 권
력의 회복을 꾀하고 막부를
중심으로 한 질서를 재건하려
는 요시아키와 부딪치게 되어
결국 1573년 요시아키를 교토
에서 추방하게 된다. 한때 무
로마치 쇼군 요시아키를 옹립
해서 그 권위를 빌렸지만 결
국에는 그를 막부의 마지막
쇼군으로 만들면서 237년간의
무로마치 막부의 막을 내리게 했다.

아케치 미츠히데 초상화. 작자미상. 혼토쿠 사
(本德寺)소장. 출처: Wikimedia Commons.

　　노부나가는 1582년 2월 가이(甲斐)국 다케다 신겐(武田信玄)의 아들
가쓰요리(武田勝頼)를 패퇴시킴으로써 오랫동안 싸워 왔던 숙적 다케다
(武田)가문을 멸망시켜[9] 통일의 기틀을 다졌다. 동쪽의 숙적 다케다 가

---

8) '하늘아래 무를 펼친다'로 자신의 힘으로 천하를 모두 덮어버리겠다는 의미
　이다.

9) 나가시노(長篠) 전투(1575년)는 일본사에서 한 획을 긋는 전쟁으로 노부나가의
　빛나는 전투사로 회자되고 있다. 그는 유명한 통설의 삼단(三段)사격전법을 구
　사하였다. 당시 철포는 한번 쏘면 다음 발사까지 시간이 걸려 아직 전투의 주력
　무기는 아니었다. 그러나 그는 철포부대를 삼열로 배치해 시간차 없이 연속사
　격을 가능하게 함으로써, 당시 천하무적을 자랑하던 다케다 신겐(武田信玄)의
　아들 가쓰요리(武田勝頼)가 이끄는 장창과 갑주의 기마부대를 단숨에 격파했다.
　이후 1582년 숙적 다케다(武田)가문을 멸망시켜 천하통일의 기틀을 다졌다.

교토 혼노지에 있는 오다 노부나가를 기리는 절.

문을 멸망시킨 노부나가는 이제 서일본 정복을 위해 서쪽의 모리가문
을 정복하고자 했다. 이로서 일본 전국은 백년간에 걸쳐 계속된 내란의
종식을 서서히 고하게 되었다.

　5월 29일 노부나가는 친히 모리 가문을 공격하기 위해 상경했고 교
토에 오면 항상 머무르던 혼노지(本能寺)[10]에 진을 폈다. 그러나 교토의
혼노지에 주둔하고 있던 그는 6월 2일 예상치 못한 가신 아케치 미츠히
데(明智光秀)의 모반에 의해 49세 나이로 혼노지에서 죽게 된다. 이를
일본에서는 '혼노지의 변'이라 한다. 노부나가와 합류하는데 실패한 장
남 노부타다(信忠)도 니조성(二條城)에서 농성 중 아케치군을 막아내지
못하고 결국 할복하고 만다.

---

10) 일본불교 법화종의 본산.

**하시바 히데요시의 등장

노부나가의 심복이었던 하시바 히데요시(羽柴秀吉, 豊臣秀吉)는 당시 일본을 통일하는데 가장 큰 걸림돌이었던 모리 데루모도(毛利輝元)와 전투 중이었다. 모리의 부장이 수비하는 다가마쓰(高松)성에서 전투 중이었던 히데요시를 지원하기 위해 출전하라는 명령을 받은 아케치 미츠히데(明智光秀)[11]가 갑자기 회군해 반란을 일으켜 노부나가를 살해했다. 미츠히데의 반란으로 노부나가의 죽음을 알게 된 히데요시는 모리와 즉각 화해하고 회군하여 미츠히데를 교토의 야마자키(山崎)전투에서 격파하며 주군의 원수를 갚는다. 이로써 아케치 미츠히데의 반란은 삼일천하로 끝나고 말았다. 이때 히데요시 나이 46세였다.

훗날 히데요시는 1592년 정명가도(征明假道)[12]를 구실로 조선을 침공해 임진왜란을 일으킨다. 그러나 예수회 신부들의 말에 의하면 히데요시의 주군이었던 노부나가는 이미 대함대를 이끌고 바다를 건너 조선과 중국을 정복하려는 굳은 의지를 갖고 있었으며 이후 자신의 왕국을 아들들에게 나눠 주려고 생각하고 있었다고 한다. 이런 의미에서 중국 정복을 위해서는 반드시 조선을 거쳐야 함으로 노부나가 자신도 조선의 상황에 대해 비교적 잘 알고 있었을 것이다.

노부나가는 조선을 일본의 지배 아래 두려는 야망을 가지고 있었다. 그는 '일본 고사기(古事記)'에 기록된[13] 신공 황후의 삼한 정벌설의 날

---

11) 아케치 미츠히데(明智光秀 ?~1582년)는 미노(美濃) 출신으로 아시카가 요시아키를 섬기다가 오다 노부나가의 가신이 되었다. 조정을 상대로 하는 외교와 교토의 행정을 담당하는 등 폭 넓게 활약했다. 혼노지에서 주군 노부나가를 살해했지만 야마자키 전투에서 히데요시에게 패해 도망가다 농민에게 살해되었다.

12) 명의 정벌을 위해 길을 빈다.

13) 일본 『고사기』에는 한반도 삼한의 통일 이전 일본의 신공 황후(神功皇后)가 삼한을 정벌하여 일본의 지배 아래 두었으며, 이후 한반도의 각 왕국들이 일본

조된 기록에 근거해, 조선은 본래 일본의 일부임으로 다시 조선을 일본의 지배 아래에 두려는 야망을 갖고 있었다. 훗날 히데요시의 조선 침략도 노부나가의 이런 생각과 무관치 않으며 아마도 이 연장 선상에 있었으리라 판단된다.

**오다 노부나가의 가계

노부나가는 4명의 아들이 있었다 노부나가의 장남 노부타다(織田信忠)는 혼노지의 변 당시 혼노지 옆의 니죠(二條)성에서 목숨을 잃었다.

아버지의 기질을 가장 닮았던 3남 노부타가(信孝)는 시바다 가쓰이에(柴田勝家)에 의해 아버지의 후계자로 추천되었다. 시바다는 노부나가의 여동생 오이치노 가타14)의 남편으로 노부나가 진영의 실력자였다. 그러나 오와리의 기요스 회의에서 히데요시가 죽은 장남 노부타다의 세 살된 아들 산보시(三法師)를 추천해 그가 후계를 계승함으로써, 노부타가는 아버지 노부나가의 뒤를 잇지 못했다. 히데요시는 1583년 오미

에 조공을 받쳤다는 허구의 날조된 기록이 실려 있다. 그리고 오늘날까지도 계속적으로 일본의 역사교과서에 실려 있다고 한다.

14) 오이치노 가타(1547~1583년). 오다 노부나가의 동복 여동생. 오이치, 이치히메(市姫).
```
┌── + 아자이 나가마사(淺井長政 오미近江國)
│        아들 만보쿠마루(萬福丸)
│        '아자이 3자매' 딸 차차(茶々)+도요토미 히데요시(豊臣秀吉)
│                        하쓰( 初 )+교고쿠 다카쓰구(京極高次)
│                        고우( 江 )+도쿠가와 히데타다(德川秀忠)
│
└── + 시바다 가쓰이에(柴田勝家)
```
따라서 오이치는 도요토미 히데요리(豊臣秀賴)와 도쿠가와 막부의 3대 쇼군 이에미쓰(德川 家光)의 조모가 된다. 또한 109대 천황인 메이쇼(明正)천황의 어머니는 히데타다의 딸임으로 메이쇼 천황의 증조모가 된다.

국 시즈가타케 전투에서 승리하며 시바다를 자결케 했으며, 시바다와 가깝다는 구실로 노부타가의 기후성(岐阜城)을 함락시키는데 이때 노부타가도 살해된다.

히데요시의 전횡에 불만을 품은 차남 노부카츠(織田信雄)는 도쿠가와 이에야스와 동맹을 맺고 1584년 3월 히데요시에게 반기를 들었다. 오와리 접경 고마키·나가쿠테(小牧·長久手)에서 전투가 벌어져 유리한 전황이었음에도 불구하고 노부가츠는 히데요시와 11월 일단 화해를 맺었다. 오다 가문의 후계자를 지칭하는 노부카츠가 강화를 선언함으로써 반(反) 히데요시 세력의 이에야스는 싸울 명분을 잃었고 이후 노부카츠도 히데요시의 반(半) 부하 상태로 전락해 버린다. 노부나가의 4남 히데가스(秀勝)는 도요토미의 양자가 되었으나 18세의 나이로 죽게 된다.

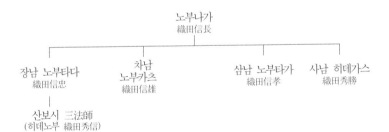

오다 노부나가의 계보

노부나가
織田信長

장남 노부타다 織田信忠
산보시 三法師 (히데노부 織田秀信)

차남 노부카츠 織田信雄

삼남 노부타가 織田信孝

사남 히데가스 織田秀勝

히데요시는 노부나가의 아들들을 차례로 몰락시킨 후 스스로 노부나가의 후계자가 되었다. 또한 다른 지방의 영주들도 차례로 굴복시켜 노부나가 사후 8년이 되는 1590년에 전국시대의 일본을 통일하는 업적을 이룩한다.

노부나가(織田信長), 히데요시(豊臣秀吉), 이에야스(德川家康) 혼인도

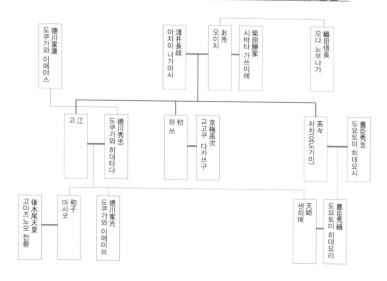

히데요시는 1590년 오다와라(小田原) 전투로 호조 가문을 정벌한 후, 먼저 이에야스에게 그가 소유한 교토와 이웃한 5개국을 자신에게 양도하고 관동으로 옮기도록 명했다. 자진해서 호조 정벌을 도운 이에야스는 뒤늦게 자신의 무지함과 어리석음을 뼈저리게 느꼈으나 어쩔 도리 없이 모든 울분을 가슴속에 담고 관동으로 이동했다. 히데요시는 노부카츠에게도 이세(伊勢)와 오와리(尾張)의 두 영지의 교체를 지시하였다. 그러나 노부카츠는 아버지로부터 물려받아 종래 갖고 있던 두 영지를 원래대로 두기를 청원했다. 이에 히데요시는 격노하여 노부카츠의 영지를 몰수했고 하인 한 사람만을 딸려 일본의 최북단 데하(出羽)의 아키타(秋田)로 추방했다.

노부나가를 계승한 장남의 아들 산보시, 히데노부는 기후성의 성주가 되었다. 히데요시 사후 그는 세키가하라 전투에서 서군에 가담했으나 동군의 이에야스에 패하고 항복했다. 그러나 노부나가의 손자인 것이 참작되어 참수당하지 않고 고요야산(高野山)[15]에 가서 승려가 되어 살다가 1606년 26세의 나이로 죽었다. 이리하여 오다 가문은 노부나가 사후 24년 만에 멸문하고 말았다.

- 오다 노부나가 시대의 천주교 부흥

**프로이스 신부와의 만남

1568년 교토를 점령한 오다 노부나가는 교토의 통치를 다리오 다가 야마의 친척이며 다카츠키 성주인 와다 코레마사(和田惟政)에게 맡겼다. 사카이에 남아있던 프로이스 신부는 다음해 교토 봉행(奉行)이 된 코레마사의 허가를 얻어 교토로 다시 돌아오게 되었고 마침내 1569년 봄 니조성에서 오다 노부나가와 최초의 운명적인인 만남이 이루어졌다. 이를 계기로 노부나가의 특허장 고슈인(御朱印)과 구보사마 즉 쇼군 아시카가 요시아키로부터 특허장을 받게 되었다. 특허장은 선교사가 교토 혹은 그가 원하는 어떤 지역에도 자유로이 거주할 수 있고 거주민이 행하여야할 모든 의무를 면제하며 만일 이를 방해하면 엄벌에 처한다는 내용을 담고 있었다. 두 특허장은 널빤지 위에 커다란 일본어로 써져 교회 문에 걸림으로써 일본 선교의 일차적인 걸림돌은 모두 제거되었다.

프로이스는 교토에 머물면서 고키(五畿)지역의 포교장으로 1576년까지 지속적으로 활약하며 노부나가의 신임을 얻게 되었고 이후 1582년 노부나가가 죽을 때까지 두 사람 사이에는 매우 긴밀한 친분관계가 지

---

15) 고요야산(高野山)은 현 화가산현에 있다.

속되었다. 양측 모두 이러한 관계의 유지를 위해 각별한 관심을 쏟았다. 1576년 말 프로이스는 이탈리아 예수회 신부 오르간티노에게 포교장을 양보하고 분고의 우스키성으로 옮겨 규슈에서 포교활동을 벌였다.

1581년 로마에서 파견된 동양 순찰사 발리냐노가 아즈치성의 노부나가를 방문할 때 프로이스는 통역으로 동행하여 노부나가와 재회했다. 10여 년 동안 포로이스와 노부나가는 약 열여덟 번에 걸친 개인적인 만남이 있었으며, 이러한 두 사람 사이에서 친밀했던 관계는 그의 저서 『일본사』에 잘 나타나있다.

**난반지(南蠻寺)의 건설

프로이스 신부는 수도 교토에 걸맞는 교회를 신축하고자 했다. 빌렐라 신부가 우선 땅을 매입하고, 1575년 8월 오르간티노 신부가 다가야먀 우콘의 헌신적인 도움으로 교회의 건축을 시작해 1578년에 완성했다. 이탈리아 르네상스 예술을 몸에 익힌 오르간티노 신부와 세공물의 주조에는 따라 갈 자가 없다는 교토의 장인들의 노력이 합쳐져 기묘하

교토의 난반지. 그림. 작자미상. 네덜란드 레이크스미술관 소장. 출처: Public Domain_ Wikimedia Commons.

고 아름다운 일본풍의 3층 성당이 세워졌다. '천상의 산타마리아'로 명명된 이 성당을 교토 사람들은 난반지라 불러 그 이름을 역사에 남겨놓았다. 난반지는 훗날 1587년 히데요시의 선교사 추방령에 의해 파괴되었다.

**불교 세력의 제압

오다 노부나가는 전국 통일을 수행해 나가기 위해 통일에 방해되는 불교 세력을 누르고 절을 불태우고 승려를 살해했다. 당시 불교는 지방 영주와 손을 잡고 노부나가에 반대하는 적대 세력이 되어 있었기 때문이었다.

노부나가는 1571년 교토 북부 히에이잔(比叡山)에 불을 질러 불교의 본산지 엔라쿠지(延曆寺, 천태종)의 수백 채의 사찰을 태우고 승려 수천 명을 살해했다. 1572년에는 오사카의 혼간지(本願寺, 정토진종)를 중심으로 하는 일향종 세력을 오사카에서 퇴출시켰다 .

세스페데스 신부의 1579년 서간문에서 보면 "일본에 있는 호화스런 절들이 매일 파괴되고 있습니다. 그(노부나가)는 중들에 대해 천 가지 악(惡)을 말하며, 우리 그리스도교의 신성한 믿음의 진실성과, 순순하고 훌륭한 선(善)들에 관해 말합니다. 그는 자신의 구원에 관한 일들과 강론과 교리를 듣고서는 무척이나 기뻐했습니다."라고 기록함으로써 불교와 승려들에 대해서는 부정적인 태도를 보였던 반면, 대항 세력이었던 천주교에 대해서는 이상할 정도로 호의적인 태도를 보였다. 어떤 선교사는 서신에서 "노부나가는 자신이 의식하지는 못하나 하느님의 도구로서 선택된 사람이다."라고 말할 정도였다고 한다.

세스페데스 신부의 일본에서의 첫 서간문을 보면 1577년 당시 1만 명 이상이 세례를 받았는데 그중 5천여 명은 교토에서 세례를 받음으로써 풍성한 결실을 거두었다고 적고 있으며, 이는 모두 '일본의 황제' 오다 노부나가의 호의적인 정책 덕분이었다고 기록하고 있다. 그리고 그의 가신들은 "그가 천주교도가 될 의사를 갖고 있으며 머지않아 세례를 받을 것이다."라고 덧붙였다. 1579년의 그의 편지에서도 "얼마 전에 노부나가는 오르간티노 신부에게 그의 모든 왕국들이 천주교화 되기를 희망한다고 말한 적이 있으며 그도 이미 반(半)천주교화 되었다고 했습니다.…(중략) 그리고 신하들에게 이르기를 그들의 부인, 아들, 가족들도 천주교도가 되기 위해 준비를 하라고 했습니다. 이 부분에 모두는 큰소리로 그들도 만족하고 있다고 대답하였습니다."라고 기록하고 있다.

오다 노부나가의 천주교에 대한 인식

1579년 알렉산드로 발리냐노(Alexandro Valignano)[16] 동아시아 순찰사가 시마바라(島原) 반도의 구치노츠(口之津)에 상륙했다. 그는 선교사 회의를 개최하고, 수도 교토에 세미나리오를 설립하기로 결정했다. 교토로 상경한 발리냐노는 아즈치성에서 오다 노부나가를 방문했다.

한편 오다 노부나가는 1576년 비와호(琵琶湖) 호반에 아즈치성의 축성공사를 시작했으며, 1579년 성이 완성되었을 때 오르간티노를 포함한 다른 신부들도 아즈치성을 참관했다. 어느 예수회의 선교사는 "이같은 호화로운 성은 유럽에도 존재하지 않는다."라고 감탄하는 내용의 편지를 모국에 보냈다고 한다. 노부나가는 기후성을 장남 노부타다에게 물려주고, 완성된 아즈치성에 살았다. 노부나가는 이곳을 거점으로 천하통일에 매진했다.

---

16) 알렉산드로 발리냐노(Alexandro Valignano 范禮安 1539~1606년). 인물 상세 정보 121쪽 참조.

Goncalo Alvares	곤잘로 알바레스	1568~1573년
Alexander Valignano	알렉산드로 발리냐노	1574~1606년
Francisco Pasio	프란치스코 파시오	1611~1612년
Francisco Vieira	프란치스코 비에이라	1615~1619년
Francisco Pasio	프란치스코 파시오	1611~1612년 (in Macao)
Gabriel de Matos	가브리엘 데 마토스	1621~1622년 (in Macao)
Jeronimo Rodrigues	제로니모 로드리게스	1622~1626년 (in Macao)
Andre Palmeiro	앙드레 파우메이루	1626~1633년 (in Macao)
Manuel Dias	마누엘 디아스	1633~1639년 (in Macao)
Antonio Rubino	안토니오 루비노	1639~1643년 (to Japan 1642)

오르간티노는 노부나가의 아즈치성에 교회 건립 허가를 요청했다. 1580년 노부나가는 그의 성이 있는 아츠지에 신학교-세미나리오를 세우도록 비와호 부근 궁성 가까이의 토지를 기증해 주었으며, 다카야마 우콘의 재정적인 도움으로 신학교를 세우게 되었다. 교토에 설립하기로 한 세미나리오는 아즈치로 옮겨 1580년 개교했다.

노부나가는 여러 번 세미나리오 구경을 나왔다. 아즈치 신학교의 제1회 학생 중에는 훗날 일본 26 순교성인이 된 미키(三木) 바오로도 있었다. 이를 계기로 발리냐노, 오르간티노, 프로이스 등 많은 신부들이 노부나가를 만나게 되고 그에게 천주교 교리를 설명하게 되었다. 이에 노부나가는 일본을 통일해 천주교로 개종하고 나중에는 중국을 정복하고 싶다는 의사를 표시했다. 노부나가가 이와 같이 교회에 호의를 보여주자 많은 영주와 가신들이 교회로 나왔으며 일부는 그리스도교로 개종했다. 셋째 아들 노부타가(織田信孝)는 기후(岐阜)에 교회를 세우라고 했다. 이렇게 교토는 포교의 중심이 되었고 신자들도 증가했다.

노부나가 자신이 교리를 듣고 신자가 되기로 결심했다고 기록하는 자료들이 꽤 있기는 하나 그의 죽음으로 그 뜻이 확인되지는 않았다. 그러나 사실 노부나가는 천주교를 제외한 일체의 신앙을 무시하고 조롱했다. 그리고 전쟁에서의 순조로운 승리로 그의 명성과 부와 권세가 커짐에 따라 오만해졌고 종내에는 자신 이외에 숭배를 받을 가치가 있는 자는 아무도 없으며, 자기보다 뛰어난 조물주도 존재하지 않는다고 말하기에 이르렀다. 자신의 힘을 과신하여 교만한 행동을 일삼았으며 절대군주로서의 지위를 넘어 살아생전에 마치 불멸의 신인 것처럼 만인들로부터 숭배받기를 바랐다. 그는 스스로 아즈치산에 자신을 위한 사원을 창건하고 이 '소유켄지(總見寺)의 신체(紳體)'가 되어 그곳으로 참배하러 오도록 함으로써 살아있는 신불로 자신의 신격화를 추구했다. 따라서 노부나가가 천주교 신자가 되고자 했다는 자료는 너무나 단순하고 순진한 생각으로 보인다.

오르간티노 신부는 노부나가 생전에 그의 신임이 두터웠으며, 그가 혼노지의 변으로 살해당한 후에도 오다 노부나가 집안과의 우정이 지속되었다. 노부나가의 둘째 아들 노부카츠는 30세(1588)때 노부나가의 동생 나가마스(長益)와 함께 세례를 받았다. 노부나가의 장남 노부타다의 둘째 아들 히데노부(秀信, 산보시, 세례명 베드로)와 둘째 아들 히데노리(秀則, 세례명 바오로) 역시 1595년에 세례를 받았으며, 노부나가의 네 딸들도 세례를 받았다. 그리고 오다 가의 사위들 즉 장녀 후유히메(冬姫)의 남편 가모 우지사토(蒲生氏鄉, 세례명 레오)[17]와 둘째 사위 츠츠이 사다츠구(筒井定次)가 역시 천주교 영주로서 천주교에 호감을 가졌으며 셋째 사위는 기리시탄 의사였다. 또 손녀사위 코고쿠 타가토모(京極高知, 세례명 조안)와 그 형제들이 천주교인이 되었다.

---

17) 가모 우지사토(蒲生氏鄉 세례명 레오 혹은 레온 1556~1595년). 인물 상세 정보 121쪽 참조.

예수회는 본질적으로 무력을 사용해 천주교를 전파하는 것은 바람직하지 않다고 생각하고 있었다. 그럼에도 불구하고 프로이스 신부는 노부나가의 계획이 성공할 경우 조선과 중국에 대해 전교를 허락해 줄 것을 요청했다. 그러나 이 역시 그의 죽음으로 헛된 계획이 되었다.

노부나가 등 여러 영주들의 천주교에 대한 보호로 1570~1580년까지 일본 천주교는 급속히 성장했고, 1590년에는 당시 일본 총인구의 1.3%인 30만 명이 천주교 신자가 되었다.

인물 상세 정보

16) 알렉산드로 발리냐노(Alexandro Valignano 范禮安, 1539~1606년).

그는 하비에르 이후 아시아 지역의 선교 책임자였으며, 예수회가 파견한 두 번째 동인도 지역 순찰사였다. 1574년부터 마카오에서 숨을 거두는 1606년까지 아시아 선교의 총책임을 맡아 32년간을 아시아의 험난한 바다를 다니며, 아시아 전역을 순찰하고 지도하여, 하비에르가 시작한 아시아 선교의 새로운 지평을 열었다고 평가받고 있다.

그는 세 차례 일본을 방문했다. 첫 번째 방문은 1579년 7월부터 1582년 2월까지로 당시 일본을 통치하는 오다 노부나가를 만났고 그의 죽음도 지켜보았다. 발리냐노는 일본 순찰 중 마테오 리치를 불러 중국으로 파견했다. 또 견구사절단을 로마에 보낼 것을 노부나가에게 제안했다. 두 번째 방문은 1590년 7월부터 1592년 10월로서 귀환하는 덴쇼견구소년사절단과 함께 인도 포르투갈 총독의 대사 자격으로 일본으로 왔다. 그는 히데요시를 만나 추방령 철회를 요청했으나 거절당했다.

1591년 7월 발리냐노가 히데요시를 접견했을 즈음, 연이어 조선사절단도 히데요시의 접견을 기다리고 있었다. 정사 황윤길과 부사 김성일은 8월 하순에 교토에 입경했고 히데요시의 오다와라(小田原)정벌로 인해 오랫동안 대기하다가 12월 3일 쥬라쿠테에서 히데요시를 만났다. 세 번째의 마지막 방문은 1598년 8월부터 1603년 2월까지로 이시기에 히데요시가 죽고 도쿠가와 이에야스가 권력을 잡았다. 발리냐노는 이와 같이 센고쿠 시대의 삼걸 노부나가(織田信長), 히데요시(豊臣秀吉), 이에야스(德川家康)를 차례로 만나고 소통함으로써 이들 시대에 상당한 영향력을 미쳤을 것으로 보인다.

17) 가모 우지사토(蒲生氏鄕 세례명 레오 혹은 레온 1556~1595년).

가모 가의 주군 가문인 롯가쿠 가(家)가 오다 노부나가에게 절멸해 오다 가문에 종속될 때, 우지사토의 아버지는 그를 오다의 본거지 기후성에 인질로 보냈다. 노부나가는 그의 뛰어난 재능을 간파하여 딸 후유히메를 시집 보내 그를 사위로 삼았다. 그는 오다 가의 사위로 특별한 대우를 받았으며 혼노지의 변으로 노부나가가 죽자 히데요시를 주군으로 모셨다.

기이, 규슈, 오다와라 정벌에 종군해 활약한 공으로 1590년 히데요시는 오우 지방을 평정하자 그에게 도호쿠 지방 오우의 아이즈(會津 현재의 후쿠시마현 서부지역)에 거대한 영지를 하사했으며, 가모는 이때 구로가와(黑川)를 와카마쓰(若松)로 이름을 바꿔 본거지로 삼고 후일 아이즈번의 기초를 닦았다. 1592년 임진왜란 당시 그는 규슈의 나고야성 본진에 갔으나 진중에서 발병으로 건강이 악화돼 1595년 교토의 후시미성에서 40세로 사망했다.

센노리큐(千利休 1522~1591)의 일곱 제자 '리큐칠철(利休七哲)'중 한 명이었다. 열렬한 천주교 신자였던 다카야마 우콘과 친했기 때문에 그의 권유로 1585년 기리시탄이 되었고 레오라는 세례명을 받았다. 전장에 나갈 때는 십자가를 군기에 달고 나가는 것으로 유명했으며 때때로 로마에 사신을 보내 당시 로마교황으로부터 감사의 편지를 받은 적도 있었다고 한다. 히데요시의 금교령 당시에도 신앙을 버리지 않았으며, 세상을 떠날 때에도 손에 십자가를 쥐고 임종했다고 한다.

제6장. 일본 천주교의 번영

- 전국시대(戰国時代)의 일본 천주교

1336년부터 일본을 통치하던 아시카가(足利) 가문의 무로마치 막부(室町幕府)는 경제적 문제와 막부의 마지막 쇼군 아시카가 요시마사(足利義政)의 후계자 문제로 극심한 혼란에 빠졌다. 막부는 쇼군 계승 논란으로 쇼군의 동생과 갓 난 아들을 지지하는 두 파로 갈라져 다툼으로써 11년간의 오닌(応仁)의 난(1467~1478)을 겪게 된다. 이후 무로마치 막부는 통치력을 상실하고 명목상의 존재로 남게 되었다. 그리하여 이후 약 1세기 동안 소위 '센고쿠 시대(戦国時代 1477~1573)'라고 불리는 혼란스러운 시대가 펼쳐진다.

이 시기 동안 일본의 각 지역에서는 무력과 정치력으로 일본 전국을 제패해 보겠다는 많은 호족들이 나타났다. 당시 명목상의 지배체제는 천황-쇼군(將軍, 足利)-모로 다이묘(諸大名)의 3중 구조였으나 실제로 천황이나 쇼군의 즉위와 퇴위까지도 영주들이 마음대로 할 수 있을 정도였다. 이들 영주들은 상대를 공격하지 않으면 공격을 당하게 돼 서로 간의 전쟁이 하루도 그칠 날이 없는 문자 그대로 '전쟁하는 나라들의 시대'가 펼쳐지게 되었다.

전국시대의 와중인 1549년 8월 일본에 도착해 선교활동을 시작한 프란치스코 하비에르는 2년 3개월간의 전교활동을 마치고 보다 넓은 중국의 진교를 위해 1591년 11월 일본을 떠났다. 하비에르가 떠난 일본 에는 잠시 동안 코스메 데 토레스(Cosme de Torres 1510~1570) 신부와 후안 페르난데스(Juan Fernandez) 수사만이 남아 활동하게 되었으나, 1552년 후반부터 발타사르 가고(Baltasar Gago), 두아르테 다 실바(Duarte da Silva) 등 점차 많은 예수회 신부들이 일본으로 들어왔다.

〈일본 예수회 선교원장 1549~1643년〉

1	Francisco Xavier (프란치스코 하비에르)	superior	1549~1551년
2	Cosme de Torres (코스메 데 토레스)	superior	1551~1570년
3	Francisco Cabral (프란치스코 카브랄)	superior	1570~1581년
4	Gaspar Coelho (가스파르 코엘료)	superior	1581년
5	Gaspar Coelho (가스파르 코엘료)	Vice-Provincial	1581~1590년
6	Pedro Gomez (페드로 고메스)	Vice-Provincial	1590~1600년
7	Francisco Pasio (프란치스코 파시오)	Vice-Provincial	1600~1611년
8	Valentin de Carvalho (바렌틴 데 카르발료)	Provincial	1611~1617년(from 1614년 in Macao)
9	Jeronimo Rodrigues (제로니모 로드리게스)	Vice-Provincial	1614~1617년 (in Nagasaki)
10	Mateus de Couros (마테우스 데 쿠로스)	Provincial	1617~1621년
11	Francisco Pacheco (프란치스코 파체코)	Provincial	1621~1626년
12	Mateus de Couros (마테우스 데 쿠로스)	Vice-Provincial	1626~1632년

13	Christovao Ferreira (크리스토바오 페레이라)	Vice-Provincial	1632~1633년
14	Sebastiao Vieira (세바스티앙 비에라)	Vice-Provincial	1633~1634년
15	Giovanni Batista Porro (지오바니 바티스타 포로)	Vice-Provincial	1634~1638년
16	Gaspar Luis (가스파르 루이스)	Vice-Provincial	1638~1641년
17	Gaspar de Amaral (가스파르 데 아마랄)	Vice-Provincial	1641~1643년
18	Pedro Marques (페드로 마르케스)	Provincial	1643년

하비에르에 의해 초대 수도원장으로 임명되었던 코스메 데 토레스 신부는 하비에르 이후의 일본 그리스도교의 모든 책임을 맡았다. 일본의 두 번째 예수회 수도원장직은 1581년까지 프란치스코 카브랄(Francisco Cabral 1533~1609) 신부가 담당했다. 카브랄은 하비에르와 달리 일본어를 배우지 않고, 일본 문화를 경시하며, 혼자 고고하게 권위주의적 태도를 가지고 전교에 임했다.

1579년 예수회 동아시아 순찰사 알렉산드로 발리냐노(Alexandro Valignano) 신부[1]가 처음으로 일본으로 오게 되자 그는 카브랄 신부의 이러한 태도를 이유로 그를 원장 직에서 물러나게 했다.

발리냐노는 하비에르에 의한 초기 선교를 돌아봄으로써, 새로운 선교방침을 수립하고 선교체제를 개혁하고자 하였다. 그는 일본 선교에서 예수회 선교 방침의 근간이었던 적응주의(適應主義)를 보다 구체적인 형태로 제시했다.

---

1) 알렉산드로 발리냐노(Alexandro Valignano). 인물 상세 정보 144쪽 참조.

동인도 순찰사 알렉산드로 발리냐노 신부 동상. 그가 처음 일본에 도착한 구치노츠(口之律) 항 옆에 2012년 상을 세웠다.

그는 당시 류조지의 공격으로 곤경에 처한 아리마의 다이묘 아리마 하루노부(有馬晴信)에게 도움을 주었고, 다음 해 하루노부는 그로부터 세례를 받아 초기 일본 교회를 위해 많은 일을 했다. 오무라(大村) 방문 당시 일본 최초의 기리시탄 다이묘 었던 오무라 스미타다로부터 나가사키와 모기(茂木)를 기증하겠다는 제의를 받아 이 지역이 예수회 관할이 되었다. 분고의 후나이(府內)를 방문했고 1581년 3월 교토로 상경해서 아즈치성에서 오다 노부나가를 만났다. 그는 일본을 인도관구로부터 독립시켜 준관구로 승격시켰고 동시에 일본을 3개의 교구 즉 시모(下 長岐), 가미(上 豊後)와 미야코(都)로 분리했으며 각 교구에는 수도원(Casa)을 두었다. 그리고 교육기관으로 일본인 수도자를 위한 신학원(Collegio), 일본인 청소년을 위한 신학교(Seminario), 사제와 수도자 양성을 위한 수련원(Noviciado)을 설치했다.

발리냐노 순찰사에 의해 분리된 일본 3대 포교구.

그는 선교사 협의회를 개최하여 자신의 방침을 알리고 지지를 얻었으며, 일본 선교 시 발생하는 문제에 대해 논의했다. 그리고 이러한 적응주의에 부적합한 카브랄 신부를 해임시키고, 1581년 그 후임으로 가스파르 코엘료 신부(Gaspar Coelho 1530~1590)를 초대 부관구장에 임명했다.

일본이 1581년부터 1590년까지 인도의 고아(Goa)에 있는 예수회 관구의 준관구로 승격되면서 가스파르 코엘료 신부가 부관구장으로 임명되었다. 1587년 도요토미가 천주교와 신부 추방령을 발표할 때까지 처음 6년간은 선교사의 수가 상당히 늘어났으며 준관구로서 활발한 복음 활동을 펼쳤고 많은 대명과 고관들도 그리스도교로 기울었다.

이 기간 동안에 4명의 신학교 학생으로 이루어진 일본 덴쇼견구소년사절단(天正遣欧少年使節)이 유럽으로 가서 교황을 알현하고 교황으로부터 축복을 받은 후 8년 3개월 만에 나가사키로 돌아오는 괄목할만한 사건이 있었다.

1590년~1600년에는 페드로 고메스(Pedro Gomez 1534~1600) 신부가 일본의 두 번째 부관구장으로 활동했다. 이 시기 동안에는 크고 작은 탄압으로 많은 교회들이 어려움과 위험을 겪었다. 도요토미 히데요시는 1592년 임진왜란을 일으켰고 이 시기에 일본의 예수회 신부가 조선으로 건너와 처음으로 천주교와의 만남이 이루어지게 되었다. 이러한 와중에서도 일본의 그리스도교는 계속 착실히 성장했다.

하비에르가 일본에 전교를 시작한 이후부터 임진왜란이 발생한 1592년까지 일본 지역은 독점적으로 포르투갈 예수회 선교사들에 의해 가톨릭의 전교가 이루어졌다. 지방의 영주들은 포르투갈과의 무역을 통해 막대한 이익을 보았고, 무역을 위해 가톨릭 선교를 허가한다는 실리적인 입장을 취했다. 따라서 가톨릭의 전교는 포르투갈 무역과 표리 일체(表裏一體)가 되어 행해졌다. 포르투갈은 중국의 마카오를 중개지로 삼아 일본에서 은, 칼, 해산물 등을 수입하고 중국의 비단, 서구의 소총, 화약, 가죽 등을 가져다 팔았다. 무역이 성행함에 따라 규수의 여러 도시들 하카다, 후나이, 히라도와 오사카의 사카이등이 무역도시로 번창했다.

한편 스페인 선교회의 아시아 지역 진출을 살펴보면, 스페인의 프란치스코회의 신부들은 1577년에, 그리고 도미니코회 신부들은 1587년에 처음 필리핀으로 왔다. 임진왜란을 앞두고 1592년 도요토미는 필리핀의 스페인 총독에게 중국을 정복하겠다는 의도를 알리고, 일본의 영주들은 새로운 왕국과 땅을 얻고자 하며, 공물과 복종을 요구하는 서신을 전달했다. 이 문제를 해결하기 위해 도미니코회의 후안 코보(Juan Cobo) 신부가 마닐라에서 일본으로 파견되었고 도요토미를 회유함으로써 평화적인 관계를 유지하고자 했다. 이를 계기로 이듬해에는 여러 명의 프란치스코회 신부들이 대사 자격으로 일본으로 파견되었다. 이에 따라 그동안 일본에서 독점적으로 전교활동을 펼쳐오던 포르투갈계 예수회의 활동에 새로운 스페인계 수도회들이 경쟁적으로 뛰어들게 되어 기존의 예수회와 새로이 전교에 뛰어든 프란치스코회, 도미니코회와 아우구스티노회의 전교 정책이 충돌하게 되었다.

일본의 세 번째 부관구장인 이탈리아 출신의 프란치스코 파시오 (Francisco Pasio 1554~1612) 신부가 1600년부터 일본 예수회의 책임을 맡게 되었다. 이 시기의 초기에는 도요토미의 아들을 추종하는 영주들과 도쿠가와 이에야스를 추종하는 영주들 간에 패권을 다투는 세키가하라 전투가 일어나게 되며 마침내 이에야스가 최후의 승리를 거두게 되고, 이에 따라 교회도 다시 평온을 찾게 되었다. 이 시기에 일본은 전국시대의 혼란기를 벗어나고 정치적인 통일과 함께 국내적 안정을 되찾게 되었으며 도쿠가와 이에야스에 의한 강력한 쇼군 시대의 정치가 들어서게 되었다. 이후 도쿠가와 막부는 집권초기에는 천주교를 묵인해 주었으니 그 결과 일본 전국에는 천주교 신자가 30만 명 이상을 넘게 되었다.

그러나 얼마 지나지 않은 1614년 도쿠가와 막부는 천주교에 대한 금교령을 다시 발령하여 천주교에 대한 박해가 강화되었다. 1644년 최후의 잠복 사자제인 고니시 만쇼가 순교하게 되고, 이후 신자들은 신부도 성당도 없는 절망적인 상황에 빠지게 되어 그리스도교는 지하로 잠복하지 않을 수 없게 되었다.

- 하비에르 이후 일본 천주교의 초기 상황

**규슈 지방에서의 천주교 전래

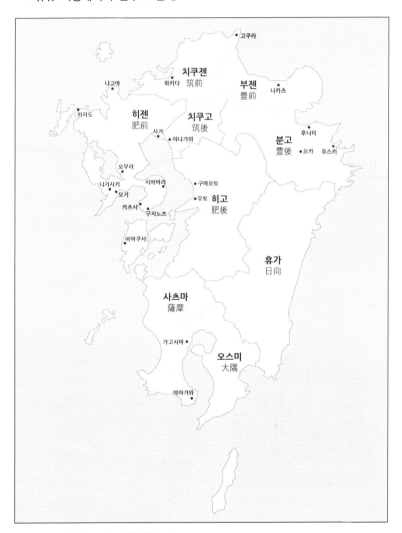

고쿠라

치쿠젠
筑前
나고야
하카다

부젠
豊前
나카츠

히리도

히젠
肥前

치쿠고
筑後
사가
아나가와

분고
豊後
후나이
오카 우스키

오무라

나가사키
모기
시마바라
구마모토

카츠사
구치노츠
우토

히고
肥後

아마쿠사

휴가
日向

사츠마
薩摩

가고시마

오스미
大隅

아마가와

16세기 예수회 선교사들이 활약한 규슈.

하비에르에 의해 수도원장으로 임명돼 하비에르 이후 그리스도교의 모든 책임을 맡았던 코스메 데 토레스 신부는 1570년까지 20년간 일본에서 활동했다. 그는 히라도를 거쳐 오무라에서 전교 당시 1563년 요코세우라에서 오무라 스미타다(大村純忠)에게 세례를 줌으로써 일본 최초의 크리스천 다이묘를 탄생케 했다.

스미타다는 1563년 바르톨로메오라는 세례명으로 세례를 받은 최초의 그리스도교 영주가 되었으며 나가사키(長崎)를 예수회에 기증했다. 이를 계기로 가톨릭교는 더욱 확장되었고 1578년에는 분고의 오토모 소린(大友宗麟), 1580년에는 히젠의 아리마 하루노부(有馬晴信)영주가 차례로 세례를 받았다.

**오무라 스미타다(大村純忠): 일본 최초의 크리스천 다이묘

오무라 스미타다. 일본 최초의 크리스천 영주. 작자미상. Public Domain_ Wikimedia Commons 제공.

시마바라 반도의 아리마 가문은 히노에성(日野江)을 거점으로 아리마 하루즈미(有馬晴純)시대에는 현재의 사가현까지 세력을 뻗치고 있던 전국시대의 영주 가문이었다.

일본 최초의 크리스천 다이묘였던 오무라 스미타다(1533~1587)는 아리마(有馬)집안의 하루즈미(有馬晴純)의 차남으로 태어났다. 스미타다는 4살 때 오무라 집안의 스미아키(大村純前)의 양자로 보내졌다. 반면 오무라 집안의 장자이며 서자(庶子)였던 타카아키(貴明 1534~1583)는 훗날 다케오(武雄)의 고토(後藤)

아리마 가(有馬家)

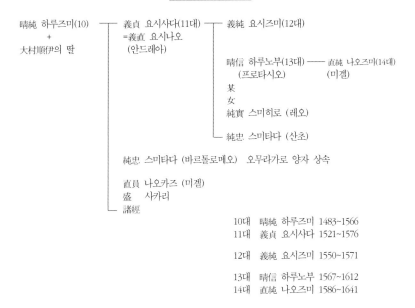

晴純 하루즈미(10)
+
大村純伊의 딸

義貞 요시사다(11대)
=義直 요시나오
(안드레아)

義純 요시즈미(12대)

晴信 하루노부(13대) —— 直純 나오즈미(14대)
(프로타시오)   (미겔)
某
女
純實 스미히로 (레오)

純忠 스미타다 (산초)

純忠 스미타다 (바르톨로메오) 오무라가로 양자 상속

直員 나오카즈 (미겔)
盛   사카리
諸經

10대 晴純 하루즈미 1483~1566
11대 義貞 요시사다 1521~1576

12대 義純 요시즈미 1550~1571

13대 晴信 하루노부 1567~1612
14대 直純 나오즈미 1586~1641

오무라 가(大村家)

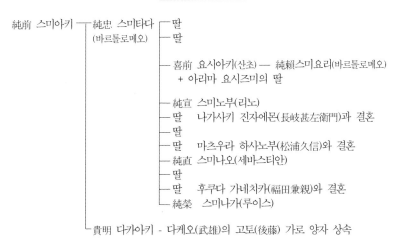

純前 스미아키

純忠 스미타다
(바르톨로메오)

딸
딸

喜前 요시아키(산초) — 純賴스미요리(바르톨로메오)
+ 아리마 요시즈미의 딸

純宣 스미노부(리노)
딸   나가사키 진자에몬(長岐甚左衛門)과 결혼
딸
딸   마츠우라 하사노부(松浦久信)와 결혼
純直 스미나오(세바스티안)
딸
딸   후쿠다 가네치카(福田兼親)와 결혼
純榮 스미나가(루이스)

貴明 다카아키 - 다케오(武雄)의 고토(後藤) 가로 양자 상속

가의 양자로 보내졌다. 아리마 가의 하루즈미는 자신의 차남을 오무라 가의 양자로 보내 오무라 가를 계승케 하고, 아리마 가는 형 요시사다(義貞, 혹은 요시나오 義直)하여금 계승하게 했다. 오무라 가는 장자를 고토 가의 양자로 보내 고토 가를 계승하게 함으로써 두 가문은 자신들의 입지를 공고히 하려고 했다. 1549년 일본에 왔던 하비에르가 그 다음 해 히라도에서 전교할 무렵 18세의 스미타다는 오무라 가를 상속하게 된다.

당시의 포르투갈인들은 무역을 하는 대가로 가톨릭의 선교를 조건으로 내세웠다. 히라도 영주였던 마츠우라 다카노부(松浦隆信)는 가톨릭 전교를 허용하고 포르투갈과의 무역을 함으로써 많은 부를 축적하게 되었다. 그러나 1561년 무역거래 과정에서 발생한 포르투갈 상인에 대한 살인사건(미야노마에 사건)으로 인한 마찰로 포르투갈인들은 새로운 무역항을 찾을 수밖에 없었다. 이때 오무라 영주인 스미타다가 이들을 받아들였다.

스미타다는 1562년 요코세우라(橫瀨浦)를 개항하여 포르투갈과의 남만무역을 시작했다. 그는 포르투갈 상인들에게 세금을 면제해주고 교회 건설을 위한 토지를 제공했다. 포르투갈의 무역항이 히라도에서 오무라의 요코세우라로 이전함에 따라 오무라 영내에는 가톨릭이 급속히 확산되었다.

다음 해 1563년 스미타다가 요코세우라에서 토레스 신부를 만나게 되고, 그해 6월에 25명의 가신들과 함께 세례를 받았다. 그는 바르톨로메오라는 세례명으로 30세에 일본 최초의 기리시탄 다이묘가 되었고 초기 일본 천주교의 지도적인 영주로서 활동하게 된다. 세례를 받은 가신 중에는 나가사키의 도노(殿)이며 사위인 나가사키 진자에몬(長岐甚左衛門)도 있었다. 요코세우라는 포르투갈선이 입항하고 여러 지역에서

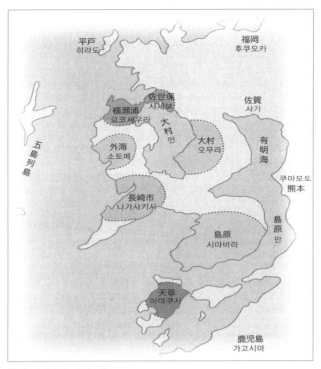

현재 나가사키 주변 지도.

많은 상인들이 모여들어 남만무역을 통해 막대한 이익을 취하게 되었다. 그리스도교로 개종한 스미타다는 기리시탄으로서의 기세가 당당했다. 그는 우상과 불상 그리고 사찰을 태우고 그 자리에 십자가를 세웠다. 돌아가신 양부 스미아키의 부처 앞에서 공양을 폐하고 부친의 위패를 태웠다. 영주의 이러한 급변한 행동에 이반한 일부 가신들은 모반을 꾀하기도 했다. 이들은 1563년 8월 고토 가로 양자로 보내졌던 다카아키와 손잡고 스미타다를 공격했다. 오무라에서 쫓겨난 스미타다는 아리마 씨의 도움으로 40일 만에 오무라로 복귀했고, 와중에 요코세우라는 철저히 파괴됨으로써 더 이상 무역항으로서의 기능을 잃게 되었다. 스미타다는 새로운 무역항으로 나가사키를 건설했고 1570년 개항하여 이곳을 남만무역의 거점 항구로 삼았다.

이에 앞선 1567년 토레스 신부에 의해 루이스 알메이다가 나가사키로 파견돼 최초의 포교가 시작되었다. 이후 나가사키로 파견된 빌레라 신부는 1569년 기리시탄인 영주 나가사키 진자에몬이 기증한 사찰을 헐어 나가사키 최초의 교회 '제성인의 성당'을 건설했다. 빌레라 신부는 이 교회를 거점으로 2년간 약 1,500여명에게 세례를 베풀었다.

개항 후 나가사키는 포르투갈 선박들의 항구로 정착되는 동시에 각지에서 추방된 기리시탄들이 모여들어 점차 '기리시탄들의 도시'로 자리 잡아가게 되었다.

한편 1571년 일본의 두 번째 포교장 카브랄과 오무라 지방의 전교 책임자인 코엘료 신부는 스미타다를 만나 "영주의 영내로부터 모든 우상숭배를 근절하는 것보다 훌륭한 일은 없을 것이며, 신사불각이 존재하는 것은 가톨릭의 교리에 반하는 것임으로 파괴하라."고 강력하게 진언하여 오무라 영내의 모든 신사불각에 대한 파괴가 행해졌다. 불승들은 격렬하게 저항했고, 신부들의 무모하고 공격적인 전교 전략은 오히려 일본인들에게 반감을 샀다. 1587년 히데요시의 가톨릭 금지령은 당시 열정이 지나친 가톨릭 신부들의 파괴적인 선교 전략에 대한 반발로 나타난 결과였다.

스미타다 세례 후, 1570년 부인 오엔과 장자 요시아키(喜前)도 마리아 막달레나와 산초(산체스)의 세례명으로 세례를 받았고, 측근들과 중신들 그리고 일반 백성에 이르기까지 가톨릭이 급속히 전파되었다. 게다가 가톨릭의 공격적인 선교 전략으로 오무라의 전 영민(領民)이 강제로 개종하게 되어 1574년에는 오무라 영내가 거의 그리스도화 되었다.

1582년 일본의 그리스도교 신자 총 15만 명 중 4할인 6만 명이 오무라 영내에 거주했다. 이어 스미타다의 영향으로 아리마 영주 요시즈미(義直)도 세례를 받음으로써 이 지역도 그리스도화가 이루어졌다.

그러나 스미타다는 주변의 적들이 많아 나가사키를 지키는 것이 점차 어렵게 되었다. 이에 스미타다는 1580년 나가사키와 모기 지역을 포르투갈의 예수회에 기부하게 된다. 나가사키 영지의 안전을 지키고 이곳을 통한 무역은 지속하려는 전략이었다.

나가사키는 그리스도교의 중심도시로 자리 잡게 되어 '소로마'로 불렸고, 가톨릭에서 운영하는 신학원(꼬레지오 Collegio)과 병원, 복지시설이 건립되고 서양식의 아름다운 교회가 증축되었다. 또한 포르투갈의 무역항으로서 유럽문화 전래의 창구 역할을 하였다.

교회령 시대의 나가사키는 전교와 해외무역이 왕성하여 점차 풍성하게 번성하여 갔다. 또 일본 각지로부터 기리시탄들이 신앙을 위해 이주해 와 인구도 급속히 증가했고 수많은 교회가 건설되어 교회의 종소리가 도시에 가득히 울려 퍼졌다고 전해진다.

스미타다는 1586년 아들 요시아키(大村喜前)에게 영주의 자리를 물려주고 은거생활에 들어갔다. 그는 폐결핵을 앓고 있었으며 병의 악화로 1587년 55세로 사망했다. 당시 영내에는 40개의 교회가 세워져 있었다.

스미타다 사후 2개월 뒤인 1587년 6월 19일 도요토미 히데요시는 기독교 금제의 정서(선교사 추방령)을 발표하게 된다. 이것은 히데요시가 규슈에 출병하여 사츠마의 시마즈를 공격한 후 하가다에 머물고 있을 때 갑자기 포고된 것으로 선교사들뿐 아니라 가신들조차 크게 놀란 뜻밖의 발표였다. 정서는 1)가톨릭의 포교를 금하며, 2) 선교사들은 20일 이내 일본으로부터 떠날 것 3) 남만선에 의한 무역은 계속 용인할 것이며 4) 기존의 가톨릭 신앙은 유지해도 좋다는 '가톨릭은 금하고 무역은 계속 장려한다.'는 금교장상을 담은 포고문이었다. 히데요시는 규슈에서 그리스도교인들에 의해 신사불각이 파괴되고 불상이 소각되었다는 사실에 경악했으며, 나가사키가 외국 교회의 영토가 되어 있다는 사실에 격분했다. 이것이 가톨릭 금지령과 선교사 추방령의 원인이었다.

히데요시는 추방령에 이어 나가사키 등의 교회령이었던 토지를 몰수하여 자신의 영토로 삼고 대관을 임명하여 다스리게 했다. 그 후 나가사키는 오무라령으로 회복되지 않고 메이지 시대에 이르기까지 직할령으로 남게 되었다.

일본 최초의 그리스도교 영주였던 스미타다의 아들 요시아키 산초는 임진왜란 당시 서해도 제1군에 속해 동생 스미나오(大村純直) 세바스티안 그리고 부하 천여 명과 함께 히데요시의 선봉부대로 조선 출병에 나서게 된다.

**분고의 오토모 요시시게(大友義鎭) 프란치스코

프란치스코 하비에르는 야마구치에서 선교 중 후나이[2]의 23세 청년 영주 오토모 요시시게(오토모 소린으로 개명)[3]의 초청을 받고 분고로 옮겨 일본에서의 마지막 전교활동을 펼쳤다. 하비에르가 일본을 떠난 후 모리 모토나리(毛利元就)가 야마구치의 천주교를 탄압하기 시작하자 토레스 신부는 후나이로 거처를 옮기게 된다. 이리하여 1550년대 후반 이후 요시시게의 보호 아래 분고 후나이 지역이 일본 그리스도교의 중심적 위치에 서게 되었다.

하비에르가 떠난 후 1552년 3명의 신부가 인도로부터 분고에 도

---

2) 현 오이타(大分).
3) 오토모 요시시게(大友義鎭 1530~1587년)는 1562년 불교에 입적해 소린(大友宗麟)으로 개명했다.

착했다. 이들 중 발타사르 가고 (Baltasar Gago 1515~1583) 신부는 이듬해 야마구치에서 다시 후나이로 이동했고 분고에서의 선교활동은 오토모 요시시게의 보호 아래 진전되었다. 외과의사이며 부유한 상인이었던 루이스 데 알메이다(Luis de Almeida)[4]가 1555년 일본으로 다시 돌아와 후나이에서 복지사업을 시작했으며, 육아원을 설립해 고아와 마비기(間引)[5]에 의해 죽임을 당하는 어린이를 구제했다. 다음 해 토레스 신부에 의해 예수회 입회가

분고의 오토모 요시시게. 훗날 오토모 소린으로 개명하였다. 그림. 작자미상. 교토 다이토쿠지(大德寺) 소장. 출처: Wikimedia Commons.

허가되자 1557년 본격적으로 일본 최초의 서양병원을 설립해 전쟁 부상자와 나병환자, 가난한 병자들을 돌보았다. 1560년 알메이다는 후나이의 병원 사업은 제자들에게 맡기고 선교에 전념해 고토, 나가사키, 아마쿠사, 시마바라 등에 천주교를 전했다.

오토모 소린은 천주교에 대해 일관되게 호의를 보였고 안전에 심혈을 기울였다. 소린은 휴가(日向)에서 시마즈와, 부젠(豊前)과 치구젠(筑前)에서는 모리와, 히젠에서는 류조지와 끊임없는 전쟁으로 포르투갈 무역상이 제공하는 무기와 탄약 등이 반드시 필요했으며 이러한 이유

---

4) 루이스 데 알메이다(Luis de Almeida 1525~1583년). 인물 상세 정보 144쪽 참조.
5) 식량이 부족한 지방에서 부모가 어린자식을 죽여 인구를 조절하던 악습.

에서도 포르투갈의 선교사와 그리스도교에 적극적인 호의를 보였을 것이다.

예수회가 중앙의 최고 권력자 오다 노부나가의 관심을 받게 되고 친분관계가 지속되자 소린의 태도도 적극적으로 변했다. 그러나 그가 가톨릭으로 개종하기까지는 다소 시간이 걸렸다. 그에 앞서 1575년 차남 오토모 치카이에(大友親家: 세례명 세바스티안)과 사위가 먼저 세례를 받았으며 소린은 하비에르를 만나지 27이 지난 1578년에야 카브랄 신부로부터 세례를 받았다. 그는 하비에르를 기리며 프란치스코라는 세례명을 결정했다. 새로운 부인 율리아는 그보다 앞서 세례를 받았다. 분고 영내에는 1580년 이후 집단 세례가 행해지고 대량의 개종자가 생겼다.

1580년 순찰사 발리냐노에 의해 우스키에 수도자와 사제양성을 위한 수련원(Noviciado)이 개설되었고 다음 해에는 후나이에 수도자의 영적 교육적 수양을 위한 신학원이 설립되었다. 이들은 1580년 아츠지와 아리마에 설립된 신학교(세미나리오 Seminario)와 함께 서양학문의 중심으로서 일본의 근세 문화형성에 커다란 역할을 하였다. 당시 꼬레지오의 학문적 수준은 유럽대학에 견줄 만한 것이었다고 한다. 또한 교육기관 수련자들이 적극적인 순회 포교를 함으로써 영내 개종사업은 더욱 활발해졌다.

소린은 일본 최초의 크리스천 다이묘가 된 오무라 스미타다와 함께 초기 일본 천주교 발전에 앞장섰던 가장 열렬한 천주교 영주였다. 개종 이후 선교에 대한 강력한 의지를 보여 단 2년 만에 30여 년 동안 일본에서의 전교활동 중에 얻었던 성과를 훨씬 능가하는 업적과 개종자를 획득하게 되었다. 그는 1584년부터 일 년에 걸쳐 가신들은 물론 영민들의 개종을 강요해 분고 지역 그리스도교의 전성기를 이루었다. 그러나 곧 이어 1586년 시마즈의 분고 공격과 1587년 6월 그의 사망, 그리고 잇따른 7월 히데요시의 천주교 금지령으로 인해 분고 지역의 그리스도교는 치명적인 타격을 입게 되고 오이타의 교회도 이때 파괴되었다.

1586년 사츠마의 시마즈 요시히사(島津義久)가 규슈를 점령하기 위해 오토모 소린의 오이타를 공격하게 된다. 일설에 의하면 소린은 시마즈와의 전투에서도 기도에 몰두하느라 실기했다는 유명한 일화가 있을 정도로 열렬한 가톨릭 신자였다. 소린은 오사카의 도요토미 히데요시에게 원조를 요청하게 되고 규슈의 정벌을 노리고 있던 히데요시가 1587년 대군을 이끌고 규슈에 상륙하여 시마즈를 항복시킴으로써 규슈의 평정을 이루게 된다. 소린은 그해 죽고 규슈로 원정을 왔던 히데요시는 규슈 지방의 그리스도화에 충격을 받고 하코자기(箱埼)에서 덴쇼금령(天正禁令)이라는 그리스도교 금지령과 파테렌(伴天連) 추방령을 발표하게 된다. 이로써 교회는 파괴되고 일본에서의 그리스도교의 세력은 한풀 꺾이게 되었다.

1588년 로마교황청은 일본에 독립된 교구를 설정하게 되는데 이때 일본의 주교 명칭은 '오이타의 주교'로 명명했다. 이는 초기 일본 교회의 성장에 헌신했으며, 특히 당시 로마로 파견한 덴쇼견구소년사절단의 일본 측 최고 관계자였던 분고의 영주 오토모 소린의 명성 때문이었을 것이다. 지금도 로마의 성 베드로 대성당에는 분고의 왕 오토모 프란치스코 대리석상이 있다고 한다.

아들 오토모 요시무네(大友義統)는 1569년 가독을 물려받았다. 요시무네는 1587년 히데요시의 규슈 정벌 당시 참전한 구로다 요시타카(黑田孝高)의 권고로 콘스탄티노로 세례를 받았다.

요시무네는 후일 1592년 임진왜란 때 구로다 요시타카-나가마사(黑田長政)부자와 함께 서해도 제 3군에 속해 각각 부하 6천 명을 이끌고 조선을 공격하게 된다.

**히젠(備前) 시마바라(島原)의 아리마 하루노부(有馬晴信) 프로타시오

아리마 가문은 가마쿠라(鎌倉) 초기부터 시마바라 반도를 지배하고 있었으며 16세기 중엽부터 히젠 지역의 대부분을 지배하여 전성시대를 맞이했다. 그러나 1562년 고죠(현 사가현) 전쟁에서 히젠의 신규 세력 자인 류죠지 다카노부(隆造寺隆信)에게 패배한 이후 세력이 쇠퇴하기 시작했다. 다카노부는 그 이후에도 세력이 확장돼 사가에서 군대를 파견, 시마바라까지 공격했다. 이에 아리마는 시미즈 세력과 연합해 다카노부를 격파(오키나와테의 합전)하고 그 승전 기념으로 우라카미(浦上)를 예수회에 기증했다.

시마바라에 그리스도교가 처음으로 전래된 것은 1563년이다. 오무라 스미타다가 요코세우라에 개항한 1562년 스미타다의 형인 아리마 요시사다(有馬義貞=義直, 요시나오)도 구치노츠(口之津)를 개항했다. 그리고 동생 스미타다에게 부탁해 예수회의 포교장 토레스 신부에게 선교사 파견을 요청했고 다음 해 루이스 알메이다 수사가 시마바라로 파견돼 선교를 시작했다. 1564년에는 포교장 토레스 신부를 구치노츠로 맞아드렸고, 1567년 포루트갈 상선이 처음으로 구치노츠에 입항했다.

1567년 요시사다는 아리마 외항의 기능을 담당하던 구치노츠에서 교리를 듣고, 나아가 빌레라 신부를 히노에(日野江)성에 초대, 설교를 들어 그리스도교에 대한 깊은 이해가 가능했으나 그는 여러 이유로 10년이 지난 1576년에 안드레아로 세례를 받았다.

구치노츠를 근거로 한 선교활동은 1566년 초에는 고토(五島)로, 그리고 여름에는 아마쿠사의 시키(志岐)로, 1569년에는 아마쿠사의 가와치우라(河内浦)로 뻗어나갔다

영주 요시사다가 세례를 받은 직후 아리마 지역에는 많은 개종자가 생겼다. 그러나 그해 1576년 12월 말 그가 암으로 세상을 떠났다. 가독

아리마 하루노부의 히노에성 터. 아리마 가의 주 거성이다. 1584년 류조지를 격퇴한 하루노부는 아리마의 세미나리오에서 공부한 견구사절 네 명의 소년이 1590년 로마에서 왔을 때 이 성으로 초대했다. 근년에는 불교 사찰의 탑을 디딤돌로 한 계단 유구가 발견되었다.

을 물려준 적자 요시즈미가 이미 사망했기 때문에 차남 하루노부에게 가독을 잇게 했다, 후계자인 15살의 아리마 시게스미(鎭順, 후에 鎭貴, 晴信으로 개명)는 처음에는 불교 측의 주도로 교회를 태우고 전교를 금지함으로써 기리시탄 공동체는 일시적으로 시련을 겪었다.

얼마 후 1578년이 되자 아리마 하루노부는 기리시탄의 억압 방침을 완전히 바꿔 그리스도 선교에 관용정책을 취하고 개종을 허락했다. 그의 이러한 급변한 태도의 배경은 확실치 않으나, 아마도 사가의 류죠지 타카노부의 빈번한 침공으로 인한 군사적 압박에 대항하기 위한, 예수회의 후원에 대한 기대 때문이었던 것으로 추측된다.

1579년 7월 25일 예수회 총장 대리인 동인도 순찰사 발리냐노 신부가 승선한 포르투갈 상선이 그의 영지 구치노츠에 입항했다. 발리냐노 신부의 첫 번째 일본 방문이었다. 하루노부는 1580년 발리냐노에게 프로타시오로 세례를 받고 이후에는 기리시탄 보호정책으로 전환하게 된다. 1580년에는 일본 최초의 신학교 세미나리오가 아리마 영내에 설립되었고, 1582년에는 텐쇼견구사절단을 유럽으로 파견했다.

1584년 하루노부는 예수회의 후원과 사츠마로부터 원군을 받아 오키다나와테 전투에서 류조지 타카노부를 무찔러 침략 위험으로부터 완전히 벗어났다. 위기를 벗어난 하루노부는 우라카미를 예수회에 기부했다. 우라카미는 1587년 선교사 추방령을 발포한 히데요시에게 몰수당하고 직할령이 되었지만, 선교사 추방령에도 불구하고 하루노부는 여전히 선교사와 그리스도인을 보호했으며 또한 자신의 신앙을 버리지 않았다. 전국에서 선교사들이 몰려들어 80명 이상이 아리마 지역에 잠복하고 있었고 포교활동 역시 반 공공연히 행해졌으며 수천 명이 세례를 받았다. 그리하여 오사카의 세미나리오도 아리마의 세미나리오와 합병되었고 분고의 신학원과 수련원도 1590년 카즈사(加津佐)로 옮겨왔으며 견구사절이 가져온 인쇄기도 이곳에 설치되어 일본에서 처음으로 활판인쇄를 하였다. 때문에 세미나리오도 코레지오도 그의 영지에만 남게 되어 시마바라의 아리마는 이 무렵 일본 그리스도교의 거점이 되었다.

하루노부는 임진왜란 당시 부하 2천 명을 이끌고 고니시 유키나가 휘하의 서해도 제1군에 속해 참전하게 된다. 이를 보면 하비에르에 의해 일본에 천주교가 처음 전래되어 이를 받아들였던 세대는 임진왜란 당시 왜장들의 아버지 세대이며, 이들의 아들들은 도요토미 휘하에서 천주교인이었던 고니시 유키나가의 깃발 아래 제1군에 소속돼 선봉으로 조선 침공에 나섰던 것이다.

한 통계에 따르면 1570년대에는 일본 전국의 그리스도교 신자 수가 3만 명, 1580년대에는 15만 명, 그리고 임진왜란 직전의 1590년대에는 최고의 전성기를 맞아 30만 명에 달했다. 당시의 다이묘는 물론 그 가족들은 주민의 지도자이고 권력자이며 지배자이기 때문에 영민들에게 영향력이 절대적이었다. 예수회의 포교 지침 중 권력층 개종을 제1로 삼은 것도 이를 이용해 보다 효과적인 전도를 꾀한 것이다. 기리시탄 다이묘 중에서 가장 모범적인 신앙을 살았던 몇 명을 예로 보았지만 후일 일본 기리시탄사(史)를 보면 이름뿐인 신자가 있는가 하면 처음에는 열심이었지만 어떤 이유에서든지 배교하여 오히려 박해자로 변신한 다이묘도 많았다.

아무튼 초기 교회의 기리시탄 다이묘의 출현은 영내를 기리시탄화하는데 지대한 영향을 주었다. 규슈의 나가사키, 오무라, 분고, 아리마, 아마쿠사 등 기리시탄 다이묘 영국에서는 주민 거의가 기리시탄이었다.

인물 상세 정보

1) 알렉산드로 발리냐노(Alexandro Valignano).

프란치스코 하비에르 이후 아시아 지역의 선교 책임자로서, 16세기말에서 17세기 초 아시아 지역 예수회 선교사들의 순찰사(Visitor)로 32년간 일했다. 그는 인도 선교의 뿌리를 내리고 일본 선교의 새로운 발판을 마련했으며, 또한 중국 선교의 기틀을 마련했다. 그는 생전에 세 차례 일본을 방문했다. 그 1차 시기는 1579~1582년, 2차는 1590~1592년, 3차는 1598~1603년이었다.

이탈리아 치에티(Chieti)에서 태어난 발리냐노는 1566년 예수회에 입회해 로마 신학교에서 신학을 공부하고 1573년 34세의 나이에 당시 포르트칼 국왕의 포교보호권 아래에 있던 인도, 중국, 일본 등 동인도 순찰사(Padre Visitator)에 임명되었다. 그 후 예수회 총장 대리로 일본 예수회의 순찰사로 임명되어 말라카, 마카오를 경유 1579년 7월 15일 히젠 아리마의 구치노츠(口之津)에 도착했다. 하비에르가 처음으로 일본에 도착한지 30년이 지난 후였다. 그는 1582년 2월에 일본을 떠나기까지 일본의 사목 현장을 시찰했다.

4) 루이스 데 알메이다(Luis de Almeida 1525~1583년)

유대계 포르투갈인으로 리스본 출생이다. 1546년 21세에 외과의사 면허를 취득한 후 동아시아에서 무역상으로 활동했다 1552년 처음 일본을 방문할 당시에는 히라도(平戸)에서 향신료무역을 하였다. 1555년 일본으로 다시 온 그는 후나이에서 복지사업을 시작했다.

그의 사재로 분고 후나이에 육아원과 병원을 건설하여 복지와 의료 활동을 하며 일본에 서양의학(南蠻醫學)을 전했다. 1556년 예수회에 입회했으며 1580년 마카오에서 사제 서품을 받았다. 그는 시마바라, 아마쿠사, 고토, 히라도, 이키츠키, 요코세우라, 오무라, 나가사키 등 규슈 여러 곳에서 선교했으며, 나가사키현 내 각지에 교회의 기초를 만들었다. 1567년 포교장 토레스에 의해 나가사키로 파견되어 나가사키에 최초로 포교했다. 이것이 나가사키 그리스도교 역사의 시초이기도 하다.

오무라 스미타다의 딸과 결혼한 기리시탄 가신 나가사키 진자에몬(長岐甚左衛門 1548~1621)의 초대로 그의 저택(館)부근 사쿠라바바(櫻馬場) 근처에 거주하며 포교소를 설치해 의료와 천주교를 전파했다. 1년간의 선교활동으로 500여 명이 천주교 신자가 되었다. 그는 처음에는 부유한 상인으로 그리고 일본에 최초의 서양병원을 만든 의료인과 복지사업가로, 나중에는 선교사로서 일본에서 큰 족적을 남겼다. 1583년 아마쿠사(天草)에서 생을 마감했다.

제7장. 덴쇼견구소년사절(天正遣欧少年使節)의 파견과 귀국

15세기 후반 군웅이 할거하던 일본의 전국시대(1467~1602)에 무로마치(室町)막부를 폐하고(1573) 통일의 기틀을 잡은 오다 노부나가가 혼노지의 변(1582)으로 죽자, 도요토미 히데요시는 노부나가의 가문을 멸한 후 스스로 노부나가의 후계자가 되었다. 그는 시코쿠(四國), 규슈(九州), 간토(關東)와 도호쿠(東北)의 대영주를 차례로 굴복시키고 1590년 일본 전국시대의 통일을 달성했다. 이는 오닌의 난이 끝난 지 113년 만이며, 오다 노부나가 사후 8년 만의 일이었다.

전국시대의 천주교와 연관된 커다란 사건으로는 덴쇼 유럽 파견사절(1582)과 도요토미 히데요시의 선교사 추방령(파테렌 추방령, 1587)[1] 이라 불리는 사건일 것이다.

도요토미는 집권 초기에는 주군인 오다 노부나가와 비슷하게 천주교에 매우 관대한 태도를 취했다. 그의 부하들 중에는 여러 명의 유력한 천주교 영주들이 있었으며 그들과는 원만한 관계를 유지했다. 선교

---

1) 파테렌(伴天連)은 포르투갈어 '파트레 padre(신부)'의 일본식 발음으로, 파테렌 추방령이란 선교사의 추방령을 말한다. 이것은 히데요시가 규슈에 출병해 사츠마의 시마즈를 공격 규슈를 평정한 후 하카다(博多 현 후쿠오카福岡)에 머물고 있을 때 갑자기 포고된 것으로 선교사들뿐 아니라 가신들조차 크게 놀란 뜻밖의 발표였다.

사와 만나서는 쾌히 포교의 자유를 주었으며, 성당 건축을 후원하는 등 천주교에 매우 우호적인 관계를 보였다. 그러나 그는 1587년 7월 갑자기 태도를 바꿔 적대적 관계로 돌아선다. 그해 규슈를 평정하고 하가타(博多)에 머물고 있었던 그는 7월 24일 돌연 선교사 추방령을 선포하고 나가사키의 예수회 영지를 몰수하는 등 천주교 탄압을 시작하게 된다. 이렇게 천주교가 위태로운 상황에서, 1582년 유럽으로 떠났던 덴쇼견구소년사절단이 발리냐노 신부와 함께 1590년 7월 나가사키를 통해 일본으로 귀환하게 된다.

- 소년사절단의 파견과 귀국

오다 노부나가에 의한 전국 통일이 진행되고 있을 무렵인 1582년 유럽으로 천주교 사절단을 파견하게 된다. 덴쇼견구소년사절(天正遣欧少年使節)로 불리는 일본의 유럽 파견 소년사절단은 예수회의 동양순찰사 알렉산드로 발리냐노[2]가 제안해 로마교황을 알현하기 위해 교황청으로 파견된 4명의 소년을 중심으로 한 사절단이었다.

1579년 시마바라(島原)반도의 구치노츠(口之津)를 통해 일본에 왔던 순찰사 발리냐노는 그리스도교의 중심지인 로마로 일본사절을 파견할 계획을 구상했다. 일본의 그리스도교 전파의 성과를 유럽에 알리고 또한 이를 통해 로마교황을 비롯해 유럽제후들로부터 보다 많은 후원을 얻기 위해서였다. 그리고 사절들에게는 유럽의 번영된 문명을 직접 눈으로 보게 함으로써 일본 내의 전교활동에도 박차를 가할 수 있으리라는 의도에 의해 이 계획이 구상되었다.

사절로는 아리마의 세미나리오에서 수학한 제1기생인 4명의 소년들

---

2) 그는 1573년 중동과 동아시아의 예수회 총순찰사로 임명되었다.

덴쇼견구소년사절(天正遺欧少年使節). 독일 아우스부르크의 신문. 1583년 8월 3일 사절이
밀라노를 출발했음을 알리는 기사. 규슈의 가톨릭 다이묘가 예수회 순찰사 발리냐노의 권
고로 로마교황에게 파견한 사절로서 세미나리오를 수학한 13~14세의 소년 4명으로 구성
되었다. 상단 좌 나카우라(中浦) 줄리안 우 이토(伊東) 만쇼, 하단 좌 하라(原) 마르티노
하단 우 치지와(千千石)미겔 중앙 메스키타 신부이다. 아리마 크리스천 유산 기념관에
신문이 전시되어 있다..

이 선발되었다. 정사로서 이토(伊東) 만쇼, 치지와(千千石) 미겔, 부사로
서 하라(原) 마르티노, 나카우라(中浦) 줄리안이 임명되었다. 이들 모두
13~14세 안팎의 어린 소년들이었다. 소년사절단은 발리냐노의 권유에
의해 규슈의 기리시탄 다이묘인 오토모 요시시게, 오무라 스미타다, 아
리마 하루노부의 대리인으로서 파견된 것이었다.[3]

3) 정사 이토 만쇼는 오토모 소린의 대리인으로 파견되었다. 이토 가문 중흥의
인물인 이토 스케타가(伊東祐兵)와 종형제간이다. 스케타가는 휴가국(日向國)
오비(妖肥)의 영주로서, 임진왜란 당시 서해도 제4군의 중심 왜장으로 시마즈

1582년 나가사키 항을 출발한 견구사절단은 약 2년 반의 여정 후 마침내 유럽 포르투갈의 리스본에 도착했다. 처음 그들은 마카오, 말라카, 인도의 코오친을 거쳐 고아에 도착해 '산타페 신학교'[4] 기숙사에서 1개월 정도 머물렀다. 고아에서 소년들은 메스키타 신부에게 맡겨졌고 아프리카의 동쪽 모잠비크를 거쳐 희망봉을 돌아 서쪽의 세인트 헬레나를 통해 1584년 드디어 리스본에 도착했다. 약 2년 6개월에 걸친 이 여정은 뱃멀미와 폭풍, 그리고 해적의 습격 등으로 인해 말 그대로 목숨을 건 항해였다.

유럽에 도착한 사절은 유럽 각지로부터 열렬한 환영을 받았다. 마드리드에서 스페인 국왕 펠리페 2세를 접견한 후, 로마로 건너가 1585년 3월 그레고리오 13세를 알현, 축복을 받았다. 그러나 당시 교황은 병세가 깊어 사절단의 알현을 받은 며칠 후 서거하고 말았다. 사절단은 새로 교황이 된 식스토 5세[5]의 대관식에도 참석했다. 식스토 5세는 사절단에게 '황금 십자기사' 작위를 수여했고 로마교구장은 '로마귀족' 자격을 수여했다. 그리고 교황 식스토 5세는 견구사절단이 일본에 도착하기 전 1588년 후나이를 일본 교구로 정하고 세바스티안 데 모라이스

요시히로, 모리 요시나리 등과 함께 조선을 공격했다. 치지와(千千石)미겔은 오무라 스미타다의 대리인으로 파견되었다. 아리마 하루노부의 종형제이자 오무라 스미타다의 조카였다.

4) 프란치스코회가 1540년 인도 고아에 설립한 신학교로서, 원주민 성직자 양성 기관이었으며, 이곳은 꼴레지오 산 바오로를 거쳐 훗날 동양 예수회 총사령부가 되었다.

5) 1585년 교황 그레고리오 13세 서거 후 바로 교황으로 선출돼 견구사절단을 접견했고 오토모, 오무라, 아리마의 세 영주에게 답신을 보냈으며, 사절단의 작별 인사를 받는 등 즉위 초 일본 선교에 많은 관심을 보였다. 우콘이 추방 되었을 때 식스토 5세는 1590년 4월 24일 '나의 사랑하는 아들 유스토 다카야마 우콘에게'로 시작하는 교황 특별 서한을 보냈다.

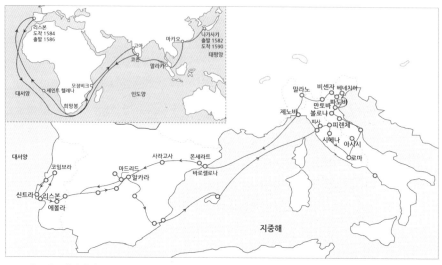

덴쇼견구사절단의 유럽 파견 경로

(Sebastian de Morais)를 일본 최초의 주교로 임명함으로써 일본에 대한 지대한 관심을 표했다.

　　견구사절단은 1586년 리스본을 출발해, 처음 유럽으로 왔던 항로를 거슬러 1590년에 귀국했다. 유럽에서 몇 년간의 수련을 거친 그들은 나가사키를 출항한지 8년 5개월 만에 훌륭한 국제인이 되어 일본으로 귀국했던 것이다. 그들이 귀국한 1590년은 도요토미에 의해 천주교 금제정서(禁制定書: 파테렌 추방령)가 발표된 지 3년 후로 아직도 이 반포령이 유효한 상태였다. 이렇게 위태로운 상황에서, 견구사절단이 발리냐노와 함께 1590년 7월 나가사키를 통해 귀환한 것이다.

　- 견구사절단의 귀국 후 상황의 전개

　　유럽에서 돌아온 견구사절들은 다음해 3월 교토 도요토미의 별장

구텐베르크 인쇄기. 사진. George H. Williams 2004년. 출처: Wikimedia Commons.

쥬라쿠다이(聚樂第)에서 교황으로부터 하사받은 서양식 양복을 입고 도요토미를 알현했다. 그리고 그의 요청으로 그 앞에서 각기 다른 서양악기, 즉 쳄발로와 류트, 라베카와 하프를 연주했다. 도요토미는 이들에 대해 매우 만족해했으며 "너희가 일본인이라는 사실을 매우 자랑스럽게 생각한다."고 했다 특히 이토 만쇼에게는 "너는 동료들과 함께 나의 가신이 될 생각은 없느냐?"라는 제의까지 했다. 이와 같은 권고가 당연히 있을 것이라 예상하였음으로 이토 만쇼는 핑계를 만들어 거절했다.

건구사절단 귀국 당시 인도 부왕인 고아 총독의 사절로 함께 일본으로 온 순찰사 발리냐노 일행의 행보로 파테렌 추방령이 철회되지는 못했으나, 도요토미는 그리스도교에 대해 한층 부드러워졌으며, 선교사들과 신자들도 일단 안도하면서 지낼 수 있게 되었다.

이 사절단에 의해 당시 황금의 나라 지팡구 등 서방세계에 환상적으로만 알려져 있던 일본의 존재가 확실히 들어나게 되었다. 한편 이들이 가져온 구텐베르크 인쇄기에 의해 일본은 동아시아 최초로 서양 활판 인쇄술을 도입해 책의 인쇄가 가능하게 되었다. 이 활자인쇄기는 시마바라 카츠사(加津佐)의 수도원에 설치되었다. 이 인쇄기로 찍어낸 당시 책들을 '기리시탄 판6)'이라고 부른다.

귀국한 소년사절단은 천주교를 둘러싼 상황이 점차로 악화됨으로써, 파란만장한 후반의 생을 살아가게 된다. 교토에서 나가사키로 돌아온 이들은 규슈의 예수회 수련원으로 들어갔다. 당시 1591년은 도요토미의 선교사 추방령이 내려진지 4년이 지난 때였으나, 이 칙령이 여전히 위세를 떨치고 있었기 때문에 규슈에 숨겨져 있는 예수회 수련원으로 들어갔다. 이곳에 코레지오도 함께 있었음으로 수련과 함께 공부를 계속하여, 2년간의 수련과정을 거친 후 1593년 7월 예수회의 수사가 되었다. 그 후 신부가 되기 위한 과정으로 꼬레지오에 들어가 인문 과정을 배우기 시작했다. 그러나 당시 일본의 꼬레지오는 신학과정이 없었기 때문에 1601년 마카오의 꼬레지오로 가서 신학을 공부한 후 1604년 나가사키로 돌아왔다.

치지와를 제외한7) 3명은 1608년 나가사키에서 사제 서품을 받았다. 이토 만쇼는 1611년 고쿠라(小倉)에서 임진왜란 당시 조선으로 왔던 세

---

6) 카츠사(加津佐)에서 목판으로 간행된 책으로는 일본어 교리입문서 「도치리나 기리시탄」기도서 「오라쇼」등이 있다. 그 후 인쇄기는 아마쿠사, 나가사키로 1614년 대 박해 이후는 마카오로 옮겨졌다. 현재 일본에는 12편 정도의 기리시탄 판이 남아있다고 한다.

7) 치치와 미겔은 서원 이전에 예수회를 탈퇴한 듯하다. 나중에 배교해 치지와 세이에몬이라고 이름을 바꾸고 오무라 가(家)에 봉사했다. 유럽에 거주하는 단계에서 그리스도교에 의문을 품고 있었다고 한다.

스페데스 신부의 보좌역을 시작으로 전교활동을 하다가 1612년 나가사키에서 53세로 선종했다. 유럽에서 돌아온 지 22년, 신부 서품 후 4년 만에 일찍 생을 마감했다.

하라 마르티노는 나가사키에서 활동했다. 라틴어의 어학능력이 뛰어났던 그는 전교활동과 더불어 종교서적의 번역과 출판에 종사했다. 나가사키의 산티아고 병원의 인쇄소에 배치된 유럽에서 가져온 구텐베르크식 금속 활판인쇄기를 이용해 『아베마리아 제3판』, 『하나이신 경전』과 『그리스도를 본받음』 등을 가필하거나 교정해 출판했다. 또한 그는 당시 일본에서 가장 뛰어난 통역가였다. 그는 외교적 재능도 있어 1596년 나고야에서 고니시 유키나가와 두 번에 걸쳐 격의 없는 토론을 통해 고니시의 포교활동의 자제 권유가 고니시의 신앙심이 약해진 것은 아니며, 이러한 일시적인 신중함이 향후 포교를 위해서 현명하다고 했다. 당시 고니시는 자신의 힘으로 전국적인 포교는 불가능하나 최소한 자신이 관할하는 지방 모두는 그리스도화 하고 싶고, 향후 언젠가는 일본 전체가 그리스도화 될 것으로 확신하며, 가능한 한 다른 지방 영주들에게도 그리스도교를 권유하겠다고 했다.

1600년 세키가하라 전투 이후 고니시 유키나가가 참수되고 그의 영지인 히고의 우토(宇土)가 가토 기요마사에게 넘겨졌을 때 2명의 신부와 3명의 수사가 붙잡혔다. 발리냐노는 그들의 방면을 위해 가토와 교섭할 임무를 하라 신부에게 부여했다. 하라 신부는 가토를 만나 히고의 그리스도 신자 보호를 요청했다.

하라 신부는 1603년 루이스 세르케이라 주교의 비서가 되었다. 1614년 도쿠가와 막부는 전국적으로 그리스도교의 금지령과 선교사 추방령을 공포했다. 각지의 신부와 수사 그리고 일본인 지도자들이였던 다가야마 우콘, 나이토 토쿠안과 그의 여동생인 '미아코의 동정녀' 수도회의 장상인 줄리아 수녀 등이 나가사키로 왔다. 이런 와중에 루이스 세르케이라 주교가 선종했다. 그는 장례미사를 주도하고 추모 강론을 하였다.

1614년 11월 7일과 8일 이틀에 걸쳐 일본 내 그리스도교인은 마카오와 마닐라로 추방되었다. 하라 신부는 마카오로 추방되었다. 그 후 일본에서는 그리스도교의 박해가 더욱 심해지고, 추방당한 선교사들의 일본 귀국의 희망은 더욱 멀어져 갔다. 일본에서의 전교활동의 전망이 없어지자 마카오로 선적되었던 인쇄기는 마카오의 꼬레지오에서 재가동되었고, 하라 신부의 주도로『성프란치스코 하비에르전』과『성 이냐시오전』이 일본어로 출판되었다. 또한 조안 로드리게스 신부의『일본교회사』집필 때 많은 도움을 주며 글을 정정하고 각주를 삽입했다.

1627년 일본의 그리스도교 박해가 더욱 심해지자 하라 신부는 "이제는 일본인 수도자조차도 일본 입국이 불가능하다. 나도 귀국할 희망이 없어졌다."고 한탄하며 귀국을 단념했다. 하라 신부는 1629년 10월 60세 전후의 나이로 선종했다.

나카우라 줄리안 신부는 소년 사절 중 가장 장수했다. 1608년 나가사키에서 사제로 서품 후 하카타(博多)에 부임하여 1613년까지 활동했다. 그해 하카다의 구로다 나가마사는 막부의 명령으로 대대적인 그리스도교 탄압에 나섰다. 1614년 막부의 전국적인 그리스도교 금지령과 11월 선교사 추방령에도 불구하고 나카우라 신부는 나가사키에는 얼굴이 알려지지 않았던 관계로 일본에 잔류키로 했다. 이후 그는 박해 아래의 일본에서 20년간을 고난에 찬, 그러나 꿋꿋한 활동을 전개해 나갔다. 그의 말대로 '매일 매시간 저희에게 조금도 쉴 틈을 주지 않는 박해'의 극심한 탄압 속에서 그는 몸을 숨긴 채 아리마, 히고와 사츠마 등 규슈 남부의 신도들을 위해 진정 신부로서의 사랑과 헌신으로 최선을 다했다. 1621년 그는 소박한 의식을 통해 최종 서원을 선언하며, 완전히 자신을 포기하고 신과 인간에 대한 사랑으로 여생을 헌신하기로 하였다.

1633년 신부는 고쿠라에서 붙잡혀 나가사키로 이송되었다. 그는 나가사키의 니시자카(西坂)형장에서 20년간의 박해로 만신창이가 된 몸으로 생매장당한 채 순교했다. 당시 그의 나이 60세였다.

일본 규슈의 세미나리오에서 수학했던 소년 4명은 천주의 뜻하는 바에 따라 어린 나이에 일찍이 유럽으로 건너가 교황성하를 알현했다. 그들은 감수성이 가장 예민했던 시절 8년간을 이국 유럽 파견을 통해, 천주교의 실체를 누구보다 몸소 깊이 체험한 후 일본으로 돌아왔다. 그후 그들의 모든 남은 생은 천주의 빛을 따라, 그분의 길을 따라 걸어갈 것을, 그리고 오로지 천주를 위해 자신들을 내어 놓기로 결심했다.

그들은 니카우라 줄리안 신부의 서한에서처럼 "성서러운 로마 수도, 교황 성하, 추기경님 그리스도교의 장상들, 그리고 제가 유럽을 여행하였을 때 만나 뵈었던 많은 분들이 베풀어주신 은혜와 자애로운 기억들이 선명합니다. 저의 기쁨은 결코 작은 것이 아니었습니다."라고 회고하고 있다. 유럽에서의 풋풋한 소년 시대의 가슴 벅찬 천주에 대한 감격을 일생 가슴에 간직함으로써 박해의 어떠한 어려움도 꿋꿋하게 이겨낼 수 있었으리라 생각된다.

제8장. 일본의 통일과 그리스도교 금제(禁制):
파테렌(伴天連)추방령

- 히데요시의 전국(戰國)통일

히데요시는 스스로 노부나가의 후계자가 되었다. 그리고 전국 통일
의 길로 나아감으로써 진정한 '센고쿠(戰國)시대'를 마감했다.

그는 무장한 사원 세력을 우선 제거하고자 했다. 이들 전투적인 승병

도요토미 히데요시 초상화. 카노 미츠노부(Kano Mitsu-nobu) 作.
교토 고다이지 사(寺) 소장. 출처: Public Domain_Wikimedia
Commons.

조소카베 모토치카 동상. 시코쿠 지방 고치
현 고치 시에 위치하고 있다.

세력은 히데요시가 없는 틈을 타 오사카를 습격하려 했다. 특히 네고로(根來)와 사이카(雜賀)의 사원 세력은 잘 훈련된 군대조직 같은 승병을 보유해 일찍이 노부나가도 두 차례나 공격을 했지만 제압에 실패했다. 히데요시는 1585년 3월 이즈미(和泉)와 기이(紀伊)국을 공격해 이들 불교 무장 세력을 완전히 굴복시켰고 이들 두 사원 세력을 토벌한 이후 더 이상 사원 세력이 무력으로 도전하는 일은 사라졌다. 당시 전투에서 아우구스티노 고니시 유키나가가 총지휘관으로 두각을 나타냈었으며, 이들 두개의 영국(領國)은 그의 이부(異父)동생 히데나가(豊臣秀長)[1]에게 주었다.

연이어 6월에는 시코쿠(四國)를 공격해 조소카베 모토치카(長宗我部元親)[2]를 굴복시켜 시코쿠를 평정했다. 7월 11일 히데요시는 간바쿠(關

---

1) 훗날 조선에 왔던 그레고리오 세스페데스 신부가 당시 이즈미(和泉)와 기이(紀伊) 두 개국의 영주가 된 히데나가를 방문했다. 그는 이교도임에도 불구하고 신부를 더할 나위 없이 정중히 대접하고 존경을 표했으며, 헤어질 때는 정원까지 나와 맨발로 양손을 땅에 대고 절을 하는 등 최고의 예의를 표했다 한다.
2) 조소카베 모토치카(長宗我部元親 1538~1599년)는 시코쿠 도사(土佐)지방의 다이묘였다. 시코쿠(四國) 재패를 노리던 조소카베에 대해 히데요시는 동생 히데나가(秀長)와 조카 히데쯔구(秀次)에게 명해 시코쿠 공격을 개시해 조소카베로부터 도사 1국만을 영지로 한다는 조건으로 항복을 받게 되고 시코쿠를

白)로 취임해 막부와는 다른 새로운 정권을 열었으며 다음 해 12월 태정대신(太政大臣)으로 임명되어 최고의 관직에 올랐으며 조정으로부터 도요토미(豊臣)라는 새로운 성(姓)을 하사받았다. 그는 천황으로부터 일본 전국의 지배권을 위임받았다고 선포하며, 각 영주들에게 정전(停戰)을 명하고 영국(領國)의 확정은 자신에게 맡기도록 강요했다.

1586년 분고의 오토모 소린은 규슈의 재패를 노린 시마즈의 공격으로 궁지에 몰리자 히데요시에게 지원을 요청했다. 이에 히데요시는 자신의 정전 명령을 따르지 않던 규슈(九州)의 시마즈 요시히사(島津義久)를 정벌하고 규슈를 평정했다.

한편 히데요시는 동쪽의 6개국을 소유한 강력한 영주 도쿠가와 이에야스가 노부나가의 차남 노부카츠(織田信雄)를 도와 천하를 도모했던 이유로 그를 공격했으나 전투(고마키·나가쿠테 小牧·長久手 1584)에서 패한 후 화평을 제안했다. 그는 자신의 이복 누이동생 아사히 히메를 이에야스에게 시집보냈고3) 어머니 오만도코로를 누이동생의 방문이라는 명목 아래 사실상 인질로 보내자, 이에야스는 1586년 10월 상경해 오사카성에서 히데요시를 만나 신하의 예를 표시함으로써 히데요시를 천하의 군주로 인정했다. 이로써 천하통일로 나아가는 히데요시에게 더 이상의 걸림돌은 없었다.

11월에는 오기마치 천황이 퇴위하고 고요제이 천황이 즉위했는데 히데요시는 어느 귀인의 딸을 양녀로 삼아 고요제이 천황과 결혼을 시켰다.

1590년에는 간토(關東)의 난공불락을 자랑하던 호조(北條)씨의 오다

평정했다.

3) 당시 히데요시는 여동생 아사이 히메가 나이 들고 용모도 추해 혹시 처로 삼고 싶지 않으면 하다못해 첩으로라도 받아달라고 이에야스에게 청했다 한다.

와라(小田原)성을 함락시켜 아버지 호조 우지마사(北條氏政)는 할복시켰고, 아들 후지나오(北條氏直)는 머리를 깎여 기이국의 고야 사원으로 추방했다.

그리고 마지막으로 도호쿠 지방의 다테 마사무네(利達正宗) 등 도호쿠의 여러 다이묘들을 복속시켜 1590년 명실공히 일본 전국시대의 최종적인 통일을 달성하게 되었다. 주군 오다 노부나가가 이루지 못했던 완전한 전국 통일을 도요토미 히데요시가 이뤄낸 것이다.

일본의 가장 끝 지역인 간토의 호조 가문은 다른 제후들처럼 교토로 와서 복종의 예를 표하지 않았으며, 히데요시가 요구한 인질을 보내지도 않았다. 관동의 호조 우지마사의 아들 후지나오는 도쿠가와 이에야스의 사위였다. 히데요시는 호조 가를 공격하기 전 오랫동안 공들여 이에야스를 매수했고 자신을 배반할 수 없게 만들었다. 그리하여 히데요시가 호조 가를 공격할 때 이에야스는 히데요시의 편을 들어 호조 가를 패망하게 만들었다.

이후 히데요시는 이에야스에게 호조 가문으로부터 빼앗은 영지의 일부 즉 간토 8주를 주고, 대신 이에야스가 이전부터 소유했던 교토 가까운 곳-오와리, 미카와 등 영지 다섯 곳을 빼앗아갔다. 이렇게 되어 이에야스는 자신이 태어난 미카와(三河) 등의 영지를 넘겨주고 아직 미개발지인 간토 지역을 받음으로써, 교토·오사카 등 중앙에서 멀어질 운명에 처해졌다. 이에야스는 자신의 무지함과 어리석음을 깨닫게 되지만, 그 괴로운 심정을 가슴에만 묻어둘 수밖에 없었다. 그러나 그는 전혀 내색치 않고, 그 길로 히데요시의 간토 이봉(移封)의 명에 따라 에도(江戶)에 입성했다. 당시 이에야스는 군병의 갑옷을 모두 벗기고 흰 홑겹의 옷을 갈아 입혀 새로운 영지에 입성함으로써 주민들을 안심시켜 좋은 인상을 주도록 세심한 배려를 하였다고 한다.

이에 반해 오다와라 전투에 참전한 오다 노부나가의 아들 노부카츠의 경우는 논공행상에 대한 불복으로 소유 영지를 몰수당하고 추방되었다. 히데요시는 이에야스의 미카와 등을 노부카츠에게 주고자 했다. 그러나 노부카츠는 아버지로부터 물려받아 종래 갖고 있던 긴키(近畿)의 옛 영토를 그대로 갖길 원하며 히데요시의 명에 불복했다. 노부카츠가 주군 노부나가의 직계 자식이었음에도 불구하고 히데요시는 불복한 벌로서 그의 소유 영지를 몰수하고 그를 최북단 데와(出羽)로 추방했다.

- 천주교 금제(禁制)와 선교사(伴天連) 추방령

**도요토미 히데요시의 규슈 정벌

히데요시가 전국 통일로 나아가고 있을 무렵, 규슈에서는 전국 초기부터 막대한 세력을 자랑하던 분고의 오토모 가문이 사츠마(薩摩)의 시마즈(島津)가문과 히젠의 류조지(龍造寺)가문으로부터 공격을 받아 세력이 약화됨으로써 규슈 지방의 힘의 균형이 무너졌다.

시마즈 가문의 기세는 대단하여 단번에 규슈를 통일할 수도 있는 상황이었다. 시마즈 가의 16대 당주 요시히사(島津義久)는 사츠마, 오스미(大隅)와 휴가(日向) 3주를 차지했고 나아가 규슈의 9주 전체를 제패하려는 야심을 갖고 북규슈 분고의 오토모 소린을 공격했다. 시마즈의 맹공격으로 궁지에 몰린 오토모 소린은 히데요시에게 직접 지원을 요청하게 되고, 히데요시는 침략행위를 금지하는 명령(이를 소부지레이라고 한다)을 내리나 시마즈는 이를 무시했다. 이에 히데요시는 1586년 규슈 정벌에 나서 일차로 시코쿠 지방의 영주와 자신의 가신을 오토모의 원군으로 파견했으나, 일부 가신이 명령을 위반해 시마즈군에 패했다.

1587년 3월 2차 정벌에서는 히데요시가 22만 명이라는 대군을 이끌고 직접 출정했다. 히데요시는 이부 동생 히데나가와 규슈 정벌에 나섰다. 시마즈 요시히사는 철저하게 전투를 회피했으나, 결국 히데요시의 압도적 병력에 굴복함으로써 규슈 지역도 히데요시의 지배 아래로 들어가게 되었다. 규슈의 평정에는 채 3개월도 걸리지 않았다. 히데요시는 3국을 분산시켜 요시히사

시마즈 요시히로 초상화. 가고시마의 쇼코 슈세이칸 박물관 소장. 출처: Wikimedia Commons.

는 사츠마, 동생 요시히로(島津義弘)는 오스미(大隅), 그리고 그의 아들 히사야스(島津久保)에게는 휴가 국을 나누어 다스리게 했다.

그러나 얼마 지나지 않아 뛰어난 무장이었던 요시히로가 시마즈 가의 17대 당주가 되었고 임진왜란 당시 서해도 제4군의 수장으로 아들 히사야스와 함께 조선 정벌에 나서게 된다.

시마즈(島津) 가계도

島津貴久 다카히사
(15대 당주)
- 장남 義久 요시히사 (16대 당주)
- 차남 義弘 요시히로 (17대 당주)-아들 家久 이에히사(18대)
- 삼남 歲久 도시히사
- 사남 家久 이에히사

요시히사는 아들이 없어서 요시히로의 아들인 히사야스(島津久保)와 자신의 셋째 딸을 결혼시켜 후계자로 삼았다. 히사야스는 임진왜란 때 참전해 사망했다.

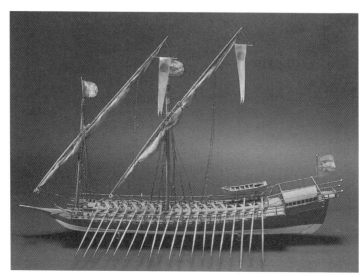

후스타 선 모형

1587년 6월에는 일본 최초의 기리시탄 다이묘인 오무라 스미타다 바르톨로메오와 분고의 영주로 천주교의 최대의 후원자였던 오토모 소 린 프란치스코가 사망했다.

규슈 정벌을 마치고 오사카로 돌아오는 길에 히데요시는 지쿠젠의 하카타(博多)에서 반 리 떨어진 하코자키(箱岐)에 군영을 설치하고 이곳 에서 2주가량을 머물렀다. 그런데 6월19일(양력 7월 25일) 히데요시는 돌연 선교사(伴天連)추방령을 공포하며 그동안의 우호적인 태도에서 돌변해 기독교의 탄압에 나서게 된다. 당시 상황을 좀 더 자세히 살펴 보자.

당시 일본 예수회 부관구장 코엘류는 후스타(Fusta)[4]선을 타고 나가

---

4) 군선(軍船)의 일종으로 2~3문의 대포가 장착되어 있으며 돛과 노를 이용해 항

포르투갈의 나우(Nau) 선과 동일한 카라크(Carrack) 선. 사진 Jean-Pierre Bazard.
출처: Wikimedia Commons.

사키에서 하카타로 와 히데요시를 기다렸다. 히데요시는 후스타 선을
보자 코엘류 신부의 배로 옮겨 탄 후 후스타 선내를 샅샅이 훑어보았고
선박의 펌프도 작동시켜 보았다. 며칠 후 신부가 히데요시의 군영을 방
문할 때 그는 포르투갈 나우(Nau) 선5)을 본적이 없으니 현재 히라도에
입항해 있는 나우 선을 하카다로 보내라고 명령했다. 6월 19일 포르투
갈 총사령관 도밍고스 몬테이로가 히데요시를 예방하고 하카다는 수심
이 얕고 암초로 인해 배가 들어오기에는 해로가 마땅치 않으며 무리하
게 항해 시 배를 잃을 수도 있는 위험에 당면할 것이므로 하카다로 항
해는 어렵다고 답변했다. 히데요시는 기분 좋게 사령관에게 큰 칼을 내
렸으나 결코 이일이 만족스럽지 못했다고 전해진다.

해하는 소형 쾌속선이다.
5) 14~16세기경 유럽에서 이용한 대형범선으로 카라크(carrack)선이라고도 한다.

그런데 그날 밤 히데요시는 돌연 태도를 바꿔 선교사 추방령을 발표했다. 히데요시는 미친 듯이 화를 내며 가신들 앞에서 기리시탄 종단과 신부들에 대해 욕설과 비난을 퍼부었고, 자정 무렵 후스타 선에서 이미 잠든 신부에게 측근 두 사람을 보내 세 가지의 질문에 답하라고 명령을 내렸다.

첫 번째, 선교사들은 어떤 이유로 일본 땅에서 지금까지 그렇게 행동해 왔는가? 다른 종파의 승려들은 자기의 거처와 사원 안에서만 가르침을 펼칠 뿐 너희들처럼 강제로 종도를 만들기 위해 한 지역 사람을 이용해 다른 지방의 사람들을 선동하지 않는다. 너희들도 그들을 본받아야 하지 않는가? 따라서 너희들은 이후로 모두 이 규슈에만 머물러야 하고 일본 승려들처럼 통상적인 방법으로만 포교해야 하며 이것이 불만이라면 되돌아가도록 하라.

두 번째, 선교사들은 어찌하여 말고기와 소고기를 먹는가? 말과 소는 인간의 매우 중요한 두 조력자임으로 그것은 도리에 어긋나는 일이다.

세 번째, 나는 상거래를 하러 오는 포르투갈인 등이 일본인을 매매, 노예로 만들어 여러 나라로 끌고 간 것을 알고 있다. 이는 용서할 수 없는 행위이다. 너희 선교사는 머나먼 땅으로 팔려간 일본인을 다시 돌아올 수 있게 조치하라. 그것이 불가능하다면 현재 사들인 사람들만이라도 풀어주어라. 이 돈은 내가 지불하겠다.

부관구장 코엘류는 이에 대해 다음과 같이 답변했다.

첫 번째, 우리는 하느님의 가르침과 구원을 위한 진리의 길을 일본인에게 전하기 위해 유럽에서 건너온 사람들입니다. 일본인은 자유로운 국민입니다. 그러므로 누구 하나 강제한 사람도 없으며 힘들일 필요 없이 그저 도리와 진리가 인도했을 따름입니다. 일본인은 이성을 중시하는 국민임으로 하느님의 가르친 바를 굳게 믿고 매우 쉽게 자신의 우상을 버릴 수가 있었습니다. 신·불(神佛)로는 구원을 받을 수 없다고 깨달은 것입니다. 우리가 이 가르침을 전하면서 여러 지역을 방문하고 여행한 것은 사실입니다. 우리는 외국인이며 이 가르침이 일본 사람들의 귀에 익숙하지 않으므로 우리가 찾아가지 않으면 다른 방법으로 우리의 가르침을 퍼트릴 수 없었기 때문입니다.

두 번째, 우리나라에서 말고기를 먹는 습관은 없습니다. 그렇지만 말씀하신대로 소고기를 먹는 것은 사실입니다. 이것은 세상에서 가장 오래된 습관이며 국가에 손실을 끼치거나 농업에 해를 주는 일없이 유지되고 있습니다. 왜냐하면 대량의 가축이 식용으로 사육되고 있기 때문입니다. 그러나 고키나이와 그 외에 멀리 떨어진 곳에 흩어져 있는 신부들은 이미 일본 음식에 익숙해져 있습니다.

세 번째 질문인 일본인 매매는 제가 엄격히 금지해 달라고 전하에게 간청하기 위해 이미 준비했던 건의 중 가장 중요한 항목입니다. 이는 믿음을 저해하는 일임에 틀림없고 참담한 마음을 가눌 수 없습니다. 다만 이러한 증오할 행위는 규슈 아홉 개국에만 퍼져있고 고키나이나 관동 지방에는 보이지 않습니다. 우리 신부들이 이러한 매매와 노예 폐지를 위해 얼마나 노력했는지 모르실 것입니다. 그렇지만 영주가 이 행위를 엄중히 금지하는 것이 가장 중요합니다.

집권 초기 당시 천주교와 선교사들에게 매우 우호적이었던 히데요시가 갑자기 천주교 박해라는 강경책으로 돌변하게 된 동기는 지금까지도 미스터리이나 그 하나는 엔라쿠지 승려 출신으로 그의 주치의였던 시의(侍醫) 세야쿠인 젠소(施藥院全宗)[6]의 반(反)그리스도교적 조언 때문이었다는 일설이 있다.

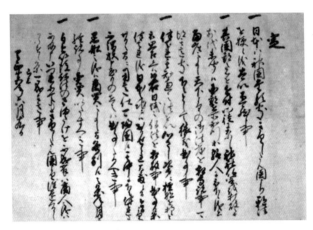

천주교 금제정서(禁制定書)

　히데요시가 하카다에 머물고 있을 때 젠소에게 아리마(有馬) 지역에
신분 있는 가문의 처녀를 데려오도록 명했다.[7] 그런데 아리마 주민의
대부분은 기리시탄이어서 그가 점지해둔 부녀자들은 이에 완강히 저항
했다. 그는 격노했고 근본이 기리시탄의 적이었던 그는 이 기회를 빌어
선교사 전원을 일본에서 추방하여 기존의 기리시탄 종단 전부를 없애
버리고자 했다. 그날 저녁 히데요시는 젠소의 천주교에 대한 비판을 듣
고 만취한 상태에서 하느님을 모독하고 신부와 기리시탄 종단에 대해
욕설과 참언을 퍼부었다.

---

6) 히데요시의 시의였던 그는 본래 세야쿠인(施藥院)이란 의료시설을 관리하던 불
　승이었는데 환속하여 의술을 익혀 히데요시의 주치의로 활동하였다. 천주교
　전파로 일본 고유의 불교가 쇠퇴할 것을 두려워하여, 천주교에 대해 깊은 증오
　를 품었고 교회와 신부들을 박해하였다.
7) 히데요시의 첫 번째 정실부인은 기타노만도코로(北政所)였으나, 오사카 성안에
　만 일본 전국의 제후와 귀인들의 딸들 300여명을 측실로 거느리고 있었다.

"나는 이미 이전부터 기리시탄 종단을 고키나이(五畿內)에서 멀리하고 또한 선교사들을 그 지역에서 쫓아내려고 하였다. 그렇지만 그렇게 해도 규슈에는 여전히 많은 선교사와 교회와 기리시탄들이 남아있기 때문에 오늘까지 미루어 왔다. 이 시모 지방에서 악마의 종파를 파괴하면 고키나이에 있는 모든 것도 매우 간단히 파멸시킬 수 있을 것이다."

이 발언에서 알 수 있듯 사실 그는 오래전부터 기리시탄에 대해 격렬한 증오심을 품고 있었던 것이다. 그의 호의는 가짜임이 들어나기 시작했다. 히데요시는 먼저 그의 최측근 핵심이었던 천주교 영주 다가야마 우콘에게 배교를 요구했으나 우콘이 배교를 거부하자 격노한 히데요시는 그의 추방을 명했고 천주교를 공개적으로 비난하며 일방적으로 금제정서를 발표했다.

정서는 5개의 조목으로 되어 있었다. 그 내용을 보면 다음과 같다.

1) 일본은 신국(神國)이므로 그리스도교 국가로부터 사법(邪法)을 전해오는 것을 허락지 않는다.

2) 그들이 일본인을 신자로 하여 신사(神社), 불각(佛閣)을 파괴하는 행위는 전대미문의 일이다. 천하의 법도를 지켜라.

3) 파테렌이 그 지혜의 법으로 자유로이 신자를 가질 수 있다고 생각하여 일본의 불법(佛法)을 파괴하는 이상 일본 땅에 그대로 둘 수 없다. 오늘부터 준비해 20일 이내에 떠나야 한다.

4) 흑선(黑船- 포르투갈 선)은 상거래에 관한 것이므로 이것과는 별개이다. 조금도 방해받지 않고 언제나 거래할 수 있다.

5) 오늘 이후 불법(佛法)을 어지럽히지 않는 자라면 상인은 물론 어느 누구라도 그리스도교 국가에서 왕래하는데 어려움이 없을 것이다.

즉 1~3조는 그리스도교의 포교를 금지하며, 선교사들은 20일 이내에 일본을 떠날 것을 명령했고, 4~5조는 남만선에 의한 무역은 계속해서 용인하며, 그리스도교 포교와 연관되지 않은 자에게는 통상을 허가한다는 내용의 '가톨릭은 금하고 무역은 계속 장려한다.'는 금교장상(禁敎獎商)을 담은 포고문이었다.

선교사 추방령이 내려진 이유는 불교도의 선동, 예수회 선교사가 약속했던 포르투갈 선박의 구입을 선교사들이 적극적으로 알선하지 않았던 점, 규슈 아리마령에서 가톨릭 신자 여성의 수청 거부로 창피를 당한 일과 이를 배후에서 조종한 예수회 선교사에 대한 반감 등 여러 이유들이 추측되고 있다. 그러나 무엇보다도 히데요시는 규슈에서 그리스도교인들에 의해 신사와 불각이 파괴되고 불상이 소각되었다는 사실에 경악했으며, 나가사키가 영주 오무라에 의해 교회령으로 기증되어, 외국 교회의 영토가 되어 있었다는 사실에 격분했다. 이것이 가톨릭 금지령과 선교사 추방령의 가장 주된 원인이었다. 히데요시는 자국의 영토 내에 전통적인 일본인의 신(神) 외에 이질적인 신을 섬기는 가톨릭의 세력이 언제든지 반대, 불온 세력으로 변할 수 있을 것이라 두려워했던 것이다.

당시 일본에는 40명의 신부와 73명의 수사가 있었는데 히데요시는 이들을 국외로 추방하려고 했다. 부관구장 코엘류는 일본에 있는 모든 예수회 선교사에게 히라도에 집결하도록 통보했다.[8] 선교사들은 배편

---

8) 실제로 나우 선은 겨울 북서풍을 이용하여 출항했고 여름에는 출발할 수가 없었다. 히데요시는 포교문 두 통을 코엘류에게 보냈는데 거기에는 "20일내 선교사들의 퇴거를 명령했지만, 아직은 계절풍이 불지 않고 승선할 배가 없다는 것을 지금에야 알았다. 그러므로 나우 선이 중국을 향해 출발하기 전까지 추방기간을 연장하며 그동안 히라도로 집결하라."고 통보했다. 이로 미루어 추방령 자체는 다소 우발적이었던 것으로 보인다.

이 없어서 20일 이내에 떠날 수 없다는 구실로 사실상 일본에 남아 있었다. 오히려 규수의 아리마, 오무라, 아마쿠사, 도요고, 히라도의 영주들은 선교사를 숨겨주기까지 하였다. 히데요시의 명령에 따라 '추방된' 선교사는 마카오에 공무 차 출발했던 선교사 3명이 전부였다.

그러나 기리시탄 가신들은 십자가가 그려져 있는 깃발을 배와 군영에서 제거해야 했으며 목에 걸고 있었던 기도용 콘타스(로자리오 묵주)와 성유물(聖遺物)용기가 몰수되었다. 또한 오무라 스미타다 바르톨로메오가 예수회에 기증한 나가사키와 아리마 하루노부 프로타시오가 기증한 우라가미 땅은 히데요시의 직할령으로 몰수되었다.

나가사키 마을을 지키던 성벽이 파괴되고 오무라와 아리마 지역의 여러 성이 파괴되었으며 이를 위해 파견된 이교도들에 의해 교회가 불타고, 십자가가 잘려지고, 기리시탄은 약탈을 당하여 돈 바르톨로메오의 영지는 참담한 피해를 입었다.

반면 선교사들의 추방과 박해로 인해 승려들은 오히려 명예가 회복된 듯 만족하고 기뻐했으며 신도들은 다시 사원으로 모여들었다.

- 부관구장 코엘료의 실책

히데요시의 갑작스런 발표에 일본 예수회 부관구장 코엘료 신부는 당황했다. 후속적으로 '일본 내정의 불간섭원칙'을 어김으로써 결국 극단의 상태를 초래한 코엘료는 더욱 큰 실책을 범하게 된다. 그는 가톨릭 영주들에게 도요토미에 대해 무력으로 대항할 것을 지시했다. 또한 마카오, 고아 등에 연락해 포르투갈 군인의 파견을 요청했다.

이러한 사실을 보고받은 순찰사 발리냐노는 부관구장 코엘료의 조치에 격앙하며 마카오에서 보내온 전쟁 물자를 황급히 철수시켰다. 당시 두 번째 일본을 방문하고 있던 발리냐노는 1591년 3월 교토에서 히데요시와 전격 회동하여 사태를 무마하고자 했다. 히데요시는 일본 내 선교사들의 신중한 행동을 요구했고, 한 걸음 양보하여 신도나 불교사원의 파괴 등 과격한 활동을 하지 않으면 일본에서 선교사들의 활동을 보장할 것을 약속했다. 그러나 히데요시는 자신에 대해 대항하는 부관 구장 코엘료에 대해서는 격렬히 비난했다. 발리냐노는 히데요시의 조선·중국 침공에 대해 적극 협조할 것을 약속함으로써 그의 분노를 무마하고자 하였다.

- 파테렌 추방령 이후의 상황

일본 내 선교사들은 일반 서민들의 옷을 입고 잠복해서 공적으로는 존재하지 않는 것으로 보였으나, 선교사들이 존재한다는 사실은 누구나가 다 아는 공공연한 비밀이었다. 히데요시도 이를 알면서도 철저히 추방할 수단이 없어 어쩔 수 없이 묵인하는 상태가 되었다. 추방령을 내렸어도 규슈의 영주들은 선교사들을 보호하였음으로, 실제로 추방령은 거의 공문화(空文化)되어 당분간 철저히 지켜지기가 불가능한 상태였다.

히데요시는 파테렌 추방령에 이어 나가사키 등 교회령이었던 토지를 몰수하여 자신이 직접 관장하는 지역으로 삼고, 대관을 임명하여 다스리게 했다. 그 후 나가사키는 오무라령으로 회복되지 않고 메이지 시대에 이르기까지 직할령으로 남게 되었다.

파테렌 추방령에 이어 이듬해 1588년에는 '칼 몰수령(가타나가리 刀 狩令)'을 내려 서민들의 저항을 미연에 방지하고자 하였다. 이렇게 천주교가 위태로운 상황에서, 1582년 유럽으로 떠났던 천주교의 덴쇼견구소년사절단이 발리냐노와 함께 1590년 7월 나가사키를 통해 귀환하게 되며 이듬해 일행은 쥬라쿠테(聚落第)에서 히데요시를 알현하게 된다.

히데요시는 1592년부터 1598년에 걸쳐 임진왜란을 일으켜 대외적인 문제에 더 많은 신경을 쓰게 되어 그의 봉건체제를 굳혀가는 과정에서 발생한 국내의 천주교 박해는 잠시 주춤해진다. 그러나 조선으로 출병한 많은 일본 영주와 병사들이 천주교 신자였다는 사실로 미루어볼 때 임진왜란 역시 파테렌 추방령의 연장에 있었다고 추정해 볼 수도 있을 것이다.

- 일본의 천주교 전교의 변화

임진왜란이 일어난 다음 해 일본의 천주교 선교는 큰 변화를 맞게 된다. 필리핀의 마닐라에서 선교활동을 하던 스페인 출신의 프란치스코 수도회 소속의 선교사들이 일본으로 처음 입국하여 활동을 시작하게 된 것이다.

브라질을 제외한 남미대륙의 선교 권한 즉 파드로아도(Padroado)를 가졌던 스페인이 필리핀의 마닐라를 거점으로 선교와 식민지 경제활동을 시작하자 발리냐노는 교황청으로부터 일본 선교에서 예수회의 독점적인 선교권을 확보했다. 그리하여 1581년 1월 28일의 반포된 교황 그레고리오 8세의 교서에서도 일본에서의 선교활동은 오직 예수회에 일임되어 있음을 확인했다. 그러나 1593년 스페인의 프란치스코 수도회 소속 선교사들이 일본에서 활동을 시작함으로써 일본 선교가 복잡한 양상을 띠게 되었다.

히데요시는 포르투갈 예수회와 스페인 프란치스코회의 경쟁을 유발시켜 이를 이용해 자신의 정치적 야심을 채우려 했다. 포르투갈은 나가사키와 마카오간의 중개무역을 통해 많은 부를 축적하게 되었는데, 히데요시는 1591년 마닐라의 필리핀과도 무역을 추진할 것을 요청함으로써 포르투갈의 독점권을 견제하고자 했다. 1593년 5월 프란치스코 수도회의 사제가 스페인 대사 자격으로 일본에 입국해 히데요시와 공식

적인 통상관계를 맺고 또한 선교를 시작하게 되었다. 다음 해 교토에
수도회 성당을 건축하고 본격적인 선교활동을 시작하며 히데요시의 공
식적인 후원도 스페인의 프란치스코 수도회로 이전되게 된다. 이러한
와중에서 산 펠리페 호 사건이 발생하게 되고 이로 인해 일본의 가톨릭
은 본격적인 박해의 시대로 접어들게 된다.

제9장. 임진왜란 직전의 일본의 정세와
천주교의 동태

- 도요토미의 야망

도요토미 히데요시[1]는 1590년 내전을 종식시키고 오사카를 중심으로 전국 통일을 이룸으로써 전 일본을 손에 넣었다. 천황은 별도로 하고, 유일하게 일본의 중앙권력을 한 손에 걸어 쥐었다. 전국을 통일해 가는 과정에서 일본은 무기, 특히 조총이라는 근대화된 무기와 전쟁 기술을 개발했으며, 일본 열도의 통일을 통해 정치, 사회적으로는 안정을 이루게 되었다.

이에 따라 야망에 차있던 도요토미는 서서히 일본을 중심으로 하는 새로운 동아시아 국제질서를 만들려는 망상을 품게 되며 무력으로 중국을 정복해 일본의 명성을 세계에 떨치고자 하였다. 도요토미는 조선이 길안내를 하면 일본은 의주를 거쳐 요양(遼陽)으로 진격하여 명나라의 북경으로 들어가 천황을 그곳으로 맞아들이겠다는 것이었다. 그 후 남만으로, 그리고 천축(天竺)으로 진격하여 그곳마저도 정복하겠다는 것이 목표였다.

도요토미는 먼저 주변 국가들에 대해 복속(服屬)과 입공(入貢)을 요구했다. 1588년 11월 사츠마의 시마즈 요시히사(島津義久)가 도요토미

---

1) 도요토미 히데요시(1537~1598년). 인물 상세 정보 196쪽 참조.

도요토미 히데요시 동상. 오사카에 위치하고 있다. 그는 비천한 출신과
용모를 뛰어 넘어 일본의 최고 상징이자 일본인들의 가장 존경하는 인물
이 되었다.

의 의향을 받들어 당시 아직 독립국이던 류쿠(琉球)에 복속 요구를 위
한 교섭을 했으며, 1590년 2월 류쿠에 복속을 요구하는 서한을 보냈다.
1591년 7월에는 인도 고아의 포르투갈 정청에, 그리고 1593년 11월 2
일에는 스페인령 필리핀 제도 마닐라의 스페인 정청과 11월 5일에는
대만의 고산국(高山國)에 대해 서한을 보내 복속을 요구했다.

조선에 대해서는 이미 1589년에 대마도의 소 요시토시를 통해 조공
을 받칠 것과 입공을 요구했다. 결국 도요토미는 정명가도를 핑계로 먼
저 조선을 침공했다.

규슈의 정벌을 끝내고 전 일본을 수중에 넣어 천하인(天下人)이 된
도요토미는 오다와라(小田原)와 오슈(奧州)마저 그의 체제 아래로 들어
오게 함으로써 일본의 서쪽 끝 규슈에서 동쪽 끝 도호쿠까지 일본 천하
를 완벽하게 그 자신 1인에 귀착시켰다.

도요토미 히데요시(豊臣秀吉) 가계도

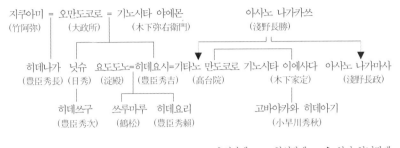

지쿠아미 = 오만도코로 = 기노시타 야에몬
(竹阿弥)　(大政所)　(木下弥右衛門)

아사노 나가카쓰
(淺野長勝)

히데나가　　닛슈　요도도노=히데요시=기타노 만도코로　기노시타 이에사다　아사노 나가마사
(豊臣秀長)　(日秀)　(淀殿)　(豊臣秀吉)　(高台院)　　(木下家定)　　(淺野長政)

히데쓰구　　쓰루마루　히데요리　　　　　고바야카와 히데아기
(豊臣秀次)　(鶴松)　(豊臣秀賴)　　　　　(小早川秀秋)

= 혼인관계, ── 혈연관계, ──▶ 양자·양녀관계

도요토미　히데요시(豊臣秀吉) 양자(養子)와 유자(猶子)

羽柴秀勝　　　　宇喜多秀家　　　　結成秀康　　　智仁親王　　　　伊達秀宗
織田信長의 4남　宇喜多直家의 차남　德川家康의 차남　誠仁親王의 6皇子　利達正宗의 아들

- 도요토미, 예수회 신부에게 대륙 침략의 계획을 처음 알리다

임진왜란이 일어나기 6년 전 1586년 5월 4일 도요토미는 새로 축성한 오사카성에서 일본 예수회의 총책임자였던 예수회 부관구장 가스파르 코엘료(Gaspar Coelho) 신부의 방문을 받았다. 신부 네 명과 수사 네 명을 포함해 대략 서른 명 정도였으며 프로이스 신부가 통역을 맡았고 다카야마 우콘 주스토가 동석했다. 도요토미는 직접 그들을 안내하며 오사카성 구석구석을 보여주었다.

예수회 선교사 일행이 오사카성을 방문한 자리에서 그는 전쟁계획을 털어놓았다. 그는 막강한 수군의 창설 의사를 표시했고, 중국 정복을 위해 상당수의 병력을 동원하려 한다는 것을 처음으로 발설했다. 프로이스의 『일본사』2)에 기록되어 있는 당시 도요토미의 말을 들어보자.

"나는 이미 최고의 지위에 올라 일본 전국을 귀속시켰으니 이제
영토나 금이나 은을 갖고 싶은 마음은 더 이상 없으며 그 밖의 어
떤 것도 바라지 않는다. 오직 나의 명성과 권세를 사후에 남기고자
할 뿐이다. 일본 국내의 분쟁을 종식시켜 사람들을 평안하게 하고
싶고 그것을 달성한 후에는 일본국을 동생인 히데나가에게 양도하
고 나 자신은 조선과 중국 정복에 전념하고 싶다. 그 준비로 대군
이 바다를 건널 때 사용할 2천 척의 선박을 건조하기 위해 현재
목재를 모으고 있다.

나는 선교사들에게 충분한 장비를 갖춘 대형 나우선 두 척의 조
달을 알선해 달라는 부탁 외에 다른 원조를 요구할 생각은 없다.
그리고 그 나우 선도 무상으로 얻을 생각은 조금도 없다. 그 값을
치를 것이며 배에 필요한 물품도 역시 돈을 지불할 것이다. 항해사
들은 숙련된 자여야 하며 그들에게 봉록과 은을 하사할 것이다.

또 만일 내가 이 사업으로 죽을지라도 나는 어떤 후회도 없다.
왜냐하면 앞서 말한 것처럼 나는 후세에 이름을 남기고 일본의 통
치자로서 옛날부터 지금까지 아무도 시도하지 못한 일을 감히 하
고 싶을 뿐이기 때문이다. 그리고 만일 이 계획이 성공해 중국인들
이 나에게 굴복하고 복종을 표명하더라도 나는 중국인을 지배하는
일 이외에 그들에게 아무것도 요구하지 않을 것이다. 나 자신도 중
국에는 거주하지 않을 것이며 그들의 영토를 빼앗을 생각도 없다.
그때에는 그 땅 곳곳에 교회를 세우게 하고 중국인들이 모두 크리
스천이 되도록 명령할 것이다. 그 후에 나는 일본에 돌아올 작정이
다. 장래 일본인 절반 혹은 대부분이 크리스천이 될 것이다."

2) 박수철 편역, 「16세기 예수회 선교사 루이스 프로이스의 기록: 오다 노부나가
와 도요토미 히데요시는 어떤 인물인가」 위더스북 2017년, 269-270쪽.

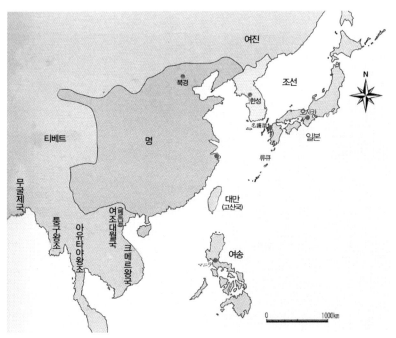

16세기 말 임진왜란 직전의 동아시아 전도.

　도요토미는 두 척의 거대한 포르투갈 선박을 얻도록 도와달라고 코
엘료 신부에게 요청했다. 그리고 이 배들을 가지고 중국 정복에 성공하
면 그 대가로 선교사들이 중국에 교회를 설립하고 모든 사람들이 천주
교 신자가 될 수 있도록 허가를 하겠다고 말했다. 일본은 당시 튼튼하
고 규모가 큰 배를 소유하지 못해 이를 보강하기 위해 이러한 제안을
한 것이었다.

　이러한 사실로 볼 때 도요토미의 대륙 침공은 이미 오래전부터 계획
된 것이었다. 도요토미가 주군으로 모셨던 노부나가도 이러한 계획을
피력한 바 있어 도요토미가 조선과 중국 대륙을 정복하고자 하는 야망
은 노부나가의 계획의 연장선상에 있으며, 어쩌면 더 윗대로 거슬러 올

라가 일본인의 역사관의 밑바닥에 잠재해 있는 신공황후(神功皇后)의 설화에 기인하는 것일지도 모른다.

가스파르 코엘료 신부는 도요토미에 협력하겠다고 했으나, 그 후 그 약속을 지키지는 못했다. 비록 약속이 지켜지지는 않았으나 예수회의 '일본내정에의 불간섭원칙'은 깨졌고 더욱이 코엘료는 자신이 영향력을 행사하고 있던 규슈 지방의 천주교 영주와의 합동작전을 제안하는 실책을 범했다. 자신의 뜻에 따라 포르투갈의 군대도 동원할 수 있고, 규슈 지방의 천주교 영주의 군대도 동원할 수 있다는 코엘료의 발언은 도요토미의 의심을 불러 일으켰고 결국에는 훗날 천주교 박해의 원인이 되었다.

- 도요토미의 천주교와 선교사에 대한 인식

도요토미가 어느 날 노부나가의 아들과 제후들을 거느리고 갑자기 오사카의 교회를 방문했다. 아무것도 준비하지 못한 주임신부에게 그는 제단위에 천주상에 관해 질문했고 다음과 같이 말했다.[3]

> "나는 선교사들이 강 건너에 사는 오사카의 승려보다 옳다는 것을 잘 알고 있다. 왜냐하면 그대들은 그들과 달리 청정한 생활을 하고 다른 승려들처럼 더러운 일을 행하지 않기 때문이다. 이로써 그대들이 그들보다 낫다는 점을 잘 알 수 있으며 나는 또한 그리스도의 가르침에 전부 만족하고 있다.
> 만일 그대들이 많은 부인을 거느리는 것을 금지하지만 않는다면 나 또한 그리스천이 되는데 전혀 문제될 일이 없다. 이 금제를 풀어 준다면 나도 크리스천이 될 것이다."

---

3) 주석 2)와 같은 책 277쪽.

당시 일본의 승려들은 많은 재물을 가졌고 사원은 청결하고 호화로웠으나 실생활에서는 혐오스러운 면이 많았으며 남색을 즐겨하는 등 극도로 음탕했다. 겉으로는 수도자였으나 속으로는 전혀 다른 행동을 하는 경우가 허다했다. 반면 도요토미가 보기에도 서양의 선교사들은 겉과 속이 다름이 없이 한결 같아 그의 생각으로도 그리스도교 쪽이 낫다고 했다. 그러나 자신은 많은 부인을 거느리고 있음으로 크리스천이 되기가 어렵다고 말했다.

- 대마도 번주 소 요시토시(宗義智), 협상대표로 조선으로 오다

도요토미의 정명향도(征明嚮導)와 소 요시토시의 가도입명(假途入明)

대마도는 1419년 조선의 대마도 정벌 이후 조선의 교역을 독점하면서 한편으로 우호적인 관계를 유지하고 있었는데 임진왜란 전 도요토미의 등장으로 큰 전환기를 맞는다.

1586년 6월에 규슈 정벌 당시 도요토미는 대마도주 소 요시시게에게 서한을 보내 규슈 출병에 이어 준비가 되는대로 조선 출병에 나설 것이므로 충성을 다해 종군할 것을 통보했다. 당시 대마도는 후일 후추(府中)번의 초대 번주가 되며 고니시 유키나가의 사위가 되는 소 요시토시[4]가 수호의 지위에 있었으나 규슈 종군을 위해 물러나 있던 양부 요시시게가 수호로 복귀했다. 그는 도요토미에 신종해 요시토시와 함

---

4) 소 요시토시(1568~1615년)는 소 마사모리(宗將盛)의 5남으로 태어났으나 1579년 소 요시시게(宗義調)의 양자가 되어 가독을 계승했다. 대마도주 소 요시시게는 일찍이 소 마사모리의 장자 시게나오(宗茂尚)와 차남 요시즈미(宗義純)를 양자로 맞이했으나 모두 일찍 죽어 1579년 당시 겨우 12세의 소 요시토시가 형들의 뒤를 이어 대마도의 군사와 치안을 담당하는 수호에 임명되었다.

께 규슈 정벌(1587) 당시 전진(戰陣)에 수행함으로써 도요토미로 부터 대마도의 지배권을 인정받는 반면 조선과의 외교교섭을 담당하라는 명을 받게 되었다. 도요토미는 1년 내에 조선 국왕이 상락(上洛)할 것을 요구했다.

1587년 5월 초 요시시게는 시마즈를 정벌하기 위해 사츠마에 머물고 있던 도요토미에게 사자를 보내 조선을 바로 정벌하는 대신 공물이나 인질을 보내도록 하는 방안을 제안했다. 대마도로서는 우선 조선-일본 간의 전쟁을 피하고자 했다. 조선과의 전쟁은 바로 자신들과 조선의 무역관계의 단절을 의미하는 것이기 때문이었다. 조선과의 여러 약조를 통해 가뜩이나 불리한 무역 조건 속에 있었던 대마도로서는 조선과의 관계가 단절되는 상황을 받아들일 수가 없었다.

그러나 도요토미는 요시시게의 이러한 조건을 받아들이지 않고 조선 국왕의 직접 입조를 명했다. 요시시게는 조선 국왕을 참락(慘落)시키는 조건으로 조선 출병을 유예해 줄 것을 청했고, 도요토미는 이를 수락했으나 다만 지연될 경우 즉시 출병하겠다고 말했다.

조선의 복속을 명받은 요시시게는 그해 9월 자신의 가신을 일본 국사 자격으로 가장해 조선에 파견했다. 그는 조선에 도요토미의 요구를 그대로 전달하지 않고, 새로운 '왕'이 된 도요토미의 일본 통일을 축하하는 통신사를 파견해 줄 것을 요청했다.

도요토미는 조선 국왕의 입조를 명했으나 조선의 사정에 밝았던 대마도는 조선 국왕이 도요토미에게 입조하여 신종의 예를 취할 리가 없다는 것을 너무나 잘 알고 있었다. 대마도의 소는 조선 측에 통신사의 파견을 교섭했고 그 명분을 도요토미의 전국 통일을 축하하는 것으로 바꿨다. 그렇지만 조선은 일본 측의 외교문서가 오만하고, 또 도요토미가 무로마치(室町) 막부의 아시카가(足利) 씨의 지위를 찬탈했음을 이유로 일본 초청을 거절했고, 겉으로는 바닷길이 험하다는 핑계를 둘러댔다. 사실 조선은 세종 이후 150년간 일본과 접촉이 없이 지내와 요시시게 가신의 파견으로 일본의 상황을 일부나마 파악하게 되었다.

1588년 요시시게가 병사하고 젊은 요시토시가 당주로 복귀해 대를 잇자 조선과의 교섭이 어렵다고 판단한 도요토미는 해외사정에 밝은 그리스도교 영주 고니시 유키나가 아우구스티노를 그의 후견인으로 붙여주었다.

1589년 3월, 도요토미는 소 요시토시에게 조선과의 협상이 지체되고 조선의 복속이 지연됨을 질책하고 직접 나서 그해 여름까지 일을 성사시킬 수 있도록 독촉했다. 소 요시토시는 6월 하카타(薄多) 성복사(聖福寺)의 외교승 게이테쓰 겐소(景轍玄蘇), 하카타의 상인 시마이 소시즈(島井宗室)등 25명의 사절단을 데리고 조선에 와서 도요토미의 의사를 전달했다. 도요토미는 조선 국왕의 입조와 정명향도 즉 조선이 굴복해 조선 국왕이 스스로 일본의 교토로 올 것과 명나라 정복을 위해 조선이 앞장서 일본군의 길을 인도할 것을 조선 측에 요구했다.

도요토미의 어이없는 요구에 대마도의 입장은 난처해졌다. 대마도는 전통적으로 그리고 지리적으로 조선과 가까웠고, 경제적으로도 일본보다는 조선에 대해 의존도가 더 높았다. 조선 조정은 일본 중 대마도만이 가장 가깝고 정성이 지극하다하여, 납관(納款-조약)을 맺어주고 국경 지역의 무역시장인 관시(關市)도 허락해 주었다. 조선으로부터 대단한 경제적 혜택을 받고 조선에 의존도가 매우 높았던 대마도로서는 조선의 비위를 거스를 수가 없는 입장이었다. 아니 그러한 말조차 감히 끄집어 낼 처지가 아니었음을 도주 소(宗) 자신이 잘 알고 있었다. 소 요시토시는 이러한 도요토미의 명령을 진정으로 받아들이지는 않았다. 혹 진지하게 받아들였다고 하더라도 그대로 전할 수는 없는 처지였다.

도주 소(宗)와 겐소(玄蘇)는 이처럼 무리해 보이는 도요토미의 요구를 좀 더 현실성 있는 요구, 즉 일본을 통일한 도요토미가 조선과의 수호를 맺고 싶어 하니 사절을 파견해 주시면 좋겠다는 조선통신사의 파견과 가도입명 즉 '명나라에 들어가기 위해 조선의 길을 빌리고자 한다.'라는 내용으로 바꿔 교섭을 진행했다. 도요토미가 요구한 '정명향도'를 대마도는 '가도입명'으로 바꿔 "내년에 도요토미가 길을 빌어 상국, 명을 침범할 것이다. 중국이 오랫동안 일본을 거절해 조공을 바치지 못했다. 도요토미가 이 때문에 분하고 부끄러운 마음이 쌓여 전쟁을 일으키려 한다. 만약 조선이 먼저 명에 알려 조공할 수 있도록 길을 열어 준다면 조선은 반드시 무사할 것이다."라고 하여 도요토미가 명을 치려는 계획에 조선이 협조해 줄 것을 우회적으로 알리고 있었다.

소(宗)는 외교승 겐소를 정사 그리고 자신을 부사로 하는 일본국왕사를 구성해 조선으로 건너와 조선의 통신사 파견을 요청했다. 이에 대해 두 차례의 통신사 파견 요구를 거절하기 어렵다고 본 선조는 먼저 1587년에 전라도에 침입한 왜구가 납치해 간 조선인들을 송환하고 이 사건의 주모자들을 체포하여 보낼 것을 요구했다. 조선 측의 통보를 받은 소(宗)는 불과 몇 개월 만에 주모자와 다수의 조선인 포로들을 쇄환했다.

선조는 소 요시토시 일행의 간청과 설득에 의해, 세종 때인 1443년 신숙주가 사신으로 다녀온 뒤 중단되었던 통신사를 파견했다. 당시 조선은 신숙주 이후 150년 간 일본에 사신을 단 한 번도 보낸 적이 없어 일본의 사정에 대해서는 아무 것도 아는 것이 없었다. 조선 조정은 통신사의 파견이 득이 될게 없다는 쪽이었으나, 도요토미라는 인물을 살펴보기라도 해야 하며 또한 왜의 침략 의중을 알아봐야 한다하여 파견키로 했다. 이들은 소(宗)의 안내로 일본으로 건너가 8월 하순에 교토에 입경했다.

도요토미는 당시 일본의 동부에 머물며, 7월에는 호조(北條)를 정벌하고 8월에는 오우(奧羽)를 평정함으로써 명실공히 전 일본의 통일을 이루어가고 있는 중이었다. 드디어 일본의 평정을 이룬 도요토미는 연이어 고니시 유키나가 등에 '당입(唐入)'의 준비를 명했다.

조선통신사 일행은 도요토미의 오다와라(小田原) 정벌로 인해 오랫동안 교토에서 대기하고 있었고 12월 3일에야 쥬라구테(聚樂第)에서 도요토미를 만났다. 도요토미는 조선통신사 일행을 신하 자격으로 맞이했고, 회답서에 '정명향도'를 촉구했다. 통신사 일행은 다음해 3월 승려 겐쇼와 함께 조선으로 되돌아왔다. 조선 조정은 하례봉정을 하고 수호를 다지기 위해 일본으로 다녀왔으나, 도요토미는 이를 조선이 굴복해 귀속의 예를 갖춘 사절로 착각했던 것이다.

조선 조정은 150년간의 정보 공백기로 인해 일본의 정세 변화를 정확히 파악치 못했고, 결국에는 사절단의 엇갈린 주장 중에서 부사 김성일의 일본의 불침(不侵) 주장을 택함으로써 일본의 침략에 대비할 마지막 기회를 놓치고 말았다. 도요토미는 1591년 6월 소 요시토시를 부산으로 다시 보내 중국 공격 시 조선을 통과하게끔 해달라는 그의 뜻을 다시 전했다. 훗날 협상에 실패한 소 요시토시는 임진왜란 발발 이틀 전인 1592년 음력 4월 11일 부산으로 건너와 전쟁의 최후통첩을 전하게 된다.

대마도의 노력은 결국 수포로 돌아가고 도요토미는 조선 정벌에 나서게 되지만, 그 단계에 이르기까지 대마도의 소(宗)가문은 전쟁 억지를 위해서 최대한의 노력을 기울였다. 도요토미의 생각과 조선의 입장을 함께 이해하고 양자 간의 의견 차이를 조율하기 위해 소 요시토시가 장기간 조선에 머물며 그로서는 최선을 다했다고 할 수 있으나 오히려 조선은 도요토미의 침략 의도를 정확히 파악하지 못했다고 볼 수 있다.

- 고니시 유키나가 아우구스티노, 고니시 마리아 그리고 소 요시토시 다리오

1588년 소 요시시게가 병사하고 나이 어린 요시토시가 대를 잇자 조선과의 교섭이 어려울 것으로 판단한 도요토미는 해외 사정에 밝은 그리스도교 영주 고니시 유키나가를 후견인으로 붙여 주었고 1590년 그의 딸 고니시 마리아를 아내로 맞게 했다. 그렇게 소 요시토시는 조선 교섭 보좌역으로 임명받은 고니시 유키나가의 사위가 된 것이다.[5]

소 요시토시는 마리아와 결혼한 후 곧 천주교 신자가 되었다. 고니시가 기리시탄 다이묘인 것처럼 그의 딸도 매우 신심 깊은 천주교 신자였다. 임진왜란 직전인 1591년 당시 순찰사 발리냐노 신부가 유럽 파견 사절과 함께 교토에 머물러 있게 되자, 관백을 방문하기 위해 미야코로 떠나는 남편 소(宗)에게 무슨 일이 있어도 천주교 신자가 되어 돌아왔으면 좋겠다고 했다. 소(宗)는 아내 마리아의 권유로 발리냐노로부터 다리오라는 세례명으로 성사를 받아 천주교에 입교했다. 1587년에 내려진 도요토미의 '선교사 추방령'이 지속되는 상황이었음으로 발리냐노도 선교사 신부의 자격으로는 입국이 불가능해 인도 부왕이 파견하는 사절의 자격으로 입국했으며, 세례를 받은 사실이 발각되면 영지를 몰수당할 수도 있으므로 요시토시의 세례도 극비리에 이뤄졌다.

소(宗)는 조선 침략의 뜻을 굳힌 도요토미에 대해, 처음에는 장인인 고니시 유키나가, 사카이의 상인 시마이 소시츠 등과 함께 전쟁을 피할

---

5) 당시 고니시 유키나가는 서른 살이었고, 사위 소 요시토시는 스물세 살 그리고 딸 마리아는 열다섯 살이었다.

여러 가지 계책을 꾸미는 동시에 그 자신이 조선에 건너와 절충을 꾀했지만 결국 실패로 돌아가고 말았다. 과거의 예로 보아 대마도의 입장에서는 조선과는 어디까지나 대등한 위치에서 우호를 깊게 하고, 교역을 활발히 하는 것이 대마도에 이익이 되며 생전의 양부 요시시게의 방침이기도 해서 지금까지 조선과의 협상은 이러한 방침을 따랐던 것이다.

조선과의 통상 무역으로 당시 조선의 정세에 정통했던 시마이 소시츠는 도요토미의 명령으로 조선 팔도를 돌아다니며 정보를 수집해 1590년 12월 하카다로 돌아왔다. 그는 이시다 미츠나리와 상의 후 도요토미의 계획이 무모함을 간했다. 도요토미는 소시츠의 보고에 격노했다. 이제 도요토미의 조선 출병은 그 어느 누구도 막아설 수 없게 되었다.

일단 전쟁을 피할 수 없게 되자 소(宗)는 장인 고니시에게 쉽게 조선에 침입할 수 있는 방법과 조선 정복을 위해 필요로 하는 모든 방안을 제공하고, 그 자신 조선 출병 시 선봉장으로 참전하고 싶다고 자청했다. 1592년 임진왜란이 일어나자 그는 장인 고니시 유키나가와 함께 선봉인 제1군을 거느리고 부산으로 상륙했다. 이후 장인 고니시와 줄곧 행동을 같이 하며 전쟁을 수행했다. 또 한편으로는 문치파였던 장인 고니시와 함께 전쟁의 조기 종결을 위해 강화를 제의하는 등 여러모로 힘을 썼다.

- 도요토미, 동인도 부왕과 필리핀의 스페인 총독을 위협하다.

일본을 통일한 도요토미의 오만함은 임진왜란 직전 극도에 달했다. 1590년 6월 일본 순찰사 알렉산드르 발리냐노 신부가 당시 포르투갈령이었던 동인도 부왕의 특사로, 귀국하는 견구사절단을 데리고 일본으로 왔다. 발리냐노는 1591년 윤 1월 교토 취락제(聚樂第)에서 도요토미를 만나 인도 부왕의 편지와 선물을 전달했다. 얼마 전 11월 7일 조선에서 온 통신사 일행도 이곳에서 도요토미를 만났다. 도요토미는 그의 오만함과 함께 중국 정복에 대한 그의 생각을 7월 25일자 답신 서한을 통해 동인도 부왕에게 전달했다.

"본인은 짧은 시간에 일본의 통일을 이룩했고, 이제 일본은 거 대한 바위와 같이 요지부동의 강인한 국가가 되었습니다. 그 결과 그동안 우리와 아무 연관이 없던 왕국들과 멀리 떨어져 있는 왕국 들까지도 본인에게 복종을 표시하기 위해 모여들었으며 그런 방식 으로 지금의 커다란 번영을 누리고 있습니다. 본인은 중국 왕국을 정벌할 결심을 하였으며 본인의 뜻대로 그들을 예속시킬 것을 의 심치 않는 바, 그렇게 되는 날에는 우리가 더 자주 편하게 왕래할 수 있을 것입니다."

그는 동인도까지 그의 군사력이 미칠 것을 암시하면서 은근히 인도 부왕을 위협했다. 그는 빠른 시일 내 원정을 통해 자신의 뜻대로 중국 정복을 이룩해 동인도와 좀 더 빈번한 통상이 이루어지게 되리라는 확 신을 갖고 있다고 말했다.

또한 임진왜란 직전인 1592년 3월, 필리핀의 스페인 총독에게도 공 물과 복종을 요구하는 서신을 전달했다. 도요토미는 스페인 총독에게 무력으로 중국을 정복하겠다는 그의 의도를 알리고 일본의 영주들은 새로운 왕국과 땅을 얻고자 한다는 서신을 보냄으로써 총독에게 보다 호전적이고 노골적인 위협을 가했다.

"10년 동안의 일본 내 정복사업에 그 어느 누구도 나를 거역한 사람이 없었으며 이제는 드디어 중국을 정복할 계획을 하고 있도 다. 이것은 나 자신의 뜻이 아니라 하늘의 뜻인 것이다. 중국인들은 나에게 복종하지 않았으며 따라서 나는 중국을 섬멸하기 위해 나의 군대를 보내기로 했다. 아직 자신의 영토를 갖지 못한 이곳 일본의 영주들은 새로운 왕국과 땅을 얻고자 한다. 그러므로 조금도 지체하지 말고 당신들의 깃발을 내리고 나의 통수권을 인정하기 바라는 바이다. 만일 나에게 복종과 경의를 표시하기 위해 오지 않고, 땅에 엎드려 나에게 굴복하지 않으면 모두 멸하여 쑥대밭으로 만들어 버릴 것인즉 나중에 후회해도 소용없을 것이다. 더 이상 길게 얘기하지 않겠다."

스페인 총독에게 경칭을 쓰지 않고 오만한 어투의 2인칭의 표현 형태로 써 보낸 도요토미의 서신은 가히 경멸적이고 모욕적이었다. 세계를 재패하고 주름 잡던 스페인에 대해 무모할 정도의 호전적인 태도를 보이고 있다. 도요토미 히데요시라는 인물은 성격이 지극히 복잡해서, 거만하고, 잔인하고, 과대망상적 성향을 가져, 정신과의 임상 대상이 될 만한 인물이었다는 사실이 과장이 아님은 이들 편지를 통해서도 알 수 있다.

스페인 총독은 도요토미의 위협에 놀라 후안 코보(Juan Cobo) 신부를 사절로 일본에 급히 파견했다. 스페인 태생인 후안 코보 신부는 스페인의 도미니코회 소속의 선교사로, 명심보감(明心寶鑑)을 스페인어로 최초로 번역한 바 있었다. 그는 도요토미를 능숙하게 회유함으로써 일본과의 평화적인 관계를 유지하는데 성공했다. 성공적인 외교 후 그는 필리핀으로 귀환 길에 풍랑을 만나 포모사(대만)에 표류했으나 그곳 원주민에 의해 살해되었다.

- 류큐(琉球)에 복속을 요구하다

도요토미 히데요시는 또한 류큐에 복속을 요구했다. 대명을 정벌하

류큐 왕국의 슈리성. 오키나와 현에 위치하고 있다. 에도 막부 1609년 당시 시마즈 이혜이사에 의해 복속되고 결국 패망의 길로 들어서 일본에 합병된다.

겠다고 류큐를 압박하며 조선을 침략하는 왜군의 식량을 지원하라고 강요했다. 또한 류큐의 병력을 시마즈의 예비 병력으로 삼을 것을 명령했다. 류큐를 대명의 정복에 앞세우려 했던 것이다.

조선은 건국 이래 북쪽으로는 중국과 전통적으로 매우 우호적인 관계를 유지해 왔다. 조공을 바치고 대신 문화와 지식을 조선으로 가져왔다. 남쪽으로는 해상왕국 류큐와 통상관계를 유지해 왔다. 류큐, 오키나와는 지금은 일본의 일개의 현이나 한때는 동아시아를 누비면서 해상무역을 주도했던 독립 왕국이었다. 그들은 조선에 자발적으로 공물을 보내왔으며 연산군 7년(1501)에는 류큐국 사절단 470명이 조선에 올 정도로 조선과 활발한 통상관계를 유지했다. 도요토미는 이러한 류큐를 압박하여 복속을 요구했다.6)

---

6) 도요토미의 압박을 받았던 류큐(琉球, 현 오키나와)는 1958년 도요토미의 죽음

그러나 도요토미 사후 1609년 사츠마의 초대 번주이며, 시마즈 요시히로(島津義弘)의 아들인 이헤이사(島津家久 1576~1638)는 시마즈 번의 만성적인 재정적자를 해결하기 위해 류큐를 복속시켰고 도쿠가와 이에야스의 에도 막부는 류큐를 시마즈의 영토로 허용했다.

일본은 중국과의 마찰을 고려해 껍데기만 남은 류큐 왕조를 유지시키기는 했으나 이마저도 메이지 유신을 통해 이 허수아비 왕조를 일본에 강제 편입해버림으로써 류큐 왕국은 일본의 일개 현으로 전락하며 역사에서 사라지게 되었다.

- 도요토미가 조선에 정명가도를 알리다.

**조선통신사

도요토미는 1591년 조선 사신들의 방문을 받았다. 그는 조선 왕에게 사신들을 통해 서신을 보내 자신의 중국 정복을 위해 일본 군대에게 길을 열어줄 것(征明假道)을 요청했다. 도요토미는 다음과 같은 편지를 조선 왕에게 보냈다.

"수년 동안 우리 일본은 내부 분쟁 때문에 거의 황폐의 지경에 이르렀었고, 무기와 함께 계속 살아왔다. 나는 몇 년이 채 안 돼 일본 전체의 평화를 이룩했다. 나는 천민 집안의 출신이지만 나의

으로 임진왜란이 끝나자 "도요토미가 죽었으니 조선을 위해 기뻐한다."는 전갈을 조선에 보냈다. 조선도 "도요토미의 사망을 알려 준 것에 감사하며 그의 죽음은 조선의 행운일 뿐만 아니라 온 천하에도 다행한 일"이라 답했다. 선조 39년(1606년)에는 "각자 적정을 탐지하여 명을 통해 정보를 전달하고 우환을 서로 막자."는 친서를 보냈다.

어머니는 가슴에 태양이 떠오르는 꿈을 꾸고 나를 잉태했는데 그
때 점쟁이가 말하길 태양이 떠오르는 곳에서 그 어느 누구도 나를
거역하지 못할 것이며 그 힘이 세계를 지배할 것이라고 말했다. 나
는 용과 같이 날개를 달고 동쪽을 정복했으며, 서쪽을 치고 남쪽을
정벌하고 북쪽을 공격했다. 나는 아주 빠르고 훌륭하게 이러한 위
업을 이룩했으며, 이러한 것은 마치 전 세계를 비춰주는 떠오르는
태양과 같은 것이었다. 나는 강력한 군대를 모아 대명국(大明國)을
정복해 서리에 찬 나의 칼로 중국의 400여 주(州)를 몰아칠 작정이
다. 이러한 목적을 실행하는데 조선이 앞장서주길 나는 희망한다.
조선이 꼭 그렇게 해주길 나는 바란다."

이러한 도요토미의 거만함과 경솔함 그리고 과대망상에 대해 조선
왕국은 당연히 그리고 단호하게 그의 제안을 거절했다.

당시 조선 조정은 당쟁으로 나날을 허비하고 있었다. 건국 이래 전
쟁 없이 태평성대만 이어져 오던 조선은 "바다 건너 일본이 백 년간의
전국(戰國)시대를 거쳐 도요토미 히데요시라고 하는 인물에 의해 천하
가 하나로 되었으며, 천하통일의 여세를 몰아 조선을 침입할지도 모른
다."는 풍문만 귀 밖으로 무심히 흘려듣고 있는 정도였다. 이때 대마도
도주 소(宗義智)로부터 이러한 전갈을 받은 것이었다. 조선은 어리둥절
했고 당혹스러웠다. 이에 선조는 다음과 같이 답했다.

"중국과 우리의 관계는 부모와 자식의 관계이다. 그러함에 우리
가 당신과 협력해 부모 같은 중국을 버릴 수 있을까? 당신들이 중
국으로 들어가는데 우리는 동조할 수 없다. 당신은 왜 중국에 대해
적개심을 가지며, 그리고 중국 황제의 종주권을 인정하지 않는가?
우리는 도저히 당신을 이해할 수 없는 바이다."

답변 편지의 말미에는 "도저히 우리는 당신을 이해할 수 없는 바이다."라고 답해 도요토미의 제안을 단호히 거절했다. 중국과의 전통적인 우호관계를 외교정책의 최우선으로 삼아왔던 조선으로서는 명을 치는 데 앞장서달라는 도요토미의 제안은 당연히 받아들일 수 없는 것이었다. 일고의 가치가 없는 이 제안은 일언지하에 거절되었다. 정말 조선으로서는 이해를 넘어 상상조차 하기 어려운 일이었을 것이다.

사실 도요토미의 조선 침략은 근본적으로 일본의 중국 침략 즉, 일본의 정명가도에 기인해 조선은 이 분쟁에 휩싸인 것이라 볼 수 있다. 도요토미가 군이 정명가도로 조선 통로를 고집한 이유는 그들의 빈약한 해군력 때문에 바다를 통한 직접적인 중국의 공격은 감히 생각하지 못했기 때문이었다.

- 도요토미, 전쟁을 준비하다

일본 통일을 이룩한 도요토미는 이듬해 1591년 친족들이 차례로 사망했다. 비록 아버지가 달랐으나 가장 의지했던 동복(異父 同腹)동생 히데나가(豊臣秀長)가 1월 사망했고, 8월에는 두해 전 요도성에서 후실 요도기미가 낳은 아들 쓰루마루가 요절했다. 아들의 요절에 상심한 도요토미는 도후쿠지(東福寺)에 들어가 상투를 잘랐고 같은 날 대륙 침공을 공식화했다. 이에 아들을 잃은 슬픔을 보상받고자 전쟁을 일으켰다는 일화를 남기게 되었다.

12월 도요토미는 칸바쿠 직을 조카 히데쓰구(豊臣秀次)에게 물려주고 자신은 타이코(太閤)라 칭하는 지위에 올랐다.

- 히젠(肥前)의 나고야(名護屋)성

정명가도의 요구를 조선이 거부하자 도요토미는 먼저 조선을 침략할 준비를 시작했다. 도요토미는 일본 전국을 통일한 후 1591년 3월 9일 오사카성에서 천황에게 충성 서약을 했다. 충성 서문을 받기 위해 고다이로(五大老)를 포함해 총 39명의 대명 실력자를 소집했는데 이 모임에서 그는 조선과 명의 정복을 발표했다. 곧이어 3월 15일 출정식을 갖고 발진 기지를 물색했다.

히젠7)의 나고야8)가 전진 기지이자 총사령부인 본진의 설치 장소로 선택되었으며, 도요토미는 8월 23일 나고야성의 축성을 명령했다. 본래 나고야는 히젠의 마츠우라 반도의 북단 구릉지에 위치하며 아리마 영주 하루노부 프로타지오의 형으로 하다(波多)라는 이교도 무장의 영내에 있는 작은 항구였는데 이곳이 조선 침공을 위한 거점으로 선택되었다. 나고야의 총본부가 될 성은 10월 아사노 나가마사(淺野長政)를 총감독에, 구로다 요시타카(黑田孝高)를 건축과 설계 감독에 임명하여 축성케 했다. 허허벌판의 이 황무지에 단 5개월의 공사로 1592년 2월 초 나고야성이 완성되었다.

나고야성은 본성과 영주 등이 살게 될 크고 작은 성들로 이루어졌다. 도요토미의 조선 출전 명령으로 나고야 본성을 중심으로 주위에 전국의 수많은 대명들이 병선에 휘하의 병사를 싣고 와 사전에 배치된 지역에 진지를 구축했다. 이리하여 나고야는 화려한 성곽과 그 주위를 에워싼 다이묘들의 진영-전국에서 모여든 130여 명의 대명, 40만의 군사와 1,200여 척-의 병선으로 꽉 찬 거대한 군사도시로 급조되었다. 1592년 2월 초 나고

---

7) 히젠(肥前)은 현재의 사가(佐賀)현과 나가사키(長崎)현에 해당하는 옛 국명이다.
8) 나고야(名護屋)는 현재 구주 사가현 당진시 진서정(九州 佐賀縣 唐津市 鎭西町)이다.

나고야성(名護屋城)의 복원 모형.

야성이 완성되자 전쟁을 위한 만반의 준비가 끝난 것이다.

당시 도쿠가와 이에야스(德川家康), 마에다 토시이에(前田利家), 우에스기 카케가스(上衫景勝), 다테 마사무네(伊達政宗) 등 관동 및 동북 대영주들의 10여만 병력은 도해(渡海)를 면제받아 조선으로 출병하지 않고 예비 병력으로 나고야 대본영 인근에 주둔했다. 이로써 조선 출병에 동원된 병력은 조선 파병 18만여 명, 예비 병력 10만여 명으로 총 30만 명에 달했다.

드디어 1592년 4월 4일 6시 선봉 고니시 유키나가는 휘하의 왜병 1만 8천 명과 함께 700여 척의 병선을 타고 도요토미의 전송을 받으며 히젠 나고야를 출발 조선 정벌에 나섰다. 그는 이키섬(壹岐島)의 풍본포(風本浦),9) 대마도의 후추(府中),10) 와니우라(鰐浦), 오우라(大浦)11)를 거

---

9) 풍본포(風本浦)에 병참기지로 가츠모도성(勝本城)이 있었다.
10) 대마도의 후쮸(府中 현 이즈하라嚴原)로 이곳에 병참기지로 시미즈성(淸水城)이 있었다.
11) 대마도의 오우라(大浦)는 최종 기항지이자 조선으로 가는 발진기지로서 임진왜란 당시 도오사키성(豊岐城)이 축성되었다.

히젠의 나고야성 터. 현재 규슈 사가현(佐賀縣) 가라쓰시(唐津市) 鎭西町 나고야名護屋 혹은 名古屋에 위치한 당입(唐入 조선 침략)의 대본영이었다. 본환의 중심에 러일 해전에서 승전한 일본 해군 영웅 도고 헤이하치로 (東鄉平八郎)로 가 쓴 '名護屋城 天主臺址'라는 말뚝비석이 서 있다.

처 4월 13일12) 6시 부산포로 향했다.

교토에서 히젠의 나고야성으로 온 도요토미는 1593년 8월 20일 교토로 다시 돌아갈 때까지 1년 6개월 동안 나고야성에 머물면서 전쟁을 총지휘했다. 도요토미는 조선으로 건너가 직접 전쟁에 참여하고자 했다. 그러나 대본영 나고야에 포진한 이에야스는 이순신의 조선 재해권 장악을 이유로 도요토미의 도해당입(渡海唐入)13)을 적극 만류해, 임진왜란 당시 도요토미가 조선으로 건너가 직접 지휘하려는 계획은 실행되지 못했다.

진주성 함락의 소식을 접한 도요토미는 나고야성을 떠나는데 이후

---

12) 1592년 음력 4월 13일은 양력 5월 23일이다.
13) 당(唐)-가라는 원래 중국 당나라이나 일본은 백제가 망한 후 조선을 한(韓)에서 당(唐)으로 고쳐 불렀고, 조선인은 당인(唐人-가라 비또 혹은 도오진)이라 불렀다.

도요토미는 두 번 다시 이 성으로 돌아오지 않았다. 임진왜란 후 성내 (城內)의 모든 건물은 파괴되었고 그 후로 나고야성은 버려져 폐허가 된 채 그 잔해만이 오늘날까지 남아있다.

인물 상세 정보

1) 도요토미 히데요시(1537~1598년).

　　오와리(尾張) 출신으로 그가 일곱 살 되던 해에 부친이 병사하고 이후 모친은 재가해서 1남 1녀를 더 낳았다. 1554년 18세 때 오다 노부나가의 부하가 되었다. 25세에 이시가루 조장의 딸인 네네와 결혼했고 처음으로 기노시타 도키치로(木下藤吉郎)라는 이름을 사용했다. 29세 이후에는 기노시타 도키치로 히데요시(木下藤吉郎秀吉)라는 이름을 사용했다.

　　노부나가 휘하에서 무사로서 점차 두각을 나타내기 시작했으며 1568년 32세에 노부나가를 따라 상경하여 교토 인근에서 전공을 쌓았다. 1573년 7월 노부나가군에 패해 교토에서 추방된 아시카가 요시아키와 합세하여 노부나가를 궁지에 빠트렸던 에치젠(越前 현 후쿠이 福井縣)의 아사쿠라·이자이(淺井) 가문을 멸하는데 큰 공을 세워 그는 일국의 다이묘가 되고 이때부터 기노시타 대신에 하시바로성을 바꿔 하시바 히데요시(羽柴秀吉)라고 하였다. 1574년 9월 규슈 정복을 염두에 둔 노부나가의 뜻을 받들어 지쿠젠노카미(筑前守)의 관직을 받아 하시바 지쿠젠노카미(羽柴筑前守)라고 불렸다.

　　혼노지의 변(1582)이후 노부나가의 후계자로서 정통성을 나타내기 위해 다이라(平)로 성을 삼았다. 1585년 관백(關白)이 되자 후지와라(藤原)로 성을 바꾸었고, 1586년 태정대신(太政大臣)이 되어 도요토미(豊臣)라는 성을 하사받았다. 1591년 관백의 자리를 양자 도요토미 히데츠구(豊臣秀次)에게 양도하고 자신은 태합(太閤)의 지위를 가졌다. 미천한 토민 출생인 그가 신발지기에서 한결같이 무가봉공(武家奉公)을 해오며 미나모토노 요리토모(源賴朝)외 그 어느 누구도 이룩하지 못한 일을 해낸 것이다.

　　그는 기고만장했다. 그 안에는 또 다른 야심이 꿈틀거렸다. 이제는 바다 건너 다른 여러 나라도 그의 지배 아래 두겠다는 야망으로 가득찼다. 이때가 1590년, 히데요시의 나이 54세였다. 바다 건너 외국의 정복 이것은 그가 주군으로 모셨던 오다 노부나가의 꿈같은 야망이었으나, 어느덧 현실로 그의 앞에 펼쳐지게 된 것이다. 규슈는 이 꿈의 전초기지였다. 히데요시는 일찍이 노부나가에 의해 아직 주군 노부나가의 수중에 들어오지도 않은 치구젠(筑前: 현재 후쿠오카)의 수호(守護)로 임명되었던 적이 있고, 노부나가는 미리 그를 지쿠젠노카미(筑前守)로 불렀다. 그러나 규슈는 그의 원정으로 평정되었으며, 바다를 건너 조선과 명으로 그리고 천축으로 진출한다면 이 규슈가 전진 기지가 될 것이었다. 노부나가의 소원이 그에 의해 완전히 이루어진 셈이었다.

1587년 5월 시마즈(島津)세력의 복속으로 규슈를 평정한 후, 히데요시는 주변 국가들에 대해서도 복속을 요구하기 시작했다. 먼저 1588년 히데요시는 요시히사(島津義久)를 통해 류큐가 복속하여 입공할 것을 요구했다. 이에 따라 이듬해 류큐 왕국이 먼저 귀복을 해왔다. 히데요시는 류큐의 귀복을 받아들이고 융숭한 대접을 해서 돌려보냈다. 그는 자기 수하의 천하는 모두 동포이며 대명의 정복 시 그 선두에 설 것을 강하게 요구했다. 한껏 꿈에 부푼 히데요시는 의기양양해져서 규슈 원정의 마무리 직전, 대마도주 소 요시토시(宗義智)를 불러 조선의 복속을 요구하며 교섭을 그에게 맡겼다.

제10장. 고니시 유키나가(小西行長) 아우구스티노

고니시 유키나가. Utagawa Yoshiiku(1833~1904), 1867년作. 출처: Wikimedia Commons.

고니시 유키나가는 아즈치 모모야마(安土桃山)시대의 무장으로 대표적인 기리시탄 다이묘(天主敎 大名)였다.[1] 그는 어렸을 때 교토에서 가톨릭교 세례를 받았으며 세례명은 아우구스티노였다.

유키나가는 근본적으로 무가(武家)출신은 아니었으며 임진왜란 당시에도 무단파(武斷派)가 아닌 문치파(文治派)로 불렸다. 그의 집안은 사카이(堺)의 부유한 상인이었으며 아버지 류사(小西隆佐)의 천주

---

1) 일본에서는 천주교 신자들을 포르투갈어 발음에 따라 기리시탄(吉利支丹)이라고 불렀으며 각 지역의 영주들은 다이묘(大名)라고 칭했음으로, 유키나가가 대표적인 천주교 영주였다는 의미이다. 그의 세례명은 아우구스티노, 아우구스티노, 또는 아우구스티노Agustin이다.

교와 예수회를 배경으로 도요토미 정권 아래에서 승승장구했다. 그는 임진왜란 당시 사위 소 요시토시 다리오와 함께 조선 침략의 선봉장으로 조선을 유린함으로써 우리로서는 결코 용서할 수 없는 역사적 인물로 남게 되었다.

그러나 그는 당시 예수회 선교사가 절실히 필요로 하는 존재였고, 어지러운 세상 속에서 그리스도 신앙인으로서 삶을 살아간, 우리 한국인의 관점으로서는 참으로 해석이 난해한 인물이었다. 더욱이 그의 사후 유럽 이탈리아의 제노바에서는 유키나가를 소재로 한 음악극 〈Agostino Tzvni-Camindono〉가 상연되어 그를 기렸다는 기록을 볼 때 그의 그리스도교 신앙인으로서의 일면이 외국에서는 높이 여겨진 듯하다.

임진왜란과 관련하여 조선의 천주교 전사(前史)를 살펴볼 때 그는 가장 중심적인 인물 중의 한 사람이라고 생각된다.

- 출생과 성장

고니시 유키나가는 도요토미의 대관이었던 천주교 신자 고니시 류사의 2남으로 류사가 교토로 이주 후 1558년 교토에서 태어났으며,[2] 본명은 고니시 야구로(彌九郎)였다. 그의 나이가 나타나 있는 유일한 자료는 선조실록(宣祖實錄)인데 이를 바탕으로 추정해보면 그의 생년은 1558년이 된다.

"유키나가는 관백이 신뢰하는 장수인데, 조선을 침략한 일은 그

---

2) 고니시 유키나가(1558년~1600년 11월 6일)의 출생 년은 확실치 않다. 그의 나이가 나타나 있는 자료는 선조실록(宣祖實錄)이 유일한데 선조 28년(1595) 2월 10일에 '行長 今年 三十八'라고 기록되어 있다.

가 처음부터 주장했기 때문에 벼슬은 높지 않으나 호령이 모두 그에게서 나온다. 유키나가의 벼슬은 총병(總兵)과 동일하다.··· (중략) 유키나가가 일본에 있을 때 구주(九州) 지방을 관리했으므로 쌀 4만 담(擔)을 받았고 봉왕의 일을 주장한 뒤로는 관백이 상미(賞米) 5백 담을 더 준다. 만일 봉왕의 일이 완결된다면 유키나가는 으뜸 공을 차지하여 마땅히 큰 벼슬에 오를 것이다. 그가 나올 때 스스로 1만여 군사를 거느렸는데 평양에서 3~4백여 명을 잃었다.(필시 그렇게까지 많지는 않고 3백여 명이었다고 했는데 이처럼 거짓말을 하니 믿기 어렵다.) 유키나가가 지금은 12진영을 총괄한다.' 하였다. 행장의 금년 나이는 38세이다.

이 자료를 바탕으로 해서 추정해보면 행장의 생년은 1558년이 된다. 1552년, 1559년생이라고도 하나 그의 거성인 우토성을 소개하는 팻말에도 그가 1558년생으로 기록되어 있다. 임진왜란 당시는 35세가 된다. 그의 아버지 류사는 오사카 인근 사카이[3]에서 출생했으며[4] 그곳의 상인 출신이었다. 그의 천주교와의 관련은 일찍이 1551년에 프란치스코 하비에르가 미야코 방문 당시 류사가 하비에르의 미야코 입성에 일익을 담당했을 때 부터였다. 당시 하비에르는 야마구치의 귀족 나이토 다카하루가 추천해준 사카이의 상인 구도 히비야(工藤日比屋)를 통해 미야코에서 도움을 청할 수 있는 한 지인을 소개받게 되는데 그가 바로 고니시 유키나가의 아버지 고니시 류사였다.

프로이스의 『일본사日本史』에서는 류사를 '가스파르 빌레라(Gaspar

---

3) 사카이(堺)는 오사카부 중서부에 위치하며, 셋쓰(攝津), 가와치(河内), 이즈미(和泉) 삼국의 경계에 있기 때문에 사카이(堺: 일본어로 경계를 '사카이'라 한다.)라는 지명이 붙어졌다.
4) 고니시 류사는 임진왜란 시점 '60세를 넘은 노인'이었다는 기록으로 미루어 볼 때 아마도 1528~1532경에 출생했을 것이다.

사카이 주변 지도.

Vilela) 신부가 교토로 간 이후 그곳에서 최고의 개종자(改宗者)'라고 평
가했다. 빌레라가 쇼군 아시카가 요시테루(足利義輝)로부터 교토에서 포
교를 인정받은 해는 1560년임으로, 이렇게 볼 때, 이 시기까지는 류사
는 교토로 이주해 있었음을 알 수 있으며 아마도 이 시기에 세례를 받
았을 것으로 추정된다.5) 1565년 교토로부터 선교사가 추방당했을 당

---

5) 고니시 류사와 아들 유키나가가 세례를 받은 시점은 명확치 않다. 유키나가의
   세례는 1569년 이전일 것으로 추정되며(中村智哉편집『圖解戰國史』成美出版

시, 가와치노쿠니(河内国)까지 동행했던 '교토의 가톨릭 신자' 세 명 중의 한 명이 류사이고, 그는 일찍이 적극적으로 예수회 선교사를 지원하고 있었다.

류사의 세례명은 조친(常珍 아마도 요아킴)이었다. 고니시 집안은 모두가 세례를 받았고 천주교의 예수회와 깊은 연관을 갖게 되는데 이는 아버지 류사의 절대적 영향이 컸다. 그의 영향으로 아내인 와쿠사는 막달레나로 세례를 받았으며 자녀들 모두가 천주교 신자가 되었다. 유키나가의 형 죠세이(如淸) 역시 모범적인 기리시탄이었으며 세례명은 벤토였다. 유키나가의 밑으로는 3남 요한 하야토(隼人), 4남 루이스 요시치로(与七郎)와 5남 베드로 도노모노스케(主殿介)가 모두 독실한 천주교 신자로서 선교사의 신임을 얻었다.

아버지 류사의 고향이며 거점이었던 곳은 사카이였다. 사카이는 1469년 이래 견명선(遣明船)[6]의 발착지이며, 오닌의 난으로 효고(兵庫)

社 2011년 38쪽), 아버지 류사와 함께 1564년 세례를 받았다는 기록(結城了悟 キリシタンになった大名(기리시탄이 된 다이묘) 聖母文庫, 1999年)이 있다. 아버지 류사는 1560년 교토에서 요아킴이라는 세례명으로 빌레라 신부에게서 일찍 세례를 받았다(조셉 제네스지음, 홍성흔 역. 『일본의 천주교 수용사』 24쪽)고 하는 기록이 있다. 임석윤은 그의 저서 『일본그리스도교 교회사』(대한예수교 장로회 총회출판국, 154쪽)에서 고니시 유키나가는 산가(三箇)의 영주 시라이 노리히데(白井範秀)의 아들로 태어나 사가이에 있는 고니시 류사의 차남으로 입양되었으며 시라이 노리히데는 산세스, 고니시 류사는 요아킴이라는 세례명으로 빌레라 신부에게서 일찍 세례를 받았다고 하였다. 그리고 유키나가는 1583년 8월 27일 세례를 받았음을 프로이스 신부의 서신에서 찾아볼 수 있다고 했다. 윤민구의 『한국 천주교회의 기원』(국학자료원 2003 354쪽)에서는 임진왜란 당시 조선에 왔던 세스페데스 신부가 1577년 오사카로 와 신학교 원장으로 일하면서 고니시 유키나가에게 세례를 주었으며 이러한 인연으로 임진왜란 당시 그의 초청으로 조선으로 오게 되었다고 하였다.

6) 명나라로 가는 무역선.

항[7]이 불에 타 쇠퇴하게 되자 일본 최대의 해외 무역항으로 번영을 누려왔다. 사카이의 상인들은 중국과 조선의 무역을 통해 많은 부를 축적했는데, 무역선으로 들어오는 물품 중 가장 인기가 있었던 것은 설탕과 약이었다.

당시 사카이는 일본의 어느 도시보다 경제적 활동이 활발했다. 풍부한 경제력을 바탕으로 호상(豪商)들의 도시 행정에 대한 영향력이 매우 커져서 일종의 자치도시를 형성하고 있었다. 예수회 선교사는 이를 마치 "중세 이탈리아의 베니스처럼 사카이는 집정관에 의해 통치되고 있다."고 기술했다. 다른 도시가 영주들의 도시였다면, 사카이는 상인과 시민의 대표자가 독립해서 자치를 유지하고 있는 자유도시였다.

사카이의 상인들은 그저 단순한 장사꾼이 아닌, 사카이라는 자유 무역도시를 배경으로 '정상(政商)' 즉 정치적인 상인들이었다. 그들은 비즈니스를 위해 세상과 권력의 미묘한 움직임에 항상 주의를 기울이며, 끊임없이 그 변화를 주목하고 예측했다.

사카이의 대표자들인 거상(巨商)을 에고오슈(會合衆)라고 했다. 에고슈는 모두 36명이 있었기 때문에 삼십육인중(三十六人衆)이라고도 불렸으며 또 그들은 선착장에 창고(納屋)를 소유한 부유한 사람들이었음으로 나야슈(納屋衆)라고도 했다.

에고오슈의 일원이었던 유키나가의 아버지 류사는 사카이의 숙로(宿老)로서 그의 집안은 일중(日中)무역, 특히 중국과의 한방 약종 무역에 종사하면서 큰 부를 이뤘다. 고니시 유키나가에게는 조선인의 피가 흐르고 있다는 설도 있으나 이는 고니시 가(家)가 약종상으로서 조선 인삼 등 조선의 약초를 수입하고 있는 상인이었기 때문일 것으로 추정

---

7) 현 고베시.

된다.

류사는 사카이의 무역 상인이며 가톨릭 신자들의 대표였던 히비야 료케이(日比屋了珪)와 친교했고 훗날 사돈이 되었다. 나아가 다음 세대의 양가(兩家)까지도 종교적 유대관계와 혈연관계에 의한 강한 친척관계를 단계적으로 맺어갔다.

- 고니시와 히비야(日比屋) 가(家)

히비야 가는 16세기 사카이에서 활약했던 호상이다. 특히 16세기 후반의 당주(當主)인 히비야 료케이는 규슈에서 대외교역로를 가지고 있는 무역상이었다.

빌레라 신부가 1561년 사카이를 방문했을 때 '료케이의 아이들과 친족들 몇 명이 가톨릭 신자가 되었고, 그로부터 2년 후 1563년에는 그도 디오고로 세례를 받아 가톨릭교의 주석(柱石)이 되었다.'라고 기록하고 있다. 1551년에 프란치스코 하비에르가 사카이와 교토 방문 당시 신세를 진 것이 사카이의 히비야였고, 류사 또한 이 시기에 하비에르와 접촉이 있었던 적이 있다. 료케이는 예수회 선교사들과의 가깝게 지냈으며 그의 집은 교회로서의 역할을 다 했고 그가 사용했던 2층은 사제들의 거처로 사용되었다.[8] 대외 교역로를 가지고 있던 히비야 료케이가 사카이라고 하는 상업 도시와 그리스도교를 연결시키는 계기를 만들게 되었다.

그는 사카이 최초의 기리시탄이었으며 그의 큰 딸은 프로이스 신부

---

8) 히비야 료케이는 세례 이전에도 빌렐라 신부를 자기 집에 묵게 했고 그의 집에서 미사를 올리게 했던 예수회의 공로자였다. 히비야 집터는 현재 사카이의 히비야 공원으로 바뀌어 있다. 이곳에서 얼마 떨어져 있지 않은 곳에 고니시 유키나가의 집터였음을 표시한 팻말을 볼 수 있다.

고니시(小西)와 히비야(日比屋) 가문

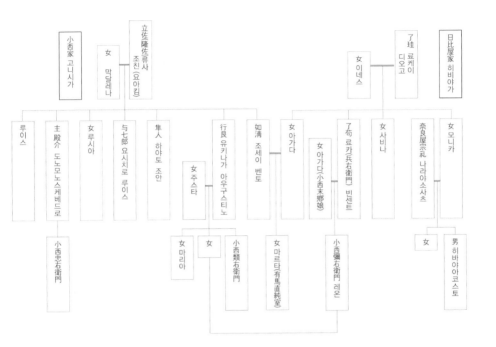

가 성녀(聖女)와 같은 존재라고 극찬한 히비야 모니카였다. 그녀는 나라야 소사츠(奈良屋宗礼)와 강제 결혼하고 난 뒤에 남편을 천주교로 개종시켰다. 그의 아들이 평양성 전투에서 사망한 아고스토이다.

가계도에서 보듯이 유키나가의 부모, 형제, 자식 그리고 사돈인 사카이의 히비야 집안 대부분이 세례명을 가진 가톨릭 신자였다. 유키나가의 아버지인 류사가 하비야와 같은 사카이 출신이며, 류사의 장남인 죠세이가 료케이의 딸인 아가타와, 히비야의 아들인 료카(了荷)와 유키나가의 가신(家臣) 고니시 스에사토(小西末郷-木戸作右衛門: '기도사쿠에몽)의 딸이, 거기에 료카의 아들인 고니시 야에몬(弥右衛門)과 유키나가의 딸이 결혼함으로써 양 집안 사이에는 혼인관계가 2중, 3중으로 엮어져 있다. 이러한 점들을 고려해 볼 때, 고니시와 히비야 집안은 대를 이어 종교적 유대관계와 혈연관계를 단계적으로 맺어갔다고 생각된다.

사카이의 해상수송로와 자금력을 지닌 히비야 가와 결합, 이것이야말로 고니시 집안의 무엇보다 강력하고도 중요한 '무기'였을 것이다. 그리고 이 무기에 의해서 고니시 일족은 도요토미 정권 속에서 정치적 지위를 향상시켰다.[9]

- 고니시 가(家)와 도요토미 히데요시:
시코쿠(四国)와 규슈(九州)정벌

고니시 류사는 도요토미 히데요시와 가장 오랫동안 친분을 가진 인물 중의 한 사람이었다. 류사는 텐쇼(天正)시대 초기에는 비젠(備前)의 우키타(宇喜多)씨 나오이에·나가이에의 휘하에 있는 전담 상인이었으나 히데요시를 섬기기 시작한 후 평생을 주군으로 모셨다. 다른 사카이의 호상들이 귀족인 오다 노부나가에게 접근하고 있었던 반면 류사는 특이하게 노부나가 휘하의 하급무사, 이시가루(足輕)[10] 출신으로 훗날 도요토미 히데요시로 이름을 바꾼 하시바 히데요시를 주목했으며, 그와 친교를 맺는, 당시로서는 특이한 처세술을 보였다. 훗날 히데요시가 권력을 잡은 후 그의 재무능력을 높이 평가해 그를 중보했으며, 그에게 재산 일체의 관리를 일임했다. 류사는 1580년 히데요시의 명에 의해 하리마 아미호시교 지역을 다스렸으며, 1586년에는 사카이의 부교(奉行)

---

9) 히데요시가 료케이에게 문안과 선물에 대한 답례를 기술하고 있는 편지 중에 "이 말들을 이 편지에 담아서 고니시 류사(小西立佐)에게 전달하겠습니다."라는 내용으로 보아 이들 간에 서로 연결이 있었음을 알 수 있다.
10) 평소에는 하인으로 일하다가 전시에는 병졸이 되는 하급무사.

로 임명되어 사카이를 통치했다. 히데요시의 시마즈 정벌 때는 군수품 조달을 맡았고, 임진왜란 당시에는 규슈의 나고야성에 가서 재무를 담당했다.

고니시 유키나가는 1579년 비젠 우키타의 사자(使者)로서 히데요시를 만나게 되었고 이듬해 1580년경 그의 나이 23세 때부터 아버지 류사와 함께 히데요시를 주군으로 섬기기 시작했다.

유키나가는 초기에는 세토 내해(瀬戸内海)의 물자 해상수송의 임무를 맡아 두각을 나타내기 시작했다. 이 시기에 그는 무로츠(室津)를 관리 하에 두고 있었다. 그 후 1585년 히데요시의 센난(泉南)·기이(紀伊)·시코쿠(四国)정벌에 수군의 장(將)으로 직접 전투에 참전했다.

프로이스 신부의 편지11)에는 이들 전투에서 그가 '수군사령장관(司令長官)'으로서 성십자가(聖十字架) 문장(紋章)의 견(絹) 깃발을 달고, 선두에 나서 전 함대를 지휘하여 성의 대부분을 점령한 것으로 약간은 과장되게 기록되어 있다. 그러나 실제로 그는 공격에 참가한 여러 장수 중 한 명에 지나지 않았다. 이들 전투에서 그는 공격의 한 축을 맡아 참전했으나, 본래 무사 출신이 아니었으므로 사실 전투보다는 선박 조달과 대량의 병사(兵士)·물자의 해상수송 방면에 공적이 컸다.

프로이스는 시코쿠 정벌 직후 고니시의 상황에 대해 다음과 같이 기록하고 있다.12) 특히 시코쿠(四国) 공격은, 히데요시로서는 처음으로 육지와 연결되어 있지 않은 지역을 대상으로 한 대규모 전투였으며 유키나가의 활약은 히데요시를 충분히 만족시켰던 것으로 보인다. 1585년 7월에 관백이 된 히데요시로서도 시코쿠 공격의 성공에 대한 의미는 큰 것이었는데, 이로 인해 세토 내해의 교통을 장악하고, 이어지는 규

---

11) 1585年 10月 1日 프로이스 편지 『日本年報』.
12) 1585年 10月 1日付 프로이스 서간 『報告集』Ⅲ一7.

슈(九州) 공격에 대한 지반을 견고히 할 수 있었기 때문이었다.

"히데요시는 아우구스티노에게 많은 영예와 은상(恩賞)을 수여하고, 전 영토의 수군사령장관(水軍司令長官)이라는 칭호를 하사했다. 아우구스티노는 소도시마(小豆島)라고 불리는 섬 하나를 하사받아 소유하고 있었는데, 이는 관리권뿐이었다. 그런데 히데요시는 그의 공적에 대해 그곳의 수입 모두를 하사했으니, 이는 상당한 금액이었다. 지금 아우구스티노는, 그의 소유 영지인 무로츠(室津)의 항구에 커다란 교회 하나를 건축하기 위해 자재를 모으고 있다.

같은 시기에 선교사 세스페데스 신부의 편지 중에도 다음과 같은 기록이 남겨져 있다.[13]

"류사와 그의 아들인 유키나가는, 히데요시에게서 굉장히 총애를 받고 있고, 신분이 상승했으며, 매일같이 히데요시에게 격려를 받았다. 류사는 가와치(河內)의 지행(知行-무사들의 봉록) 일만사천 섬(一万四千俵)의 대관(代官)에 임명되었으며, 그의 아들인 아우구스티노는 수군사령장관(水軍司令長官)과 쇼도시마(小豆島), 무로츠(室津)의 항구 및 그 외 2, 3개의 항구를 맡는 주인이 되어, 모두 합쳐 2만 섬(俵)에 가까운 수입이 있다."

유키나가는 초기 아버지가 다스리던 아미호시교에 가까운 무로츠(室津)영지를 소유(1581)해 무로츠 항의 대행관이 되었다. 그 후 1582년부터 히데요시로부터 관리를 위임받았던 쇼도시마(小豆島)를 자신의 영지(1585)로 소유하게 되어 이후 1588년 비후(肥後) 영지로 옮겨갈 때까

---

13) 1585年 10月 30日 세스페데스의 편지 『報告集』 Ⅲ-7.

지 쇼도시마의 영주로 있었으며 1586년 6월에는 쇼도시마에 세스페데스 신부를 초청해 처음으로 가톨릭교를 포교했다.

유키나가는 연이어 1586년 8월, 히데요시의 규슈 평정을 위해 군량 수송 임무를 맡았고, 이 시기에 마츠우라 등 규슈 다이묘들에 대한 히데요시의 중개 임무를 맡았다. 히데요시의 규슈 정벌(1587년 3월~5월) 당시 수군으로서 참전했고 이 시기에 그는 휴우가노카미(日向守)로 불렸다. 6月에는 하카타마치(博多町) 정비 부교(奉行)로 임명되었고 이 시기에 셋츠노카미(攝津守) 혹은 쓰노가미(津守)로 칭해졌다

고니시 유키나가는 혼노지(本能寺)의 난 이후로는 아버지 류사와 함께 이른바 도요토미 휘하의 '바다의 사령장관(水軍司令長官)'으로서 세토 나이카이(瀬戸内海)의 책임을 맡았다. 세토 내해 즉 혼슈와 규슈사이의 바다를 오가는 선박을 감독하는 수군 장수로 중보되기 시작하여 이후 히데요시의 수군 최고책임자로 신임되었다. 요즈음의 직위로 말하자면 아버지 류사는 통상성의 고관으로, 아들 유키나가는 해안 보안청장이나 수송사령관으로 발탁 기용된 것이라 할 수 있다. 따라서 고니시 일가가 맡았던 세토 내해(内海)에서의 임무는 수군 본연의 전투 임무라기 보다는 바다를 통한 군수물자 운반 등에 관한 임무였던 것으로 보인다. 고니시 부자의 이러한 수군에서의 활약은 히데요시가 시코쿠와 규슈를 정벌하고 일본의 전국 통일을 이루는데 결정적인 도움을 주게 되었다.

- 우토 대명: 고니시 유키나가 아우구스티노

그는 휴우가노카미, 또는 셋츠노카미로 불렸으나 그의 마지막 관직은 규슈 히고 우토(宇土)의 영주였다. 사카이-교토 출신의 고니시 유키나가가 규슈의 영주로 불리는 데는 다음과 같은 사연이 있다.

1587년 규슈를 정복한 히데요시는 1588년 히고(肥後)국을 둘로 나눠 북쪽의 비옥한 쿠마모토성(熊本)은 가토 기요마사에게, 남쪽의 우토성과 천주교도의 섬인 아마쿠사시마(天草島)는 고니시 유키나가에게 통치하게 했다. 고니시는 히고의 절반을 받아 14만 석의 영주가 되었다. 그는 우토성을 새로 축성하고 마을을 대규모로 정비했다. 현재 우토 시의 도시 구획은 이때 정비된 것을 기초로 하고 있다고 한다. 인접한 지쿠고(築後)의 상당 부분은 천주교 영주였던 오토모 소린(大友宗麟) 프란치스코의 딸과 결혼한 시몬 모리 히데카네(毛利水包, 후지시로毛利藤四郎)가 통치했다.

히고는 현 구마모토 현(熊本縣) 지역이다. 큰 평야로 이루어진 넓은 옥토에서 항상 수확이 풍부하여 규슈에서는 제일 비옥한 땅이다. 이러한 경제력의 바탕과 중앙정부로부터 멀리 떨어져 있었던 관계로 이곳은 옛 가마쿠라(鎌倉) 시대부터 토호 무사들의 세력이 매우 강했다.

본래 도요토미 히데요시가 규슈의 시마즈(島津)를 정벌한 후, 처음으로 히고 영지 전체를 하사받은 인물은 삿사 나리마사(佐々成政 1536~1588)였다. 그는 전국시대 부하들을 이끌고 겨울에 일본 북 알프스 다테야마(立山) 연봉을 넘어 생환한 호구리쿠(北陸)의 전설적인 맹장이었다. 히데요시는 그의 강한 힘을 높이 사서, 과거 두 번이나 자신을 배반했음에도 불구하고 규슈의 종군에서 전공을 올리자 그를 무려 54만 석의 히고 구마모토 성주로 봉했다. 히데요시는 히고의 토착 무사들의 소요를 염려하여, 그리고 아마도 머지않아 있을 조선 침략(임진왜란)을 염두에 두고 그를 기용했다고 한다.

그러나 이후에도 히고인들의 소요가 번번히 일어나고, 그가 통제하기에 어려움이 드러났다. 칸토(關東)로 진군할 즈음 히고의 소요 소식을 접한 히데요시는 그의 서투른 일 처리와 태만함을 이유로 할복을 명하

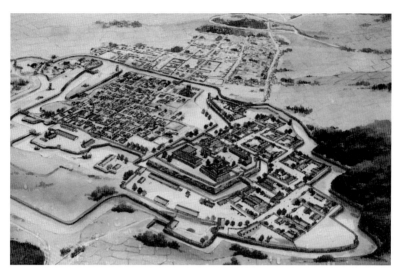
고니시 유키나가의 우토성 조감도.

현재의 우토성 터.

우토성 터의 고니시 유키나가 동상.

게 된다. 무장 삿사의 죽음으로 히고는 남북 반으로 나누어져 가토 기요마사와 고니시 유키나가가 통치하게 되었다.

1588년 7월 고니시 유키나가는 미나미 히고(南肥後)의 우토, 야츠시로(八代), 아마쿠사(天草)의 32만 석의 영지를 받고 우토로 옮겨갔다. 히고의 반을 소유하게 된 고니시는 영지 내 야츠시로 등 각 곳에 죠오다이(城代)[14]를 두고 가신단을 편성했다.

고니시에게 봉해졌던 히고의 우토 반도와 아마쿠사 쪽의 수많은 섬들은 교통이 불편한 관계로 관의 행정력이 미치기가 어려운 지역이었다. 고니시가 우토로 온 지 6개월 후 자신의 영지 내 토목공사로 인해 이 지역에 또다시 반란이 일어나게 된다. 우토성을 축조할 때 중세 이래 아마쿠사를 지배해 왔던 다섯 가문 소위 아마쿠사 5인중(五人衆)에게 건축 자재와 노동력의 부담을 지우자 그들로부터 심한 반발이 일어났다. 고니시는 히고 북부의 가토 기요마사의 군사적 도움을 받고서야 겨우 아마쿠사 5인중을 굴복시

---

14) 옛날 성주(城主)를 대신해서 성을 지키던 사람.

킬 수 있었다. 시키(志岐鎭經) 씨는 도망가고 나머지 네 사람은 고니시의 가신으로 들어가게 된다. 이를 덴쇼천초합전(天正天草合戰)이라 한다. 그 후 고니시는 시키(志岐)에 자신의 기리시탄 가신인 히비야 료카(日比屋了荷) 비센테를 새로이 배치함으로써 아마쿠사를 완전 장악한다.

임진왜란 직전 고니시 유키나가가 통치하던 아마쿠사의 영주들은 모두 가톨릭 신자가 되었다. 그리고 이들은 고니시 휘하 제1군에 소속되어 조선 침략에 동참, 출병했다.

- 아마쿠사 제도의 그리스도교 전교

아마쿠사 제도는 중세 이래 400년간 다섯 가문에 의해 지배되어 왔는데 이를 아마쿠사 5인중(五人衆)이라 한다. 시키(志岐), 아마쿠사(天草), 고츠우라(上津浦), 스모토(栖本)와 오야노(大矢野) 씨의 다섯 가문은 그리스도교가 전래되기 전에는 불교를 신앙하고 있었다.

16세기 후반에 아마쿠사에 그리스도교가 전래되어 신앙의 파도가 전 섬들에 미쳤다. 시키성의 시키 시게츠네(志岐鎭經, 린센 麟泉)는 기리시탄으로 개종한 아리마 하루노부(有馬晴信)의 동생을 양자로 삼고 있었고 하루노부를 통해 1565년 토레스 신부에게 시키 전도를 요청했다. 시게츠네의 초청으로 1566년 루이스 알메이다 수사가 내도(來島)하자 그는 수사에게 조안으로 세례를 받음으로써 아마쿠사 지역에서 최초로 세례를 받은 영주가 되었다. 그는 자신이 기리시탄으로 개종함으로써 시키로 포르투갈 무역선을 유치해 남만무역(南蠻貿易)으로 인한 이익을 보고자 할 속셈이었다.

1570년 6월 처음으로 포르투갈 선박이 시키의 도미오카(富岡)에 입항했고 일본 포교장으로 부임한 37세의 프란치스코 카브랄(Francisco Cabral)이 입국했다. 그는 일본의 모든 선교사들을 시키로 소집해 '선교

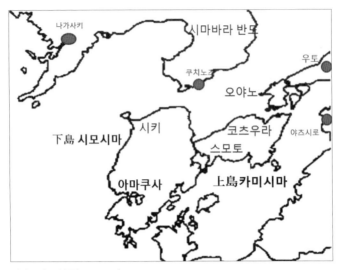

아마쿠사 5인중(天草五人衆)

사 회의'를 개최했다. 장상 직에서 물러난 고령의 토레스 신부도 나가
사키로부터 와서 회의에 참석했으나 회의가 끝난 후 74세 나이로 생을
마쳤다.

시게츠네의 개종은 포르투갈 상인과의 무역이 그 목적이었으나
1570년 곧 나가사키가 포르투갈 무역의 항구로 열리고 자신의 영내로
무역선이 들어오지 않게 되자 신앙을 버렸을 뿐만 아니라 그 후에는
오히려 가톨릭의 박해자로 돌아섰다.

시키와 함께 아마쿠사 섬에서 큰 세력을 가졌던 아마쿠사 이즈노카
미(天草伊豆守), 아마쿠사 시게히사(天草鎭尙)도 1569년 알메이다 수사를
가와치우라(河內浦)로 영입하여 가톨릭의 포교를 허용했다. 그러나 불
교와 가톨릭에 반대하는 형제와 반대파 무사를 중심으로 반란이 일어
나 선교사가 추방되었다. 혼도(本渡)성으로 피신한 시게히사는 당시 아
마쿠사의 섬을 지배하고 있던 분고의 오토모 소린의 지원을 받아 영지

를 되찾고, 선교도 다시 하게 되었다.

시게히사는 1575년(1570년 혹은 1571년 설도 있음) 카브랄 신부에게 미겔, 그의 적자 히사타네(天草久種)는 조안이라는 세례명으로 부인과 일족, 가신들과 함께 세례를 받았고 1582년 사망했다. 당시 전국 기리시탄 15만 명 중 오무라에 7만 명, 아리마에 2만 명, 아마쿠사에 1만 5천 명과 시키에 1천 명의 기리시탄이 있었다고 한다.

1578년 사츠마의 시마즈 씨가 오토모 씨와 싸워 이기면서 5인중은 시마즈 씨의 지배 아래로 들어갔다. 1586년 규슈의 패권을 노린 시마즈 씨는 재 정비한 오토모 씨의 공격에 5인중을 참전시켰다. 그러나 도요토미의 규슈 출병으로 시마즈군은 패해 남쪽으로 후퇴했다. 따라서 5인중도 전투에 패했으나, 오토모 휘하의 기리시탄인 오카 성주(岡城主)시가 지카쓰쿠(志賀親次) 바오로에 의해 구원을 받게 된다. 도요토미의 규슈 정벌 후 아마쿠사는 히고의 남쪽 반을 차지한 고니시 유키나가의 치하에 놓이게 된다.

1589년 9월 고니시는 본성 우토성의 축성에 같은 기리시탄으로서 협조를 요청했다. 그러나 부역을 거부한 시키 시게츠네를 필두로 아마쿠사 히사타네, 코츠우라 타네나오, 스모토 치카다카, 오야노 타네모토의 5인중들이 반란을 일으켰다. 이에 고니시는 가토에게 원군을 청해 격전 끝에 1590년 1월 5인중의 난을 진압했다.

시키성은 함락되어 시게츠네는 도망쳤고, 시게히사의 의형제였던 혼도(本渡,모토와타루)성의 성주 다네모토(天草種元)는 패사했다. 그는 1569년 알메이다 수사에게 안드레아라는 세례명으로 가톨릭에 입문한 기리시탄이었다. 나머지 5인중들도 차례로 항복했다. 그 후 시키는 고니시의 가신 비센테 히비야가 다스리게 되고 새로이 성당과 사제관이 건립되었다. 시게히사의 아들 아마쿠사 히사타네는 고니시의 가신이 되었다. 항복한 스모토씨는 1589년 조안으로 세례를 받았고, 고츠우라 영주도 1590년 2월에 세례를 받았다. 오야노씨는 도요토미의 규슈 정벌 당시 분고의 이치만다 성에 포위된 아마쿠사 5인중의 구명 탄원에 오카 성주 시가 바오로가 응한 사실에 감동하여 사제추방령에도 불구하고 1590년 쟈코베(야고보)라는 세례명으로 세례를 받았다. 따라서 임진왜란 직전 고니시 유키나가가 지배하던 아마쿠사 섬의 영주들은 모두 가톨릭 신자가 되었다. 그리고 이들은 고니시 휘하의 제1군에 소속되어 조선 침략에 나섰다(조선을 침략한 천주교 무장들 편을 참조).

- 파테렌 추방령과 고니시 유키나가

1587년 도요토미의 규슈 정벌 후 파테렌 추방령과 금교령이 내려졌을 때 고니시 유키나가는 신앙의 최대의 위기를 맞이해 외면적으로는 배교하며 도요토미에 순종했다.

그러나 '일본 그리스도 교회의 반석'이라 불렸던 타카츠키 영주 다카야마 우콘(高山右近)은 다이묘의 자리를 포기하고 신앙을 지키며 유랑생활을 하게 되자, 고니시 유키나가는 도요토미의 감시를 피해 일생 우콘을 도왔다. 신앙과 영지 중 하나를 선택하라는 도요토미의 물음에 우콘은 주저 없이 주군 도요토미로부터 받은 영지를 모두 돌려줌으로써 현세의 권력과 영화를 버리고, 대신 천주(天主)를 선택했던 것이다.[15]

고니시 유키나가는 다카야마 우콘과 피신 중인 오르간티노 신부를 위해 쇼도시마(小豆島)에 피난처를 제공했으며 피난오는 기리시탄들을

---

15) 『침묵』의 저자 엔도 슈사쿠(遠藤周作)는 그의 역사소설 『숙적(宿敵)』에서 이러한 우콘의 자세는 고니시에게도 큰 영향을 미치게 되어 이후 고니시는 주군 히데요시에 대해 면종복배(面從腹背)의 복잡한 인간이 되어갔다고 그려져 있다.

위해 식량을 비축하는 등 여러 면에서 기리시탄의 보호에 심혈을 기울였다. 다카야마 우콘과 친구 구로다 요시타카와 힘을 합쳐 신부들과 신자들을 보호하여 오사카에 한센병 환자를 위한 병원을 짓고 병자들을 도우며 고아들을 위해 매년 백만 석의 쌀을 기부하는 등 애긍에도 힘썼다. 이 무렵 고니시의 영지인 아마쿠사(天草)는 약 30여 개의 교회와 60명의 신부가 활동하고 있었으며 아마쿠사 전체인구 3만 중 2만 3천 명이 천주교 신자였다고 한다.

1587년 도요토미의 선교사 추방령 이후 아마쿠사는 유력한 기리시탄 영주 고니시 유키나가의 통치 아래 일본 천주교 최후의 거점이 되었다. 많은 선교사들이 아마쿠사로 왔으며 1591년 오무라에 있던 노비시아드(修練院)와 카츠사(加津佐)에 있던 코레지오(神學院)가 아마쿠사의 가와치우라로 이전해 왔다. 텐쇼견구사절(天正遣欧使節)이 유럽에서 가져온 구텐베르크 인쇄기도 이곳으로 옮겨오게 되고 나가사키에서 세르케이라 주교도 한동안 위험을 피해 아마쿠사에 와 있게 되어 박해의 와중에서도 아마쿠사는 그리스도인의 황금시대를 맞게 되었다. 고니시의 봉토였던 아마쿠사 제도는 '그리스도의 섬'이라고 불릴 정도였으며, 이러한 영향은 훗날 '시마바라-아마쿠사 난' 봉기의 진원지가 되는 동기가 되었다.

- 임진왜란과 고니시 유키나가

도요토미 히데요시의 대륙 정벌의 일환으로 조선 침략의 의도가 드러나자 고니시 유키나가는 1587년 쓰시마 도주 소 요시토시에 대한 중재 임무를 맡았고 조선과의 교섭에 착수했다. 1590년에는 딸 마리아를 소 요시토시에게 시집 보내 소의 후견인이 됨으로써 조선 전쟁에 더욱 깊이 발을 담그게 되었다.

조선 사신으로 하카타의 호상(豪商)인 시마이 소오시츠(島井宗室)를 파견(1589)했고 1590년 8月 조선통신사의 일본 방문 때는 동행하여 교토로 상경했다. 고니시와 사위 소는 조선왕조가 파견한 통신사를 복속 사절(服屬使節)로 위장했고 도요토미는 조선 국왕이 도요토미 정권에 복종해 따르는 것으로 이해했다. 이에 따라 도요토미는 이후 조선에서의 전투를 외국과의 전쟁이 아니라 가신 지역에서의 반란 진압이며 자신의 국내 통일의 연장이라는 자세를 취하게 되었다.

고니시는 이듬해인 1591년 임진왜란 직전 가토 기요마사, 구로다 나가마사(黑田長政)등과 함께 히젠의 나고야성 축성 공사의 임무를 맡았고 마침내 1592년 4월 13일 일본군의 제1군 선봉장으로 사위 소와 함께 부산에 상륙함으로써 조선 침략을 시작했다.

고니시 유키나가는 임진왜란 당시 일본군의 선두에 서서 거의 2개월여 만에 한양에 이어 평양을 함락시킴으로써 용맹이 뛰어난 왜장으로 우리에게 각인되어 있다. 그러나 그는 출신 성분상 근본적으로 무사가 아니었다. 그는 무역상 출신임으로 무장으로 발탁되었어도 진정한 군인이었다기보다는 관료나 사무관의 역할에서 뛰어난 수완을 발휘했다. 전국시대의 히데요시 휘하에서도 직접적으로 전투에 참가해 무공을 세우기보다는 전투를 위한 병량(兵糧)의 조달이나 수송 등 사무적인 면에서, 그리고 외교적인 면에서 뛰어난 수완을 발휘함으로써 히데요시가 천하 패권을 이루는데, 그리고 임진왜란 당시에도 일본군의 중심에 있게 된다.

아마쿠사 5인중의 반란 때도 가토 기요마사의 도움을 받고서야 겨우 반란을 평정할 수 있었던 사례도 고니시가 완벽한 무장이 아니었음을 보여주는 하나의 예일 수도 있다. 그는 조선 침략 당시 가토 기요마사와 더불어 최선봉을 맡아 전쟁을 수행했으나 실은 전투보다는 명과의 강화조약을 체결하는데 더욱 진력했다. 그는 전쟁 기간 내내 전쟁과 평화교섭이라는 모순된 노선을 추구했던 복잡한 성격의 소유자였다.

훗날 고니시 유키나가가 세키가하라 전투에서 패하자 히고 전역은 모두 가토 기요마사의 영지가 되었고 우토와 아마쿠사는 금교와 박해로 뒤덮였다. 그리고 고니시 유키나가의 가신들은 신앙을 버릴 것을 강요받았다. 얼마 후 가토 기요마사는 아마쿠사를 반납하게 되고 카라츠(唐津)번 영주로 나가사키의 행정관이었던 테라자와 히로타가(寺澤廣高)가 이 지역을 통치하게 되면서 점차 기리시탄을 압박했고 1614년 전국적인 그리스도 금교령이 발표되면서 가톨릭은 더욱 엄하게 박해에 들어서게 되었다.

후일 도쿠가와 막부의 3대 쇼군 이에미쓰(德川家光) 시대에 16세의 소년 아마쿠사 시로(天草四郎)의 지휘 아래 3만 명의 가톨릭 농민 저항군에 의한 '시마바라-아마쿠사(島原-天草)의 난(1637)'이 발생한 곳도 바로 이 지역이었다. 저항군을 지휘한 시로는 고니시 유키나가 가신의 아들이었으며 그 배후에는 몰락한 고니시의 유신들이 있었다.

- 고니시 유키나가의 사위 소 요시토시

규슈(九州)점령 후, 도요토미는 규슈 정벌에 참가한 소 요시토시에 대해 쓰시마(對馬島)를 그의 본령으로 인정하는 대신, 대륙 정벌을 위한 조선 국왕의 입조(入朝)와 정명향도를 위해 조선으로부터 일본에 사신을 보내는 중재 역할을 명했다.

고니시 유키나가가 소(宗)의 조선 교섭 보좌역으로 임명되자 그는 딸 마리아를 소에게 시집을 보냈다. 1590년 결혼 당시 고니시는 서른셋, 소는 스물셋, 마리아는 열다섯 살이었다. 마리아와 결혼한 후 소(宗)는 부인 마리아의 권유로 1591년 동양순찰사로 일본에 와 교토에 머물

소 요시토시. 작자미상, 1615년 作. 대마도 반쇼인
사(寺) 소장. 출처: Public Domain_Wikimedia
Commons.

고 있었던 발리냐노에게서 세례를 받고 다리오라는 세례명의 기리시탄이 되었다.

쓰시마(대마도)는 일본의 일부이나 우리나라와는 겨우 49.5km 떨어져 있다. 섬에는 평야가 없고 산뿐이라 당시 백성들은 매우 가난했고 염전과 어업으로 겨우 생계를 이어나갔다. 그나마 조선과의 무역으로 식량과 생필품을 조달받는 상황이라 조선으로부터 떨어져 살 수가 없는 상황이었다. 도요토미의 명령에 쓰시마의 입장은 난처해졌다.

소 요시토시에 의한 조선 교섭은 도요토미의 생각과는 다른 방향으로 진행되었다. 그는 1950년 조선통신사의 파견을 '조선왕조의 도요토미 정권 복종'으로 위장했고 개전 이후에는 이를 감추기 위해 조선왕조를 '반란자'로서 보고하여 도요토미가 이 전쟁을 잘못 인식하게 하는 결과를 초래했다.

전쟁이 일어나자 그는 장인 고니시의 제1군에 속해 5천여 명의 군대를 파견했다. 이중에는 놀랍게도 당인(唐人, 조선인) 천여 명이 포함되어 있었는데 전쟁이 시작되기 전 그는 조선인을 고용해 부산포에 대기시켜두었다고 한다.

1593년 임진왜란 중 그는 명나라 사절 사용재(謝用梓)를 데리고 히젠의 나고야성으로 가기도 하였다. 이후 평양성 전투에서 명나라 군사에게 패해 평양성에 불을 지르고 장인 유키나가와 함께 한양으로 패주했다. 1596년 강화 교섭을 위해 일본에 온 명나라 책봉사 양방형(楊方亨)을 오사카성으로 안내하여 도요토미와의 접견을 주선했다. 그러나 강화 교섭이 실패하여, 1597년 정유재란이 일어나자 좌군으로 다시 전쟁에 참가했다. 그는 부하인 요시라(要時羅)를 내세워 조선군 내부를 이간질하여 이순신을 파직시키고, 일본 수군을 지휘했다. 이런 공로로 도요토미에게 조선의 거제도(唐島)를 영지로 하사받았다.[16] 이어 서쪽으로 진격해 남원과 전주를 공략했고 그 후 남해왜성에 머물렀다. 도요토미의 사망으로 귀국 명령이 하달되자 그는 장인 고니시와 창선도에서 만나 함께 귀국할 예정이었다. 그러나 순천왜성에 주둔하고 있던 고니시와 휘하 마쓰라, 아리마, 오무라, 고토 제장은 이순신과 진린(陳璘)의 조·명연합 수군에 퇴로가 저지되어 순천에서 움직일 수 없었다.

남해왜성의 요시토시는, 사천왜성의 시마즈 요시히로(島津義弘), 다치바나 무네시게(立花宗茂) 등과 함께 순천에 갇힌 고니시를 지원하기 위해 출진했고, 노량해협에서 매복하고 있던 조·명 수군과 교전(노량해전)했다. 고니시 등 5명의 왜장은 이틈을 이용해 탈출에 성공했으며, 소 요시토시도 고니시와 함께 부산을 거쳐 귀국했다. 이로써 7년 동안의 전쟁은 막을 내렸다.

- 전초 기지 히젠 나고야성의 축성

도요토미 히데요시는 1591년 3월 1일 모든 다이묘에게 명나라 정복

---

16) 그는 임진왜란의 공로로 1595년 4월 이미 사츠마(薩摩國 出水郡)의 땅 1만 석을 기증받은바 있었다.

동원령을 내리고, 셋츠(攝津)영주 고니시 유키나가와 가이(甲斐)영주 구로다 나가마사(黑田長政) 등에게 조선 공격의 전진 기지로서 구슈 나고야에 축성을 지시했다. 그해 10월 실제 나고야의 축성은 가이 고후(甲斐甲府)의 다이묘인 아사노 나가마사(淺野長政)를 총감독에, 구로다 요시타카(黑田孝高)를 건축 및 설계 감독에 임명해 히젠 나고야성 축성을 전담케 하였다.

화려한 나고야성의 축성과 병행하여 주위에는 전국의 다이묘들의 진영이 세워졌다. 거기에다 상인과 장인이 집단 거주하여 하나의 큰 조카마치(城下町)[17]가 형성됨으로써, 히젠 나고야는 허허벌판에서 도요토미의 동아시아 정복을 위한 거대한 군사도시로 탈바꿈했다.

-조선침략의 선봉에 서다

1592년 3월 13일 도요토미는 약 17만 명의 병력을 9개조로 편성해 조선 출정을 명령했다. 고니시 유키나가는 먼저 쓰시마의 후추(府中 현 이즈하라嚴原)에 도착한 후, 히라도, 오무라, 아리마, 고토의 군사를 이끌고 사위인 쓰시마의 태수 소 요시토시와 함께 조선 침략에 나선다.

프로이스 신부가 쓴 『일본사』에는 고니시 유키나가가 그의 사위의 영지인 쓰시마로 먼저 가 준비를 했다고 기록하고 있다.

"그는 각 지역으로부터 일본군이 보다 신속하게 출발하려는 의도에서 선발로 출진하여, 그의 딸 고니시 마리아가 야카타(소 요시토시)와 결혼해 살고 있었던 대마도에서 뒤따라 올 나머지 후속부대를 기다리기로 했다. 고니시는 그가 도착한 후, 나중에 대마도에 도착한 다른 선박들을 포함해서 700척이 넘는 대소 선박을 거느리

---

17) 성을 중심으로 형성된 도시.

고 출진하게 되었다."

이리하여 선봉대였던 고니시 유키나가가 이끄는 서해도 제1군은 정확히 18,700명의 병사와 700여 척의 함대로 구성되었다. 임진왜란과 정유재란 당시 고니시 유키나가의 간단한 동정은 아래 표와 같다

〈임진왜란 전후 고니시 유키나가(小西行長)의 동향〉

년도	연령	고니시 유키나가(小西行長)의 동향
1588년　天正16	31	우토(宇土)·야츠시로(八代) 등 히고(肥後) 영지의 절반을 소유함. 6月 히고 영지 내 각 곳에 죠오다이(城代)18)를 두고 가신단 편에 착수함.
1590년	33	8月 조선통신사(朝鮮通信使)의 일본 방문에 맞춰 교토(京都)로 상경. 딸 마리아가 소오 요시토시(宗義智)에게 시집감.
1591년	34	구로다 나가마사(黑田長政)·가토 기요마사 등과 함께 히젠(肥前) 나고야성(名護屋城) 공사(普請)19) 임무를 맡음.
1592년　선조 25년 天正 20년	35	4月 일본군의 제1군으로 부산에 상륙. 5月 한양 입성. 6月 평양 입성.
(12月, 文祿 改元)		9月 명나라의 심유경(沈惟敬)과 강화 교섭을 개시. 50일간의 정전협정을 체결함. 아버지 고니시 류사 사망.
1593년　선조 26년 文祿 2년	36	1月 조·명연합군의 총공격을 받고 평양에서 한양으로 퇴각함. 4月 부산으로 퇴각함. 5月 명나라 칙사와 함께 나고야(名護屋)에 도착. 6月 부산으로 건너감. 히데요시의 「화의칠조 和議七條」를 받아 명과 화평 교섭을 개시. 가신 나이토 다다토시(內藤忠俊)를 베이징으로 파견함. 11月 주둔 중이던 웅천(熊川)에 세스페데스 신부를 초청함.
1594년	37	12月 나이토 다다토시 북경에 도착. 나이토에게 명의 황제가 일본으로 칙사 파견을 결정하여 전함.
1595년	38	4月 명의 칙사의 한양 도착을 보고하기 위해서 일본으로 건너감. 6月 부산 진영에 머무름. 11月 명의 칙사가 부산에 도착함.
1596년	39	1月 명의 칙사에 대한 수용 태세 구축을 위해서 일본으로 일시 건너감. 6月 명의 칙사가 부산을 출발, 일본으로 감. 유키나가도 동행. 9月 히데요시가 명의 칙사와 대면하고 화평 교섭이 결렬됨.

(10月, 慶長 改元)		10月 유키나가는 히젠(肥前) 나고야(名護屋)로 도착함. 12月 부산으로 건너옴.
1597년 선조 30년 慶長 2년	40	2月 히데요시가 재 파병을 명함. 　유키나가 또다시 선봉에 서서 경상, 충청과 전라로 진군함. 12月 순천성(順天城)에 주둔함.
1598년 선조 31년 慶長 3년	41	8月 히데요시 사망. 11月 조·명연합군의 맹공격 속에 순천을 탈출함. 12月 하카타(博多)에 도착. 교토 지역에 도착.
1599년	42	7月 히고(肥後)로 내려감. 히고(肥後) 영지 내에서 가톨릭교 포교를 본격화함.
1600년	43	1月 교토로 상경. 이시다 미츠나리(石田三成) 등과 함께 도쿠가와 이 　에야스(德川家康) 타도를 위해 거병(擧兵). 8月 오오가키 성(大垣城)에 입성함. 9月 세키가하라(関ヶ原) 전투에서 패배한 후 도주함. 　이부키산(伊吹山)에서 체포됨. 10月 교토에서 처형을 받고 사망. 　히고(肥後)의 고니시 영지는 가토 기요마사의 영지가 됨.
1607년 선조 40년		이탈리아 제노바에서 유키나가를 소재로 한 음악극. 『AGOSTINO TZVNI-CAMINDONO』가 상연됨.

　그는 사위 소 요시토시 다리오와 함께 조선 침략의 선봉에 섰던 소
위 '왜적 삼인방' 중 일인이었다. 그는 결코 우리의 역사에서 용서할
수 없는 인물로서 남겨져 있다. 그러나 한편으로는 전쟁과 동시에 강화
협상을 주도해 평화와 전쟁의 양자를 추구하는 복잡한 성격의 인물로
남아있기도 하다.

　한편 그가 크리스천 다이묘였기 때문에 임진왜란 당시 특히 인도적
인 태도를 취한 흔적은 있는가? 그 어디에도 그러한 행동을 찾아볼 수
는 없었으며 이는 다른 기리시탄 다이묘들의 군대에서도 마찬가지였

18) 성주(城主)를 대신해서 성을 지키던 사람.
19) 본디 불교에서 널리 시주를 청하여 불당이나 탑을 건축·수선하는 일.

웅천 왜성이 위치한 남산.

임진왜란 당시 웅천왜성의 상상도. 출처: Stephen Turnbull. 「Japanese Castles in Korea 1592-98」 Osprey Publishing.

임진왜란 당시 고니시 유키나가의 조선 침략경로.

다. 그리스도교 신자였기 때문에 예외가 될 만한 행동을 남겨놓은 것은 하나도 없었다. 다만 2차 진주성 공격을 앞두고 명의 심유경에게 진주성의 공격이 임박했음을 서신으로 알려주었고 선조실록에서도 그가 진주성의 백성을 즉시 피난시키도록 권고한 기록을 볼 수 있다. 물론 전투를 치르지 않고 진주성을 차지하려는 의도도 있었겠지만 너무나 많은 인명이 살상되는 것 -실제로 2차 진주성 전투에서는 조선 군대 모두가 옥쇄하고

웅천왜성 터의 잔재.

엄청난 무고한 조선 백성이 학살되는 비극이 발생하게 되었다. 은 원하지 않은 일면 때문이었을까? 뿐만 아니라 진주성 전투가 끝난 후 그는 명의 사절 심유경을 웅천으로 불러 도요토미의 항표를 위작해 그의 기리시탄 부장인 나이토 조안으로 하여금 북경으로 가져가게 하여 무의미한 전쟁을 끝내고자 했다. 또한 정유재란 당시 부하인 요시라를 경상좌병사 김응서의 진영으로 보내 주전파 가토 기요마사의 저지를 위한 정보를 제공했음이 밝혀져 있다. 그는 일본의 문치파를 대표하는 인물로서 결코 이길 수 없는 이 전쟁을 가급적 빨리 끝내고자 했다. 그리고 그의 이러한 심경의 언저리에는 그의 그리스도교 신앙이 조금은 결부되어 있었던 건 아닐까?

- 임진왜란 당시 참전했던 고니시의 가족들

임진왜란 당시 유키나가의 형인 조세이(如淸 세례명 벤토)를 제외한 그의 동생들은 모두 전쟁에 참전했다. 이러한 증거는 프로이스의 『일본사』에서 찾아볼 수 있다.

임진왜란 중 명나라의 요동 부총병 조승훈이 평양성을 공격할 때 동생 루이스와 사촌인 안토니오 그리고 히비야 료케이(日比屋了珪) 디오고의 손자인 아고스토가 전사했다. 그런데 이여송이 이끄는 2차 평양성 전투에서도 유키나가 아우구스티노의 형제 중 한 사람과 그의 사촌 동생이 전사했다는 기록이 있는데 이는 아마도 이중 기록으로서 프로이스 신부의 착각일 듯하다.

세스페데스 신부가 웅천에 도착할 당시 히비야 헤이에몬이 유키나가 동생을 데리고 자신을 찾아 왔다는 기록이 있으며 이 동생이 바로 손 밑의 요시치(与七郎)도노 루이스라고 하였다.[20) 따라서 평양성 전투에서 전사한 동생 루이스는 같은 세례명을 가진 다른 동생일 것으로 추정된다. 고니시가 평양에서 첫째 동생인 조안(하야토 集人)을 관백에게 보내 현지 정세를 보고하고 중국으로의 원정은 사실상 실행 불가능하다고 전했다. 또 세스페데스 신부의 편지에 웅천왜성에서 1 레구아(약 5.6km) 정도 떨어진 장소 주변에는 많은 성채가 축조되어 있는데 그중 하나에 셋째 아우인 베드로 도노메(主殿介) 도노가 주둔해 있다는 그의 형제들에 관한 기록이 있다. 이로 보아 임진왜란 당시 그의 동생들 모두 조선으로 건너와 전쟁에 참여해 유키나가 주변에서 그를 돕고 있었던 것으로 판단된다

---

20) 강병구 역.『포르투갈 신부가 본 임진왜란 초기의 한국』주한 포르투갈 문화원, 1999년, 63쪽.

제11장. 조선을 침략한 천주교 무장들

우리나라가 천주교와 처음으로 접하게 된 것은 임진왜란이 그 계기가 된 것으로 보인다. 그리스도교가 한반도에 유입(流入)된 이 역사적 사건의 주체는 일본이었다. 이를 계기로 조선은 그리스도교의 실체를 파악하게 되었다. 그러나 이 땅에 살고 있는 조선인에게 그리스도교의 실제적인 전교가 이루어진 것은 아닌듯하다. 즉 조선의 입장에서 볼 때 그리스도교가 이 땅에 머물고 있기는 했으나 아직은 신앙의 차원으로 들어가지는 못했던 것으로 보인다.

조선 반도에 그리스도교의 전래[1]의 중심에 서있는 인물은 일본의 기리시탄 다이묘, 천주교 영주인 고니시 유키나가와 스페인 예수회의 세스페데스 신부이다. 임진왜란 중 한반도 남쪽 끝자락 웅천의 남산에

---

1) 전교의 신학적 의미를 고찰해 천주교의 전래를 논하는 것은 필자의 영역을 넘어서는 일이다. 임진왜란 당시 이 땅에 천주교가 도래해 단순히 머물러 있었음을 의미하는 적당한 용어가 마땅치 않아 고심했다. 어떠한 용어를 사용하더라도 완벽하게 그 의미를 전달하기에 부적합하고 이로 인한 오해가 있을 것으로 예상되었다. 그래서 필자는 '전래(傳來)'라는 용어의 순순한 사전적 의미 즉 '(외국으로부터) 전하여 들어옴'이라는 의미로 한정해 이 용어를 사용하고자 했다. 따라서 여기서의 전래는 '천주교가 조선 땅으로 들어옴으로써, 천주교와 조선의 만남이 이루어졌다.'는 단순한 의미이며, 전래가 전교에 의한 조선 교회공동체의 형성을 의미하는 것은 아님을 명확히 밝혀둔다.

위치한 왜성에서 조선에 최초로 입국한 예수회 신부와 조선 침략의 선봉에 섰던 기리시탄 다이묘가 만남으로써 비록 일방적이고 비정상적이기는 하나 조선에 최초로 그리스도교의 전래가 이루어지게 되었다.

일본 특히 일본 예수회에서는 임진왜란 당시 조선에 천주교가 전래되고 나아가 조선에 전교되는 계기가 되었다는 주장을 하고 있는 듯하다. 천주교 신자였던 분고(豊後)의 한 왜장에 의해 죽어가는 조선 아이들에게 세례가 주어졌던 사실, 그리고 조선인 포로들이 세례를 받고 이후 신앙 활동을 한 사실 등을 어떻게 보는가에 따라 견해가 다를 수 있을 것이다. 조선과 일본 양국에 걸쳐져 있는 이들 조선인 천주교 신자들의 역사는 적어도 최소한 일본 교회사의 특이한 전개이기는 한 것 같다. 그러나 아직까지는 이를 우리 조선 천주교의 한 특이한 전개로 보고 있지는 않으며 일본 예수회의 일부에서만 이를 '한국 천주교의 기원'이라고 주장하고 있다. 천주교의 전래와 전교라는 관점에서 좀 더 많은 생각과 연구가 필요할 것 같다.

아무튼 일본의 조선 침략, 그리고 이로 인한 조·일간의 전쟁, 임진왜란으로 인해 조선 땅에 가톨릭이 전래되는 계기가 되었으므로 전래의 원인을 제공하였을 수도 있는 일본 측의 인물들을 살펴보고자 한다.

전쟁이라는 거대한 소용돌이는 필연코 많은 사람들의 강제적인 이동을 초래하며 이로 인해 비록 적대적이기는 하나 쌍방 간에는 어쩔 수 없이 사회적, 문화적 그리고 정신적인 교류가 이루어지는 것으로 추정된다. 종교적인 측면에서도 이러한 현상을 볼 수 있는데 대표적 사례가 중세의 십자군 전쟁이다.

당시 이질적인 적국 일본에 뿌리내린 종교인 그리스도교가, 전쟁이라는 혼란의 와중에 조선에 그 뿌리를 내렸을 가능성은 희박해 보인다. 비록 씨앗이 뿌려졌다 하더라도 보살핌이 없어 고사하였을 것으로 생

각되기는 하나, 종교는 그 목표가 전파라는 보편적 속성을 가짐으로,
이를 완전히 부인하기는 어려울 것이다. 이 땅으로 사제와 수사의 입
국, 적군들이기는 하나 천주교 신자 다이묘들과 그 부하들의 침략, 이
들과 조선인들과의 만남, 많은 조선인 포로, 이들과 천주교 사제들과의
우연한 조우 등은 이 땅에 그리스도교의 기운을 불러들였을 가능성을
충분히 고려해 볼 수 있다.

　도요토미 히데요시가 임진왜란을 일으킨 이유는 아직도 그 설이 분
분하다. 그중의 하나로 도요토미가 의도했던 봉건적 통일국가를 달성
하는데 장애가 되는 기리시탄 영주들과 그리스도교 세력을 제거하기
위함이었다고 보는 견해가 있다. 신앙을 통한 결속력으로 큰 세력이 될
잠재력을 지닌 기리시탄의 무리가 도요토미 집권에 위협이 될 것을 그
는 우려했다. 따라서 대륙 정복을 핑계로 전쟁을 일으켜 천주교 영주들
을 가급적 많이 조선으로 출정시켜 일본 밖으로 내보냄으로써 세력을
약화시켜 자국 내의 안정을 꾀하고자 하였다. 또한 조선을 정복하게 된
다면 천주교 영주들에게 그곳 영지를 하사하고 조선의 영주로 봉해 그
대가로 그들의 충성을 요구할 속셈이었다. 또한 그들의 희생을 발판으
로 최종 목표인 정명(征明)을 이루고자 했다. 이로 미루어 볼 때 임진왜
란은 비대해진 기리시탄 세력을 견제하기 위한 일면이 있었으며, 따라
서 임진왜란 당시 조선 침략에 앞장선 많은 왜장들이 기리시탄 다이묘
즉 천주교 신자들이었던 것이다. 임진왜란이 발발한 그해 11월에 작성
된 「예수회 명부」에 의하면 일본의 기리시탄 신자 총수는 217,500명이
었으며, 이들 태반이 규슈와 서부 혼슈 지방에 거주했다.

　도요토미는 1592년 4월 총 17만 명의 군사로 조선을 침략했다. 출병
직전에 편성된 원정군의 지위를 보면2) 총사령관은 도요토미의 양자인
우키타 히데이에(宇喜多秀家)였으며, 육군의 수장은 히고 우토의 고니시

가토 기요마사. 히데요시와 인척 간으로 독실한 불교 신자였다. 임진왜란 당시 제 2 군의 수장으로 조선을 침략했다. 그림. 작자 미상. 구마모토현 혼묘지(本妙寺)소장. 출처: Pulblic Domain_Wikimedia Commons.

가토 기요마사 동상. 독특한 그의 투구를 볼 수 있다. 나고야 능악당에 위치하고 있다.

유키나가와 구마모토의 가토 기요마사였고, 수군 수장은 이세(伊勢) 토바(鳥羽)성주 구키 요시타카(九鬼嘉隆)였다. 이들 3인은 소위 '조선 침략 왜인 3인방'이라 불린다.

출병군은 제1군부터 제 9군까지 육군 병력 158,800명과 수군 12,000여 명으로 이루어졌다. 한편 일본군의 발진지인 히젠 나고야에는 101,415명의 예비부대가 진을 치고 있었는데 그중에는 도쿠가와 이에야스, 마에다 토시이에, 다테 마사무네 등이 포진되어 있었다. 이외에 조선의 수도 한성을 공격할 때 운용될 도요토미 직할군 3만 7천 명이 동원되었는데 그중에는 이시다 미츠나리, 마시타 나가모리, 오다 히

---

2) 카타노 츠기오(片野次雄) 저, 김택수 역.『이순신과 히데요시』광명당, 1992년, 92쪽.

데노부 등이 포함되어 있
었다.

조선 정벌을 위해 준비
된 총병력의 규모는 30만
7천여 명이었는데 이렇게
나 많은 병력을 징발하였
으니 당시 일본 전국이 텅
빈 느낌이 들 정도였다고
한다.

도요토미의 대륙 침략
에 대해 모두가 기꺼이 출
병하겠다고 부산을 떨었지
만, 실제로는 많은 영주들

구키 요시타카. 수군 수장으로 '조선 침략 3인방'으로
불린다. 출처: Public Domain_Wikimedia Commons.

이 이 전쟁에 큰 회의와 불만을 품고 있었다고 한다. 승산 없는 이 전쟁
에 끌려가 의미 없는 개죽음을 당하느니 차라리 도요토미에게 대항하다
죽겠다는 각오로 오히려 큰 반란을 일으킬 것이라는 우려가 팽배해 있
었다. 그러나 이러한 예상은 빗나갔으며 큰 저항은 일어나지 않았다.

당시 조선을 침략한 왜장들의 출신 분포를 보면 임진왜란 당시 총 33
명의 왜장 중 21명이 서해도(西海道)[3]출신이었다(표 참조). 왜병은 영지에
서 생산되는 쌀 100섬당 5명씩 병력을 차출했는데 총 약 17만 명 중 8만
명이 서해도 출신으로 약 절반을 차지했다.

임진왜란이 발발하기 5년 전 1587년, 도요토미는 규슈 정벌 후 파테
렌 추방령을 내렸다. 일본에 있던 대부분의 신부와 수사들은 예수회의

---

3) 서해도(西海道)는 현재의 규슈임.

부관구장 코엘류의 지시에 따라 규슈의 히라도에 집결했다. 그러나 이들은 돌아갈 배편이 없다는 핑계로 사실상 규슈에 계속 남아있으면서 아리마, 오무라, 아마쿠사 등 영주들의 보호 아래 숨어 성사와 선교활동을 이어가고 있었다. 이로 인해 도요토미의 추방령이 반포는 되었으나, 거의 실효성이 없이 공문화(空文化)되어 있었다. 이러한 당시 상황을 고려하여 볼 때, 출전 왜장 및 병력의 반수 이상을 서해도, 규슈출신으로 차출하였다는 사실은 전혀 놀라운 상황이 아니었다. 도요토미는 자기의 지배 아래에 있는 일본 내 이국(異國)의 신을 섬기는 이질적인 가톨릭의 세력이 뭉쳐져 그 세력이 커지는 것이 두려웠던 것이다.

〈임진왜란 당시 출병한 일본군의 편성〉

총대장	우키타 히데이에(宇喜多秀家)	
총감독	이시다 미츠나리(石田三成)	마시타 나가모리(增田長盛)
	오다니 요시츠구(大谷吉繼)	
조선 관리역	후루타 시게카스(古田重勝)	
육군 감독	구로타 요시타카(黑田孝高)	아사노 나가마사(淺野長政)
육군 대장	고니시 유키나가(小西行長)	가토 기요마사(加藤淸正)
수군 감독	후쿠하라 나가요시(福原長堯)	카케이 가즈나오(筧一直)
	쿠마가이 나오모리(熊谷直盛)	모리 타카마사(毛利高政)
수군대장	구키 요시타카(九鬼嘉隆)	시마즈 타카히사(島津貴久)
	가토 요시아키(加藤嘉明)	도오도 타카도라(藤堂高虎)
	와키자카 야스하루(脇板安治)	도쿠이 미치토시(得居通年)
	쿠루시마 미치후사(來島通總)	

9개의 군단으로 편재된 조선 정벌군 중 제1군과 3군은 고니시 유키나가와 구로다 나가마사의 기리시탄 장군 휘하의 군단으로 많은 기리시탄으로 편재되어 있었다. 이들 부대를 중심으로 일본군 기리시탄이 1만 2천 명에서 2만 명가량 참전했을 것으로 추정된다.4) 이들 기리시탄 장병의 사목을 위해 예수회 신부와 수사들이 전란의 조선으로 건너오게 된 것이다

〈임진왜란 당시 조선에 출정한 일본 무장들〉

지상군 (단위: 명)

제1군		제장명(諸將名)	성지(城地)	西海道(九州)	18,700
고니시	유키나가	小西行長	宇土	肥後	7,000
소	요시토시	宗義智	府中	對馬	5,000
마쓰우라 시게노부		松浦鎭信	平戸	肥前	3,000
아리마	하루노부	有馬晴信	有馬	肥前	2,000
오무라	요시아키	大村喜前	大村	肥前	1,000
고토	스미하루	五島純玄	福江	肥前	700

제2군				西海道(九州)	22,800
가토	기요마사	加藤淸正	熊本	肥後	10,000
나베시마 나오시게		鍋島直茂	佐賀	肥前	12,000
사가라	나가쓰네	相良長每	人吉	肥後	800

제3군				西海道(九州)	12,000
구로다	나가마사	黑田長政	中津	豊前	6,000
오토모	요시무네	大友吉統	府内	豊後	6,000

4) 이원순.『세스페데스 신부와 라구나신부. 임진·정유왜란 때 조선 땅에 건너왔던 일본 기리시탄 교회의 예수회 신부』교회와 역사, 2002년, 324쪽.

제4군			西海道(九州)	15,000
시마즈 요시히로	島津義弘	栗野	大偶	10,000
모리 요시나리	毛利吉成	小倉	豊前	2,000
다카하시 모토다네	高矯元種	宮崎	日向	1,000
아키즈키 다네나가	秋月種長	財部	日向	1,000
이토 스게타가	伊東祐兵	妖肥	日向	1,000

제5군			南海道(四國)	24,700
후쿠시마 마사노리	福島正則	今治	伊豫	5,000
도다 가츠타카	戸田勝隆	大洲	伊豫	4,000
하치스카 이에마사	蜂須賀家政	德島	阿波	7,200
조소카베 모토치카	長宗我部元親	高知	土佐	3,000
이코마 치카마사	生駒親正	高松	讚岐	5,500

제6군			西海道(九州)	15,700
고바야카와 다카가게	小早川隆景	名島	筑前	10,000
다치바나 무네시게	立花宗茂	柳川	筑後	2,500
고바야카와 히데카네	小早川秀包	久留米	筑後	1,500
츠쿠시 히로카도	筑紫廣門	福島	筑後	900
다카하시 나오츠구	高橋直次	三池	筑後	800

제7군				
모리 데루모토	毛利輝元	廣島	安藝(中國)	30,000

제8군				
우키타 히데이에	宇喜多秀家	岡山	備前 中國	10,000

제9군				北陸道 近畿		11,500
하시바　히데카쓰	羽柴秀勝	岐阜		美濃　東山		8,000
호소카와 다다오키	細川忠興	宮津		丹後　山陰		3,500

수군

						11,900
구키　요시타카	九鬼嘉隆	鳥羽		伊勢		7,400
와기자카 야스하루	脇坂安治	州本		淡路		1,500
토도　타카토라	藤堂高虎	大州		伊豫		2,000
가토　요시아키	加藤嘉明	松山		伊豫		1,000

- 서해도(西海道) 제1군

임진왜란 당시 기리시탄이었던 아우구스티노 고니시 유키나가는 규슈 지역의 천주교 영주들을 거느리고 조선 공격의 선봉에 섰다. 반면 전쟁이 장기화함에 따라 명과의 화평 교섭을 적극적으로 주도하여 전쟁을 종식시키고자 했다.

프로이스 신부가 저술한 『일본사』에는 '조선국에 대한 설명과 아우구스티노가 어떻게 출발하였는가에 대하여'라는 소제목으로 당시의 상황이 다음과 같이 기록되어 있다.

"관백 전하의 명령을 받아 히코노쿠니(肥後國)[5]의 반을 다스리던 영주인 아우구스티노 쓰노가미 도노(津守殿), 곧 고니시 유키나가는 곧바로 원정 준비에 착수했다. 그리고 그의 깃발 아래 그가 데리고 간 영주들은 모두 시모(下)지역[6]의 가톨릭교 신자들이었다.

---

5) 히고노쿠니(肥後國). 현 구마모토 현(縣).
6) 하(下)의 지방(地方) 이란 의미로서 여기서는 규슈(九州)를 말한다.

이들 중 한 사람은 프로타지오 아리마 하루노부(有馬晴信)로 그는 수많은 고귀한 귀족 중에서 다른 사람보다도 타고난 주도면밀함과 과감한 행동으로 전투를 위한 각종 무기와 탄약을 가장 잘 갖추었는데 그 점에서 이채를 발하며 타의 추종을 불허하는 바가 있었다.

이어서 바르톨로메오(Bartholomeu) 오무라 스미타다(大村純忠)영주의 아들인 산초(Sancho) 오무라 요시아키(大村喜前) 영주, 히라도의 제로니모(Geronimo) 고테다 자에몬 야스이츠(籠手田左衛門安一) 영주 및 히라도의 이교도 영주인 히슈(肥州) 마츠우라 시게노부(松浦鎭信)와 그의 형제, 아마쿠사(天草)의 조안 히사타네(久種) 영주, 오야노(大矢野)의 조안 영주, 고츠우라(上津浦)의 영주 그 밖의 수많은 히고의 무장들이 있었다. 더욱이 시키(志岐)의 도주(島主) 비센테 히비야 헤이우에몬(日比屋兵右衛門)과 아우구스티노 사위인 대마도의 소 요시토시(宗義智)가 있었다. 아우구스티노는 크고 작은 선박들과 그가 대마도에 도착한 뒤에 여타의 선박을 추가하여 700척이 넘는 대소 선박을 거느리고 출진하게 되었다.…(중략)

이 원정[7]을 위해 천주교도들은 자신들의 거주지에 있는 신부들로부터 고해성사를 하고 성체를 받았으며 이번 원정을 위해 최선의 준비를 하려고 노력했다. 이들 모두는 신부를 직접 찾아가거나 또는 편지를 통해 자신들은 생명을 내걸고 전장으로 가는 것이기 때문에 자신들과 남기고 가는 부인과 자식들, 그리고 가족과 친척들을 하느님께서 보살펴 주시도록 희생을 바쳐서 기도를 올리고 싶다고 간청했다."

제1군은 고니시의 깃발 아래로 규슈의 아리마, 오무라, 히라도와 고토, 아마쿠사 그리고 쓰시마 지역의 많은 영주와 병사들이 동원되었다. 이들 대부분은 기리시탄이었으므로 병사들은 하느님께 자신들을 맡기

---

7) 조선 침략 즉 임진왜란.

고, 출병 전 다시는 볼 수 없을지도 모를 처와 자식들 그리고 친지들을 보호해 줄 것을 사제에게 간청했다.

관백 도요토미의 명령에 따라 히고의 절반을 다스리던 우토 영주 아우구스티노 고니시 유키나가는 곧 바로 전쟁 준비에 착수했다. 그의 휘하는 대부분 규슈 지방의 모든 천주교 영주들로 편성되어 있었다. 이들은 왜란 중 줄곧 고니시 유키나가와 함께 행동하여 평양성과 웅천왜성에 머물렀으며, 정유재란 당시에도 남해왜성에 거처한 소 요시토시를 제외하고 아리마, 오무라, 마츠우라 그리고 고토의 4대 가문은 고니시의 순천왜성에 함께 머물며 조·명군과 전투를 치렀다.

**아리마(有馬)영주 아리마 하루노부(有馬晴信) 프로타시오

그의 휘하에 처음으로 언급된 영주는 아리마 영주인 아리마 하루노부(有馬晴信 1567~1612)이다. 그의 세례명은 돈 프로타시오였다. 그는 일본의 모든 영주들 중에서 무기나 탄약, 장비에 있어 가장 훌륭하고 준비를 잘 갖춘 군대를 보유하고 있었다.

그는 전쟁 내내 고니시와 함께 했다. 평양성 전투 기간 동안 천연두를 몹시 앓았고 거의 실명 상태가 되었지만 고니시는 평양에서 서울까지 패주하는 기간 내내 그를 잘 보호하고 치료해줬다. 천연두는 별다른 흔적도 없이 나았지만 눈병은 여전히 심각한 상태였다는 기록이 남아 있다

하루노부의 형인 하타(波多)영주는 이교도 즉 비기독교인이었는데 그의 히젠[8] 영지 내 나고야가 임진왜란의 일본 측 전초기지로 선택되었다. 그러나 임진왜란 당시 조선으로 건너간 그는 병을 핑계로 웅천왜

---

8) 현 사가(佐賀)현과 나가사키(長岐)현에 해당.

성에서 더 이상 나아가려 하지 않아 세 명의 장수들에게 고발을 당했다. 관백 도요토미는 그를 8명의 종자만을 딸려 유배를 보내 구로다 나가마사에게 신병을 맡기고 영지의 세입은 테라자와 히로타카(寺澤廣高) 시마노카미(志摩守)에게 주었다.

**오무라(大村) 영주 오무라 요시아키(大村喜前) 산초

두 번째로 언급된 히젠 오무라의 영주인 오무라 요시아키(大村喜前 1569~1616)는 일본 최초의 천주교 영주인 바르톨로메오 오무라 스미타다(大村純忠)의 장남이었으며 1587년 아버지 스미타다의 사망으로 가독을 상속했다. 부인은 아리마 요시즈미(有馬義純)의 딸이었다. 1570년 천주교 신자가 되었으며 세례명은 산초(Sancho)였다.

1587년 도요토미의 규슈 정벌에 참가했으며 그해 내려진 파테렌 추방령으로 배교했다. 그러나 이후에도 계속 천주교와의 관계를 지속했다. 임진왜란 이후 1602년 친교가 있었던 니치렌(日蓮)종 신자인 구마모토의 영주 가토 기요마사의 권유와 도쿠가와 막부의 반(反)기리시탄 정책에 순응해 가톨릭을 버리고 불교 니치렌종으로 개종하면서 영내 가톨릭 교도들을 철저하게 탄압했다. 1606년 자신의 영지로부터 예수회원을 추방함으로써 완전히 배교하게 되었다.

그는 부친 스미타다가 세운 교회를 파괴하고 그 자리에 일연종의 혼쿄우지를 건립했다. 동생 쇼토인(松東院) 멘시아와 스미요리가 반대했으나 후에는 막부의 금제가 내려왔기 때문에 따를 수밖에 없었다. 겐나(元和) 2년인 1616년 박해를 원망한 기리시탄들에 의해 독살되었다고 한다. 아리마 하루노부 프로타지오와는 사촌지간이며 덴쇼견구사절의 부사 치치와 미겔과도 사촌 형제에 해당한다. 아들 스미요리의 시대에는 에도 막부의 쇼군으로부터 잠복 선교사를 처분하라는 명령을 받고 기리시탄을 탄압하기 시작했다. 금교령 발표 이후에도 오무라에는 38명의 선교사가 잠복했다.

1617년 오무라 최초의 순교 사건이 발생하여 예수회의 마사도 선교사와 프란치스코회의 베드로 선교사 등 4명이 오무라 오비토리에서 참수되었다. 이후에도 탄압이 계속되어 1624년에는 프란치스코회의 루이스 소테로 신부 등 5명이 오무라 호쿠바루에서 화형으로 순교했다. 호쿠바루에서의 처형은 1658년 스즈타로 감옥에 수감되었던 131명이 참수형을 받아 순교하는 코오리 쿠즈레(몰락)까지 계속되었다.

**히라도 이교도 영주 마츠우라 시게노부와 아들 히사노부, 천주교 영주 고테다 자에몬 야스가츠 제로니모

세 번째로 언급된 히라도(平戸) 영주들로는 이교도였던 마츠우라 시게노부(松浦鎭信)와 그를 동반한 히라도의 천주교 무장 돈 제로니모(Geronimo) 고테다 자에몬 야스가츠(龍手田左衛門安一) 영주와 그의 동생들이다.

히쇼(肥州)라고도 불리는 마츠우라 시게노부(1549~1614)는 히라도의 이교도 영주로서 히라도 마츠우라(松浦)가문의 제26대 당주였다. 그는 마츠우라 다카노부(松浦隆信)의 적자로 어머니는 스기 다카카게(杉隆景)의 딸이다.

1584년 스페인인들이 루손의 선박으로 히라도로 내항해 오자 필리핀과 무역을 시작했으며 도요토미의 규슈 정벌에 참전해 많은 공적을 세웠다. 임진왜란 당시 아들 마츠우라 히사노부(松浦久信 1571~1602)와 함께 고니시 유키나가가 이끄는 제1군에 참여했다. 후일 1609년 네덜란드인, 1613년 영국인이 내항하여 히라도에 상관(商館)을 설치함으로써 히라도는 이른바 국제항 피란도로 번영을 누리게 되었다.

히라도의 27대 다이묘 마츠우라 히사노부의 부인 쇼토인(松東院) 마츠우라 멘시아는 일본 최초의 기리시탄 다이묘인 오무라 스미타다의 5녀였다. 시게노부는 멘시아를 며느리로 맞아드렸고, 히사노부는 멘시아와의 사이에 세 자녀를 두었는데 장남 타가노부(증조부와 동명)는 어릴 때 세례를 받았고 가독을 이어받아 28대 영주가 되었다.

임진왜란 당시 조선 전쟁에 참가한 시게노부와 히사노부 부자는 도공과 인쇄공 등 많은 조선 포로를 히라도로 보내 히라도 도자기 시대를 열었고, 조선인 고려마을도 만들었다. 당시 조선인들은 외국인을 경멸하여 일본인과 혼인하지 않았다. 그러나 세월이 흐름에 따라 조선인만의 혈맥은 끊어지고 지금은 고려마치 비석만 남아있다.

시게노부는 1598년 임진왜란 때 밀밭(小麥;고무기)에 숨어있던 조선 낭자9)를 데리고 와서 첩실로 삼았다. 이름을 고무기키미(小麥君)라 했다. 조선 궁녀로 알려진 이 조선 여성이 낳은 아들은 시시코(獅子) 지방을 다스렸다. 그의 어머니도 아들을 따라 나와 같이 살다 죽게 되자 아들은 어머니가 평소에 가지고 있던 관음상을 모시는 사원을 지어 제사를 지냈다.

히라도 서쪽 시시코와 네시코(根獅子) 지방은 카쿠레 기리시탄 동네로 유명한데 네시코 지방의 잠복 기리시탄의 전승에 의하면 고무기키미가 가지고 있던 관음상(小麥觀音像)을 모신 조관사(照觀寺)에서 기리시탄 마츠리(祭)를 하며 '고무키 사마'를 기려 왔다고 한다. 지금도 카쿠레 기리시탄 동네로 유명한 이 지역에서 왜 조선인 여성인 시게노부의 측실 고무기키미를 추모하는 마츠리를 행해 왔을까? 이는 고무기키미가 기리시탄이었을 것이며, 아마도 열절한 기리시탄이었던 며느리 멘

---

9) 조선 침략 당시 전라도에서 잡힌 밀밭(小麥)에 숨어있던 궁녀로서 용모가 수려했다고 한다.

시아의 덕에 감명을 받아 그 영향으로 이국 땅 일본에서 기리시탄이 될 수 있었을 것으로 추정된다.

시게노부는 일본으로 돌아온 후 기리시탄을 박해하기 시작했다. 기리시탄 가신들은 시게노부의 박해로 대거 나가사키로 망명했다. 에도의 도쿠가와 막부가 금교령을 발표하자 히라도성은 더욱 곤란해졌다. 히사노부는 부인 멘시아에게 신앙을 버리도록 압박했다. 장남 타카노부도 기리시탄을 박해하고 처형하기 시작했다.

멘시아는 시댁 마츠우라 가에서 시아버지-남편-아들에 둘러싸여 힘든 나날을 보냈다. 그러나 친정 오무라 가의 신앙심 깊은 아버지 스미타다를 보고 성장해, 추방을 당할지언정 신앙을 버릴 수는 없었다. 그녀는 남편과 자식을 두고 친정 오무라 가로 갔으며, 아들 타카노부는 어머니 멘시아와 기리시탄이었던 측실이 오무라로 돌아간 후 본격적으로 기리시탄을 박해했다.

평생을 천주교도로 살았던 멘시아의 묘는 현재 히라도 시내 불교 정종사(正宗寺)에 아들 타카노부와 나란히 있다. 마츠우라 가문이 다스렸던 히라도가 기리시탄과는 무관함을 내보이려는 의도였다고 한다. '마츠우라 사료 박물관'에는 멘시아의 초상이 있는데 혈연을 초월하는 그녀의 굳은 신앙을 느낄 수 있다고 한다.

히라도 영주 고테다 자에몬 야스가츠 제로니모

세례명이 제로니모(Geronimo)인 고테다 자에몬 야스가츠(籠手田左衛門安 1553년~?)는 히고국 히라도 번의 자에몬(左衛門)이라는 직책에 있던 무장이었다. 그는 안토니오 고테다 자에몬의 장남으로 후일 히데요시의 가톨릭 추방령에 의해 주군인 히라도 번주 마츠우라 시게노부가 교회를 파괴하려 하자 이에 반대하고 대립했다. 그는 신앙을 지키기 위해 1599년 사촌 발다살 이치부(一部)와 600명의 가신을 데리고 정든 땅을 떠나 나가사키로 피난하는 길을 택했다. 그의 동생인 돈 세바스티안은 임진왜란 당시 평양성 전투에서 전사했다.

**고토 후쿠에 영주 고토 스미하루

고토의 20대 당주로 후쿠에조(福江城)의 성주였던 고토 스미하루(五島純玄 1562~1594)는 임진왜란 당시 700명의 병사를 거느리고 고니시 유키나가 휘하의 제1군으로 출병했다. 그러나 그는 1594년 7월 27일 웅천왜성에서 천연두로 병사했다.

규슈의 고토(五島)는 일본 천주교사에서 특별한 위치와 의미가 있는 지역인 듯하다.[10] 그 지역을 지배해 왔던 고토 가문의 발상지는 고토

---

10) 고토(五島)는 일본 천주교사에서 독특한 역사를 간직하고 있는 곳이다. 후일 도쿠가와 막부 때 고오리 쿠즈레(오무라 박해)이후 오무라 영내에는 소토메(外海) 지방에 기리시탄이 살아남았다. 그러나 소토메는 바람이 세고 토지는 좁고 척박했다. 1797년 고토 영주가 오무라 영주에게 부족한 개척농민의 이주를 요청해옴에 따라 오무라의 소토메(外海)지방의 농민 천여 명이 고토로 이주했다. 그때 이에 응한 대부분은 오무라 지방에 숨어있던 소토메의 잠복 기리시탄들이었다. 이들 가톨릭 신자들은 이것을 다행으로 여기고 고토로 옮겨 갔다. 수수표(불교종파를 표시한 표)를 관리들로부터 받은 그들은 불교도로 가장해 바다를 건넜다.
  이들 이주민들은 이즈키(정착민)라고 불리며 고토 원주민 지게(평민)와 분리돼 조건이 나쁜 오지에 살면서, 외부와의 교류를 끊고, 오로지 기리시탄 신앙를 지켜나가고자 했다. 이러한 열악한 생활환경으로 인해 소토메에서는 "고토, 고토로 모두 가고 싶어…" 라는 노래가 얼마 후 '고토, 극락 와서 보니 지옥'으로 바뀌었다. 그렇게나 어려운 생활 속에서도 소토메에서 바스찬의 달력을 갖고 와 다시 오실 신부를 기다리는 그들에 의해 고토 열도 각지에 기리시탄 마을이 생겼다. 그것이 훗날 나가사키의 우라카미 신자들과 같이 박해를 겪는 결과를 초래하게 되어 1868년 '고토 쿠즈레'(오무라 박해)를 겪게 되었다.

열도의 북쪽 끝 우쿠 섬(宇久島)이었다. 처음 이곳을 지배하던 가문은 우쿠(宇久)씨로 불렸으며 본래 마츠우라 가문에 속했으나, 남쪽의 후쿠가와 섬(福江島)으로 세력을 넓혀 고토를 통일하고 해상무역권을 손에 넣었다. 고토 씨의 정식이름이 사용된 것은 우쿠 가문의 제18대 당주 우쿠 스미사다(五島純定) 때이다.

우쿠(고토) 스미사다는 1562년 오무라 스미타다가 요코세우라 개항 당시 그곳에 체류하고 있는 토레스 신부에게 부탁해 일본인 의사 야곱을 초청한 바 있었고, 1566년 알메이다 신부와 라우렌시오 수사가 구치노츠에서 우쿠에 왔을 때 열병에 걸려 알메이다 신부에게 치료를 받으면서 천주교에 귀의했다. 아들 스미타가(五島純堯)도 1568년 루이스로 세례를 받고 스미사다 사후 19대 당주가 되었다. 스미타카가 1587년 사망하자 맏아들 스미하루가 가독을 이었고 그해 도요토미에 신종하여 규슈 정벌에 참전해 그 공로로 고토의 영지를 인정받게 되었다.

루이스라는 세례명의 기리시탄이었던 스미하루는 1592년 임진왜란 당시 고니시 휘하의 제1군에 소속되어 조선으로 출병했는데, 2년 후 1594년 7월에 33세의 나이로 천연두로 진중 병사했다. 시신은 후쿠에의 다이엔지에 매장되었다.

스미하루 사후 함께 임진왜란에 종군하고 있던 스미타가의 동생(스미사다의 3남)이며 스미하루의 숙부인 고토 하루마사(五島玄雅 1548~1612)가 대를 이어 21대의 당주가 되었는데, 그도 역시 1568년 루이스로 세례를 받은 가톨릭 신자였다. 하루마사는 가독 문제로 가문 내에서 대립이 발생하자 가독을 사양했으나 고니시 유키나가의 중재로 가독을 계승했고 조선 진에 다시 배치되었다. 조선에 머물러 있는 동안 함께 머물렀던 세스페데스 신부로부터 격려를 받았다. 그로 인해 고토로 돌아온 후 더욱 신앙을 장려하는데 힘을 쏟았다.

임진왜란 후 세키가하라 전투에서는 중립을 유지하며 영지를 보존받아 후쿠에번의 초대 번주가 되었다. 그러나 고니시 유키나가가 세키가하라 전투에서 패배하고 도쿠가와 이에야스의 천하가 된 후부터 시대의 흐름을 거슬리지 못해 신앙을 버리고 가톨릭을 박해하는 정책을 택하게 되었다. 섬의 영민들도 영주 때문에 신앙을 끊어 버리게 되었다.

그 외 고니시 유키나가 휘하의 영주들

고니시 휘하에서 참전했던 그 외 영주들로는 히고 아마쿠사(天草) 가와치(河內)성의 성주인 돈 주앙 아마쿠사 히사타네(天草久種), 아마쿠사 영주의 처남인 조안 스모도(栖本)도노, 오야노(大矢野)의 주앙 영주와 고츠우라(上津浦)영주 그밖에도 히고의 많은 무장들이 있었다. 시키 섬의 도주인 고니시의 가신 비센테 히비야 헤이에몬(日比屋兵右衛門)과 고니시의 사위인 쓰시마 도주 다리오 소 요시토시도 포함되어 있었다.

• 아마쿠사 영주

아마쿠사 가와치우라(河內浦) 성주는 아마쿠사 히사타네(天草久種)이다. 1575년 가와치우라에서 포교장 프란치스코 카브랄 신부에게 부친 시게히사(天草鎭尙), 모친과 함께 세례를 받았으며 세례명은 조안이다. 1589년 고니시의 우토성 축성 부역을 거부하고 5인중의 반란을 일으켰으나, 이 천초합전(天草合戰)은 고니시와 원군으로 온 가토에게 진압돼 5인중의 패전으로 끝났다. 항복한 히사타네는 순찰사 발리냐노의 중개로 고니시와 화해하여 고니시의 가신이 되고 혼도(本渡)의 대관(代官)으로 임명돼 본 영토를 보존 받았다.

1591年 오무라에 있던 수련원과 카츠사(加津佐)에 있던 코레지오 그리고 코레지오에 있던 활판인쇄기 등이 영지 내 가와치우라로 이전되

었다. 이곳에서 종교서와『이솝 이야기』등 아마쿠사판(天草版) 예수회 인쇄본이 다수 출판되어 아마쿠시가 기리시탄 번영의 중심지가 되었다.

임진왜란 당시 고니시를 따라 종군했으며 왜란 후 1600년 세키가하라 전투에서도 고니시와 함께 했으나 패주했으며 얼마 후 사망했다.

부인의 동생(처남) 스모토 치카다카(栖本親高)는 누나 요안나의 수세(受洗)의 영향을 받아 1589년에 세례를 받았다.

• 스모토(栖本) 영주

스모토의 영주는 스모토 치카다카(栖本親高)의 동생 미치다카(通隆, 甚右衛門)일 것으로 추정된다. 형인 치카다카는 통칭 하치로우(八郎)로 불리며 별명이 치카다카(親隆)이다. 천주교 신자로서 1589년 조안으로 세례를 받았다. 아버지 스모토 시게미츠(栖本鎮通) 역시 세례명이 바르톨로메오인 천주교 신자였다. 손위 누이는 아마쿠사 히사타네(天草久種)의 처로 세례명이 요안나였으며, 손아래 누이는 코츠우라 타네나오(上津浦種直), 호쿠론의 처였다.

1589년 고니시의 우토성 보수 요청에 반발해 아마쿠사, 시키 씨 등과 함께 반란을 일으켰으나 패했고, 전후 그는 다른 5인중과 함께 고니시의 가신이 되었다.

임진왜란 당시 조선 출병 즈음 시마즈(島津)의 가신으로 사츠마의 한 성주인 우메키타 구니카네(梅北国兼)가 당시 나고야성에 머물고 있던 도요토미를 타도하기 위해 반란을 일으켰다. 이를 우메키타 잇키(梅北一揆)라고 한다. 형 치카다카는 1592년 6월 우메키타 잇키 때 전사했으므로 임진왜란 당시 고니시를 따라 출진하여 웅천왜성에 머물렀던 스모토 도노는 동생 미치타카(通隆, 甚右衛門)일 것이다. 그는 순천에서 전사했다. 프로이스의『일본사』기록으로 보아 그도 기리시탄일 것으로 추정되나 그의 확실한 세례 여부는 찾지 못했다. 세스페데스의 편지에서도 다른 제장들은 세례명으로 언급되나 유독 스모토 도노만은 세례명으로 불리고 있지 않다.

• 고츠우라(上津浦) 영주

히고 아마쿠사 고츠우라(上津浦) 성주인 고츠우라 타네나오(上津浦種直)를 말한다. 아들은 고츠우라 로크자에몽(上津浦六左衛門)으로 기리시탄이었다.

1589년 5인중의 반란 때 패전, 항복해 영지가 몰수되었고 이후 고니시의 신하가 되었다. 고츠우라 성주는 1590년 호쿠론이란 세례명으로 수세하여 기리시탄이 되었고, 그 후 교회(南蛮寺)를 건립하고 3,500명이 넘는 신자로 기리시탄의 포교활동의 거점이 되었다. 임진왜란 당시 고니시를 따라 조선에 출진했다. 1600년 이후는 호소가와(細川)의 신하가 되었다

• 오야노(大矢野)영주

오야노의 영주 오야노 타네모토(大矢野種基)를 말한다. 타네모토가 기리시탄으로 개종한 것은 타 영주들과는 달리 남만무역이 목적이 아니었다. 전국시대에 약육강식이 당연하게 여겨지는 상황에서, 서로 존중하고 도와주는 기리시탄의 자세에 영향을 받고 기리시탄으로 개종했다고 한다.

1586년 시마즈가 분고의 오토모(大友) 소린을 공격할 때 아마쿠사 5인중은 시마즈 편으로 전투에 참전했다. 그러나 다음 해 도요토미 원군의 참전으로 시마즈군은 패주했고 분고의 이치만다성에 남은 아마쿠사 5인중은 오토모 씨의 일족으로 기리시탄인 오카 성주 시가 지카츠쿠(志

賀親次) 바오로 군대에 포위되어 공격을 받았다. 시가 성주는 열렬한 기리시탄인 아마쿠사의 조안 히사타네(天草久種)의 생명만은 구해주려 했다. 이를 들은 히사타네는 자신만이 살아남기를 원치 않으며, 성 안 모두의 생명을 구해주면 성을 넘겨주겠다고 했다. 이를 전해들은 시가 바오로 성주는 조안의 말에 응해 모두를 안전하게 히고로 돌려 보내주었다. 이 모습을 본 다네모토는 그리스도교의 가르침에 감동했다고 한다. 다네모토는 사제 추방령이 발표되었음에도 불구하고 1590년 스스로 야고보란 세례명으로 세례를 받고 기리시탄이 되었을 뿐만 아니라 친족, 가신 700명과 영민(領民) 2,371명을 기리시탄이 되게 도와주었다. 승려들도 기리시탄으로 개종시켰다.

그 후 다네모토는 적남 타네하카(種量)와 함께 고니시 유키나가 휘하로 임진왜란에 참전했고, 오야노 부자는 1597년 순천에서 전사했다.

- 서해도(西海道) 제2군

**가토 기요마사(加藤淸正)

도요토미와 동향인 아이지현(愛知縣)의 나카무라(中村)에서 태어났으며 아명은 가토 도라노스케(加藤虎之助)였다. 그는 도요토미 외가의 6촌 여동생 이토(伊都)의 아들로, 도요토미의 7촌 조카가 된다. 어린 시절(3세 때) 아버지 가토 기요타다를 여의고 편모 슬하에서 자랐으며 훗날 도요토미의 수하가 되었다. 오다 노부나가 사후 도요토미와 시바다 가쓰이에와의 권력투쟁이었던 시즈가타케 전투에서 일곱 자루 창(七本槍)의 일원으로 두각을 나타냈고, 도요토미의 규슈 정벌의 공로로 히고(肥後) 구마모토(熊本)지역을 관할하는 다이묘가 되었다. 독실한 불교 신자이며, 철저한 무장으로 무단파(武斷派)이자 주전파였던 그는 이웃 우토의 고니시 유키나가와는 모든 면에서 대조적이며 이해관계가 얽혀 사이가 좋지 않아 일생을 숙적(宿敵)[11]으로 대립했다.

임진왜란 당시 제 2군의 수장으로, 고니시 유키나가와 공동 선봉장으로 조선을 침략해 한양을 거쳐 동북 측 함교토 회령까지 진격했고 조선의 두 왕자 임해군과 순화군을 포로로 잡았다. 함경도 의병 정문부(鄭文孚)의 강력한 반격에 밀려 남으로 후퇴했고 1593년 울산 서생포왜성을 축성하고 주둔했다.

이듬해 4월과 7월 그리고 정유재란 직전인 1597년 3월 서생포왜성에서 세 차례에 걸쳐 조선 승병장 사명대사를 만나 조선과 직접적인 강화회담을 진행했으나 합의에 실패했고 정유재란 때 또다시 선봉장으로 조선을 재침공하였다.

일본 우군의 주력으로 황석산 전투 후 충청도로 북상했으나 조·명연합군의 반격으로 다시 서생포로 후퇴했고 11월 이후 동쪽 최전선의 서생포왜성의 강화를 위해, 북동쪽의 울산 태화강 하구에 도산성을 축조했다. 도산성의 축성 중 조·명연합군의 공격을 받아 이듬해 초까지 처절한 농성전을 벌였다. 전쟁이 끝난 후 귀국, 세키가하라 전투에서 도쿠가와 측의 동군에 가담해 승리했고, 그 전공으로 고니시의 우토 영지도 빼앗아 구마모토 번의 초대 번주가 되었다.

1607년 그가 일본 3대 성의 하나로 꼽히는 구마모토성 축성 당시 울산 도산성 전투를 교훈으로 삼아 성내 120개의 우물을 파고, 다다미는 식용이 가능한 고구마줄기로 제작했다 한다.

---

11) 이 둘의 관계를 소설로 쓴 엔도 슈사쿠(遠藤周作)의 『숙적(宿敵)』을 읽기를 권한다. 정성호가 번역하고 출판사 '덕윤'에서 1986년 출판한 책과 조양욱이 번역하여 'for book'에서 2권으로 출판한 『숙적』이 있다.

나베시마 나오시게(鍋島直茂)

나베시마 나오시게(1538~1618)는 히젠국의 소 호족인 나베시마 가문의 스루가국 태수 나베시마 기요후사의 차남으로 히다(飛驒)국과 가가(加賀)국의 태수에 올랐다. 그는 히젠 류조지(龍造寺) 가문의 중신이었으나 류조지 다카노부(龍造寺隆信) 사후 히젠 치쿠고 일대의 실권을 장악했다.

임진왜란 당시에는 사가(佐賀)성의 성주였으며 아들 가쓰시게(勝茂)도 함께 참전했다. 가토 기요마사와 함께 함교토로 진출했으나 북관대첩에서 정문부의 의병에 대패해 퇴각한 후 낙동강 변의 죽림에 죽도(竹島)왜성12)을 축성하고 주둔했다.

정유재란 때는 우군으로 황석산성 전투에 참전하고 북상하다 충청도 직산에서 조·명연합군과 만난 후 남쪽으로 퇴각했다. 용안 회의에서 금구─김제에 배치되었으나 금구에서 조선 의병의 결사적인 공격을 받자, 정읍 회의에서 다시 전라남도의 화순·능주에 배치되었다. 이후 경상도로 후퇴하여 마산왜성을 축성하고 이곳에서 주둔했다. 조선에서는 이삼평(李參平) 등 많은 도공들을 납치해 후일 아리다(有田), 이마리(伊馬里) 등 세계적인 도자기 명산지를 만들었다.

임진왜란 후 세키가하라 전투에서 동군 측에 가담, 승리함으로써 이 전공으로 히젠 사가 번을 받아 나베시마의 번조(藩祖)가 되었다.

---

12) 현 부산시 강서구 죽림동 823 일대 가락산에 위치했다.

- 서해도(西海道) 제3군

**구로다 나가마사(黑田長政)

구로다 나가마사(1568~1622)는 구로다 요시타카(黑田孝高)의 아들로 서 아버지의 뒤를 이어 가이국(甲斐國)의 태수가 됐다. 프로이스는 그의 저서 『일본사』에서 그를 '카이노카미(甲斐守)'로 지칭했다. 기리시탄으로 세례명은 다미안(Damien, 다미아노)였다.

임진왜란 당시는 부젠(豊前) 나가쓰(中津)의 영주였다. 그는 임진년 4월 19일 제3군 1만여 명을 이끌고 부산 다대포를 거처 김해읍의 죽도에 상륙해 김해읍성을 함락시킨 후 함안·김천을 통해 북상하여 황해도에 주둔했고, 서울로 퇴각 후 양산군 기장면에 왜성을 축성하고 주둔 후 일본으로 돌아갔다. 정유재란 때는 우군으로 황석산성 전투에 참전했고, 북상하다 충청도 직산에서 조·명연합군과 만난 후 퇴각하여, 기장왜성에 다시 주둔했다.

임진왜란 후 도쿠가와 이에야스의 양녀인 에이히메를 정실로 맞이했기 때문에 세키가하라 전투에서는 동군으로 참전했다. 이 전투에서 무공을 세워 지쿠젠(筑前)의 후쿠오카(福岡)번을 받아 초대 후쿠오카 번주가 되었다.

**구로다 요시타카(黑田孝高)

구로다 요시타카(黑田孝高 1546~1604)는 부젠국의 나카쓰(中津) 성주로서 구로다 나가마사의 아버지이며 보통 구로다 칸베에(黑田官兵衛)라고 불리는 기리시탄 다이묘였다. 처음 오다 노부나가를 섬겼으나 노부나가 사후 히데요시의 휘하에서 전공을 세워 부젠 여러 곳의 영주가 되었다. 1589년 가독을 아들인 구로다 나가마사에게 물려주었다.

구로다 나가마사. 구로다 요시타카의 아들이 다. 그림. 작자미상. 후쿠오카 시 박물관 소장. 출처: Public Domain_Wikimedia Commons.

구로다 요시타카 초상화. 작자미상. 후쿠오카 시 박물관 소장. 출처: Public Domain_Wikimedia Commons.

1591년 히데요시가 조선 침략을 위해 히젠 나고야에 축성 명령을 내렸을 때 주도적 역할을 했다. 1592년 임진왜란 당시 조선에 건너가 군무를 담당하다가 병으로 인해 가을에 일본으로 돌아왔으나, 다음 해에 아사노 나가마사(淺野長政)와 함께 다시 조선으로 건너가 히데요시의 명령을 전달하고 제 2차 진주성 전투에 참전했다. 이후 히데요시의 전라도(왜군은 이를 아카쿠니赤國라고 했다.) 공략에 대한 이견(異見)으로 히데요시의 노여움을 사 재산을 몰수당하자 삭발하고서 조스이(如水)라는 호를 사용했다. 1597년 정유재란에 다시 참전해 양산성에 주둔했다가 다음 해 히데요시가 사망하자 일본으로 돌아갔다.

세키가하라 전투에서는 아들 나가마사가 도쿠가와의 동군에 참가했고 본인은 규슈에서 동군으로 거병해 가문의 재흥(再興)을 노리는 서군의 오토모 요시무네를 분고에서 제압했고, 이후 분고의 서군의 여러 성을 차례로 함락시켰다. 나가마사가 세키가하라 전후 공적 1위로 지쿠젠 후쿠오카(福岡)를 영지로 받자 그도 나카쓰에서 후쿠오카로 이동했으며 이후 은거 생활 후 1604년 사망했다.

1583년 다카야마 우콘의 인도로 기리시탄이 되었으며 세례명은 시메온(Simeon)이다. 그는 십자가 주위에 '시메온 조이스'라고 새긴 로마 글자 도장을 사용했다고 한다. 1587년 규슈 정벌 당시 휘하의 장병들에게 기리시탄이 될 것을 권유했으나, 도요토미의 파테렌 추방령 때는 솔선하여 이를 받아들였다. 그러나 임진왜란 당시 고니시 유키나가와 함께 예수회 사제 세스페데스를 조선에 종군토록 주선했으며 세키가하라 전투 이후 고니시 유키나가 등 천주교 영주 대부분이 몰락하자 그들 휘하에 있던 천주교 무사들 대부분을 자신의 휘하에 배속시켜 보호했다.

**오토모 요시무네(大友義統 혹은 大友吉統)

분고 국의 후나이(府内)[13] 대명이며 오토모 요시시게(大友義鎮 혹은 大友宗麟)의 장남으로 오토모 집안의 22대 당주를 지냈다. 히데요시의 요시(吉)를 자신의 이름 의(義)를 대신해 오토모 요시츠네(大友吉統)로 사용하기도 했다. 기리시탄으로 세례명은 콘스탄티노였으나 히데요시의 파테렌 추방령에 따라 천주교를 버렸다.

분고의 후나이는 오토모 요시시게의 영지로 예수회가 후나이 교구까지 설치한 기리시탄의 도시였다. 오토모 소린 사망 후 아들 요시무네는 임진왜란 당시의 잘못으로 히데요시에게 영토를 몰수당했다. 그 후 재기의 기회로 세기가하라 전투에서 서군에 참가했으나 서군의 참패로 오토모 가는 몰락했다. 그 후 분고는 우스키, 후나이, 오카로 나눠져 각 영주가 다스리게 되었다.

---

13) 지금의 대분(大分).

**평양성 전투와 오토모 요시무네(大友義統)

1593년 1월 제 2차 평양성 전투에서 패한 고니시 유키나가는 남쪽으로 퇴각했다. 평양 요새에서 남쪽으로 바로 다음 성채인 황주(黃州)성에는 시가 지카츠구(志賀親次) 돈 파울로 영주가 주둔하고 있었다. 분고의 오카죠(岡城)영주로 요시무네의 조카였던 그는 평양성에서 도망쳐 오는 고니시 유키나가의 몇몇 부하에게서 그곳에서 일어났던 일들을 듣고 걸어서 하루 정도 걸리는 봉산(鳳山)의 분고 영주 오토모 요시무네에게 전갈을 보냈다. 요시무네는 고니시 유키나가가 이미 전사했다는 오보를 믿고 파울로 영주에게 곧장 성을 버리고 자신에게 오라고 했고, 자신도 봉산성(鳳山城)으로부터 철수해 버렸다.

고니시 유키나가가 평양성을 탈출해 이 두 성채에 도착했을 때 기대했던 일본군들은 찾아볼 수 없었다. 그래서 어쩔 수 없이 사흘 동안을 걸어 부젠의 천주교 영주인 구로다 나가마사가 주둔하고 있는 백천(白川)성채에 도달했다. 그 후 고니시 유키나가는 구로다 나가마사와 함께 한양으로 왔다. 따라서 요시무네는 결과적으로 궁지에 처해 있던 아군을 버린 형세가 돼버렸다.

평양에서의 패배를 보고받은 도요토미는 고니시 유키나가에 대해서 조금도 화를 내지 않았다. 그렇게 적은 수의 병사로 강대한 적군을 상대해서 사흘간이나 저항하면서 용감하게 싸웠고, 최후의 수단으로 자발적으로 모든 병사와 함께 안전하게 철수했다고 말하면서 그의 행동을 매우 칭찬했다.

그러나 분고 영주 오토모 요시무네에 대해서는 평양의 고니시 유키나가 신상에 어떤 일이 일어났는지를 확인해 보지도 않고, 주둔성을 포기하고 도망한 비겁함은 아직 들어본 바가 없고, 일본에서조차 있을 수 없는 일이라고 꾸짖고 몹시 분개했다고 한다. 요시무네는 나고야성으로 소환되어 5월 1일 개역(改易)14)되었다. 오토모의 영지는 도요토미의 직할지(直割地)가 되었다.

아버지로부터 영지의 통치권을 넘겨받았던 아들 요시노부(大友義延)15)는 일이 벌어지던 당시에 아버지인 요시무네와 함께 있지는 않았고, 장래가 촉망되는 젊은이였으므로 도요토미는 그를 가토 기요마사의 휘하에 배속시켜 500명의 병사를 거느리도록 했다. 그는 후에 다시 고니시 유키나가에게 맡겨졌다.

- 서해도(西海道) 제4군

**시마즈 요시히로(島津義弘)

시마즈 요시히로(1535~1619)는 사쓰마(薩摩)의 전국 다이묘로서 오

---

14) 개역(改易)은 죄로 신분을 평민으로 내리고 영지·저택 등을 몰수하는 것을 말한다. 개역 후 요시무네는 야마구치의 영주 모리 데루모토 등 여러 곳으로 신병이 맡겨지면서 유폐(幽閉)신세가 계속되었다. 1598년 도요토미가 죽고 나서야 다음 해에 지금까지의 죄를 용서받게 되고 유폐신세에서 벗어나게 되었다. 그는 오사카성(大坂城) 아래에 저택을 짓고, 도요토미 히데요리(豊臣秀頼)가 당주가 된 도요토미 가(豊臣家)를 다시 섬기게 되었다. 세키가하라 전투 당시 모리의 지원을 받아 자신의 옛 영지인 분고(豊後)를 다시 회복하고자 했으나 구로다 요시타카의 반격을 받아 전투에 패하고 삭발함으로써, 오토모 가문의 부흥의 꿈은 사라지고 말았다. 오토모가의 22대 당주였던 요시무네를 끝으로 오토모 가는 멸문했다.

15) 오토모 요시노부(1577~1612년). 생전의 이름은 처음에는 요시노부(能延), 그 후에 요시노부(義延 -읽는 법은 같음), 그리고 요시 다시 노리(義乗)로 개명(改名)했다. 예수회에 전해오는 자료에 의하면, 1587년 3月에 요시무네(義統)의 적자(嫡子)가 세례를 받고 '후루젠시오:フルゼンシオ'라는 세례명을 받았다고 되어있다.

스미(大隅)16) 구라노조(栗野城)의 성주였다. 임진왜란 당시 강원도를 담당했으며 가장 많은 조선인을 납치했다. 정유재란 때는 1597년 5월 가덕도에 상륙해 3개월간 머문 후 후속부대가 도착한 7월 견내량을 거쳐 남원성 전투에 참가했고, 전주를 지나 북상하여 부여로 갔다. 이순신이 복직한 후, 군량이 부족하자 남으로 후퇴했다. 용안 회의에서 전북 부안에 배치되었으나 금구의 조선 의병이 공격해 불안을 느끼고 정읍 회의에서 전라도 해남·강진으로 배치되었다. 여기서 보름간을 머문 후 조선 의병에 밀려 경상도 사천으로 후퇴, 신진리왜성을 축성하고 주둔했다.

도요토미가 죽은 사실을 접하고 본국에서 온 자기 부대의 수송선을 타고 남해도 남도를 지나 일본으로 귀환했다. 귀환 당시 임진왜란 최후의 전쟁인 노량해전을 겪게 된다.

요시히로의 차남인 시마즈 히사야스(島津久保 1573~1593)도 함께 참전했다. 히사야스는 휴가(日向)국17)의 태수를 지내 휴가노카미(日向守)라고도 불렸다. 1593년 음력 9월 8일 거제도에서 병사했다.

**모리 요시나리(毛利吉成)

모리 요시나리(?~1611)는 도요토미의 고참 가신으로 이기국 태수를 지내 이키노가미로 불려지기도 한다. 본명은 모리 가쓰노부(毛利勝信)이며 규슈 정벌의 공로로 부젠 고쿠라(小倉)영주가 되었다.

임진왜란 당시 제4군에 속해 2천 명의 병사를 이끌고 아들 모리 가쓰나가(毛利勝永 ?~1615)와 함께 참전했다. 시마즈 요시히로(島津義弘), 다카하시 모토다네(高矯元種), 아키즈키 다네나가(秋月種長), 이토 스게타가(伊東祐兵) 등 규슈 남부 지역의 영주들과 함께 강원도로 진군·주둔

---

16) 현재의 녹아도(鹿兒島)현.
17) 현재의 미야자기(宮琦)현.

했으며, 2차 진주성 전투 참전 후 임랑포에 왜성을 쌓고 주둔했다.

제4군의 수장은 시마즈 요시히로(島津義弘)였으나 임진란 이듬해 한양에서 남해안으로 철수 당시 시마즈는 거제도의 영등포왜성을 축성하고 그곳에 머물렀다. 반면 모리 요시나리와 다가하시 모토다테, 아키즈키 다네나가, 이토 스게타가는 울산 지역에 임랑포(林浪浦)왜성을 분담 축성한 후 공동으로 수비했고 북쪽의 서생포왜성, 남쪽의 기장왜성과 연계하여 동해 남부를 장악하고자 했다. 정유재란 때는 아들 가쓰나가와 함께 출병해 황석산성을 공략했다. 전주 회의 후 전라도로 진군했고 정읍 회의 후에는 부산으로 귀환 중 사천 선진리왜성을 축성했으며 성은 시마즈 요시히로에게 넘겨주었다. 부산 주둔 당시 울산성 전투에서 가토 기요마사를 지원했고 이후 서생포왜성에 머물렀다. 세키가하라 전투에서는 서군에 가담하여 패했고 이후 영지가 몰수되었다.

- 남해도(南海道) 제5군

**후쿠시마 마사노리(福島正則)

후쿠시마 마사노리(1561~1624)는 오와리(尾長)[18] 출신으로 어려서부터 도요토미 밑에서 자랐다. 시바다 가쓰이에와의 전투에서 선봉으로 전공을 세워, 가토 기요마사와 함께 '시스가타게의 칠본창(七本槍)'이라고 불렸다. 도요토미 아래에서 함께 자란 이시다 미츠나리와 같은 문치파(文治派)와는 달리, 가토 기요마사와 함께 대표적인 무단파(武斷派)로서 서로 대립했다.

임진왜란 당시 이요(伊豫)의 이마바리(今治)영주였으며, 제5군의 수

---

18) 현 아이치(愛知) 현.

장으로 충청도를 담당했고, 남해안으로 후퇴해 남해안의 최전방 거제도에서 송진포와 장문포왜성을 축성하고 이곳에 머물렀다.

임진왜란 후인 1599년 마에다 도시이에가 죽자 가토 기요마사, 호소가와 다다오키와 함께 이시다 미츠나리의 가택을 습격했으나 죽이지는 못했다. 이시다 미츠나리와 사이가 나빠 세기가하라 전투에서 도쿠가와 이에야스를 지지하는 동군에 가담했다. 이로 인해 종전 후 히로시마죠(廣島城)의 성주가 되었다.

상공업을 육성해 히로시마를 발전시키는데 이바지했고 금령 아래에서 선교사를 보호해 히로시마 교회가 선교사들의 유일한 피난처가 되게 했다. 1619년 히로시마성을 무단으로 개축했다는 이유로 영지를 몰수당해 소 다이묘로 쫓겨났고 1624년 병사했다.

**도다 가츠타가(戸田勝隆)

도다 가츠타가(?~1594)는 이요국(伊豫)[19]의 오오즈성(大洲城)의 성주였다. 에히메 현의 현청 소재지는 마쓰야마(松山)인데 오오즈는 마쓰야마로부터 서남쪽에 위치한다. 임진왜란 당시 마쓰야마의 영주는 가토 요시아키(加藤嘉明 1563년~?)였고, 그는 주로 수군을 담당했다.

도다 가츠타가는 후쿠시마 마사노리와 함께 충청도에 주둔 후 후퇴하여 장문포왜성에 머무르다 병사했다.[20]

그의 뒤를 이어 오오즈성의 영주가 된 이케다 히데오(池田秀雄)는 정유재란 때 출병하여 황석산성 전투에 참전했고 그 후 진도 앞바다에서 사망했다. 함께 출전한 아들 이케다 히데우지(池田秀氏)가 뒤를 이었다. 이케다의 뒤를 이어 이곳의 영주가 된 이가 도오도 다카도라(藤堂高虎,

---

19) 현 에히메(愛媛) 현.
20) 1594년 일본으로 철수하던 도중 병으로 숨졌다고 하는 기록도 있다.

1556~1630)이다. 다카도라는 정유재란 때 수군을 이끌고 조선으로 출
병하여 원균과 거제도에서 전투를 벌여 승리를 거두었고 전쟁 말기에
는 남원성 전투에도 참가했다.

**조소카베 모토치카(長宗我部元親)

조소카베 모토치카(1539~1599)는 도사국(土佐)[21]고지죠(高知城)의 영
주였다. 무장 가문에서 태어나 시코쿠(四國)를 평정했다. 그러나 도요토
미 히데요시의 공격을 받아 항복하고 그의 가신이 되어 도사(土佐)만을
통치하게 되었고, 나머지 영토는 몰수당했다.

임진왜란에 참전해 충청도에서 주둔 후 남으로 후퇴하여 장문포왜
성[22]을 축성하고 주둔 후 일본으로 귀환했다. 정유재란 때는 황석산성
전투에 참전했고 정읍 회의에서 나주에 배치되었다.

**하치스카 이에마사(蜂須賀家政)

하치스카 이에마사(1558~1639)는 임진왜란 당시 아와국(阿波)[23]이
그의 영지였다. 임진왜란 당시 조선에 출병했으며 특히 정유재란 당시
남원성 전투와 울산성 전투에 참전했고, 울산성 전투 당시 아사노 요시
나가(淺野幸長 1576~1613)를 구출한 바 있다.

**이코마 지카마사(生駒親正)

이코마 지카마사(生駒親正 1526~1603)는 임진왜란 당시 사누키국(讚
岐)[24]의 영주로 아들 가즈마사(生駒一正 1555~1610)와 함께 출병했다.

---

21) 현 고치(高知)현.
22) 거제군 장목면에 위치하고 있다.
23) 현 도쿠시마(德島縣).

전후 귀국할 때 조선피로인 100여 명과 목화씨를 가져갔다고 한다. 포
로들 중 조선 도공들은 다카마쓰(高松)성 아래에 살면서 일본에 도자기
기술을 전파했다고 한다.

〈임진왜란 당시의 시코쿠(四國) 상황〉

임진왜란 당시 지명	현재명 현(縣)	현청 소재지	출신 일본 영주
사누키 讃岐	가가와　香川	다카마쓰 高松	이코마 지카마사(生駒親正)
아와　阿波	도쿠시마 德島	도쿠시마 德島	하치스카 이에마사(蜂須賀家政)
이요　伊豫	에히메　愛媛	마쓰야먀 松山	후쿠시마 마사노리(福島正則　今治)
			가토 요시아키(加藤嘉明　松山)
			도다 가츠타카(戸田勝隆　大洲)
도사　土佐	고치　高知	고치　高知	조소카베 모토치카(長宗我部元親)

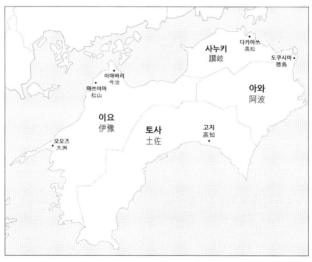

시코쿠 주변 지도.

---

24) 현 가가와(香川縣).

- 서해도(西海道) 제6군

**고바야카와 다카카게(小早川隆景)

고바야카와 다카카게(1533~1597)는 모리 모토나리(毛利元就)의 셋째 아들로서 고바야카와(小早川)가문에 양자로 갔다. 깃가와(吉川)가로 양자로 간 형 모도하루(毛利元春)와 같이 모리 가문을 잘 보존해 이 둘을 모리 료오센(毛利兩川)이라고 하였다. 모리 모토나리의 적손인 제7군의 수장 모리 데루모토(毛利輝元)가 그의 조카이며, 모도하루의 셋째 아들 깃가와 히로이에(吉川廣家)도 그의 조카이다. 모리 데루모토와 깃가와 히로이에는 4촌간이다.

그는 도요토미 히데요시의 양자 중에 사고뭉치인 히데아키(秀秋)를 자신의 양자로 삼아 도요토미의 신임이 두터웠다.

고바야카와 다카카게 동상. 히로시마 현 미하라 시에 위치하고 있다.

임진왜란 당시 제6군의 수장으로 59세였던 그는 31세의 조카 깃가와 히로이에와 같이 참전했다. 한양 입성 후 전라도로 진출했는데, 전주로 들어가는 이치에서 조선군의 반격으로 패배했고, 금산 전투에서도 반격을 당해 전라도 점령을 포기했다.

고니시 유키나가가 평양에서 대패하여 서울로 퇴각할 때, 벽제관(碧蹄館)에서 뒤쫓아 오던 명군을 기습 공격해 대승함으로써 훗날 울산, 사천 전투와 더불어 일본의 임진왜란 삼대첩으로 꼽는 벽제관 전투의 승리로 일본 역사에서 일약 명장이 되었다.

**고바야카와 히데아키(小早川秀秋)

고바야카와 히데아키(1582~1602)는 도요토미 히데요시의 본처인 네네(北政所)의 조카로 오빠 스기하라 이에사다(杉原家定)의 5남이다. 자식이 없었던 네네가 어려서부터 손수 길렀고, 도요토미가 양자로 삼았다. 성장하면서 영리하지 못함이 드러나고 도요토미의 소실 요도기미(淀君)에서 쓰루마루가 태어나자 도요토미는 그를 고바야카와 다카카게에게 양자로 보내며 자신의 가문에서 제적시켰다.

정유재란 당시 일본군의 총대장으로 조선에 출정했다. 그는 전공을 세워 2인자가 되어야겠다고 작정하고 울산 전투 당시 직접 성 밖으로 나가 명군을 공격하는 용맹을 보였으나 이시다 미츠나리는 이를 대장으로서 경솔한 행동이었다고 비난했고 1598년 4월 일본으로 소환되었다. 이로 인해 자신의 지구젠 영지가 몰수될 뻔 했으나 도쿠가와 이에야스가 이를 잘 무마하여 대신 보다 작은 에스젠(越前)의 영주가 되었다. 이 사건으로 그는 이시다를 원망하고 도쿠가와를 고맙게 생각하게 되었다.

세기가하라 전투에서 그는 당연히 도요토미 히데요리를 지원하여 서군의 편에 섰다. 그러나 이시다에 대한 원한과 양모 네네의 조종으로 동군의 대장 도쿠가와 이에야스와 내통해 전투중 배반함으로써 서군이 패전하는 단초가 되었다. 그 공로로 히데아키는 오가야마죠의 성주가 되었으나 2년 후 자식 없이 사망함으로써 도요토미의 가문이 문을 닫게 되었다.

다치바나 무네시게(立花宗茂)

다치바나 무네시게(1567~1643)는 지쿠고쿠니(筑後國) 야나가와(柳川) 성주로서 다가하시(高橋)가문에서 태어나 다치바나 가문의 양자가 되었다. 도요토미의 규슈 정벌 당시의 활약으로 야나가와(柳川)를 영지로 받았다. 이후 삿사 나리마사의 이봉 후 발생한 히고 고쿠진 잇키에 참전했으며 이때 고바야카와 다카카게를 의부로 모시고 히데카네와는 의형제를 맺었다.

임진왜란 당시 고바야카와 다카카게를 따라 금산 전투에 참가했으나 조선 의병에 격퇴당했다. 정유재란 때는 안골포왜성의 수비를 담당했다. 정유재란 말에는 고성왜성을 수비하다가 사천 선진리왜성 전투에 참전했고 시마즈와 함께 신성리왜성에 고립된 고니시 유키나가군을 구출하기 위해 출동하여 노량해전에 참전했다.

도요토미 사망 후 철수명령을 받고 가토 기요마사, 나베시마 나오시게, 동생 다카하시 나오쓰구와 함께 가장 먼저 일본으로 돌아갔다.

세키가하라 전투에서는 도쿠가와의 회유에도 불구하고 히데요시에 대한 의리로 서군에 참여했으며, 전투 후 영지를 몰수당했으나 도쿠가와의 배려로 다나구라(棚倉)번의 다이묘로 복귀했다. 이후부터 도쿠가와를 주군으로 모셨으며 오사카 전투 후 예전의 영지인 야나가와의 다이묘로 완전히 복귀했다. 후일 1637년의 시마바라의 난에도 활약했으며 에도에서 76세의 나이로 생을 마감했다.

다카하시 나오쓰구(高橋直次)

다카하시 나오쓰구(1572~1617)는 다치바나 무네시게의 동생으로 미이게(三池)성의 성주였다. 임진왜란 당시 고바야카와 다카카게의 부장(部將)으로 조선에 출병했고 벽제관 전투에 참전했다. 정유재란 때는 가덕도 수비를 담당했다.

**고바야카와 히데카네(小早川秀包)

고바야카와 히데카네(1567~1601)는 기리시탄 박해자 모리 모토나리의 아홉 번째 아들로 그는 열절한 천주교 신자였다. 오토모 소린의 딸과 결혼했고 열심한 부인의 영향으로 시몬으로 세례를 받았으며 구루메(久留米)영주가 되었다. 1600년 당시 그의 영지에는 7천여 명의 신자가 있었다. 조카인 데루모토의 계속적인 방해가 있었으나 그의 영지 내 교회의 발전은 더해갔고 병약했으나 끝가지 신앙을 지켜 선종했다. 그는 기리시탄이었다는 이유로 모리 가 묘지에 묻히지 못하고 산중에 묻혔다.

**츠쿠시 히로카도(筑紫廣門)

츠쿠시 히로카도(1556~1623)는 치쿠고(筑後) 후쿠시마(福島)의 영주로서 그와 천주교의 관련성은 세스페데스의 4번째 편지에서 잘 나타나 있다.

- 산양도(山陽道) 제7군

**모리 데루모토(毛利輝元)

모리 데루모토(1553~1625)는 유명한 전국 무장 모리 모토나리(毛利元就)의 적손이며 히로시마조(廣島城)의 성주였다. 도요토미 정권 당시 고다이로(五大老)25)의 한 명으로 조슈(長州)번의 초대 번주이다.

---

25) 도요토미는 도쿠가와 이에야스(德川家康), 우키타 히데이에(宇喜多秀家), 마에

모리 데루모토(毛利輝元) 동상 임진왜란시 왜군 장수 중 가장 많은 3만명의 병사를 이끌고 제7군의 수장으로 조선을 침략하여 부산 증산왜성과 자성대왜성을 축성하고 주둔하였다. 동상은 야마구치 현 하기 시 하기성 터에 위치하고 있다.

히데요시가 오다 노부나가의 부장(部將) 때 모리 측과 다가마쓰조(高松城)[26]에서 싸웠다. 승부가 장기화되자 오다는 히데요시를 지원하기 위해 부장 아케치 미츠히데를 파견했다. 그러나 아케치가 돌연 회군해 주군 오다 노부나가를 혼노지에서 살해했다. 아케치가 모리에게 비밀리에 이 사실을 알릴 밀사를 보냈는데 길을 잘못 들어 히데요시의 부대로 들어가 잡히게 되었다. 모든 사실을 알아차린 히데요시는 오다의 죽음을 비밀로 하고 모리와 화해 후 급히 회군하여 야마사키에서 아케치를 격파했다. 그 후 히데요시가 모든 세력을 장악하게 되고 모리는 그의 부하가 되었다.

임진왜란 때는 왜군 장수 가운데 가장 많은 3만 명의 병사를 이끌고 제7군으로 참전해 개녕[27]에 본부를 두었고 경상도 지역에서 후방 병참선을 확보하는 임무를 맡았다. 부산 증산왜성[28]과 동쪽으로 1km 떨어

다 도시이에(前田利家), 우에스기 가게카츠(上杉景勝), 모리 테루모토(毛利輝元)의 5명을 고다이로(五大老)로 임명하고 아들 히데요리(秀賴)가 성인이 될 때까지 이들을 섭정으로 삼았다.

26) 현 강산시(岡山市) 고송(高松).
27) 현 금릉군 개녕면.
28) 현 동구 좌천동 증산공원.

진 지성(枝城)인 자성대왜성[29]을 축성하고 그곳에서 주둔했다. 그러나 당시 그는 병에 걸려있었으므로 임진란 7년 전쟁기간 동안 뚜렷한 전투기록은 없다. 정유재란 당시 우군으로 1597년 8월 황석산성 전투에 참가했으며, 용안 회의에서 영광으로 배치되었으나 가지 않았고 9월 정읍 회의에서 진원[30]에 배치되었다. 그의 사촌인 깃가와 히로이에(吉川廣家)는 임진왜란 당시 그의 밑에서 경상도에 주둔했고, 행주산성 전투에서 큰 부상을 당했다.

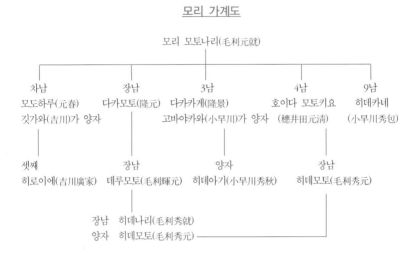

모리 가계도

모리 모토나리(毛利元就)

| 차남 모도하루(元春) 깃가와(吉川)가 양자 | 장남 다카모토(隆元) | 3남 다카카게(隆景) 고바야카와(小早川)가 양자 | 4남 호이다 모토키요 (穗井田元淸) | 9남 히데카네 (小早川秀包) |

| 셋째 히로이에(吉川廣家) | 장남 데루모토(毛利輝元) | 양자 히데아기(小早川秀秋) | 장남 히데모토(毛利秀元) |

장남 히데나리(毛利秀就)
양자 히데모토(毛利秀元)

훗날 세키가하라 전투에서는 서군의 총대장으로 옹립되었다. 그러나 그는 오사카성에 머물며, 친히 군사를 이끌고 전투에 참전하지는 않았으며 대신 모리 가에서는 모리 히데모토와 깃가와 히로이에가 참전했다. 서군의 패배를 예상한 깃가와 히로이에가 구로다 나가마사를 통

---

29) 현 동구 범일동 자성대공원.
30) 현 장성군 진원면.

해 영지와 가문의 보전을 교섭하는 한편 모리 가(家)의 군대를 저지했다. 그러나 동군의 승리 후 전후 약속이 파기되고 데루모토의 영지를 몰수하려 하자 히로이에는 도쿠가와와 담판을 지어 가문과 영지를 보전 받았다. 가독은 형식적으로 적자인 히데나리에게 양도되었다.

1603년 데루모토는 에도로 가 도쿠가와에게 사죄하고 다시 나가토의 하기성으로 복귀했다. 이후 오사카의 전투에서 도쿠가와 편으로 참전하고 에도성의 건축에 참여하는 등 가문과 영지의 존속에 많은 노력을 보였다. 1625년 73세 나이로 하기에서 사망했다.

- 산양도(山陽道) 제8군

**우키타 히데이에(宇喜多秀家)

우키타 히데이에(1573~1655)는 비젠 국 오카야마죠(岡山城)의 성주로서 우키타 가문의 최후의 당주였다. 도요토미가 임명한 고다이로(五大老)중의 한 사람이었고 프로이스의 『일본사』에서는 하치로 도노(八郎殿)라고 기록되어 있다.

1572년 전국 무장이었던 우키타 나오이에(宇喜多直家)의 차남으로 태어나, 10세 때 아버지 사후 오다 노부나가의 뜻에 의해 가독(家督)을 물려받았다. 노부나가 사후에는 도요토미의 총애를 받아 도요토미의 양자가 되었으며, 도요토미의 측근 마에다 도시이에(前田利家)의 딸 고우히메(豪姫)와 결혼했다. 시코쿠, 규슈, 오다와라 정복에 종군해서 도요토미의 신임을 얻었다. 어린 나이임에도 도요토미의 신임이 두터워 고다이로의 한 사람이 되었다.

임진왜란 당시 19세의 어린 나이에도 불구하고 일본군 총사령관으로 참전해 한양에 머물면서 전(全)일본군을 지휘했다. 벽제관 전투에서 승리하는 등 공을 세웠으나 행주산성 전투에서는 권율에 맞서 싸우다 대패해 중상을 입었다. 정유재란 때는 좌군의 총지휘관이 되어 남원성을 함락시키고, 전주 회의 후 충청도로 북상했다. 그러나 이순신이 삼도수군통제사로 복직하고, 군량이 부족하자 다시 전라도로 후퇴했다.

1597년 9월 11일, 용안31) 회의 후 예하 장수들을 모아 전라북도 전역에 배치했다. 그러나 금구32)에 배치된 나베시마 나오시게 부대가 조선 의병의 결사적인 공격을 받자 전라북도의

우키타 히데이에. 비젠 오카야마조의 성주로서 고다이로(五大老) 중 한 사람. 히데요시의 양자이며 마에다 도시이에의 사위로서 임진왜란 당시 19세의 나이로 일본군의 총 사령관직을 맡았다. 그림. 작자미상. 출처: public Domain_Wikimedia Commons.

주둔에 불안을 느껴 용안 회의의 결정을 백지화하고 9월 16일 정읍에서 다시 회의를 열어 보다 안전할 것으로 추정되는 전라남도로 부대배치를 결정했다. 이에 우키타 히데이에는 장흥·보성으로 이동했는데, 이곳에서 일본 수군이 명량에서 대패했다는 소식을 듣고 전라도에서의 주둔을 포기하고 경상도로 이동했다.

임진왜란 후인 1600년 세키가하라 전투에서는 히데요시의 양자인만큼, 도요토미 가문의 수호를 위해 서군 측에 속했으나 도쿠가와 이에야스의 동군에 패해 시마즈 요시히로의 사쓰마로 피신했다. 요시히로의

---

31) 현 익산군 용안면.
32) 현 김제군 금구면.

아들인 다다쓰네에 의해 이에야스에게 넘겨졌으나 다이묘들의 탄원 덕에 죽음을 면하고 50여 년 동안 동경 남쪽의 하지조 섬(八丈島)에서 유배생활을 하다가 83세 나이로 그곳에서 죽었다.

우키타 히데이에의 부인인 고우히메(豪姬)는 가나자와의 마에다 도시이에의 4녀로 1604년 세례를 받아 천주교 신자가 되었다는 기록이 있다. 우키타 본인에 대해서는 확실치가 않으나 1597~1598년경 정유재란 당시 일본에서 조선으로 건너온 신부에게 가중(家中)의 주관자(主管者) 200여 명과 함께 세례를 받았다는 기록[33]이 있다.

---

33) 우키타 히데이에(宇喜多秀家)의 세례는 루이스 데 구즈만『동방전도사(東方傳道史) 하권』721~722쪽에 실려 있다고 하며 김양선은 그의 논문「임진왜란 종군신부 세스뻬데스의 내한 활동과 그 영향(사학연구, 제18호 한국사학회 1964년)」731~732쪽에 이를 번역해 실어두고 있다. 구즈만의 기록에 의하면 세스페데스 신부는 기리시탄 병사들에게는 고해와 설교와 성사를 행하고 이 교도 병사들에게는 전도하여 개종케 하였는데 그중에서도 세스페데스 신부가 제1차 조선 방문 당시 불교도 제후인(筑後) 츠쿠시왕(筑紫王)의 아들, 즉 후쿠시마(福島)의 영주 츠쿠시 히로카도(筑紫廣門)의 장자 하루카도(筑紫晴門)와 그 가신들에게 세례를 주어 개종케 한 것과 제2차 방문 당시에는 우키타 히데이에와 그 가신들에게 세례를 주어 개종케 한 것이 그의 조선진(陳) 전도사업 중 가장 두드러진 것이었다고 기술했다. 그러나 세스페데스 신부가 1595년 6월에 일단 일본으로 귀환했다가 1597년 다시 내한했다는 일부 기록은 잘못된 것임으로 만일 이 시기(1597~1598년 경)에 세례를 받았다면 당시 조선에 잠시 머물렀던 프란치스코 데 라구나(Francisco de Laguna)신부로부터 세례를 받았을 것으로 추정된다.
『結城了悟「キリシタンになった大名(기리시탄이 된 다이묘)」聖母文庫, 1999年에는 우키타 히데이에의 처 고우히메(豪姬)가 마리아로 세례를 받았다는 기록이 있으나 우키타 히데이에는 세례자의 목록에 들어있지 않다.

- 북륙도(北陸道) 제9군

**하시바 히데카쓰(羽柴秀勝)

도요토미 히데요시의 누나 닛슈(日秀)의 아들로 도요토미의 양자가 되었다. 간바쿠 히데쓰구(豊臣秀次)의 동생이다.

기후조(岐阜城)의 성주로 임진왜란 당시 제9군의 수장으로 조선에 출병해 거제도에서 주둔군에 합류했다. 도요토미는 1592년 음력 5월 18일 양자이자 후계자였던 히데쓰구에게 보낸 편지에서 조선과 명을 정벌한 뒤 조선 왕으로 히데카쓰를 임명할 것이라고 밝혔다. 조선 왕으로 임명될 예정인 그를 거제도에 합류시킨 것으로 보아 왜군은 거제도를 군사적으로 그만큼 중요하게 판단한 것으로 추정된다. 그러나 히데카쓰는 1592년 10월 14일 거제도에서 병사했다.

**호소카와 다다오키(細川忠興)

센고쿠 시대부터 에도 시대에 걸쳐 아시카가, 오다, 도요토미,도쿠가와 등 많은 주군을 모셨으며 현대까지 이어지고 있는 히고 호소카와 가문의 기초를 다진 인물이다. 혼노지의 변을 일으킨 아케치 미쓰히데의 딸 다마코(가르샤)의 남편이었으며, 센노 리큐의 일곱 제자 중 한 명이었다. 임진왜란 당시 단고 미야즈의 성주로 참전했으며 1차 진주성 전투에서 대패했다.

세키가하라 전투 당시 동군 편에 섰으며 아내 가르샤를 죽게한 이시다 미츠나리의 참수를 진언하였다. 전후 부젠 고쿠라(小倉) 번의 초대 번주가 되었으며 가르샤의 천주교 세례를 베푼 인연으로 세스페데스 신부를 고쿠라로 모셔 사목케 하였다.

2대 번주였던 셋째 아들 다다토시(忠利)가 1632년 구마모토 번으로 이봉되어 성의 영주가 되자 그는 남쪽 야쓰시로(八代)에 은거하였다. 이때 조선 포로 도공 존해(尊楷 손가이)가 다다오키를 따라 야쓰시로(八代郡) 고다(高田)로 와서 고다야키(高田燒)를 창시하였다.

- 정유재란 당시 조선에 출정한 일본 무장들

정유재란 당시 조선 침략 일본군의 현황은 다음과 같다.

〈정유재란 당시 일본군 현황〉

(단위: 명)

구 분		왜 장		거 성	병 력
지상군	제1군	가토 기요마사	加藤淸正	熊本	10,000
	2	고니시 유키나가	小西行長	宇土	14,700
	3	구로다 나가마사	黑田長政	中津	10,000
	4	나베시마 나오시게	鍋島直茂	佐賀	12,000
	5	시마즈 요시히로	島津義弘	栗野	10,000
	6	조소카베 모토치카	長宗我部元親	高知	13,300
	7	하치스카 이에마사	蜂須賀家政	德島	11,100
	8	모리 히데모토	毛利秀元	廣島	30,000
		우키타 히데이에	宇喜多秀家	岡山	10,000
	임진왜란시기 왜성 잔류병력				20,390
수군	구키 요시타카 九鬼嘉隆 가토 요시아키加藤嘉明 와기사카 야스하루 脇板安治 토도 타카토라藤堂高虎				7,200
총계					약 14만여 명

- 임진왜란에 참전한 천주교 영주들

임진왜란 초기 당시 전투에 직접 참여한 왜군은 17만여 명이었으며 일본 나고야성의 예비병력 14만을 포함하면 총 32만여 명이 된다.

임진왜란 전 도요토미의 규슈 정벌 당시 파테렌 추방령이 내려져 이미 천주교가 금지되었으므로 일본 영주의 대부분은 그가 비록 천주교 신자라 하더라도 외적으로는 배교하여 천주교 신자임이 들어나지 않고 있는 듯하다. 따라서 조선을 침략한 왜장들 중 과거 세례를 받아 기리시탄이었던 자들에 대해서는, 고니시 휘하의 제1군을 제외하고는 정확한 파악이 어려웠다. 다만 이러한 관점에 대해 '군단 명부에 편성된 기리시탄 영주³⁴)들이라고 하여 대략적으로 정리된 자료가 있어 참고했다. 이 자료에는 수군을 제외한 총 40명의 장군 중 25명이 기리시탄이었으며, 부산에 상륙한 왜군 25만 명 중 10%가 기리시탄이었다고 하였다. 다른 자료³⁵)에서는 12,000~20,000 가량의 기리시탄 왜군이 참전한 것으로 추정하고 있다. 기리시탄 영주들 중에는 끝까지 신앙을 지켜 순교의 정도에 이르는 이도 있었던 반면, 금제로 배교한 이도 있고, 자의든 타의든 오히려 천주교의 박해자로 돌아선 이들도 있었다.

표에서 천주교 영주들은 이상과 같이 보고되어 있으나 제1군의 명단도 기존과 달라 보이며 마츠우라 시게노부(松浦鎭信) 등은 이교도라고 프로이스의 『일본사』에 나와 있다. 제1군에는 가와치(河內浦) 영주 아마쿠사 히사타네(天草久種), 스모토(栖本)의 영주 스모토 치카다카(栖本親高)' 고츠우라(上津浦)영주 코츠우라 타네나오(上津種直), 오야노의 영주 오야노 타네모토(大矢野種基) 등이 기리시탄들이었다고 하니 향후 보다 깊은 연구가 필요해 보인다.

---

34) 임윤석. 『일본그리스도교회사 전편 일본 가톨릭사(기리시탄사)』 대한예수교장로회 총회출판국, 2011년, 152~153쪽.
35) 이원순. 「세스페데스 신부와 라구나 신부」 교회와 역사, 2002년 324호, 19쪽.

〈군단 명부에 편성된 기리시탄 영주들〉

제1군	고니시 유키나가(小西行長)	고니시 요시치로(与七郎)등 형제(兄弟)들
	소 요시토시(宗義智)	
	나이토 타다토시(內藤忠俊)	
	아리마 하루노부(有馬晴信)	
	오무라 요시아키(大村喜前)	
	마츠우라 시게노부(松浦鎭信)	히사노부(松浦久信) 부자(父子)
	고토 스미하루(五島純玄)	
	아마쿠사 히사타네(天草久種)	
	테라자와 히로타카(寺澤廣高陶工)	
	다테 마사무네(利達正宗)	
	호소카와 오키모토(細川興元)	
	상가 요리츠라(三箇賴連)	14명 전원
제2군	가토 기요마사(加藤淸正)	3명 전무
제3군	구로다 나가마사(黑田長政)	오토모 요시무네(大友吉統), 2명 전원
제4군	이토 스게타가(伊東祐兵)	1명
제5군	후쿠시마 마사노리(福島正則)	하치스카 이에마사(蜂須賀家政), 2명
제6군	고바야카와 다카카게(小早川隆景)	고바야카와 히데카네(小早川秀包)兄弟
	츠쿠시 히로카도(筑紫廣門)	3명
제7군	모리 데루모토(毛利輝元)	1명 전무
제8군	우키타 히데이에(宇喜多秀家)	1명 전원
제9군	하시바 히데카쓰(羽柴秀勝)	호소카와 다다오키(細川忠興) 2명 전원

- 임진왜란의 선봉: 천주교 신자 고니시 유키나가와 불교 신자 가토 기요마사

고니시와 가토는 수군 구키 요시타카(九鬼喜隆)와 함께 '왜란 원흉 3
인방'으로 불린다. 이들은 도요토미가 일본 전국을 통일할 때 가장 공
을 많이 세워 도요토미의 인정을 받고 출세한 부장들이었다.

그런데 육상전에서 주도적 역할을 수행한 고니시와 가토는 여러 면

에서 대조를 보인다. 고니시는 도요토미 가의 직계 가신으로 임란 당시 선봉장으로 조선에 출병했다. 반면 가토는 그의 모친 이토(伊都)가 도요토미의 외가 쪽 6촌 여동생으로. 도요토미와는 7촌 외조카가 된다. 어려서부터 용맹스럽기가 범과 같다 하여 가토 도라노스케(加藤虎之助)라고도 불렸다. 그는 도요토미와 인척관계로 인해 전국시대에 급속히 출세하게 되며, 그 역시 임진왜란 때 두 번이나 선봉 왜장으로 참전했다. 도요토미의 휘하였던 이 둘은 일생 서로 반목하고 질시하면서 지냈다.

고니시는 도요토미의 가신 중에서 이른바 문치파의 대표로서, 줄곧 가토의 무단파와 대립했다. 고니시는 무장이라고는 하나 사무적인 면, 그리고 외교적인 면에서 뛰어난 수완을 발휘하여 군의 관료나 사무관으로서의 역할이 더욱 두드러졌던데 반면, 앙숙 간이었던 가토 기요마사는 전투에서 단련된 우직한 전형적 군인이었던 점을 고려해 볼 때 둘 사이에는 결코 손을 맞잡을 수 없는 어떤 거리가 있었던 것 같다. 이 둘의 관계는 아마도 지금으로 치자면 육사 출신의 야전 장교와 경리학교 출신의 사무장교 간의 갈등 비슷한 경우였을 것으로 추측된다. 무사 기질의 가토는 사카이 약종상의 아들인 상인 출신의 고니시를 노골적으로 무시하고 경멸했다.

고니시는 독실한 천주교 신자였다. 반면 가토는 일련종(日蓮宗), 즉 법화종(法華宗)의 불교 신자였다. 당시 두 종교는 서로 원수처럼 심하게 대립하고 있었다고 한다. 따라서 이 둘은 신앙적인 관점에서도 극심하게 대립했을 것이다. 전쟁 당시 고니시의 부대는 붉은 비단 장막에 하얀색 십자가가 그려진 기를 사용했고, 가토 부대는 일련종의 남무묘법연화경(南無妙法蓮華經)이라고 쓰인 기를 어깨 뒤에 메고 싸웠다. 또한 가토의 투구에는 일련종의 남무묘법연화경이 새겨져 있었다 한다.

『일본사』는 예수회 신부 프로이스에 의해 쓰였는데 임진왜란에 관한 기록의 많은 부분이 천주교와 관련되어 서술되어 있으며, 따라서 조선에 온 기리시탄 영주들의 활동상이 잘 기록되어있다. 이 『일본사』에는 천주교 신자였던 고니시의 활약상은 과장되게 훌륭하게 기록되어 있는 반면 경쟁자였던 불교 신자 가토는 아주 사악하고 못된 장수로 기록되어 있다. '쓰노카미가 조선의 서울에 입성할 때까지 일어난 일에 대해'라는 글 중에서 보면 "관백 히데요시의 심복으로 사악한 이교도(異敎徒)인 도라노스케(가토)는 히고(肥後)국의 절반을 차지하고 있는 아우구스티노의 최고 경쟁자이자 정적이며 이러한 점에서 가톨릭 및 종단 전체의 적이기도 했다."라고 기록하고 있다.

고니시의 영지와 인접한 가토의 영지에서는 열렬한 니치렌(일련종) 신자인 가토가 천주교 신자를 탄압했는데, 이를 피해 고니시의 영지로 달아난 천주교 신자들을 고니시가 보호해주면서, 종교로 인해 서로의 사이가 더욱 틀어지기 시작했다고 한다.

- 가문의 문양과 군기

1. 고니시 유키나가의 문양

1) 천주교 신자였던 고니시 유키나가는 붉은색 비단에 흰색십자가 문양이 새겨진 군기를 사용했다. 1587년 천주교 금교령으로 사용이 중단되었으나 임진왜란 당시 조선에서는 사용했다고 한다.

2) 금교령 이후 사용된 고니시 유키나가의 군기로서 흰색 바탕에 군청색 문양으로 세키가하라 전투에서 사용되었다고 한다.

3) 고니시 유키나가가 가문(家紋)으로 사용했던 그리스도교의 십자가를 문양화한 것. 에도 시대에 금교가 되자 이 문양은 말(馬)입에 장착하는 쇠장식이라는 명목으로 사용되었다.

2. 아리마 하루노부의 군기.

천주교 신자였던 그는 군청색 바탕에 흰색 문양을 사용하였다.

3. 가토 기요마사의 군기.

도요토미가 하사한 남무묘법연화경(南無妙法蓮華經)이라는 문자가 새
겨진 흰색과 검은색의 군기를 사용하였다.

4. 시마즈 가문의 군기

시마즈 가문은 천주교 신자가 아니지만 가문 문양이 십자가 모양이
었다. 원(丸)에 십자 문양이다. 원래는 「十」이라는 문자만 있었는데 전
국(戰國)말기에 원(丸)안에 십자(十字)를 사용했다.

1594년 사츠마에 도착한 하비에르는 시마즈 가문의 이 문장을 보고
시마즈 번주가 가톨릭 신자가 아닌가 하고 놀랐다는 일화가 있다.

시마즈 요시히로의 군기는 검은색 바탕에 흰색의 시마즈 가문 문양
이 들어있었으며 요시히로의 3남 이헤이사의 군기는 흰색 바탕에 검은
색 시마즈 가문 문양이 들어있었다.

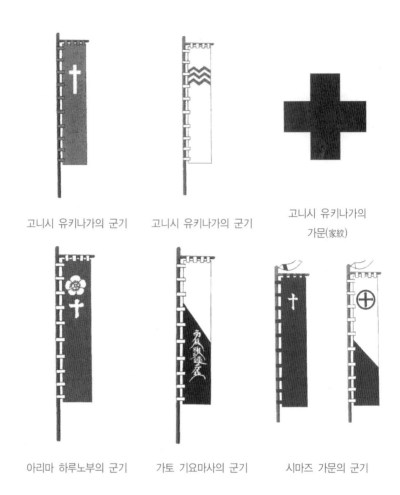

고니시 유키나가의 군기 고니시 유키나가의 군기 고니시 유키나가의
가문(家紋)

아리마 하루노부의 군기 가토 기요마사의 군기 시마즈 가문의 군기

제12장. 임진왜란 이후 일본 천주교 상황과 고니시 유키나가

- 히고 우토로 귀환과 그리스도교의 포교

1599년 8월에 고니시 유키나가*는 자신의 영지 미나미히고(南肥後)로 돌아왔다. 임진왜란이 시작된 후 무려 7년만의 일이었다. 그는 히고로 귀환하기 직전 잠시 나가사키에 머물렀다. 히고로 돌아온 그는 우선 가신단(家臣團)에 대한 지행완행(知行宛行)1)을 시행하여 조선 출병의 논공행상(論功行賞)을 통해 가신단과 자신 사이의 주종관계를 재확인하고, 영내 통치 거점인 성곽을 재정비해서 그에 대한 영지 내 구심력을 재구축했다. 그리고 영내 주민에 대해 그리스도교 포교활동을 재개했다.

도요토미의 금교령 이후 고니시는 전교활동에 대해 자숙을 촉구하는 자세를 취했다. 이에 대해 그는 1596년 히젠 나고야(肥前 名護屋)에서 덴쇼견구사절의 한 사람이었던 하라(原) 마르티노와의 회담 당시 다

---

* 고니시 유키나가의 임진왜란이후의 행적은 토리츠료지(鳥津亮二)의 저서 『소서행장(小西行長)』을 주로 참고했다. 저서는 2010년 일본 八木書店에서 발행되었다.

1) 중세·근세시대에 주군이 가신에게 영지 등에 봉록을 행하는 것을 말함. 일본의 센코구 다이묘는 영국(領國)내 소영주급 무사를 가신으로 하고 가신에 대해서는 지행지(知行地)를 주고 충성을 요구했다. 가신단 중 유력한 가신을 요리오야(寄親)라 하고 그 밑에 일반 가신을 요리코(寄子)로서 배속시키는 군사조직을 편성했고, 그 외는 이시가루(足輕 농민층으로부터 징집된 잡병)라 하였다.

음과 같이 증언했다.

> "내가 사제들에게 잠복해서 사람들을 개종시키는 열의를 매우
> 조심하라고 간청하는 것에 대해, 그 목적과 나(行長)의 심중을 모르
> 는 몇몇 사람들은, 이는 내 마음이 좁고 약한 탓에 의한 것이고,
> 또한 천주의 영예를 지키는 것에 대한 열의가 부족한 탓이라는 의
> 문을 안고 있다는 점을 내가 모르는 바 아닙니다. 하지만 나는 이
> 와는 전혀 다르다는 점을 말씀드립니다. 왜냐하면 나는 타이코(太
> 閤-도요토미)의 성격이나 심중을 훤히 꿰뚫고 있기 때문이고, 또한
> 사제들이 한층 더 억제하고 잠복하고 있으면 있을수록 그 목적이
> 이루어지는 기회가 더욱 좋은 상황이 된다는 것을 알고 있기 때문
> 에, 나는 이런 이유로 인해서 몇몇 사항에 관련해서 보다 엄중한
> 태도를 취한 것입니다."[2]

고니시는 도요토미의 노여움을 두려워했고 그리스도교의 포교활동
에 진중한 자세를 보이고 있었다. 그 증거로 도요토미 생전에는 히고
영내 주민에 대해서 적극적으로 포교를 실시한 흔적을 찾아볼 수 없다.
그러나 도요토미가 죽은 1598년 이후로는 태도를 완전히 바꾸고 영내
에서의 주민 개종을 추진해 나갔다.

처음으로 포교가 추진된 곳은 야츠시로(八代)였다. 조선으로부터 귀
국한 성대(城代) 고니시 스에사토(小西末鄕)는 바로 나가사키에서 선교
사 밥티스타를 초빙해서 포교활동을 개시했다. 그 결과 새로 2만 5천명
이 세례를 받고 14개의 새로운 교회가 설립되었다.

다음으로 포교가 진행된 곳은 우토인데, 불과 며칠 만에 4천 명이
그리고 그로부터 며칠이 지나고 나서 2천 명이 더 세례를 받았다. 같은

---

2) 1596년도 프로이스 日本年報「報告集」Ⅰ-2.

시기에 구마노쇼오(隈庄)[3])에서는 유키나가의 조카 츄우에몽(忠右衛門)[4]이 중심이 되어 포교활동이 이루어졌고, 3천 명 이상이 세례를 받았다.

구마노쇼오에 있어서의 포교활동은, 영내 주민이 소지하고 있었던 우상을 하나도 남기지 않고 그것들을 불 속으로 던지게 하는 등 상당히 과격하게 진행되었다. 또한 야베(矢部)[5]에서도 성대(城代) 조르지 유키 야헤에지(結城弥平次)[6])에 의해 포교활동이 이루어졌다.

이와 같이 고니시는 영지 내에서 열렬히 전도를 개시하여 우토와 야츠시로(八代), 야베(矢部)의 세 곳에 예수회의 전도 본부가 세워지고 여러 신부들이 주재하였으며, 아마쿠사 제도에서도 열심한 선교로 고니시 유키나가의 영내에는 많은 천주교 신자가 생겨났다.

---

3) 현 구마모토 현 조난정(熊本県 城南町).
4) 아마도 유키나가의 동생 고니시 도노모노스케(小西主殿介)의 아들로 추정됨.
5) 현 구마모토 현 야마토(熊本県 山都町).
6) 유키 야헤이지(結城弥平次) 1544~몰년(没年) 미상. 세례명은 조르지. 1563년에 가톨릭 신자로 개종한 유키 다다마사(結城忠正)의 조카이다. 신앙심이 깊고 교토(京都) 난반지(南蠻寺) 건설에 관여하는 등 적극적으로 예수회 활동에 참여했다. 다카야마 우콘(高山右近)의 휘하였으나 1587년 우콘이 영지를 몰수당한 후에는 유키나가의 가신이 되었으며 무로에서 우콘과 올간티노 신부 등의 잠복(潛伏)을 도왔으며 히고(肥後)에서는 야베 아이토오지(矢部愛藤寺) 죠오다이(城代) 임무를 담당했다. 유키나가의 신뢰가 두터워서 유키나가가 조선 출병(朝鮮出兵) 때는 히고 남부(肥後南部)통치를 맡고 있었다.
유키나가의 사망 후 가토(加藤清正)의 영지가 된 히고(肥後)를 떠나 1602년부터 히젠(肥前)의 아리마 하루노부를 섬기며 가나야마(金山)성주가 되었다. 그러나 아들 아리마 나오즈미가 영지를 소유하게 되자 결국 아리마 영지 내 유일한 교회로 잔존한 가나야마(金山) 교회가 1613년 1월 파괴되었고 그도 나오즈미에 의해 가톨릭 신자라는 이유로 봉록 몰수와 함께 영외로 추방당했다. 당시 69세였던 그의 이후 소식은 알려져 있지 않다.

支城	城代
木山城	伊藤与左衛門
隈庄城	小西主殿助・小西忠右衛門
矢部（岩尾・愛藤寺）城	結城弥平次・太田市兵衛
八代城	小西末郷（小西作右衛門・小西美作）

고니시 유키나가 영지 미나미 히고(南肥後)내의 성(城)과 성대(城代)

- 고니시 유키나가에 의한 포교 의도

이러한 포교활동은 유키나가가 아직 상방(上方)[7]에 체재하고 있던 게이초(慶長)4년 1599년 비교적 이른 단계에서 시작되었고, 각 지역의 성대(城代)계급 중신(重臣)이 추진 주체가 되어 실시되었다. 물론 각 중신이 독단으로 실시했다고는 생각되어지지 않으며, 영내에서의 포교 개시라고 하는 전체 방침은 유키나가의 의향을 받아서 이루어진 것일 것이다. 유키나가는 이 상황에 대해 매우 만족했던 것 같다.

---

7) 교토를 중심으로 하는 관서(関西)지방.

"가톨릭 포교가 자신의 가신들 지휘 아래 순조롭게 이루어지고 있다고 하는 소식을 받았을 때, 얼마나 기뻐했는지는 나 자신도 놀랄 정도였다. 왜냐하면 그 정도로 나를 기쁘게 했던 일은 일찍이 없었기 때문이다."

그의 영지에서는 포교가 계속되었고, 이미 4만 명을 넘을 것으로 여겨지는 가톨릭 신자와 4개의 사제관에 분산되어 7명의 수도사와 전도사가 함께 지냄과 동시에 6명의 사제가 배치되었다.[8]

고니시에 의한 이러한 포교의 동기는, 단지 그의 신앙심의 요구뿐만 아니라, 예수회를 매개로 한 대외무역에 의한 이윤 획득과 이를 위한 기반 구축으로서의 그리스도교 전교였다는 일면도 있다. 실제로 야츠시로는 몇 년 후에 예수회 연보에 '교역과 상업이 융성한 거대한 마을'이라고 기록되어 있을 정도로 경제 발전을 이루어냈다. 다시 말해, 고니시의 히고 영내에 있어서의 그리스도교 포교활동은, 전후 악화된 재정 상황을 다시 일으켜 세우기 위한 지역경제 진흥책이라고 하는 일면을 가지고 있었던 듯하다. 그러나 고니시의 영내 통치 정책은 다음 해 고니시의 죽음으로 미완성인 채 중도에 끝을 맺게 된다.

- 조선인 포로와 히고(肥後)의 천주교

7년간에 걸친 조선 전쟁 중에 많은 사람들이 조선으로부터 일본에 끌려온 것은 이미 주지의 사실이며, 고니시도 조선인 포로를 히고 영내로 데려왔다. 그리고 그들 중 일부는 히고에서 세례를 받았다. 그들 중 고니시와의 관계에서 흔히 언급되는 조선인 가톨릭 신자로 권 비센테와 오다 줄리아가 있다.

---

8) 1599~1601년 「日本諸国記」. 「報告集」 I-3.

권 비센테는 한성(漢城)에서 태어났고, 아버지는 3,000여명의 병사를 거느리는 조선의 승지였는데 임진왜란 첫해 1592년 유키나가가 거느리는 제1군에 붙잡혔다. 그는 고니시의 가신인 히비야 료카(日比屋了荷)에게 맡겨지고, 그 후로 료카에 의해 히고로 보내졌다. 그리고 같은 해 12월, 시키(志岐)에서 페드로 모레혼 신부로부터 세례를 받았다. 아마쿠사의 시키로 보내진 것은, 료카가 고니시로부터 아마쿠사의 통치를 위임받고 있었기 때문이었고, 세례명이 료카와 같은 비센테였던 점도 아마도 우연은 아니었을 것이다. 가이오라고 하는 조선인 한 명도 같은 시기에 시키의 모레혼 신부에게서 세례를 받았다.

그 후로 권 비센테는 세미나리오에서 교육을 받았고, 조선인 전도사 양성을 목표로 하는 일본 예수회에서 중국어와 일본어를 습득했다. 그는 1612년에 북경(北京)으로 파견되었고, 모국 조선으로 들어가 그리스도교를 포교하고자 했으나 입국하지 못했고, 결국 1619년 마카오를 거쳐 일본으로 되돌아왔다. 그 후로 나가사키, 아리마 지역에서 포교활동에 종사하고 있었는데, 1625년 히고 구치노츠에서 체포되어 다음 해 나가사키에서 화형으로 순교했다. 옥중에서 그는 선교사로서, 예수회에 입회를 허락받았다. 1867년 권 비센테는 가요와 함께 복자(福者)[9]로 시복되었다(권 비센테편 참조).

오다 줄리아는 1596년경 유키나가의 아내인 쥬스타에게 맡겨졌고, 그해 5월에 히고 우토에서 모레혼 신부로부터 세례를 받았다. 그녀는 유키나가가 죽은 후에는 도쿠가와 이에야스 집안으로 옮겨져, 1608년 경에는 이에야스 부인의 시녀로 슨푸(駿府)에 머물고 있었다. 오카모토 다이하치에 의한 뇌물수수 사건으로 1612년 이에야스에 의한 천주교

9) 천주교에서 성인(聖人) 다음 가는 경칭.

박해가 시작돼 그의 휘하의 기리시탄 무사 14명이 파면, 추방되었고 오다 줄리아도 귀양살이에 처해졌다. 그녀는 오오시마(大島), 니지마(新島) 그리고 고오즈시마(神津島) 순으로 차례로 유배되었다. 그러나 1615~1616년경에 사면되어 일본 본토로 돌아와 1617년 나가사키로 이주해 그리스도교 신앙을 계속 지켜나갔으며, 1621년경부터는 오사카에 머물렀다. 그 다음 해에도 오사카에 있었던 것이 확인되는데, 그 이후로는 소식을 알 수 없고, 사망년도와 사망 장소도 불분명하다.

권 비센테와 오다 줄리아, 두 조선인 포로의 생애를 개략적으로 살펴보면, 적어도 이 두 사람을 그리스도교 세계로 인도하게 된 큰 계기가 조선에 출병했던 고니시 유키나가의 존재였던 점을 알 수 있다. 그리고, 우토와 아마쿠사와 같은 히고의 고니시 영내에서의 그리스도교 환경이 이 두 사람의 인생에 큰 영향을 주었던 점은 틀림이 없는 것 같다.

- 교토(京都)로 상경

1600년 1월 중순, 고니시는 히고에서 교토 지역으로 상경했다. 이 상경의 목적은 분명하지는 않지만, 출발 직전에 고니시가 사츠마(薩摩)의 시마즈 요시히사(島津義久)에게 보낸 편지에 "다음에 히고로 왔을 때는 반드시 찾아뵙고, 항상 신세를 지고 있는 데에 대한 감사의 마음을 전하고 싶다."라고 적고 있어, 이 상경에 대한 특별한 각오나 긴장감은 느껴지고 있지 않다. 아마도 두 번 다시 히고로 돌아오지 못하게 되리라고 이 단계에서는 전혀 상상하지 못하고 있었던 듯하다.

예수회의 기록에 의하면, 고니시는 히고에서 교토로 상경하는 도중, 나가사키에 들러 예수회 일본 부관구장(副管区長)인 페드로 고메스 신부의 장례식에 참석했다. 그 후 고니시는 오사카에 잠시 머무른 듯 하며, 이 해에 오르간티노 신부와 함께 오사카에서 병원 원조, 버려진 아동들의 구제 등 자선사업과 수도원 건설을 시행하고, 사카이에서는 가톨릭 신자의 묘지를 설치하는 등 가톨릭 신자로서 활발한 활동을 보이고 있었다.

도요토미의 사망 후, 아무 스스럼없이 가톨릭 신자로서 행동할 수 있게 된 고니시는 이러한 활동을 적극적으로 추진함으로써, 다시 한 번 예수회와의 유대 강화를 꾀한 것으로 보인다. 이는 도요토미라고 하는 후견인을 잃은 당시로서는, 아군이 되어 줄 세력을 조금이라도 더 확보하려고 하는 정치적 행위이기도 하였다.

- 세키가하라(関ケ原) 전투 전야

1600년 6월 도쿠가와 이에야스가 아이즈(会津)의 우에스기 가게카츠 (上杉景勝)를 응징하기 위해 오사카(大阪)를 떠나자 정국은 단숨에 숨 가쁘게 전개되기 시작하였다. 이를 기회로 1599년 가토와 구로다 등 7인 무장의 공격을 받고 시가(滋賀)의 사와야마(佐和山)성에 칩거해 있던 이시다 미츠나리(石田三成)가 오사카에 들어와 도쿠가와 타도를 위한 행동을 개시했다.

7월 중순, 모리 데루모토(毛利輝元), 우키타 히데이에(宇喜多秀家), 두 명의 다이로오(大老)를 중심으로 이시다 미츠나리, 고니시 유키나가, 시마즈 요시히로(島津義弘), 오오다니 요시츠구(大谷吉継), 나츠카 마사이에(長束正家), 마시타 나가모리(増田長盛) 등 임진왜란에 참전했던 관서 지역의 영주들이 오사카에 집결해, '히데요리를 위하여(秀頼様御為)'라는 기치를 내건 서군 집단(西軍集團)이 형성되었다. 조선 전쟁 종료 후의 정치 상황 속에서 히데요리를 중심으로 하는 도요토미 정권의 체제 유지를 목적으로 이시다 미츠나리와 협력해 온 고니시가 서군에 참가하는 것은 당연한 것이었다.[10]

이 시기에 고니시는 가신을 규슈 북부에 있는 마츠우라(松浦), 아리마(有馬)와 오무라 등 여러 다이묘에게 파견해 서군에 참가하도록 요청했다. 도요토미 생전 그의 중재인이었던 고니시 휘하의 제1군으로서, 조선에 건너가 고락을 함께한 영주들이었다. 또한 아리마와 오무라 영주는 아버지 때부터 같은 신앙인 천주교를 공유하고 있었다. 그러나 세 영주는 도쿠가와의 중재인으로서 당시 규슈에서 세력을 지녔던 데라사와 마사나리(寺沢正成)의 영

이시다 미츠나리. 히데요시 휘하의 무단파와 대립한 문치파의 대표적 인물. 그림. 작자미상. 동경대학교 사료편찬소 소장. 출처: Public Domain_Wikimedia Commons.

지인 가라츠(唐津)에서 협의를 가진 후, 고니시의 요청을 거절하고 동군에 참가하기로 결정했다.

임진왜란 당시 도요토미의 후광에 힘입어 권력을 쥘 수 있었던 고니시의 정치력의 한계는 여기까지였다. 이들은 이후의 사태에서는 도쿠가와의 동군에 서는 것이 자신들의 입지에 유리 할 것이라 생각했고 고니시와의 관계를 단절했다. 조선의 전쟁터에서 함께 생사를 나누었

---

10) 일부의 기록에서는 고니시 유키나가가 이시다 미츠나리의 서군이 뻔히 패할 줄 알면서도 그와의 의리와 히데요시의 천주교 금교령 당시 그를 위해 백방으로 힘이 되어 주었던 이시다 미츠나리의 은혜를 보답하기 위해 그의 편에 섰다고도 한다.

던 전우들과 더욱이 같은 천주교 신앙의 다이묘들, 특히 평양 전투 당시 자신을 구해 줬던 구로다 나가마사(黑田長政) 등 이 모두들과 이제는 서로 창검을 겨누고 피를 봐야하는 쓰라림을 그는 맛보아 했다.

한편, 서군은 오사카에 결집 직후부터 군사작전을 개시하여, 8월 초에는 도쿠가와의 교토지방의 거점인 후시미(伏見)성을 함락시켰다. 서군은 호쿠리쿠(北陸), 이세(伊勢)와 미노(美濃) 방면으로 진격했다. 고니시는 이시다 미츠나리·시마즈 요시히로와 함께 미노방면으로 재진(在陣)해 있었다.

이때 고니시가 지휘하고 있던 군사는, 직속군 2,900명과 서군 요리키(与力)의 군사 4천 명이었다. 직속군의 수는 조선 출병 당시 군사 7천 명과 비교해서 월등하게 적었다. 이는 본디 고니시가 전투를 염두에 두지 않고 상경했던 탓으로 고니시 스에사토(小西末郷)나 유키 야헤에지(結城弥平次)와 같은 우수한 부장들을 영지에 남겨둔 때문이었다. 이로 인해 서군 측으로부터 4천 명의 병사가 고니시에게 보내졌다. 이러한 점들로 보아 고니시가 서군의 핵심 멤버였던 것으로 보인다.

고니시는 8월 중순경에는 오오가키(大垣)성에 들어갔고, 계속 이시다(石田三成), 시마즈(島津義弘)와 우키타(宇喜多秀家) 등과 협력하며 나갔다. 도쿠가와도 고니시가 서군의 핵심 멤버인 점은 잘 알고 있었다. 따라서 만약에 도쿠가와와의 결전에서 승리했다면 그 후의 도요토미 정권에서 고니시의 정치적 입지는 확실했을 것이며, 고니시 또한 이러한 야망을 가슴에 안고, 세키가하라 전투에 임했을 것이다.

- 세키가하라에서의 패전과 죽음

도쿠가와 이에야스는 9월 1일 에도를 출발했다. 동군이 미노(美濃)에 가까워짐에 따라, 14일에는 서군이 세키가하라에 출진(出陳)했고, 고니시는 병사를 이끌고 덴마산(天滿山) 북방에 진을 쳤다.

그리고 15일, 동군 7만 5천 명과 서군 8만 명 총 15만 명이 넘는 병사들이 미노의 세키가하라에서 격돌했다. 전황(戰況)은 처음에는 일진일퇴의 양상을 보였다. 그러나 고바야카와 히데아키(小早川秀秋)의 결정적 배신으로 도요토미의 서군이 패배하게 된다. 그는 도요토미의 본처 기다만도코로(北政所, 네네)의 오빠 스기하라 이에사다(杉原家定)의 다섯 번째 아들로, 처음에 서군 편에 섰으나, 배신하고 동군 편에 서 마침내 서군이 무너지는 결정적인 역할을 했다. 고니시 부대는 서군의 주력으로서 최후까지 버텼으나, 서군 전체가 패퇴함에 따라 그는 북쪽의 이부키산(伊吹山)으로 피신하게 되었다.

4일 후인 9월 19일, 고니시는 이부키산 속에서 세키가하라의 영주인 다케나카 시게카도(竹中重門)에게 붙잡혔다. 당시 도쿠가와가 시게카도에게 보낸 "고니시 유키나가를 체포하는데 공을 세운 점 매우 고맙게 생각하고 있다."는 내용의 주인장(朱印狀)[11]이 현존에 있다.

세키가하라의 도시요리(年寄)[12] 린조오스(林蔵主)가 산중으로 피신 중인 고니시 유키나가를 우연히 만나게 되어 빨리 무사한 곳으로 멀리 달아나도록 재촉했다. 고니시는 "나를 도쿠가와에게 데리고 가 포상을 받으시오." 라고 했고 "자살하는 것은 간단하지만, 원래 나는 그리스도교 신자이고, 그리스도교 법에는 자살을 할 수 없다."라고 했다. 린조오스는 하는 수 없이 다케나가의 가로(家老)[13]를 불러 상의 후, 고니시를 말에 태워 초진(草津)에 숙영(宿營) 중인 도쿠가와의 본진까지 연행했다.

---

11) 슈인죠오(朱印狀) 무가시대에 장군(將軍)의 주인(朱印)을 찍은 공문서.
12) 무가(武家) 시대에 정무에 참여한 중신(重臣)을 말하나 여기서는 촌장 정도를 의미함.
13) 가신(家臣) 중의 우두머리.

고니시 유키나가는 이시다 미츠나리, 안코쿠지 에케이(安國寺惠瓊)와 함께 오사카와 사카이에 끌려 다니며 모욕을 당한 후, 10월 1일 교토 로쿠죠오가와라(六條河原)에서 참수돼 43년의 생을 마감했다. 서군의 패장 중에서 처형당한 것은 이 세 명뿐이었다.

일본 무사들은 용기를 갖고 죽는 것이 무사들의 미의식으로 여겨졌으며, 굴욕의 포박을 당하는 것보다 차라리 할복으로 자결하는 것이 깨끗한 행위라고 생각하고 있었다. 그러나 그는 그리스도교의 교리에 따라 자결할 수 없었다. 그는 체포 후 목에 형틀이 씌어져 오사카 그리고 고향인 사카이에서 조리돌림을 당함으로써 목숨을 부지한 굴욕을 당했다. 구로다에게 부탁한 고해성사의 마지막 청원도 도쿠가와에 의해 거부된 채 43세의 나이로 교토의 로쿠죠 강변에서 참수됨으로써 생을 마감했다. 그는 마지막으로 "고맙소. 나는 혼자서 죄를 통회하고 하느님의 긍휼을 힘입고 있습니다. 여러분, 잘 부탁합니다."라고 웃으면서 대답하고 언제나 몸에 지니고 다니던 로자리오와 예수와 마리아 성화를 손에 들고 꿇어 엎드려 기도드린 후 참수돼 생을 마감했다.

이 사건으로 인해 일본 역사에서 가토는 숭배 대상이 되나 고니시는 이름조차 외면당하는 차별 대우가 주어진다고 한다. 아마도 이보다는 도쿠가와 막부를 거치면서 반(反)도쿠가와 측에 섰던 관계로 그의 공적은 말살되고, 그의 행동은 폄하되었을 것이다. 그러나 고니시는 전쟁포로로 데리고 갔던 많은 조선인들을 천주교인으로 개종시켰으며 또 나병 환자의 치료, 고아 구제 등의 자선사업에도 매우 활발한 활동을 전개했으므로 일본 교단 일부에서는 그의 죽음을 순교로 인정하고 있다고 한다. 그의 순교는 유럽에서도 널리 알려져 1607년 이탈리아 제노바에서는 고니시를 주인공으로 하는 음악극이 만들어졌을 정도였다고 한다.

- 고니시 유키나가 사후(死後)

고니시의 유체(遺體)는 교토에 있는 사제관으로 옮겨져서 매장(埋葬)되었다. 그가 아내 주스타와 아들 앞으로 쓴 유서에는 다음과 같이 적혀있었다. 그는 일관되게 그리스도교 신앙으로 떳떳하고 엄숙한 최후를 맞았던 듯하다.

> "앞으로 그대들은 모든 열의(熱意)와 마음의 긴장감을 가지고 천주를 섬기도록 명심해주기 바란다. 왜냐하면 이 세상일에 있어서, 세상의 모든 것은 변하기 쉬우며, 어느 하나 영원히 계속되는 것은 찾아볼 수 없기 때문이다."

도쿠가와는 고니시의 처자에 대해서는 사면해 주었다. 그러나 모리 데루모토(毛利輝元) 쪽에 몸을 의탁하게 된 대를 이을 12세의 아들 루이에몬은 모리의 명령에 의해서 목이 베어졌다. 모리 데루모토는 도쿠가와의 신망을 얻기 위해 그 아들을 살해했다고 한다. 또한 소 요시토시(宗義智)에게 시집간 딸 마리아는 이혼을 당했고, 아들 만쇼와 함께 나가사키로 피신했다. 그녀는 그곳에서 천주를 섬기다가 1605년 생을 마감했다. 고니시의 형인 죠세이(如淸)는 사카이 부교(奉行)였으나 '적들의 손에 포박당한 상황'에 처해졌고 그의 말로(末路)는 불분명하다.

한편, 히고에서는 도쿠가와의 동군 편에 섰던 가토 기요마사가 세키가하라로 출진해 고니시가 부재중인 그의 영지에 대한 침공을 감행했다. 가토가 고니시의 영지를 점령하는 데는 그리 많은 시간이 걸리지 않았다. 9월 하순에 우토성이 포위되었고, 우토성의 고니시군은 가토군의 공격을 잘 방어했지만, 10월 15일경에 결국 항복했고 성대(城代) 고니시의 동생 하야토(小西隼人)는 할복했다. 뒤이어 17일에 야스시로성

(八代城)도 가토군의 손에 들어가게 되고 성주 디에고 고니시 스에사토(小西末鄕)는 사츠마(薩摩)로 피신했다. 야베의 성주 조르조 유키 야헤이지(結城弥平次)도 아리마로 피신했다.

이렇게 하여, 고니시 유키나가의 죽음으로 인해 고니시의 히고 통치도 종언(終焉)을 맞게 된다. 도요토미 정권 아래에서 권세를 누렸던 고니시 일족은 유키나가의 죽음으로 인해 한순간에 몰락해 갔다.

고니시의 영지에 남겨진 기리시탄들은 영세(領洗)한 지 얼마 되지 않은 무사와 농부가 전부였다. 일련종(日蓮宗)을 믿는 가토는 남은 기리시탄들에게 개종을 명령했다. 거역할 수 없었던 그들은 어쩔 수 없이 개종했고, 흔들림 없이 신앙을 고수하고자한 사람들에 대해서는 가토는 가차 없이 극형으로 다스렸다. 이로써 야츠시로는 도쿠가와 시대에 최초의 순교지가 되었다. 고니시의 신앙과 함께 성장한 우토, 야츠시로, 야베의 교회는 가토의 박해로 완전히 붕괴되었다. 고니시가 통치하던 아마쿠사도 가토 기요마사의 지배 아래 놓이게 되었으며 시키, 고츠우라(上津浦)와 오야노(大矢野)의 수도원은 폐쇄되었다.

1603년 아마쿠사의 기리시탄은 3만 명에서 1만 4천 명으로 줄었고 아마쿠사는 가라츠의 번주였던 데라자와 히로타카(寺澤廣高, 데라자와 시마노카미 寺沢志摩守)가 새로운 영주가 되었으며 기리시탄 박해는 계속되었다. 1614년 에도 막부(江戶幕府)는 그리스도 금교령을 전국에 공포했고, 이에 따라 아마쿠사에서도 본격적인 박해가 시작되었다. 테라자와는 아마쿠사의 선교사를 나가사키로 옮기도록 명하여 시키의 주임사제 가르시아 가르세스 신부는 신자들을 뒤로 남겨둔 채 다시는 돌아올 수 없는 아마쿠사를 떠났다.

언젠가 고니시 유키나가의 거성이었던 우토성을 찾아가 보았다. 현재는 완전히 폐허가 되어 그 잔재조차도 남아있지 않았다. 성터는 텅 빈 운동장처럼 널찍하고 공허한 공간으로만 남아 있었으며 가장자리에는 나무들만이 성의 영역을 표시하고 있었다. 그 구석 한쪽에 머리를 일본식으로 하나로 묶어 올리고, 키 만큼 큰 칼을 들고, 가슴에는 선명한 십자가 목걸이를 하고 서있는 고니시 동상을 볼 수 있었다. 일본의 3대 명성이라는 가토 기요마사의 위풍당당한 구마모토의 흑성과 모든 것에서 대비되었다. 승자만이 진실인 일본의 복잡한 시대의 잔영을 명확히 볼 수 있었다. *** (저자 단상)

고니시 유키나가가 활동하던 시대는 전국 내란의 혼란으로부터 통일정권의 성립이라고 하는 실로 격동의 시대였다. 이 시기는 일본 국내 문제뿐만 아니라, 그리스도교를 포함한 남만 문화의 전래, 뒤이어 전개된 동아시아 전체를 휩쓴 임진왜란, 그리고 왜란 후 권력의 쟁취를 위한 도쿠가와의 전투 등 여러 내, 외적 요인이 복잡하게 얽힌 격변기의 사회였다. 그의 생애 또한 바로 이 시대의 특징을 체현한 삶을 살았다.

무가(武家)출신이 아니었던 고니시 유키나가는 사카이 호상이었던 집안을 배경으로 아버지 류사가 쌓아 올린 예수회와의 관계와 신뢰를 무기로 해서 두각을 나타냈으며 도요토미가 천하를 통일하는 과정에서 바다를 무대로 실력을 발휘하여, 도요토미 정권 아래에서 영예와 권력을 차지했다.

히고의 절반인 우토국의 영주로서 그리고 조선 침략 전쟁의 최선봉장으로서, 이러한 일련의 지위 향상은 그로서는 큰 영예였던 한편, 어쩌면 그리스도 신앙인으로의 크나큰 정신적 부담을 수반했을 것으로 여겨진다. 아무튼 그의 공적이 도요토미가 목표로 하는 정권의 안정과 발전을 위해서 행동해 나가는 것이었지만, 우리의 입장으로서는 용서가 어려운 한 역사적 인물로 남게 되었다.

- 임진왜란 후의 소 요시토시

정유재란이 끝난 뒤 전쟁으로 인해 조선과의 무역이 단절됨으로써 대마도는 막대한 경제적 타격을 입게 되었다. 이를 타개하고 조선과의 관계를 회복하기 위해 소 요시토시는 국서를 위조, 개찬하는 등 여러 가지 일을 단행했다. 이렇게 해서라도 다시 조선과의 관계개선을 이루고자 했던 것이다.

임진왜란 후 일본으로 돌아간 소는 세키가하라 전투에서 장인 고니시와 함께 도쿠가와 이에야스의 반대편에 가담했으나 전투에서 패했다. 그러나 조선과의 관계 회복을 최우선적 과제로 고려했던 도쿠가와의 배려로 그는 사면되어 영지가 보전되었고 쓰시마 후추번(府中藩)의 초대 번주가 되었다. 그러나 고니시의 딸인 아내 마리아와는 반 강제적으로 이혼할 수밖에 없었다.

1599년부터 조선에 여러 차례 사신을 보냈고 1602년에 마침내 조선 사신이 대마도에 파견되어 왔다. 1604년에는 대마도에 온 조선 사신을 안내하여 1605년 후시미 성에서 도쿠가와 이에야스와 도쿠가와 히데타다와의 접견을 알선했다. 1607년에는 정식으로 조선통신사가 일본에 도착함으로써 조선과 일본의 국교가 회복되었고, 광해군 1년 1609년 이른바 기유조약(己酉條約)이 성립됨으로써 1622년부터는 무역선의 도항이 재개되었다. 1615년 48세의 나이로 그가 죽자 조선 조정은 그가 생전에 조선과 일본의 국교 회복을 위해 애쓴 공로를 인정하여 매년 한 척의 무역선을 파견할 것을 허락했다.

조선에 왔던 세스페데스 신부는 소 요시토시를 '지극히 신중한 젊은 이로, 학식이 있고 훌륭한 성격의 소유자'라고 평가했다. 그러나 선조실록에서는 소가 임진왜란 당시 맨 처음 조선 땅을 침략한 장본인인 탓으로 그의 이혼을 거론하며 '간사하고 음흉한 자'로 묘사하고 있다.

- 임진왜란 후의 가토 기요마사

고니시의 숙적이었던 가토 기요마사는 고니시 사후 11년 만에 구마모토의 초대 번주가 되었으나 1611년 갑작스럽게 사망했다. 그해 5월 도요토미 히데요리가 있는 오사카에서 선편으로 히고를 향하던 중, 배 안에서 돌연 열과 구토가 발생하고 구마모토에 도착 당시 이미 중태였으며 한 달 후 6월 말 사망했다. 당시 그의 나이 50세였다.

그의 병사 후 뒤를 이은 아들 가토 타다히로(加藤忠廣)는 아직 어렸으므로 가신들 간에 세력 다툼이 일어나 결국 막부가 개입하게 되었다. 막부는 "평소의 행적이 좋지 않았다."는 모호한 이유로 타다히로를 데와(出羽)로 유배시키는 등 교묘하게 도요토미계의 제제를 단행하여 결국 가토의 가문도 몰락하게 만들었다.

- 고니시 유키나가의 후손, 일본 최후의 신부 고니시 만쇼

고니시 유키나가의 사위였던 소 요시토시는 장인과 함께 서군으로 세키가하라 전투에 참가했으나 패했다. 그러나 장인 고니시와는 달리, 임진란 후 조선과의 국교 회복 시 그의 역할을 기대하는 도쿠가와의 배려로 그는 사면되고 영지를 보전 받았다. 그러나 도쿠가와의 눈 밖에 나지 않기 위해 고니시의 딸이었던 부인 마리아와는 이혼했다. 그녀는 아들을 데리고 나가사키로 피신해 예수회의 보호를 받으며 가톨릭 신앙을 지켜나갔다. 그녀는 1605년 세상을 떠났다. 현재 대마도 이즈하라(巖原)의 하치만구 신사에는 그녀를 기리는 사당이 남겨져 있다.

그녀의 아들은 고니시 만쇼로 알려져 있는데 1600년 대마도에서 태어난 그는 나가사키 세미나리오에서 교육을 받았으며, 1627년 로마에서 사제 서품을 받고, 1632년 마닐라로부터 사쓰마에 도착해 일본에서 전교활동을 하다가 순교한 것으로 알려져 있다.

고니시 만쇼는 일본 크리스천 세기의 최후의 신부였기 때문에, 1644년 그의 순교로 일본의 그리스도교 내에는 한 사람의 신부도 존재하지 않는 절망적인 상태로 빠지게 되었다. 이후 1865년 나가사키의 외국인 주거지에 또다시 오우라 천주당이 낙성되고, 파리외방전교회 프티 장 신부 앞에 우라카미 신자 십여 명이 신앙을 고백한 소위 '신자 발견'의 역사적 사건이 있기까지 일본의 가톨릭교회는 222년 동안의 기나긴 잠복기의 시대로 돌입하게 된다.

제13장. 일본 최초의 기리시탄 대순교:
26 순교 성인

　현재 일본 가톨릭에서 성인으로 시성된 분은 42분이며 복자로 시복된 분은 394분이다. 순교자의 수는 무려 5만 명에 달하여 그 박해의 정도가 다른 어떤 나라보다도 매우 극심했음을 짐작케 한다.

　일본의 성인 42명 중 26명은 도요토미 히데요시의 조선 침략 와중인 1597년에 순교했다. 26명의 순교자들은 얼마 지나지 않은 1627년에 시복되었으며 1862년 교황 비오 9세에 의해 성인품에 올랐다. 온 세계 천주교회는 매년 2월 6일을 '성 바오로 미키와 동료 순교자들 기념일'로 정하여 이들을 기념하고 있으며, 성인들의 순교지인 나가사키는 1950년 교황 비오 12세에 의해 공식 순례지로 지정되었다.

　일본의 26위 순교 성인 중 3명은 조선인이라는 일설이 있다.

- 임진왜란 전후 일본 천주교의 변화

　임진왜란이 일어난 다음 해인 1593년, 일본은 천주교 전교에 큰 변화를 맞이하게 된다. 필리핀의 마닐라에서 전교활동을 하던 스페인 출신의 프란치스코회 선교사들이 일본으로 입국해 활동을 시작하게 된 것이다.

　그동안 일본에서의 가톨릭 선교는 1549년 이래 포르투갈의 예수회가 독점해 왔으며 교황 그레고리우스 13세는 소칙서(小勅書)의 반포를 통해, 일본에서의 포교를 포르투갈계의 예수회에게만 허가하고 다른 수도회의 포교를 금했다. 브라질을 제외한 남미대륙의 선교 권한 즉 파드로아도(Padroado)를 가졌던 스페인은 1571년 필리핀의 마닐라를 동양 진출을 위한 거점으로 정한 이후 이곳을 바탕으로 선교와 식민지 경제활동을 시작했다. 그들은 선교와 통상을 목적으로 일본에도 접근하려 했다.

스페인의 야심 많은 국왕 펠리페 2세는 1578년 8월 포르투갈의 세바스티안 왕이 후사를 남기지 않고 북아프리카에서 전사하자 그 기회를 이용해 1580년 포르투갈을 합병하고 포르투갈의 왕을 겸했다. 본국의 이러한 상황의 변화에 따라 스페인의 식민지였던 필리핀에서 활동 중이던 스페인계인 프란치스코회 탁발수사들도 일본 선교의 목표를 가지게 되었다. 또한 1584년 당시 일본 예수회 부관구장 코엘료는 일본의 선교는 포르투갈 예수회의 주도 아래 이루어져야 한다는 예수회 동아시아 순찰사 발리냐노의 결정에 반대하고 프란치스코회의 일본 진출을 촉구했는데, 실제 일본으로부터 그들의 진출을 요청하기도 했었다.[1]

도요토미 히데요시는 임진왜란을 일으키기 직전 1591년 11월 마닐라 총독에게 일본에 복속을 요구하는 서한을 보내고, 지연 시 정벌을 단행하겠다고 통고했다. 필리핀과 무역을 하는 일본 기리시탄 상인들의 정보로 필리핀의 방비가 허술하다는 점을 간파한 도요토미는 조선 침략에 앞서 필리핀에 강경한 태도를 취해 먼저 필리핀의 복속을 꾀

---

1) 후일 소칙서 폐지운동은 스페인계 탁발(托鉢)수도회 특히 프란치스코회에 의해 적극적으로 전개되었다. 스페인 국왕 펠리페 2세는 필리핀 프란치스코회의 칙서폐지에 대한 강력한 요청을 받았고, 교황 클레멘스 8세(Clemens VIII)는 국왕의 의향을 존중해 그레고리오 13세의 소칙서를 폐지하고 1600년 12월 12일에 클레멘스 8세의 칙서를 발표함으로써 예수회 이외의 다른 모든 수도회에게도 일본의 포교를 허가하게 되었다.

했다.

필리핀 총독 마리나스(Marinas)는 1580년 이후 포르투갈 국왕을 겸하고 있었던 스페인 국왕 펠리페 2세에게 이 사실을 보고하는 한편 다음해인 1592년 6월 도미니코회의 후안 코보 신부를 일본으로 보내 히젠 나고야에 머물고 있던 도요토미를 만나 총독의 답장을 전하고 일본의 실정을 살피게 하였다.

코보 신부는 당시 사츠마에 머물고 있던 스페인 상인 후안 데 솔리스라는 인물을 통역으로 대동했는데 그는 과거 포르투갈인과의 이해관계로 재산을 몰수당한 일이 있어 도요토미 알현 때 포르투갈인을 중상모략했고 코보 신부도 이에 가세했다고 한다. 도요토미는 즉시 나가사키의 부교로 테라자와 히로타카(寺澤廣高)를 새로 임명해 교회와 수도원의 파괴를 지시하고 그 건축 자재는 조선 침략의 총본영이었던 히젠 나고야로 보내도록 엄명했다. 다행히 곧 도요토미의 분노가 진정돼 나가사키의 박해도 줄어들고 더 이상 진행되지는 않았다.

코보 신부는 그해 7월, 조공을 촉구하는 도요토미의 서한을 지니고 필리핀으로 가는 도중 조난을 당해 죽고, 도요토미가 파견한 사신의 배만이 마닐라에 도착했다. 코보 신부가 조난되어 죽고 도요토미의 사신이 서신을 지참하지 않았음을 이유로 필리핀 총독은 프란치스코회의 페드로 밥티스타 블라스케즈(Pedro Baptista 혹은 Bautista Blasquez) 신부를 총독의 새로운 사절로 임명해 1593년 5월 일본으로 다시 파견했다. 도요토미를 만난 페드로 밥티스타 신부는 그의 고압적인 태도에 곤혹스러워 했고, 복속의 요구에 대해서는 스페인 국왕의 답변이 올 때까지 자신이 인질로 일본에 남고자 했고, 선교를 하지 않는다는 조건으로 교토에 머무는 것을 허락받았다. 그러나 페드로 밥티스타 신부 등 3명은 교토에 머물면서 선교활동을 위한 기초를 마련했다. 즉 그들은 숙소를 마련한다는 구실로 대지를 구입했고, 다음 해인 1594년 10월 2층으로 된 성당과 수도원을 완공했다.

프란치스코 수사들은 교토에서 산타 안나 병원을 개설하여 나병환자의 구제에 나서는 한편 공공연하게 사목활동과 선교 사업을 추진했다. 같은 해 추가로 프란치스코 회원 3명이 제 3차 필리핀 총독 사절로 일본으로 들어왔다. 그들은 나가사키 교외의 성 나자로 병원에 머물면서 환자를 돌보며 선교에 종사했다.

프란치스코 수사들은 1587년 이미 내려져있었던 도요토미의 파테렌 추방령을 전적으로 무시하듯 활동을 해나가기 시작하였다. 교토의 예수회 신부들은 파테렌 추방령 이후 표면적으로는 활동을 삼가하고 있는 중이었음으로 프란치스코회의 적극적이고 대담한 행동에 대해 자중을 촉구하며 노골적인 선교활동은 삼가 줄 것을 조언했으나 무시당했다. 예수회는 일본에서 쌓아놓은 선교의 결과가 프란치스코회의 이러한 거침없는 활동에 의해 그리스도교 전체에 대한 박해로 이어지지는 않을까 염려했다.

예수회는 순찰사 발리냐노에 의해 1580년에 개최된 제 1회 협의회에서 다른 수도회가 일본 선교에 참가하는 것을 인정하기는 했으나, 당시의 일본의 상황과 선교 방침에 대한 예수회와의 의견 불일치 등으로 다른 수도회의 일본 선교 참가를 반대하고 있었고, 순찰사 발리냐노도 동일한 견해를 가지고 있었다. 그는 "이 새로운 교회로 큰 차질이 생길 것이고 혼란스럽고 방해가 된다."고 생각했으며, 포르투갈 국왕의 보호권 아래에 있는 일본 선교는 기본적으로 포르투갈이 주도권을 쥐고 있어야 한다고 생각했다. 그는 교황청으로부터 일본 선교에서 예수회의 독점적인 선교권을 확보하고자 했으며, 1581년 1월 28일의 반포된 교황 그레고리오 13세의 교서(소칙서)에서도 오직 일본에서의 선교활동은 예수회에 일임되어 있음을 확인했다.

포르투갈계 예수회의 일본 선교의 독점권에도 불구하고 1593년 스페인의 프란치스코 수도회 소속 선교사들이 일본에서 활동을 시작함으로써 일본 천주교 선교가 복잡한 양상을 띠게 되었다. 1592년 2월 발리냐노에 의해 나가사키에서 일본관구총회가 개최되어 일본 선교권에 대한 포르투갈 예수회의 독점권을 재확인했다. 그러나 일본 선교에 대한 마닐라의 스페인계 프란치스코 수도회의 뜨거운 열정과 일본인 기리시탄들로부터 스페인 탁발수도회의 일본 진출 요청, 그리고 순찰사 발리냐노와 포르투갈 예수회의 뜻과는 달리 당시 일본 부관구장이었던 고메스 신부와 스페인인 예수회원들은 같은 동포인 프란치스코 수사들의 일본 선교를 적극적으로 지원했으며 로마의 총장에 대해 그들의 일본 진출의 정당성을 전했을 뿐 아니라, 부관구장 고메스는 자금 지원 등 물적 원조까지도 아끼지 않음으로써 선교의 방향은 포르투갈 예수회와 순찰사 발리냐노의 의도대로 흘러가지는 않았다. 이와 같이 일본 예수회의 내부 균열이 생기고 스페인 포르투갈 양국 선교사들의 알력은 점차 표면화되어갔다.

한편 도요토미 히데요시는 포르투갈 예수회와 스페인 프란치스코회의 경쟁을 유발시켜 이를 이용해 자신의 정치적 야심을 채우려 했다. 포르투갈은 나가사키와 마카오간의 중개무역을 통해 많은 부를 축적하게 되었는데, 도요토미는 1591년 필리핀과도 무역을 추진할 것을 요청함으로써 포르투갈의 독점권을 견제하고자 했다. 1593년 5월 프란치스코 수도회의 페드로 밥티스타 신부가 스페인 대사 자격으로 일본에 입국함으로써 도요토미와 공식적인 통상관계를 맺게 되었다. 프란치스코회가 성당을 짓고 본격적인 선교활동을 시작하자 도요토미의 공식적인 후원도 스페인의 프란치스코 수도회로 넘겨지는 양상을 보였다. 이러한 와중에 산 펠리페 호 사건이 발생하게 되고 결국 1597년 2월 5일 나가사키에서 26명의 선교사가 십자가에 못 박혀 처형당하는 결과를 초래하게 된다. 이 사건을 계기로 일본의 가톨릭은 본격적인 박해의 시대로 접어들게 된다.

프란치스코회보다 조금 뒤늦은 1602년, 필리핀으로부터 도미니코회, 아우구스티노회의 선교사들도 잇따라 일본으로 들어왔다. 중국에서와 마찬가지로 일본에서도 포르투갈계와 스페인계의 대립은 일본에서 가톨릭의 쇠퇴의 커다란 요인의 하나로 작용하게 된다. 임진왜란 중인 1596년 8월 나가사키에 일본 최초의 주교인 포르투갈 예수회의 돈 페드로 마르틴스 주교가 일본으로 왔다. 일본에서 교구는 1588년 1월 식스토 5세 교황에 의해 처음으로 설립되었고, 초대 후나이 주교로 임명된 포르투갈 예수회의 세바스티안 모랄레스는 일본으로 오는 도중 8월 아프리카 모잠비크에서 병사했다.

마르틴스는 1593년 제 2대 후나이 주교로 임명되었다. 그는 도착 다음 달 예수회 회원들과 회합을 갖고 프란치스코 회원의 일본 체제가 교황 칙령을 위반하는 일이라며 규탄하고 프란치스코 회원의 일본 방출 계획을 결의했다. 그는 11월 교토의 후시미성에서 도요토미를 알현하고 인도 부왕의 서한을 전달했다.

- 스페인 상선 '산 페리페' 호의 표착

1596년 10월 17일 필리핀의 카비테(Cavite) 항으로부터 멕시코를 향하던 스페인의 산 페리페 호가 태풍을 만나 시코쿠의 토사 우라토(土佐浦戸)에 좌초됐다. 산 페리페 호는 멕시코의 아카풀고(Acapulco)와 마닐라를 왕래하던 스페인 선박들 중의 하나였는데 폭풍우를 만나 항로를 잃고 일본 근해로 표류하게 되었다. 기이(紀伊) 반도와 시코쿠 남쪽해안

스페인의 산 펠리페 호(목범선 Galeon) 모형.

을 거쳐 토사 영지의 우라토 항구에 표착하게 되었다.

토사 영주인 조소카베 모토치카(長宗我部元親)는 좌초된 배를 일본의 관습법에 따라 몰수하고 그 경과를 도요토미에게 보고했다. 선장은 밥 티스타 신부를 통해 도요토미에게 탄원했다. 도요토미는 오봉행(五奉行) 중 한 사람인 마시타 나가모리(增田長盛)를 우라토에 파견해 산 페리페 호와 막대한 재화를 몰수했다. 이것이 일본 최초의 대순교 사건을 일으 킨 계기라고 알려지고 있다.

그해 8월 말과 9월 초 두 번의 지진으로 후시미(伏見) 지역이 붕괴되 고, 도요토미의 상징인 후시미성도 크게 파괴되었다. 또한 9월 1일에는 임진왜란의 강화조약을 맺기 위해 명나라 사신 양방형과 심유경이 일 본으로 건너와 도요토미를 만났으나, 강화회담은 결렬되고 다시 전쟁 으로 치닫고 있는 상황이었다. 당시의 이런 주변 상황으로 신경이 과민 해진 도요토미에게 알려진 이 사건은 스페인의 영토적 야심으로 전해 져 이에 도요토미가 격노했다고 한다. 즉 마시타가 산 펠리페 호 항해 사를 심문하는 과정에서 항해사는 그에게 공포심을 주기위해 "우리들은 전 세계와 거래하고 있으니 우리들을 잘 대우하면 아군이 될 것이고 학대하면 너희 영토는 강점당할 것이다."라고 말했다.

귀경한 마시타는 도요토미에게 "스페인은 다른 왕국의 정복자이며, 그들은 우선 타국에 선교사를 입국시키고 그 후에 계속 군대를 파견하여 그 나라를 정복하며 일본에서도 그런 일을 감행하려는 중"이라고 보고했다. 산 펠리페 호 항해사의 격한 발언이 아무런 여과 없이 통역돼 도요토미를 격노케 했다. 이 발언에 충격을 받은 도요토미는 교토에서 적극적으로 선교활동을 벌이고 있던 스페인계의 프란치스코회 선교사들을 체포하도록 명령했다. 이렇게 보면 도요토미의 천주교 박해가 서구 기독교 국가의 제국주의적 침략을 막기 위한 당연한 조치였다는 구실도 당시로서는 상당히 납득될 수 있는 일면이 있다. 또한 훗날 도쿠가와 막부에서의 기독교 금지도 서구 그리스도 국가의 일본 침략설에 대한 조치라는 유사한 생각에 기인하고 있다.

그러나 이러한 처사는 산 펠리페 호의 재화를 정당하게 몰수하기 위한 도요토미의 술책이었다고 전해진다. 조선 점령에 실패하고 다시 정유재란을 준비하고 있던 도요토미의 입장에서는 당시 산 펠리페 호의 막대한 재물을 어떻게라도 손에 넣고 싶었을 것이 분명하다. 선박의 화물을 몰수하는 조처는 당시 필리핀-일본의 수교협정에 비추어 위반이었다. 그러나 도요토미는 1587년에 발표했던 파테렌 추방령과 그리스도교 금지령을 근거로 몰수를 합법화했다. 왜냐하면 산 펠리페 호에는 승무원 이외에도 멕시코를 가던 신부와 수사가 승선하고 있었기 때문이다. 이들의 귀착지가 당연히 일본이 아니었음에도 불구하고 이를 구실로 삼아 막대한 양의 화물을 몰수하고 일본 국내에 있던 스페인계 선교사들을 체포했던 것이다.

- 교토와 오사카에서 선교사들의 체포

도요토미는 필리핀 총독 사절로 일본에 온 프란치스코회 수사들이 공공연하게 선교하는 것을 강하게 비난하고 교토와 오사카에서 활동하는 선교사들의 체포를 명했다. 그리하여 1596년 12월경 교토 봉행인 이시다 미츠나리에게 "프란치스코회 선교사와 기리시탄들을 체포해 처형하라."고 명했다. 처음에 작성한 명부에는 3천 명이 넘는 수가 올라있었으나 기리시탄에 우호적이었던 미츠나리의 조정으로 체포된 자의 수는 대폭 줄어들게 되었다.

1597년 1월 1일을 기해 교토에서 프란치스코회의 페드로 밥티스타 신부 등 6명, 오사카에서는 아즈치에 세워진 일본 최초의 신학교 세미나리오 제1회 입학생이었던 예수회 수도사 바오로 미키(三木)[2] 등 3명을 포함해 모두 24명이 체포되었다. 특히 그 가운데에는 14세의 토마스 고자키와 13세의 안토니오 그리고 12세의 루도비코 이바라키 등 어린 소년 세 명이 포함되어 있었다. 이들 소년들은 수도회의 지원자로 교토에 머물면서 수도자가 될 날을 기다리고 있었다.

도요토미는 백성들에게 본보기를 보이기 위해 양쪽 귀와 코를 모두 베고 동네마다 끌고 다니도록 했으나 이는 너무 가혹하다는 탄원에 왼쪽 귀만을 자르도록 했다. 1597년 1월 3일 손을 뒤로 묶인 채 감옥에서 끌려나온 24명의 기리시탄들은 교토의 카미교오 이치죠오에서 왼쪽 귀가 잘렸다. 24명은 소가 끄는 짐마차에 세 사람씩 실린 채 교토, 오사카, 사카이 등의 거리로 끌려 다녔다. 행렬을 구경하던 사람들은 포박당한 모두가 상처의 아픔을 참아가며 천사와 같은 얼굴로 주기도문을 암송하고, 신앙을 위해 기꺼이 목숨을 바치고자하는데 크게 놀랐다. 도

---

2) 바오로 미키(三木) 1564~1597년 2월 5일.

요토미는 "24명을 나가사키로 끌고 가서 십자가에 매달아 창으로 찔러 죽이는 하리츠케형(일본의 극형)에 처하라."고 명령했다.

- 죽음의 행진

1월 8일 24명의 순교자들은 교토에서 나가사키까지 800km의 죽음의 행진을 시작했다. 한겨울의 추위 속에서 눈과 비를 맞으며 한 달 간을 맨발로 순교를 향해 걸었다. 세토나이카이 만을 따라 이어지는 해변길을 따라 그리고 규슈의 북부를 거쳐, 소노기에서 오무라 만을 건너 최후의 목적지인 나가사키에 도착했다.

그들은 곪아가는 귀의 상처와 부르튼 발로 고통스러웠건만 천주를 향한 신뢰를 잃지 않았다. 도요토미는 백성들이 이들의 모습을 보면 두려워서 천주교인이 되지 않으려 할 것이라고 생각했지만 이 참상을 보는 대부분의 백성들은 '죄도 없는데 왜 처형을 받아야 하는가?' 라며 심히 동정을 금치 못했다고 한다.

호송 중 두 사람이 더해져서 결국에는 26명으로 늘어났다. 두 사람은 호송되어가는 예수회 관계자들을 돌보아 주도록 파견되었던 페드로 스케지로와 프란치스코회의 수도자와 신도들을 돌보며 함께 따라가던 이세(伊勢)의 목공청년 프란치스코였다. 그들도 '똑같은 그리스도교 신자'라는 명목으로 체포되었는데, 두 사람은 순교자의 무리에 포함된 것을 오히려 기뻐했고, 26명의 순교자들은 서로 격려하고 위로하며 나가사키로 행진을 계속했다.

1월 31일에 하카타(博多), 다음날 2월 1일에는 카라츠(唐津)에 도착했다. 사형 집행책임자는 나가사키의 봉행인 카라츠의 성주 테라자와 히로타카(寺澤廣高)였으나 그는 조선 정벌의 병참사령관으로서 하카타를 떠날 수 없었기 때문에 그의 동생 테라자와 한자부로(寺澤半三郎)가 처

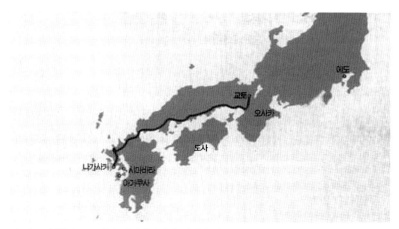

26 순교 성인이 교토에서 나가사키까지 걸어간 길.

형 집행을 맡게 되었다. 카라츠에서 그들을 인계받은 테라자와 한자부로는 친구였던 바오로 미키와 12살의 어린 소년 루도비코 이바라키를 자신의 손으로 처형해야하는데 대해 너무나 마음이 아팠다. 그는 루도비코를 불러 "그리스도교를 버리면 살려주겠다."고 제안했다. 그러나 어린 루도비코는 "곧 없어질 육체의 생명과 영원한 영혼의 생명을 바꿀 수는 없습니다."라고 대답하며 거절했다.

나가사키는 금교령에도 불구하고 기리시탄들의 도시로서 번영하고 있었다. 포르투갈과의 무역을 위해 나가사키에서는 선교사의 거주를 인정하고 주민들에게 신앙의 자유도 묵인해 주었기 때문이다. 이러한 곳을 처형지로 결정한 것은 나가사키에 살고 있는 사람들에게 경고를 주기 위한 것이었다. 또 이렇게나 먼 길을 약 1개월에 걸쳐 걸어오게 한 것 역시 천주교인들에 대한 도요토미의 의중과 경고를 백성들에게 알리기 위한 것이었다.

- 나가사키의 대순교

1597년 2월 5일 아침, 나가사키의 니시자카(西坂)언덕에는 26개의 십자가가 일렬로 놓여있었다. 오전 10시경 순교자들이 형장에 도착했다. 그들은 자신들의 눈앞에 26개의 십자가가 일렬로 놓여있는 것을 보고 기뻐하며 달려가 자신의 십자가를 감싸 안았다.

곧바로 관리들이 그들을 십자가에 묶기 시작했다. 전원이 묶이고 난 후 일제히 십자가가 세워졌다. 순교자들은 몸을 가릴 수 있는 단 한 장의 옷만을 걸치고 십자가에 묶였다. 십자가는 동쪽에서 서쪽으로 3~4걸음 간격으로 모두 항구 쪽으로 향하게 세워졌다.

테라자와 한자부로의 금족령에도 불구하고 현장에는 약 4천여 명의 군중이 몰려들었으며 숨을 죽이고 이를 지켜보았다. 정적은 곧바로 깨어졌다. '천국! 예수님!'이라고 부르짖는 루도비코의 목소리와 함께 기도소리, 시편을 외우는 목소리, 그리고 마르티노 수사가 부르는 '이스

1597년 나가사키의 니시지카 언덕 십자가에 매달린 26명의 순교 성인. 그림. Antonio Perez Dubrull 作. 출처: www.bassenge.com.

라엘의 주님 찬미 받으소서.'
라는 찬미가가 들려왔다. 소
년 안토니오는 '어린아이들이
하나님을 찬양하리라.'는 시
편의 구절을 외우기 시작했
다. 그리고 그는 군중의 맨 앞
쪽에서 울고 있는 어머니를
간곡한 말로 위로했다. 페드
로 밥티스타 신부는 시종 깊
은 기도를 드리고 있었다. 동
쪽 끝으로부터 6번째 십자가
에 매달린 바오로 미키는 힘
있는 목소리로 십자가에 달

바오로 미키. 일본 26성인 기념관 소재.

린 채 최후의 설교를 시작하였다. 그는 이렇게 외쳤다.

"나는 분명 일본인이며 필리핀 사람이 아닙니다. 그리고 예수회
수도자입니다. 지금까지 저는 그 어떤 죄도 저지르지 않았습니다.
오직 그리스도의 가르침을 전파했다는 한 가지 이유만으로 죽임을
당하는 것입니다. 이런 이유로 죽임을 당하는 것을 저는 기뻐하고
있습니다. 주님께서 내려주신 이 은혜에 감사할 따름입니다. 그리
스도의 가르침을 따르지 않고서는 구원의 길이 없다는 것을 확신
하며 말씀드립니다. 이 죽음의 형벌에 대해 타이코(太閤: 도요토미)
를 위시한 관리들에게 아무런 원한도 품고 있지 않습니다. 제가 정
말 바라는 것은 타이코를 위시한 일본인 모두가 그리스도교 신자
가 되어 구원을 받았으면 하는 것입니다."

그가 이렇게 말한 까닭은 선고문에 "이 자들은 모두 필리핀 사절임을 사칭하고 일본으로 들어와 엄금한 그리스도 교리를 전파시켰기 때문에 사형에 처한다."고 적혀 있었기 때문이다. 또한 도요토미는 서방 항로로 들어온 프란치스코 회원과 그 신자를 처형 대상으로 삼았고 동방 항로로 들어온 예수회에 대해서는 탄압하지 않았기 때문이기도 하다. 그는 끝으로 도요토미와 형 집행자들을 용서한다고 말했다.

이윽고 테라자와의 신호에 따라 창을 든 네 명의 형리가 두 명씩 조를 이루어 십자가 양쪽으로 나눠 걸어가, 26개의 십자가의 오른 쪽 끝과 왼쪽 끝 사람부터 창으로 찔러오기 시작했다. 형리들은 빨리 걸어가며 십자가에서 십자가로 26명의 가슴에 창을 찔렀다. 이리하여 첫 번째 십자가상에서는 목공인 프란치스코가, 26번째의 십자가에서는 바오로 스즈키(鈴木)가 창에 찔려 절명했다. 창끝이 번쩍일 때마다 순교자와 그곳에서 지켜보고 있던 모든 신자들의 입에서는 '예수님!'이라고 외치는 소리가 울렸다. 서서히 순교자들의 음성이 잦아들고 선명한 피가 흐를 때마다 군중들은 술렁거렸다. 그리고 정오쯤이 되자 모든 것이 끝났다. 이로써 그들 모두는 1597년 2월 5일 성녀 아가다의 날에 주님의 곁으로 갔다.

숨진 순교자들은 80일간 십자가에 달린 채 방치되었고 모든 사람들의 접근이 엄격히 금지되었다. 그리하여 금지가 풀린 후 가족들과 신자들이 순교자들의 유체를 수습하려고 형장에 접근했을 때는 수습할 것은 거의 남아있지 않았다고 한다.

현재 나가사키 역 근처에 있는 니시자카 공원에는 26성인의 동상을 새긴 기념비[3]가 세워져 있다. 부근에는 순교 기념관과 2개의 기념탑이

---

3) 니시자카 공원의 26 순교성인(기념비의 왼쪽에서 오른쪽으로, 이름/ 출신/ 직업)

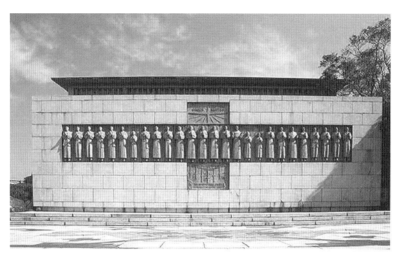

26 순교 성인의 동상. 니시자카 언덕 순교지에 세워져 있다.

번호	이름	나이	출신	직업
1	바오로 스즈키(鈴木)	49	오와리	수도사, 교토 성요셉병원 원장
2	가브리엘	19	이세	수도사들의 도주쿠
3	요한 키누야(絹屋)	28	교토	물(絹織物)장인
4	토마스 단기(談義)	36	이세	오사카에서 약방
5	프란치스코 이시(醫師)	46	교토	오토모 소린의 의관, 성 요셉병원에서 활동
6	요아킴 사카키바라(木神原)	40	오사카	오사카 수도원의 요리사
7	토마스 코자키(小岐)	14	이세	미카엘 고자키의 아들, 수도자의 도주쿠
8	보나벤투라	불명	교토	수도자의 도주쿠
9	레온 카라스마루(烏丸)	48		
10	마티아스	불명	교토	교토수도원의 교우
11	프란치스코 데 산 미겔	53	스페인	프란치스코회 수사
12	프란치스코 브랑코	28	스페인	프란치스코회 수사 신부
13	곤잘로 가르시아	40	인도	프란치스코회 수사
14	필립보 데 헤스스	24	멕시코	프란치스코회 수사
15	마르티노 데 라 아센시온	30	스페인	프란치스코회 신부, 신학자
16	베드로 밥티스타	48	스페인	프란치스코회 수사 신부
17	안토니오	13	나가사키	수도자의 도주쿠
18	루드비코 이바라키(茨木)	12		
19	요한 고토(五島)	19	고토	예수회 수사

세워진 예수회 수도원이 있다. 당시 처형장 주변에서 지켜보고 있던 신자들이 자신들의 옷을 벗어 순교자들이 흘린 피를 적셨던 의복과 26명의 순교자 가운데 바오로 미키 수도사의 유골 일부, 그리고 디에고 키사이 수도사의 오른 팔의 유해가 현재 일본 26성인 기념관에 보존되어 있다.

그들은 엄동설한에 교토에서 나가사키까지 한 달 동안 걸어갔다. 한 걸음 한 걸음 걸어가며, 육신의 생명을 길 위로 버리고, 대신 영원한 영혼의 생명으로 바꾸어 채워갔다. 그들은 천주를 위해 자신을 내어놓는 위주치명을 실현함으로써 천주에 대한 지고의 사랑을 모든 이들에게 증명해 보였다. 그들은 1862년 일본 최초의 성인 26위[4]로 추대되었다.

일본 26위 순교 성인은 6명의 외국인과 20명의 일본인, 즉 프란치스코회 스페인 신부 3명, 스페인 수사 2명, 포르투갈 수사 1명과 예수회 소속의 일본인 수사 3명 그리고 프란치스코회와 관련된 일본인 신자 17명이다.

- 조선인 관련설 : 이바라키의 조선인 설

순교 성인 26위 중 성 바오로 이바라키(茨木)와 12세의 아들 성 루드비코 이바라키 그리고 바오로의 동생 레오 이바라키(레오 가라스마루

번호	이름	나이	출신	직업
20	바오로 이바라키(茨木)	54		
21	바오로 미키(三木)	33	셋츠	예수회 수사
22	디에고 키사이(喜齊)	64	비젠	예수회 수사
23	미카엘 코자키(小岐)	46	이세	궁시(弓矢)장인
24	베드로 스케시로(助四)	불명	교토	순교자들을 동행, 도우다가 체포된 추가자
25	코스매 다케야(竹屋)	38	오와리	칼 만드는 장인
26	프란치스코 기치	불명	교토	목수, 순교자들을 동행하다 체포된 추가자

4) 일본의 순교 성인은 42위이다. 앞서 언급한 26위 이후, 1633년에서 1637년에 걸쳐 순교하여 1987년에 시성된 16위는 주로 도미니코회 소속이었다.

鳥丸) 등 3인이 조선인이라는 주장이 제기되고 있다. 이 주장은 비오 9세의 시성 대칙서(諡聖 大勅書 1862)에 의해 레오 가라스마루가 코레아(Corea)로 불리는 지역 유지인 부모에게서 태어났다는데 그 근거를 두고 있다.5)

바오로 이바라키는 일본 오와리(尾張)출신이나 본래는 조선의 무사로서 임진왜란 때 포로로 잡혀왔다고 한다. 바오로 이바라키는 루도비코 이바라키의 아버지이자, 레오 이바라키의 형으로 화살의 나무통 만드는 직업(통옥)을 가졌던 듯하다.6) 순교하기 3년 전 일본에서 영세 입교한 뒤, 성 프란치스코 제 3회에 입회했고 페드로 밥티스타 신부의 충실한 반려자이기도 했다. 나가사키의 순교의 길에서도 아내와 모친과 그 밖의 다른 교우들에게 편지를 보내 그리스도의 길을 걷도록 위로하고 격려했다. 그는 바오로 미키 옆에서 최후의 숨을 거두었다고 한다.

순교자 중 가장 나이 어린 루도비코는 바오로 이바라키의 아들이며 레오 이바라키의 조카로서 순교 1년 전 입교했다고 기록되어 있다. 일부에서는 바오로와 레오 이바라키의 조카라고도 한다. 그는 교토의 수도원에서 생활했으며 천성이 매우 쾌활하고, 고통 받고 있는 어려운 이들을 항상 배려해줬다고 한다. '이바라키의 조선인 설'에 따른다면 루도비코는 임진왜란 당시 일본에 왔을 때 5~6세였을 것으로 추정된다.

바오로의 동생 레오 이바라키는 가족 중 맨 먼저 천주교를 알게 되었다. 오랫동안 조선에서 불교를 믿고 있었으나, 예수회 신부로부터 천주교의 교리를 듣고 개종했다. 그는 형 바오로를 입교시켰고, 곧 성프란치스코 재속 3회에 들어가 수도자가 되었다. 프란치스코회가 일본으로 진출할 때 교토와 오사카 수도원 건설에 힘을 보탰다고 하며 후일

---

5) 최석우. 『한국교회사 연구II』 한국교회사 연구소, 1991년, 41~47쪽.

6) 목수의 일을 했다고도 한다.

절두산 순교성지에 세워졌던 세 분의 조선인 순교 성인들.

성 안나병원의 원장이 되어 나 환자들을 돌보았다고 한다. 순교 당시 그의 나이 48세였다.

모든 자료에서 이들은 오와리 출신이라고 보고 있으나 칙서에서는 레오는 조선인으로 보았다. 이들의 근친관계를 고려해 볼 때 당연히 그 출생을 어느 한 나라로 통일을 기했어야 할 것이다. 그럼에도 불구하고 칙서는 레오를 조선인이라고 하면서 형인 바오로와 조카인 루도비코는 일본인으로 기술한 이러한 모순을 그대로 남겨 두었고 이는 향후 마땅히 시정돼야 할 것이다.

그러나 교회 사학자들은 이들 3인이 조선인이라는 주장에 동의하지 않고 있어 학계의 객관적인 인정을 받지 못하고 있는 실정이다. 한때 절두산 성지에는 이 3성인의 흉상이 서쪽 광장 끝 쪽에 서 있었다. 이 국땅에서 순교한 조선의 피를 이은 세 분의 성인을 기려 서울 대방동 성 안토니오 형제회에서 봉헌, 건립했으나 오늘날에는 더 이상 전시되고 있지 않다.7), 8)

7) 이충우.『우리 신앙유산 역사기행』사람과 사람, 2005년, 393쪽.
8) 박희봉.『천주교순교성지 절두산』가톨릭출판사, 1994년, 33쪽.

- 임진왜란 당시 출진했던 기리시탄 영주들의 반응

나가사키에서의 대순교 직전 1597년 1월 14일 가토 기요마사의 부대가 부산포에 도착함으로서 정유재란이 시작되었다.

임진왜란과 정유재란시 조선 침략에 앞장섰던 기리시탄 영주들이 이 순교 사건을 바라보는 시각은 어떠하였을까? 도요토미의 금교령으로 인해 배교한 상태였던 그들의 반응 또한 당시 일반 일본인들의 반응과 별반 다르지 않았던 것 같다.[9] 도요토미는 본보기로 이들을 처형함으로서 일본에서 기리시탄을 없애려는 의도였다. 그러나 일반인들은 오히려 반대로 다이코의 명으로 처형될 무고한 순교자들을 보기위해 조금도 두려움없이 모여들었고 순교자들에게 최대의 경의를 표함으로서 신앙의 진실함과 그기에 구원이 있음을 오히려 명백하게 드러나게 하였다. 이미 조선에 가 있었던 고니시 유키나가의 진영으로부터 부하 두 명이 순교 며칠전 일본에 도착했다. 그들은 급히 돌아가야 했으나 순교자들의 처형 모습을 보고 조선으로 가겠다고 했다. 이 순교 상황을 직접 목격하고 조선으로 돌아가 기리시탄 영주 고니시에게 전하는 것이 조선의 주군에게 바칠 수 있는 최대의 선물이 아니겠냐고 했다.

임진왜란시 고니시의 1군으로 합류하였던 기리시탄 영주 아리마의 하루노부 프로타시오와 오무라의 요시아키 산초는 정유재란에 출진 준비 중으로 아직은 일본에 머물고 있었다.

하루노부는 신분을 감추고 형장으로 올라가 영광의 순교현장을 직접 목격하고자 하였다. 그러나 처형이 끝난 후에야 이를 알게 되어 어두운 밤에 나가사키로 가 순교자들에 경의를 표하고 아리마로 돌아왔

---

9) 루이스 프로이스 저, 이건숙 옮김. 『거룩한 불꽃』 가톨릭 출판사, 2018년, 233~240쪽.

다. 며칠 후 정유재란에 출진으로 나가사키 인근을 지나가게 되어 깊은 밤 형장까지 가서 또다시 유해에 예를 드렸고 특히 미키 수사의 유해에는 각별한 존경의 예를 표했다.

요시아키는 순교자들이 자신의 영지를 지나가고 또 최종적으로 자신의 영지 내에서 처형되나 그들에게 아무런 도움을 줄 수 없음에 애통해했다. 그저 순교자들이 편히 머무를 수 있는 숙박 장소와 충분한 식사를 제공하도록 명령하는 것이 그가 할 수 있는 전부였다. 미키 수사는 소노기에 있는 요시아키 영주에게 편지를 보내 자신은 주님께서 내리신 이 은총에 감사하며 생명은 덧없는 것임을 기억하고 마지막까지 열절한 신앙심이 이어지기를 당부하였다. 요시아키는 순교자의 편지에 감격하였다. 편지를 머리 위에 쳐들어 올리고 경의를 표했으며 부인과 친척들에게 몇 번씩이나 읽어 주었고 순교자로부터 유품으로 편지를 받은 것에 대해 하느님께 감사를 드렸다. 그는 또 순교자들의 유해를 자신 영내의 보물로 간직하고자 세분의 유해를 받게 해 달라고 부관구장에게 요청했다. 조선으로 출진 전 주교와 부관구장에게 작별 인사를 하러 갔을 때 부인과 누이동생 마리나를 데리고 형장을 가서 순교자들에 배례했고 특히 미키 수사에게는 더욱 깊은 예를 올렸다.

부젠 나카쓰의 기리시탄 영주 구로다 나가마사 다미안 휘하에는 안드레아라는 맹인 겐쿄(檢敎)가 있었다. 그는 주군과 함께 미야코에 갔다가 신부 모두를 처형하라는 명령을 듣고 그들과 함께 순교할 결심을 하고 주군 나가마사의 허락을 청하였다. 나가마사는 안드레아를 잘 지켜 절대로 나가사키에 보내서는 안 된다는 명령을 내렸다. 그러나 안드레아는 신부들이 처형된다면 무슨 일이 있어도 다른 부하들 모르게 빠져나와 순교하겠다고 하였다.

- 나가사키 대순교 후 조선에 있었던 상황들

선조 30년 정유년 1597년 1월 왜란의 재발 직후 연이어 2월 나가사키에서 대순교가 발생했다. 도요토미는 3월 20일 나가사키의 영주 테라자와 히로타카(寺澤廣高)에게 보낸 서신을 통해 엄중한 포교령을 내리게 된다. 테라자와는 도요토미의 명령을 즉시 조선에 있는 천주교 영주들에게 전했다. 그 내용은 그들 영지 내에 있는 선교사들을 나가사키 항으로 모아 추방하라는 것이었다.

그러나 도요토미의 명령이 수행되기 전 포르투갈 선박이 미리 출항하는 바람에 선교사들은 조금 더 일본에 머무를 수 있게 되었다.

그해 말 11월 말경쯤 고니시 유키나가 진영으로 신부와 수사 두 사람이 왔는데 이 두 선교사들의 사목활동은 약 두 달간 계속되었다고 기록되어 있다. 이들이 조선에 파견된 원래의 목적은 천주교 신자였던 아리마 영주의 부인이 출산 때 태아와 함께 죽었기 때문으로 추정된다.

그러나 고니시 유키나가는 그의 진영에도 천주교의 적대 세력이 있고, 그 전에 테라자와로부터 도요토미의 전갈도 받은 터라 다시 밀고를 당하게 될 것을 두려워했다. 고니시는 그들에게 얼마 지나지 않아 다시 사목할 수 있으리라 위로하고 일본으로 돌아갈 것을 부탁했다.

조선에 와서 두 달을 머물고 난 후 2월 초 일본으로 돌아간 이들이 누구인지 명확히 밝혀져 있지는 않으나 아마도 스페인 예수회 신부인 프란치스코 데 라구나(Francisco de Laguna)와 분고 출신의 예수회 수사 다무라 로만(Tamura Roman)으로 추정되고 있다. 이들은 당시 44세로 같은 나이였다. 이들이 매우 짧은 기간 동안 조선에 머물러 있었음을 미루어 보아 이들 선교사와 조선인들과의 접촉이 있었을 가능성은 매우 희박할 것으로 보인다.

제14장. 마테오 리치의 편지:
일본과 중국의 평화협상

1953년 5월 심유경과 고니시 사이에는 평화협상이 진행되고 전쟁은 소강상태에 접어들었다. 세스페데스 신부는 이러한 시기에 조선에 와서 당시 남해안 일대에 세워진 일본 왜성에 머물면서 사목활동을 했다. 세스페데스 신부는 일 년 반의 체류기간 동안 조선의 남해안에 산재해 있던 여러 개의 일본군 요새를 방문하면서 은밀하게 사목활동을 하였다. 그의 사목활동은 천주교 대명과 병사들에게 한정되어 있었고 비밀리에 행해졌는데 이는 이미 1587년 도요토미에 의해 선교사 추방령과 전교활동 금지가 내려진 상황이었기 때문이었다. 그의 방한도 실은 도요토미의 허락 없이 고니시와 그 휘하의 천주교 대명들의 요청에 따라 비밀리에 취해진 것이었다.

양측의 평화협상은 큰 진전 없이 4년간 지속되었다. 협상이 실패로 끝남에 따라 1596년 9월, 도요토미는 두 번째의 대규모 공격을 감행했고 1597년 1월 남해안에 도착한 일본군 약 14만 명은 여러 갈래로 나뉘어져 조선의 중부지역까지 공격했으며, 전쟁은 전보다 더 격렬했다. 그러나 1598년 9월 도요토미의 죽음과 더불어 조선 수군의 마지막 승리와 함께 왜란은 11월에 끝이 났다. 7년 이상에 걸친 전쟁으로 조선의 국토는 초토화되었으며 5만 명 이상의 조선인들이 일본으로 끌려갔다.

한편 당시 중국은 명의 만력제가 다스리고 있었으며 후일 '중국 복

음화의 선구자'라고 불리는 예수
회 신부 마테오 리치(Matteo Ricci)[1]
가 중국의 전교를 담당하고 있었
다. 그는 임진왜란 즈음에는 남부
의 샤오저우에 머물고 있었는데
당시까지 중국 전교의 진척 상황
은 매우 지지부진하였다.

갠지스 강 동쪽의 모든 지역
을 관할했던 순찰사 알렉산드로
발리냐노는 1596년 이후에는 중
국과 일본의 총순찰사로서의 직
무에 전념하게 되었다. 1597년 7
월부터 1년간 마카오에 머물면서
중국 선교를 위한 새로운 계획을

마테오 리치(이마두利瑪竇). 그림. Emmanuel
Pereira 1610년 作. 출처: Wikimedia
Commons.

마련했다. 즉 로마교황의 대사를 만력제가 있는 베이징으로 보내 선교
허가를 얻어낼 계획이었다. 이를 위해 루제리를 일단 로마로 소환했으
나 교황청의 협력을 얻지 못해 대사 파견 계획은 결국 실현되지 못했
다. 그래서 발리냐노는 각 선교사들이 개인적인 수단으로 베이징에 들
어가는 것 이외에는 방법이 없다고 생각하게 되었고 이를 위해 리치를
중국 예수회 선교사의 책임자(Superiore)로 발탁하였다. 에두아르드 드
산데 신부가 있었으나 그는 너무 고령으로 이 임무를 감당하기에 적합
지 않다고 판단되어 다음으로 연장자이며 또한 중국 사정에 가장 밝은
사람이라고 생각된 리치에게 이 직책이 주어졌다. 발리냐노는 베이징

---

1) 마테오 리치(利瑪竇 1552~1610년). 상세 정보 327쪽 참조.

으로 가는 사명을 실행하기에 적당하다고 생각되는 조치를 강구할 많은 권한과 재량을 리치에게 줌으로써 리치는 자유스럽게 그의 거처를 옮길 수 있게 되었다.

마테오 리치는 임진왜란 당시 광동에서 남경을 통해 만력 26년, 1598년 9월에야 처음으로 북경으로 입성하는데 성공했다.[2] 그는 과거

---

2) 가톨릭교회 역사에서 볼 때 선교사가 중국의 베이징에 발을 디딘 것은 리치가 처음이 아니었다. 동방으로 교황청의 선교사가 파견된 것은 1245년의 이탈리아인 프란치스코 수도사 지오반니 데 플라노 카르피니(Giovanni de Plano Carpini)로부터 시작된다.

1206년 중국 대륙을 차지한 몽고의 징기스칸(成吉思汗)의 손자 바투(拔都)는 서쪽으로 쳐들어가 소아시아를 중심으로 넓은 지역에 4대 칸국(汗國)을 세우고 그의 아들 사르타크(薩答克)를 가톨릭으로 개종하게 했다. 이후 몽고 황실에 가톨릭 신자가 생기게 되자 이를 축하하여 1245년 로마교황 인노켄티우스 4세는 쿠빌라이 칸 진영으로 수도사 카르피니(Carpini)를 당시 몽골제국의 수도 카라콜룸(喀喇和林)에 파견했다. 그는 1247년에 귀국했으나 그의 전도 사명은 실패로 끝났다.

그 후 프랑스령 플랑드르 출신의 프란치스코회 수사 윌리엄 루브룩(William of Rubruck)이 1253년 카라콜룸으로 파견되어 7개월을 머문 적이 있었다. 루브룩은 프랑스 왕 루이 9세를 따라 십자군에 동행했는데, 십자군 원정에 나선 루이 왕은 예루살렘의 탈환을 위해 십자군을 도울 수 있다는 몽골의 서신을 받게 되었다. 이에 몽골의 협력을 얻기 위해 1249년 몽골진영으로 앙드레 롱주모(Andrew of Longjumeau) 프란치스코회 수도사를 사절로 파견했다. 루브룩은 1251년 귀환한 앙드레를 만나 몽골의 사정을 알게 되었고 이를 계기로 1253년 카라콜룸으로 파견되어 뭉케 대칸을 만나고 귀국했다. 그러나 당시 그는 교황청이 아닌 프랑스 루이 왕의 사절 신분이었다.(플라노 드 카르피니, 윌리암 루브룩 김호동역, 『몽골 제국 기행: 마르코 폴로의 선구자들』 까치글방, 2015년). 몽고의 세조가 1271년 나라 이름을 원(元)으로 정하고 수도를 연경(燕京 北京)으로 옮기자 이를 축하하기 위해 로마교황 그레고리오 10세가 마르코 폴로(Marco Polo)부자를 중국으로 보냈다. 1275년 연경에 온 후 그는 17년간을 머물렀고 귀국 후 동방견문록(東方見聞錄)을 저술했다.

난창에서 친교를 맺었던 태종백(太宗伯) 왕충명(王忠明)이 난징(南京)의 예부상서로 임명되어 그를 따라 난징을 거쳐 베이징으로 가게 되었다. 그런데 당시 명의 조정은 임진왜란으로 인해 막대한 재정 부담을 안고 있었으며, 중국은 본토의 코밑까지 파죽지세로 밀려왔던 일본군 전력에 대해 당황하여 일본에 대한 집단 히스테리 증상을 보였다.

마테오 리치 일행이 난징에 도착한 것은 1598년 7월 초였는데 리치의 「보고서」3)에서 당시 전전긍긍하는 중국인의 심리를 이렇게 쓰고 있다.

> "만일 일본인이 바다를 건너 중국 본토로 직접 침공해 온다면 조선에 파견한 대부대를 철수시켜야 한다. 중국 본토를 지키기 위해서는 대부대가 필요할 것이다."

리치가 임진왜란 후 북경에서 당시의 상황을 회고한 편지에서도 당시 명나라에 위기감이 매우 팽배해 있었음이 나타나 있다.

> "남경에 도착하자 그곳의 모든 이들이 두려움에 가득 차 있음을

카르피니에 이어 중국에 온 교황청의 선교사로는 이태리 프란치스코회의 지오반니 다 몬테코르비노(Giovanni da Montecorvino 1247-1328년)이다. 로마에서 페르시아를 경유해 호르무즈에서 배를 타고 인도를 거쳐 1294년 중국 연경에 왔다. 장년 시절부터 81세로 생을 마감할 때까지 베이징의 첫 대주교로서 34년간 선교활동에 종사하며 3만 명의 신자를 얻게 되었다. 그리하여 1300년 전후 1백 년 동안 원나라에서는 가톨릭이 크게 발전했다. 그러나 몽고가 1368년에 중국에서 밀려난 뒤에는 중국에서 선교가 이어지지 않았을 뿐 아니라, 서양의 교회 내부에서도 선교사를 중국으로 파견한 역사적 사실 자체가 잊혀졌다.

3) 히라카와 스케이로(平川祐弘) 저, 노영희 옮김. 『마테오 리치. 동서문명교류의 인문학 서사시』 도서출판 동아시아, 2002년, 307~314쪽.

알았습니다. 왜냐하면 조선에 대한 일본인들의 전쟁이 격렬해져서 중국은 막대한 국고를 낭비하고 있었고, 일본인들의 강한 공격에 대해 성공적으로 저항할 수 있는 희망은 거의 없었기 때문입니다. 만일 당시에 일본인들이 중국으로 군대를 보낼 수 있었다면 조선에서 일본인들에게 저항하고 있었던 중국의 대군을 물리쳤을 뿐만 아니라 중국 본토를 방어하기에도 매우 어려웠을 것입니다."

명나라 사람들은 그때까지 일본인을 직접 볼 기회가 없었으며 일본인의 모습을 분명하게 알고 있었던 중국인은 많지 않았다. 그러나 소문으로 듣고 있던 것은 '북로남왜'라 하여 남쪽의 왜구들에 대해 두려움을 가지고 있었다. 그래서 당시 난징에서는 중국인이 아닌 사람은 모두 이상한 외국인, 곧 일본의 스파이라고 의심해 적의에 찬 눈으로 보았다. 임진왜란의 심리적 압박감이 배외주의로 나타난 것이다.

리치 또한 중국인의 눈에는 수상한 외국인으로 보였을 것이다. 더욱이 이상한 복장을 한 사람을 여관에 묵게 해서는 안 된다는 포고가 연이어 나왔다. 이와 같은 외국인에 대한 공포심으로 인해 난징에서는 신부 일행을 재워주려는 사람이 하나도 없었고 리치 신부는 아주 더운 계절이었음에도 불구하고 불편을 참아가며 강 위에 떠운 작은 배 안에서 숙박을 해야 했다. 왕성서(왕충명)마저도 자기가 데려온 신부들 때문에 곤란한 일이 생기지 않을까 불안을 느끼는 눈치였으므로 리치는 몇 차례 의논을 하러 갈 때도, 언제나 가마 속에 숨어 밖에서 보이지 않도록 모습을 감춰야 했다. 리치 일행은 당시의 조선에서 발발한 전쟁, 임진·정유재란 때문에 이 같은 불편을 겪게 되었던 것이다.

리치뿐 아니라 당대의 유럽인도 이와 같은 사실을 잘 몰라 당시 리치는 자신이 중국 수도 베이징에 처음으로 입성했다고 느끼고 있었다고 한다. 그는 베이징에서 터키인 이슬람 신자를 만나서야 그들을 통해 처

음으로 마르코 폴로가 말한 '카타이'가 바로 중국이며, '칸발'이 바로
자신이 지금 들어와 있는 베이징이라는 사실을 알게 되었다.

그는 당시 베이징에 입경해 '중국 황제의 수도와 궁궐에 대해 공격
을 시도했다.'는 예수회 신부들의 선교에 대한 공통된 호전적인 기록을
남기고 있다. 그러나 조선에서 벌이고 있는 전쟁(임진왜란)때문에 결국
황제를 만나지 못했고 리치의 '베이징 계획'은 실패로 끝났다. 그는 베
이징에 약 2개월 체류 후 겨울에 쑤저우(蘇州)로 돌아갔다.

리치는 이후 1601년 1월, 중국에서 활동한 지 19년이 되는 49세에
마침내 북경으로 다시 들어가 명나라 신종 만력제를 알현하게 되었고,
자금성에서 궁정학자로서 일하며 남당을 설립하고 선교에 전념하다
1610년 선종했다.

리치가 말과 배를 이용해 난징에서 베이징으로 가기 위해 운하를 따
라가던 중, 중국 북부에서 일본군과 싸우기 위해 조선으로 향하던 명의
대군과 마주쳤다는 편지[4]를 그의 보고서에서 볼 수 있다.

> "샹퉁(Shantung)지역의 어딘가에서 티엔신(Tiensin)이라 불리는
> 북경 근교의 성곽까지 흐르는 강을 접하게 되었습니다.…(중략) 그
> 리고 조선에서 일본인들과의 전쟁이 지속되고 있었으므로 그 성채
> 의 새로운 태수(太守)는 조선의 요청으로 바다를 통해 대규모의 함
> 대를 보내고 있었습니다. 그래서 그곳은 함대의 배들, 그리고 장수
> 들과 병사들로 가득 차 있었습니다. 우리들은 아무런 장애 없이 이
> 들 사이로 지나갔습니다."

---

4) Juan Ruiz-de-Medina S. J.『The Catholic Church in Korea. Its Origins 1566-1784』
   English translation-Instituto Storico S. I.- Roma 1991, pp.218~219.

리치는 카타네오(Lazzaro Cattaneo 郭居靜)와 함께 베이징에 갔지만 만력제를 만날 기회를 얻지 못했다. 베이징의 명나라 조정은 '조선으로부터 매일 같이 연락이 오는데 그것은 일본군이 많은 사람들을 죽이고 있으며 결국은 중국을 공격할 것 같다.'는 정보로 뒤숭숭한 상태였다. 리치는 카타네오를 산둥에 남겨 둔 채 겨울에 육로로 쑤저우로 돌아왔다. 리치의 '첫 번째 베이징 공격'은 실패로 끝났다. 그는 베이징에서 황제를 알현하려고 시도했으나 일본의 간바쿠가 중국과 국경을 접하고 있는 조선에서 벌이고 있는 전쟁 때문에 결국 황제를 만날 수 없었다고 술회했다. 사실 그가 베이징에 도착할 무렵 후시미성에서 도요토미는 이미 죽음을 맞이했고, 그의 죽음과 더불어 조선의 전쟁도 끝나가고 있었다.

마테오 리치는 명과 일본의 평화협상의 일본 측 대표가 가톨릭 신자(고니시 유키나가)임을 알고 있었으며, 고니시를 이용한 평화협상조약을 통해 중국에서의 선교 허가를 얻을 수 있을지를 문의하는 서한을 예수회 총장 클라우디오 아쿠아비바에게 보냈다는 흥미로운 기록이 있다. 리치는 1596년 10월 13일 난징(南京)에서 아쿠아비바 총장에게 편지를 발송했다

"올해 저는 일본에 있는 오르간티노 신부와 프란치스코 파시오 신부로부터 편지를 받았습니다. 그 편지를 보니 일본이 지금 중국 황제와 평화조약을 맺으려고 하는데, 교섭의 일본 측 대표가 아우구스티노(고니시 유키나가)라고 불리는 선량한 그리스도교 신자라고 합니다. 그래서 그는 일본에 있는 신부들이 중국에 입국해서 그리스도교 선교를 할 수 있도록 중국 대표에게 허가를 요구하고 교섭해주겠다고 합니다. 우리들이 목표로 하는 것은 중국 황제가 사는 베이징입니다만, 지금 제가 있는 난징보다도 일본이 훨씬 베이

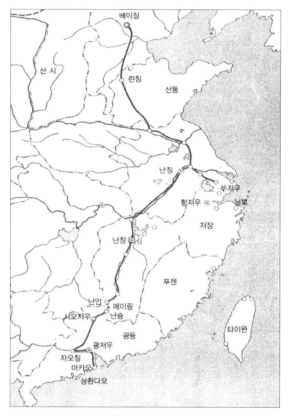

명대의 중국 지도와 마테오 리치의 이동 경로.

징에 가까우므로 베이징에 먼저 들어가는 것은 저보다 오히려 그
들일지도 모릅니다. 그들의 편지를 보면 이 평화 교섭은 성립될 가
능성이 대단히 큰 것으로 보입니다."

　일본에서의 가톨릭 전교는 비록 어려움을 겪고 있으나 그래도 큰 틀
에서는 성공적이었던 반면, 리치는 중국 전교가 진척을 보이지 못하고
있었던데 대해 초초함을 느꼈을 것이다. 리치는 이를 타개하기 위한 방

법으로 명·일간의 평화협상을 이용하고자 했다. 즉 일본 측 대표인 '선량한 그리스도교 신자' 아우구스티노, 고니시 유키나가를 움직여 중국 대표로 하여금 중국에서 그리스도교 선교의 허락을 평화 교섭을 통해 이끌어내 보고자 하였다.

편지 속 일본의 오르간티노와 파시오 두 신부는 동아시아 전교의 밝은 미래를 낙관하며 세스페데스 신부가 1594년 3월 제시했던 청원을 또다시 언급했다. 그 속에 '평화를 되찾은 지역에서 선교사들이 방해를 받지 않고 포교할 수 있는 자유를 허락한다.'라는 구절이 포함될 수 있도록 준비해야 한다는 것이었다.

마테오 리치는 일본의 두 신부들의 편지로부터 이러한 사실들을 이미 알고 있었으며 예수회가 한양에 자리 잡기를 희망했다. 왜냐하면 북경은 선교사들에게 아직 문호가 개방되지 않았지만 선교사들이 조선에 머물러 있음으로 해서 명의 황제로부터 선교의 허락을 받을 가능성이 크기 때문이었다.

이러한 내용은 가스파르 빌렐라 신부가 1571년에 예측한 바처럼, 가톨릭의 전교가 일본으로부터 조선을 통해 북경으로 들어가는 것이 더 쉬울 것 같은데, 이렇게 되기 위해서는 우선 평화조약이 실현되는 것이 필요했다. 그러나 명과의 평화협상에 이러한 제안은 무리한 요구일 것이며 아마도 받아들여지지 않을 것으로 예측되었을 것이다. 그럼에도 불구하고 이러한 계획을 통해서까지 북경으로 들어가고 싶어 했던 당시 선교사 리치의 절박한 심정을 읽을 수 있다.

훗날 1601년 1월 리치는 텐진(天津)에서 베이징의 궁전으로 올라오라는 명령을 받게 되었고 5월부터 베이징에서 거주 허가를 받아 본격적인 중국 전교에 나서게 된다.

인물 상세 정보

1) 마테오 리치(利瑪竇 1552~1610년).

이탈리아의 마체라타에서 1552년에 태어났다. 1571년에 예수회에 입회했으며 1578년 리스본을 출발하여 인도 고아로 왔다. 1582년 3월 덴쇼견구사절을 데리고 마카오로 온 발리냐노는 리치에게 마카오로 올 것을 명령함에 따라 그는 4월 고아를 떠나 말라카를 거쳐 8월 7일 마카오에 도착했으며, 덴쇼견구사절을 만났다. 1601년에 5월 만력 29년에 명의 수도 베이징에 입성해 처음으로 거주 허가를 받아 그곳에서 9년간 활동한 뒤 1610년 5월 11일 만 57세로 선종했다. 그는 산란 묘지에 매장되었다.

그는 '중국 천주교회의 창립자'로서 기록되었고 중화 문화권 안에 '서학'을 정착시켜 천주교 신앙의 전파에 가장 큰 영향을 미쳤다. 후일 조선의 학자들에게 그리고 조선의 초기 천주교 전교에 지대한 영향을 미쳤음은 말할 나위가 없다.

진정한 '최초의 세계인'이었으며 1595년 유럽Europa에서 음차한 한자를 최초로 '구라파(歐羅巴)'로 표기해 사용했다. 『교우론』을 최초로 한문으로 저술했으며(1595), 1603년에는 교리문답서인 『천주실의』를 1605년에는 『기인 10편』을 저술했고, 1607년에는 수학서적인 『기하원본』을 번역했으며, 세계지도인 「곤여만국전도」를 제작(1602)했다.

제15장. 다테 마사무네(利達正宗)와 게이초견구사절

도요토미가 호죠(北條)가의 오다와라(小田原)성 전투를 위해 전국의 다이묘에게 총 출동 명령을 내렸으나 유독 이에 일체 응하지 않는 한 사람의 이단아가 있었으니 그가 바로 일본 동북단 오슈(奧州)[1]의 영주 다테 마사무네(利達正宗)였다. 그는 어린 시절 천연두로 오른쪽 눈을 실명한 외눈박이로 독안룡(獨眼龍)이란 별명을 가진 24세의 젊은 영주였다. 그는 수년간의 전투를 통해 도호쿠(東北) 지방의 30여개 군의 패자가 되었고, 그는 이를 바탕으로 오슈(奧州) 독립국을 구상하기까지 하였다.

마사무네는 '자신은 도요토미의 가신이 아니다.' 라는 생각을 가져, 늦게야 오다와라 전투에 참전하게 되는데, 도요토미는 그의 늦은 참전과 그 전의 사전(私戰)금지령에도 불구하고 멋대로 아이즈를 정복한 사건으로 인해 격노하고 있었다. 그는 영지 3군을 몰수당하고 목숨만은 구했으나 도요토미의 눈 밖에 나 제대로 대우를 받지 못했다.

프로이스의 『일본사』에도 다음과 같은 기록을 찾아 볼 수 있다.

"몇 년 전에 노 관백은 다테 마사무네를 향해 이렇게 말했다. '네가 나를 배신하려 한다는 것을 나는 잘 알고 있다. 그래서 너를

---

1) 오슈는 현 아오모리青森, 이와테岩手, 미야기宮城, 후쿠시마福島의 4개현을 말한다.

죽어야 마땅할 것이다. 그렇지만 네가 나고야로 가 거기서 조선으로 건너갔고 아주 훌륭히 일을 해냈기 때문에 목숨은 살려주기로 했다. 하지만 너를 오슈로는 돌려보내지 않고 내 곁에 잡아둘 것이다."

임진왜란 당시 그는 처음에 히젠 나고야에 머물러 있었다. 그러나 이듬해 1593년 4월 중 순 조선에 파견돼 진주성 2차 전투에 투입되었다. 전투 후 도요토미의 명령으로 9월 1일 부산을 떠나 교토로 되돌아왔다.

만년의 그는 대형범선을 만들어 항해술을 익히게 하고 유럽 각국으로 사절단을 파견해 서구인들과 교분을 쌓으려 했다. 1613년 마사무네는 스페인인 프란치스코회 선교사 루이스 소텔로 신부를 정사로, 가신이었던 센다이(仙台)의 번사(藩士) 하세쿠라 츠네나가(支倉常長)[2]를 부사로 한 180여 명으로 구성된 게이초견구사절(慶長遣欧使節)을 유럽으로 파견했다.

사절의 정사 소텔로 신부는 오슈의 영주 마사무네의 초청으로

오슈(奧州) 영주 다테 마사무네(伊達正宗) 송도전 주요 문화재로서 일본 서양사가 소장하고 있다.

---

2) 하세쿠라 츠네나가(支倉常長 1571~1622년)는 임진왜란 당시 주군 다테와 함께 나고야에 재진 후, 조선으로 건너와 2차 진주성 전투에 이시가루 철포(足輕鐵砲)군의 대장(組頭)으로서 참전했다. 하세쿠라의 게이초견구사절에 대한 이야기는 엔도 슈사쿠(遠藤周作)의 소설 「위대한 몰락(原題;侍(사무라이)」(김갑수 역. 홍성사 1983년)에 잘 묘사되어 있다.

1611년 센다이로 와, 처음으로 일본 북부지방의 선교에 착수했다. 프란 치스코회는 1603년 소텔로 신부를 에도 관구장으로 임명하여 에도에 본격적인 선교활동을 시작했다. 에도 근교 아사쿠사(淺草)에 교회와 병원, 나환자 수용소를 개설하여 평판이 좋아지자 도호쿠의 센다이 다이묘 마사무네가 그를 초청함으로써 센다이에서도 선교를 할 수 있게 되었다. 그는 에도를 오가며 도호쿠 지방 선교 사목에 전념해, 마사무네의 사절로서 유럽으로 파견될 때까지 1,800여 명을 개종시켜 도호쿠 지방 천주교의 기초를 닦았다.

마사무네는 에도 막부의 뜻을 받아들여 노베스파니아(Nueva Espana 현 멕시코)와 스페인과의 무역 관계를 수립하고, 선교사의 파견을 요청하기 위한 사절을 스페인 국왕과 로마교황에게 파견했다. 사절은 즈키노우라(月浦)를 출발했다. 마사무네는 교황에게 편지를 보내 성프란치스코 수도회 수사와 고위 성직자를 자신의 영지로 파견해 줄 것을 요청하고 소요경비는 자신이 부담할 것을 약속했다. 그러나 신부의 파견은 실제적으로는 프란치스코회가 일본 도호쿠 지방을 그들의 선교 지역으로 확보하고 소텔로 신부를 오슈의 주교로 임명해 주기를 청원하는 목적이었다.

하세쿠라는 1613년 스페인의 마드리드에서 펠리페(필립) 3세와 만났으며, 왕의 이름을 따라 펠리페 프란치스코(Felipe Francisco)로 세례를 받은 후 1615년 교황 바오로 5세(Paulus V)를 알현했다. 그는 로마교황청으로부터 로마 시민증을 받았으며, 일본의 정규 사절로서 태평양과 대서양을 건너 유럽대륙에 첫 발을 디딘 인물로 기록되었다.

하세쿠라는 파견 7년 후 1620년 마닐라를 통해 나가사키로 귀국했다. 쇼군 정권은 하세쿠라가 귀국하기 이틀 전 1620년 9월 20일 마사무네에게 강제적으로 반천주교 포교령을 선포하게 함으로써 마사무네의 센다이 영내에도 기리시탄 금교와 박해가 시작되었다. 하세쿠라는 무역 허가서를 받아 귀국했으나 막부의 통상수교거부정책으로 허가서는 아무 쓸모없는 휴지조각이 되고 말았다. 또한 천주교인으로 유럽에서 돌아왔으나, 그가 떠난 직후부터 일본의 천주교 상황은 급속히 악화돼 귀국 당시는 금교령으로 자신의 신변을 걱정하며 돌아와야 했다. 하세쿠라는 실의 속에서 귀국했고 2년 후 죽음을 맞이했다.

하세쿠라 츠네나가 초상화. 일본인을 그린 세계 최고(最古)의 유화로 츠네나가 로마 체재 중 그려진 것으로 추정된다. 그림. 작자미상, 1615년 作. 일본 센다이 시 박물관 소장. 출처: Wikimedia Commons.

그와 동행했던 루이스 소텔로 신부는 하세쿠라가 병사한 후 1622년 10월 일본으로 돌아왔는데 도착 즉시 체포되어 오무라 감옥에서 2년간 수감되었다가 1624년 8월 25일 오무라 호코바루에서 화형으로 순교했다.

일부 기록에 의하면 다테 마사무네는 스페인과 동맹을 맺고 스페인 무적함대의 응원을 받아 도쿠가와 막부를 타도하고 일본 전국을 자기 것으로 만들려는 천하인의 야심에서 유럽 파견이 이루어진 것이라고도 한다. 그는 교황에게 보낸 친서에서 자신을 '도호쿠 지방의 왕'으로 지칭했고, 스페인 왕에게는 군사 지원을 요청하는 등 그의 야망을 추정해 볼 수 있는 대목이 있다. 다만 그의 야심은 유럽 파견 사절이 가지고 돌아온 것이 없자 더 이상 지속되지는 않았다고 한다.

제16장. 아리마 하루노부와
오카모토 다이하치 수뢰 사건

　　아리마 하루노부(有馬晴信)는 형 요시즈미(義純)가 단명해 1571년 가독을 이었는데 당시에는 천주교를 박해했다. 그러나 1580년 히노에(日野江)성에서 한 해 전 자신의 영지 구치노츠로 도래한 예수회 순찰사 알렉산드로 발리냐노로부터 프로타시오로 세례를 받아 천주교 신자가 되었고 후에 조안으로 개명했다. 이 무렵 아리마는 사가의 류조지 다카노부(龍造寺隆信)의 공세로 류조지 가문에 복속되었다. 그러나 발리냐노의 도움으로 예수회로부터 무기와 탄약 및 식량 등의 지원을 받아 류조지에 대항했다. 1582년 그는 발리냐노를 도와 오토모 요시시게, 오무라 스미타다 등의 천주교도 영주들과 함께 이른바 덴쇼견구소년사절을 로마에 파견했다. 1584년에는 시마즈 가문과 협력해 오키타나와테(沖田畷) 전투에서 숙적 류조지군을 섬멸함으로써 그 위협으로부터 완전히 벗어났다. 이후 도요토미 히데요시의 규슈 정벌(1587) 때 시마즈 가문과 연을 끊고 도요토미에 복속했다.

　　1587년 파테렌 추방령이 내려지고 난 후에는 예수회 신부들을 자신의 영지 안에서 보호해 주는 한편 천주교 교육기관 등도 설립하는 등 한때 아리마 지역은 일본에서 천주교의 중심지로까지 발전했다. 그의 영지 내 카츠사에는 코레지오도 세워졌다. 서양의 문화는 여기서부터 시작하여 전 일본에 확장되었다. 이곳에서는 오르간, 시계, 동판 등이 만들어지기도 했다. 그로 인해 선교가 활발하게 전개되어 1592년에는 그 영내에 45개 교회가 세워졌고 신자수도 7만 8천 명에 달했다.

임진왜란 당시 같은 기리시탄 다이묘 고니시 유키나가군에 속해 사촌인 오무라 요시아키(大村喜前)와 함께 종군하여 7년간을 조선에 머물렀다. 평양성 전투 등에서 공을 세웠고, 정유재란 때에도 조선으로 건너와 참전했다. 그러나 그는 임진왜란 후 1600년 세키가하라 전투에서는 고니시의 반대쪽 동군 도쿠가와 편에 가담했고, 동군이 전투에서 승리해 정권을 잡게 됨에 따라 영지를 보전할 수 있었다.

- 마드레 데 데우스 호의 폭침 사건

아리마 하루노부는 소규모 영지의 다이묘였으나 도쿠가와 이에야스로부터 다이묘 가운데 제1호로 주인장(朱印狀)¹⁾을 발급받았다. 이에야스는 하루노부의 해외지역에 대한 이해와 무역 실적을 인정해 그를 초기 해외 교역의 대리인으로 삼았다. 이로 보아 하루노부와 이에야스의 관계는 매우 건고했던 것으로 보인다.

1608년 아리마 하루노부가 인도차이나의 첸파에 파견한 무역선이 일본으로 귀환 중 마카오에서 자신의 가신과 포르투갈 상인 사이에서 싸움이 일어났고, 가신 다수가 살해되는 사건이 발생했다.

다음 해 1609년 포르투갈 상선의 사령관 안드레아 페소아가 나가사키에 입항하자 하루노부는 도쿠가와 이에야스에게 복수를 허락해 줄 것을 요청했다. 이에야스는 이를 허락했다. 하루노부는 나가사키 부교 하세가와(長谷)의 지원으로 '놋사 세뇨라 다 구라사 호(옛 명칭 마드레

---

1) 주인장(朱印狀)은 16세기 말부터 17세기 초 일본 통치자가 발급한 무역허가증으로 항해 목적지와 날자가 적혀있고 붉은 도장이 찍혀 있었다.

데 데우스 호)'를 공격했다. 4일간의 전투 끝에 선장 페소아는 상선을
폭파시키고 스스로 목숨을 끊었다.

이 데우스 호 사건의 결과 포르투갈 상선의 나가사키 내항이 2년간
중단되었다. 또한 이에야스의 신임이 두터웠던 '통역 선교사' 후안 로
드리게스 신부가 나가사키 부교 하세가와 무라야마 다이칸(代官)의
중상모략으로 1610년 마카오로 추방당함으로써 천주교는 막부와 통하
는 중요한 창구를 잃어버렸다. 이에야스는 로드리게스 신부 대신 영국
인 윌리엄 애덤스를 중용하게 되었다. 이로써 영국과 네덜란드가 일본
무역시장에 진출하게 되었다.

- 오카모토 다이하치의 수뢰 사건

데우스 호 사건으로 하루노부는 바오로 오카모토 다이하치(岡本大
八)라는 인물과 가까워졌는데, 그는 하루노부와 같은 기리시탄이었고,
슨푸성의 이에야스의 가신인 혼다 마사즈미(本多政順)의 수하로 문서작
성 담당관이었다. 다이하치는 하루노부가 과거 류조지에게 빼앗겨 지
금은 나베시마(鍋島)의 영토가 된 히젠 후지츠(藤津)의 옛 영지를 되찾
으려는 강한 야심을 품고 있음을 알게 되었다. 그는 이에야스가 데우스
호 사건의 전공(戰功)으로 하루노부에게 상을 내리려는 의향이 있음을
알려주었다. 다이하치는 막부로부터 구(舊)영지 회복의 실현을 위해 하
루노부로부터 운동비 명목으로 거금을 건네받았고, 구 영지의 회복에
관한 위조한 가짜 완행장(宛行狀)2)을 하루노부에게 만들어 주었다. 하
루노부는 다이하치의 간계에 빠져 뇌물을 건넸고 그 후 별다른 소식이
없자 다이하치의 상관인 마사즈미에게 이를 문의함으로써 뇌물사건이

---

2) 영지를 증여하는 증서

드러나게 되었다.

　장남 나오즈미(有馬直純) 미겔은 고니시 유키나가의 조카딸, 즉 형 조세이(小西如淸)의 딸이며 가톨릭 신자였던 마르타와 결혼했다. 세키가하라 전투에서 고니시가 패해 참수되자 도쿠가와 이에야스는 하루노부를 불러 마르타를 추방하고 자기의 증손녀인 쿠니히메(國姬)[3]를 며느리로 삼으라고 명했다. 하루노부는 이를 받아들이지 않을 수 없었다. 나오즈미는 부인 마르타와 1610년 이혼하고 쿠니히메와 재혼했다. 마르타 부인은 이혼당해 나가사키로 추방되었고 그곳에서 평생을 험한 삶을 살다가 생을 마쳤다.

　이에야스의 증손녀 쿠니히메는 시집온 후부터 남편인 나오즈미를 설득해 반기독교로 전향케 했으며, 설교사들을 추방하고, 신자들을 엄하게 다스리도록 하였다. 또한 이에야스 애첩의 오빠이며 나가사키의 부교였던 하세가와 사효우에(長谷川左兵衛)가 나오즈미의 후견인으로 쿠니히메와 함께 천주교를 감시하면서 아리마 지방에는 가장 극심한 핍박이 시작되었다.

　다이하치에게 뇌물을 준 사정을 알고 있던 장남 나오즈미는 재혼한 이에야스의 양녀 쿠니히메와 함께 이에야스를 만났다. 아들 나오즈미는 부친의 부정을 이에야스에게 밀고했고, 쿠니히메는 시아버지 하루노부가 욕심이 많아 그의 영지를 아직 아들인 나오즈미에게 넘겨주지 않고 일을 꾸미고 있다고 간언했다. 격노한 이에야스는 하루노부와 다이하치를 맞대질시켜 진상을 알아보고 그 결과 다이하치의 거짓이 들어나자 그를 화형에 처했다. 하루노부 역시 영지를 몰수당하고 가이(甲

---

3) 나오즈미의 후처인 쿠니히메(國姬)는 이에야스(德川家康)의 외손인 구마히메(熊姬)의 딸이자 이에야스의 수양딸이었다. 나오즈미와 결혼 당시 쿠니히메는 18세, 나오즈미는 26세였다. 이혼당한 마르타는 불과 20세였다.

髮)로 유배되었으며 나가사키 부교 하세가와를 암살하려 했다는 다이하치의 옥중 고발로 자결을 명 받았다. 아들 부부는 부친 하루노부를 추방당하게 하고 마침내 사형을 받도록 했다. 하루노부는 수치스럽기는 했지만 기리시탄이었으므로 자결은 거부했다. 부인 쥬스타의 도움을 받으며 죄를 통회하고 1612년 6월 51세의 나이로 참수(斬首)되었다.4)

하루노부는 이 벌은 좋은 며느리였던 마르타를 추방하라는 이에야스의 명령에 따라 염치없이 순응한 죗값이라고 생각했고 최후가 가까워짐에 따라 십자가 앞에 꿇어 엎드려 큰 소리로 죄를 고백하며 회개했다. 끝으로 아들에게 편지를 보내 속히 회개하고 신앙을 되찾도록 권했다. 그러나 아들 나오즈미는 끝내 듣지 않았고 오히려 신앙의 박해자로 돌아섰다.

하루노부의 적자 나오즈미는 도쿠가와 이에야스로부터 참수당한 아버지의 영지 아리마의 소유권을 인정받았으며 동시에 아리마에서 기리시탄을 금지하고 신부들을 추방하도록 명받았다. 이에야스의 명을 받은 나오즈미 미겔(미카엘)이 기리시탄을 금지하고 영내의 신자들에게 배교를 강요했으며 교회를 파괴하는 등 기리시탄의 박해자로 변했다. 재혼한 부인 쿠니히메도 아리마 성안의 기리시탄 시녀들을 박해했다.

---

4) 하루노부의 재혼한 부인 쥬스타는 신앙심 깊은 천주교 신자였다. 죽음을 앞둔 남편의 죄를 통회하게 하고 그의 장렬한 죽음을 지켜 보았다. 그녀는 남편의 잘린 목을 양손으로 받아 집에 모시고 자신은 머리칼을 잘랐다. 시녀와 가신들도 그녀를 따라 머리칼을 잘랐다. 이에야스는 쥬스타 부인을 남편의 유배지에 남도록 명했고 그녀는 그곳에서 곤궁과 치욕을 참아내며 굳건히 신앙을 지켰다. 나중에 친정으로 돌아갔을 때 두 딸은 어머니에게 돌려보내졌으나 아들과 가신은 나오즈미와 쿠니히메에게 보내졌다. 나오즈미는 1613년 이복동생인 5살의 마테오와 7살의 프란치스코를 감금하고 살해했다.

슨푸성. 도쿠가와 이에야스가 말년에 은거했던 성이다.

이때 이들 중 임란왜란 때 포로로 잡혀가 궁녀가 된 조선인 막센시아가
순교했다.

아버지 하루노부의 죽음으로 영주가 된 나오즈미 미겔은 1613년 4
월 그의 부친과 천주교 신자인 양모 쥬스타와의 사이에 태어난 어린
두 이복동생, 프란치스코와 마테오를 살해했다. 신자인 숙부와 선교사
를 추방하고 영내의 기리시탄 무사와 신자들을 박해하고 처형했다. 그
는 궁극에는 불교로 개종했다.

순교를 영광으로 생각하는 신자들로 인해 그의 영지 내에서 순교가
그치지를 않았고 계속되는 순교를 지켜본 나오즈미는 결국 이에야스에
게 영지를 바꿔 줄 것을 청했다. 자기 스스로가 영지 이봉을 막부에 신
청하여 1614년 8월 휴가(日向) 노베오카(延岡)로 이봉되었다. 아리마는
나가사키의 부교 하세가와 사효우에(長谷川左兵衛, 藤廣)가 통치하게 되

었다.

이 사건은 막부 체제의 근간이 되는 영지가 관련된 문제였고 사건 당사자인 양자가 모두 기리시탄이었던 점으로 인해 이에야스의 금교령이 단행되는 촉매제가 되었다. 이 사건을 발단으로 이에야스는 자신의 슨푸성 내 가신과 시녀들 중에도 많은 기리시탄이 있음을 알게 되었다. 이에야스는 1612년 3월 기리시탄 금교령을 내리고, 동시에 슨푸의 가신단 중 기리시탄 색출을 시작해 14명의 기리시탄 중신의 재산을 몰수하고 추방했다. 오오쿠(大奧)[5]에서 일하던 조선인 오다 줄리아가 고즈시마의 유배형에 처해진 것도 이때 일이다.

1612년에 3월과 8월에 반포된 두 번의 금교령에 의해 예수회, 프란치스코회의 많은 교회와 수도회가 파괴되었다. 이에야스의 이 금교령은 도쿠가와 막부의 조법(祖法)이라 하여 1873년까지 지속되었다.

순교 사건을 목격한 기리시탄 신자들은 크게 감동해 기리시탄 신심 단체에 앞 다투어 가입했던 반면, 이에야스는 이러한 기리시탄 세력에 위기감을 느껴 전국에 금교령을 내리게 되었다. 도쿠가와 막부의 파테렌 추방령에 따라 자보에는 나가사키에서 1614년 11월 7,8 양일에 신부와 동숙 신자 대표들을 마카오와 마닐라로 추방했다.

---

5) 장군 부인의 처소.

제17장. 게이초 금령(慶長禁令)과
기리시탄의 국외 추방

1592년 3월 조선의 침략으로 많은 이들을 죽음으로 내몰았던 도요토미 히데요시가 7년이 지난 1598년 8월 8일, 62세로 교토 후시미성(伏見城)에서 사망함으로써, 아무도 원치 않았던 이 전쟁은 자연스럽게 끝났다.

도요토미가 사망하자, 1600년 세키가하라 전투에서 승리해 전국 통일을 주도한 동군의 도쿠가와 이에야스(德川家康)가 정권을 잡았다. 그는 수도를 관동지방의 에도(江戸)[1]로 옮기고, 1603년 천황으로부터 세이이타이 쇼군(征夷大將軍)을 부여받음으로써 강력한 중앙집권적 지배체제인 에도 막부(1603~1867) 시대를 열었다.

도요토미의 '파테렌 추방령'이 아직 철폐되지 않았지만, 이에야스는 기리시탄에 대해 처음에는 온화한 정책을 펴 선교사들에게 교토와 오사카 그리고 나가사키에 거주를 허락했다. 선교사들에게 숨통을 터줌으로써 선교사를 무역과 외교정책에 다시 이용하고자 했다. 그러나 불교와 반(反)기리시탄 측근들의 책동, 일본의 신불(神佛) 신앙 그리고 막부의 중앙집권적 체제에 방해가 되어 유일신 그리스도교를 사교 및 이단으로 규정하고 단죄하게 되었다.

---

1) 현재 동경.

후시미성. 교토에 위치하고 있으며 도요토미 히데요시가 사망한 곳이다.

　1600년 4월 네덜란드 상선 리후데(Liefde) 호가 조난되어 분고에 표
착했다. 이 사건으로 이에야스는 영국인 선장 윌리엄 애덤스(William
Adams)[2]를 만나게 되고, 새로운 무역 활로를 찾던 이에야스는 애덤스
를 외교 고문으로 임명하고 그의 자문을 받게 되었다.
　이를 계기로 영국인 이후 네덜란드인이 일본에 등장하게 되었다. 이
들 모두는 기독교의 포교가 목적이 아니고, 단지 일본과의 무역만을 원
한다고 했다. 막부의 이에야스에게도 "포르투갈과 스페인은 무역을 포

---

2) 윌리엄 애덤스(William Adams 1564~1620년). 영국에서 출생했다. 소년 시절 조
　선소에서 근무하다가 훗날 영국 함대의 함장으로 활약했다. 1598년 네덜란드
　로 건너가 5척으로 구성된 네덜란드 동양 원정 함대의 항해장으로 승선하여
　태평양으로 항해 중 4척이 조난되고 그가 승선한 리후데 호는 1600년 4월 분고
　스키만의 사시우(오이타 현)에 표착했다. 중병 중인 함대 사령관을 대신해 도
　쿠가와 이에야스를 만나 신뢰를 얻어 해외무역을 열망하던 그의 외교 고문이
　되었다. 그는 이에야스로부터 미우라 반도(가나가와 현)에 영지를 하사받았으
　며 서양인으로서는 최초로 사무라이 신분을 얻었다. 미우라 안진(三浦 按針)이
　라는 일본 이름으로 바꾸고 귀화해 일본 여성과 결혼해 에도에 살았다. 안진은
　그의 직업인 항해 안내인(導船士)을 의미하는 말이다. 히라도에 영국 상관 설
　립에 힘을 기울이고 상관원으로 활약했으며 히라도에서 55세로 병사했다.

도쿠가와 이에야스. 그림. Kano Tanyu 作, 오사카성 천수각에
소장되어 있다. 출처: Wikimedia Commons.

교의 수단으로 하여 영토에 야심이 있는 반면, 네덜란드와 영국은 신교
국가로 그런 야심이 없다."고 간언했다. 이러한 배경으로 네덜란드는
1609년, 영국은 1613년에 일본으로부터 히라도에 상관의 설치를 허락
받게 되었다. 이에 따라 기존 구교의 포르투갈과 스페인, 신교의 네덜
란드와 영국 간에 종교와 무역의 갈등이 시작되었다. 이러한 갈등이 막
부의 기리시탄 금교령 발령의 큰 원인 중 하나로 작용하게 되었다.

　1605년 이에야스는 장군직을 아들 히데타다(秀忠)에게 물려주고 은
퇴 후의 거처인 스루가(駿河)의 슨푸성(駿府城)으로 옮겼다. 그러나 은퇴
이후에도 오고쇼(大御所)3)로서 중요한 사안은 직접 챙겼다.

오고쇼 도쿠가와 이에야스는 게이초(慶長) 18년인 1614년 전국적인 기리시탄 금교령과 함께 신부와 지도층 기리시탄의 국외 추방령을 내렸다. 이 금교령을 게이초 금령(慶長禁令) 혹은 파테렌 추방령이라고 한다. 이 금령은 1612년의 금교령과 함께 기리시탄 금제의 조법이 되어 이후 260년간의 기리시탄 박해의 토대가 되었다.

1614년 1월부터 교토에서 선교사의 추방과 성당의 파괴가 시작되었다. 외국 신부들은 7일 이내에 나가사키로 가 그곳에서 본국으로 귀환하라는 강력한 명령을 받았다. 그리고 기리시탄의 대표적 지도자로 관동 북부 현 이시가와(石川)현의 마에다(前田) 영지인 가나자와(金澤)에서 활동하던 다카야마 우콘(高山右近)과 일본 최초의 수녀회 '미야코의 동정녀'에게도 추방령이 내려졌다. 추방령을 받은 사람들은 4월 중순 나가사키로 후송되었다. 6월에는 아리마 나오즈미를 이봉시키고, 아리마와 시마바라를 막부직할령으로 정했으며 나가사키에서는 국외 추방을 위한 준비가 시작되었다.

마침내 11월 7일과 8일 이틀에 걸쳐 일본 각지에서 활동하던 외국인 선교사, 일본의 지도급 신자들과 수녀 등 모두 400여 명 정도가 5척의 배에 나뉘어 태워져 나가사키에서 마카오와 마닐라로 추방되었다. 3척은 11월 7일에 출범하여 마카오로 향했고 2척은 11월 8일 마닐라로 출발했다.

그중 '에스데반 데 아코스타' 호에는 일본 기리시탄의 정신적 지도자요 '그리스도 교회의 반석', '신부의 후견인'으로 불렸던 62세의 다카야마 우콘(高山右近) 일행과 우콘의 지도 사제였던 페드로 모레혼(Moreion Pedro) 신부, 그리고 일본 최초의 수녀회 '미야코의 동정녀'들이 타고

---

3) 은퇴한 쇼군의 존칭.

있었다. 그들 중에는 임진왜란 때 일본으로 잡혀와 미야코의 수도녀가 된 조선인 박 마리나와 우콘을 따라 자진 추방된 조선인 전도사 가이오도 있었다.

예수회 회원 23명, 프란치스코회, 도미니코회와 아우구스티노회 36명은 마닐라로 추방되었고, 62명은 마카오로 추방되었으며 오직 46명의 신부만이 일본에 잠복했다. 동방 항로를 통해 마카오로부터 일본으로 와서 선교했던 예수회, 그리고 서방 항로인 멕시코와 마닐라를 경유해 임진왜란 전후 일본으로 왔던 탁발(托鉢)수도회 즉 프란치스코회, 도미니코회와 아우구스티노회의 신부들 모두가 추방되었다. 이로써 이제 일본에는 목숨을 걸고 잠복해서 활동하는 소수의 선교사들만이 존재했고, 이들마저도 결국에는 모두 순교함으로서, 1644년 이후에는 공식적으로는 더 이상 신부가 일본 내에 남아 있지 않게 되었다.

이로써 일본의 그리스도교는 거의 마비 상태가 되었고, 에도 막부는 목표했던 강력한 막번 체제(幕藩體制)로 나아가게 되었다.

- 다카야마 우콘: 초기 일본 '그리스도 교회의 반석'

다카야마 우콘 유스토(1552~1615)는 타카츠키(高槻)와 아카시(明石)의 영주였다. 그는 서양 신부들과의 접촉을 통해 당시 이미 뛰어난 국제적 감각을 지녔고, 당대 일본 최고의 다도가 센노 리큐(千利休 1522~1591)의 수제자 7명 중 한 명이었다. 그러나 그는 자신의 부귀와 영화, 지위는 물론 조국 일본을 모두 버리면서까지 영원한 가치를 추구하며 이국의 땅으로 떠났다.

1614년 11월 8일 나가사키 항을 떠난 우콘은 마닐라를 신앙의 새로운 정착지로 삼았으나, 마닐라에 도착한 후 44일 만에 열병에 걸려 1615년 2월 3일, 63세의 나이로 선종했다. 그는 개인적인 지위와 명예에를 버리고 신과 인간에 대한 사랑을 최고의 가치로 추구한 인간이었다.

1587년 규슈를 평정한 직후 도요토미 히데요시는 파테렌 추방령을 내리고, 6월 19일 먼저 최측근인 우콘에게 전령을 보내 자신을 섬기려면 가톨릭 신앙을 버릴 것을 강요했다. 배교하여 기리시탄을 버릴 것인가, 아니면 전하께서 내려주신 영주의 지위를 버릴 것인가? 우콘은 조금도 주저함이 없었고 대답은 간결했다.

"저는 항상 몸과 마음을 바쳐 폐하를 섬겨왔습니다. 지금이라도 폐하를 위한다면 제 머리가 깨져 흙이 되어도 상관없습니다. 하지만 단 하나 폐하의 명령을 따를 수 없는 것이 있습니다. 그것은 신앙을 버리고 신을 배신하라는 것입니다. 설령 저의 모든 재산과 목숨을 걸고라도 그 명령에는 따를 수 없습니다. 신과의 일치야말로 우리 인간이 이 세상에 태어난 유일한 목적이자 생활의 목표이기 때문입니다. 신을 배반하는 것은 인간 스스로의 존재 의의를 말살시키는 것과 같습니다. 그리스도교를 믿는 사람들은 모두 이 사실을 염두에 두고 있습니다. 영지와 가신 양쪽 모두를 다 전하에게 돌려드리겠습니다. 폐하께서 내려주신 은혜는 바다보다 깊지만 하느님의 은총이 그보다 더 소중합니다."

그는 조금도 주저하지 않고 신앙을 선택했으며 히데요시의 무장으로서의 지위와 아카시 6만 석의 영주의 지위를 포기했다. 모두가 표면적이라도 히데요시의 명령에 복종하고, 신앙은 마음속으로 지키면 되지 않겠는가라고 권유했으나 그는 "그것은 안 될 말이며 신을 섬긴다는 것은 명실공히 신자의 도리"라고 하였다. 히데요시도 우콘을 애석해하며 우콘의 다도 스승인 센뇨리 큐를 불러 우콘을 설득하도록 명했으나 그는 설령 주군의 명령이라 하더라도 신앙을 버릴 수는 없음을 명확히 했다. 그러자 히데요시는 우콘의 영지를 몰수하고 영주권을 박탈했다.[4] 그는 자신의 영지에서 추방되었다. 그는 전날까지의 다이묘의 지위를 버리고 낭인이 되어[5] 빈곤과 영적, 정신적 가치를 찾아 나섰다.

1588년 우콘은 가나자와의 마에다 집안에 의탁하게 되며, 1614년 마닐라로 추방되기 전까지 25년간을 가나자와 교회에서 봉사했다. 처음 가나자와에는 한 명의 신자도 없었으나 1614년 우콘이 추방령으로 그곳을 떠날 때는 신부, 수도자, 동숙자와 신자들로 가득했다. 교황 식스토 5세는 일본에서의 금교령과 박해의 소식을 접하고, 1590년 4월 가나자와 교회에서 봉사하는 우콘에게 위로와 격려의 서한을 보냈다.

임진왜란 당시 조선인 포로로서, 후일 최초의 조선인 예수회 수사가 된 가이오도 우콘의 봉사자로서 가나자와에서 일하고 있었다. 기리시탄 추방령이 내려졌을 때 가이오는 일본에 머물 수도 있었지만 자진해 우콘의 봉사자로 추방되는 길을 택하였다. 우콘이 마닐라에서 선종하자 가이오는 다시 일본으로 잠입해 선교활동을 하다가 체포돼 순

---

4) 일본에서는 이를 개역(改役)이라고 한다.
5) 1587년 개역(改役)된 우콘은 유랑생활에 접어들어 하카다 만의 맞은 편 노코노시마(能古島), 유키나가의 영지인 세토나이카이의 아와지시마(淡路島)를 거쳐 무로쓰(室津)로 갔으며 이곳에서 아카시에서 떠나온 가족들과 합류했다. 우콘 가족은 무로쓰에서 소도시마(小豆島)로 건너가 고니시가 마련해준 거처에 은신했다. 1588년 고니시가 미나미비젠으로 영지가 이봉되자 고니시를 따라 그곳으로 건너갔다. 그곳에서 천주교 영주 아리마 하루노부의 영지이며 코엘료 신부가 피신해 있던 아리마 영내의 아리에(有家)로가 예수회 수련원에 머물렀다.
도요토미의 동생 히데나가(豊臣秀長)의 탄원으로 추방상태가 풀려 1588년 가족과 함께 마에다 도시이에(前田利家)의 가가(加賀)로 옮겨가 가난한 유랑생활을 보내며 추방령으로 그곳을 떠날 때까지 교회에 봉사했다. 1614년 도쿠가와의 게이초금령(慶長禁令)으로 일본에서 약 2,000km 떨어진 마닐라로 추방됐으나 도착 후 44일 만에 그곳에서 선종했다.

교했다.

다카야마 우콘은 어지러운 일본의 봉건적 전국시대를 살았으나 근대적 사고를 지닌 인간이었다. 그의 삶 모든 것은 인간과 신에 대한 사랑으로부터 시작했다. 영주의 부귀와 명성을 아무렇지 않게 내던지며, 자신이 추구했던 삶의 가치만을 바라보며 조금도 흔들림 없이 걸어간 꿋꿋한 인간이었다.

다카야마 우콘 동상. 일본 그리스도 교회의 반석으로 불렸으며, 2017년 시복되었다. 오사카 주교좌 성당 소재.

다카야마 우콘 유스토는 2017년 2월 7일 일본 오사카성 홀에서 시복되었는데 이는 교회 역사상 복자 1인을 위해 단독으로 거행된 최초의 시복식이었다. 이로써 현재 일본 가톨릭교회는 42분의 성인과 394분의 복자를 모시게 되었다.

제18장. 게이초 금령 이후 박해와 순교

1614년 기독교 금교령과 선교사 추방령이 내려지고 전국에 걸쳐 기독교인들의 단속이 이루어졌다. 많은 선교사와 일본 가톨릭의 지도자 및 신자들이 마카오와 마닐라로 추방되었다. 일본에는 46명의 신부와 수사만이 잠복했다.[1]

사제를 지망하다 마카오로 추방된 일본인 신학생들은 마카오에서 공부를 이어갔으나 마카오의 세미나리오는 일본인 학생들에 대한 편견과 자금난으로 인해 폐쇄됨으로써 더 이상 사제 양성이 어렵게 되었다. 이들은 일본으로 되돌아가거나, 토마스 킨츠바 지효우에(金鍔次兵衛)[2]

---

1) 1614년 11월 마카오와 필리핀으로 총 88명의 예수회원, 25명의 도주쿠 그리고 28명의 신학생이 추방되었으며, 미야코의 동정녀 수도회와 일반 신자들까지 합하면 그 수는 더욱 많아질 것이다. 이 중에는 박마리나, 가이오, 토마스라는 세례명을 가진 두 사람의 조선인이 있었다. 반면 27명의 예수회 신부와 일군의 도주쿠, 교리교사, 깐보(看坊-주로 기혼자들로서 마을의 교회와 신자들을 돌보던 사람)등이 죽음을 무릅쓰고 일본에 남았으며, 이들 외 7명의 도미니코회, 6명의 프란치스코회, 1명의 아우구스티노 수사와 5명의 일본인 신부가 일본에 잠복해 남았다. 이후 첫 30년 동안 혹독한 박해가 이어져 1644년에는 오직 1명의 예수회 신부만이 남아 있었다(메디나의『조선에서 가톨릭교회 그 기원』92~93쪽).
2) 그는 마카오에서 일본으로 되돌아온 후 다시 1622년 마닐라로 건너가 아우구스티노회에 입회하고 1628년 세부에서 사제로 서품 되었다. 1628년 일본으로 돌아와 사목활동 중 체포돼 1637년 아나츠리의 고문으로 37세의 나이로 순교했다.

처럼 마닐라로 다시 건너가 활로를 구하거나, 인도의 고아로 향하고 심지어 베드로 키베(岐部)[3]처럼 그곳에서 걸어서 로마로 가 사제의 문을 들어선 분들도 있었다.

도쿠가와 이에야스가 1616년 7월 사망했다. 아들 히데타다는 아버지 생전 1605년에 이미 27세 나이로 2대 쇼군으로 취임했는데, 아버지의 사망으로 슨푸-에도의 이원정치를 마감하고 1623년까지 18년간을 통치했다. 히데타다도 기리시탄을 강력하게 탄압했다. 히데타다는 1616년 9월 다시 강력한 새로운 반 천주교 포교령을 공표했고 그의 아버지보다 더 심한 박해와 기리시탄의 말살 정책을 취했다. 1619년 교토의 대순교로 50여 명이 화형에 처해지고, 1622년 나가사키 겐나(元和) 대순교로 160여 명이 넘는 신자가 순교했다. 1623년 쇼군의 지위를 아버지 히데타다로부터 계승한 이에미쓰(德川家光)는 일본 역사상 가장 강력한 통상수교거부정책을 추진했고 천주교를 가장 잔학하게 박해했다. 이에미쓰 시대인 1623년에 에도에서 70여 명이 넘게 순교했다.

〈도쿠가와 막부 초기 순교자 수〉

이에야스-히데타다 시대	1598~1613년	175명
히데타다 시대	1614~1622년	434명
이에미쓰 시대	1623~1639년	484명

도쿠가와 막부 설립 이후 3대 쇼군까지 순교자의 수를 보면 이는 도요토미 시대(1588~1598)의 28명에 비해 월등히 많은 숫자이며, 아버

---

3) 그는 1617년 마카오를 출발해 걸어서 인도, 파키스탄, 이란, 이라크, 요르단, 예루살렘을 거쳐 1620년 로마로 가 사제 서품을 받고 예수회에 입회했다. 1630년 일본으로 돌아와 사목활동 중 잡혀 1639년 아나츠리 형으로 52세에 순교했다.

지-아들-손자의 시대로 넘어오면서 박해가 보다 더 심각해지고 있음을
볼 수 있다. 이후 막부와 초기 메이지 시대까지 260여 년간 박해가 지
속되었다. 현재 일본 전체 순교자 수는 약 5만여 명에 달할 것으로 추
정되고 있다.

- 막부의 기리시탄 검색

막부는 기리시탄이 더 이상 일본에 뿌리를 내리지 못하도록 전 국민
을 대상으로 불교 신앙을 강제하고 모든 국민은 불교 신자로서 절에
자기의 적을 등록하는 단가제도(檀家制度)[4]를 확립했다. 절에 불교 신자
로 등록하는 데라우케(寺請) 제도가 시작된 것은 1614년부터였다. 절에
등록하면 절은 그 사람이 신도임을 증명하는 서류를 작성해 막부에 제
출했다. 그 서류를 슈몬아라타메죠(宗門人別帳)라고 했는데 그것은 점차
호적의 기능을 했다. 절에서는 절의 신자임을 증명하는 데라우케쇼몬
(寺請證文)이라는 증명서를 발급했고 이는 여행하거나 일자리를 찾아
도시로 이주할 때 신분증명서로서의 역할을 했다. 등록된 절을 단나사
(檀那寺)[5]로 하여 그 사람의 생사 관리를 승려에게 의탁했다. 즉 사망하
게 되면 절의 불승을 불러 그에게 장례 일체를 맡겨야 했다.[6]

절은 막부의 지원으로 신자를 노력 없이 확보할 수 있게 되었고, 막
부는 절의 덕택에 행정적인 일을 효과적으로 처리할 수 있게 되었다.

---

4) 단가(檀家)는 원래는 절에 시주하는 사람의 집을 의미한다.
5) 단나사(檀那寺)는 조상의 위패를 모신 절을 말한다.
6) 당시 기리시탄들에게 불교식 장례는 피할 수 없는 고통이었을 것이다. 기리시
   탄이 죽으면 기리시탄들끼리 먼저 간단한 의식을 몰래 행한 후 불승을 불렀다.
   그들은 불승이 독경을 외울 때 회개의 콘치리산을 외웠다. 불교식으로 화장하
   고 불교의 어계명을 받아 묘에 넣을 때 기리시탄들은 어계명을 새기지 않거나
   몰래 세례명을 새겨 넣었다.

후미에(踏繪) 제도. 나가사키에서 1628년 시작된 제도로서 처음에는 배교의 표시로 후일에는 기리시탄이 아님을 증명하기 위하여 성화상이나 나무판 혹은 청동으로 만든 성상을 밟는 모독행위를 시켰다.

불교는 점차 에도 막부의 어용 종교로 전락했다. 이러한 제도는 근본적으로 기독교가 사종문(邪宗門)이라는 생각을 배경으로 하고 있었으며, 따라서 기독교를 조금도 허락지 않는 완벽한 기독교 박멸 체제를 이루고자 하였다. 기독교는 불교의 엄격한 감시를 받았으며 이리하여 기독교의 긴 '침묵'이 이어지게 되었다.

기독교는 철저하게 감시를 받았고, 기독교인의 색출과 박해 또한 철두철미하게 행해졌다. 상소인(賞訴人) 제도,[7] 오인조련좌(五人組連座) 제도,[8] 종문인별개(宗門人別改) 제도[9] 뿐 아니라 후미에(踏繪) 제도[10]가

7) 상소인(賞訴人) 제도: 기도교인을 발견하여 고발하는 사람에게 현상금을 주는 제도.
8) 오인조련좌(五人組連座): 다섯 명으로 한 조를 만들어 감시하고, 만일 외부의 고발로 다섯 명 중 한 명이라도 기독교인으로 밝혀지면 다섯 명이 모두 연대책

1628년 나가사키에서 시작되었다.

후미에는 처음에 배교자에 대해 배교의 표시로 성화를 밟게 했으나, 후일에는 기리시탄이 아니라는 것을 증명하기 위해 성화상이나 나무판 혹은 청동으로 만든 성상을 밟는 모독 행위를 매년 신년 초에 한 번씩 실시했고 메이지 초까지 지속되었다. 후미에는 일본인은 물론 조선인과 네덜란드인 등 외국인들에게도 행해졌다.

마리아 관음

기독교 신자들은 성서는 물론 성물과 성상을 보존할 수 없게 되자, 관음, 미륵, 석가 등의 모습으로 바꿔 불상 속에 숨겨져 있는 그리스도와 마리아를 생각하며 신앙하게 되었다.

박해의 방법 또한 점차 가혹해져 참수와 효수, 십자가형(磔刑 책형), 화형 등에서 열탕 고문 아나츠루시 혹은 사카사츠루시[11] 등 보다 지능적이고 잔혹한 고문

아나츠루시

임을 지는 제도.

9) 종문인별개(宗門人別改): 기독교 신앙을 버렸다는 등록을 하고 일정 기간, 1년에 두 번 정도 심사를 받아 기독교인이 아니라는 것을 확인하는 제도.

10) 후미에(踏繪): 성화를 밟는 제도로 이날 기리시탄들은 성화가 더러워지지 않도록 미리 발을 깨끗이 씻고, 성상의 머리 부분은 피하여 될수록 살짝 밟고, 후미에 후 집으로 돌아와 콘치리산(통회)의 기도를 바치고 성상을 밟은 발을 씻어 보속으로 그물을 마셨다고 한다.

들이 시도되었다.

- 교토의 대순교

1619년(겐나 5년) 정월, 천황에게 새해 인사차 교토에 온 막부의 2대 쇼군 히데타다는 후시미성에서 미야코의 기리시탄을 체포·처형하도록 명했다. 히데타다의 금령을 받아 교토로 내려온 쇼시다이(所司)[12] 이타쿠라 카츠시게는 다이우스 초(Deus 町)[13]에 병사들을 보내 많은 기리시탄들을 체포했다. 다이우스 이외에도 기리시탄 명부를 작성해 제출하라는 명령으로 많은 신자들이 교토를 빠져나가고 63명이 체포되었다. 옥사한 8명 외 남겨진 52명은 10월 6일 교토를 방문하고 있던 히데타다의 명령으로 교토의 가모가와강(加茂川)의 로쿠조가와(六條河原)에서 십자가에 묶여 화형에 처해졌다.

교토의 대순교. 시복된 하시모토 다이뵤에(橋本太 兵衛)요한네와 부인 테클라와 자녀들. 나카야먀 마사미(中山正美) 作. 바티칸 미술관 소장.

---

11) 오물을 넣은 구멍에 머리가 들어가도록 거꾸로 매다는 고문.
12) 막부 파견의 교토 감찰관.
13) 기리시탄들이 사는 동네.

- 나가사키의 순교

나가사키에 최초의 교회인 토 도스 오스 산 토스 교회(제성인의 교회)가 1569년 건립되었다. 전국 기리시탄 금교가 발령된 1614년까지 나가사키는 '소로마'로 불리는 기리시탄의 도시였으며, 일본 서양문화의 중심지였다. 1580년 최초의 기리시탄 다이묘였던 오무라 스미타다는 나가사키를 예수회의 치교쇼(知行所)[14]로 기탁했으나, 1587년 도요토미의 규슈 정벌 후 파테렌 추방령과 함께 공령(公領)으로 몰수되었다.

나가사키의 겐나 대순교, 1662년. 그림. 작자미상. 출처: Public Domain_ Wikimedia Commons.

14) 영지.

1614년 금령이 발표되기 전까지 나가사키 주민 5만 명 대부분은 기리시탄이었고 예수회, 프란치스코회, 도미니코회와 아우구스티노회가 각각의 교회를 가지고 있었으며, 신심회를 조직하여 활동함으로써 나가사키는 온종일 기도 소리, 성가와 성당의 종소리가 울려 퍼지는 아름다운 도시였다고 한다.

선교사와 기리시탄 지도자들의 국외 추방된 1614년 이후에는 잠복한 선교사와 다시 잠입해오는 선교사들의 은신처가 되었다. 그러나 한편 영주의 배교로 인해 박해가 시작되어 1619년 11월 18일 나가사키 대순교로 조선인 코스메 다케야가 순교했으며, 1622년 9월 10일 겐나(元和 8) 대순교로 신부와 수사 55명이 니시자카에서 순교했다. 당시 조선인 안토니오 일가족이 순교했다.

- 오무라의 순교

일본 최초의 기리시탄 다이묘 오무라 스미타다의 아들 요시아키 산초는 그리스도교를 버리고 배교자가 되었고, 종내에는 박해자로 돌아섰다.

요시아키는 구마모토 영주인 가토 기요마사의 권유에 따라 배교하고 불교로 개종했고, 그의 부친이 세운 교회를 파괴하고 그 자리에 일련종의 사찰을 건립했다. 도쿠가와 막부의 반 기리시탄 정책에 순응해, 선교사들과의 모든 관계를 끊고 기리시탄의 박해로 돌아섰다.

1616년 요시아키가 죽고 아들 스미요리(大村純賴)[15] 바르톨로메오가 뒤를 이었다. 스미요리는 1617년 에도의 새로운 쇼군 도쿠가와 히데타다에게 신년 인사 차 예방했으나 그로부터 오무라 영지 내 다수의 선교

---

15) 오무라 스미요리(大村純賴 1592~1619년).

사가 잠복되어 있다는 비난을 받자 신앙을 포기하고 혹독한 박해자로 돌아섰다. 오무라로 돌아온 스미요리는 선교사를 체포해 사형에 처하라는 명을 내렸다. 4월과 5월에 걸쳐 예수회와 프란치스코회의 두 신부가 코리(郡)에서, 5월에 도미니코회의 두 신부가 무인도 다카시마에서 각각 참수되었다.

일본 최초의 기리시탄 다이묘인 오무라 스미타다의 영지는 아들과 손자대로 내려가면서 그들이 배교자와 박해자로 돌아섬에 따라 고난의 땅으로 바뀌었다. 그러나 스미타다의 다섯째 딸로 마츠우라 하사노부(松浦久信)와 결혼한 멘시아는 히라도에서 모든 것을 희생하고 신앙을 지켜나갔으며, 스미요리의 모친 막달레나와 누이 마리나도 측근 몇 명의 부인들과 함께 기도와 성찰, 단식과 고행 등 수련 생활을 수행했고 신부들도 변장하고 야간에 성내에 들어가기도 하였다.

오무라의 호코바루(放虎原)에서는 1622년 최초의 순교를 시작으로 1624년[16]과 1630년에 순교가 있었으며, 잠복 시대인 1658년 '코오리 쿠즈레'사건 때는 131명의 기리시탄이 참수되었는데 부활을 염려하여 머리와 몸체가 따로 매장되는 순교 사건이 있었다.

- 에도의 순교

1623년 8월 이에미쓰가 막부의 3대 쇼군이 되었다. 그의 재직 30년간은 철저한 금교정책과 통상수교거부정책으로 막부의 봉건제를 확립했다.

그는 장군에 취임하자마자 에도에 선교사가 잠복해 있다는 사실에

---

16) 1624년 8월 순교에는 센다이 다이묘 다테 마사무네 휘하의 하세쿠라 사절단과 함께 1613년 스페인으로 파견되었던 프란치스코회의 루이스 소테로 신부가 화형으로 순교했다.

에도 대순교, 1623년. 그림. 작자미상. www.catholic org 소장. 출처: Wikimedia
Commons.

격노했고, 선교사와 신자 등 총 50여 명을 체포했다. 그는 자신의 지위
와 단호한 기리시탄 금령을 과시하기 위해 축하 차 모여든 전국의 다
이묘와 군중들 앞에서 이들을 화형에 처함으로써 12월 8일 에도 대순
교로 50명이 순교했다. 이때 조선인 다케야 곤시치와 그의 모친이 순
교했다.

제19장. 시마바라(島原)-아마쿠사(天草)의 난

막부의 철저한 기독교 탄압과 박해에도 불구하고 그리스도인들의 단결을 과시한 것이 시마바라-아마쿠사의 난(島原-天草 亂 1637~1638)이었다. 이 난으로 시마바라와 아마쿠사의 농민 수만명이 기리시탄 영주 아리마 하루노부 프로타지오가 축성했던 하라성(原城)에서 도쿠가와 막부의 3대 쇼군 이에미츠의 막부군과 싸워 전멸하였다.

시마바라의 기리시탄 영주 하루노부가 다이하치의 수뢰사건으로 참수되고, 아들 나오즈미(直純) 미겔은 배교자로 돌아서 1614년 8월 휴가(日向)로 이봉하였다. 이에 따라 도요토미 가문의 멸망을 초래한 오사카 진에 공로가 큰 마츠쿠라 시게마사(松倉重政)가 1616년 시마바라의 새 영주가 되어 히노에(日野江)성에 입성하였다. 그는 1618년부터 7년간에 걸쳐 주민의 피땀으로 새로운 시마바라성을 축조하였다. 그의 사후 가독을 이어 받은 아들 가츠이에(勝家) 역시 가렴주구로 악명이 높았다.

고니시 유키나가가 세키가하라 전투에서 패해 사망한 후 히젠 카라츠의 영주 테라자와 히로타카(寺澤廣高)가 아마쿠사 전체의 영주가 되었다. 그는 너무나 무거운 세금을 정했고, 가라츠에서 먼 아마쿠사를 다스리기 위해 도미오카(富岡)에 축성하고 자신을 대리한 성주 미야케 토오베에(三宅藤兵衛)[1]를 보냈었는데 그는 시키와 가와치우라(河內浦) 등에서 천주교인을 심하게 탄압했다.

시마바라성. 마츠쿠라 시게마사가 7년에 걸쳐 주민의 피땀으로 축조한 성. 현재 5층의 천수각 내부에 사마바라 난의 자료가 전시된 기리시탄 관이 있다.

탄압이 심해짐에 따라 금교령이 내려진 다음 해 고츠우라(上津浦) 교회에서 국외로 추방되면서 마마코스(마르코스 페라로) 신부가 남긴 예언인 "25년후에 신의 자녀가 출현해 사람들을 구원하리라"는 구세주 출현의 기적을 바라고 있었다.

오랜 흉작이 시마바라와 아마쿠사에 계속되었음에도 불구하고 마츠쿠라 부자의 과도한 세금의 징수와 학정이 지속되자 1637년 10월 27일 무력 봉기가 일어나 시마바라와 아마쿠사 전영토로 확산되었다. 애초에는 종교적인 원인 때문에 발생한 것은 아니었지만 이후에는 종교적인 성격을 띠게 되었다. 이들 대표자의 대부분은 이봉된 영주 나오즈미를 따라가지 않고 이곳에 남아 신앙을 지켜간 고니시 유키나가와 아리

---

1) 그의 어머니는 호소카와 그라시아 부인의 자매였다. 따라서 아마쿠사·시마바라 난에 참전한 초대 구마모토의 영주 호소카와 타다도시(細川忠利)와는 사촌간이었다. 그는 혼도(本渡) 공방전에서 난군에 패전하고 할복했다.

마 하루노부의 무사와 가신들이 많았다. 고니시의 가신 마스다 진베에(益田 甚兵衛)의 아들 16세의 마스다시로 도키사다(益田四郎時貞) 예로니모의 지휘 아래 시마바라와 아마쿠사의 주민들, 주로 농민들이 합세하였다. 그는 아마쿠사 시로(天草四郎)로 불리며 예언에 나타난 구세주의 출현으로 비쳐졌다.

마시타시로 도키사다(益田四郎時貞) 예로니모.

시마바라성이 위협을 받자 중앙의 막부군이 파견되었고 봉기군은 아리마 하루노부가 축성했던 하라성(原城)으로 들어가 막부군과 대치하였다. 아마쿠사의 봉기군은 바다를 건너 시마바라의 봉기군과 합류하였다. 12월 시로는 하라성으로 들어갔다. 그들은 흰 면 옷을 입고, 성 중앙에 십자가와 '성체예배천사도'를 달고 성가를 부르며 막부군과 싸웠다. 하라성 안의 봉기군 3만 7천 명에 대해 막부의 첨예군사 12만 4천 명이 2회에 걸친 총공격에도 하라성의 탈환에 실패하자 막부는 네델란드에 협조를 구해 바다에서 포격을 가했다. 막부군은 보급로를 차단했고 1638년 2월 28일 총공격으로 하라성을 함락시켰다. 하라성의 농민 기리시탄은 소수를 제외하고 모두 학살당했다.

막부는 시마바라-아마쿠사 난의 책임을 물어 시마바라의 영주 가츠이에(勝家)에게는 죽음을 내렸고, 아마쿠사의 영주 테라자와 카다타카(寺澤堅高)에게는 영지 회수를 명했으나 그는 자결하였고 가문은 단절

성체예배천사도. 십자군 기와 잔 다르크 기와 더불어 세계 3대
성기(聖旗)의 하나로 꼽히는 아마쿠사 시로 진영의 깃발이다.
깃발 상부에는 '하늘 드높이 존귀한 성체의 신비를 찬양하소서'라
고 적혀 있다. 그림. 작자미상. 아마쿠사 크리스천 박물관 소장.
출처: Wikimedia Commons.

되었다. 시마바라는 이 소요로 주민의 85%를 잃었으며 새 영주는 사찰
과 신사의 부흥과 함께 타 영지의 주민을 이민으로 받아들이는 정책을
펴, 신앙의 땅이었던 시마바라는 이후 지금까지도 고작 몇 개의 기념성
당만을 가진 신앙적으로는 황폐해진 땅으로 남겨지게 되었다. 아마쿠
사는 1641년 막부의 직할 영지가 되었다.

　에도 막부는 이 소요를 농민들의 투쟁이라기보다는 잠복 기리시탄의
난으로 보고, 이후 기리시탄 검색을 더욱 강화하는 한편, 기리시탄의 뿌
리인 선교사의 잠입을 막기 위해 쇄국을 더욱 엄중히 하게 되었다.

　1624년 스페인과의 무역 단절에서부터 1639년에는 포르투칼 무역을

하라성 터. 나가사키 미나미 시마바라에 위치하고 있다.

데지마(出島). 그림 작자미상, 대영박물관 소장. 출처: Wikimedia Commons.

단절시켰다. 히라도에 있던 네덜란드의 상관은 1641년 나가사키로 이동시켜 데지마(出島)에 한정했고 막부 말기까지 네덜란드와 만이 통상 관계를 유지하였다.

일세기 동안 무역을 해왔던 포르투갈은 1640년 일본무역의 근거지인 마카오에서 무역 재개를 요청하기 위해 나가사키로 루이스 파에즈 파체코를 특사로 파견했으나 일본은 무역 재게를 거부하였을 뿐 아니라, 이들 포르트칼인 일행 61명을 나가사키에서 참수했고 상선도 불태웠다.

이렇듯 통상수교거부정책은 막부 정권이 사상과 사회를 통제하는 수단이 되었고, 슈몬 아라타메 제도(宗門改-기리시탄을 불교도로 개종시키는 제도)를 확립하여 이를 민중 통제의 수단으로 이용했으며 기리시탄은 사종교(邪宗敎)로 국민에게 각인시켰다. 슈몬 아라타메 제도는 에도 막부를 거쳐 메이지 초기 1873년 기리시탄 금제 타카후다(高札)의 철폐 때까지 지속되었다.

제20장. 파리외방전교회에 의한
일본 재(再)선교

일본은 1853년 7월 미국의 동인도 함대 사령관 페리(Mettew Calbraith Perry) 제독이 이끄는 미국 함대의 우라가(浦賀)에 내항을 계기로 다음 해 1584년 미·일화친조약을 체결했고, 1858년에는 미·일수호통상조약을 체결했다. 그 후 네덜란드, 러시아, 영국, 프랑스 등과도 수호통상조약을 체결하여 문호를 열게 됨으로써 200년에 걸친 막부의 통상수교거부정책은 막을 내렸다. 최초의 개항지는 하코다테(函館), 요코하마(橫浜) 그리고 나가사키였다.

당시 미국과의 조약에서 "일본에 거주하는 미국인은 스스로 자국의 종교를 신봉하고 교회를 거류지 내에 두는 것을 보장한다."라고 명시했고 일본은 이를 받아들였다. 이리하여 선교사들은 자국민의 신앙생활을 돕는다는 목적으로 일본의 상륙이 가능하게 되었다.

아시아 선교를 목적으로 활동하던 파리외방전교회는 금교 아래의 일본에 그리스도교를 재선교하고 잠복 중인 기리시탄의 발견을 그 임무로 1844년 포르카도(Forcade) 신부가 우선 오키나와에 상륙해 입국의 기회를 기다리고 있었다. 그러나 본토를 밟는 것은 불가능했다. 마침내 1859년 일본 개국을 계기로 지라르 신부(Girard 1821~1867)가 프랑스 영사관의 사제와 통역사로 일본에 상륙해 1862년 요코하마에 천주당을 건립했다. 또한 퓨레 신부(Fure 1816~1900)는 1863년 나가사키로 와서

나가사키 오우라 천주당. 사진.

거류지에 오우라 천주당의 건설에 착수했다. 오우라 천주당은 이듬해
인 1864년 프티 장 신부(Pitit Jean 1829~1884)에 의해 완성되었고 '일본
26 순교자 성당'으로 불렸다. 그러나 막부가 신앙의 자유를 인정한 것
은 거류지의 외국인이었을 뿐 일본인들에게는 인정되지 않았다. 프티
장 신부는 오우라 성당의 정면에 한자로 '天主堂(천주당)'이라는 세 글
자를 크게 써 붙였다. 프랑스 교회의 소문은 순식간에 퍼졌다.

프티 장 신부와 일본 '신자 발견' 기념 석조물. 오우라 천주당에 소재하고 있다.

- 부활: 신자 발견

나가사키 오우라 천주당이 낙성되어 프티 장 신부가 상주하게 되었는데 1865년 3월 17일 정오를 조금 지날 때 소문을 들은 우라카미 신자 10여 명이 조심스럽게 천주당을 찾아왔다.

"산타 마리아상¹⁾은 어디에 있습니까?" 그리고 "당신은 독신의 파드

---

1) 오우라 천주당에는 유명한 두 성모상이 있다. 한 성모상은 신자 발견 사건 당시 우라카미 신자들이 신부에게 "산타 마리아상은 어디에?"라고 물어봄으로써 신자 발견을 지켜본 성당 우측에 놓여 있던 '산타 마리아상'이다. 다른 성모상은 신자 발견 이듬해 우라카미의 가난한 신자들이 거금을 들고 와 "천주와 마리아께 바치는 제물입니다."라고 고하여, 프티 장 신부가 신자 발견 기념으로

오우라 천주당의 두 성모상. 신자 발견을 지켜본 '산타 마리아'(좌), 천주당 정면의 '일본의 성모'상(우)

레 이십니까?"라고 묻고 "우리들 모두는 당신과 똑같은 마음입니다."라고 신앙을 고백했다. 신부는 곧 이러한 그리스도교인의 발견을 로마에 보고했고 이 사건이 훗날 '신자 발견'이라는 이름으로 전 세계에 알려

프랑스에 마리아상을 주문해 '일본의 성모'로 명명하고 천주당 문 앞에 설치해 둔 성모상이다.

지게 되었다. 1868년 신부의 보고에 의하면 나가사키 부근에 2만 명의 그리스도교인이 있었으며 이들 중 대부분은 잠복 상태로부터 가톨릭교회로 복귀했다. 이것을 일본 그리스도교사에서는 '그리스도교인의 부활'이라고 한다.

도쿠가와 이에야스 시대의 1614년에서 그리스도교 금교 이후 1865년의 그리스도교 부활 때까지 250여 년 동안 사종문 정책으로 인해 그리스도교는 일본에서 완전히 자취를 감추었다고 생각되었다. 그러나 그리스도교는 겉으로만 사라졌을 뿐, 실은 지하로 잠복해 계속 이어져 내려오고 있었던 것이다.

비록 성사를 행할 신부는 없었으나, 그들 잠복 기리시탄 가운데서 공동체의 신앙생활을 이끌며 첨례날 등을 전하는 '쵸가타(帳方)' 세례를 부여하는 '미즈가타(水方)' 이들 사이의 연락을 담당하는 기키야쿠(聞役)등 각각의 역할을 맡은 이들이 선출돼 그들이 중심이 되어 신앙생활을 비밀리에 이어가고 있었다. 이러한 잠복 그리스도교인들이 오우라 천주당의 프랑스 신부를 찾아옴으로써 지하의 그리스도교는 드디어 지상으로 나와 다시금 원래의 가톨릭으로 돌아오게 되었다.

그러나 잠복 그리스도교인 중 일부는 가톨릭교회로 회귀를 거부하고, 금교 당시에 지켜 왔던 자신들만의 독특하고 전통적인, 즉 불교와 가톨릭 신앙이 혼합된 변형된 형태의 신앙 속에 살기를 원했고, 지금까지도 그러한 형태를 유지하고 있다. 이들을 '숨은 그리스도교인(가쿠레 기리시탄 Hidden Chritian)'이라 한다. 즉 1865년을 기점으로 '부활'한 그리스도교인을 잠복 기리시탄이라고 부르는데 반해, '부활'을 거부한 신자들을 '숨은 기리시탄'이라고 부르고 있다. 오늘날에도 규슈의 북부 히라도와 이키즈기 지역에서 이들을 만날 수 있다.

- 오우라 천주당과 조선 천주교

조선에서는 병인박해 당시 수많은 선교사와 신자들이 순교했다. 당시 훗날 조선 제 6대 교구장이 되는 리델(Ridel 1830~1884) 신부는 간신히 중국으로 피신했으나 다블뤼 주교, 위앵 신부, 오메트르 신부와 장주기회장, 황석두는 1866년 3월 30일 보령 갈매못에서 군문효수로 순교했다. 이들은 갈마 형장 부근에 매장되었으나 이후 5명의 무덤이 파헤쳐져 훼손될 위험이 높았다. 이 때문에 블랑(Blanc 白圭三 1844~1890) 부주교는 가족들이 유골을 거둔 황석두를 제외한 나머지 네 분의 유해를 그동안 안장되어있던 남포 서짓골에서 수습해 1882년 1월 오우라 천주당의 프티장 주교에게 보냈고 유골은 이국의 오우라 천주당에 안치되었다.

1883년 블랑 부주교는 나가사키로 가서 오우라 천주당의 프티 장 주교에게 주교 서품을 받았다. 이듬해 6월 리델 주교가 선종하자 블랑 주교가 조선 대목구장직을 승계하게 되었다. 조선도 1882년 미국과 수호통상조약을 맺었고 이후 신앙의 자유가 보장돼 1894년 5월 22일 오우라 천주당에 안치되었던 유해는 다시 조선으로 되돌아왔다. 일본의 잠복 신자들을 발견한 오우라 천주당은 우리와는 이렇게 관계를 맺고 있다.

- 신자 발견 후 상황

우라카미에 잠복하고 있던 기리시탄들은 선교사와 접촉 후 공공연하게 기리시탄 신앙을 표명하기 시작했다. 1867년 우라카미에 한 기리시탄이 죽었을 때 관할 절 단나데라의 승려가 입회하지 않은 상태로 장례를 치르게 되었고 이를 계기로 우라카미 기리시탄은 단나데라와의 관계를 끊겠다고 신고하기에 이르렀다. 이는 테라우케(寺請) 제도를 따르지 않겠다는 취지로 막부의 중요 정책을 거역하는 것이었다.

1867년 7월 15일 나가사키의 부교소(奉行所)2)의 병사들이 비밀성당 중 한 곳인 산타마리아 당에 들이닥쳐 68명이 체포되었다. 옥중에 갇힌 이들은 심한 고문을 받았고 외국 공사들은 이를 종교 탄압이라며 막부에 강하게 항의했다. 계속되는 고문으로 대부분은 개종을 약속하고 석방되었으나, 마을에 돌아가서는 개종을 취소하는 서류를 제출하는 사람들이 속출했다. 이것이 '우라카미 4번 쿠즈레'의 시작이었다.

- 초기 메이지 정부에서의 천주교

우라카미 기리시탄 문제가 해결되지 않은 채, 도쿠가와 막부는 거대한 역사적인 사건에 휘말리게 되었다. 막부의 15대 장군인 도쿠가와 요시노부(德川慶喜)가 1867년 10월 14일, 정권을 천황에게 반환하는 소위 대정봉환(大政奉還)을 단행했다. 이에 따라 24일에는 장군직을 사임했고 12월 9일에는 왕정복고가 선언됨으로써 265년간의 에도 막부 시대가 막을 내렸다. 이날 요코하마에서는 파리외방전교회의 일본 최초의 주교이며 초대 교구장이었던 지라르 바르톨로메오(1821~1867) 주교가 선종했다.

1868년 1월 1일 메이지 천황은 에도성으로 옮겨가고 메이지 정권이 시작되었다. 에도를 도쿄로 개칭하고, 천황을 정점으로 하는 제정일치의 정신으로 신도(神道)국가주의를 표방했다. 그러나 기존의 종교정책에는 아무런 변화가 없었다. 메이지 정권은 막부의 기리시탄 정책을 그대로 계승해 나갔다. 3월에는 태정관(太政官)3)으로부터 기리시탄 금제

---

2) 막부가 직할지를 담당하기 위해 파견한 관리를 부교(奉行)라고 하며. 부교가 그 직무를 시행하는 행정관청을 부교소라고 한다.

3) 태정관(太政官)은 메이지 국정의 최고기관을 말한다.

고찰(高札)이 또다시 게시되었다. 이로 인해 우라카미의 기리시탄은 네 번째의 박해를 받게 되었고 이를 '우라카미 네 번째 쿠즈레(崩壞)'라고 한다.

5월의 오사카 혼간지(本願寺)의 어전 회의에서 우라카미 기리시탄 부락민을 서일본 각지로 분산해 유배한다는 총 유배정책이 채택되었다. 이에 따라 1868년 7월 중심인물 114명이 증기선으로 세 곳-하기(萩), 쓰와노(津和野), 후쿠야마(福山)-으로 유배되었다. 1870년 남은 신자 3,394명도 각지로 유배되어 우라카미 마을 전원이 22개 지역으로 나누어 이송되었다. 우라카미 기리시탄은 이 유배를 다비(여행)라고 불렀다.[4] 외국의 외교관들은 우라카미 기리시탄의 강제 유배 결정에 대해 메이지 신정부에 강하게 항의했으나 받아들여지지 않았다.

메이지 정부는 1872년 4월 22일 서구 문물을 시찰, 조사하고 서구와의 불평등조약 개정을 위한 예비교섭을 목적으로 메이지 정부를 대표하여 이와쿠라(岩倉) 사절단을 구미 제국으로 파견했다. 단장에는 이와쿠라 토모미(岩倉具視), 부단장으로는 이토 히로부미 그리고 유신 삼걸 중 두 사람인 기토 타가요시(木戶孝允), 오쿠보 도시미치(大久保利通)등 50여 명이 요코하마를 출발했다.

이와쿠라 사절단은 미국 도착부터 종교 문제로 난관에 봉착했다. "신앙의 자유 없이는 어떠한 대등한 조약 체결도 있을 수 없다."는 미국 측의 주장에 대해 일본은 "이 문제는 국내 문제임으로 외국과는 관계가 없다."고 주장했다. 연이은 유럽의 영국, 프랑스, 독일, 이탈리아, 벨기에 등 12개국 탐방 때에도 종교 탄압이 문제로 대두되고, 가는 곳

---

4) 우라카미 네 번째 쿠즈레(崩壞)에 대한 당시 상황은 엔도 슈사쿠(遠藤周作)의 소설 「여자의 일생」에서 잘 묘사되어 있다. 홍성사에서 공문혜 역으로 출간되었다.

마다 신앙의 자유를 허락하라는 거센 항의를 받았다. 구미 순방사절단으로부터 외국과의 조약 개정을 위해서는 기리시탄의 탄압을 중지하고 신앙의 자유를 인정하지 않으면 안 되겠다는 전보 요청을 연일 받게 되자 메이지 정부도 어쩔 수 없이 정책을 변경하지 않을 수 없게 되었다. 사절단은 구미의 문명국가에서는 종교의 자유가 기본적인 바탕임을 보고 체험하게 된 것이다.

드디어 1873년 2월 24일 메이지 정부는 그리스도교를 인정하게 된다. 이는 태정관의 포고문에 의해 금교령 판 코우사츠를 철거함으로써 이루어졌다. 포고문은 "종래의 고찰(高札)의 건은 일반인이 잘 숙지하고 있으니, 향후 이를 철폐 한다."는 단순한 한마디로, 286년간의 금제가 풀리고 종교

세계문화유산으로 등재 축하 광고판

의 자유가 용인되었던 것이다. 그러나 신앙의 자유가 보장되었다기보다는 단지 묵인되었을 따름이었다.

3월 14일 우라카미 이종도 귀적(異宗徒 歸籍)의 명령이 내려지고 전국 22개소에 유배된 우라카미 기리시탄은 고향으로 돌아왔다. 1872년 다비에서 살아 돌아온 우라카미 기리시탄은 2,905명이었다. 태정관에 보고한 1873년의 자료에 의하면 1868년부터 전국에 유배된 우라카미

기리시탄은 3,394명이었다. 유형지에서 출생한 자가 163명, 탈출자 14명, 현지 사망자는 614명이었다.

일본은 1889년 2월 11일 대일본제국 헌법을 공표함으로써 신앙의 자유를 법적으로 확실하게 보장했다. 이는 우리나라에서 신앙의 자유가 공포된 1886년의 3년 후의 일이었다.

〈한국-일본 그리스도교사 비교〉

한 국	일 본
	1614년 도쿠가와 막부 금교령
	1633년 통상수교거부령
	1637년 시마바라-아마쿠사의 난
	1644년 최후의 잠복 사제 고니시 만쇼 순교
	1657년 오무라 대순교
1784년 이승훈 세례	
1791년 신해박해	
	1797년 소토메 기리시탄 3천여 명 고토 이주
1801년 신유박해	
1827년 조선대목구 설정	
1836년 파리외방전교회 샤스탕 신부 내조	
1839년 기해박해	
1846년 병오박해	
	1857년 파리외방전교회 사제 프링스 영사관 관리와 함께 방일
	1865년 우라카미 천주당 헌당. 신자 발견
1866년 병인박해	
	1867년 우라카미 4번 박해
	1873년 기리시탄 금제고찰 철폐와 신앙 묵인
1886년 한불수호조약 신앙의 자유	
	1889년 제국 헌법을 공포함으로써 신앙의 자유
1897년 대한제국성립	
1906년 한일합방	

1614년 기리시탄 금교령 발표된 후 250년이 지난 1865년 오우라 천주당에서 가톨릭 신자를 다시 발견하게 됨으로써 250년 이상 잠복되어 왔던 그리스도교의 기적적인 부활을 맞이했다. 그리고 2015년은 신자 발견 150주년이 되는 해였다. 이를 계기로 일본은 나가사키와 아마쿠사 지방의 잠복 그리스도교 관련 유산을 유네스코 세계문화유산으로 등재코자 했으며 2018년 드디어 〈나가사키 교회군과 그리스도교 관련 유산〉이 정식으로 유네스코에 세계문화유산으로 등재되었다.

- 기리시탄 시대에 활동한 수도회의 재(再)포교

**예수회

1549년 프란치스코 하비에르의 내한으로 일본에 처음으로 선교를 시작한 예수회는 1614년 '파테렌 추방령'으로 마닐라와 마카오로 추방되었으며 21명의 신부와 수사 수십 명이 잠복하여 사목활동을 펼쳤다. 이후 250년간 잠복 기리시탄의 상태로 신앙을 지켜나갔다.

이 시기 동안 조선인 예수회 수사로 가이오와 권 비센테가 순교했으며 현재는 일본의 복자위에 있다.(일본 내 조선인 신자들의 박해와 순교 편 참조)

1642년 루비노 1차 선교사들과 조선인 동숙 토마스가 잠입했으나 모두 순교했고, 1643년에 잠입한 루비노 2차 신부 10명은 모두 체포된 후 배교로 끝났다. 예수회의 마지막 신부 고니시 만쇼가 순교한 1644년 이후에는 일본에 한 명의 신부도 없는 상태가 되었다.

1708년 이탈리아의 시돗치 신부가 마지막으로 일본에 잠입 즉시 체포되었고 1714년에 지하 감옥에서 순교함으로써 예수회의 일본 선교는 완전히 중단되었다. 1773년 예수회가 해산하기까지 일본 예수회관구는 마카오에 있었다. 예수회의 일본 선교가 다시 시작된 것은 1908년이며 1913년 도쿄에 상지대학(上智大學)을 설립했다.

**프란치스코회

프란치스코회는 1593년 마닐라 관구로부터 히라도로 건너와 일본 선교를 시작했다. 도쿠가와의 금교령 아래에서도 활발한 선교활동을 하였고 1597년에 6명의 사제(성인)가 순교했다.

도쿠가와의 에도 입성에 따라 수도 에도의 선교에 집중했으며 특히 소텔로 신부는 센다이의 영주 다테 마사무네와의 친교로 도호쿠 지방으로까지 전교 지역을 넓혔다.

1614년 파테렌 추방령으로 6명이 일본에 잠복하여 활동했으며 1639년 베르나르도 오소리오 신부의 순교 후 더 이상의 선교활동은 중단되었다. 1907년부터 다시 일본 선교를 시작하였으며 1930년에는 콜베 신부가 일본으로 건너와 사목활동을 수행한 바가 있다.

**도미니코회

1600년 교황 클레멘스 8세는 예수회외 다른 수도회도 일본에서의 선교를 허락했다. 도미니코회는 필리핀의 로자리오 관구에서 파견되어 1602년 7월 가고시마에서 선교를 시작했다. 1614년 파테렌 추방령으로 7명이 일본에 잠복하여 활동했으며 이후 박해 중에도 잠입해 선교를 시도했으나 1637년 곤잘레스 안토니오 신부(성인) 순교 후 일본의 선교활동이 중단되었다. 1637년까지 도미니코회와 관련하여 회원 중 57명과 동숙 등 186명이 순교했다. 이들 중 1619년에 순교한 다게야 코스메와 1633년 순교한 수사 요한네 요뵤에(與兵衛)가 조선인이었다(일본 내 조선인 신자들의 박해와 순교편 참조). 1904년부터 다시 필리핀의 로자리오 관구의 도미니코회가 일본 선교를 재개했다.

**아우구스티노회

아우구스티노회는 1602년 히라도에 내항했으나 박해가 시작되어 분고 우스기(臼杵)로 옮겨 본격적인 전교를 시작했다. 1612년에는 나가사키, 오무라로 진출하여 활발히 선교했다. 1614년 파테렌 추방령으로 활동이 중단되었으나 그 후 계속 잠입하여 선교를 시도했다. 아우구스티노회 일본 마지막 순교자는 일본인 킨츠바 지효우에(金鍔 次兵威 복자)로 1637년 순교 후 일본 선교활동이 중단되었다.

1630년 순교한 루이스 데 산 미겔 하치로(八郞)는 조선인으로서 감옥에서 아우구스티노회 회원으로 서원했다(일본 내 조선인 신자들의 박해와 순교편 참조). 아우구스티노회는 1952년부터 다시 일본 선교를 재개했다.

1614년 기리시탄 금교령 발표된 후 250년이 지난 1865년, 오우라 천주당에서 가톨릭 신자를 다시 발견하게 됨으로써 250년 이상 잠복해 왔던 그리스도교의 기적적인 부활을 맞이했다. 그리고 2015년은 신자 발견 150주년이 되는 해였다. 이를 계기로 일본은 나가사키와 아마쿠사 지방의 잠복 그리스도교 관련 유산을 유네스코 세계문화유산으로 등재코자 하였으며 2018년 드디어 「나가사키 교회군과 그리스도교 관련 유산」이 정식으로 유네스코에 세계문화유산으로 등재되었다.

일본 천주교회사 연표

1. 전래와 번영

1534년   예수회 창립.
1540년   예수회가 요한 바오로 3세에 의해 공식적인 수도회로 승인.
1549년   프란치스코 하비에르, 가고시마(鹿兒島) 상륙.
1550년   하비에르, 히라도(平戶)선교.
1551년   하비에르, 인도 고아로 돌아감.
1552년   하비에르, 중국 광동(廣東)앞 상촨다오(上川島)에서 47세로 선종.
1559년   가스파르 빌레라 신부, 교토로 파견.
1560년   무로마치 막부 쇼군 아시카가 요시테루(足利義輝)로부터 포교 허
         가 획득.
1562년   오무라 스미타타(大村純忠), 요코세우라 개항.
1563년   오무라 스미타타 세례, 일본 최초의 기리시탄 다이묘가 됨.
         오사카 지역에서 다카야마 히다노카미, 유키 타다마사 세례.
1565년   빌렐라 신부, 교토에서 사카이(堺)로 추방.
1566년   루이스 알메이다, 고토 선교.
1568년   오다 노부나가, 아시카가 요시아키(足利義昭)를 교토에서 막부의
         15대 쇼군에 등극케 함.
1569년   루이스 프로이스 신부, 교토로 귀환. 노부나가 선교 허가.
         빌레라 신부, 나가사키에 최초 토도스 오스 산토스 성당 건립.
1570년   오무라 스미타다, 나가사키 개항.
1576년   교토에 난반지(南蠻寺) 성모승천 성당 건립.
1578년   오토모 소린(大友宗麟) 세례.
1579년   순찰사 알렉산드로 발리냐노 구치노츠(口之津) 상륙.

1580년	아리마, 아즈치에 세미나리오 설립.
	오무라 스미타다, 예수회에 나가사키, 모기(茂木) 기증.
	아리마 하루노부(有馬晴信)세례.
1582년	덴쇼견구소년사절 나가사키 출발.
	오다 노부나가, 혼노지(本能寺)의 변으로 사망.
1583년	오사카 난반지 성당 건설.
1584년	덴쇼견구소년사절, 스페인에서 필리페 2세를 만남.
1585년	덴쇼견구소년사절, 교황 그레고리오 13세를 접견.
	도요토미 히데요시(豊臣秀吉) 관백(關白)에 취임.
1587년	토요토미, 파테렌(伴天連) 추방령(덴쇼天正 금교령) 반포.
	오무라 스미타다, 오토모 소린 사망.
1588년	토요토미, 나가사키를 직할령으로 함.
1590년	덴쇼견구사절 나가사키로 귀국.
1593년	프란치스코 수도회 베드로 바우티스타 블라스케즈 입국. 일본 선교 시작.
1596년	스페인 선박 산 펠리페 호(San Felipe) 시코쿠 도사(土佐)에 표착.
1597년	26 성인 순교.
1588년	히데요시 후시미성에서 사망.
1600년	세키가하라(關係原) 전투.
	영국인 윌리엄 애덤스, 일본 표착.
1601년	세르게이라 주교, 성모 승천 교회 설립.
	치지와 미겔, 예수회 탈퇴.
1602년	도미니코회, 시마츠령에서 선교.
	아우쿠스티노회, 일본 선교 시작.
1603년	도쿠가와 이에야스(德川家康), 에도 막부 설립 초대 쇼군 취임.
1605년	도쿠가와 히데타다 2대 쇼군 취임.
1606년	오무라 요시아키(大村喜前) 배교.
1608년	나카우라 율리아노 사제 서품.

2. 박해

1609년	나가사키에서 포르투갈 선박이 아리마 하루노부에 의해 격침.
1612년	오카모토 다이하치 사건, 막부령에 금교령 선포.
	아리마 하루노부 참수.
1613년	다테 마사무네(利達正宗), 하세쿠라 츠네나가(支倉常長) 견구사절단 파견.
1614년	기독교 금교령(慶長禁令)을 선포. 선교사 추방.
	다카야마 우콘(高山右近), 마닐라로 추방.
	아리마 나오즈미(有馬直純), 휴가(日向)헌봉.
1615년	오사카 여름의 진 발발. 도요토미 히데요리 오사카성 함락으로 자결.
1616년	도쿠가와 이에야스 사망.
	외국 선박의 기항지를 히라도와 나가사키로 제한.
	마츠쿠라 시게마사(松倉重政), 시마바라 영주가 됨.
1618년	시게마사 시마바라성 축성 시작.
1619년	현상금으로 그리스도교 신자 적발 시작.
	10월 6일 교토 대순교.
	11월 18일 나가사키 대순교. 조선인 코스모 다케야 순교.
1622년	겐나(元和) 대순교 신부, 수사 55명 니시자카에서 처형.
	일본 최초의 신부 기무라 순교.
	조선인 코라이 안토니오(Antonio)일가. 부인 마리아, 아들 요한과 베드로 순교.
	코스메 다케야의 부인 이네스와 아들 프란치스코 순교.
1623년	도쿠가와 이에미쓰(德川家光) 3대 쇼군 취임.
	에도(江戶) 대순교. 조선인 레오 다케야 곤시치와 모친 마리아 순교.
1624년	스페인과 단교.
1627년	운젠 지옥 고문 시작.
1628년	후미에(踏繪)시작.
1629년	나가사키 부교 다케나카, 기리시탄 탄압 강화.
1630년	시게마사 사망. 아들 카츠이에(勝家) 계승.
	전국 다이묘에게 슈몬 아라타메(宗門改)를 매년 실시 명령.
1633년	나카우라 율리아노 나가사키에서 순교.

페레이라 배교하여 사와노 주앙(澤野忠庵)으로 개명.

1635년   일본인의 해외 출입국 전면금지.

1636년   데지마(出島)완성. 포르투갈인 이주.

1637년   시마바라-아마쿠사 난(島原-天草) 발생.
          루비노 제1단 순교.

1638년   시마바라-아미쿠사의 난 종결.

1639년   포르투갈 선박 입항 전면 금지- 쇄국 완성.

1640년   무역 재개 요구하는 포르투갈인 61명 처형.

1641년   네덜란드 상관을 히라도에서 데지마로 옮김.

1643년   루비노 2단 배교.

1644년   마지막 사제 고니시(小西) 만쇼, 교토에서 순교.

3. 잠복

1657년   오무라 고리(郡) 쿠즈레(崩壊)-400여 명 처형.

1660년   분고(豊後)쿠즈레-1682년까지 220명 처형.

1661년   노비(濃尾)쿠즈레-1665년까지 200명 처형.

1708년   죠바니 밥티스타 시돗치(Sidotti)신부, 사츠마 야쿠시마로 밀입국.

1709년   아라이 하쿠세키, 시돗치 신부 심문-4차 심문.

1790년   우라카미 1차 쿠즈레-1795년까지 19명 체포했으나 증거 불충분으로 방면.

1805년   아마쿠사 쿠즈레-약 5.000명 체포, 후미에 실시 후 방면.

1842년   우라카미 2차 쿠즈레-쵸가타(帳方) 등 주요 지도자 체포-전원 석방.

1856년   우라카미 3차 쿠즈레-밀고로 쵸가타 등 다수의 지도자가 검거-키치조만 옥사.
          18세기말 이후 소토메의 잠복 기리시탄이 카미코토, 시모고토, 쿠로시마, 자키시마, 히라도 등으로 이주, 이주자와 기존 거주자 사이에 마찰 발생하여 신앙 단속.

4. 부 활

1853년   미국 페리 제독, 우라가(浦賀)에서 개국 요구.

1854년   에도 막부, '일미화친 조약' 체결.

1857년   네덜란드 상관장의 요구, 부교 아라오가 후미에 폐지를 명령.

1858년   5개국과 수호통상조약체결, 무역개시 결정.

1862년   1597년 나가사키 26 순교자 시성.

1865년   신자 발견-기리시탄의 부활.
            오우라 천주당 헌당식(2월 19일). 잠복 기리시탄이 프티장 신부에게 신앙고백(3월 17일) 이후 3년간 우라카미에 4개의 비밀 경당을 설립하고 신부를 초대하여 세례를 행함.

1867년   일본 순교자 205위 로마에서 시복, 우라카미 욘반(4차) 쿠즈레, 대정봉환(大政奉還)으로 메이지 유신정부 성립.

1868년   메이지 왕정복고를 선언.
            우라카미 기리시탄 전원을 유배하기로 결정,
            외국의 반발로 일부 114명을 세 곳-하기(萩), 쓰와노(津和野)와 후쿠야마(福山)로 유배-'다비' 시작.

1870년   우라카미 기리시탄 3394 명을 20개의 유형지(流刑地)로 유배.

1871년   이와쿠라(岩倉) 사절단 구미 출발.

1873년   기리시탄 금지제도 안내판 고사츠(高札)철거.
            유배된 기리시탄 귀환.

1889년   대일본제국 헌법 반포- 신앙의 자유 인정.

1987년   토마스 니시 등 16명 시성.

2008년   베드로 키베 등 188명 시복.

2017년   다카야마 우콘 유스토 시복.

2018년   〈나가사키 교회군과 그리스도교 관련 유산〉 유네스코에 세계유산으로 등재.

제2부
임진왜란과 천주교 전래

제21장. 임진왜란·정유재란 다시 보기

임진왜란(壬辰倭亂)은 일본의 조선 침략으로 시작된 한반도 역사상 가장 참혹한 전쟁이었다. 엄밀한 의미의 조선 전쟁은 세분하여 임진왜란과 정유재란(丁酉再亂)으로 나누어 볼 수 있다. 일본에서는 분로쿠-게이초오노 에기(文祿-慶長의 役)라고 하여[1] 일본 내전 정도의 수준으로 표현하고 있다. 도요토미 시대에는 이를 당입(唐入 가라이리), 에도(江戶)와 메이지(明治) 시대는 조선 정벌(朝鮮征伐), 쇼와(昭和) 시대는 성전(聖戰)이라고 부르기도 했다. 조선 출병(出兵)이라는 용어도 사용되는데 이는 일반화된 도전적 표현이다.[2] 한편 명나라는 만력조선역(萬曆朝鮮役)이라 칭했다.

임진왜란과 연이은 정유재란은 조선 개국 200년째이자 선조 25년인 임진년 1592년 4월 13일 일본군의 부산 상륙으로부터 1598년 무술년 11월 일본군의 철수까지 무려 7년간 지속된 전쟁이었다.[3] 이 전쟁에는

---

1) 덴쇼(天正)-분로쿠(文祿)-게이초(慶長)는 일본의 연호이다. 임진왜란이 일어난 1592년 일본은 덴쇼(天正)시대가 끝나고 분로구(文祿)시대가 시작돼 1596년까지 지속되며, 게이초(慶長)시대는 이후 1596년부터 1615년까지이다. 당시 중국은 명(明)의 신종 만력제가 통치하고 있었다. 한편 만주 여진의 누르하치가 1583년 거병·독립해 만주전역을 통합해 가고 있었다. 그는 1616년 칸(태조)에 등극하며 국호를 후금(後金)으로 했고 이후 1636년 태종 때 청(淸)으로 바꿨다.
2) 이종락. 『성웅 이순신 그리고 일본성 왜성』 한성인쇄, 2010년, 190쪽.

동아시아 3국의 50만 명의 대병력이 투입되었으며 20세기 초 러일전쟁 이전까지 300여 년 동안 동아시아에서 일어났던 전쟁 중 가장 그 규모가 컸던 국제전이었다.

당시 역사적 인물들의 연령을 보면[4] 조선의 조정과 장수들은 일본 침략군에 비해 훨씬 고령이었음을 알 수 있다. 일본군 총사령관으로 참전한 비젠(備前)국 오카야마죠(岡山城)의 성주 우키타 히데이에(宇喜多秀家)는 약관 21세(혹은 19세라고도 함)의 청년이었으며 선봉장인 고니시 유키나가와 가토 기요마사는 각각 40세와 31세, 제3군의 구로다 나가마사는 25세의 젊은이였다.

〈임진왜란 당시 조선과 일본의 주요 인물들의 연령〉

(단위: 나이_세)

조선			일본		
조정 및 관군	의병	명호옥 재진	조선침략 분대		
선조 41	곽재우 41	도요토미 히데요시 56	우키타 히데이에 21		
유성룡 51	정인홍 59	도쿠가와 이에야스 50	고니시 유키나가 40	소 요시토시 25	
이순신 48	고경명 60	마에다 도시이에 55	가토 기요마사 31	나베시마 나오시게 55	
김성일 56	김천일 57	우에스기 가게카쓰 38	구로다 나가마사 25	구로다 요시타카 47	
권율 57	조헌 49		시마즈 요시히로 58	하치스카 이에마사 34	
김명원 60	정문부 31	이시다 미츠나리 33	후쿠시마마사노리 32	고바야카와 다카카게 60	
			모리 데루모토 40	토도 타카토라 37	

3) 일본의 마지막 군대가 조선을 떠난 것은 기록상으로는 1599년 1월로 나타나 있다.
4) 누키이 마사유키(貫井正之). 『秀吉が勝てなかった朝鮮武將 히데요시가 이길 수 없었던 조선 무장』 同時代社, 1992년.

- 일본의 조선 침략

최선봉대인 제1군의 고니시 유키나가는 1592년 4월 4일 히젠 나고야를 출발했다. 이키도를 거쳐 쓰시마에 후속으로 도착한 700척이 넘는 선박을 거느리고 4월 13일(양력 5월 23일) 조선을 침략했다.

**부산진성/ 동래성 전투(1592년 4월)

4월 13일 부산포에 상륙한 고니시 유키나가의 제1군은 이날 밤 절영도(絕影島)에 머물렀다. 다음 날 4월 14일 새벽 부산진성에서 첫 전투가 일어나 전투 2시간 만에 성이 함락되었고, 부산진 첨절제사 정발(鄭撥)이 전사했다. 왜군은 계속해서 첨사 윤흥신(尹興信)이 결사 수비한 다대포진성을 공격하여 점령했다. 다음 날인 4월 15일, 동래성이 함락되고 동래부사 송상현(宋象賢)이 사망했다. 이후 왜군은 조선 관군의 저

부산진 첨절제사 정발(鄭撥)동상

부산진 순절도

항을 거의 받지 않고 중로를 택해 북상을 계속했다.

고니시로 부터 이러한 전투 상황에 관한 서신을 받은 히데요시는 "고니시는 천하에서 가장 충성스럽고 용감한 무장이며 그를 내 아들로 간주한다. 마치 죽은 내 아들이 그에게서 되살아 나온 것 같다."고 기쁨을 토로했다.

이후 가토 기요마사. 나베시마 나오시게 등의 제2군, 구로다 나가마사, 오토모 요시무네 등 제3군도 속속 조선에 상륙했다.

**일본군의 한양 점령(1592년 5월 3일)

4월 25일 상주에서 순변사 이일이 패배하여 충주로 철수했다. 보름 후인 4월 29일 충주 탄금대 전투에서 맹장 신립 장군의 기병대가 고니시군에 의해 궤멸돼 충주 방어선도 붕괴되었고 신립은 자결했다. 신립의 패전 소식에 한양은 피난으로 텅 비게 되고 일본군은 아무런 저항 없이 부산 상륙 불과 20일 만인 5월 3일에 무방비의 한성에 무혈 입성했다.

선조는 4월 30일 평양으로 피신했다. 도망가는 선조에게 백성들은 욕을 하며 돌을 던졌다. 교자꾼들이 도망쳐 비빈들은 걸어가야만 했다. 궁인들은 모두 통곡하며 뒤 따라갔으며 종친과 호휘하는 문무관의 수가 채 백 명도 되지 않았다. 벽제관에서 점심에 왕과 왕비의 반찬은 준비되었으나 동궁은 반찬도 없었다. 궁궐은 백성들에 의해 불탔다.

조선 침공이 너무 쉽게 진행되자 일본은 대마도와 이키 섬에 예비대로 두었던 제8군과 제9군 모두를 조선에 투입했다. 남은 전력을 모두 투입해 전쟁을 빨리 끝내고자 했던 것이다. 이로써 일본의 병력은 17만 명에 이르게 되었다.

남한 전역이 전라도를 빼고 모두 일본에 점령되었다. 육전의 참패와는 달리 해전에서는 이순신의 좌수영 함대가 1592년 5월 한양이 함락된 지 닷새 후 임진란 최초로 옥포해전에서 승리를 거두었다.

한양이 함락되자 영의정 이산해가 파직되고, 좌의정 유성룡이 영의정으로, 우의정 최흥원이 좌의정, 윤두서가 우의정이 되었다. 유성룡은 전쟁 내 영의정으로서 전쟁 종결에 큰 공을 세운다. 후일 평양을 버리고 의주까지 도망친 한심한 선조는 명에 망명하고자 하였고 이를 강력히 만류한 유성룡은 이로 인해 전쟁의 말미에 선조에 의해 쫓겨나는 보복을 당하게 된다.

다행히 이치(梨峙)와 웅치(熊峙)전투에서의 승리로 일본군의 전라도 침공을 저지한 전주의 조선군 4만 명은 온양에서 하삼도의 군대와 합류하며 5만 명에 달했는데 숫자는 많았으나 훈련이 안 된 오합지졸이었다. 6월 6일 용인에서 와키자카 야스하루(脇板安治)의 수하 정예병 천 명에게 5만 명의 조선군은 산이 무너지듯 처참하게 무너졌다. 천연의 강력한 방책이었던 임진강은 황해도와 평안도의 관군 정에 연합 병력에 의해 맡겨졌으나 이 임진강 방어선도 어이없이 무너졌다. 임진강 방어선이 붕괴되자 선조는 조정을 세자인 광해군과 둘로 나누었다. 하나가 잡히더라도 하나는 살아남아야 한다는 판단이었다.

한편 도요토미는 6월 3일 조선에 출병한 일본군을 감독하기 위해 이시다 미츠나리(石田三成), 마시타 나가모리(增田長盛), 오다니 요시츠구(大谷吉繼)의 이른바 3봉행(奉行)을 조선에 파견했다.

평양성 함락(1592년 6월 15일)

일본군이 황주로 진격해오자 선조는 다시 평양을 버리고 다시 북으로 향했다. 백성들이 도끼와 몽둥이로 선조를 가로막고 병조판서는 몽둥이에 얻어맞아 말에서 떨어졌다. 길을 막는 백성 몇을 목 벤 후에야

선조는 겨우 도망 길에 오를 수 있었다.

부산 상륙 두 달 만인 6월 15일 고니시 유키나가가 이끄는 제1군에 의해 평양이 함락되었다. 한양이 함락된 지 불과 한 달 보름 만에 일본군은 평양에 무혈 입성했다.

가토 기요마사가 이끄는 제2군은 개성에서 고니시의 제1군과 나뉘어 함경도로 북진했다. 가토가 함경도로 진격해 들어가자 백성들은 회령까지 쫓겨간 두 왕자 임해군(臨海君)과 순화군(順和君) 그리고 수행했던 조정의 대신들을 붙잡아 일본군에게 넘겼다. 당시 전주에서 회령으로 귀양 와 있던 국경인(鞠景仁)은 두 왕자와 부인 및 하졸, 회령부사 등 20여 명을 가토에게 넘기고 그는 북병사(北兵史 함경북도 병마절도사)로 임명을 받았다. 멸시받던 서북지방 백성들의 조정에 대한 원한과 보복이었다.

제3군의 구로다 나가마사(黑田長政)는 황해도로 북진했다. 일본의 조선 침략은 문자 그대로 파죽지세의 형국이었다. 도요토미는 조선을 팔도 국할(八道國割)하여 왜장들이 점령 대관 통치하도록 했다. 고니시 유키나가의 제1군은 평안도, 가토 기요마사의 제2군은 함경도, 구로다 나가마사의 제3군은 황해도, 모리 요시나리(毛利吉成)의 제4군은 강원도, 후쿠시마 마사노리의 제5군은 충청도, 고바야카와 다카카게의 제6군은 전라도, 모리 테루모토의 제7군은 경상도, 우키타 히데이에(宇喜多秀家)의 제8군은 경기도를 맡겨 통치하게 했다.

평양에서 영변으로 피신한 선조는 명으로 망명의 뜻을 밝혔다. 선조의 망명 요청으로 대신 이항복은 요동 총독의 관사에 가서 땅에 엎드려 재배하고 망명을 조르고 애원하는 치욕적인 장면을 연출했다. 좌의정 윤두수는 용천에서 선조의 말고삐를 부여잡고 망명을 말리며 선조에게 '필부'라는 극언을 서슴지 않았다. 이양원은 선조가 명으로 망명했다는 소문에 통분하여 단식 끝에 죽었다. 결국 선조는 망명을 포기했고, 대신 명나라의 최초 지원병 1천 명이 조선으로 파병되었다.

서울 함락의 승전보에 히데요시는 매우 만족했다. 그는 5월 관백 히데쓰구에게 서신을 보내 고요제이 천황을 북경에 모시고 그 주변 10개 국을 황실 소유의 땅으로 할 것이며, 북경을 히데쓰구에게 건네 관백으로 삼고, 일본의 관백은 하시바 히데야스나 우키타 히데이에에게 맡기고, 천축 인도는 다이묘에게 분할해서 나누어 주며, 자신은 대명무역의 창구인 영파(寧波)에 거소를 둘 것이며 이를 통해 동아시아의 통교관계를 장악해 일대 제국을 건설한다는 계획을 발표했다.

그러나 초반 승승장구하던 일본군은 6개월 후부터 전세가 불리해지기 시작했다. 우선 고바야카와 다카카게가 이끄는 1만 명으로 이루어진 제6군의 전라도 진입이 저지를 당했다. 제5군 후쿠시마 마사노리 부대가 경주를 포기하게 되고, 구로다 나가마사의 제3군은 황해도를 제압했음에도 불구하고 민중과 의병의 저항으로 철수하지 않을 수 없게 되었다. 설상가상으로 군량과 군수품이 절대적으로 부족했다. 해상 수송로는 조선 수군에 의해 봉쇄되었고, 비록 부산에 군수품이 하역되었더라도 의병의 공격으로 수송과 보급이 원활치 못했다. 더욱이 겨울이 닥쳐옴에 따라 추위가 문제였다. 전선이 확대될수록 일본군의 전력은 약화되었다. 또한 조선 전역에서의 의병 활동은 활발하게 전개되었다.

조·명연합군의 반격: 조승훈의 평양성 공격 실패(1592년 7월 15일)

명나라 요동 부총병 조승훈은 6월 중순 5천 명의 병력을 이끌고 조선으로 처음 파병돼 7월 15일 평양성의 탈환에 나섰다. 그러나 조·명연합군은 일본군의 기습작전으로 이 전투에서 대패함으로써 명의 제1차 원군은 실패로 끝나고 만다.

음력 9월 1일에 평양에서 심유경과 고니시 유키나가 사이에 50일간의 휴전협정이 맺어졌으며, 1592년 7월 23일 함경도 회령(會寧)에서 조선의 두 왕자가 가토 기요마사군에 붙잡혔다.

**제1차 진주성 전투(1592년 10월)

1592년 9월 가토에게 빼앗겼던 경주성이 함락 넉 달 만에 경상좌병사 박진에 의해 탈환되었다. 연이어 10월 5일부터 10일에 걸친 제1차 진주성 전투에서 진주목사 김시민(金時敏)이 3,800여명의 의병, 관민들과 힘을 합쳐 호소카와와 모리 히데모토가 이끈 2만 명의 일본군 공격을 물리쳤다. 이 전투에서 최경희, 김천일, 서예원등이 전사했다. 목사 김시민은 전투 마지막 날 총상을 입고 두 달 후 38세 나이로 사망했다.

진주대첩은 행주대첩, 한산도대첩과 함께 임진왜란 3대첩으로 불릴 만큼 큰 승리를 거둔 전투였다.

**평양성 탈환(1593년 1월 7일)

명나라의 14대 신종 만력제는 1592년 12월 10일 대군을 조선으로 파견함으로써 본격적인 명의 참전이 시작되었다. 명의 조정에서는 파병에 대해 찬반이 있었으나 병부상서(兵部尙書 군무대신) 석성(石星)등이 강력하게 파병을 주장해 원군을 파견하기로 결정했다. 명은 송응창(宋應昌)을 비왜군무경략(備倭軍務經略)에 임명해 원군의 총책임자로 삼고, 이여송(李如松)을 동정제독(東征提督)에 임명하여 파견군 사령관으로 삼아 명군 4만 3천여 명과 함께 조선으로 파병했다.

1593년 1월 7일 조·명연합군은 평양성을 탈환했다. 일본군은 수륙 양면으로 물자의 보급을 차단당하고, 조선 겨울 동장군의 위력으로 어려움에 처해 있었다. 게다가 평양성 전투에서는 명군의 막강한 대포가

평양성 탈환도. 임진왜란 당시 조·명연합군이 평양성 탈환 모습을 담은 병풍이다. 작자미
상. 국립중앙박물관 소장. 출처: Public Domain_Wikimedia Coommdns.

위력을 발휘하며 승기를 잡게 되었다. '성을 비우라.'는 이여송의 제의
에 고니시는 '추격하지 않는다.'는 조건으로 이를 수락했다.

고니시 유키나가의 제1군이 1월 6일 평양성 전투에서 대패하여 퇴
각했다. 개전 당시 18,700명의 병사 중 6,600명만 살아남은 처참한 패
배였다. 이어 가토 기요마사의 제2군이 1월 28일 함경도 길주성 전투에
서 패해 퇴각했으며, 구로다 나가마사가 지휘하는 제3군도 황해도 연안
성 전투에서 패전하며 퇴각하게 된다. 4월 18일에는 히데요시의 명령으
로 일본군은 한양에서 남쪽으로 총퇴각하게 되는데 초기 17만 7천 명
의 병력이 5만 3천 명으로 줄었다.

고니시의 일본군은 혹독한 추위 속에 평양성을 버리고 남쪽으로 후
퇴했다. 평양으로부터 남쪽으로 십 리 떨어진 다음 성채인 황주에는 오
토모 요시무네(大友吉統)의 조카인 시가 지카츠쿠(志賀親次) 파울로 영주
가 주둔하고 있었다. 그는 평양성의 소식을 접하고 그곳에서 육 리 정
도 떨어진 봉산의 오토모 요시무네(大友吉統)에게 전갈을 보냈다. 요시
무네는 즉시 성을 버리고 퇴각하라고 명했다. 파울로 영주가 아직 퇴각

하기에는 이르다고 생각하고 그 명령에 따르지 않자 오토모 요시무네는 파울로 영주를 나무라고 그를 기다리지 않은 채 즉시 자기 성채를 버리고 퇴각했다. 봉산에서 서울까지는 도보로 하루가 걸리는 거리였다. 파울로 영주도 요시무네의 두 번째 전갈을 받고서는 고니시가 이미 죽었다고 판단, 자신의 성채를 버리고 퇴각했다.

평양에서 퇴각한 고니시 일행은 겨우 황해도 봉산(鳳山)에 도착했으나, 봉산에 주둔하고 있었던 오토모 요시무네(大友吉統)는 이미 주둔성을 버리고 도망해 봉산성은 텅 비어 있었다. 고니시군은 구로다 나가마사가 주둔한 백천(白川)으로 퇴각해 구로다와 함께 고바야카와 다카카게와 깃카와 히로이에가 있는 개성(開城)으로 퇴각했다. 1월 17일, 명군의 추격으로 이들은 모두 한성으로 진영을 옮겼다. 평양성의 탈환으로 조·명연합군은 결정적으로 우위를 점하게 되었다.

히데요시는 오토모 요시무네(大友吉統)의 용렬함을 꾸짖고 다음해 5월 1일 그의 분고 영지(현 오이타 大分현)를 몰수 처분(改易)하게 된다.

**벽제관 전투(1593년 1월 27일)

평양을 탈환한 조·명연합군은 다시 남진했다. 그러나 명은 일본군의 진공(進攻)을 막아 국경에서의 위협이 사라진 이상 남의 나라에서 더 이상 자신들의 피를 흘릴 필요가 없다고 생각했다. 1월 27일 한성의 수복 직전 이런 마음가짐으로 벽제관(碧蹄館)전투에 임한 이여송은 일본군의 반격을 받아 대패하고 전의를 상실한 채 개성으로 되돌아갔다.

**행주산성 전투(1593년 2월 12일)

북쪽으로부터 명의 공격에 호응해 조선 측은 전라순찰사 권율이 남쪽으로부터 한양의 일본군을 공격하고자 했다. 권율은 전 해(1592) 고바야카와의 전라도 공격을 저지했다. 그는 수원의 독성(禿城)에서 고양의 행주산성(幸州山城)으로 진영을 옮겼다. 그러나 벽제관 전투에서 명군의 패배로 독자적인 전력으로 일본군과의 전투에 임해야 했다.

권율 장군이 이끈 1만 명의 조선군은 2월 12일 우키타 히데이에를 총대장으로 한 3만 명의 일본군을 대파함으로써 일본군의 사기는 바닥에 떨어지고 만다.

함경도까지 진격했던 가토와 나베시마의 부대도 2월 29일 모두 한성으로 철수했다. 평양에서 퇴각한 고니시의 병력은 3분의 2가 줄었으며, 가토의 병력도 반으로 줄었다. 1593년 3월 일본군 총병력은 약 절반이 줄어 8만 명 정도가 되었다.

**한성 수복(1593년 4월)

1593년 4월 8일 전쟁 발발 1년 후 명의 유격장 심유경과 고니시 유키나가 사이에 강화회담이 타결돼 한양이 적에게 함락된 지 거의 일년 만에 무혈 수복되었다. 강화회담에 따라 4월 18일 일본군은 서울에서 남쪽으로 철수하기 시작했고, 명은 강화사절을 일본으로 파견하게 되었다. 일본군은 부산에 상륙한지 1여 년 만에 다시 출발점으로 되돌아가게 되었던 것이다. 조선군 지휘부는 일본군을 추격해 공격하려 하였으나 남하하는 일본군을 추격하지 말라는 명의 방침에 따라 추격하지 못했다.

선조는 1593년 10월 1일, 한양도성을 비운지 1년 5개월이 지난 후에야 한양으로 들어왔다. 궁궐이 불타 월산대군의 사저에 조정을 두고5)

---

5) 임진왜란 당시 왜군의 침입으로 경복궁, 창덕궁, 종묘 등이 불탔다. 이듬해 피란에서 돌아온 선조는 궁궐이 없었음으로 고인이 된 월산대군의 집을 행궁(行宮)으로 쓰기로 하였다. 행궁이란 왕이 대궐을 나와 임시로 머무르는 궁을 말

광해군을 남쪽으로 보내 백성을 위안하고 군사를 독려했다. 남부는 아비규환이었다. 선조실록의 기록에 의하면 "주린 백성들은 너부러진 시체의 살점을 잘라갔다."고 하였다. 굶주림에 미처 사람의 시체를 뜯어먹는 지경에까지 이르렀던 것이다.

**명과 일본의 강화협상(1593년 5월)

진주성 공방전이 있기 직전인 1593년 5월 16일, 명의 강화 사절 사용재와 서일관이 고니시 유키나가와 이시다 미츠나리 등의 안내로 히젠 나고야성에 도착했다. 경략 송응창은 일본 측의 요청에 응해 명의 황제로부터 임명도 받지 않은 자기 휘하의 책사 사용재와 서일관을 명황제의 사신으로 위장해 일본 진영으로 들어보낸 것이다. 히데요시는 두 특사를 명의 황제가 보낸 칙사로 알았고 최고의 대우를 해주었다. 그리고 명의 사절을 사죄사(謝罪使)로만 알았던 히데요시는 명의 사절에게 일곱 가지의 요구 조건, 소위 '화건칠조(和件七條)'를 제시했다. 이들 7개의 조건은 다음과 같았다.

　　1. 조선의 팔도를 분할해서 4도-경상, 전라, 충청, 경기-를 일본

하는데 이궁(離宮)이라고도 하였다. 월산대군(月山大君) 이정(李婷)은 세조의 큰아들 덕종(德宗)의 아들임으로 세조의 손자이며 이조 9대 성종의 친형이기도 하다. 월산대군의 사저는 당시 시어소(時御所) 혹은 정릉동행궁(貞陵洞行宮)이라 불렸으며 줄여서 정동행궁(貞洞行宮)이라 하였다.
광해군(光海君 1575~1641년)은 정릉동행궁(貞陵洞行宮)의 서청(西廳) 즉조당(卽阼堂)에서 즉위했다. 그는 1611년 불타버린 창덕궁을 재축성하여 법궁으로 하고 이어(移御)했다. 이에 따라 정릉동행궁(貞陵洞行宮)은 경운궁으로 이름이 바뀌었다. 훗날 경운궁은 순종이 황제로 즉위하여 창덕궁으로 이어하고 퇴위한 태황제 고종이 계속 머물러 있게 됨으로써 태황제의 궁호에 따라 덕수궁(德壽宮)으로 불리게 되었다.

관백인 자기에게 할양할 것.

2. 화평의 표시로 명의 황녀 한 명을 일본의 황후로 보낼 것.

3. 과거 일본인들이 중국과 행하던 교역을 허가할 것.

4. 일본과 명의 대신 간에 서로 영원토록 친선관계를 맺을 것.

5. 조선의 왕자와 대신을 인질로 보낼 것.

6. 조선의 두 왕자의 방환.

7. 조선의 대신은 대대로 영원히 일본을 배반하지 않겠다고 맹서할 것.

도저히 현실성이 없는 이러한 조건들을 제시하면서 히데요시는 이에 대한 회답이 도착할 때 까지 전쟁을 중단하겠다고 말했다. 명의 사절은 6월 29일 귀국했다.

**제2차 진주성 전투(1593년 6월 25일)

밀양 이남으로 철수한 일본군에게 히데요시는 1차전에서 대패한 요충지 진주성을 다시 공격하도록 총동원령을 내렸다. 이에 따라 진주성 공략에 나선 일본군의 병력은 무려 9만 3천여 명에 달했다. 반면 진주성의 조선 수비 병력은 겨우 1만 명 정도였다. 조·명연합군은 일본군의 맹렬한 기세에 눌려 2차 진주성 전투는 방치한 채 관망하고 있었다. 6월 25일부터 6일간에 걸쳐 일본군의 총공세가 시작되고 일주일의 공격 끝에 진주성이 함락되었으나 조선의 그 어느 지원부대도 오지 않았다. 일본군의 압도적 수에 눌린 조·명연합군은 아예 처음부터 진주성을 포기하고 방치했던 것이다. 창의사 김천일을 비롯한 성내의 장수들은 모두 참살 당하거나 남강에 뛰어들어 자결했고, 일본군은 주민 6만여 명을 수십 개의 창고에 몰아넣고 불질러 태워 죽였다.

일본군의 진주성 함락 승전 연회 때 기생으로 가장한 스무 살의 주

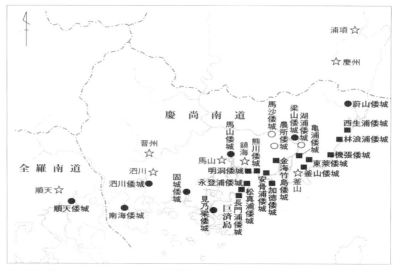

남해안에 축성된 일본 왜성 ■ 임진왜란시 축성 ● 정유재란시 축성 ★ 축성시기불명

논개가 술에 취한 일본 장수 게야무라 로쿠스케를 껴안고 남강에 투신한 것도 이때였다. 1593년 7월 11일 일본에서 진주성 전투의 승전보를 접한 히데요시는 8월 20일 나고야 군영을 떠나 교토로 되돌아갔다.

진주를 함락시킨 일본군은 즉각 전라도를 공격했다. 7월초 구례, 곡성을 거쳐 남원으로 들어 닥칠 기세였다. 이에 조선군과 명군은 남원 방어에 임했고 이로 인해 일본군은 진주로 후퇴했다. 일본군도 진주성을 계속 지킬 경우 조선군에 포위당할 위험성이 있음을 알고 진주성을 포기하고 남쪽 해안지방으로 철수했다.

그즈음 히데요시는 조선에 주둔한 영주들에게 남해안 일대에 걸쳐 축성을 명령(7월 27일)함으로써 조선의 남해안 주둔을 목적으로 한 왜성이 잇달아 대대적으로 축조되었다. 이에 따라 고니시 유키나가는 웅천성에, 가토는 서생포성에 주둔하게 되었다. 주둔이 장기화됨에 따라 조선의 백성은 왜성주변의 전답을 경작하기에까지 이르게 된다.

〈임진왜란 당시 축성된 왜성들〉

임진왜란 당시	왜성	별칭	축성 및 주둔
서생포(西生浦)			가토 기요마사(加藤淸正)
임랑포(林浪浦)			모리 요시나리(毛利吉成)
기장(機張)		죽성포(竹城浦)	구로다 나가마사(黑田長政)
부산포(釜山浦)		증산(甑山)	모리 데루모토(毛利輝元)
지성	자성대(子城臺)		모리 히데모토(毛利秀元)
	추목도(椎木島)		모리 데루모토(毛利輝元)
	박문구(迫門口)		모리 데루모토(毛利輝元)
동래(東來)			깃카와 히로이에(吉川廣家)
가덕도(加德島)		눌차(訥次)	고바야카와 다카카게(小早川隆景)
구포(龜浦)			고바야카와 다카카게(小早川隆景)
지성	호포(弧浦)		고바야카와 다카카게(小早川隆景)
죽도(竹島)		가락(駕洛)	나베시마 나오시게(鍋島直茂)
지성	농소(農所)	신답(新畓)/덕교(德橋)	나베시마 나오시게(鍋島直茂)
	마사(馬沙)		나베시마 나오시게(鍋島直茂)
웅천(熊川)			고니시 유키나가(小西行長)
지성	명동(明洞)		소 요시토시(宗義智)
	자마(子馬)		마츠우라 시게노부(松浦鎭信)
안골포(安骨浦)			구키 요시타카(九鬼嘉隆)
거제도(巨濟島)	영등포(永登浦)		시마즈 요시히로(島津義弘)
	장문포(長門浦)		조소카베 모토치카(長宗我部元親)
	송진포(松眞浦)		후쿠시마 마사노리(福島正則) 등

**일본의 청봉사(1593년 7월)와 명의 책봉사 파견 결정(1594년 12월)

고니시와 심유경은 히데요시의 이러한 의사와 관계없이 강화를 성립시키기 위해 계속해서 전략을 세워 나갔다. 조선에서는 진주성 공격에 임하고 있던 1593년 6월 후반, 히젠 나고야에서는 강화협상이 진행되어 고니시는 심유경과 모의해 6월 20일 나이토 조안(內藤如安, 少西飛彈守)이라고 불리는 자신의 주요 심복 장수 한 명을 도요토미의 공식적인 사절로 위장시켜 청봉사(請封使)라는 이름으로 명의 사신들을 동행해 북경으로 파견했다. 원칙으로는 납관사(納款使) 즉 '요구 조건을 알리는 사신'이라고 해야 하나 고니시와 심유경은 '도요토미 히데요시를 일본 국왕으로 책봉해 달라'고 요청하는 청봉사로 위장했다. 사용재와 서일관이 일본으로 파견된 명의 위장 사절이었던 것처럼, 나이토 조안역시 명으로 파견된 일본의 위장 사절이었던 것이다.

나이토 일행은 1593년 7월 8일 심유경의 인도로 한성에 도착했고 9월 초순 평양을 경유해 요동(遼東)으로 들어갔다. 또 명의 경략 송응창과 제독 이여송은 9월 13일 압록강을 건너 이들의 뒤를 따라 요동으로 들어가 나이토를 만났다. 송응창은 강화를 실현시키기 위해서는 간바쿠의 항표(關白降表)[6]가 필요하다며 나이토 일행을 요동에 머물게 했다. 명은 일본 사절이 도요토미의 항복문서와 군사를 대마도로 철수하겠다는 약속문서를 들고 오지 않으면 받아들이지 않겠다는 방침이었다. 요양에서 연금되어 있던 조안 일행은 그곳에서 해를 넘겼다. 고니시와 심유경은 가짜 항복문서를 만들었고, 나이토 일행은 그 해가 저물어가는 1594년 12월 7일이 되어서야 북경에 도착했다.

북경에서는 석성이 조안 일행을 맞았다. 두 사람은 몇 차례의 회담을 가졌으나 교섭은 진전이 쉽지 않았는데 명나라가 자신들이 승자라는 의식으로 교섭에 임했기 때문이다. 14일에 황제를 배알했고, 해가 바뀌어 1595년 정월 명의 조정은 일본 측 항복문서를 공표하였고, 황제는 도요토미의 일본 국왕 책봉을 허락했다.

---

6) 명나라 황제에게 바치는 도요토미의 항복 문서.

**명군 전면 철수(1594년 9월)와 일본군 철수 결정(1595년 6월)

한편 진주성을 함락시킨 도요토미는 명이 화건칠조(和件七條)의 조건들을 받아들일지 확신할 수 없었음으로, 조선에서 철수하는 대신 1593년 7월, 조선에 주둔한 영주들에게 해안과 가까운 곳에 모두 12개의 성을 축조하도록 명령했다. 이들 왜성을 진지로 하여 조선에 장기적으로 주둔할 준비를 하였던 것이다.

본격적인 강화회담이 시작되자 도요토미는 7월 22일 조선에서 인질로 붙잡은 두 왕자 임해군과 순화군을 석방하고, 8월 6일 일본군의 본국 철수를 명령했다. 일본군의 귀환을 앞두고 붙잡혀 있던 두 왕자는 1년 만에 부산에서 석방되었다. 일본군의 주력이 부산에서 철수함으로써 해안지대의 12개의 성과 지성에 규슈 출신의 군 병력 4만 7천 명만 남기고 나머지 병사들은 일본으로 돌아갔다. 이에 명군도 1953년 8월부터 단계적으로 철군을 시작해 도독 유정의 휘하에 1만 6천 명의 병력만을 남겨두고 모두 철수했다. 다시 1년이 지나 1594년 8월이 되자 거의 모든 병력이 요동으로 철수함으로써 전쟁은 완전 소강상태로 접어들었다. 이후 1597년 초까지 3여 년에 걸쳐 강화회담이 진행되었다. 전쟁은 유화국면에 접어들었으나 선조는 복수심에 불타 강화회담을 강경하게 반대했다

도요토미는 8월 3일 요도도노(淀殿)가 오사카성에서 히데요리를 출산하자 8월 15일 나고야를 떠났다. 고니시와 가토는 귀환하지 않고 조선에 남았다. 고니시는 웅천왜성에, 가토는 서생포왜성에 주둔했다. 둘은 서로 강화 추진의 주도권을 잡으려고 계속 갈등을 빚었다. 수군에서는 와키사카 야스하루(脇板安治)가 남아 왜의 수군을 지휘했다.

**명의 책봉사 오사카 성에서 회담(1596년 9월)과 강화협상 결렬

청봉사 나이토 조안의 북경 방문으로 강화협상이 타결되자, 명은 진운홍을 사자로 삼아 웅천의 고니시에게 보내, 조선으로부터 군사를 철수시키고 책봉사를 기다리도록 명령했다. 곧 이어 1594년 12월 명은 책봉사절로 정사 이종성과 부사 양방형을 임명했다. 이번에는 명의 조정이 정식으로 결정한 사절단이었다. 이들 사절 일행은 도요토미를 일본왕에 봉하는 절차에 필요한 첩지, 금인, 관복을 가지고 다음해 1595년 1월 30일 북경을 출발했다. 심유경과 나이토 조안도 사절과 동행했다. 책봉사 일행은 4월 28일 서울에 와서 넉 달 동안 머물렀으며 11월말 임명된 지 1년이 가까워서야 부산포의 일본 진영으로 들어갔다. 명의 책봉 사절은 여기서 새해를 맞았다. 일본은 12월 27일을 기해 연호가 분로쿠에서 게이초로 바뀌었다.

명의 사신 일행이 부산에 머무는 동안 1596년 4월 정사 이종성이 부산포에서 도망친 해괴한 사건이 발생하였다. 사건은 중대했으나 명으로서도 어쩔 도리가 없어 양방형을 정사로, 심유경을 부사로 새로 임명했다.

조선에서도 공식적으로 통신사를 일본에 파견했다. 정사는 전라도 관찰사였던 황신, 부사에는 대구부사(大邱府使) 박홍장을 사절로 파견했다. 이 둘 모두 조선을 대표할만한 중앙의 고관이 아니었고 지방의 행정관리인데다, 도요토미가 요구하는 사의(謝意) 표명을 위한 조선 왕자의 대동도 이루어지지 않아 도요토미는 조선 사신의 접견을 허락하지 않았고 사카이에 머물던 조선 사신들에게 귀국을 명했다.

1596년 6월 27일 도요토미는 후시미(伏見)성에서 명의 책봉부사 심유경을 접견했다. 그러나 7월에 발생한 대지진으로 인해 후시미성이 파괴돼 명의 책봉사는 9월 2일 오사카성에서 도요토미를 알현하고 명나라 신종의 국서를 전달했다. 그러나 국서에는 "도요토미를 일본 국왕 순화왕(順和王)에 봉한다."는 내용 외 도요토미가 제시했던 어떠한 강화 조건도 들어 있지 않았다.

도요토미는 격노했고 강화회담은 실패로 끝났다. 1592년 9월 평양에서 시작된 강화회담은 4년 만에 아무런 성과 없이 결렬되고 말았다. 회담이 실패하자 명의 조정은 책임을 물어 심유경을 처형하고 병부상서 석성을 실각시켰다. 일본의 고니시도 위태로운 입장이 되었으나 이 일이 본인 혼자 결정한 것이 아니고, 우키타와 이시다 등 조선의 세 감독관과 공동으로 진행했다는 서장을 보여 변명함으로써 도요토미의 노여움을 겨우 피했다. 도요토미는 어떠한 방법으로라도 다시금 조선을 수중에 넣겠다고 다짐했다.

**정유재란(丁酉再亂 1597년 1월)

1596년 9월 2일 도요토미는 화의를 파기하고 최소한 경상, 전라, 충청의 조선 남부 하삼도(下三道)를 확보하기 위해 제2차 조선 침공을 지시함으로써 정유재란이 발생한다. 1597년 1월 도요토미 히데요시는 조선을 재침공했다. 일본의 2차 침공 당시 총 동원 병력은 14만여 명이었다. 일본으로부터 건너온 병력은 8군, 12만여 명으로, 육군 11만 5천여 명과 수군 7천여 명이 투입되었고, 부산 등지에 남아있던 2만 명과 합해 총 14만여 명으로 이루어졌다. 도요토미는 일본군 총사령관으로 한때 자신의 양자였던 16세의 고바야카와 히데아키(小早川秀秋)를 임명했다. 전군은 좌, 우군으로 나누어 재편성되었고 우군 사령관에는 모리 데루모토(毛利輝元)가 병중이라 그의 양자 모리 히데모토(毛利秀元)[7]가,

---

7) 모리 히데모토(毛利秀元 1579~1650년).
　　모리 모토나리의 4남 호이다 모토키요(穗井田元淸)의 장남으로 종형제 모리

좌군 사령관에는 임진왜란 당시 총사령관이었던 우키타 히데이에가 임명되었다. 일본 수군은 와키사카 야스하루가 지휘했다.

선봉대 가토 기요마사가 제1군 1만 명의 병력으로 1월 13일 부산포에 상륙 후 서생포에 집결했고, 제2군 고니시 유키나가군은 7천여 명의 병력으로 웅천에 집결하며 북진 태세를 갖추었다. 이어 주력군이 승선한 6백여 척이 7월에 경상도 남해안에 상륙했다.

강화가 결렬되자 조선 조정에서도 일본의 재침공이 있을 거라 판단하고 방비책을 세워나갔다. 선조는 도원수 권율과 수군통제사 이순신에게 지휘를 맡겼으며 한강이남 지역에서 청야(淸野)작전을 전개하기로 했고 명에 지원을 요청했다.

**이순신의 파직과 투옥(1597년 1월), 그리고 백의종군

왜군 주력이 조선에서 철수한 다음 달인 1593년 8월 15일 이순신은 전라좌수사 겸 삼군수군통제사로 임명되었다. 이후 약 3년 6개월간 삼군수군통제사(三道水軍統制使)를 역임하고 있었다.

강화협상의 실패로 도요토미의 눈 밖에 난 고니시 유키나가는 조선을 무력으로 장악하기 위한 재침 준비 명목으로 일찍 조선에 들어왔다. 정유재란이 일어나기 직전 1596년 12월 초 고니시 유키나가는 부산포에 진을 쳤다. 그는 가토 기요마사가 다음 달 서생포로 들어와 성채를 수리할 예정임을 알고 있었다. 고니시는 자신의 화의 교섭을 깬 배후의

───────

데루모토의 양자로 들어가 모리 가문의 후계자가 되었다. 그러나 데루모토가 늦게 아들을 얻자 가독 상속을 고사했다. 임진왜란과 정유재란 때 조선을 침략했고 특히 정유재란 당시 19세로서 병중인 데루모토를 대신해 모리군 3만 명을 이끌고 우군 총대장으로 참전했다. 본 책 상편 '조선을 침략한 일본의 천주교 무장들'. 모리 데루모토(毛利輝元)를 참조.

인물로 가토를 의심했고, 주전파(主戰派)인 그에게 앙심을 품고 있었다. 그는 12월 11일 부하인 요시라(要時羅)를 조선 측 경상 우병사 김응서에게 보내 가토의 진군 일정을 알려줌으로써 조선이 가토를 공격할 수 있는 기회를 제공했다. 주전파의 대표격인 가토 기요마사를 꺾어버림으로써 또다시 협상을 통한 해결이 가능할 것이라고 판단했다. 또한 가토가 공격을 받게 되면 부산포의 다른 왜군들도 지원에 나설 수밖에 없으며, 이들과 조선 수군이 전투를 벌이게 됨으로써 우선 조선 수군의 전력을 약화시킬 수 있으리라는 이중적인 계산도 깔려있었다.

이 비밀첩보는 곧 한성 조정에 전달되었다. 선조는 수군 출병을 명하여 도원수 권율을 통해 한산도 통제영의 이순신에게 전달되었다. 이순신은 이 정보의 신뢰성을 의심하여 진실이라고 믿지 않았다. 비록 이 정보가 사실이더라도 바다를 건너오는 가토의 대군과 부산포 일대에 주둔 중인 일본의 육군이 수륙 양면으로 협공해 온다면 조선 수군도 승산이 없다고 생각했다. 당시 부산포를 중심으로 낙동강 하구의 죽도, 안골, 가덕 그리고 서생포 등지의 왜성에 주둔하고 있는 조선에 남겨진 일본 병사는 2만 명에 달하고 있었다. 끝내 이순신의 조선 수군은 출동하지 않았고 이순신은 왕명을 어긴 꼴이 되었다. 더욱이 가토 선단은 비밀첩보의 내용대로 움직였다.

부산포의 왜군을 공격하고 한산도의 본영으로 귀환하던 이순신은 왕명을 위반한 반역죄로 파직, 체포되어 3월 4일 한양으로 압송되었다. 당시 조정은 서인들이 득세하고 있었고 그렇지 않아도 동인인 유성룡이 천거한 이순신은 시기와 질투를 받고 있던 터였다. 이순신은 조정의 명령에 불복함으로써 '가토를 잡을 수 있는 기회를 놓쳤다.'는 명령불복종죄였다. 파직된 이순신은 간신히 석방돼 도원수 권율의 밑에서 일개 병졸로 백의종군하게 된다. 이때 이순신의 나이 53세였다.

**명군 재출병(1597년 3월)

선조는 다시 명나라에 파병을 요청했다. 명군은 이미 1593년 8월부터 단계적으로 철수하여 이듬해 9월 전 병력을 요동으로 철수했다. 임진왜란 당시와 달리 명은 신속히 1597년 3월 6만 명의 동정군(東征軍)을 새로 파병했다. 명군은 기존 주둔군과 합쳐 8만 명이 되었다. 병부좌시랑 형개가 경략, 산동우참정 양호가 경리, 마귀가 제독, 양원(楊元)이 부총병에 임명되었다.

대부분의 일본 병력은 1차 침공 때와 달리 전라도 쪽으로 먼저 진격해 전라도를 철저히 유린했다. 1차 침공 때 전라도를 점령하지 못해 군량 부족으로 고생한 반면 조선은 전라도의 군량미를 사용할 수 있었던 점을 잘 알고 있었기 때문이다. 좌군 5만 명은 고성-하동-남원을 거쳐 전주로 향했고, 수군 7천 명도 병진하여 섬진강을 거슬러 하동-구례로 향했다. 우군 6만 명은 낙동강을 건너 거창-안의-진안을 거쳐 전주로 향했다. 전주성에서 좌·우군이 합류하는 계획이었다.

**이순신의 삼도수군 통제사 재임명(1597년 7월)

7월 14~16일의 칠천량(漆川梁)해전에서 조선 수군이 대패하고, 후임 통제사였던 원균이 전사함으로써 조선은 재해권을 뺏기고 전라도가 일본의 수륙 양면의 공격을 받게 되었다.

원균 사후 1주일 후인 7월 22일, 이순신은 복직되어 다시 삼도수군 통제사가 되었고, 진도의 벽파진에 임시 본영을 설치했다. 조정은 수군의 괴멸로 그 존속 여부가 의문시되자 육군과의 통합을 권고하기에 이르렀다. 이순신은 또다시 조정의 명령인 수군 철폐령을 거부하고, 죽음도 불사한 그 유명한 장계-'신에게는 아직 12척의 배가 있나이다(今臣戰船 尙有 十二).'-를 조정에 올렸다. 수군 철폐령은 거두어졌고, 이 배들은 후일 명량(鳴

梁, 진도 울돌목)해전의 승리(명량대첩鳴梁大捷)에 밑거름이 되었다.

두 달 후 9월 16일 명량해전에서 이순신은 남은 12척의 배로 왜의 수군을 대파하고, 남해의 재해권을 다시 장악하게 되었다. 왜군은 명량해전에서의 참패로 수군에 의한 보급로가 차단되어 전라도 주둔이 이제 무모한 일이 되어버렸다.

**일본군 전라도 진격: 남원성 함락(1597년 8월)과 직산 전투

조선 수군이 칠천량에서 패함으로써 일본군의 진출을 저지하지 못했다. 조선 수군에 대승을 거둔 일본군은 내륙 유린을 본격화했다. 일본군은 두 가지 계획에 따라 전투를 치뤘다. 하나는 북진을 위한 최대 관문인 호남의 요충지 전주의 공략이었고, 둘째는 일본 수군이 남해안을 접수하고 서해로 북상해 한강하구로부터 직접 한성을 공략한다는 계획이었다.

1597년 8월 3일 일본군은 좌·우군으로 나눠 침공했다. 총사령관 고바야카와 히데아키 휘하에 좌군은 우키타 히데이에를 총대장으로 고니시, 시마즈, 하치스카군 5만 명으로 고성, 사천과 하동으로 진출했고, 수군 주력과 하동에서 합류해 섬진강을 따라 구례로 쳐들어왔다. 좌군은 구례를 거쳐 북상해 남원 그리고 전주 함락을 목표로 정했다. 당시 남원성은 명의 부총병 양원이 조선군과 합류해 방어하고 있었다. 모리 히데모토를 총대장으로 한 가토, 구로다와 아사노의 우군 5만 명도 낙동강을 건너 함양·거창으로 북상하여 전주를 목표로 총공격을 시작했다.

8월 13일 남원성이 포위되자 양원은 전주의 명의 유격 진우충(陳愚衷)에게 지원을 요청했다. 그러나 양원은 진우충으로부터 전혀 도움을 받지 못했고, 16일 결국 남원이 함락되었다. 남원을 함락시킨 일본군은 19일 전주에 무혈 입성했다. 남원성 방어에 실패하고 성을 탈출한 부총병 양원은 명의 군법회의에 넘겨져 처형되었고, 전주성을 포기하고 도주한 명의 유격 진우충은 가벼운 문책만 받았다. 조선 조정은 진우충의 죄가 더 크다고 보았으므로 이러한 명의 처벌에 불만을 표했다.

한편 가토가 이끄는 우군 3만 명은 8월 14일 전라도로 들어가는 길목인 함양의 황석산성을 공격, 8월 17일 완전히 점령했고 조선의 관군과 백성을 거의 몰살시켰다. 전주가 일본의 좌군에게 함락된 후 우군이 합류했다. 8월 26일 전주에서 합류한 좌·우 일본군은 충청도로 북상했다.

칠천량 해전의 패배를 시작으로 남원, 전주의 함락 등 연속된 패배로 조·명연합군의 사기는 저하되었다. 남원성 전투에서 3천여 명의 병력을 잃은 명은 당혹감과 함께 당장 중국 본토의 안전을 걱정해야 할 상황이 되었다. 서해와 호남을 장악한 일본이 마음만 먹으면 전라도의 반대편인 산동반도를 통해 중국 본토로 바로 쳐들어올 수도 있을 것으로 판단되었기 때문이었다. 조선으로서도 전라도는 너무나 중요한 지역이어서 반드시 지켜야 하는 곳이었다. 남원과 전주가 왜군의 수중에 들어가자 조선이 받은 충격은 매우 컸다. 선조실록에는 당시 상황을 '왜군이 온다는 소문이 퍼지자 백성은 흩어지고 수령은 먼저 도망해 토붕와해(土崩瓦解)의 형세를 수습할 수 없게 되었고, 경기 진위(振威) 이남에는 인적이 끊겼다.'고 적혀있을 만큼 상황이 심각했다.

그 무렵 평양에 머물고 있던 명의 경리 양호는 사태의 심각성을 알고 서울로 와서 제독 마귀를 불러 꾸짖고, 충청 북단의 직산(稷山) 부근에 진지를 펴 일본군을 맞아 싸우게 했다. 사실 명나라의 제독 마귀는 서울을 포기하고 수비선을 압록강으로 빼 명군을 지키겠다고까지 생각하고 있었다. 직산에서 수차례의 접전은 화포를 앞세운 명군의 승리로 끝났다. 9월 명군의 직산 전투 승리로 일본군의 북상이 저지되었다. 조선 측 사료는 직산의 이 '금오평(金烏坪)전투'를 평양 전투, 행주 전투와 함께 '조선 삼대첩'으로 올리고 있다.

조·명연합군과 수군이 반격에 나서게 되자, 참패한 일본군은 다시 경상도와 전라도 남해안으로 회군했다. 이후 곽재우 등이 이끄는 의병군이 화왕산성과 황석산성 전투에서 계속 승리함으로써 일본군은 더 이상 진격에 대한 의욕을 잃고 말았다. 9월 15일 조선 재진 일본군 제장들은 정읍 회의에서 한반도 남동부지역에 거점을 형성·확보하기로 결정했다.

**남해안 왜성 축조(1597년 10월)와 도산성 전투(12월)

직산 전투 패전 후 고니시 유키나가는 군사를 이끌고 순천으로 들어가 순천 왜교(倭橋)에, 시마즈 요시히로는 사천 선진(船津)에, 가토 기요마사는 울산 도산(島山)에 대대적으로 성을 쌓고 장기전에 대비했다. 이리하여 1597년 말까지 이들 외 남해성, 고성성, 거제성, 창원성, 양산성의 8개 왜성이 신축돼 정유재란의 말미에는 남해안 일대에 축성된 크고 작은 왜성이 모두 28개나 되었다.

기세가 오른 조·명연합군은 대반격을 시도했다. 1597년 12월말부터 다음 해 정월 초순에 거쳐 가토 기요마사가 수성하는 울산 도산성(島山城)을 공격했다. 조·명연합군의 공격은 이 성이 완공되기 전이었다. 가토는 포위되어 비나 오줌을 먹고 버티는 극한의 상황 속에서도 끈질긴 농성으로 조·명연합군은 끝내 성을 함락시키지 못한 채 경주로 철수하고 말았다.

울산 농성 후 일본은 '전선축소론'이 이시다 미츠나리에게 전달되었고, 명군은 울산성 전투 후 전공을 보고하는 과정에서 전첩(戰捷:크게 승리한 전투)으로 명의 황제에게 보고함으로써 내분이 일어나고, 이에

도산전투도. 1597년 정유재란 당시 울산성 전투를 그린 병풍의 일부. 당시 전투에 참여한 나베시마 나오시게의 가신 오오키가 그렸다고 전해진다. 후쿠오카 시립박물관 소장. 출처: Wikimedia Commons.

〈정유재란 당시 축성된 왜성들〉

왜성	별칭	축성 및 주둔
양산(梁山)	물금증산성(勿禁甑山城)	고바야카와 히데아키(小早川秀秋) 모리 히데모토(毛利秀元)
마산(馬山)		나베시마 나오시게(鍋島直茂)
고성(固城)		깃카와 히로이에(吉川廣家)
견내량(見乃梁)		소 요시토시(宗義智)
사천(泗川)	선진리(船津里)	모리 요시나리(毛利吉成) 축성 시마즈 요시히로(島津義弘) 수축
남해(南海)		와키자카 야스하루(脇坂安治)
울산(蔚山)	도산성(島山城) 시루성(甑城)	아사노 요시나가(淺野長慶)
순천(順天)	왜교성(倭橋城) 예교성(曳橋城)	고니시 유키나가(小西行長)

따라 명군의 지휘부가 바뀌었다. 제독 유정이 육군을 거느리며 조선으로 오고, 1598년 7월 명의 수군이 도독 진린의 지휘 아래 조선에 파병되었다. 명의 조정이 임진란 때는 수군을 파병하지 않았으나, 2차 침

공에서 수군을 파병한 이유는 조선 수군이 칠천량 해전에서 크게 패해 남해의 제해권이 일본으로 넘어감으로써, 명의 본토가 일본 수군의 공격 위협에 직접적으로 노출되었기 때문이었다.

**도요토미의 병사(1598년 8월)와 일본군의 철수

1598년 3월 도요토미는 교토에서 궁녀 1,300명을 화려하게 차려 입히고, 다이고의 산마다 다실을 차려 '다이고지에서의 꽃놀이'를 마지막으로 병이 들어 8월 18일 62세로 후시미(伏見)성에서 병사했다. 도요토미가 파란만장한 생을 마감한 한 달 후 다섯 다이로(大老)와 다섯 봉행(奉行)은 조선에서의 일본군 철수를 공표하였다. 일본군은 11월을 기해 총 철수하기로 결정하고 거제도 부산 등지에 모였다.

조·명연합군은 1598년 9월 들어 철수하는 일본군 추격으로 전략을 바꿔 사로병진의 작전을 펼쳤다. 동로(東路)군은 제독 마귀가 울산의 도산성을, 중로(中路)군은 제독 동일원(董一元)이 진주와 사천성을, 서로(西路)군은 제독 유정(劉綎)이 순천왜교성을 공격하고, 진린과 이순신이 지휘하는 수로(水路)군은 바다 쪽을 막으면서 왜교성 공격를 지원했다. 이에 따라 도산성을 다시 공격했으며, 시마즈 요시히로가 웅거하고 있는 사천성을 공격했고, 고니시 유키나가가 주둔했던 순천왜교성을 공격했으나 함락에는 실패하였다. 그러나 일본군의 피해는 더욱 막대했으며, 이제는 공격은커녕 수성에도 급급한 지경이 되었다.

**이순신, 노량해전에서 전사(1598년 11월 18일)

순천왜교성에 고립된 고니시는 서로군 사령관 제독 유정에게 은밀히 사람을 보내 일본으로의 귀국 길을 열어줄 것을 요청했다. 유정은 사자의 선물을 받고 고니시가 진정 철군하려 하니 막을 필요가 없다고 했다. 더욱이 뇌물을 받은 유정은 일본군이 유정의 군사로부터 군량을 구입하는 거래도 금하지 않았다.

고니시는 이미 11월 10일 부산포로 퇴각할 예정이었다. 출발 기한을 맞추지 못한 고니시는 선발부대를 보냈으나 13일 조·명 수군에 의해 격퇴, 저지돼 다시 순천으로 되돌아오게 되었다. 고니시는 명의 수군제독 진린에게, 제독 유정이 일본으로의 안전한 귀국을 이미 보장했으며, 그 조건으로 순천왜성 전부를 넘기겠다는 약속을 했음을 알려주었다. 진린에게는 자신들의 퇴로를 열어주는 조건으로 소 요시토시의 남해왜성을 넘겨주겠다고 전했다. 그러나 진린은 이러한 조건에 불만을 품고 순천왜성의 니노마루(이환, 二丸)라도 건네받지 못하면 퇴로를 열어 주지 않겠다고 하였다. 고니시는 유정에게 했던 것처럼 진린에게도 뇌물을 보냈다. 더욱이 유정조차도 "진린에게 화친을 간청하면 성사될 것이다."라고 말함으로써 은근히 진린에게 뇌물을 보낼 것을 내비쳤던 것이다. 유정-진린과 협상하여 철수를 보장 받은 고니시는 이순신에게도 뇌물을 주려고 했다. 이순신은 격노하며 거절했다. "장수란 화친을 말해서는 안 되는 법이니 원수를 도망가게 할 수는 없다. 이 원수들이 어찌 겁 없이 구는가."라고 하며 뇌물을 물리쳤다.

이 무렵 고니시는 사천 시마즈 진영으로 순천의 상황을 알리는 전갈을 보냈다. 진린은 묵인했고 이 소식을 들은 이순신은 크게 노했다. 16일 사천에 주둔하고 있던 시마즈 요시히로는 고립된 고니시의 부대를 수송하기 위해 병선을 이끌고 남해 창선도(昌善島)에 도착했고, 이어 소 요시토시, 다치바나 무네시게 등도 합류했다. 일본 연합군은 17일 밤 남해로부터 노량해협으로 들어섰다. 이순신과 진린의 조·명연합군은 길목인 노량에서 매복하여 야간 기습을 시도해 일본의 지원부대를 공격했다. 이순신은 "만일 이 원수들을 무찌른다면 죽더라도 여한이 없겠습니다."라고 기도했다. 조·명연합 수군은 좌우로 나눠 공격했다. 노량해전은 날이 새고 아침이 될 때까지 계속되었고 18일의 계속된 격전의 와중에서 이순신은 총탄을 맞아 전사했다. "싸움이 바야흐로 급하니 나의 죽음을 알리지 마라." 명하고 숨을 거두었다. 이 노량해전이 왜란의 마지막 전투가 된다.

고니시를 구한 일본군은 수많은 사상자를 내고 많은 병선을 소실한 채 남해 쪽으로 퇴각했다. 시마즈와 소는 다음 날 정오 무렵 가까스로 도망쳤다. 순천성의 고니시도 이 해전이 한창일 때 순천 탈출에 성공한다. 송도 앞바다에 전선이 보이지 않자 광양만을 빠져나와 남해안의 남쪽 외해를 거쳐 부산의 본대에 합류했다.

명의 제독 유정은 고니시가 순천성에서 도망친 3일 후 텅 빈 왜교성으로 들어왔고, 금 글씨로 '서로대첩(西路大捷)'이라고 쓴 보고서를 만들어 올렸다. 부산에서 합류한 일본군은 정해진 기간보다 조금 늦은 11월 23일부터 사흘에 걸쳐 일본으로 완전 철수했다. 그들은 처음 왔던 길로 되돌아간 것이다.

제22장. 조선에 전래된 천주교의 가르침: 천주교리서 도입

    천주교의 가르침, 즉 천주교 교리는 도요토미의 조선 침략 이전에 이미 조선에 알려졌다. 즉 천주교의 가르침을 실은 교리서가 만리장성과 국경을 넘어 조선으로 들어왔다. 이러한 증거로서 다음과 같은 역사적인 사실이 제시되고 있다.

    1579년 7월 20일 이탈리아 예수회 신부 미겔 루지에리(Miguel Ruggieri 羅明堅)[1]가 마카오에 도착했다. 도착 즉시 그는 포르투갈인들이 낸 헌금으로 세례당(House of Catechumens)을 신설했다. 이어 교리문답서[2]를 만들었는데 이를 한 중국학자가 자국어로 번역했다. 루지에리 신부

---

1) 미겔 루지에리(Miguel Ruggieri 羅明堅 1543~1607년). 이탈리아 출신의 예수회 신부이다. 1578년 인도 고아를 거쳐 1579년 마카오로 왔다. 1584년 그가 저술한 『천주실록(天主實錄)』은 최초의 한문 교리서이자 유럽인이 한문으로 쓴 최초의 책이었다. 1589년 리스본으로 돌아갔고 1607년 선종했다.
2) 한역(漢譯) 천주교 교리서는 1584년 중국 광동에서 저술된 루지에리 신부의 『천주실록(天主實錄)』이다. 마테오 리치는 루지에리 신부가 이 책을 집필할 당시 일을 도왔다. 마테오 리치는 중국의 사정을 알게 되면서 불교를 모범으로 쓴 『천주실록』을 유교를 매개로 한 책으로 수정하는 것이 그리스도교를 전하는 현명한 방법이라 생각해 『천주실록』을 수정해 『천주실의(天主實義)』를 저술하게 된다. 『천주실의』가 완성된 것은 1595년 그가 강서성 남창에 머물렀을 때이나 이 책이 정식으로 간행된 것은 리치가 중국 황제로부터 북경 체류 허가를 받은 1601년으로부터 2년 후 즉 1603년이다.

는 이 중국어 교리서를 인쇄하도록 했다. 그리하여 이 중국어 교리문답서는 곧바로 선교사들이 있던 마카오와 광동(廣東)에서부터 중국 전역으로 퍼져나갔다.

교리서『천주실록』은 1584년 11월 초판으로 1천 2백 부가 인쇄되었으며 그 후 총 발행 부수는 3천 부에 달했다. 이는 루지에리 신부가 페드로 고메스(Pedro Gomez)[3]와 마테오 리치[4] 두 신부와 공조하고 몇몇 중국학자들의 도움으로 이룩한 선구자적 업적이었다.

『천주실록』은 1584년 광동에서 저술된 것이지만, 1581년에 이미 고메스 신부는 마카오에서 "루지에리 신부와 나는 요 몇 달 동안 창세기를 간략하게 요약하느라 바빴다. 대화 형식을 띤 이 책자가 중국어로 번역돼 그리스도교 교전(敎典, Christian Doctrine)으로 이용될 것이다."라고 적었다. 마테오 리치 신부는 이 소책자에 대해 다음과 같이 언급했다.

> "주님의 은총으로, 교리서는 중국에서 대단한 환영을 받았다. 이 책에는 이교도와 한 유럽 신부 간의 문답 형식을 통해 천주교 신자가 알아야할 필요한 모든 것이 체계적으로 수록되어 있으며, 훌륭한 중국어와 좋은 인쇄로 출간되었다. 우리들은 중국 학자들의 도움으로 교리서를 잘 정리했으며, 동시에 중국의 다른 주요 종교들을 반박했다. 교리서에는 천주 십계명과 주기도문 그리고 성모송을 실어 두었다."

---

3) 페드로 고메스(Pedro Gomez 1543~1600년) 스페인 출신의 예수회 신부. 1562년 경 일본에 파견되어 9년간 일본 예수회 부관구장을 역임했다.
4) 마테오 리치(Mateo Ricci, 利瑪竇 1552~1610년) 이탈리아 출신의 예수회 신부. '마테오 리치의 편지'편 참조

교리서는 북경을 통해 곧 이웃나라에도 전해졌다. 파스콸레 델리아 (Pasquale D'Eelia)는 북경으로 가는 월남(Cochinchina) 사신들에 대해 언급하면서, 이들 사신들은 1585년 10월 20일 이전에 루지에리 신부의 교리문답서를 북경과 자국 월남으로 갖고 갔다고 말했다. 그리고 리치 신부도 "그 사신들에게 그들이 잘 알고 있는 한문으로 된 많은 교리서를 주었다. 그는 예수회 신부들이 장차 그들 나라로 가서 천주교 교리를 설교할 수도 있을 것이며, 이러한 좋은 시작으로 인해 천주교에 대한 우호적인 성향을 가진 사람들을 그곳에서 발견할 수 있으리라는 생각을 염두에 두고, 그들과 의견을 나누는데 많은 시간을 보냈다."고 말했다.

루지에리 신부의 교리서는 출판된 지 단 1년 후인 1585년 가을에 북경에 전해졌다. 이러한 점으로 보아 월남 사신들이 가져온 많은 교리서 중 일부가 그해 북경에 왔던 조선 사신들에게 건네져 그해 혹은 그다음 해 조선에까지 도달했을 가능성이 추정된다. 이는 모든 사신들이 북경의 외국인 거류지 내에서만 머물게 돼 다른 나라의 사신들을 만나게 되고, 서로 활발히 교류할 기회를 갖게 되기 때문이다. 따라서 조선에 천주교의 가르침이 처음 들어간 것은 1585년 혹은 1586년으로 거슬러 올라갈 수 있을 것이다.

조선으로 이 교리서가 전파되었다는 사실은 1596년 11월 4일에 마카오에서 기록된 두아르떼 데 산데(Duarte de Sande 孟三德)[5] 신부의 증언이 이를 증명하고 있다.

　　"루지에리, 고메스와 리치 이 세 신부들에 의해 만들어진 책, 교

---

5) 두아르떼 데 산데(Duarte de Sande, 孟三德 1531~1600년), 포르투갈 출신의 예수회 신부. 1572년 인도로 왔고 그 후 주로 마카오에서 활동했다.

리서는 단지 중국을 통해서만 퍼지고 있는 것은 아니었습니다. 왜
냐하면 현재 일본은 조선을 정복해가는 과정(임진왜란 중)에 있는
데 중국 예수회 신부들에 의해 만들어진 교리서가 우리 신부들이
머물러 있는 광동(廣東)이나 키앙시(江西)로부터 매우 멀리 떨어져
있는 조선에서 발견되고 있습니다. 이 책은 소유하고 읽었던 사람
의 손에 의해 매우 닳아져 있었습니다. 그래서 그들은 이 사실을
알리기 위해 일본에서 나에게 편지를 썼습니다.”

두아르떼 데 산데 신부의 이 증언은 1596년의 사건들을 언급하는
것은 아니었고, 일본에 있는 그의 전령이 그보다 전에 일어났던 일을
그에게 적어 보낸 것에 대한 언급이었다. '조선을 정복해가는 과정'이
라는 표현으로 보아 아마도 일본군이 파죽지세로 조선을 점령해 나간
1592년과 한양 점령 후 남해안으로 전략적 후퇴를 한 1593년경에 조선
의 사신이나 상인들에 의해 북경에서 전래된 교리서를 발견했을 것이
다. 이 낡은 한 권의 책이 조선에 전래된 유일한 책은 아니었을 것이며,
더욱이 기록에 관한 조선인들의 유별난 관심으로 보아 적어도 필사로
된 다른 복사본도 만들어졌을 가능성이 있다.

이것만으로 조선이 이미 복음화의 전(前)단계였다고 주장할 수는 없
으나, 포로로 잡혀 일본으로 끌려온 조선인들의 일부는 선교사와 번영
된 그리스도 공동체를 만남으로써, 이방인과 유럽에서 온 신부 간의 대
화 형식으로 된 자신의 조국 조선에서 이미 읽었던 교리문답서를 그들
의 실생활로 가져오게 되었다고 단언할 수가 있을 것이다. 이런 사실들
을 고려하여 보면 1593~1595년 사이에 수천 명의 조선인들이 오무라,
아리마, 아마쿠사, 고토 등지에서 가톨릭교회로 쉽게 모여든 사실을 부
분적으로 설명할 수가 있게 된다.[6]

이 기간 동안 평화협상이 중국과 일본 간에 진행되고 있었다. 선교

사들이 바라던 바는 평화였는데, 그렇게 되면 단지 글(서적)을 통해서가 아니라, 선교사 자신들이 직접 조선으로 들어갈 수가 있을 것이기 때문이다.

임진왜란 중인 1596년 10월 13일에 마테오 리치는 중국 난창(南昌)에서 아쿠아비바 예수회 총장에게 편지를 보냈다. 편지의 내용은 일본의 오르간티노와 파시오 두 신부가 동아시아 전교의 밝은 미래를 낙관하며 세스페데스 신부가 1594년 3월 제시했던 청원을 또다시 언급했다. 그리고 천주교 신자인 아우구스티노 고니시 유키나가에게 요청해 명나라 사신들과의 회담 때 평화조약 속에 "평화를 되찾은 지역 즉 조선에서 선교사들이 방해를 받지 않고 포교할 수 있는 자유를 허락한다."라는 구절이 포함될 수 있도록 준비해야 한다는 것이었다.

임진왜란 당시 강화 교섭은 명의 심유경과 일본의 고니시 유키나가에 의해 진행되고 있었다. 한편 임진왜란 당시 중국의 가톨릭 전교는 후일 '중국 복음화의 선구자'라고 불리는 예수회 마테오 리치 신부가 담당하고 있었다. 일본에서 선교활동은 성공을 거두고 있는데 비해, 중국에서의 상황은 매우 지지부진하였다. 이러한 상황에 리치 신부는 초조함을 느꼈을지도 모른다. 리치는 아쿠아비바 예수회 총장에게 이러한 부진한 중국 선교 상황을 타개할 방법으로 일본 측 평화 교섭의 대표인 아우구스티노 고니시 유키나가에게 부탁함으로써 중국과 조선의 선교 문제를 해결해 보고자 하였다. 편지에는 선교사 리치의 절박한 심

---

6) 메다나 신부는 임진왜란 전에 천주교 교리서가 조선에 유입되었다고 했다. 따라서 이를 읽어 천주교를 이미 알고 있었던 조선인들이 임진왜란 당시 포로로 잡혀와 일본에서 천주교 선교사를 만나게 됨으로써, 이 교리서의 내용을 실제적으로 알게 되어 가톨릭에 쉽게 몸담게 되었다고 하였다. 메다나 신부의 이러한 생각은 좀 더 철저한 규명이 필요할 것으로 생각된다.

리 한 편이 분명하게 들어나 보인다.

  "저는 올해 일본에 있는 오르간티노 신부와 프란치스코 파시오
신부로부터 편지를 받았습니다. 그 편지를 보니 일본이 지금 중국
황제와 평화조약을 맺으려고 하는데, 교섭의 일본 측 대표가 아우
구스티노(고니시 유키나가)라고 불리는 선량한 그리스도교 신자라
고 합니다. 그는 일본에 있는 신부들이 중국에 입국해 신교를 할
수 있도록 중국 대표에게 허가를 요구하고 교섭해주겠다고 합니다.
우리들이 목표로 하는 것은 중국 황제가 사는 베이징입니다만, 지
금 제가 있는 난징7)보다도 일본이 훨씬 베이징에 가까우므로 베이

7) 편지 속의 난징(南京)은 난창((南昌)의 오기일 것이다. 예수회 동양순찰사 발리
 냐노의 부름으로 1582년 8월 동료 파시오와 함께 인도 고아에서 마카오(澳門)
 로 온 리치는 1595년 샤오저우(韶州)생활을 마감하고 동료 카타네오(Lazzaro
 Cattaneo 郭居靜)와 함께 병부시랑 시에로우(일반적으로 석성(石星)으로 추정
 된다. 그러나 당시 석성의 관직은 병부상서였다. 석에라는 다른 인물로 추정하
 기도 한다.)을 따라 북경으로 갔다. 그는 일본의 조선 침략으로 조선을 지원하
 고자 하는 중국 조정의 명으로 8만여 명의 군사조직의 관직을 맡아 북경으로
 가게 되었다.
  시에로우의 아들은 정신이상자였는데 리치의 기도로 아들의 정신이 정상으로
 돌아오기를 원했으므로 그와 동행하게 되었다. 그러나 북경으로 가는 도중 시
 에로우의 배가 감주의 감강(江)에서 파손돼 침몰했다. 석성은 육로로 베이징으
 로 가고, 외국인은 간첩으로 오해를 받을 수 있다고 해 리치는 운하를 통해
 먼저 난징(南京)으로 향했다. 일본인을 직접 볼 기회가 없었던 당시 명나라 사
 람들은 이상한 외국인은 모두 일본의 첩자라는 의심을 했다. 5월 31일 난징
 도착 후 그는 예전 소주에서 친분이 있었던 예부시랑(禮部侍郞) 서대임(徐大
 任)을 찾아갔으나 오히려 임진왜란으로 인해 외국인이라는 푸대접을 받고 쫓
 겨나 난창(南昌)으로 거처를 옮기게 되고 이곳에서 약 3년을 보내게 된다. 이
 기간을 리치의 난창 시절(1595~1598년)이라 한다.
  이 기간 동안 그는 명의 황족 건안왕(建安王)과 낙안왕(樂安王) 그리고 많은
 지식인과 고류했고『교우론交友論』,『서국기법西國記法』등을 저술했으며 1596

징에 먼저 들어가는 것은 저보다 오히려 그들일지도 모릅니다. 그들의 편지를 보면 이 평화 교섭은 성립될 가능성이 대단히 큰 것으로 보입니다."[8]

마테오 리치는 일본의 두 신부들의 편지로부터 이러한 사실들을 이미 알고 있었으며 예수회가 한양에 정착하길 희망했다. 왜냐하면 북경(베이징)은 선교사들에게 아직 문호가 개방되지 않았으므로 선교사들이 조선에 머물러 있어야 명의 황제로부터 가톨릭 전파라는 자신의 꿈을 실현시키기 위한 선교의 허락을 받을 가능성이 많아지기 때문이었다.

가스파르 빌렐라 신부가 1571년에 관찰한 바처럼, 일본으로부터 조선을 통해 북경으로 들어가는 것이 더 쉬울 것 같은데, 이렇게 되기 위해서는 우선 평화조약이 실현되는 것이 필요했던 것이다.

년에는 『천주성교실록』을 완성했다. 이 책은 이듬해 라틴어로 번역되어 일본 주교인 세르케이라(Luis Cerqueira)에게 보내졌다. 1597년 8월 리치는 중국의 선교단장에 임명되었다. 1598년(만력26), 과거 샤오저우에서 만나 친교를 가졌던 태종백(太宗伯) 왕충명(王忠銘)이 난징의 예부상서에 임명돼 베이징으로 가게 되니 리치와의 동행을 원했다. 따라서 리치는 왕종백과 함께 양쯔강을 건너 다시 난징으로 가게 되고 9월 베이징으로 들어가게 되었다. 이것으로 보아 편지의 시점인 1596년은 난징이 아닌 난창일 것으로 판단된다.

8) 히라카와 스케이로(平川祐弘) 저, 노영희 옮김. 『마테오 리치. 동서문명교류의 인문학 서사시』 도서출판 동아시아, 307~309쪽.

제23장. 조선 최초의 천주교회 탄생

예수회 신부 후안 루이스 데 메디나(Juan Ruiz-de-Medina S.J.)는 그의 저서 『한국 가톨릭교회 그 기원 1566-1784』[1]의 15장 '첫 열매: 조선에서 가톨릭교회의 탄생 1592-1593년'에서 다음과 같이 주장했다.

> "일본이 조선을 침략함으로써 조선의 일부를 점령했던 1592년 5월부터 1599년 1월까지 당초 기대했던 것처럼 조선의 가톨릭 복음화에 도움이 되지는 않았다. 그러나 다소 '예외적이기는 하나 정당한 방법(somewhat unusal, yet legitimate way)'으로 그곳 조선에 가톨릭교회가 탄생했다."

---

1) 『The Catholic Church in Korea: its Origins 1566-1784(한국 가톨릭교회 그 기원 1566~1784년)』은 메디나 신부가 처음 스페인어로 1987년 로마에서 출간했던 같은 이름의 서적을 John Bridges S.J.가 영문으로 번역해 로마의 Instituto Storico S.I. 에서 1991년에 출간한 번역본이다. 이 영문판에 대해 역자는 영문판의 출간 당시 몇 개의 새로운 섹션을 더했음을 밝혔다. 스페인어로 쓰인 메디나 신부의 초판본, 그리고 영문 번역판 이외에 일본어 번역판(1987년)과 박철의 한국어 번역판 『한국 천주교 전래의 기원』(1989년 서강대학교 출판부 서강학술총서19)'이 있다. 영문 번역판 15장의 제목은 'First-fruits: The Birth of Catholic Church in Korea in 1592~93'(첫 열매: 조선 가톨릭교회의 탄생 1592~1593년)이다. S. J. 는 예수회 Societas Jesu의 약칭이다. 사람 이름 뒤에 올 경우 예수회원을 의미한다.

즉 임진왜란 당시 조선에서의 가톨릭 전교가 당초 기대했던 것만큼 좋은 성과를 올리지는 못했으나 이 시기에 다소 통상적이지는 않으나 그러나 정당하고 절차상 아무런 하자 없이 조선에 최초로 천주교회가 세워졌다는 견해이다. 이 학설이 소위 '한국 천주교회의 임진왜란 기원설'이다. 이 학설을 뒷받침하는 근거로서 그는 다음과 같은 세 가지 역사적 사실들을 제시했다.

첫째, 임진왜란 중 죽어가는 남녀 어린이 2백 명에게 천주교 신자인 한 일본 장군이 물로 세례를 베풀었다.

둘째, 임진왜란 때 포로가 된 '권 비센테'라는 조선 소년이 일본으로 끌려가 1592년 12월에 세례를 받았다.

셋째, 임진왜란 때 일본으로 끌려간 조선 포로들 중 2천 명이 넘는 조선인들이 세례를 받았다.

이들은 비록 여러 제한적이고 특별한 경우이었기는 하나 조선인을 대상으로 정상적인 성사가 행해져 조선인들이 세례를 받게 됨으로써 비록 조선 밖의 외국이기는 하나 조선인에 의해 하느님의 교회가 이루어졌다는 견해이다. 이를 좀 더 자세히 살펴보자.

- 분고(豊後)의 영주에 의한 조선 어린이의 세례

첫 번째의 이러한 증거로서는 1595년 10월 프로이스(Frois)신부가 언급한 한 사건이 제시되고 있다. 프로이스 신부가 언급한 이 사건은 명확히 1592~1593년 사이에 일어난 것으로 보이는데, 사건이 발생한 정확한 장소를 알 수는 없다. 다만 위쪽인 평양까지는 아니더라도 한양을 중심으로 한 넓은 지역이 이 사건이 일어났던 장소로 추정된다.

프로이스 신부는 임진왜란에 참전했던 분고의 한 천주교인 영주가 행한 선량한 업적을 언급해 두는 것이 그의 의무라 느꼈다. 그에 의하면 분고의 한 영주가 전쟁 중에 부모를 잃고 전쟁터에 그대로 버려져 죽어가거나, 사로잡혔으나 너무 어려 살기가 힘든 많은 어린아이들에게 손수 세례를 주었다는 것이다.[2] 독실한 그리스도교 신자인 그는 하인[3]에게 성수가 든 물통을 항상 허리에 차고 다니게 하여 아무것도 모르고 곧 죽을 그런 아이들을 보게 되면 이들에게 성사를 통해 하늘나라로 갈 수 있도록 세례를 주었다는 것이다. 그 동료들의 말에 의하면 이 무사는 약 2백 명의 아이들에게 세례를 주었다고 한다.

이 사건이 조선 가톨릭교회의 첫 열매라고 인정하고 조선에서의 최초의 활동으로 간주하고 있는 듯하다. 이 활동의 중심인물은 천주교 신자인 분고의 한 일본 무사였다. 분고는 1553년 발타사르 가고(Baltazar Gago)신부의 요청에 따라 분고 영지 내에서는 낙태금지령이 공포되었다. 또한 일본 최초로 고아원이 세워져, 버려진 아이들을 돌보기도 했다. 훗날 이 고아원은 병원으로 개조되었다.

이 일본 무사의 세례 활동은 일시적이 아니라 지속적인 활동이었으며 일본군이 한양을 따라 평양에까지 진출함으로써 여러 곳에서 행해졌을 것으로 추정된다. 분고 태생의 이 일본 무사는 오토모 요시무네나

---

2) 어린이 2백여 명에게 성사를 베푼 사건은 1588년 마카오 교구로부터 독립한 후나이(府內 현 오이타大分)교구의 위계질서와 교회 교리에 입각한 일로서 그 대표자는 예수회 선교사들의 부관구장이었다. 세계 교회에서와 마찬가지로 일본에서도 평신도(남녀 구분없이)도 세례를 줄 수가 있었다. 성직자의 수가 부족해 이런 경우가 많았으며 비록 신자가 위임을 받지 않았더라도 교회 성직 조직의 뒷받침을 받았다. 메디나 지음, 박철 옮김.『한국 천주교 전래의 기원』 서강대학교 출판부, 1993년, 128쪽.
3) 하인은 shield-bearer(방패수)를 말한다.

시가 파블로의 명을 받았을 것으로 보인다.[4] 프로이스는 세스페데스에 대한 언급 없이 신부가 한국으로 건너가기 전 임시로 귀국한 신자 병사들을 통해 약 2백 명의 아이들에게 세례를 준 소식이 전해졌다고 추정하며 기록했다.

이러한 사적(史蹟)을 신학적으로 볼 때, 조선 천주교회는 1592~93년에 세워졌음이 확실하다고 주장했다. 비록 이 초기 교회[5]를 이룩하게 한 주체자(Hierarchy)들이 국외자들이기는 하지만 실제로 교회는 존재했으며, 2백여 명의 어린이들이 자국인 조선 내에서 세례를 받은 사실로 보아 1784년 국외인 북경에서의 조선 천주교회 창시 주장보다, 당시 상황으로 보아 더 유력한 사실이라고 보았다. 요약해 보면 임진왜란 초기 성사를 받은 주체가 비록 사경을 헤매는 어린아이들이고, 일본 적장이 전쟁 중에 일방적으로 베푼 성사이기는 하나, 신학적 관점에서는 정상적 방법을 통해 천주교의 세례가 이루어져 이들이 천주교에 귀의해 신자가 되었음으로 이 사건이 조선 천주교의 탄생을 의미한다는 것이다.

---

4) 일본의 조선 천주교 역사학자 야마구치 마사유키(山口正之)는 그의 논문에서 천주교 일본 무사가 풍후의 영주 대우의순(大友義純) 이라고 했다. 즉 오토모 요시무네(大友義統, 大友吉統) 콘스탄티노라고 하였다. 야마구치 마사유키. 「耶蘇會士의 朝鮮俘虜 救濟와 敎化(야소회사의 조선부로 구제와 교화)」 한국천주교회사 논문 선집 제2집 한국교회사연구소 1977년 59쪽. 기타지마 만지(北島万次)가 저술한 『豊臣秀吉の朝鮮侵略도요토미 히데요시의 조선침략』吉川弘文館. 1995年9月 單行本初版 에 언급한 大友義純은 大友義統(오토모 요시무네)와 동일한 인물로 나와 있다. https://tameikiiro.net/book-review/invasion-of-korea-by-hideyoshi-toyotomi/

5) 메다나 신부는 조선 어린아이들이 세례를 받아 이루어진 이 초기 교회를, 후일 권 비센테와 조선 포로들이 가톨릭에 입교함으로써 이루어지는 나중의 교회에 비교해, 전자를 Infant Korean Church로 후자를 Adult Korean Church의 탄생으로 기록했다. 『The Catholic Church in Korea: its Origins 1566-1784(조선 가톨릭 교회, 그 기원 1566~1784년)』 pp.74~75.

그러나 이러한 행위는 한 크리스천의 한정된 개인적인 선행에 불과하며 당시 일본 천주교계(敎界)의 의지가 아니었음은 명확하다.

- 조선 고관의 아들, 권 비센테의 천주교 귀의

전쟁터에서 죽어가는 어린이들이 세례를 통해 가톨릭으로 입교한 사건과 비슷한 시기인 1592년 중기 10월 이전에 조선인 전쟁포로들이 일본의 오무라와 아리마에 도착하자 예수회 신부들은 조선 천주교회의 장래가 자신들 손에 달려있음을 깨닫게 되었다. 세스페데스 신부가 웅천으로 가기 전에 이미 고니시 유키나가 휘하로 조선에 머물고 있던 영주들과 도노(殿)들은 본국으로 전리품들을 보내기 시작했다. 그 가운데는 기술자와 노동자로 일하게 될 각계각층의 남녀노소 포로들이 포함돼 있었다. 그러나 그들 모두가 전쟁포로는 아니었다.

그들 중 3천여 명의 기마병을 지휘하던 조선 고관의 12살 아들이 있었다. 그는 한양이 점령당하자 스스로 일본군 진영으로 왔다. 그의 수호천사가 그를 아우구스티노에게 인도했으며 영주의 한 친척이 천사와 같은 이 어린아이를 받아들였다. 소년의 보호자였던 아마쿠사 시키의 도노(殿) 히비야 헤이에몬 비센테(Vicente)는 그를 일본으로 데려가 시키(志岐)교회의 주임신부였던 페드로 모레혼(Pedro Morejon)신부에게 맡겼다. 모레혼 신부는 기꺼이 소년을 받아들여 다른 일본 소년들과 똑같이 교육을 시켰다. 소년은 몇 달간의 준비 끝에 1592년 12월 세례를 받아 조선 가톨릭교회의 첫 성인 신자가 되었다.6) 세례명은 은인의 이름을 따라 비센테로 정했고 동양의 관습에 따라 성(姓)인 권(權)을 세례

---

6) 모레혼 신부는 그를 아이라고 했으나 일본에서 칼과 무기를 사용할 수 있는 나이는 12세로 되어있었다. 그러므로 권이 세례를 받았을 때는 이미 성인이었다고 볼 수 있다.

명 뒤 혹은 앞에 붙여 불렀다. 이 사실은 비정상적인 상황으로 비록 국외에서 이루어지기는 했으나 조선의 천주교회가 탄생했음을 상징하는 것이었다.

이 조선 천주교 초기의 신자는 훗날 신학생, 도주쿠, 교리교사, 설교자 및 예수회 수사를 거쳐 1626년 마침내 순교자로서 일생을 마친다. (조선인 첫 천주교 신자 권 비센테' 편 참조)

- 조선인 피로인의 그리스도교로 집단 개종

프로이스 신부의 1595년 편지에 의하면, 아리마 지역 내에는 오무라나 나가사키 그리고 일본의 모든 영지에서와 마찬가지로, 임진왜란 당시 전쟁포로로 잡혀 온 수많은 조선인들이 거주하고 있었다.

알폰소 데 루세나 신부는 그 전 해인 1594년에 있었던 사건들에 관한 언급 중에 세스페데스 신부가 조선으로 가기 전, 오무라의 산초(Sancho)[7] 영주가 병사들에게 일본으로 귀국을 허락하면서, 그들이 고해성사를 받을 수 있는 기회를 가질 수 있기 때문에 그들을 매우 부러워했다고 언급했다. 루세나 신부는 고해를 들어주는 선교사들의 끝없는 노고를 칭찬했고, 이제는 선교사들이 많은 일본 기독교 영주의 조선인 하인들[8]에게 천주교 교리를 가르치는 새로운 임무를 맡아야한다고 했는데 그리스도교 영주들은 진정으로 그들이 세례를 받을 준비가 되어 있길 바랐다.

루세나 신부는 그의 보살핌에도 불구하고, 사람들이 성사를 간절히

---

7) 오무라의 영주 오무라 요시아키(大村喜前).
8) 조선인 하인들(Korean servants)이란 영주와 일본 무사들이 포로로 잡은 조선인들을 짐꾼이나 무기를 운반하는 일꾼(armour-bearera) 혹은 몸종으로 이용했으므로 이를 조선인 하인으로 불렀다.

원했으나 늦게 알게 되어 성사를 받지 못하고 죽게 되는 것을 매우 비통해 했다. 그러나 부관구장인 고메스 신부가 담의(談議)9)를 완전히 숙달한 한 조선인 도주쿠(同宿)10)를 오무라로 보냈을 때 매우 기뻐했다. 이 조선인 도주쿠는 예수회 형제들의 도움을 받아 같은 조선인 동포들에게 교리를 가르쳤고 그들 중 2백 명을 천주교로 개종시켰다. 그들은 그의 가르침을 잘 이해했을 뿐만 아니라 나머지 조선인 신자들11)처럼 몸소 실천에 옮겼다.

일본 교회는 초기의 원시교회에서와 마찬가지로, 다양한 종족과 국가의 노예와 자유인 모두가 형제이며 주님의 자녀였다. 그래서 분고의 한 일본인 무사가 조선에서 2백 명의 어린아이들에게 성사를 베푼 이

---

9) 담의(談議 dangi)는 수업을 말하며 여기서는 교리공부를 의미한다.

10) 페드로 고메스 부관구장이 오무라로 보낸 조선인 도주쿠는 당시 이미 교회의 조력자였다. 따라서 그는 이미 전부터 교회 일을 돕고 있었을 것으로 생각된다. 이 도주쿠가 오무라로 보내진 사건은 루세나 신부의 1593년 기록이며, 당시 조선인 도주쿠는 이미 그 전에 교리공부를 마치고 교회 일에 참여한 상태였을 것으로, 이러한 관점으로 볼 때 조선 교회의 탄생은 1592년 이전으로 거슬러 올라가야 할 수도 있다. 실제로 당시 일본인 도주쿠 이외에도 중국인 도주쿠 그리고 확실히 다른 인종의 도주쿠 즉 서양인 아버지와 동양인 어머니의 합법적인 자식들인 도주쿠들이 있었다. 루세나 신부가 조선인 도주쿠 앞에 정관사 'the'를 붙이지 않고 'a Korean dojuku'라고 기록한 것으로 보아 그가 말했던 것은 그 조선인 도주쿠가 유일한 한 명이 아니었고 여러 명 중 한 명 이었음을 의미하는 것일 수도 있다. 『The Catholic Church in Korea: its Origins 1566-1784』, Medina 저, 109쪽.

11) 예수회 부관구장 페드로 고메스 신부는 1594년 3월 15일 다음과 같은 기록을 남겼다. '1593년 성탄절에 신부들은 여러 집을 방문했다. 그리고 이미 천주교 교리교육을 받은 약 100여 명에게 세례를 주었는데, 그들 대부분은 조선인 포로였다.' 따라서 '나머지 조선인 신자들'이라는 표현은 오무라에서 세례를 받은 200여명과는 다른, 나가사키에서 세례를 받은 새로운 초보 신자들을 의미하는 것이다.

후에, 두 번째로 세례를 받은 2백 명의 새로운 조선인 신자들이 되었다. 그리고 이 해 말 성탄절에 나가사키에서 100여 명의 조선인 포로가 세례를 받았다.[11] 이후 짧은 기간에 수천 명이 뒤를 이음으로써 이국땅 일본에서 의도하지도 않았던 우발적인 상황으로부터 갑작스럽게 조선인 교회가 세워지게 되었다.

1594년 프란치스코 파시오 신부는 예수회와 특히 부관구장 페드로 고메스 신부가 조선인들에게 베푼 호의에 대해 상세히 기록했다. 고메스 신부는 글을 읽고, 쓸 수 있는 유능한 조선인 몇 명을 찾도록 지시했다. 이들은 일본어를 익힌 후 교리를 공부했다.

그리고 다른 조선인들에게 보다 쉽게 교리를 가르치기 위해 우선 자신들의 언어인 모국어로 교리를 요약했고, 기도서를 번역했다. 그들이 행한 이러한 일들이 효과를 나타내 1594년 2천 명 이상의 조선인들이 세례를 받았다. 그들은 신앙의 진리를 합리적 방법으로 잘 파악해 어려움을 자유로이 헤쳐 나갔다. 그래서 그들의 교육을 맡았던 일본인 예수회 수사들은 조선인들이 신앙을 이해하는데 있어 결코 일본인 자신들보다 못하지 않다고 고백했다.

프로이스 신부는 1595년 장상인 페드로 고메스 부관구장의 선교 전망을 펼쳐보였다. 조선인의 선교가 이제는 불확실한 한 명의 도주쿠가 아니라, 마치 1580년 순찰사 알렉산드로 발리냐노 신부가 일본 소년들을 위해 아즈치와 아리마에 세웠던 교육기관과 유사한, 장래의 조선의 소명을 위한 작은 신학교(Seminary)설립을 계획했다. 젊은 예수회 선교사들은 조선 학생들을 받아들여 그들의 고국에서 온 다른 조선인에게 교리를 교육시켰고, 그들은 훌륭하게 일을 해나갔다. 1594년에 그리스도교 신자가 된 2천 명 외에 1595년 나머지 사람들도 모두 자발적으로 세례를 받았다.

제24장. 조선 땅을 밟은 최초의 서구인, 그레고리오 데 세스페데스 스페인 예수회 신부

　임진왜란이 발발한 이듬해 전쟁은 소강상태에 접어들면서 일본은 조선을 건너 명과 직접적인 강화(講和)를 모색하기 시작하며 전쟁의 명분과 실리를 챙기고자 하였다.

　계사(癸巳)년도 거의 끝나갈 무렵인 1593년 12월말 일본에서 전교활동을 하던 한 서양 신부와 일본인 수사 한명이 일본군이 주둔하던 조선 남해안 웅천으로 들어왔다. 이로써 스페인 예수회 소속의 신부 그레고리오 데 세스페데스(Gregorio de Cespedes)는 16세기 한국 땅을 밟은 최초의 서구인(Korea's first European visitor)으로 기록되었다.[1]

　그는 1593년 12월 27일 일본 쓰시마(對馬島)를 출발해 당일 조선의 남쪽 해안에 도착했다. 그러나 최종 목적지인 곰개(웅천熊川, 일본명 고문가이)에는 다음 날 28일에야 도달했다. 그의 조선 도착은 네덜란드의 헨드릭 하멜(Hendrik Hammel)이 풍랑을 만나 제주도에 표착한 해(1653)

---

1) 1578년 일본으로 가던 포르투갈 무역선 산·세바스티안(San Sebastian) 호가 태풍으로 항로를 잘못 잡아 조선에 표착했는데 조선의 통상수교거부정책(쇄국정책)으로 인해 승무원은 살해되고 남은 생존자들이 일본으로 도망치는 사건이 있었다. 조선에는 이 사건에 대한 기록이 없으나 이 배에 승선했던 이탈리아인 천주교 신부 안토니오 프레네스디노(Antonio Prenestino)는 '조선인은 잔인하고 야만적이며 타 국민과의 접촉을 원하고 있지 않다.'라고 기록하고 있다. 이 사건은 유럽인과 조선인의 최초의 만남이라 하겠다.

보다 정확하게 60년을 앞서고 있다. 또한 그는 임진왜란을 직접 목격하고 기록을 남긴 유일한 서양의 한 증인이기도 하다.

- 신부가 조선으로 오게 된 상황

세스페데스 신부가 조선에 왔던 당시 조선은 한해 전 발발한 임진왜란으로 인해 극심한 혼란 속에 놓여 있었다.

일본을 통일하며 전국시대(戰國時代)를 마감한 도요토미 히데요시는 그 힘을 바탕으로 대륙 정복에 나섰다. 1592년 총 33명의 왜장과 14만의 예비 병력 그리고 17만 명의 파병 병력으로 조선 침공에 나섰다. 이들 왜장과 왜병의 상당수는 서해도(西海道 규슈)출신이었으며, 또한 이들 규슈 출신의 상당수는 기리시탄(切支丹) 즉 천주교 신자들이었다. 도요토미는 이들 기리시탄 다이묘(大名)들을 조선의 침략 전쟁에 출전시킴으로써, 적어도 향후 일본 국내의 잠정적 불안 요소를 제거하고자 하였다.

그레고리오 데 세스페데스 신부는 1551년 스페인 카스티야(Castilla) 지역의 톨레도 교구 마드리드의 명문 가정에서 태어났다. 그는 빌야누에바 데 알카르데떼(Villanueva de Alcardete) 출신의 아버지 세스페데스 데 오비에도(Cespedes de Oviedo)와 남부 그라나다 시 출신의 어머니 도나 마리아(후아나) 데 시망카스(Dona Maria de Simancas, Juana de Simancas) 사이에서 태어났다.

아버지 오비에도는 국왕 카를로스 1세의 스페인을 통치(1517~1556) 당시 수도 마드리드 시장(1550~1557)을 역임했으며, 그 전에는 남부 그라나다의 시장으로 재직한 고위 관리였다. 그가 출생할 당시 아버지는 마드리드 시장에 재직 중이었으므로 그가 시장의 아들로 태어났다고 기술되어 있는 근거이다.

당시 스페인의 교육과 학문의 중심지였던 살라망카(Salamanca)대학
에서 수학 중인 1569년, 18세에 그곳 예수회 신학교에 입학했으며 2년
후 아빌라(Avila)에서 처음으로 하느님께 서원하였다. 그는 살라망카
예수회 신학교 입학 전 이미 3년 동안 라틴어 공부를 했고, 2년 반 동안
교회법을 공부했다. 따라서 그는 시험을 통해 수사로서 예수회에 들어
갈 수 있었다. 기본 교양학문 수업을 끝내고 신학 공부를 시작할 당시
예수회 신학교에서 동양선교단에 선발돼 1574년 순찰사 신부인 발리냐
노를 따라 리스본에서 동인도의 고아(Goa)로 왔다. 예수회 관구가 있었
던 고아에서 일 년 반을 지내며 공부를 계속해 1575년 말 사제 서품을
받았다. 그는 1576년 8월 인도를 떠나, 마카오를 거쳐 1577년 7월 4일
나가사기(長岐)에 도착했다. 그는 일본으로 들어온 42번째의 외국인 신
부로 기록되고 있다.

그는 오무라 스미타다 바르톨로메오의 영지인 오무라에서 일본어
공부를 위해 약 1년간 머문 뒤 1579년 미야코(교토 京都)로 옮겨갔다.
그 후 10년 동안 교토와 인근의 고키나이(五畿內)에서 주로 사목활동을
했고 미노(美濃)와 오와리(尾長)까지 순회했으며, 1584년 다카스키(高槻)
의 수도원장이 되었다. 1585년 4월 오사카 신학교에서 도요토미의 방
문을 받았으며, 미야코에서 많은 고위계급의 사람들과 친분을 맺었고
특히 임진왜란 당시 일본의 최선봉장이 된 고니시 유키나가 아우구스
티노를 알게 되었다.

1586년 8월 고니시 유키나가가 통치하던 쇼도시마(小豆島)를 방문해
이 지역에 처음으로 천주교를 전교했으며, 오사카로 귀환할 때 역시 고
니시의 지배 아래에 있는 무로(牛婁) 시의 많은 일본인에게 세례를 주
었다. 1587년 7월 그는 도요토미 히데요시의 파테렌 추방령으로 인해
히라도(平戶)로 피신했다. 이후 1588년에는 아리마(有馬)지역에 있었으

며, 그 다음 해에는 나가사키 지방의 여러 곳에 머물렀다. 천주교 박해 당시 시마바라(島原)와 타카구(高來)지역을 돌며 전교에 더 많은 노력을 기울였다.

도요토미가 조선을 침공한 1592년에 세스페데스 신부는 아리마 수도원의 부원장이었는데, 일본 예수회 부관구장인 페드로 고메스 신부는 그에게 전쟁에 참전하고 있는 천주교 병사들의 사목을 위해 조선으로 파견을 명했다. 당시 일본은 천주교 금교령이 내려져있는 상황이었으므로, 도요토미 정권의 공식적인 군종신부로 파견된 것이 아니고 조선에 있는 일본 천주교 대명들의 개인적인 청원에 의해 일본 부관구장의 지시로 비밀리에 조선을 방문하게 된 것이다.

부관구장의 지시에 따라 1593년 12월 초 일본인 수도사 한칸(不干) 레온(Hankan Leon)과 함께 나가사키를 떠나 조선으로 오게 되었다. 당시 세스페데스 신부는 42세, 한칸 레온 수사는 54세였다. 그가 쓴 1597년의 서간[2]에 의하면 "하느님의 뜻에 따라 코리아 왕국에 갔었는데, 일본인들이 한국인과 벌이고 있는 전쟁에 참전하고 있는 2천여 명의 천주교 병사들의 고해성사를 듣고 도와주기 위해서였으며, 그곳에서 일년 동안 머물러 있었습니다."라고 적고 있다.

그리하여 세스페데스 신부는 웅천에서 1593년 12월 말부터 1595년 5월경까지 1년 넘게 머물렀다. 따라서 세스페데스 신부가 조선으로 들어옴으로써 웅천(熊川)왜성에서 조선 최초의 천주교 미사가 집전되었으리라는 사실은 자명해 보인다.

---

2) 1597년 2월 26일 아리마 도노(有馬殿)의 영지에서 멕시코에 있는 예수회 신부 디에고 로페스 데 메사에게 쓴 편지이다. 현재 세스페데스 신부가 조선에 머무는 동안 쓰인 4통의 편지가 남겨져 있어 이 편지들을 통해 그의 조선에서의 활동 상황을 살펴볼 수 있다.

- 일본인 수도사 한칸(주干) 레온(Hankan Leon)

세스페데스 신부를 동반해서 조선으로 왔던 일본인 수도사 한칸 레온은 1538년 현 도쿄의 동쪽 시모사(下總)영지에서 태어났다. 따라서 그는 세스페데스 신부보다는 13살 위였다. 젊은 시절 그는 불교의 승려였으며 그 후로는 의학을 공부했다. 그는 마음의 안식을 발견할 수 있는 삶의 방식을 찾아 일본 전역을 두루 다녔으며 심지어 현재 오키나와이며 당시는 독립국이었던 류큐(琉球島) 섬나라까지 찾아다녔다.

확실한 시기는 알 수 없으나 후나이(府內)에서 천주교 교리를 접하게 되었고 이를 계기로 가톨릭의 입문을 결정했을 뿐 아니라, 그 자신이 교회의 도주쿠로 봉사하게 되었다. 1580년 말 혹은 아마도 그 조금 이전에 예수회의 수사 수련과정(Noviceship)이 우스키(臼杵)에 개설되면서 그는 수도자의 길로 들어섰다.

1581년 12월 20일-이는 아마도 처음 서원(誓願)이후로 보이는데-분고 영지의 노츠(野津)지역에서 설교를 했다. 1586년 그가 47세가 되던 해에는 묘오겐(妙見)의 교회에서 사목했다. 그러나 분고와 사츠마 간의 전쟁(1586)으로 인해 그해 12월에는 시모노세키(下關)로 피신해야 했다.

1589년 다시 분고로 돌아왔으나 숨어 지내야 했고, 그해 4월 그를 포함한 동료들은 훗날 배교한 영주 오토모 요시무네(大友義統)에 의해 분고에서 다시 추방되었다. 1591년에야 사목 임무로 되돌아와 적어도 1592년 11월 1일까지는 사목에 임했다. 1년 후 세스페데스 신부를 동반해 조선으로 가는 보좌수사로 발탁되었다. 당시 그의 나이 54세였다.

- 웅천왜성

세스페데스 신부와 수도사 한칸 레온이 조선에 와서 머물렀던 곳은

남산–와성마을. 당시 웅천왜성. 사도마을에서 바라본 남산 웅천왜성과 웅포 탕수바위 그리고 와성 마을.

고니시 유키나가의 거성(居城)인 웅천왜성이었다. 당시 왜군은 이곳을 고문가이(Komunkai) 혹은 구마가와라고 불렀다.[3] 임진왜란 이듬해 7월 도요토미는 왜장들에게 조선에 장기 주둔을 목적으로 대대적인 축성을 명령했다. 이에 따라 한반도의 남해안에는 왜성들이 잇달아 축조되었고, 그중 웅천왜성은 고니시 유키나가에 의해 축성되었다.

고니시 유키나가는 1953년 5월 중순, 명의 협상사절인 사용재, 서일관과 함께 나고야성을 방문했고, 6월 중순 조선으로 돌아와, 6월 29일에 시작된 제 2차 진주성 전투에 참가했다. 그 후 남해안으로 물러나

---

3) 임진왜란 당시 고니시 유키나가에 잡혀 그의 처 주스타 부인의 양녀가 되었다가 후에 슨푸(駿府)성의 도쿠가와 이에야스의 시녀가 된 조선인 기리시탄 황도옥 오다(大田) 줄리아도 아마 이 웅천왜성을 거쳐 일본으로 건너갔을 것으로 추정된다. 필자가 만난 웅천왜성이 위치한 아래쪽 와성마을의 노인이 말씀하시길 일제강점기 당시에는 가까이 위치한 진해 해군기지에서 일본 해군들이 일 년에 한 두 차례씩 이곳 남산 정상의 왜성 터에서 열병식 등 군사 퍼레이드를 했다고 한다. 아마도 자신들의 선조인 고니시 유키나가를 기념하는 행사였을 것이다.

장기적인 주둔을 위한 거점으로 웅천왜성을 축성하게 되는데 아마도 6~7월에 축성을 시작했을 것으로 추정된다. 성은 웅천 남산의 봉우리를 삭평하고, 왜구의 침입을 대비하기 위해 만들어진 기존의 웅포산성을 헐거나 개축하여 그 석재 등을 이용해 축조되었다. 아이러니하게 왜구를 방어하기 위해 축조한 조선 성을 일본군이 이용해 왜성으로 축조하게 된 것이다. 웅천왜성은 조선에 남겨진 왜성 중 가장 규모가 큰 왜성으로 동서 약 700m, 남북 약 600m정도이다.

고니시가 그의 본거지로 2년간 주둔했다가 명과의 강화교섭이 이루어짐에 따라 1595년 11월 성을 불태우고 철수했다. 정유재란 때는 칠천량 전투 후 소 요시토시가 다시 입성해 성을 수축(修築)하고 주둔했다.

웅천왜성은 웅천읍에서 약 2km 떨어진 웅천의 끝자락인 남산에 위치하고 있어 남산왜성이라고도 불리며, 경상남도 기념물 제 79호로 현재의 주소는 창원시 진해구 남문동 산211-1번지이다. 왜성이 위치한 남산은 해발 184m의 비교적 나지막한 산으로 제포만(薺浦灣)과 와성만(臥城灣) 사이에 반도처럼 돌출되어 있다.

지금은 남산 북쪽의 웅포(熊浦)는 매립되어 남문지구라 불리는 대규모의 아파트 단지가 조성되었고, 남겨진 가느다란 웅포천(熊浦川)의 갈대들에서 겨우 이곳이 웅포만(熊浦灣)의 일부였음을 짐작케 한다. 남산 남쪽과 동쪽의 바다, 안골만 일대는 웅동 산업단지로 개발되어 거대한 항만시설이 들어서 모두 육지로 변했고 이곳으로 통하는 다리가 남산을 가로막아 예전 남산의 느낌을 완전히 잃어버렸다.

과거 임진왜란 당시의 지형으로 볼 때 남산은 서쪽 면을 제외하고는 모두가 바다로 둘러싸여 지금은 상상할 수 없을 정도로 바다 쪽으로 돌출되어 있었을 것이다. 따라서 남산의 웅천왜성은 동남북 삼면이 바다로 둘러싸여 있는 천연의 요새였다. 특히 남쪽의 바다에 면한 부분은

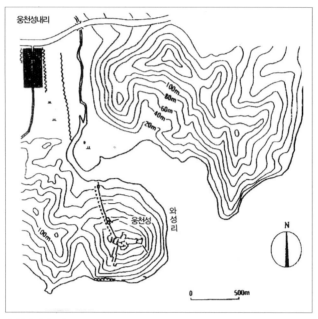

웅천왜성의 위치

급경사로 공격을 당할 우려가 거의 없으며, 육지와 연결된 서쪽만이 공
격의 가능성이 있었으므로 왜군은 육지와 연결된 서쪽에 긴 방벽을 집
중적으로 축성했으며, 남쪽은 산 중턱에는 허술한 단곽(單槨) 만이 축조
되어 남겨져 있다. 현재 왜성이 위치한 남산은 멀리서 보면 바닷가에
면해 숲이 우거진 그냥 평범한 산처럼 보이나 과거 임진왜란 당시에는
산기슭에서 능선을 따라 산봉우리까지 뻗은 거대한 석성(石城)이 자리
잡고 있었을 것이다.

　임진왜란 중 1595년 웅천왜성에서 명-일간의 상호 철군을 위한 강
화회담 때, 다음과 같이 명의 유대무(兪大武)가 일본 승려 겐소(玄蘇)와
화답한 시(詩) 구절로 보아 당시 웅천왜성은 보기에도 상당히 넓은 구

역을 차지하고 있었으리라 짐작된다.

　　　"웅천의 산 빛은 푸르고 푸른데 산위의 외딴 성 광활한 지대를
　　굽어본다."

　임진왜란이 400년이 지난 지금 웅천왜성은 폐허가 된 상태로 남산
의 나무와 수풀에 파묻혀 있어, 전체적인 형태를 한눈에 파악하기가 어
려우며 산속으로 들어가야만 성의 흔적을 확인할 수 있다. 산의 정상부
와 산록에서 성채(城砦)를, 그리고 산의 중간부의 일궈진 밭 울타리에
서, 그리고 남산 아래 해변 쪽에 위치한 와성 마을에서 성의 잔재를 찾
아볼 수 있다. 현재 정상부근에 남은 성벽의 길이는 약 700~800m이며
높이는 대략 2m 정도이다. 넓이는 약 5천 평(약15,000㎡)정도이며 축성
당시 사용된 돌들 중 큰 것은 1.5m×1.2m×2m나 되는 것도 있었다.
　산 정상에 위치한 왜성은 동서로 놓여있다. 웅천왜성의 천수대에서
조망해보면 동쪽으로 안골만과 연하여 안골포왜성이 위치하고, 동남쪽
으로 가덕도의 눌차왜성이 있으며 남쪽으로는 거제도에 3개의 왜성 즉
영등포왜성, 송진포왜성, 장문포왜성이 자리 잡고 있어 4각형의 호구
형태의 진을 구축하고 있게 된다. 웅천왜성은 그 중심에 위치하고 있어
그 지리적 중요성으로 인해 임진왜란의 선봉장이었던 고니시가 이곳에
주둔했을 것이다. 이곳은 동쪽 부산포 방향으로 진출하려는 조선 수군
을 감시하는 최적의 장소였으며, 또한 서쪽으로는 지성인 명동왜성을
두어 거제와 통영의 수군을 감시하고 동시에 육지와 연결된 웅천왜성
의 서쪽을 보강하려 했고, 북쪽으로는 자마왜성을 두어 성의 북쪽 상황
을 미리 파악, 웅천왜성을 이중으로 보호하고자 하였다.
　세스페데스 신부가 조선에서 보낸 첫 번째 편지에서 "이 고문가이

웅천왜성 주변 지도.

요새(熊川倭城)는 난공불락을 자랑하는 요새로 단기간에 실로 놀랄만한 공사가 이루어지고 있습니다. 거대한 성벽, 망루, 성채가 축조되고 있습니다." 라고 적혀 있음을 보아 세스페데스 신부가 도착한 1593년 12월 말에도 아직 성의 토목공사는 마무리되지 않은 상태이며 완성되기까지는 좀 더 시간이 소요되었음을 알 수 있다. 1595년 선조 28년 을미년의 실록에 실린 접반사(接伴使) 이시발(李時發)의 서계(書啓)에 의하면, 당시에도 성내에 들보와 서까래를 올려 큰 집을 짓고 있고, '나무베는 소리가 산을 진동했다'는 기록으로 보아 정유재란 퇴각 전까지도 성내에 대규모의 토목 공사가 진행되고 있었음을 짐작할 수 있다.

일제 강점기시 출판된 「고적 조사자료」에는 1592년 가토 기요마사(加藤淸正)가 축조했다는 기록이 남겨져 있으나, 세스페데스 신부의 편지로 보아 「고적 조사자료」에 나타난 축성 연대와 축성자 모두 신빙성이 약하다고 하겠다. 다만 축성의 시작은 가토가, 완성은 고니시가

웅천왜성의 대수문 호구(大手門 虎口).

웅천왜성의 본환(本丸) 승형호구(枡形虎口).

이뤘을 가능성은 있을 것이다. 일본의 일부자료에서는 우키타 히데이에에 의해 축성되었다는 기록도 있다고 한다.

　　"요새 근처에는 아우구스티노와 그에 예속되어 있는 자들, 그의 동맹자들의 모든 중신들과 병사들이 거주하고 있는데, 이들 모두는 잘 지어진 넓은 집들에서 살고 있으며 특히 높은 지위에 있는 자들의 저택은 돌담으로 둘러싸여 있다."

위 기록으로 보아 중요한 영주들의 집들은 돌로 만든 담이 처있어 보안상 더욱 안전을 기했던 모양이다. 세스페데스의 두 번째 편지에서는

"고문가이 요새에 아우구스티노와 함께 그에 예속되어 있는 자들과 그의 동맹자들 모두가 거주하고 있는데, 이들은 아리마, 오무라, 고토오, 히라도, 아마쿠사, 수모토 등의 영주들로, 모두가 해안을 따라 바닷가에 잇닿은 곳에 집을 가지고 있으며, 위쪽에 있는 요새에는 아우구스티노의 동생인 요시치 도노(Yoxichdono 与七郎殿)와 비센테 헤이에몬 도노(兵右衛門殿)가 감시병으로 지키고 있습니다."

라고 했다. 이로 보아 영주들은 성채 아래쪽 해안가 부근에 있었으리라 추정되며, 성채에는 고니시의 사람들인 동생과 가신이 지키고 있었던 것 같다. 세스페데스 신부는 왜성 어디에 머물렀을까? 신부는 아마도 성의 가장 높고 은밀한 장소인 본성의 천수각(天守閣)에 머물렀던 듯하다. 세스페데스 신부의 두 번째 편지에서 보면

"며칠 후 외지로부터 돌아온 고니시는 세스페데스 신부를 만나 그가 조선에 온 것에 대해 환영과 기쁨을 전했다. 고니시는 여러 성으로부터 많은 일본군 이교도가 그를 방문하기 위해 이곳으로 모여들기 때문에, 모든 그의 동맹자들의 집들과 숙소들이 있는 아래 지역에 신부가 머무는 것은 적당하지 않다고 했으며, 신부는 비센테와 함께 요새의 위 지역에 기거하고 그곳에서 신자들이 고해성사를 하게 하라고 권했다."

웅천왜성의 본환(本丸) 천수대(天守臺).

이곳이 전쟁 중인 조선 땅이기는 하나, 도요토미의 '천주교 금지령과 신부 추방령'이 아직도 유효함을 진지하게 고려했을 것이다. 그래서 신부는 고니시의 가신인 비센테와 함께 요새의 가장 높은 곳 아마도 천수각에 숙소를 제공받게 되었을 것으로 추정된다. 지금도 이 천수각이 있던 자리에는 사각형의 돌 축대가 원형대로 보존되어 있으며, 오래전 신부도 수없이 오르내렸을 천수각으로 올라가는 돌계단이 좌우로 남아있다.

신부의 편지에서는 신부가 머무는 곳은 아주 높고 바위가 많은 비탈이라서 그 곳으로 올라와야하는 천주교 병사들에게는 여간 힘들지 않고, 또 신부가 몇몇 사람들에게 고해성사를 하기 위해 밤에 내려갈 때는 무척 힘들어 말을 타고 가는데 돌아오는 도중에 여러 번 쉬게 된다고 하였다.

현재 천수각 터에서 서서보면 앞으로 탁 트인 남쪽바다 쪽으로 송도와 연도가 손에 잡힐 듯 보이고(현재 이 두 섬까지는 매립공사가 진행되어 앞으로 이곳은 부산 서항부두가 될 예정인 모양이다.) 그 너머로 가덕도와 거제도를 연결하는 거가대교가 아른아른 보인다.

신부의 편지에 의하면 이곳 웅천왜성에서 1레구아(약 5.6km) 떨어진 곳에는 여러 요새들이 있는데, 그중 하나(자마왜성 추정)에 아우구스티노의 동생인 페드로가 주둔하고 있다고 했으며 다른 요새(명동왜성)에는 고니시의 딸 마리아와 결혼한 사위 쓰시마 도노 다리오가 주둔하고 있다고 했다. 다른 곳(거제도 장문포왜성과 송진포왜성)에는 시코쿠(四國)라 불리는 일본의 4개 영국들의 주요 인물들이 주둔하고 있으며, 또 다른 요새(거제도 영등포왜성)에는 사쓰마 출신의 무장들이 주둔하고 있다고 했다. 구로다 요시타카와 아들 나가마사는 함께 다른 지역(기장왜성)에 있다고 했다. 한편 고니시의 정적인 가토 기요마사는 이곳 웅천에서 북쪽으로 15레구아(약 84km) 정도 떨어진 곳(서생포왜성)에 주둔해 있다고 하였다.

> "최근 웅천왜성에 다시 가봤는데 남산 주위는 항만공사가 완성되어 있었다. 바다는 매립되어 남산은 보다 육지 쪽으로 붙어있어 마치 육지속의 산처럼 보였으며, 남산 주변 매립과 이를 연결하는 남산의 허리를 가로지르는 도로공사로 많은 부분이 훼손돼, 향후에는 그나마 남아 있는 형태도 유지가 쉽지 않을 것처럼 보였다. 우리의 유적이 아니므로 없어져도 우리와는 무관하다는 속 편한 생각이라면 문제가 될 것도 없다. 그러나 우리가 웅천 앞 안골포에서 이순신 장군의 거북선의 잔재를 발견하고자 노력하는 마음이 있다면(실제로 국내 모 재벌기업에서 안골포의 얕은 갯벌 속을 샅샅이 뒤져 거북선의 잔해를 찾아본다는 계획이 있었다고 한다.) 그 상대편에 서 있는 고니시의 웅천왜성도 보존되어야 할 것 같다는 생각이 드는 것은 나만의 지나친 생각일까? 주위의 명동왜성, 자마왜성 그리고 안골포왜성등도 비슷한 상황이었다.[4]

산 정상에 있는 웅천왜성 가는 길.

　천주교의 입장에서도 보존의 필요성을 보다 진지하게 생각해 보아야 하지 않을까 한다. 몇 년 전 웅천왜성을 찾아보았을 때는 웅천왜성으로 올라가는 길 초입과 남산 정상의 본성 천수각 앞 본환(本丸)의 소나무에 '한국 최초의 사목터'라는 플랜카드가 걸려있었다. 주말 천주교 마산교구 소속의 신자들이 이곳 '웅천의 남산 성역화'를 위한 미사를 드렸다고 했다. 아마도 웅천왜성 터는 이 땅에서 최초로 미사가 치러진 의미심장한 장소일 것이다. 침략으로 점철된 우리 땅의 한 곳에서 이방(異邦) 사제에 의해 행해진 우리나라 최초의 천주교 예식이라는 아이러니는 솔직히 우리들로서는 받아들이기가 거북하고 불편하다. 그러나 이는 역사적인 사실로서, 조금 비껴서 본다면 당연히 넓은 마음으로 긍정적으로 받아들여야 할 엄연한 진실이다."*** (저자 단상)

---

4) 우리나라 남겨진 왜성: 상세 정보는 457쪽 참조.

- 웅천왜성에서의 사목활동

세스페데스 신부는 흔히 말하는 것처럼 공식적인 군목(軍牧)은 아니었다. 천주교 금교령이 내려진 상황 아래에서 다만 천주교 신자였던 영주들과 병사들의 요청에 의해 그들의 영혼을 돌보기 위한 목자로 파견된 것뿐이었다. 따라서 그는 군 체계내의 공식적 군종신부(軍宗神父)라기 보다는 '종군(從軍)한 신부'라고 보아야할 것이다.

프로이스 신부의 『일본사』에는 세스페데스 신부가 나가사키로부터 포교를 위해 조선으로 건너갔던 일에 대해 다음과 같이 기록했다.

> "시모 지방[5] 출신이 대부분인 조선에 있는 가톨릭 신자들은 영적인 필요성에서 자신들의 고해성사 및 모든 성사를 담당해줄 사제를 그곳으로 보내줄 것을 일본의 부관구장 페드로 고메스에게 수차례 요청했다. 천주교 신자 전원이 아우구스티노의 깃발 아래 모이게 된 것은 하느님의 위대한 섭리이며 아우구스티노의 요청에 답해 세스페데스 신부가 조선으로 특파되었던 것이다."

세스페데스 신부의 조선 입국은 도요토미의 허락 없이 고니시 유키나가와 그의 측근인 천주교 영주들의 개인적인 요청에 따라 비밀리에 취해진 것이었다. 임진왜란 중에도 도요토미의 규슈 정벌 후 포고된 '선교사 추방령과 그리스도교 금지법'은 그 효력이 계속 유지되고 있었으므로 그의 사목활동은 제한적이고 은밀하게 이루어질 수밖에 없었을 것이다. 그의 남겨둔 편지 기록을 통해 임진왜란 중 조선에서 그의 사목활동을 살펴볼 수 있다. 그는 우선 성내 천주교 신자인 일본의 영주

---

5) 일본어로 '아래(下)'를 의미하며 여기서는 일본의 최남단인 규슈(九州)를 지칭한다.

와 수하 병사들의 성사를 집전했다.

"고해를 하기 위해 저를 찾아오는 천주교 신자들의 수가 점차 늘어났으므로 지금부터 부활절까지는 해야 할 일이 많습니다. 다른 동료 신부 한 분이 더 계시다면 저에게 큰 위안이 되겠지만 가능한 일이 아닌 것 같으므로 지금은 기다릴 수밖에 없으며, 모든 사람들이 고해를 마칠 때까지 주님의 도움으로 우리는 건더낼 것입니다.
아우구스티노는 가끔 저를 방문하러 오고 있으며, 프로타지오 영주, 오무라의 산초 영주와 아마쿠사의 조안 영주 그리고 다른 중요한 인물들도 저를 찾아옵니다. 도노(殿)들 중에서 고해성사를 하기 위해 제일 먼저 찾아온 사람은 오무라의 산초 영주인데 그의 동생 세바스티안과 함께 왔습니다. 이들은 모든 병사들에게 좋은 귀감이 되었으므로, 그들을 칭찬하지 않는 사람이 없는 것은 당연한 일입니다. 그리고 이러한 본보기로 인해 최대한 서둘러 고해하기 위해 찾아온 사람들도 모두 그의 병사들이었습니다. 다른 여러 도노들도 이미 고해했고, 그래서 나는 주님께서 더 많은 사람들이 같은 방식으로 고해하도록 만들 것임을 믿습니다."

웅천왜성 내 많은 천주교 병사들이 모여듦으로서 세스페데스 신부는 크나큰 영적 결실을 맺었을 뿐 아니라 다른 진영의 신자들도 신부 일행이 와 있음을 알고는 성사를 받기 위해 모여들었다. 심지어는 이교도 병사들까지도 신부의 교리강론을 듣고 세례를 받았다.
웅천왜성에서 천주교로 개종한 이교도들 중에는 유명한 우사하치만 신사(宇佐八幡 神祠)의 카누시(神主)도 있었다. 도키에다(Tokieda 時枝)라는 귀족 출신의 구지(guji:궁사宮司)는 전쟁이 끝나기 전 고국으로 돌아가 부인과 소아마비 아들을 포함해 20명이 넘는 가족들에게 교리를 전파했고, 단시간 내 다른 40명의 그의 친척들을 천주교로 개종시켰다.

세스페데스 신부는 조선에 머무는 약 1년 반 동안 웅천왜성뿐만 아니라 주위의 여러 왜성을 다니며 사목활동을 수행했음이 그의 편지에 기록되어 있다. 편지에 나타난 사실로 보아 그가 구마가와(웅천)를 떠난 것은 두 번으로 단지 바다를 통해서 근처 지역으로 사목을 갔을 것으로 추정된다. 한 번은 1594년 초 쓰시마의 영주 소 요시토시 다리오의 예방을 받고 그의 요청으로 3일간 명동왜성에 머물렀고, 다른 한 번은 구로다 부자의 초청으로 15일간 기장왜성에 머물면서 사목활동을 펼쳤음을 알 수 있다.

"제가 이곳에 도착한 그 이튿날 고니시의 사위인 소 요시토시 다리오가 전갈을 보내왔고, 그로부터 2~3일 뒤에는 그가 몸소 저를 찾아와 서로 연락을 취하게 되었습니다. 그는 매우 고상한 청년으로 깊은 이해력과 좋은 품성을 지녔습니다. 저를 찾아온 바로 그날 저녁에 설교를 듣기를 원하는 많은 사람들을 위해, 수사를 그의 요새로 보내줄 것을 간곡히 요청했습니다.

그 다음 날 한칸 레온 수사를 그에게 보내 3일간 설교를 하게 했고, 설교 끝난 후 신자들에게 세례를 받게 하기 위해 소 다리오가 작지만 빠른 배를 타고 직접 저를 데리러 왔습니다. 그날 밤 30명의 귀족들과 그의 조카에게 세례를 주었으며, 그 이튿날 10명에게 더 세례를 주었습니다. 이들의 환희하는 모습과 기도문을 번역하며 열심히 외우는 모습에서 적잖은 감동을 느꼈습니다."

또한 그해 여름에는 칸베에 도노(官兵衛殿, Quambioyedono) 구로다 요시타카(黑田孝高)와 아들 가이노가미(甲斐守, Cainocami) 구로다 나가마사(黑田長政)를 방문하고 사목활동을 했던 사실을 그의 편지에 기록하고 있다.

"구로다 요시타카와 아들 나가마사는 기장(機張)성에 주둔하고 있었는데, 세스페데스 신부가 웅천성에 머물고 있기에 그에게 배한 척과 부하를 보내 자신의 요새로 내방해 주기를 간절하게 요청했다. 그러자 신부와 수사는 그곳으로 가서 15일 가량 머물렀다. 요시타카와 아들 나가마사는 매일같이 하루에 한두 차례씩 교리문답서의 설교를 듣기를 원했다. 그 자리에는 휘하의 장수들과 가신들이 함께 참석했는데 그중에는 천주교 신자들도 있었고 아닌 자도 있었다. 신부는 요시타카와 아들 나가마사에게 고해성사를 주었다. 그 자리에 있던 모든 천주교인들도 고해성사를 했으며 천주교 신자가 아닌 모든 장수들과 중요한 가신들도 세례를 받았다. 그래서 현재는 그 휘하의 모든 중요한 사람들과 가족들까지도 천주교인이 되었다. 도요토미에 대한 두려움만 아니었더라면 더 많은 사람들을 세례할 수 있었을 것이다."

또한 신부 일행은 구포왜성에 주둔하였던 츠쿠시(筑紫)부자를 천주교로 개종시키는 특기할 만한 전교활동을 하였던 것으로 보인다. 이 사실은 조선에서 보낸 신부의 네 번째 편지에서 추정해 볼 수 있다.

- 세스페데스 신부의 일본으로 귀환

고니시 유키나가와 숙적(宿敵) 관계에 있던 불교 신자 가토 기요마사(加藤淸正)는 고니시 휘하의 웅천성에 천주교 신부가 머물러있다는 사실을 도요토미에게 알렸다. 그는 도요토미의 명령에 반(反)한 고니시의 행동을 일러바침으로써 도요토미의 분노를 불러일으켜 고니시를 파멸의 길로 이끌고자 했다. 고니시는 가토의 의도를 잘 알고 있었으며 이 때문에 가톨릭교 전체에 큰 박해와 화가 미칠 것을 우려했다. 고니시는 할 수 없이 신부와 수사를 일본으로 돌아가도록 지시함으로써 잠시 도요토미의 분노를 피했고, 나중에 도요토미를 예방해 세스페데스 신부가 조선을 방문한 것에 대해서는 기지와 임기응변으로 적당히 변명하며 어려운 상황을 잘 넘겼다.

세스페데스 신부가 일본으로 돌아간 시기는 고니시가 전쟁 중 두 번째 본토를 방문해 도요토미를 만나기 직전이었을 것으로 추정된다. 세스페데스 신부가 조선에서 일본으로 돌아간 뒤 며칠 후, 도요토미는 조선과 관련된 몇 가지의 일들을 상의하기 위해 고니시에게 후시미(伏見)로 올 것을 명한다. 고니시가 도요토미의 소환으로 일본으로 돌아온 것은 1595년 6월 8일(음력 4월 30일)임으로 이러한 사실을 연결 지어 볼 때 세스페데스 신부의 귀환은 6월 8일 조금 전이었을 것으로 추정되고,6) 따라서 세스페데스 신부의 체한(滯韓)기간은 당해 년 5월말 혹은 6월초 까지 약 1년 6개월이 될 것이다. 이 귀환의 보다 자세한 전말은 루이스 데 구즈만7)의 『선교사들의 이야기』에서 살펴볼 수 있는데 이

천주교 신자 고니시 유키나가(小西行長)와 불교 신자 가토 기요마사(加藤淸正).

---

6) 따라서 일본의 저명한 조선 천주교사 연구자인 야마구치 마사유키(山口政之)는 세스페데스 신부가 조선을 떠난 날을 6월 3일 전후로 보았다.

일과 관련해 신부였던 그는 고니시와 가토에 대해 대조적으로 다음과
같이 기록해두고 있다.

    "고니시는 조선에 있는 천주교 신자들과 이교도들에게까지도
착한 일을 하고 있는데 이를 방해하는 악마 같은 자가 있었다. 돈
아우구스티노에 대하여 반기를 들고 큰 위험을 불러 일으켜 그를
방해하고자 하는 적은 도라노스케(加藤淸正 가토 기요마사)이다.
    그는 늘 돈 아우구스티노의 승리와 공적을 시기했는데 어떻게
하든지 다이코사마(도요토미 히데요시)로부터 돈 아우구스티노에
대한 총애를 끝장내려고 갖은 짓을 다했다. 그러던 중 돈 아우구스
티노가 다이코사마의 명령에 반해 꼬라이에서 신부가 공연히 병사
들을 모아놓고 하느님의 교리를 설교하는 것을 알아차리고, 다이코
사마에게 이같은 일을 고자질해 그의 뜻하는 바를 달성할 수 있는
좋은 기회로 삼았다. 돈 아우구스티노는 도라노스케가 원하는 바가
무엇인지를 잘 아는지라 모든 천주교 병사들과 장수들에게 조심할
것을 당부했다.… (중략)
    어하튼 모든 천주교 대명들에게는 우선 세스페데스 신부와 그의
동료 수사가 나가사키로 되돌아가는 것이 좋다고 여겼다. 왜냐하면
만일 다이코사마가 사람을 보내 그곳에 신부가 있는지를 조사하게
되더라도 아무도 찾지 못하도록 하기 위해서였다. 그런데 수일 만
에 조선에 관한 문제를 논의할 일이 있으니 후시미(伏見)로 오라는
다이코사마의 명령이 왔다. 어느 날 돈 아우구스티노는 타이코사마
와 환담을 하게 되었고 매우 신중한 인물인 돈 아우구스티노는 대
화 중 다음과 같은 이야기를 했다.

7) 스페인인이며 예수회 소속 신부였던 루이스 데 구즈만(Luis de Guzman)은 동양
   에 오지는 않았으나 16세기 인도, 중국 그리고 일본 등지에서 선교한 예수회
   동료 선교사들의 동양에서 활동을 상세히 기술해 1601년 스페인 알칼라(Alcala)
   에서 『선교사들의 이야기(Historia de las missiones)』를 출간했다.

호소카와 타다오키의 고쿠라성.

　1595년 나가사키 항에 중국 선(中國船. 실제로는 마카오 선임)이
어떻게 들어오게 되었는지에 관한 것과 1594년에는 이 중국선이
왜 내항하지 않은 이유들을 들어 이러한 문제의 확실한 전모를 태
합(太閤) 전하에게 상세히 보고하기 위해 나가사키에 있는 그가 잘
아는 신부 한명을 조선으로 불렀다고 말했다. 왜냐하면 신부들이
포르투갈인의 일을 잘 알고 있고 더구나 저들의 계획과 목적을 상
세히 알고 있기 때문이었다고 덧붙였다. 그러한 근거에서 1594년
배가 내항하지 않은 이유를 다이코사마에게 설명했고, 태합 전하는
돈 아우구스티노가 행한 기민함에 매우 만족해했다.
　이로써 도라노스케나 다른 어떤 누구도 다이코사마에게 고자질
을 하더라도 그것을 믿지 않게끔 막아놓았다. 도라노스케는 돈 아
우구스티노의 문제가 잘 해결된 것을 알고서 태합 전하의 환심을
사기보다는 분노를 살까 두려워 더 이상 감히 이 일에 대해 말하지
못했다.8)

고니시는 세스페데스 신부의 조선 체류 문제를 교묘하게 잘 해결해 가토의 계획과 의도를 좌절시키고 또한 신부 일행과 조선에 재진 중인 천주교 영주와 병사 신자들 모두에게 위험이 미치지 않도록 했다. 세스페데스 신부는 더 이상 조선 땅에 머물지 못하고 일본으로 돌아가야 했다. 그는 일본으로 돌아가는 길에 쓰시마의 고니시 마리아에게 성사를 주었다. 세스페데스 신부와 한칸 레온 수사는 나가사키로 돌아간 후 다시 조선으로 되돌아오지 않았다.[9]

- 일본으로 귀국 후 사목활동

일본으로 귀국한 세스페데스 신부는 1596년까지 아리마에서 체류했으며 1597년 2월 5일 나가사키에서, 후일 성인의 반열에 오른 미키 바오로를 포함한 26명의 순교자들의 죽음을 목격했다. 이후 1600년에는 부젠(豊前)의 나카츠(中津)에 머물렀다.

1602년에는 그가 세례를 주었던 호소카와 그라시아 부인의 남편 호소카와 타다오키 예추오 도노(Yetsuo-dono)의 영지인 고쿠라(小倉)로 가서 수도원을 설립하고 수도원장으로 그곳에서 사목활동을 수행했다.

- 세스페데스 신부와 호소카와 가문과의 관련성

호소카와 타마코(細川玉子) 그라시아는 단고(丹後)의 다이묘 호소카와 타다오키(細川忠興)[10]의 부인이었다. 그녀는 아케치 미츠히데(明知光

---

8) 박철. 『예수회 신부 세스뻬데스-한국 방문 최초 서구인』 서강대학교 출판부, 1987년, 98~100쪽.
9) 세스페데스 신부가 1595년 6월에 일단 일본으로 돌아갔다가 1597년 다시 내한했다는 일부 기록이 있는데 이는 잘못된 것으로 보인다.
10) 호소카와 타다오키(細川忠興 1563~1645년).

秀)의 셋째 딸로 16세인 1578년에 오다 노부나가의 중매로 타다오키와 결혼하였다. 절세의 미인이었던 호소카와 그라시아는 일본 기리시탄 부인들의 모범이며 모든 이들의 사랑받는 한 사람으로 역사, 소설, 연극 등에서도 많이 등장하고 있다.

그러나 1582년 호소카와 부인에게 시련이 다가왔다. 오다 노부나가의 중신이었던 그녀의 부친 아케치 미츠히데가 혼노지(本能寺)의 모반으로 주군 노부나가를 살해했다. 부친 아케치는 혼노지의 변 당시 그녀의 남편 호소카와의 도움을 요청했으나 남편은 이를 거절하고 도요토미 히데요시의 편을 들었다. 부친 아케치는 히데요시의 반격을 받아 후시미에서 자결했다.

아케치의 집안은 멸문하고, 남편 호소카와는 히데요시의 눈치를 보며 부인을 산사에 유폐시켰다. 그녀는 타다오키의 정실부인이 된지 4년이 지났지만 '역적의 딸'로서 2년 동안 근신을 해야 했다. 유폐 생활 중 고뇌와 괴로움을 겪으며 세상의 허무함과 참된 자유가 무엇인지 생각하기 시작했고 평소에 가끔씩 들어온 그리스도교에 마음이 기울어졌다.

부인은 2년 후 도요토미의 배려로 오사카에 있는 남편의 저택으로 돌아올 수 있었지만 남편으로부터 출입을 금지당해 유폐와 다름없는 생활

─────

호소카와 후지타가의 아들로 오다 노부나가에 중용되었다. '혼노지의 변'때 장인 아케치 미츠히데가 도움을 청했으나 따르지 않고 도요토미 히데요시의 편을 들었다. 임진왜란에 참전해 제9군으로 조선을 공격했고, 제 1차 진주성 전투에 참여했으나 대패했다. 당시 2만의 일본군이 진주성을 포위 공격했으나 진주목사 김시민(金時敏)과 경상도 초유사 김성일(金誠一)의 활약으로 조선은 진주대첩을 이뤄냈다. 히데요시는 이 패배해 격노해 진주성 전투에 참전한 장수 7명을 개역시킨다는 소문까지 나돌았다. 세키가하라 전투 당시 도쿠가와 이에야스의 동군에 가담했고 그 승리의 공로로 부젠 고쿠라의 성주가 되었다. 1632년 아들 호소카와 타다도시(細川忠利)때 구마모토(熊本)로 영지를 옮겼다.

을 계속했다.

그녀는 마음의 평안을 얻기 위해 그리스도교에 입문하게 되었다. 남편 호소카와가 히데요시의 사쓰마 정벌로 규슈에 출전한 1587년 2월 부인은 기리시탄이었던 시녀 키요하라(淸原) 마리아와 함께 오사카에 있는 교회를 방문했다. 당시 신분 높은 부인은 외출도 쉽지 않았고 남자와의 대면은 금지되어 있었다.

세스페데스 신부는 당시에 그라시아 부인의 지도신부로서 시녀 기요하라 마리아를 통해 교리를 배우게 하고 신심 서적을 보내 읽게 했다. 시간이 갈수록 부인은 복잡한 마음의 갈등과 방황이 사라지고 평화를 얻

호소카와 타마코(細川玉子) 그라시아 상. 오사카성 근처에 위치한 오사카 주교좌 성당- '타마츠쿠리(玉造) 성마리아 대성당'은 그 부지가 호소카와 다이묘가의 저택 터였다. 대성당 앞 입구에 그라시아의 석상이 세워져 있다.

었다. 부인은 세례를 받기로 결심했다. 1587년 지도신부인 세스페데스 신부로부터 세례 방식을 익혀온 시녀 기요하라는 신부의 허가를 얻어 그라시아(Gratia 恩寵)라는 세례명으로 부인에게 세례를 베풀었다. 규슈 출전으로부터 돌아온 남편 타다오키는 부인의 태도에 변화가 온 것을 알고 더 엄격히 대했다. 마음의 평정을 되찾은 부인은 남편에게 더 잘 순종하고 인내하며 덕(德)으로 대했다. 부인은 차차 자녀들에게도 그리스도교를 믿게 해 차남 오키아키에게 세례를 받게 했다. 시동생 오키모

호소카와 타다오키(細川忠興)·타마코(細川玉子) 그라시아 부부 동상. 교토 부의 나가오카쿄 시에 위치하고 있다.

토(興元)는 차남 오키아키를 양자로 삼았는데 그라시아 부인의 영향으로 오키모토도 기리시탄이 되었다.

1595년에 부인은 남편에게 자신은 기리시탄임을 확실히 밝혔다. 뒤늦게 이 사실을 알게 된 남편은 크게 노했지만 문제가 일어나지 않도록 당부했다. 도요토미가 1598년에 사망하자, 남편은 이때부터 부인을 대하는 태도가 달라져 집안에 그녀를 위해 작은 기도방도 허락하고 자녀들에게도 세례를 허락했다.

히데요시가 어린 히데요리를 두고 죽자, 도쿠가와 이에야스가 재빨리 정권을 잡았다. 남편 호소카와는 이에야스를 섬기기로 했다. 1600년, 도요토미 측(서군)과 도쿠가와 측(동군)의 싸움인 세키가하라 전투가 벌어졌다. 서군의 수장 이시다 미츠나리는 호소카와 그라시아 부인을 오사카 성의 인질로 삼아 동군에 속한 남편 호소카와를 압박하고자 했다. 그러나 그라시아 부인은 죽음을 각오했다. 7월 미츠나리는 부인이 있던 오사카 저택을 습격했다. 때는 7월 17일, 기리시탄은 스스로 목숨을 끊지 않는다는 계율에 따라, 부인은 가로(家老)[11]오가사하라 쇼사이(小笠原少齋)에게 최후의 시중을 들도록 명했고 38세로 생을 마감했다. 오가사하라는 주군의 부인 앞에 합장을 한 뒤 집에 불을 지르고 자신도 자결했다. 치솟는 불바다 속의 저택에는 그라시아 부인의 뜨거운 신앙 외는 아무것도 남지 않았다.

호소카와 그라시아는 끝까지 모든 아쉬움을 신앙으로 견뎌내며 신앙의 힘으로 살았고, 그리스도교를 반대하던 남편에게 부인으로서 충절을 다해 회두(回頭)시켰다. 남편 호소카와 타다오키는 충절과 덕으로 모든 것을 평정하고 화해시킨 아내를 기리며 신부를 모시고 눈물을 흘리며 성대하게 장례식을 치렀다.

남편 호소카와는 세키가하라 전투의 공로로 1602년 고쿠라(小倉)영주가 되었다. 그는 부인 그라시아에게 세례를 베푼 세스페데스 신부를 수도원장으로 초빙했다. 그러나 1611년 세스페데스 신부가 선종하자 그리스도교를 기교(棄敎)하여 그의 영지에서 성당을 파괴하고 선교사를 추방했다. 1614년 도쿠가와 이에야스의 금교령이 내리자 호소카와 타다오키는 또 다시 박해자로 변신했다.

- 세스페데스 신부의 선종과 그 후

세스페데스 신부는 고쿠라(小倉) 수도원의 원장으로 재직하는 동안 1605년 나가사키에서 열린 예수회 협의회에 일본에 있는 여러 주교들

11) 다이묘의 집정을 맡아보던 중신.

과 함께 참석했다. 1611년 12월 어느 일요일 오후 세스페데스 신부는 순찰사 신부와 함께 일본 관구장 신부를 만나러 나가사키에 갔다가 돌아오는 길에 뇌출혈로 쓰러져 60세의 일기로 갑작스럽게 선종했다. 그는 단지 "하느님, 감사합니다."라는 하느님에 대한 감사의 말로 그의 마지막을 맺었다. 그는 42년간의 선교 기간 중 34년을 일본 천주교를 위해 전념했다

세스페데스 신부의 선종을 계기로 예추오 도노(Yetsuo-dono) 호소카와 타다오키는 시대의 흐름에 따라 기리시탄 금지를 단행했다. 세스페데스 신부는 그곳에 묻히지 못하고 나가사키로 옮겨져 묻혀야만 했다. 고쿠라 교회는 파괴되고 나카츠의 교회도 문을 닫아야 했으며 모든 천주교 신자들은 그의 영지 고쿠라에서 추방되었고 사제는 부젠(豊前)을 떠났다.

나가사키 주재 미국 영사 에스콰이어(Esquire)의 1936년 5월 20일자 서한에 의하면[12] "세스페데스의 유해는 고쿠라에 장사(葬事)할 수 없게 돼 부득이 나가사키로 이장돼 사쿠라바바-마치(櫻馬町)에 있는 불교 사찰인 슌토쿠지(春德寺)[13]에 안장되어 있었다."고 했다. 그 후 1614년 도

---

12) Cory Ralph 『Some notes on father Gregorio de Cespedes, Korea's first European visitor』 M/Transactions of the Korea branch of the Royal Asiatic Society, 1937, p.22.

13) 오무라 스미타다의 중신이며 사위였던 나가사키의 기리시탄 영주 나가사키 진자에몬(長岐甚左衛門)의 허락으로 1567년 알메이다에 의해 나가사키에서 가톨릭 전교가 시작되었다. 그 후 진자에몬은 토레스 신부에 의해 파견된 가스파르 빌레라 신부에게 자신의 저택 부근 다테야마의 언덕 위 작은 사원을 제공했고, 이에 빌레라 신부는 1569년 이 폐 사원을 개조해 나가사키 최초의 성당인 '제 성인의 교회(Todos os Santos)'를 세웠다. 빌레라 신부는 이 교회를 거점으로 1,500여명에게 세례를 베풀었다. 파테렌 추방령 당시 성당은 파괴되었으며, 이 터에 세워진 사찰이 슌토쿠지(春德寺)이다.

쿠가와 막부의 천주교 금교령이 내려져 모든 선교사들의 추방령이 선포되고 나가사키 성당의 파괴가 시작되었을 때 세스페데스 신부의 무덤은 비밀리에 아무도 모르는 장소로 옮겨진 것으로 추정된다.

- 조선인들을 위한 그리스도교 전파

임진왜란 중 일본군의 사목을 위해 조선으로 파견되었던 세스페데스 신부의 활동이 조선 자체에는 어떤 영향을 미쳤는가는 조선 천주교 전래의 관점에서 가장 중대한 의미를 지니는 질문일 것이다. 이는 고찰 어하에 따라 조선 천주교의 원류(原流)가 중국에서부터인지 혹은 일본에 있는 것인지 결정되기 때문이다. 결론적으로 볼 때 세스페데스 신부에 의해 조선인들에게 천주교가 전래되었을 가능성은 거의 부정적으로 보인다.

세스페데스 신부도 조선으로 오기 전 아리마와 오무라에서 포로들 중 천주교로 귀의해 세례를 받고자하는 조선인들을 보았기 때문에 조선인들에게 교리를 전파하려고 시도했을 것이다. 그러나 당시 조선인들은 전쟁 중 가지고 갈만큼의 식량만을 챙긴 후 논밭은 모두 불 질러버리고 산속으로 피신하였음으로 일본군은 마을은 점령했으나 조선의 일반 백성들은 만나지 못했다. 따라서 외국인 신부가 조선인을 만나는 경우란 거의 불가능한 상황이었으리라 추정된다.[14]

또한 임진왜란 전 1597년 '천주교 금교령과 파테렌 추방령'이 이미 내려져 있는 상태라, 비록 타국이기는 하나 이교도(異敎徒) 병사들로부터 신부와 수사는 자신들을 숨겨야 했다. 신부와 수사는 장수나 병사들

---

14) Juan Ruiz-de-Medina S. J.『The Catholic Church in Korea. Its Origins 1566-1784』 English translation-Instituto Storico S. I.- Roma 1991, 13 The first Jesuits in Korea. pp.49~53.

의 병영에 함께 머무를 수 없어, 천주교 신자인 히비야 비센테와 함께 산 정상에 위치한 성채의 꼭대기 천수대에 몸을 숨기며 지내야 했다. 그의 처소인 천수대는 매우 높고 가파른 곳에 있어 그곳까지 찾아 올라와 성사를 보는 것은 여간 불편한 일이 아니었고, 신부도 성사로 야간 이동시 말을 이용했으나 되돌아 올라올 때는 말조차도 자주 쉬어야 할 정도였다고 한다. 성사는 매우 은밀하게 주로 밤을 이용해 실행했고, 공개적이고 열성적인 전교나 성사활동은 불가능했을 것이다. 따라서 조선에 신앙을 설파하고자하는 신부와 수사의 시도는 단지 생각에 불과할 뿐 실제적 실행은 이루어지지 못했을 것이다.

새로 잡혀오는 조선 포로들을 상대로 한 포교는 가능했을지 모르나 언어가 통하지 않고 일본군을 위해 활동하는 낯선 서양 신부의 권고를 순순히 받아들이는 것 또한 가능하지 않았을 것이다. 그런 상황에서도 조선인들에게 다소나마 도움이 된 유일한 것은 신부의 친절한 태도와 수사의 의료시술이 전부였다고 했다.

세스페데스 신부는 당시 조선의 남해안에 주둔 중이었던 천주교 대명의 진지를 방문해 사목을 함으로써 조선의 선교도 기대가 되었으나, 가토의 고발로 급거 일본으로 돌아갈 수밖에 없었으니 그 좋은 기회를 잃게 되었던 것이다.

주석 상세 정보

4) 우리나라에 남겨진 왜성

현재 남해안 지방에는 약 31개의 왜성이 남아 있다. 대부분이 경상도 지방에 위치하며 유일하게 순천왜성만이 전라도에 위치한다. 남해안의 일본 왜성은 우리나라에 남겨진 이단의 건축물이다. 당연히 좋아할 수 없는 고적이지만, 바꿔 생각해보면 그 남겨진 잔재에서 오히려 우리가 배우고, 얻어야 할 교훈이 있는 보존해야 할 유물인지도 모른다.

임진왜란은 400여 년 전의 역사로 흘러갔지만 왜성은 당시의 기억을 생생하게 떠올리게 하는 눈으로 확인되는 역사이다. 따라서 조선 왜성을 임진왜란의 '블랙박스'라고 했다. 일본이 남겨놓고 간 것이므로 돌아봐도 안 되며, 연구할 가치라고는 눈곱만큼도 없다고 생각하고 팽개쳐 놓았던 것이 지금까지의 현실인 듯하다. 물론 한국의 일본 왜성에 일본인들이 관심을 갖는 것은 극히 당연하다.

일본에는 오사카를 중심으로 '왜성연구회'가 조직되어 있다고 한다. 그 회원들은 '한국의 왜성은 일본 성의 중요한 화석'이라는 인식 아래 한국에 와서 왜성 현지를 샅샅이 답사했고 모든 왜성의 지도와 평면도를 작성해 이미 『한국의 왜성과 임진왜란』 등 왜성에 관한 5권의 서적을 출간했다고 한다. 500년 전에 축조된 한국의 일본 왜성은 일본인의 성이었기에 우리는 눈길을 주지 않았고, 허물어지면 허물어진대로 보수하지도 않고 방치해, 오늘날에 이르러서는 '한국의 왜성이 오히려 일본성의 중요한 화석'이라는 엉뚱한 찬사를 받게 되었다.

영국 Osprey 출판사에서는 2007년에 Stephen Turnbull라는 작가가 『Japanese Castles in Korea 1592–1598』라는 이름으로 우리들조차 전혀 눈여겨보지 않았던 한국 내 일본 왜성에 대해 단행본을 출간해 이 책을 읽는 내내 나를 당혹스럽게 만들었다.

다행히 국내에서도 최근 이 분야의 전공이 아닌 두 분, 부산의 이종락 님과 기장의 김윤덕 님께서 많은 자료를 담아 왜성에 관한 책자를 발행해 주셨다. 근자에는 한겨레 기자 세분이 『왜성의 재발견』이라는 책을 출판했고, 이 책의 저자들은 '역사의 블랙박스–편견의 역사를 바로잡는 새로운 역사 인식의 현장'이라는 부제를 달아 왜성의 새로운 해석을 붙였다. 왜성은 임진왜란이라고 하는 역사의 한 부분을 증명하는 증거물이자 16세기 말 우리 조상이 절체절명의 국난을 마침내 극복하고 얻은 '전리품'으로 왜성을 바라보자고 했다. 이러한 관점에서 왜성은 청소년 역사교육의 훌륭한 교재로 사용할 수 있을 것이라 했고, 나아가 국제적 관광자원으로도 활용할 수 있을 것이라 했다.

일본의 히젠 나고야성의 박물관에도 우리나라의 학예사가 선발되어 일본에서 바라보는 임진왜란의 연구에 참여 중이라고 들었다. 우리로서는 과거 일본과의 너무나 나쁜 역사적 관계로, 특히 일방적인 피해자였던 관계로 이러한 역사적 사건을 들춰내 논하는 것이 무척 조심스럽고 또 조금만 옆으로 나아가면 엄청난 질책을 받게 되는 게 작금의 현실이다. 그러나 과거의 역사는 "용서하자 그러나 잊지는 말자."는 자세를 견지하고, 오히려 그러한 역사를 타산지석으로 삼아 그것을 극복하고 보다 발전적인 방향으로 나아가야할 것이다.

    참조. 남해안에 축성된 일본왜성 395쪽.
          임진왜란 당시 축성된 왜성들 397쪽.
          정유재란 당시 축성된 왜성들 408쪽.

제25장. 세스페데스 신부의 편지:
편지 전후의 조선 상황

　루이스 프로이스(Luis Frois)신부가 저술한 『일본사(Historia de Japam)』에는 임진왜란 당시 조선에 머물렀던 세스페데스 신부가 조선에서 보낸 두 통의 편지가 실려 있다. 편지에 나타난 조선의 당시 상황을 먼저 알아봄으로써 편지의 내용을 쉽게 이해할 수 있을 것이다.

　명의 북경으로 가는 일본의 납관사 나이토[1]일행은 1593년 8월 30일 한양을 떠나 요동에 도착했다. 또 명의 경략(經略) 송응창(宋應昌)과 제독(提督) 이여송(李如松)이 이들의 뒤를 따라 요동으로 돌아감으로써 조선에는 2만 명 미만의 동정군(東征軍)만이 남아 부산을 중심으로 한 왜군 6만 명과 서로 대치하고 있었다.

　이때 명의 조정은 일본에 도요토미 히데요시의 항표(降表)[2]를 요구했고, 항표 없이는 납관사 일행이 북경에 들어올 수 없음을 통보했다. 경략 송응창은 심유경으로 하여금 고니시 유키나가를 타일러 도요토미의 항표(降表)를 얻도록 하기 위해 경략 송응창과 제독 이여송의 서신을 동봉해 명의 지휘(指揮)인 담종인(譚宗仁)을 웅천성으로 파견했다. 서신의 요지는 항표의 요구와 일본 군사를 모두 대마도로 철수케 하라는

---

1) 나이토 조안(內藤如安 生年未詳생년미상~1626년). 인물 상세 정보 464쪽 참조.
2) 관백항표(關白降表)는 명의 황제에게 바치는 도요토미 히데요시의 항복문서를 말한다.

내용이었다.

담종인은 1593년 11월 3일(양력 1593년 12월 25일) 웅천왜성으로 들어갔다. 서신을 받은 고니시는 15일(양력 1594년 1월 6일) 심유경에게 서신을 보내 그가 직접 와서 의논할 것을 요구했으며 담종인은 영내에서 객장(客將)겸 볼모로 유치(留置)키로 하였다.

> "일기가 차갑고 길이 멀다 하지만 귀하(심유경)가 빨리 오셔서 면담해 주신다면 소인이 꼭 전하와 상담할 것이오니 그러므로 잠깐 동안 담야(譚爺 담종인)를 소영(小營)에 유(留)케 하면서 귀하를 기다리게 할 것인즉 만약에 귀하가 오시지 않는다면 무엇으로서 증거로 삼을 수 있으리까. 만사 잘 시작하여 잘 끝맺는 것은 이가 곧 일본의 도법(道法)이오니 이같이 말씀 드리는 것입니다."

고니시는 즉시 심유경에게 위 내용의 서신을 보냈으며 서신의 말미에는 또한 다음의 내용을 덧붙였다.

> "또 군사를 대마도로 철수케 하라는 것은 무슨 말씀입니까? 귀하가 다시 천사(天使)를 인도해 나오신다면 설사 명령하시지 않더라도 군사를 철수할 것인데 어찌하여 천사를 인도해 오시지도 않으면서 이렇게 분부하시는 것이 오니까. 다시는 이러한 말씀을 하지 마시기 바라며 그 나머지는 상면하는 날을 기(期)하나이다.

나이토 일행과 함께 요동에 머무르고 있었던 심유경은 이 서신을 받고 곧 웅천으로 와서 고니시와 회담했다.[3] 처음부터 존재하지 않았던

---

3) 심유경이 웅천으로 들어온 것은 세스페데스 신부의 세 번째 편지와 항표를 위작한 날로 추정해보면 음력 1593년 12월 19일 경일 것으로 추정된다.

도요토미의 항표는 당연히 얻을 수가 없었음으로 두 사람은 서로 상의 끝에 12월 21일(양력 1594년 2월 10일) 항표를 위작(僞作)했다. 그런 다음 거짓으로 만든 관백항서(關白降書)를 갖고 1594년 1월 20일(양력 3월 11일) 웅천을 떠나 다시 요동으로 향했다.

도요토미의 항표가 바다를 건너온다 하니 요양에 나와 있던 새로운 경략이 된 고양겸(顧養謙)이 비로소 왜군이 모두 철수했다는 말을 명의 조정 내외에 펴기 시작했으며 병부상서 석성은 유정의 군사를 조선에서 철수할 것을 아뢰게 되었다. 이리하여 고양겸은 평양 2차 전투 전 순안현에서 체포했던 고니시의 부장인 다케우치 기치베(竹內吉兵衛) 암브로지오를 돌려보내 고니시를 설득케 하고, 또 2월 23일에는 그의 유격장인 주홍모(周弘謨)를 다시 고니시에게 보내 일본으로의 철수를 종용했다.

1594년 11월 초순 요양에서 북경 입성을 기다리고 있던 납관사 나이토 조안에 대하여 명의 신종(神宗)황제가 이를 허락하고 곧 요격장(邀擊將) 도홍을 보내 북경으로 안내토록 하는 한편 요격장 진운홍(陳雲鴻)으로 하여금 고니시를 선유(宣諭)하여 먼저 제장이 바다를 건너 일본으로 돌아가 봉공(封貢)이 허락되기를 기다리게 했다.

이리하여 명의 진운홍은 12월 19일 한양에 들어왔다. 조선은 병조좌랑 이시발(李時發)을 접반사(接伴使)로 임명해 진운홍을 수행하게 했다. 이시발은 진운홍을 수행해 밀양을 거쳐 김해로 와 죽도왜성을 거쳐 1595년 1월 12일 웅천왜성을 방문하고 적정을 정찰하여 서계[4]를 제출

---

4) 서계는 왕명을 받은 관리의 보고 문서를 말한다. 접반사 이시발의 서계는 선조 28년 실록 1955년 2월 10일에 실려 있다. 갑오(甲午)년 12월에 명의 황제가 유격장 진운홍을 고니시 유키나가의 웅천 적영(敵營)으로 보냈을 때 이시발은 그를 수행해 웅천으로 들어가 적의 정세를 자세하게 기록해 보고함으로써 400년

했다.

진운홍은 10여 일을 웅천에 머무르며 고니시로 하여금 책봉사의 접견 전 왜군이 먼저 일본으로 철수하도록 종용했으나 결국 아무런 성과도 보지 못한 채 21일 웅천에서 물러나왔다.

진운홍의 1차 회담이 아무런 소득이 없게 되자 명의 병부상서 석성은 다시 요격장인 루국안(婁國安)을 보내 일본군의 철수 상황과 정보를 살피도록 했다. 루국안은 조선의 배신(陪臣) 박진종(朴振宗)과 같이 2월 10일 웅천왜성으로 들어갔다. 그러나 2차 회담에서도 1차 회담에서와 같이 뚜렷한 결과를 보지 못한 채 웅천에서 물러났다.

요양에서 지체했던 나이토 조안 일행은 마침내 1594년 12월 7일 2년 만에 북경에 입성했고 14일에 황제를 배알했다. 그 후 명의 병부와 회담 결과 명은 히데요시의 책봉을 허락했다. 1594년 12월 30일 책봉사 절로 정사에 이종성(李宗城), 부사에 양방형(楊方亨)이 임명되었다. 이듬해 1595년 1월 30일 이들 책봉사 일행은 북경을 출발해, 4월 6일 압록강을 건너 의주에 닿았고 그달 27일에 한양에 도착했다.

한편 명의 신종황제는 2월 3일 심유경을 부산포로 앞서 보내 고니시에게 일본으로 건너갈 선박을 준비하고, 부산포 주변의 왜군을 철수시키고 납관사 나이토가 명의 병부에 서약한 3가지 사항 즉 부산포 왜

이 지난 지금 임진왜란 시기의 죽도와 웅천왜성의 현황을 파악하는데 많은 참고가 되고 있다. 그는 죽도왜성에서 1박을 했으며 다음 날 죽도를 출발해 감동포(구포왜성), 천성포(눌차왜성), 안골포(안골포왜성)을 지나며 왜의 진영이 이곳에 설치되어 있음을 멀리서 살펴보았고 웅천왜성에서 진운홍과 고니시 이두 사람 간에 진행되었던 회담에 대해 자세히 적어두었다. 그는 이 공으로 정오품 정랑(正郎)에 올랐으며, 어사(御使)를 거쳐 책봉사가 조선에 오자 책봉정사 이종성의 통사(通事 통역사)로 소환되기도 했다(이형석 지음, 『임진전란사』 서울대학교 출판부, 1967년, 1,040~1,041쪽 참조).

군은 쓰시마에 남지 말고 일본으로 귀향할 것, 히데요시를 왕으로 봉하는 외 별도의 조공 관문이 될 만한 도시는 허락하지 않을 것이며, 일본은 조선과 우호조약을 맺고 또한 명의 속국이 되며 조선을 침범하지 말 것에 대해 일본과 조선 사이를 조정하도록 명했다.

심유경은 책봉사절보다 앞서 4월 6일에 한양에 들어와 황신(黃愼)에게 일본으로 동행을 요청했고 이어 부산포에서 고니시를 만나 명의 책봉사절을 맞을 대책을 협의했다. 이에 고니시도 명의 책봉사의 일본 방문이 임박했음을 알리기 위해 일본으로 도해했다가 5월 말 웅천왜성으로 되돌아왔다. 고니시의 귀환과 동시에 그동안 웅천에 억류되어 있었던 명의 지휘 담종인이 출영(出營)하면서 볼모의 신세를 면하게 되었다.

주석 인물 상세 정보

1) 나이토 조안(內藤如安 생년 미상~1626년).

고니시 조안(小西如安), 나이토 타다토시(內藤忠俊)로도 나타난다. 도쿠안(德庵)이라고도 불렸으며 나이토 히다노카미(內藤飛驒守)라고도 칭한다. 1568년 15세에 교토에서 일본 포교장 루이스 프로이스 신부로부터 세례를 받은 독실한 가톨릭 신자로 세례명은 조안(如安)이다. 그는 다카츠키 성주인 다카야마 우콘의 아버지와 같이 교토 일대에서 최초로 기독교로 개종한 사람이었으며 그의 어머니의 기일(忌日)에는 비용을 절약해 자신의 영내 빈민들을 도왔다고 한다.

단파(丹波) 구산(龜山)의 야기성(八木城)성주였으며 무로마치 바쿠후(室町幕府)의 제15대 마지막 쇼군 아시카가 요시아키(足利義昭)의 막료로서 오다 노부나가와의 갈등 당시 교토로 가서 요시아키를 도왔다. 요시아키가 몰락하자 영지를 잃었다. 1587년 도요토미가 규슈 평정 후 오사카성에 있을 때 고니시 유키나가의 가신으로 활약했으며 1590년 아리마에서 개최된 코엘료 신부의 장례식에 유키나가 대신 참례했고 이 시기부터 고니시(小西)의 성(姓)을 사용했다.

임진왜란 당시 고니시를 따라 출진했으며 중국어에 능통해 유키나가의 명에 따라 청봉사로 북경으로 파견되어 명의 황제를 알현하고 강화 교섭에 임했다. 16개조의 문답으로 명의 책봉사를 파견하는데 성공했다.

도요토미 사후 세키가하라 전투애서 서군의 패배로 고니시가 참수되고 가토 기요마사가 고니시의 영지를 차지하며 기리시탄을 박해하기 시작했다. 도쿠안은 추방의 길로 들어섰는데 1602년에 마에다 토시나가(前田利長)의 호의로 가나자와(金澤)에서 유배 생활을 하던 다카야마 우콘에게로 옮겨갔다. 이때부터 세상의 모든 부귀와 명예 그리고 권력을 버리기로 작정하고 이름을 도쿠안으로 고쳤으며, 우콘과 함께 가톨릭의 설파에 매진했다. 당시 조선인 가이오도 전도사로서 이들을 도왔다. 가나자와는 마에다 두 부자의 보호로 전교활동에 큰 발전을 보게 되었다.

1614년 천주교 금교령에 의해 우콘과 함께 추방령이 내려졌고 교토에 있던 누이동생 나이토 줄리아가 창립한 일본 최초의 여자 수도회인 '미야코의 수녀회'의 수도녀들에게도 추방령이 내려졌다. 이들은 마닐라로 추방되었고 도쿠안은 그곳 산 미겔에서 열심히 신앙생활을 하며 의학과 한문 의술서 등의 번역을 하면서 남은 일생을 보냈다. 추방된 지 12년 후인 1626년 마닐라에서 선종했으며 1년 후 그의 여동생 줄리아도 그의 뒤를 따랐다.

제26장. 세스페데스 신부의 첫 번째 편지

임진왜란이 발발(勃發)한 이듬해 1593년 조선의 웅천에서 한 통의 편지가 일본 부관구장 고메스 신부 앞으로 보내졌다. 이 편지는 일본군 천주교 신자들의 사목을 위해 고니시 유키나가가 청원해 조선으로 파견된 예수회 신부 그레고리오 데 세스페데스 신부로부터 조선에서 보내진 첫 번째 편지였다.

세스페데스 신부가 조선에 온 1953년 말에는 조선(그리고 명)과 일본 간에는 일시적인 휴전상태가 지속되고 명과 일본 간에는 강화협상이 추진되고 있던 상황이었다.

일본군은 2차 진주성 전투 후 잠시 전라도 지방으로 진출했으나 조·명연합군의 완강한 저항으로 퇴각했고, 이후 전쟁은 소강상태에 접어들었다. 히데요시는 7월 하순 조선에 주둔한 영주들에게 조선의 남해안 일대에 걸쳐 축성을 명령했다. 이에 따라 남해안 주둔을 목적으로 잇달아 왜성이 대대적으로 축조되었다. 진주성 전투 후 일본의 모든 군대는 조선 반도의 남쪽 해안으로 철수해 그 곳에 세워진 12개의 요새-왜성에 포진하고 있었으며 성 주변을 장악해 자기들의 관할권 아래 두었다. 아마도 피난을 가지 않은 왜성 주위의 조선인들은 성 주변에서 머물면서 그대로 생활하며 지내는 기묘하고 이상한 형태의 전쟁 상황이 지속되었다.

고니시 유키나가를 포함해 조선에 와 있었던 다이묘들은 평화협상을 이루기 위해 중국 측으로부터 가져올 회답을 기다리고 있는 중이었다. 당시 상황을 좀 더 자세히 살펴보자면,

1593년 6월 후반, 히젠 나고야에서 명의 사절과 일본의 겐소가 강화협상 중에 있었다. 조선에서는 반도 남쪽으로 철수하는 전 일본 제장들이 진주성의 공격(2차 진주성 전투)에 임하고 있었으며, 또 다른 한편으로는 고니시 유키나가가 심유경과 획책하여 가신인 나이토 조안을 항복 사절로 내세워 '납관표(納款表)'를 가지고 명의 황제에게 파견했다. 납관(納款)이란 우호관계를 통한다는 의미이며 표(表)는 명 황제에게 바치는 문서를 말하는 것이었다. 나고야에 파견된 사용재와 서일관이 가짜 명의 사절이라면 나이토 조안 역시 가짜 항복 사절이었다.

나이토 일행은 6월 20일 일본에서 파견돼 7월 심유경의 안내로 서울에 도착했고, 9월 초순에는 평양을 경유해 요동에 도착했다. 요동에는 명나라 경략 송응창이 있었다. 송응창은 강화를 실현시키기 위해서는 도요토미 히데요시의 항복문서 즉 '간바쿠 항표(關白降表)'가 필요하다고 하여 나이토 일행을 요동에 머무르게 했다.

- 루이스 프로이스의 『일본사』에 실려 있는 세스페데스 신부의 편지

루이스 프로이스(Luis Frois)신부의 『일본사(Historia de Japam)』[1] 제75장 '아우구스티노가 중국인들과 만나서 어떻게 전투를 했고 승리를 거두었는가에 대하여' 라는 장에 세스페데스 신부의 편지 2통이 실려 있다. 세스페데스 신부가 임진왜란 중 조선에서 쓴 첫 번째와 두 번째

---

1) 루이스 프로이스(Luis Frois 1532~1597년). 인물 상세 정보 481쪽 참조.

편지의 원본은 리스본의 아쥬다 도서관(Biblioteca de Ajuda)에 보관되어 있다. 그러나 이 편지들도 친필의 원본들은 아니고 포르투갈어로 번역된 사본이다. 프로이스 신부의 『일본사』 제75장을 읽어보자.

루이스 프로이스(Luis Frois 1532-1597) 동상. 서해(西海)시 요코세우라(橫瀨浦) 공원에 세워져 있다.

"전쟁에 대한 일들은 이 정도로 남겨두고, 나가사키에서 조선으로 건너간 그레고리오 데 세스페데스 신부가 조선에서 쓴 두 통의 편지를 인용하면서 그가 조선에서 벌인 선교활동에 대해 이야기 하겠다. 이는 조선에 있었던 주로 시모 지역 사람들인 가톨릭 신자들이 자신들의 영혼을 위해 그들의 고해성사를 듣고 성찬성례를 집도하기 위한 신부를 보내줄 것을 예수회 부관구장인 페드로 고메스(Pedro Gomez)신부에게 수차례 요청했기 때문이다. 모든 가톨릭 신자들이 아우구스티노의 깃발 아래 모이게 된 것은 하느님의 위대한 섭리이며, 아우구스티노의 요청으로 특별히 그레고리오 데 세스페데스 신부가 그곳으로 간 것이다. 그의 첫 번째 편지2)는 다음과 같다.

2) 본 세스페데스신부의 처음 편지 2통은 『秀吉と文禄の役 フロイス「日本史」より』松田毅一 川崎桃太 編訳, 中公新書 1989년. 출판된 '고려발신, 그레고리오 데 세스페데스신부의 서간.(高麗発信、グレゴリーオ・デ・セスペデス師の書

- 첫 번째 편지 원문

"쓰시마(대마도) 섬에서 보내드린 두 통의 편지로 사제들께서는 이미 우리가 쓰시마까지 무사히 항해를 마치고 천주의 은총으로 쓰시마에서 첫 수확을 얻은 일에 대해 알고 게시리라 생각합니다. 저는 그곳에서 20여 명의 신분이 높은 인물들에게 세례를 주었는데, 그중에는 쓰시마 도노(殿)[3]의 4명의 중신이 포함돼 있었습니다.

우리들은 그 섬에서 18일 정도를 머물렀습니다. 그 사이에 성탄절을 맞게 되어 와노우라(鰐浦)항구의 누추한 초가집에 머물면서 미사를 집전하게 되었는데, 주님의 가호로 때마침 그곳에서 부근 항구를 통치하고 있는 관리가 바로 우리를 찾아왔습니다. 그는 아우구스티노의 딸이자 쓰시마 도노(殿)의 부인인 마리아의 편지를 가지고 있었습니다. 또한 그는 가끔씩 선물을 가지고 찾아와 주었습니다. 그는 천주에 관한 얘기를 듣기를 간절히 원했고, 사실 설교를 듣고 충분히 잘 이해했기 때문에 신분이 높은 다른 한 사람과 함께 성탄절 밤에 세례를 주게 되었습니다.

그는 우리들이 머물고 있던 집에 꽤 형식이 갖춰진 제단을 설치할 수 있도록 깨끗한 판자를 여러 개 가져오도록 해서 이 판자들로 벽을 가리고 그곳을 최대한 멋있게 장식해 주었습니다. 그래서 함께 자리했던 백 명이 넘는 가톨릭 신자들은 크게 기뻐하며 위안을 받았습니다. 그날 밤 저는 밤을 새우며 신자들의 고해성사를 들어주었습니다. 그리고 우리들이 머무는 집의 주인인 70세의 선량하고 소박한 어부에게도 세례를 베풀었습니다. 우리들이 믿는 거룩한 가톨릭교 외에 다른 구원

簡' 155~160쪽을 기본으로 번역한 것임을 밝혀둔다.
3) 소 요시토시(宗義智).

의 길은 없다고 얘기했더니 그 어부는 자기를 꼭 구원해 달라고 간절히 부탁하기도 했습니다.

이보다 앞서 성탄절 4일 전에 우리들은 60척이 넘는 선박과 함께 조선을 향해 출발했는데, 날이 밝기 전 바람의 방향이 바뀌는 바람에 어쩔 수 없이 피난을 하게 되었습니다. 그때는 어두운 밤이었고 배가 어디로 흘러서 도달하게 될지 전혀 예상도 할 수 없는 상황인데다가 거대한 파도를 상대로 노를 젓는 것은 아무런 도움도 되지 못했습니다. 그래서 우리들은 돛과 바람이 이끄는 대로 흘러갔는데, 섬 주위에는 얕은 여울들이 많이 있어 이대로 좌초되는 것은 아닐까 하는 커다란 불안감이 우리를 엄습해 왔습니다. 하지만 신의 가호로 날이 밝을 무렵에는 원래 출발했던 항구로 무사히 되돌아올 수가 있었습니다.

우리들이 탄 배 이외에도 2~3척의 배가 그때 같이 항구로 되돌아왔고 다른 15척에서 20척에 이르는 배들은 쓰시마 섬의 다른 항구로 피했습니다. 그 외의 다른 선박 중에는 일본으로 되돌아간 것도 있고 사나흘 동안을 상당히 위험한 상황에 처하면서까지 바다 위에서 버티다가 마침내 조선에 도착한 배도 있었습니다. 그런데 몇 척의 배가 조난되었는지는 잘 알지 못합니다.

우리들은 결국 복음사가 성 요한 축일에 다시 한 번 출항했고 신의 가호로 곧 조선에 도착하게 되었습니다. 하지만 우리들은 목적지였던 곰개(웅포熊浦)[4]에는 도달하지 못하고 그곳에서 10~12레구아(약 56~67Km)[5] 정도 못 미치는 곳에 도착해 다음 날 곰개성(웅포성熊浦城) 기슭에 도착할 수 있었습니다

저는 즉시 동행했던 일본인 수도사를 보내 비센테 헤이에몬(日比屋

---

4) 세스페데스 신부는 웅천을 곰개(雄浦) 라고 표기했다.
5) 레구아는 거리를 나타내는 단위로 1 레구아는 5.6km 정도이다.

兵右衛門)[6]과 만나 앞으로 우리가 해야 할 일에 대해서 상의하도록 했습니다. 비센테는 바로 말 한 마리를 해안으로 보내오면서 자신이 머물고 있는 성으로 올라오도록 전해왔고 곧이어 그의 의형(義兄)[7] 고니시 사쿠에몬(小西 作右衛門)[8]도 저를 만나러 이곳으로 왔습니다. 그는 우리들이 도착한 것을 알고 처음으로 배까지 찾아 와 준 사람이었습니다.

그때 저는 그의 집으로 초대되어 극진한 대접을 받았습니다. 그곳에 비센테 헤이에몬(兵右衛門)이 아우구스티노의 남동생을 함께 데려왔는데 그들은 전부터 저를 찾아다녔던 모양입니다. 저는 그들과 함께 성으로 가서 거기서 6~7레구아(약 34~40km) 정도 떨어진 곳에서 3일간 성을 비우고 있는 아우구스티노가 돌아올 때까지 그곳에서 묵게 되었으며 이렇게 현재 상황에 이르게 되었습니다. 아우구스티노가 성으로 돌아오면 그의 의향을 알 수 있게 되겠지요.

신의 가호로 우리들은 곧 이곳의 가톨릭 신자들의 고해성사를 들을 수 있게 되겠지요. 이곳 가톨릭 신자들 중 많은 사람들이 우리를 찾아왔는데, 우선 오무라(大村)의 돈 바르톨로메오 오무라 스미타다(大村純忠)의 아들인 세바스티안(오무라 스미나오 大村純直)이 그의 형인 돈 산초(오무라 요시아키 大村喜前)의 진영으로부터 도착했고, 곧이어 돈 산초 자신도 직접 찾아왔습니다. 스모토 영주(栖本殿)와 아마쿠사(天草)의 돈 조안(아마쿠사 히사타네 天草久種)영주도 역시 우리를 찾아와 주었습니다. 제가 그곳에 도착하자 돈 프로타지오(아리마 하루노부 有馬晴

---

6) 히비야 료카(日比屋了荷 1554년~몰년(沒年)미상). 인물 상세 정보 482쪽 참조.
7) 일반적으로 의형(義兄)은 결혼관계로 맺어진 형제관계를 나타낸다. 그러나 비센테 헤이에몬(日比屋 兵右衛門)과 고니시 사쿠에몬(小西 作右衛門)은 사위와 장인 관계였다. 고니시가의 가족 관계 참조.
8) 고니시 사쿠에몬(小西作右衛門) 生年未詳(생년미상~1601년). 인물 상세 정보 482쪽 참조.

信) 아리마 영주는 자신의 대리인으로 형제인 돈 산초를 통해 전갈을 전해왔고 음식도 보내 주었습니다. 저는 아우구스티노가 부재중인 동안 집안에서만 머물면서 지내고 있고 현재로서는 아무도 만나지 않고 있으며 수사를 밖으로 파견 내보내는 일도 하지 않고 있습니다.

조선에서의 전쟁에 대해서 말씀드리자면, 쉽게 평화협상이 체결되지 못한 상태로 시간이 경과하고 있습니다. 이렇게 말씀드리는 이유는 평화교섭에 관여하고 있는 명의 주요 지휘관인 유격(遊擊) 심유경이 중국인들이 바라는 그 이상의 더 많은 것을 약속했기 때문입니다. 이 때문에 명나라에서 일본의 관백(關白) 정도의 지위를 가진 세키로오(石老石星)—그는 지금 헤이안성(平安城 평양성)에 머물고 있다9)—는 나이토 조안 도노(内藤ジョアン殿)를 헤이안성에 오랜 기간 억류하고 있습니다. 그는 단바(支丹)지역의 영주의 아들이면서 신분도 상당히 높다는 이유로 일본 측 인질로서 바로 얼마 전에 베이징으로 보내지게 되었습니다.

세키로오는 15일 전에 아우구스티노 앞으로 비중 있는 지휘관을 파견해서 다음과 같은 내용을 전달해 왔습니다.

"이번에 일본과 명나라 사이에 체결된 평화조약은 심히 중대한 사안이기 때문에 부하 지휘관을 통해서 체결될 만한 일이 아니며 일본의 관백(關白)과 동등한 지위에 있는 내가 직접 그 중임을 맡아서 체결하고 싶다. 이를 위해 유격(遊擊)을 다시 한 번 그곳으로 파견해서 이와 같은 의향을 전달하는 바이다. 이에 대한 회신은 3, 4일 이내로 해 주기를 바란다. 그리고 베이징으로 간 나이토 조안 도노(内藤殿)가 명나라와 조약을 체결하고 돌아올 때까지 그의 대

---

9) 당시 석성은 북경에 있었음으로 이는 프로이스 신부가 잘못알고 있었던 것 같다. 납관사 나이토 일행 역시 관백항서(關白降書)문제로 인해 평양성이 아닌 요동에서 나아가지 못하고 발이 묶여 있는 상태(억류상태)였다.

리인 격으로 지휘관을 그곳에 붙잡아 두어도 괜찮다.”

한편 나이토 도노(內藤殿)는 아우구스티노 앞으로 보낸 편지에서 일본 측의 의향대로 평화가 체결될 것이라는 어느 정도의 희망을 표시했고, 명나라 측 역시 그를 명예롭고도 매우 정중하게 대우하고 있다고 전해 왔습니다. 나이토 도노는 베이징에서 아우구스티노의 가신인 다케우치 키치베에 암브로지오(竹內 吉兵衛)가 편지를 보내왔는데, 그 편지에서 키치베에는 내가 헤이안성에 머물고 있는 사실을 알고 있다고 하면서 베이징에 있는 중국인들은 키치베에를 극진히 존중해서 대하고 있으며 일본과 명나라 사이에 평화가 체결되기를 기대한다고 기록하고 있었습니다.

아우구스티노의 숙적인 가토 도라노스케(加藤虎之助)는 이곳으로부터 북쪽으로 약 15레구아(약 84km)정도 떨어진 지점에 있었고, 조선군에 대해 몇 차례 공격을 시도했습니다. 한번은 막대한 재물과 풍부한 식량이 있다는 소문을 듣고 천 개가 넘는 절이 있다고 하는 지역을 향해 공격을 하기도 했습니다. 그는 이 절들을 갑자기 습격해서 거기 있던 모든 것을 짓밟고 불태우고 파괴해 버렸습니다. 이 때문에 10만 명이 넘는 명군이 일본군의 맹공을 막아내기 위해 이곳으로 왔다고 합니다. 이 명군의 지휘관은 아우구스티노와도 연락을 취해서 노(老) 관백 도노(關白殿)가 조선에 있는 모든 일본인을 본국으로 귀환시키도록 명령한다면 본인 스스로 인질이 되어 일본으로 갈 용의가 있다고 말하고 있습니다.

이 곰개성은 난공불락(難攻不落)을 자랑하고 있고 단기간에 실로 경탄할만한 공사가 시행되고 있습니다. 거대한 성벽과 탑, 그리고 성채가 웅장하게 지어져 있고 성 기슭에는 모든 고위 무사들, 아우구스티노와 그의 참모들 및 연합군 병사들이 진을 치고 있습니다. 이들은 모두 잘 지어진 넓은 집에서 살고 있고 고위 장수들이 머물고 있는 집은 주위가 돌담으로 둘러싸여 있습니다.

이곳에서 1레구아(약 5.6km) 정도 떨어진 주변에는 성채가 다수 지어져 있고 그중 한 곳에는 아우구스티노의 남동생인 페드로 도노 메도노(主殿介殿)가 머물고 있으며 다른 한 곳에는 아우구스티노의 딸 마리아를 아내로 맞은 사위인 쓰시마 도노 다리오 소 요시토시가 머물고 있습니다. 또한 다른 성채에는 시코쿠라고 하는 일본 4개국의 주요 고위 장수들이 주둔하고 있습니다. 그 외에 사츠마(薩摩) 병사들도 있는데 이들은 지금은 아우구스티노 휘하에 배치되어 있습니다. 그곳에는 자국으로부터 추방당한 분고국(豊後国)영주의 아들[10]이 있고 간베에 도노(官兵衛殿)인 구로다 요시타카(黒田孝高)는 그의 아들 구로다 나가마사(黒田長政)와 함께 다른 곳에 머물고 있습니다."

- 첫 번째 편지가 쓰인 시기

이 편지가 쓰인 날짜가 명시 되지 않아 지금까지 그 시기를 알 수

---

10) 분고의 영주 오토모 요시무네(大友吉統, 大友義統)는 당시 평양성에서 철수하는 고니시군을 버린 형국이 되어 도요토미의 노여움을 사게 되었다.(임진왜란 정유재란 다시 보기편 참조) 이에 당해 년(1593년) 5월 1일 개역(改易) 처분을 받아 유폐(幽閉)신세가 되었으므로 거제도에 있었던 아들은 오토모 요시노부(大友能延 일명 오토모 요시노리 大友義乗)일 것으로 추정된다. 예수회의 자료에 의하면, 1587年 3月에 요시무네의 적자(嫡子)가 '후루젠시오'라는 세례명(洗礼名)으로 세례를 받았다고 기록되어 있음으로 보아 그는 기리시탄이었던 것 같다. 1598年 도요토미의 죽음으로 인해 요시무네는 다음 해에 죄를 용서받게 되고 유폐 신세에서 벗어나게 되었다. 이와 함께 아들 요시노리의 처분도 해제되었다. 이후 요시무네는 오사카성 아래에 저택을 짓고, 도요토미 히데요리(豊臣秀頼)가 당주(当主)가 된 도요토미 가(豊臣家)를 다시 섬기게 된다.

없는 편지로 전해지고 있다. 그러나 편지의 내용 중 다음과 같은 구절이 있다

"시키로가 15일 전에 한 중요한 장수를 아우구스티노에게 보냈는데,"라는 글귀에서 이 편지를 쓴 날짜를 추정해 볼 수 있다.

시키로(Xiqiro)는 병부상서 석성을 말하며, 한 중요한 장수는 지휘(指揮)인 담종인을 가리키는 것으로 추정된다. 따라서 이 글귀는 병부상서 석성이 지휘인 담종인을 고니시 유키나가에게 웅천성으로 보냈다는 내용이다.

담종인은 1593년 음력 11월 3일(11월은 윤달임으로 양력 12월 25일이 된다.) '관백항표' 건으로 웅천성(고문가이)으로 들어온다. 따라서 세스페데스 신부가 이 편지를 쓰고 있는 현 시점으로부터 15일 전에 담종인이 이곳 웅천성으로 왔다고 하였으므로, 이 편지를 쓴 날은 11월 18일(양력 1월9일)이 되며 세스페데스의 조선 도착 후 14일째가 되는 날이 될 것이다.

- 첫 번째 편지 풀이

세스페데스 신부는 나가사키에서 출발하여 조선으로 향했다. 세스페데스 신부가 성 요한 축일 즉, 12월 27일에 조선을 향해 쓰시마를 출발했고, 쓰시마에서는 18일간을 머물렀다고 하였으므로 만약 나가사키에서 쓰시마까지 당일에 출발해서 도착했다면 나가사키를 출발한 시점은 1593년 12월 9일경이 될 것으로 추정된다. 중도 쓰시마에서 조선으로 가는 배를 갈아 탈 예정이었다.

그는 조선으로 떠날 배를 기다리며 18일간을 쓰시마에서 머물렀다. 쓰시마에서 머무는 동안 영주의 가신을 포함한 20명의 주요 인사들에게 세례를 주었으며 쓰시마의 북쪽 항구 와노우라(鰐浦)에서 성탄절을

와노우라(鰐浦)
오무라(大浦)
사쓰나(佐須奈)

후추(府中)

대마도(對馬島)

맞게 되었다.

쓰시마 영주 소 요시토시는 고니시 유키나가의 사위로 부인 고니시 마리아는 유키나가의 딸이었다. 항구의 감독관인 행정관은 영주 부인인 고니시 마리아로부터 부탁의 편지를 받고 세스페데스 신부를 방문해 많은 도움을 주었고 가끔 선물을 가져오기도 했다. 성탄절 저녁 다른 귀인과 함께 항구의 행정관 그리고 성사를 집행한 집의 주인에게도 세례를 주었다.

세스페데스 신부의 사목활동은 조선으로 오는 도중 쓰시마에서 이미 시작되었으며, 이로써 세스페데스 신부는 쓰시마에서 복음전파 사업을 수행한 첫 선교사로 기록되게 되었다.

성탄을 4일 앞두고 12월 21일 60척의 일본 함대에 편승해 조선으로 출발했으나, 강한 폭풍을 만나 어쩔 수 없이 쓰시마로 다시 돌아와야만 했다. 두 번째로 조선으로 떠나던 날은 마침 성 요한 사도축일 즉 12월 27일(음력 11월5일)이어서 다행히 순풍을 만나 출발한 당일에 순조롭게 조선에 도착할 수 있었다. 따라서 그는 조선을 밟은 최초의 서구인이 되었으며, 임진왜란의 실상을 목격한 첫 외국인이 되었다.

그는 웅천에 바로 도착하지 못하고 그곳으로 부터 약 10~12레구아(약 56km~67km) 후방에 도착했기 때문에 다음 날에야 노를 저어 목적지 곰개성 기슭에 도착할 수 있었다고 했다. 따라서 웅천왜성에 도착한 정확한 날자는 12월 28일이 될 것이다.

그러면 세스페데스 신부가 처음으로 도착한 곳은 어디쯤일까? 신부는 그의 편지에서 가토 기요마사가 주둔하고 있었던 서생포를 15레구아(약 84km) 정도 떨어져 있다고 하였으므로, 아마도 그가 처음 도착한 곳은 서생포 아래의 왜성이 있었던 지역 즉 임랑포 혹은 기장 죽성포, 더 아래에 있는, 가장 가능성이 높을 것으로 추정되는 부산포 정도였을 것이다. 향후 보다 정확히 거리를 측정해서 밝혀야 할 것이다.[11]

처음으로 배에서 내린 사람은 일본인 수사 한칸 레온이었다. 신부는 수사에게 비센트 헤이에몬(兵右衛門-히비야 료카日比屋了荷)을 만나보도록 했다. 비센트는 말 한 필을 해변으로 보내왔고 성채로 오도록 전해왔다. 곧이어 고니시 유키나가의 부장 고니시 사쿠에몬(小西作右衛門)이 배에 머물러 있었던 세스페데스 신부를 처음으로 찾아왔으며 신부는 그와 함께 배에서 내렸다.[12] 그는 고니시 유키나가군의 선봉장으로 독

---

11) 신부는 그의 첫 편지에서 그가 처음 도착한 지점은 목적지인 웅천 곰개성(熊浦城)으로부터 10~12레구아(약 56~67km) 정도 못 미치는 곳이라 다음 날에야 노를 저어 목적지에 도착할 수 있었다고 하였다. 그리고 그의 편지에서 가토 기요마사는 웅천왜성에서 북쪽으로 약 15레구아(약 84km) 정도 떨어진 지점에 있다고 적고 있다. 당시 가토는 서생포왜성(울산 울주군 서생면 서생리 711)에 주둔하고 있었으므로 신부의 첫 도착지는 서생포왜성에서 부산 쪽으로 3-5레구아(약 17~28km) 하방임을 알 수 있다. 필자가 해안선의 면한 육로를 따라 차로 주행하며 측정해 본바 서생포왜성에서 3레구아(약 17km) 하방은 임랑포왜성 조금 아래의 칠암항(부산 기장군 일광면 칠암리) 부근이었으며 5레구아(약 28km) 하방은 기장왜성(부산 기장군 기장읍 죽성리 산 52-1) 부근이었다. 따라서 세스페데스 신부가 처음 도착한 곳은 크게 보면 기장군이었으며 좀더 축소하여 보면 기장군 칠암리와 죽성리 사이일 것으로 추정된다.
12) 세스페데스 신부가 최초로 웅천에 상륙한 곳은 탕수바위 부근으로 추정되며 이를 기념해 처음에는 부근에 세스페데스 기념 공원이 조성되어 있었다. 최근

세스페데스 신부 기념비. 이 기념비는 스페인 조각가 마누엘 모란떼의 작품으로 세스페데스 신부 아버지의 고향인 스페인 빌야누에바 데 알까르데떼(Villanueva de Alcardete)주민들이 신부가 웅천왜성에 도착한지 400주년을 기념하여 1993년 진해 시에 헌정하였다. 그 후 설치 장소를 옮겨 2016년 창원시가 우리나라에 처음 들어온 서양인에 대한 기념으로 남문동에 세 스페데스 공원을 조성하여 웅천 사도마을로부터 이곳으로 이전하여 두었다.

실한 천주교 귀족인데 고니시가 히고에 소유한 가장 중요한 성 야츠시로성(八代城)의 죠오다이(城代)로 원래부터 용기 있고 매우 충성스러운 가신이었다.

상륙 후 그의 집으로 가서 비센테 헤이에몬과 고니시 유키나가의 동생 루이스 요시지로[13])를 만났다. 고니시 유키나가는 3일 전부터 다른 곳으로 출타 중이었으므로 다른 여러 천주교 영주들을 먼저 만나게 되

에 남산 입구로 옮겨졌다.
13) 프로이스의 『일본사』에서는 평양성 전투에서 아우구스티노의 동생 루이스와 사촌 안토니오 그리고 사카이의 히비야 료케이 디오고의 손자 아고스토가 사망했다고 하였다. 이로 미루어 이때 사망한 동생 루이스는 고니시 유키나가의 가계에서 이름이 밝혀져 있지 않은 다른 루이스인 것으로 추정된다(고니시 가계도 참조).

었다. 오무라 스미타다 바르톨로메오의 아들들 즉, 산초 요시아기 오무라 영주와 동생 세바스티안 스미나오, 하루노부 프로타시오 아리마 영주, 후안 하사타네 등의 아마쿠사의 영주들을 먼저 만났다.

명과의 평화협상은 약간의 난항을 겪고 있으며, 일본의 협상대표로 북경으로 파견된 나이토 조안은 북경으로 들어가지 못하고 중도에 머물러 있으나 평화협상은 잘 진행될 것 같다는 전갈을 전해왔다. 평양성 전투 전에 명에 붙잡혀 북경으로 간 고니시의 부하장수 기치베에 암부로지오도 북경에서 비록 포로이기는 하나 좋은 대우를 받고 있다는 전갈을 보내왔다. 그리고 15일 전 명으로부터 협상 조정을 위해 지휘 담종인이 웅천으로 왔으며, 병부상서 석성이 이 중요한 평화협상을 직접 맡아 종결을 원한다는 전갈을 보내왔다.

웅천왜성은 난공불락의 요새로 튼튼한 성채를 위해 아직도 놀랄만한 토목공사가 진행 중이었다. 성채 근처에는 고니시와 그의 참모들 그리고 동맹군 영주들이 거주하고 있는데 넓은 집에 돌담이 둘러싸여 있어 잘 지어진 것처럼 보였다. 웅천성 주위에는 지성인 명동왜성에 사위 소 요시토시 쓰시마 도노, 그리고 자마왜성에는 고니시 유키나가의 동생 도노 메도노 페드로가 주둔하고 있었다. 웅천 가까이 바다 건너 쪽의 거제도에는 시코쿠의 영주들이 장문포왜성과 송진포왜성에, 그리고 거제도의 북쪽 영등포왜성에는 시마즈 사츠마 영주가 주둔하고 있었다.

히데요시는 남해안 최전방이었던 거제도를 후쿠시마 마사노리(福島正則)를 수장으로 조소카베 모토치카(長宗我部元親), 하치스카 이에마사(蜂須賀家政), 이코마 지카마사(生駒親正), 도다 가츠타카(戸田勝隆), 구루시마 미치유키(來島通之)와 미치후사(通總) 형제 등 제5군의 시코쿠 출신들에게 맡겼고 이들은 장문포왜성과 송진포왜성을 축성하여 주둔했다.

이후 제4군의 시마즈 요시히로(島津義弘)와 차남인 히사야스(島津久

保) 부자가 거제도 주둔군으로 합류하며 북쪽에 영등포왜성을 축성하여 주둔했으나 히사야스는 그해 9월 거제도에서 병사했다.

기장왜성에는 구로다 요시타카, 나가마사 부자가 주둔하고 있으며 고니시의 숙적인 가토 기요마사는 북쪽으로 15레구아(약 84km) 떨어진 서생포왜성에 주둔하고 있었다.

주석 인물 상세 정보

1) 루이스 프로이스(Luis Frois 1532~1597년).

　　프로이스 신부는 1532년 포르투갈 리스본의 귀족 가문에서 출생했다. 1548년 예수회에 입회했고 그해 16세에 인도 고아로 파견되었다. 그곳에서 프란치스코 하비에르 신부로부터 선교사가 되기 위한 교육을 받았다. 1561년 사제 서품을 받았고 1562년 고아를 출발, 1563년 7월 규슈의 요코세우라(橫瀨浦)에 도착했다. 이후 히라도를 거쳐 1565년 1월 미야코에 입성했다. 그러나 곧 쇼군 아시카가 요시테루(足利義輝)가 암살되자 천황의 명으로 미야코에서 추방돼 인근 사카이로 피신해야했다.

　　1568년 오다 노부나가가 권력을 장악해 교토로 입경함으로써 1569년 3월 미야코로 돌아올 수 있었다. 미야코와 고키나이(五幾內)에서 활동하면서 기후와 니조성에서 오다 노부나가를 만나 개인적인 친분을 쌓게 되었다. 이후 오르간티노 신부에게 포교장 직을 양보하고 1577년 분고 후나이로 가서 분고지구 원장으로 활발한 포교활동을 벌였다. 1581년 순찰사 발리냐노 신부의 통역으로 아즈치성에서 노부나가와 조우했다.

　　1582년 코엘료 부관구장 비서로 나가사키에 체제하는 동안 1586년 오사카성에서 도요토미 히데요시를 만났다. 1587년 파테렌 추방령으로 히라도로 피신한 후 여러 지역을 전전하였으며 1590년 나가사키에 정착했다. 1590년 발리냐노의 2차 일본 방문 당시 통역사로 동행하여 쥬라쿠테이에서 도요토미를 알현했다. 1592년 발리냐노와 함께 마카오로 가서 견구소년사절에 대한 기록을 쓴 후 1595년 나가사키로 되돌아왔다. 1597년 2월 26성인이 순교하자 순교기록을 정리한 후 7월 8일 나가사키 콜레지오에서 선종했다.

　　1584년 순찰사 발리냐노는 부관구장 코엘료를 통해 프로이스에게 『일본사』 집필을 의뢰했다. 1586년 1부를 완료하고 1587~1589년까지 『일본사』 2부를 집필, 1595년 나가사키로 돌아와 『일본사』를 완료했다.

6) 히비야 료카(日比屋了荷 1554년~몰년(沒年)미상).

헤이에몬(兵右衛門)으로도 불리며 사카이의 호상 히비야 료케이의 아들이다. 고니시 스에사토(小西末郷, 고니시 사쿠에몬(小西 作右衛門)의 딸과 결혼했다. 빌레라 신부로부터 1561년 세례를 받았으며 세례명은 비센테이다. 훗날 고니시 유키나가의 가신이 돼 히고로 옮겨가서 아마쿠사 시키의 죠오다이(城代)의 임무를 맡았다. 시키의 그리스도교를 보호했고, 임진왜란 당시 고니시를 따라 도해(渡海)하여 조선 침공에 동행했다. 임진왜란 당시 조선인 권 비센테를 거둬 시키로 보내 가톨릭으로 귀의하게 했고, 권 비센테는 은인인 그의 세례명을 따랐다. 료카의 아들 레온 고니시 야에몬(小西弥右衛門)은 고니시 유키나가의 딸과 결혼했다.

8) 고니시 사쿠에몬(小西作右衛門) 生年未詳생년미상~1601년)

본래 성(姓)은 기도(木戸)이고 고니시 스에사토(小西末郷), 미마사카(美作)라고도 칭해진다. 딸은 히비야 료카(日比屋了荷)의 부인이고 고니시(小西)·히비야(日比屋)가와 친척관계이며, 유키나가(行長)의 중신(重臣)으로서 활약했다. 세례명은 디오고 혹은 지안이다.

유키나가 통치 아래의 히고(肥後)에서 야츠시로(八代) 죠오다이(城代)임무를 맡았다. 조선 출병 때에는 고니시군(小西軍)의 중핵 역할을 맡았으며, 유키나가가 부재 중인 경우에는 그 대리인 임무를 맡는 위치에 있었다. 프로이스의 『일본사』에서 묘사한 그는 아우구스티노(小西行長)군의 선봉장으로 독실한 천주교 신자였으며, 충주에서 마주친 도라노스케(加藤虎之助 가토 기요마사)가 고니시군을 앞질러 선두에 가려하자 가토를 심하게 꾸짖으며 후방으로 처지게 했고, 이로 인해 양측이 자칫하면 무기를 들고 충돌 직전의 상황까지 이르렀다고 기록하고 있다. 또 그는 대동강을 도강(渡江)시 용감한 행동으로 고니시의 평양 점령에 가장 공이 많았던 부장으로 나타나 있다.

임진왜란 후 1599년에는 야츠시로에서 가톨릭교 포교를 추진했다. 1600년 가토 기요마사(加藤清正)의 야츠시로성(八代城) 공격 당시 사츠마(薩摩)로 피신했고 다음 해 그곳에서 사망했다.

제27장. 세스페데스 신부의 두 번째 편지

- 두 번째 편지 원문

제가 지난번 편지를 확인했을 때는 아우구스티노는 아직 출타중인 곳으로부터 곰개성으로 돌아오지 않은 상태여서 그와 만나지 못했습니다. 그런데 그가 얼마 전에 곰개성으로 돌아와 제가 여기에 도착해 있는 것을 알고 바로 사신을 보내 축하의 뜻을 전해왔습니다. 그날은 이미 늦었기 때문에 바로 오지는 못했고 다음 날에야 우리는 만날 수 있었습니다. 저는 그에게 여러 통의 편지를 전해주었고 그는 그 편지들을 다 읽고 나서 저와 간담을 나누었습니다. 그는 제가 조선에 온 것을 기뻐했습니다. 그리고 여러 성채로부터 많은 일본 이교도들이 그를 찾아 드나들기 때문에 제가 그의 참모들이 집이나 숙소로 이용하고 있는 성 아래쪽에 머무르는 것은 바람직하지 않다고 하면서 제가 성 높은 지역에서 비센테 헤이에몬 도노와 함께 머무르도록 해주었습니다. 그리고 그곳으로 가톨릭 신자들이 저를 찾아와 고해성사를 하도록 명령을 내렸습니다.

이러한 경위로 저는 비센테와 함께 성의 가장 높은 곳에 살게 되었는데 제가 살고 있는 곳으로 오는 길은 가파른 비탈길인데다가 험준한 절벽이기도 해서 가톨릭 신자들이 여기까지 올라오는 데 들이는 공덕(功德)은 결코 작은 것이 아니었습니다. 저 또한 밤늦게 가톨릭 신자들의 고해성사를 듣기 위해 그 길을 내려갈 때는 상당히 고생스럽고, 또 성으로 돌아올 때는 말을 타고 오는데 중간에 자주 쉬어야만 올라 올 수 있었습니다.

고해성사를 하기 위해 찾아오는 가톨릭 신자들의 수는 점점 늘어나고 있어서 우리들은 지금부터 부활절까지 이 일에 매달려야 될 것 같습니다. 함께 할 동료 사제가 한 명이 더 생긴다면 저로서는 아주 큰 위안이 되겠지만, 저의 바람은 이루어질 것 같지 않아 지금은 참아내는 수밖에 없습니다. 천주의 은총으로 모두가 고해성사를 마칠 때까지 저는 열심히 최선을 다하겠습니다. 아우구스티노는 가끔 저를 찾아오고, 돈 프로타지오(아리마 하루노부-有馬晴信), 오무라의 돈 산초(요시아키喜前), 아마쿠사(天草)의 돈 조안(히사타네久種) 그밖에 신분이 높은 다른 사람들과 함께 찾아왔습니다.

도노(殿)들 중에서 가장 먼저 고해성사를 하러 온 사람은 오무라의 돈·산초와 그의 동생인 세바스티안인데, 두 사람 다 젊고 이곳의 모든 병사들에게 모범이 돼 이들을 칭찬하지 않는 사람이 없을 정도입니다. 당연한 결과이겠지만, 이로 인해서 고해성사를 받으러 솔선해서 서둘러 찾아온 열성적인 가톨릭 신자들은 그들(오무라 산초, 세바스티안 형제)의 병사들이었습니다. 이미 다른 많은 도노들도 고해성사를 마쳤는데, 저는 이렇게 함으로써 그 외의 다른 가톨릭 신자 모두가 이렇게 신자로서의 의무를 다할 수 있기를 주님께 바라고 있습니다.

이 곰개성에는 아우구스티노와 함께 아리마(有馬), 오무라, 고토, 히라도, 아마쿠사(天草), 스모토(栖本)의 영주들, 그리고 그의 모든 동맹군과 막료(幕僚-참모장교급)들이 있는데, 모두가 해안을 따라 집을 짓고 살고 있습니다. 성 위에서는 아우구스티노의 동생인 요시치 도노(与七殿)와 비센테 헤이에몬 도노가 파수역을 맡고 있습니다.

제가 이곳에 도착한 다음 날, 아우구스티노의 사위인 다리오 쓰시마 도노는 즉시 전갈을 보내왔고, 그로부터 2, 3일 후에 그는 친히 저를 찾아와 만나게 되었습니다. 그는 아내인 마리아에게서(선물) 받은 하마 가죽(河馬の皮)¹⁾으로 만들어진 아름다운 묵주를 목에 걸고 있었는데, 아주 신중하고 조심성이 깊은 젊은이였으며, 학식 있고 훌륭한 성품을 지닌 사람이었습니다. 그는 저를 찾아온 날 밤, 즉시 수도사를 자신의 성으로 파견해서 그리스도의 가르침을 듣고 싶어 하는 많은 가신들에게 설교를 해달라고 간곡하게 부탁했습니다.

다음 날 수도사가 파견되었고 3일 동안 설교가 이루어진 뒤에 쓰시마 도노는 제가 가신들에게 세례를 줄 수 있도록 자신이 머물고 있는 성에서 작은 배로 저를 데리러 와주었습니다. 이들 세례 지원자들 중에는 그의 남자 조카도 함께 있었습니다. 저는 그날 밤, 그 남자 조카를 비롯해서 다른 30명의 신분이 높은 무사들에게 함께 세례를 주었고 다음 날에는 10명에게 더 세례를 주었습니다. 이들 모두가 보여준 환희에 가득 찬 모습과 축복의 기도문을 일본어로 번역해서 외우는 열정에는 마음을 울리는 감동이 있었습니다. 그들은 저에게 즉시 가톨릭 신자로서 표식이 될만한 것을 부탁해서 한 사람 한 사람에게 묵주를 나눠줬는데 그들은 이 묵주로 매우 큰 위안을 얻은 모습이었습니다.

저는 그곳에서 2~3일 동안 머물렀는데, 그 동안에 다리오가 보여주었던 환대와 애정에는 놀라지 않을 수가 없습니다. 그는 성대한 향응에 저를 초대했는데 그때 그는 직접 제 상을 날라다 주었고 줄곧 저보다 아랫자리에 앉으면서 윗자리는 저에게 내주었습니다. 그중에서도 특히 저를 놀라게 한 것은 그가 소유하고 있는 여러 채의 멋진 저택들이었는

---

1) "하마가죽"의 번역에 대한 이견. 492쪽 참조.

데, 그 저택들은 도저히 잠시 머무르는 집이라고는 생각할 수 없을 정도였으며 마치 그가 그곳에서 평생을 지낼 것만 같이 잘 지어 있었습니다. 그곳에는 수많은 전쟁 관련 장식품들이나 금으로 만든 병풍들이 놓여 있었고 그의 장인이 아무리 아우구스티노라고 해도 이런 면에 있어서는 그를 능가하지 못할 것 같다는 생각이 들 정도였습니다. 그는 다른 그 누구보다도 많은 병사를 거느리고 있었습니다. 제가 성채로 돌아갈 때 그는 자신이 동행하겠다고 했는데, 제가 극구 사양하자 대신 그의 조카를 시켜 다른 중신을 함께 이곳까지 함께 돌아올 수 있도록 해 주었습니다.

쓰시마 도노는 앞서도 언급했던 가신들이 들은 설교로 인해서 자신도 새롭게 배우는 부분이 있으니 수도사를 잔류시켜 고해성사에 대해서 가르쳐 달라고 저에게 간곡하게 부탁을 했습니다. 쓰시마 도노는 어떻게 해서든지 고해성사를 하겠다고 했고 저에게 이에 대한 약속까지 했습니다. 또한 쓰시마에 사제들을 맞아들이기를 간절하게 원했고 일본군이 조선에서 철수하게 되면 "사제들은 아무 지장 없이 안전하게 쓰시마에 머무를 수 있고 그 누구도 사제들을 거부하는 사람은 없을 것이다. 이미 60명이나 되는 신분이 높은 사람들이 세례를 받은 상태이기 때문에 영지 전체가 가톨릭 신자가 되는 데에 무리는 없으며 먼저 가톨릭 신자가 된 사람들은 신앙적으로 매우 열성적이고 그의 처자식이나 가족들이 세례를 받기를 희망하고 있다."라고 말했습니다. 따라서 지금부터 선교사를 파견해 쓰시마 지역을 포교할 지반으로서 견고하게 준비해 둘 필요가 있을 것이며 주님의 가호로 이곳 영주민들 모두가 반드시 가톨릭 신자가 될 것이라고 생각합니다.

아우구스티노는 이와 같은 성과를 보고 대단히 기뻐했습니다. 수도사는 다리오 쓰시마 도노에게 고해성사에 관해서 가르치고 있는 것 외에도 다른 신분 있는 가신들도 그의 설교를 듣고 있기 때문에 아직 이곳으로 돌아오지 못하고 있습니다. 설교를 들은 사람들은 이곳으로 와서 세례를 받게 될 것이라고 생각합니다.

조선의 추위는 매우 혹독해서 일본의 추위와는 도저히 비교도 안 됩니다. 저는 하루 종일 절반 정도는 얼어 있는 상태로 지내고 있으며 아침 무렵 미사를 봉헌하는 데에 겨우 손을 움직일 수 있는 정도입니다. 하지만 주님의 은총으로 온전하게 건강을 유지하고 있고 주님께서 베풀어 주시는 성과에 만족하면서 모든 고통과 추위를 기꺼이 견뎌내고 있습니다.

기아와 추위, 그리고 질병, 이 밖에도 일본에서는 상상도 할 수 없을 정도의 힘들고 고생스러운 날들을 참아내고 있는 이곳의 가톨릭 신자들의 궁핍한 생활은 너무나 처참하기만 합니다. 노(老) 관백 도노(関白殿)는 이곳으로 식량을 수송해 주고 있기는 하지만 물량이 너무 적어 전(全) 병사가 지탱하기는 부족합니다. 일본으로부터의 지원은 너무 늦어지고 있고 이제 그 지원도 끊길지 모르겠습니다. 최근 두 달 남짓한 상황으로 볼 것 같으면 선박은 전혀 모습을 보이고 있지 않습니다. 게다가 항해 중에 잃어버린 선박도 있다고 합니다. 평화협정은 진척을 보이지 않고 있으며 체결 임무를 맡은 사람들은 오지 않고 있습니다. 많은 이들은 이 모든 일들이 명나라 측의 계략에 의한 것이고 명의 함대가 육군과 함께 도착하는 여름까지 일본군을 이런 식으로 붙잡아 두려는 것이 아닐까 하는 의심을 품고 있습니다.

- 두 번째 편지가 쓰인 시기

두 번째 편지는 첫 번째에 연이어 곧 쓰인 듯하다. 두 번째 편지 내용 중 "평화협상은 타결을 보지 못하고 있으며, 와서 협상을 해야 할 사람들은 도착하지 않고 있습니다."라는 내용으로 보아 아직 심유경이 웅천에 도착하지 않았던 시점에서 이 편지가 쓰였음을 알 수 있다. 처음 편지에 의하면 아마도 3~4일 내로 그(심유경)가 오길 기다리고 있다고 했다. 당시 고니시 유키나가는 심유경에게 동월 15일부로 서신을 보내 그가 직접 와서 관백항표에 대해 의논할 것을 요구했다. 당시 요동에 있던 심유경은 이 서신을 받고 곧 웅천으로 돌아와 12월 21일 고니시와의 회담에서 도요토미의 항표를 가져오지 않으면 봉공을 허락받지 못할 것이라고 통보했다고 말했으므로 두 번째 편지는 첫 번째 편지가 쓰인 후 얼마 지나지 않은 시점에서, 적어도 한 달 이내에 쓰였을 것으로 추정된다.

- 두 번째 편지 풀이

세스페데스 신부는 웅천성으로 돌아온 아우구스티노 고니시 유키나가를 만났다. 첫 번째 편지에서 고니시 유키나가는 웅천성에서 6~7레구아(약 34km~39km) 떨어진 곳으로 출타한 관계로 3일간 성을 비우고 있었다. 고니시가 웅천성에는 늦은 시간에 도착했음으로 도착 당일에는 사신만을 보내 축하의 전갈만을 보내왔고, 도착한 다음 날 신부를 찾아 성채로 왔다. 신부는 고니시에게 여러 통의 편지를 전해주었고 고니시는 편지를 다 읽은 후 신부와 그동안의 이야기들을 나눴다.

우선 신부가 거처할 곳을 먼저 결정했다. 고니시는 성채의 아래쪽에 위치한 고니시의 참모들이 거주하는 지역에 신부의 거처를 정하는 것은 바람직하지 않다고 했다. 왜냐하면 많은 이교도 장수들이 고니시를 찾아 드나들기 때문에 아래쪽에 위치하면 신부의 존재가 노출될 가능성이 많기 때문이었다. 그래서 성의 가장 높은 곳에 거주하는 것이 안전할 것이라고 판단했고, 아마도 성의 가장 높은 곳인 천수각에서 비센테 헤이에몬 도노와 함께 지내는 것으로 결정되었을 것이다. 일반적으로 천수각은 성채 주위의 모든 것을 조망할 수 있도록 성채의 가장 높은 곳에 위치해 축조되어 있으며, 특히 웅천성의 천수각은 가파른 비탈길과 험준한 절벽 위에 축조되어 있어, 세스페데스 신부는 가톨릭 신자들이 고해성사를 보러 올 때 이곳 성채까지 올라오기가 매우 힘들 것이라고 했다. 신부 또한 밤늦게 신자들의 고해성사를 듣기 위해 그 길을 내려가야 하며, 성채로 돌아올 때는 말을 타고 오기는 하나 그래도 도중에서 쉬어야만 올라 올 수가 있다고 했다.

부활절까지는 얼마 남지 않아 판공성사를 받기 위해 찾아오는 신자들이 점차 늘어나고 있어 당분간은 판공성사에 매달려야 할 것 같은데 동료 사제가 한 사람만이라도 더 있었으면 큰 힘이 되겠으나 그러한 바람은 불가능한 희망이니 지금으로서는 그저 최선을 다해 이 힘든 고비를 참아내는 수밖에는 없다고 했다.

아우구스티노가 가끔씩 신부를 방문했고, 돈 프로타지오, 돈 산초, 돈 조안 영주 등도 자주 이곳을 들르고 있다. 처음 고해성사를 받으로 온 영주는 오무라의 돈 산초 요시아키와 그의 동생 세바스티안이었고, 이들을 본받아 휘하의 병사들도 열성적인 가톨릭 신자들이 되어 솔선해서 서둘러 고해성사를 받고 있다. 많은 영주들도 고해성사를 마쳤고 신자 모두가 신자로서의 의무를 다할 수 있기를 주께 바라고 있다.

아우구스티노와 함께 아리마, 오무라, 고토 히라도, 아마쿠사, 스모토의 동맹군 영주들과 막료들은 모두가 해안을 따라 집을 짓고 살고 있으며, 성 위에서는 아우구스티노의 동생인 루이스 요시치 도노(与七殿)와 비센테 헤이에몬 도노가 천수각에 머물며 파수꾼 일을 맡고 있었다.

웅천성에 도착 다음 날, 즉 12월 29일 아우구스티노의 사위이며 대마도 영주인 다리오, 소 요시토시가 전갈을 먼저 보내왔고, 이로부터

3일 후 그가 직접 신부를 찾아왔다. 그는 부인 고니시 마리아가 선물한 하마가죽의 멋진 로사리오를 목에 걸고 있었으며, 아주 신중하며 학식이 깊고 훌륭한 성품을 지닌 젊은이였다. 그는 즉시 수도사를 자신의 명동왜성으로 파견해서 그리스도의 가르침을 듣고 싶어 하는 많은 가신들에게 성사를 베풀어 주도록 간곡하게 부탁하였다.

수도사가 파견되어 먼저 교리를 설교한 후, 영주 자신이 작은 배로 세스페데스 신부를 직접 모시러 왔다. 신부는 영주의 조카를 포함해 신분이 높은 40명에게 세례를 주었으며, 환희에 차 기도문을 외우는 모습에 마음을 울리는 감동이 있었다. 신부는 각자에게 신자의 표식으로 묵주를 나누어줬고 그들 역시 매우 만족해 했다.

신부는 이곳에서 2~3일을 머물렀는데 영주 다리오는 신부를 극진히 대접해 주었다. 그는 신부의 음식을 직접 날라 왔고, 항상 자신보다 상석(上席)에 앉게 했다. 돌아갈 때도 본인의 동행을 극구 사양하자, 그의 조카와 중신을 동행케 하여 성으로 돌아올 수 있게 해주었다. 그는 전쟁 후에 그의 대마도 영지에 신부가 머물기를 원하며, 그의 영지 전체를 가톨릭으로 개종시키겠다는 의지를 보였다.

한편 세스페데스 신부는 영주 다리오의 멋진 저택과 전쟁에서 노획한 많은 훌륭한 전리품들을 보고 놀랐으며 그는 장인보다 더욱 많은 조선의 전리품을 가지고 있다고 했다.

조선의 추위는 매우 혹독해 일본과는 비교도 안 된다. 신부 자신도 온종일 손발이 반쯤은 마비되어 지냈으며, 아침 미사 때는 겨우 손만 움직일 수 있는 정도였다고 했다. 그러나 주님께서 이루어 나가시는 결실로 추위와 모든 어려움을 견뎌내고 있다고 했다.

남해안의 제해권을 빼앗겨 해상 보급로가 차단된 일본은 본국으로부터 지원도 거의 끊겨 추위와 더불어 궁핍한 생활은 고생스럽고 처참하기가 일본에서는 상상도 할 수 없을 정도였다. 수송되는 식량은 전 군인이 지탱하기에는 턱없이 부족하고, 지원은 매우 늦어지고 있었다. 그나마 최근 2달간은 본국으로부터 오는 선박의 모습이 전혀 보이지 않고 있었다.

평화협정은 진척을 보이지 않으며, 결말을 짓기 위해 와야 할 사람들은 아직 도착하지 않고 있어, 일본은 명나라의 계략에 빠진 것이 아닌가 하는 의심을 품고 있는 상황임이 편지에 잘 나타나있다.

주석 상세 정보

1) '하마가죽'(河馬の皮 : カバのかわ).

일본어 번역본에는 '하마가죽'(河馬の皮 : カバのかわ)로 번역되어 있다. 한국에서 출판된 세스페데스 신부의 편지가 한 종의 번역본에서는 하마가죽, 다른 번역본에서는 해마로 만든 묵주를 목에 걸고 있었다고 번역되어 있다.

오만, 장원철 역『임진왜란과 도요토미 히데요시』국립진주박물관 2003, 256쪽 '하마가죽으로 만든 아름다운 로사리오(rosario)를 목에 걸고 있으며' 강병구 역『포르투갈 신부가 본 임진왜란 초기의 한국』주한 포르투갈 문화원. 1999, 67쪽 '해마로 만든 훌륭한 묵주를 목에 걸고 있습니다'.

정성화, 양윤선.『임진란의 기록들』살림 2008, 101쪽 '해마로 만든 아름다운 묵주를 목에 걸고 있었습니다.'로 번역되어 있다.

참고로 일본어로는 '海馬'(カイバ-가이바)라고 한다. 일본어로 동식물 이름은 가타카나로 많이 적는데 한자로도 적기도 하고 히라가나 표기로 하기도 한다. 단, 한자로 적으면 동음이의어의 오류를 줄일 수 있다. 한 일본인(천주교 신자)의 의견으로는 하마가죽이나 해마가죽으로 묵주를 만드는 것은 잘 상상이 안 간다고 했다. 일단 문맥상으로도 하마가죽으로 만든 묵주를 아름답다고 표현한 것도 자연스럽지는 않다. 그래서 한 번역자는 세스페데스 신부가 일본어 '가바'의 가죽(カバのかわ)으로 만들었다는 얘기를 듣고 '가바'를 '하마'라고 생각해서 하마가죽으로 만든 묵주라고 표현한 것이 아닐까 추측해 보았다고 하였다. 사실 묵주를 '가바(カバ)' 가죽으로 만들었다고 한다면 자작나무((시라)가바-(白)樺 : (シラ)カバ)의 나무 가죽(나무껍질도 '皮-かわ'라고 표현함)으로 만든 묵주를 연상하는 게 더 일반적이라고 한다. 일본어로 '白樺の皮'라고 검색해서 이미지를 찾아보면 자작나무 껍질로 만든 장식물들 이미지를 볼 수 있습니다. 이미지 참고.

https://www.google.co.jp/search?q=%E7%99%BD%E6%A8%BA%E3%81%AE%E7%9A%AE&source=lnms&tbm=isch&sa=X&sqi=2&ved=0ahUKEwjt3ZmltabUAhUCf7wKHWWqAn8Q_AUIBigB&biw=1280&bih=894

#imgrc=d0TV4ZDxj3-8KM:)

또한 '白樺の皮のロザリオ'(자작나무 껍질 묵주)라고 검색하면 유사한 이미지들을 볼 수 있다.(https://www.google.co.jp/search?q=%E7%99%BD %E6%A8%BA% E3%81%AE%E3%83%AD%E3%82%B6%E3%83%AA%E3% 82%AA&source=lnms&tbm=isch&sa=X&ved=0ahUKEwiutcW8tqvUAhU EH5QKHSkUCPMQ_AUIBigB&biw=1280&bih=894#tbm=isch&q=%E7% 99%BD%E6%A8%BA%E3%81%AE%E7%9A%AE%E3%81%AE%E3%83% AD%E3%82%B6%E3%83%AA%E3%82%AA)

이 사이트들을 검색해서 사진에 있는 장식물들 이미지를 참고하시기 바란다. 세스페데스 신부가 '가바' 가죽을 '하마' 가죽으로 일본어를 잘못 받아들인 게 아닐까 하는 추측은 여러 상황으로 판단해 본 개인적인 의견 이니 참고하기를 바라며 향후 포르투갈·스페인 원문에서는 무엇이라고 적혀있는지 밝혀져야 할 것이다.

제28장. 세스페데스 신부의 세 번째 편지

세스페데스 신부의 세 번째 편지[1]는 프로이스의 『일본사』 제79장 '간바쿠(關白)가 사절들에게 준 대답과 후에 아우구스티노가 다행스럽게 조선인들에게서 얻은 승리 그리고 그 동안 일어났던 다른 일들에 대해서'에서 편지의 일부가 소개되어 있다. 이 편지는 1594년 2월 7일(음력 1593년 12월 18일)[2]에 쓰인 편지라고 명확히 밝히고 있다. 비록 편지의 일부만이 발췌되어 원문의 전모를 파악하기 어려우나, 조선 땅에서 강화협상 중에 남겨진 기록임으로 중요한 자료라고 생각된다.

- 세 번째 편지 원문

중국인들은 명나라에 머물고 있는 후안 나이토 도노 대신 인질로서 주요 인물 한 사람을 아우구스티노에게 보내왔다.[3] 그리고 며칠 전에

---

1) 세스페데스 신부의 세 번째 편지는 1. 박철. 『예수회 신부 세스뻬데스 -한국 방문 최초 서구인』 서강대학교 출판부, 1987년, 79쪽. 2. 강병구. 『포르투갈 신부가 본 임진왜란 초기의 한국』 주한 포르투갈 문화원, 1999년, 88쪽. 3. 오만, 장원철. 『임진왜란과 도요토미 히데요시』 국립진주박물관, 2003년, 310~312쪽. 4. 정성화·양윤선. 『임진란의 기록들』 살림, 2008년, 141~143쪽을 참조·발췌해 실었다.
2) 프로이스의 『일본사』에서 마지막으로 언급된 날짜이다.
3) 1593년 11월 3일(양력 1593년 12월 25일) 요동에서 경략 송응창이 히데요시의

는 심유경으로부터 전갈이 도착했고, 후안 나이토 도노의 몇몇 가신들이 그의 편지를 갖고 도착했으며, 또한 아리마(有馬)에 있었다가 그의 통역관으로 같이 갔던 천주교 신자인 중국인 한명도 도착했다.

심유경은 그 전갈을 통해 "명나라 황제는 내가(심유경) 그곳 북경에서 화평 교섭을 진행할 때 일본에 제시한 일체의 조건을 승인하는 간바쿠 도노의 편지를 요구하고 있다. 왜냐하면 지금까지 나이토 도노는 간바쿠의 편지나 신임장을 가져오지 못했으며 위임권을 부여받지도 못했다. 이러한 연유로 인해 나이토 도노는 아직도 북경에 도착하지 못한 채 조선 국경으로부터 7일 여정의 거리에 있는 명나라의 한 도시4)에 억류되어 있다."고 말했다.

심유경이 덧붙여 말하기를 "명나라 황제는 일본인들과의 평화를 원하지만, 일본에는 실제로 '다이리(內裏)5)'라고 불리는 천황이 있는데, 간바쿠 도노는 이러한 임금의 지위를 갖고 있지 않다. 명 황제가 그에게 사신들을 보내거나 간바쿠 도노와 서신 왕래를 하기 위해서는, 일본의 다이리에 상응한 지위를 소유하고 있는 명 황제 자신이 몸소 간바쿠 도노를 일본의 국왕으로 책봉할 것이다. 그래서 북경으로부터 간바쿠에게 왕관과 왕의 복장을 보낼 것이다. 이렇게 앞으로 그와 협상할 것이며, 매 3년마다 사신을 보낼 것이고 간바쿠 도노도 같은 방식으로 중국에 사신을 보낼 수 있을 것이다. 아울러 간바쿠에게 무역 왕래를 허락할 것이다."

나이토 조안이 아우구스티노 앞으로 보낸 편지에서는 "중국인들이

항표(降表)를 얻을 수 있도록 지휘(指揮) 담종인(譚宗仁)을 웅천성으로 파견했다.
4) 요동.
5) 다이리(內裏 Dairi) 본래는 일본 천황이 사는 대궐을 지칭하는 말이다.

진실을 말하고 있는 것 같이 생각된다. 그들은 평화를 원하고 있으며 조선에 머물던 명군이 본국으로 철수한 것도 그 증거의 하나이다."라고 했다. 나이토 조안의 편지를 가져온 그의 가신들과 통역관도 그것이 사실이라고 인정했다. 나이토 조안은 다음과 같은 내용도 덧붙였다. "중국인들은 자신을 무척 환대해 주고 있다. 앞서 언급한 것처럼 명군이 평양성을 공격하기 전에 신의를 저버리고 아우구스티노의 근신인 암부로시오 다케우치 기치베를 체포한 바 있는데6) 그(암부로시오)가 머무르고 있는 북경에서 자신(나이토)에게 보내온 몇 통의 편지에 의하면 그(암부로시오)는 잘 지내고 있으며 중국인들이 그를 매우 존중해주고 후대하고 있다고 전해 왔다." 그래서 아우구스티노는 간바쿠 도노에게 가신 한사람을 파견하여 심유경이 그에게 보내온 전갈의 내용에 대해 보고하고, 중국인들이 요구하는 신임장과 편지들을 요청했다. 간바쿠의 회답에 대해서는 아직도 알지 못하고 있다

- 세 번째 편지 풀이

중국인들은 요동에 머물고 있는 조안 나이토 도노 대신 인질로서 높

---

6) 평양성 전투에 대한 준비를 마친 명군은 전투에 앞서 심유경으로 하여금 "자신이 말에서 낙상하여 부상을 당했기 때문에 협정의 이행을 위해 그곳으로 갈 수가 없다."는 전갈을 보내게 했다. 그리고 이 전갈이 사실이며 자신의 병을 확인하기 위해 아우구스티노의 가신 한 사람을 평양성에서 5리 정도 떨어진 순안(順安)으로 보내주길 요청했다. 이에 고니시는 암부로시오 다케우치 키치베(竹內吉兵衛)라는 근신(近臣)을 20여 명의 종자와 함께 파견했다. 암부로시오는 처음에는 명군 진영에서 매우 정중한 대우를 받았으나 점차 안쪽으로 유인되어 결국에는 체포되었다. 종자들 몇몇은 계략을 알아차리고 평양성으로 도망쳤다. 그들이 암부로시오를 붙잡은 것은 황제에게 보내기 위해서였다. 중국 황제는 조선 전역을 단기간에 점령한 일본인들이 도대체 어떠한 사람들인지를 알고자 하여 황제 자신이 친히 일본인을 보고 싶어했던 것이다.

은 지위에 있는 대신 한 사람을 아우구스티노에게 보냈다. 그는 1593년 음력 11월 3일(양력 12월 25일) 관백의 항표 건으로 고니시 유키나가의 고문가이(웅천)성으로 들어왔던 지휘 담종인이다. 며칠 전에 심유경으로부터 전갈이 도착했고, 나이토 조안의 몇몇 부하들도 그의 편지를 가지고 도착했으며, 또한 아리마(有馬)에 있었다가 그의 통역관으로 동행했던 천주교 신자인 중국인 한명도 웅천에 도착했다.

심유경은 그의 전갈에서 다음과 같이 말했다. "명 황제는 간바쿠 도노 도요토미 히데요시가 평화에 관해 북경에서 심유경과 협상한 모든 것을 확실히 준수할 것을 요구하는 히데요시의 서한을 요구했다. 왜냐하면 지금까지 나이토 도노는 간바쿠의 편지나 신임장을 가져오지 못했으며 위임권도 부여받지도 못해 이러한 이유로 나이토 도노가 아직도 북경에 도착하지 못한 채 조선 국경으로부터 7일 여정의 거리에 있는 요동에 머물고 있다."고 했다.

심유경은 서한에서 계속하여 "명 황제는 일본인들과의 평화를 원하는데, 일본에는 '다이리'라고 불리는 진정한 왕인 천황이 있고, 간바쿠 도노는 임금의 지위를 갖고 있지 않다. 명 황제가 간바쿠 도노에게 사절이나 서신을 보내기 위해 다이리 지위에 있는 일본 천황의 왕위를 박탈하고 북경에서 왕관과 왕의를 보내 직접 간바쿠 도노를 일본의 국왕에 책봉할 것이다. 이렇게 하여 앞으로 간바쿠와 교신할 것이며, 매 3년마다 사신을 보낼 것이고 간바쿠 도노도 같은 방식으로 중국에 사신을 보낼 수 있을 것이다. 아울러 간바쿠 도노가 요구하는 조건들로 무역을 허락할 것이다."라고 말했다. 세스페데스 신부는 그 편지에서 관백이 명나라 측에 앞서 요구했던 다른 조건에 관해서는 더 이상 언급하지 않고 있다.

요동에 머물고 있는 나이토 조안이 고니시 유키나가에게 보낸 편지에 의하면 명군은 진정으로 전쟁을 끝내기를 원하고 있으며 명군의 철수도 이러한 증거라고 하였다. 그리고 평양성 전투 전에 명나라 측의 유인책에 걸려 포로로 잡혀 북경으로 이송되었던 고니시 유키나가의 근신 암부로시오 다케우치 키치베도 무사하며, 중국에서 좋은 대우를 받고 있다고 전했다.

끝으로 고니시는 심유경의 전갈 내용을 간바쿠 도요토미에게 전하고, 그들이 요구하는 신임장과 간바쿠의 편지를 요청했으나 그에 대한 간바쿠의 회답에 대해서는 모르고 있다고 했다. 이상의 내용이 세스페데스 세 번째 편지의 요지이다.

제29장. 세스페데스 신부의 네 번째 편지

세스페데스 신부가 조선 땅에서 쓴 네 번째 편지는 로마 예수회본부 고문서 보관소에서 박철(朴哲)에 의해 발굴되었다.[1] 이탈리아 출신의 프란치스코 파시오(Francisco Pasio) 예수회 신부가 작성한 「1594년 예수회 일본 연례보고서」속에 세스페데스 신부가 쓴 편지가 발췌·인용되어 기록되어 있다고 한다. 스페인어와 이탈리아어를 혼용해 쓴 것으로 이 편지의 원문은 지금 까지 발견되지 않고 있으며 편지 일부만이 발췌되어 소개되고 있다.

- 네 번째 편지 내용

전쟁으로 인해 조선에 머물고 있는 가톨릭 신자들을 도와 고해성사를 주기 위해 작년에 조선에 건너간 신부는 현재 동료 수사와 함께 쓰노가미 아우구스티노의 요새에 거주하고 있다. 고문가이(웅천성)라고 불리는 성채는 조선으로 들어가는 관문이다.

작년의 편지에서도 언급했듯이 이곳의 같은 성채에 아리마 도노, 오무라 도노, 아마쿠사 도노와 그의 부하들이 머물고 있으며 피란도(平戸)

---

1) 세스페데스 신부의 네 번째 편지는 박철이 저술한 『예수회 신부 세스뻬데스 -한국 방문 최초 서구인』- 서강대학교 출판부, 1987년, 80~84쪽에 실린 번역을 그대로 인용했다.

의 천주교인들도 함께 있었다. 모든 일에 있어 하느님의 종으로서 아주 큰 결실을 얻었으며 요새에 있던 천주교인들을 도울 뿐만 아니라 다른 여러 부대에 머물고 있는 많은 사람들도 도왔다. 왜냐하면 신부가 웅천 성에 있음을 알고서는 여러 군데 요새로부터 천주교인들이 고해성사를 위해 모여들었고, 천주교인이 아닌 자들도 교리문답서의 설교를 듣고 서는 세례를 받기도 하였다.

칸베에 도노(구로다 요시타카官兵衛殿) 시몬(시메온)과 그의 아들 카 이노카미(구로다 나가마사黑田長政)는 조선군과 인접한 중요한 전선들 중 한 곳의 책임을 맡고 있었는데, 그들은 웅천성에 머물고 있는 세스 페데스 신부에게 배 한 척과 37명의 부하를 보내 자신의 요새로 내방해 주기를 간절히 요청했다. 그리하여 신부와 동료 수사는 그곳에 가서 15 일가량 머물렀다. 칸베에 도노와 그의 아들은 각자 별도의 거처를 갖고 있으며, 매일같이 하루에 한두 차례씩 교리문답서의 설교를 듣기 원했 다. 그 자리에는 그의 휘하의 장수들과 중요한 가신들이 함께 참석했는 데 그중에는 천주교 신자들도 있었고 아닌 자도 있었다. 모두가 서로서 로 긴밀히 협조했으며 신부는 칸베에 도노와 그의 아들에게 고해성사 를 주었다. 그 자리에 있던 모든 천주교인들도 고해성사를 했으며 천주 교인이 아닌 모든 장병들과 중요한 가신들도 세례를 받았다. 그리하여 현재는 그 휘하의 모든 중요한 사람들과 가족들까지도 천주교인이 되 었다.

간바쿠 도노에 대해 갖는 두려움만 아니었더라면 더 많은 사람들이 세례를 받을 수 있었을 것이다. 왜냐하면 신부는 은밀히 숨어 지내고 있었으며 그의 존재에 대해서는 믿을만한 사람들만이 알고 있었다. 모 든 사람들이 보여주는 마음가짐과 소망들이 커짐에 따라서 칸베에 도 노는 기꺼이 하느님의 말씀을 따랐고 구원받기를 원해 매일같이 일정한 시간에 하느님에게 자신을 맡기기 위해 묵상의 시간을 가졌다. 기도를 하고 영적인 책들을 읽었는데 이러한 일들은 정확히 행해졌다. 천주경을 읽는 시간에는 그의 부하들에게 아무도 방해하지 말라고 했다. 그럼에도 한 번은 어떤 전갈이 전해지자 크게 꾸중을 했는데 그가 자신을 위해 명상을 갖는 시간임을 알면서 어찌 전갈을 전하고자 했느냐고 꾸짖었다. 몇 주일이 지난 후 그는 다시 세스페데스의 동료 수사를 불렀으며 며칠 동안 그와 함께 지내면서 설교를 듣거나 매우 특이한 금욕생활에 대하여 궁금한 점을 묻기도 했다.

한편 아우구스티노 쓰노가미와 칸베에 도노 사이에 있는 한 요새에는 츠쿠시 도노라 불리는 영주가 포진하고 있었는데, 그의 아들이 아리마 도노의 큰 딸과 혼인하기를 원하고 있었다. 그런데 그의 아들이 천주교인이 되지 않고서는 결혼을 할 수 없음을 알고 세스페데스 신부에게 청하기를 그의 동료 수사를 보내 아들에게 교리문답을 하고 세례를 주기 위해 내방해 주기를 청했다. 그러나 그때 수사는 이미 칸베에 도노의 요새로 가는 중이었으므로 요청을 받아줄 수 없었다.

그런데 기이한 일이 벌어졌다. 수사가 배를 타고 가는 도중 칸베에 도노의 요새를 향해 순풍이 불어 거의 목적지에 가까이 다가갔을 때 갑자기 바람의 방향이 바뀌면서 수사를 강제로 어느 다른 항구로 들어서게 만들었는데 그곳이 바로 츠쿠시 도노의 요새였다. 츠쿠시 도노는 그러한 사실을 알고 수사를 극진히 맞아들였고 즉시 그에게 청하기를 자신의 아들에게 설교해 달라고 하였다. 수사는 그런 일이 거의 기적적으로 이루어진 것으로 느꼈다. 하느님이 그를 인도해 데려온 것이라고 수사는 생각을 하며 신의 뜻으로 그가 그곳에 머물게 된 것이라고 여겼다. 수사는 츠쿠시 도노의 아들과 측근 가신들에게 교리문답을 해주었다.

교리를 가르친 후에 수사는 그의 갈 길을 갔으며, 젊은 아들은 세스페데스 신부에게 전갈을 띄웠는데 그가 이미 교리문답을 받았으니 성스러운 세례를 받기 위해 신부의 곁으로 갈 것이라는 내용이었다. 신부는 날짜를 지정해 주었다. 마침 비가 억수같이 내리는 날인데도 약속을 지키기 위해 천주교인이 되고자 원하는 신하들과 함께 웅천성을 떠나 저녁 늦게야 온몸이 비로 흠뻑 젖은 채 도착했다. 그는 많은 천주교인들로부터 감탄과 찬사를 받았으며 신부의 많은 위로와 함께 천주교인이 되었다. 그리하여 그는 매우 흡족하여 그의 요새로 돌아갔다. 이 젊은이의 아버지는 일본에 돌아가면 천주교인이 될 것을 결심했다. 그리고 그의 영토 내에 신부를 한 사람 둘 것이라 말하고 천주교를 크게 전파시킬 것이라고 했다. 그는 일본 내에서 매우 유명한 인물이었고 원대한 지식을 지녔으며 한 때는 매우 지위가 높고 막강한 권력을 가진 부유한 영주였다.

- 편지가 쓰인 시기

네 번째 편지는 다른 두 사건에 관해 썼는데 아마도 1594년 여름에 조선에서 쓴 것으로 보인다. 편지의 내용에서 비가 억수같이 내리는 시기로 보아 아마도 장마철이었을 것으로 보이며, 따라서 여름에 들어서는 6~7월경에 썼을 것으로 추정된다.

네 번째 편지에 등장하는 처음 인물은 천주교 다이묘인 구로다 요시타카와 아들 구로다 나가마사 부자2)이다. 이들 부자가 머물렀던 기장

---

2) 구로다 칸베에(黑田官兵衛)로 불렸던 아버지 구로다 요시타카(黑田孝高 1546~1604년)는 히데요시의 최측근으로 세례명이 시몬(시메온Simeon)이었다. 부젠(豊前) 나카쓰(中津)성의 성주로서 1589년 가문을 장남 구로다 나가아사에게 물려주고 은거하여 조스이(如水)라는 호를 사용하였다. 아들 구로다 나가마사(黑田長政 1568~1623년)는 카이노카미(甲裵守)로 불리며 세례명은 다미안

왜성은 일본 분로쿠(文祿) 3년의 기록에 의하면 1594년 3월 6일에 축성이 완료되었다.

임진왜란 당시 일본군 제3군 총 1만 1천 명을 거느리고 오토모 요시무네(大友吉統)와 함께 1592년 4월 18일 김해에 상륙한 구로다 나가마사는 김해 부사 서례원(徐禮元)의 김해읍성을 함락시키고 성주, 김천, 추풍령을 넘어 북상, 황해도로 진출하여 그곳에 주둔했다. 그러나 1593년 1월 고니시 유키나가의 제1군이 2차 평양 전투에서 패해 퇴각함으로써, 백천에 주둔했던 구로다도 고니시와 함께 개성을 거쳐 한양으로 철수했다. 2월에는 우키타 지휘 아래 3만 명의 일본군이 행주산성 전투에서 패하자 일본은 급격히 강화로 기울었다. 4월 용산회담의 합의에 따라 일본군은 4월부터 남해안으로 대거 퇴각하게 된다. 이에 따라 구로다는 경상도 기장(機張)으로 후퇴했다.

기장에 도착한 구로다는 청강천(淸江川)하류의 죽성리(竹城里) 일대에 3만 3천 명을 동원해 왜성을 축성했다. 전 경상좌수영 관할의 수군 만호가 주둔한 두모포진성(豆毛浦鎭城)과 기장읍성의 석재를 이용해 그해 7월에 축성을 시작했고, 8개월에 거쳐 죽성포의 강구에 성을 축조하여 1594년 3월에 완공했다. 기장 죽성리왜성은 총면적이 약 2,600평 정도로 죽성포에 인접해 두 개의 구릉 중 남쪽 산정에 본성이, 북쪽의 작은 구릉에 외성이 위치하며, 긴 수석원(竪石垣 다테이시가키)과 바깥의 마른 해자를 축조해 죽성포 전체의 방어가 가능한 윤곽식 형태의 왜성이었다.

아버지 구로다 요시타카는 군감으로 임진왜란 초에 참전했으나 병이 들어 요양을 위해 곧바로 일본으로 귀국했다. 이후 1593년 2월 아사

(Damien, 다미아노)였다.

기장(機張) 죽성리(竹城里) 왜성 모형.

기장(機張)왜성터.

기장왜성에서 바라본 죽성포.

노 요시나가(淺野幸長)와 함께 다시 조선으로 도해하였고 2차 진주성 전투에 참여했다.

구로다 부자는 기장 죽성리왜성을 축조해 비슷한 시기에 북쪽에 축성된 제2군 가토 기요마사의 서생포왜성, 서생포와 기장의 중간 지점에 위치한 제4군 모리 요시나리의 임랑포왜성과 함께 동해 남부지역을 장악해 장기간의 주둔을 꾀하고자 했다. 또한 보다 남쪽의 부산포에 위치한 모리 데루모토의 부산포·증산왜성과 그 지성인 자성대왜성까지 방어의 연결축을 연장하고자 했다.

명과의 강화회담이 진척됨에 따라 서생포왜성에 주둔하던 가토 기요마사는 1595년 6월 서생포왜성을 소각하고 기장왜성에 입성해 이 성을 주성(主城)으로 삼게 됨에 따라 기장왜성은 다시 대규모로 개축되었다. 그러나 이로 인해 강화회담에 대한 불이행의 문제가 명나라의 항의로 야기되자 도요토미의 명령에 의해 1596년 초 기장왜성을 소각하고 가토와 구로다는 부산포왜성으로 본진을 이동했다. 이후 정유재란이 다시 발발할 때까지 약 1년여의 기간 동안 폐성으로 남겨지게 되었다.

1596년 9월 화의를 파기한 도요토미가 이듬해 조선을 다시 침공하니 선봉대 제1군의 가토 기요마사가 1597년 1월 13일 부산포로 다시 들어오게 되고 14일 기장왜성에 입성하게 된다. 아사노 요시나가가 불탄 서생포왜성의 재수축(修築)을 완료하며 서생포왜성에 입성할 때까지 가토는 이곳에서 주둔했다. 일본군이 7월 칠천량 해전에서 원균이 지휘한 조선 수군과의 해전에서 대승함으로써 가토의 일본군은 경상도 서부와 전라도로 진출하게 된다.

기장왜성을 축성한 구로다 나가마사는 1597년 정유년 때 휘하의 왜군 제3군 1만 명과 함께 기장왜성에 재입성하게 된다. 정유재란 말 도요토미의 사망으로 1598년 8월 28일 고다이로(五大老)의 총 퇴각 명령이 10월 27일 서생포왜성에 도달했고 이에 따라 11월 16일 퇴각할 때 다시 소각되었다. 기장왜성은 1593년 7월 최초 축성에 착수한 이래 이 성에서는 단 한 차례의 전투도 이루어지지 않았다.

이러한 점을 감안해 볼 때 이 편지에 나타난 세스페데스 신부가 구로다 부자를 사목 방문한 곳은 당연히 기장 죽성리왜성이며 그 시기는 성이 축성되고 이들 부자만이 이 성내에 주둔했던 1594년 3월 이후부터 가토가 서생포왜성을 소각하고 기장왜성으로 입성한 1995년 6월 사이 일 것이다.

세스페데스 신부는 가토 기요마사의 밀고로 일본으로 돌아가게 되는데 어쩌면 고니시의 숙적이었던 가토가 세스페데스 신부의 기장성 사목 방문 소식을 서생포에서 듣게 되고 고니시를 얽어매기 위해 이 사실을 남보다 앞서 도요토미에게 고해바쳤을 수도 있었을 것이다.

- 네 번째 편지 풀이

편지에 나타난 사실에 의하면 구로다 부자 특히 아버지 요시타카는 신앙적인 면에서 대단히 신심이 깊었던 것으로 보인다.[3] 그는 웅천으

---

3) 구로다 요시타카는 다카야마 우콘과의 교분으로 천주교를 받아들이게 되나, 1587년 파테렌 추방령이 발표되자 우콘과는 달리 솔선하여 도요토미의 명령에 복종함으로써 선교사와 다른 천주교 영주들에게 큰 충격을 주었다. 그러나 임진왜란 당시 조선에서 그의 행동으로 볼 때 그의 배교는 아마도 진정한 배교는 아니었던 것처럼 보인다. 1589년 가문을 장남 나가마사에게 물려주고 은거하며 조스이(如水)라는 호를 사용했다. 세키가하라 전투(1600년) 때 장남 나가마사는 이에야스의 양녀를 아내로 맞았기 때문에 동군으로 참여했다. 요시타카는 세키가하라 전투에 직접 참전하지는 않으나 규슈에서 동군으로 거병해 분고를 침공한 서군의 오토모 요시무네와 싸워 승리했으며 이후로는 규슈의 서군을 차례로 함락시켰다. 그는 당시 규슈를 통일하고 상경해 이에야스와 싸워 천하를 통일하고자 하는 야망을 가지고 있었다고 한다. 세키가하라 전투

로 배 한 척에 37명의 부하를 보내 세스페데스 신부와 수사 한칸 레온을 초청하니 신부 일행은 2주간을 기장성에서 머무르게 되었다.

기장성에 머무는 동안 구로다 부자의 청원에 의해 세스페데스 신부는 매일 강론을 하였으며 구로다 휘하의 부장들도 모두 설교를 들었다. 그리고 구로다 부자에게 고해성사를 들어주었고 가신들에게는 세례성사를 베풀었으며 그들의 가족들도 더불어 세례를 받았다.

그는 기도 시간에는 그 어떠한 방해도 받고 싶지 않아 했으며, 심지어 기도 중에는 부하로부터 그 어떠한 중요한 전갈이라도 받기를 원하지 않았다. 전갈로 인해 기도가 중단되는 상황을 결코 원하지 않았으며 비록 짧은 시간이나마 기도 중에는 오로지 몸과 마음을 다 받쳐 천주를 신앙하고자 했다. 이는 너무나 열절히 기도에 몰두해 그로 인해 시마즈 가문과의 전투 중 실기(失機)를 했다는 분고의 다이묘 오토모 소린(大友宗麟)을 연상케 한다.

네 번째 편지의 후반부에 나타난 츠쿠시 도노가 누구인지 현재로는 확실치는 않다. 편지의 내용으로 보아 츠쿠시 도노의 주둔지는 웅천과 기장 사이의 남해안 어디쯤이었을 것이다. 이 츠쿠시 도노의 후계자인 아들이 천주교 신자였던 아리마(有馬) 도노의 큰 딸과 혼인하기를 원했으나 그가 아직 이교도였으므로 세례를 받지 않은 비신자였다. 전쟁 중이고 사제를 만날 수 없어 세례성사 받기가 난망한 상태였는데 마침 구로다의 기장왜성으로 가던 수사 일행이 풍랑을 피해 피신한 곳이 츠쿠시 도노의 주둔지였다는 것이다. 수사 일행은 그들을 인도해 이곳 주둔지로 데려와 머물게 된 모든 일이 주님의 뜻이라 여겼다. 수사는 츠

후 아들 나가마사는 이에야스로부터 가장 큰 공로를 인정받아 지쿠젠 후쿠오카(福岡)를 하사받았다. 아버지 요시타카도 나카쓰성에서 후쿠오카로 이동했으나 이후 정치에 관여치 않고 은거 생활을 했다.

치쿠고의 후쿠시마성 터에 세워진 석비.

쿠시 도노의 아들에게 세례성사에 필요한 교리를 가르쳤고 그 후 아들은 세스페데스 신부에게 전갈을 띄워 세례를 받기 위해 신부가 머무는 웅천왜성으로 갈 것을 알렸다.

비가 억수같이 내리는 날 이 젊은이는 웅천으로 와 세례를 받게 된다. 아들이 천주교인이 되자 이 젊은이의 아버지인 츠쿠시 도노도 일본에 돌아가면 천주교인이 될 것을 결심했고, 그의 영지 내에 신부님을 모셔올 것이라고 했다. 그는 원대한 지식을 가진 매우 지위가 높고 부유하며 막강한 권력이 있는 영주라고 밝히고 있다

아마도 1587년 파테렌 추방령이 내려져 겉으로는 천주교를 금하는 분위기였으므로 비록 본국으로부터 떨어져 있는 조선에서의 사건이기는 하나 완전히 드러내놓기가 어려운 일면이 있어 더 이상 자세히 적지는 않았을 것으로 추정된다. 향후 밝혀져야 할 부분의 하나이다.

구포왜성(龜浦倭城)은 서해도 제6군 왜장들에 의해 임진왜란 당시 낙동강 변에 축성된 왜성이다. 이들 왜장 중 불교도인 후쿠시마(福島)[4]의 영주 츠쿠시 히로카도(筑紫廣門)와 장자(長子) 하루카도(晴門)가 1595년 이곳에서 천주교로 개종해 그 부하들과 함께 세례를 받았으며 이로 인해 조선의 천주교 장군의 성채(城砦)는 다섯으로 늘어났고 천주교인 병사의 수는 1만 2천 명 정도 되었다는 기록[5]이 있다.

이러한 사실로 보아 편지 속에 나타나 있는 인물은 치쿠고(筑後)의 영주 츠쿠시 히로카도(筑紫廣門)와 그의 큰아들 하루카도(筑紫晴門) 부자일 것으로 추정된다.[6] 이를 뒷받침하는 기록들이 남아있다.

조선 출정 서해도 제6군의 고바야카와 다카카게 휘하의 5명의 왜장들은 1592년 가덕도의 눌차왜성을 축성했다. 이후 제 2차 진주성 전투 참전 후 구포지역으로 물러나 도요토미의 특명에 의해 구포의 조선 감동포성을 헐고 그 석재를 이용해, 낙동강 변의 나지막한 의성산(義城山)에 1593년 7월 초부터 9월 말까지 2개월 반의 단기간에 구포왜성을 축조했다.[7] 이들은 여기서 2년 동안 주둔하다가 1595년 6월 말 명과의

---

4) 현 후쿠오카 현(福岡縣) 야메(八女) 시.

5) 루이스 데 구즈만(Luis de Guzman)의 『선교사들의 이야기 혹은 동방전도사』 657쪽으로 김양선(金良善). 『임진왜란 종군신부 세스페데스의 내한 활동과 그 영향』에서 발췌한 것임.

6) 晴門은 히로카도의 형제이며 장남은 春門이라는 기록이 있다. 모두 하루카도 (はるかど)라고 읽혀 발음은 같아 보인다.

7) 낙동강은 예로부터 한반도 교통의 주된 동맥구실을 해왔으며, 임진왜란 때도 낙동강 수로는 왜군의 진격과 후퇴, 방어 그리고 물자의 수송과 분배의 중요한 통로였다. 구포왜성(龜浦倭城)은 낙동강 변의 나지막한 구릉에 축성되어 서쪽으로는 낙동강 건너 김해의 죽도왜성과 마주하며 북쪽으로는 호포왜성과 양산왜성을 두어 낙동강의 삼각 진영을 구성했다. 구포왜성은 주위의 다른 왜성과 유기적으로 협조해 낙동강을 이용해 동부 영남내륙까지 병력을 이동시키고 물

구포왜성 터.

강화 합의로 이 성을 불태우고 일본으로 철수했다.

　고바야카와 다카카게 휘하에 구포왜성의 불교도인 장군 치쿠고(筑後) 후쿠시마(福島)의 영주 츠쿠시 히로카도와 장자 하루카도가 1595년 천주교로 개종해 그의 병사들과 함께 세례를 받았으며, 세스페데스 신부가 불교도인 구포 성주 츠쿠시 부자와 그 휘하의 병사들을 개종시킨 일은 매우 특기할만한 일이었다고 기록하고 있다. 이와 관련된 기록을 보면

　　　　"돈 아우구스티노(고니시 유키나가)와 돈 시몬 소사(小寺 구로다
　　　요시타카)사이에 있는 성(城)은 하국(下國)의 불교도인 츠쿠시 전하

　자를 수송하는 거점 왜성이었다. 임진왜란 당시 일본은 이성을 구법곡(九法谷)의 진(陳)이라고 했고 조선에서는 감동포(甘同浦)왜성 혹은 의성(義城)이라 불렀다. 참고로 낙동강 하구의 다대포 해수욕장에서 구포왜성까지의 거리는 약 22km 정도이다.

(筑紫殿下)가 담당하고 있었다. 그는 그 가벌(家閥)로 보던지 또한 녹고(祿高 녹봉祿俸)로 보던지 매우 중요한 인물이었다. 한국의 천주교 제후(諸侯)와 친교를 맺기를 원하여, 그것을 확립시키려고 돈 아우구스티노의 알선으로 그의 사자(嗣子 상속자, 장자)와 돈 프오다시오 딸과의 약혼을 맺었다. 그런데 아들이 불교도여서는 그 효과가 없을 것으로 보고 아들에게 설교(說敎)를 들으라고 말했다. 아들은 아버지에 대한 의무 관념으로 설교를 듣기 시작했는데 후에는 진리의 말씀에 감복돼 입신(入信)하기로 작정하고 일평생 결혼하지 않기로 했다. 신부 그레고리오 데 세스페데스는 그의 가중(家中)의 중요한 사람들에게 세례를 주었다. 이해(理解)하는 아버지는 조선에서 고국에 돌아갈 때 전 군대(全軍隊)와 함께 세례 받을 것을 약속했다.”

내용상 다소 차이를 보이나 세스페데스 신부의 편지에 나타난 영주와 그의 아들은 츠쿠시 부자임에 틀림없어 보인다. 그해 프로이스가 남긴 연보[8])에도 세스페데스 신부의 도한 활동이 남겨져있는데 다음과 같은 기록을 찾아볼 수 있다.

“그분(세스페데스)의 덕택으로 전쟁으로 인해 방탕한 생활의 기회가 그곳 조선에 주재하고 있는 크리스천으로부터 제거되었고, 많은 중심적 인물들이 세례를 받았다. 예를 들어 츠쿠시 히로카도(筑紫廣門) -그의 영지는 오무라(大村)나 아리마(有馬)와 같은 크기였다- 그의 사자(嗣子) 하루카도(筑紫晴門)가 중심적 무사들과 더불어 세례를 받아 교의, 설교, 고백 기타의 수업에 의해 큰 효과가 있었다.”

---

8) 1595년 10월 20일 프로이스 연보(年報) (「보고집」 제1기 제1권) 315쪽. 사지마 야키코(佐島顯子) 『임진왜란과 정유재란 크리스천 장병』 누리와 말씀, 1999년 제6권, 59쪽에서 발췌.

아들 하루카도 뿐아니라 아버지 히로카도(筑紫広門)도 1595년에 세례를 받았으며 아버지는 시몬으로 아들은 루이스로 세례명을 받았다.[9]

　츠쿠시 부자(筑紫父子)의 구포왜성과 관련된 조선에서의 세례 사건에 대해서는 내용상 불일치하는 부분들이 많다. 향후 보다 많은 연구를 통해 비록 일본인을 대상한 것이기는 하나 세스페데스 신부의 조선에서의 활동상이 보다 자세히 밝혀지기를 기대한다.

---

9) 유키 료고(結城了悟). 『キリシタンになった大名(기리시탄이 된 다이묘)』 聖母文庫, 1999年.

제30장. 세스페데스 신부의 다섯 번째 편지

- 배경

세스페데스 신부의 다섯 번째 편지는 신부가 직접 쓴 편지는 아니다. 이 편지는 1594년 3월 22일(음력 2월 1일)에 일본 관구장이었던 페드로 고메스 신부가 세스페데스 신부로부터 편지를 받고, 그 내용을 간추려 나가사키에서 즉시 클라우디오 아쿠아비바(Claudio Aquaviva) 예수회 총장 앞으로 보낸 편지이다. 편지의 내용은 거의 세스페데스 신부의 편지를 전하는 형식이라 이 편지를 통해 세스페데스의 편지 내용을 유추할 수 있어 여기에 추가했다. 우선 이 편지는 순서상 실제로는 세 번째 편지 다음이 될 것으로 추정되나, 신부 본인이 직접 쓴 편지가 아니므로 편의상 다섯 번째의 편지로 분류해 실어 두고자 했다.

명나라 조정은 납관사 나이토

클라우디오 아쿠아비바, 예수회 총장(1543~1615). 그림 작자미상. 출처: Public Domain_Wikimedia Commons.

일행이 북경에 들어오는 전제 조건으로 먼저 도요토미 히데요시의 항표를 요구했다. 요동에 있던 경략 송응창은 도요토미의 항표를 얻을 수 있도록 명의 지휘 담종인을 웅천성으로 파견했다. 그러나 고니시는 심유경에게 서신을 보내 그가 직접 와서 의논할 것을 요구했으며 담종인은 고니시 영내에서 볼모로 유치되었다. 도요토미의 항표는 애초에 없었음으로 두 사람은 항표를 위작하기로 하였다. 항표를 위작하기 위해 심유경이 웅천으로 들어온 것은 1593년 12월 19일경이며 거짓으로 만든 관백항서(關白降書)를 가지고 1594년 1월 20일(양력 3월 11일) 웅천을 떠났다. 이 편지는 심유경이 웅천에 머무는 동안 웅천에 갓 들어온 세스페데스 신부가 그를 만나고 그 감회를 적은 편지일 것으로 추정된다.

- 편지 원문

1594년 어제 3월 21일 저는 천주교 신자인 다른 도노들과 아우구스티노 고니시 유키나가와 함께 그곳 조선에 있는 일본인들로부터 고해를 받으며, 조선에 머물고 있는 그레고리오 데 세스페데스 신부로부터 한 통의 편지를 받았습니다.… (중략)

편지에서 그는 명의 황제와 일본의 왕1)사이에 있었던 평화협상에 참여한 명나라의 장군이 세스페데스 신부가 있는 곳에 도착했다고 말했습니다. 그리고 아라마 도노에 의해 아우구스티노와 함께 이 장군이 초대되었고, 아우구스티노의 배려로 그레고리오 신부도 그 장군을 만나러 갔었으며 오랫동안 그 장군과 대화를 가졌다고 합니다. 그레고리오 신부는 그 장군에게 "우리들은 단지 주님의 계율과 구원의 길을 설

---

1) 실상은 간바쿠(關白) 도요토미 히데요시를 말한다.

교하기 위해 일본에 왔으며, 일본인들은 지각이 있는 사람들이었기 때문에 그것을 받아들였다."고 말하면서, "만일 명의 황제께서 중국에서도 주님의 뜻을 자유로이 설교할 수 있도록 허락해주신다면 (우리 신부들은) 일본과 같이 명나라에서도 동일하게 할 수 있을 것이다."라고 말했다 합니다. 그러자 그 장군은 황제와 관리들의 허락을 받도록 힘써보겠다고 대답했다고 합니다. 그래서 아우구스티노는 자신에게 줄 수 있는 최대의 기쁨은 황제로부터 허락을 받는 것이라고 말하면서 간곡히 그 일을 그에게 부탁했답니다. 왜냐하면 주님께 대한 그 같은 봉사에 그가 적극적으로 참여하기를 바랐기 때문입니다.

이와 더불어 장군은 황제의 허가를 얻는 것을 그의 목적으로 삼겠다고 더욱 명확하게 약속했으며 이 평화조약을 종결짓기 위해 함께하고 있는 아우구스티노로부터 제기되어 나온 문제임으로 황제에게 제출해 보겠노라고 말했습니다. 또한 자신이 일본 왕을 만나기 위한 외교사절단과 함께 5~6개월 내에 답을 가져오겠다고 말했습니다.

일은 그렇게 일단락되었습니다. 우리 주님께서 그것을 허락해 주실지 어떨지 저로서는 알 수 없습니다. 그러나 저는 성스러운 기억에 프란치스코 하비에르(Francisco Xavier) 수석 사제(Father Master)가 주님의 뜻이 일본을 통해 명나라로 들어갈 것이라고 단언했다는 이야기를 수차례 들었습니다. 명나라에 주님의 계율이 전해지는 것에 대해 모든 문이 견고하게 닫혀버렸기 때문에 모든 것들을 잃어버리고 있는 명나라에 주님의 은총과 자애가 내리기를 간절히 바랍니다.

- 편지 풀이

이 편지는 일본 관구장 페드로 고메스 신부가 나가사키에서, 조선의 세스페데스 신부로부터 편지를 받고, 즉시 예수회 총장인 클라우디오 아쿠아비바에게 보낸 편지이다.

고메스 관구장은 1594년 3월 21일 조선의 고문가이(웅천성)에 머물며 고니시 아우구스티노와 다른 기리시탄 도노 그리고 그곳의 일본 병사들을 위해 사목활동을 수행하고 있는 세스페데스 신부로부터 한 통의 편지를 받았다.

편지의 내용은 명 황제와 일본 왕 간에 진행되는 평화협상에 참여하고 있는 명 황제의 장군이 그가 있는 웅천으로 왔다는 것이다. 편지 속 일본 왕으로 지칭되는 이 인물은 도요토미 히데요시일 것이며 명 황제의 장군은 심유경일 것으로 추정된다. 즉 심유경이 관백의 항복문서 건으로 고니시 유키나가의 웅천성으로 들어온 것이다.

심유경의 웅천 입성 축하 인사차 아리마 도노인 하루노부 프로타지오가 아우구스티노 고니시 유키나가와 함께 그를 초대했고, 고니시의 권유로 세스페데스 신부도 함께 자리했다. 신부는 아우구스티노의 배려로 심유경을 만났고 그와 오랫동안 이야기를 나눴다.

세스페데스 신부는 자신들은 단지 천주의 계율과 구원의 길을 전하기 위해 일본으로 왔으며, 다행히 일본인들은 지각 있는 사람들이었으므로 신앙을 잘 받아들여 순조로운 선교활동이 이뤄지고 있다고 설명하며, 만약 명 황제께서 자유롭게 선교를 할 수 있도록 허락해 준다면 명나라도 일본에서와 같은 전철을 밟게 될 것이라고 말했다. 이를 위해 가장 시급한 문제는 명 황제와 관리들로부터 자유롭게 선교를 할 수 있도록 허락받는 일인데, 심유경은 쾌히 자신이 나서 중국으로부터 허락을 받을 수 있도록 힘써, 그 일을 성공적으로 매듭지어 보겠노라고 하였다.

그러자 곧 고니시는 명 황제로부터 이 허락을 얻어내는 것이 그가(심유경)가 자신(고니시)에게 해줄 수 있는 최대의 호의라고 말하면서 그 일을 간곡하게 그에게 부탁했다. 왜냐하면 고니시는 주님에 대한 이러한 봉사에 적극 참여하기를 원했기 때문이다.

심유경은 자신과 함께 이 평화협정을 매듭지을 파트너인 고니시와 같은 편에 서서 황제에게 보고할 것이라고 말하면서, 이 허락을 얻는 것을 그의 목적으로 하겠다는 보다 긍정적인 약속을 했다. 그리고 자신이 북경에서 평화협정을 성공시키고 일본의 외교사절과 함께 5~6개월 안에 그 회답을 가져오겠다고 하였다.

고메스 신부는 말미에 다음과 같은 본인의 생각을 덧붙여 예수회 총장에게 편지를 보냈다.

> "이것이 그동안 세스페데스 신부가 머물러 있는 조선의 고문가 이(웅천)성에서 일어났던 일들입니다. 우리 주께서 그것을 허락하실지 성공 여부는 저로서는 알 수 없습니다. 다만 저는 프란치스코 하비에르 수석 사제가 주님의 계율이 일본으로부터 명나라로 들어갈 것이라고 단언했다는 소리를 여러 번 들었습니다. 문을 단단하게 잠궈버림으로써 그들 속으로 하느님의 율법이 들어가지 못해 모든 것들을 잃어버린 명나라에도 주님의 자애와 은총이 내리기를 바라고 있습니다."

그는 오래전 프란치스코 하비에르 사제께서 말씀하신 주님의 계율이 일본으로부터 명나라로 들어갈 것이라고 한 이 말씀이 이루어질지도 모른다는 희망을 내비치고 있으며 아마도 이 일이 순조로이 진행된다면 부차적으로 조선에서도 힘들이지 않고 선교를 성공적으로 시작할 수 있으리라 생각했을 것이다.

제31장. 조선으로 왔던 다른 예수회 신부들

임진왜란 당시 조선을 침략한 일본군과 함께 적어도 2명의 예수회 신부와 신부를 동반한 일본인 수사 2명이 조선으로 들어와 활동했다는 기록이 남아있다. 전쟁의 와중에서 이들의 사목활동은 일차적으로 일본의 천주교 영주와 병사들이 그 대상이었던데 반해, 조선의 포로를 제외한 순수 조선인에 대해 포교활동을 하였다는 사실은 아직은 증명되고 있지는 않은 것 같다. 또 다른 한 명의 신부는 비록 본인이 원했으나 조선으로 떠나기 직전, 상황이 바뀌어 조선 입국이 불발로 끝났다. 역사적 사실에 근거해 당시 이들의 활동으로 조선의 천주교 전교에 어떤 영향이 미쳤는지는 좀 더 심층의 많은 연구가 필요해 보인다.

- 알폰소 데 루세나(Alfonso de Lucena) 신부

1595년 임진왜란 중 오무라의 영주 돈 산초 오무라 요시아키(大村喜前)가 중병에 걸려 자신의 임종을 지켜봐 주도록 알폰소 데 루세나(Alfonso de Lucena)신부를 조선으로 급히 불렀다. 그러나 출발 직전 영주가 고비를 넘겼다는 전갈이 왔다. 루세나 신부는 오무라 영주 이외에도 조선에 출정한 수많은 천주교도인 영주와 병사들을 위해 조선으로 가고 싶어 했으나 결국 조선으로 건너가지는 못했다.

- 프란치스코 데 라구나(Francisco de Laguna) 신부

1596년에는 조선으로부터 더 이상 신부들의 도움을 요청하는 일이 없었다. 다음 해 1597년 2월에는 나가사키의 니시자카(西坂)언덕에서 선교사를 포함한 26명이 십자가에 못 박혀 처형되는 나가사키 대순교 사건이 있었다. 이 사건 후 3월 도요토미는 나가사키 항의 영주인 데라자와 마사나리(寺澤正成)에게 보낸 서한을 통해 엄중한 포고령을 내렸다. 이는 이전 1587년의 포고령과는 강도가 다른 엄중한 것이었다. 이름만 천주교 신자였던 데라자와는 도요토미의 이 명령을 즉시 조선에 있는 천주교 영주들에게 전했다. 그 내용은 영주도 기독교인이 되는 것을 금하고, 그들 영지 내에 있는 선교사들을 나가사키에 모아 추방하라는 것이었다. 도요토미의 명령이 수행되기 전 포르투갈 선박이 출항하는 바람에 추방령을 받은 선교사들은 조금 더 일본에 머물 수 있게 되었다.

그러나 이 사건 후 1597년 또다시 조선의 고니시 유키나가의 진영으로 신부와 수사 한 명씩 보내져 약 2달간 이들에 의해 성사와 선교가 계속되었다는 기록이 있다. 고니시는 자신의 진영 내에도 적대 세력이 있어 데라자와의 전갈을 받고는 도요토미에게 알려질 것을 두려워해 그들을 위로하며 일본으로 돌아갈 것을 부탁했다. 이 신부와 수사의 이름은 밝혀지지 않았다.

그러나 프란치스코 페레스 신부의 편지를 보면 "1597년 프란치스코 데 라구나1) 신부가 조선으로 건너갔다. 아리마 영주의 부인이 출산 때

---

1) 프란치스코 데 라구나(Francisco de Laguna 1552~1617년). 예수회 신부. 1577년 일본에 도착하여 규슈지방에서 활동했다. 1592년 마카오로 건너갔고 1595년 다시 일본으로 돌아왔다. 1597년 조선에 왔었으며 1598년 일본으로 돌아갔다가 다시 마카오로 건너갔다. 1617년 마카오에서 선종했다.

태아와 함께 죽었기 때문이다. 라구나 신부는 다음 해 일본으로 돌아왔다."라는 내용이 있다. 이로 미루어보아 1597년 12월에서 1598년 1월 사이에 두 번째로 예수회 신부가 조선으로 건너갔음을 확인할 수 있다. 여러 자료에 기초하여 추측해 볼 때 프란치스코 데 라구나 신부와 분고 출신의 44세 동갑인 일본인 예수회 수사 다무라 로만이 1597년 11월 말에 조선으로 건너갔고 2월 초에 돌아왔을 가능성이 있다고 추측할 수 있다.

고니시 유키나가는 1597년 9월 1일부터 순천 왜교(倭橋)에 주둔한 뒤 장기적인 호남 지배를 염두에 두고 왜교성을 쌓기 시작해 3개월 만인 12월 초에 완성하였다. 당시 순천왜성에는 고니시와 함께 아리마 하루노부(有馬晴信), 마쓰우라 시게노부(松浦鎭信), 오무라 요시마에(大村喜前), 고지마 구로타다(五島玄雅)등의 영주들이 주둔하고 있었으며 소 요시토시는 남해왜성에 주둔하고 있었다.

프란치스코 데 라구나 신부와 일본인 예수회 수사 다무라 로만은 기리시탄 영주였던 아리마 하루노부의 부인이 출산 당시 태아와 함께 죽었기 때문에 이들의 장례 문제로 조선으로 초청되었는데,2) 1597년 12월에서 1598년 1월 사이에 조선에 체류했다면 아마도 순천왜성에 머물렀을 것으로 추측된다. 라구나 신부는 그 후 2개월 정도 아리마 진지에 체류한 뒤 일본으로 귀환했다.

조선에서의 짧은 체류와 정유재란으로 인해 각지에서 전투가 전개되고 있어 조선에서의 선교는 불가능했을 것이다. 그리고 그가 일본으

---

2) 부인 루치아를 잃은 하루노부는 정유재란이 끝난 다음 해인 1599년 유스타와 재혼했다. 부인 유스타는 천황의 명령 하달을 담당던 나곤(納言) 나가야마 치카츠나(中山親綱)의 딸이었다. 결혼 후 1596년 남편이 사망했고, 1599년 고니시 유키나가의 소개로 하루노부와 재혼했다. 유스타 부인은 신앙심이 깊은 천주교 신자였으며 둘 사이에는 마테오, 프란치스코 등 2남 2녀가 있었다. 아리마 나오즈미는 전처 루치아와의 아들이다.

로 돌아간 그해 1598년 도요토미 히데요시의 죽음과 더불어 임진왜란
은 막을 내리게 된다.

- 정유왜란 말에 조선으로 왔던 신부

구즈만(Guzman)의 『선교사들의 이야기』에는 정유재란 말 1598년
가을 또 다른 한 명의 신부가 특수한 임무로 조선을 방문했다는 기록이
남겨져 있다.[3] 1598년 6월 말 필리핀으로부터 프란치스코회의 신부 두
명이 일본으로 잠입해서 한 사람은 장기에 상륙, 다른 사람은 교토(京
都)에 잠입하다 발각되는 사건이 발생해 이로 인해 천주교 신자들이 외
국선교사와 더불어 불궤(不軌)를 도모한다는 혐의를 받아 천주교 전멸
(全滅)론이 대두되었다. 관구장은 이 사건의 총 책임자인 나고야 성주이
며 나가사키 봉행(長崎奉行)인 데라자와 마사나리[4]에게 그와 친한 선교
사를 보내 그를 잘 달래 이 사건이 도요토미에게 알려지지 않게 하고자
하였다. 당시 데라자와는 군수품의 수송 책임자로 조선 진중(陣中)에 나
가 있었으므로 선교사가 그를 만나러 조선으로 건너갔다.

이 신부가 누구인지 정확히 알 수는 없으나 1595년 나가사키에서

---

3) 루이스 데 구즈만. 『선교사들의 이야기』에 실려 있는 이 신부에 관한 기록은
   김양선.『임진왜란 종군신부 세스뻬데스의 내한 활동과 그 영향』사학연구 제 18호,
   한국사학회, 1964년, 725~726쪽 참조·요약했다.
4) 데라자와 마사나리(寺澤正成 1563~1633년).
   오와리(尾張 愛知縣)출신으로 도요토미의 가신이며 시마국(志麻國)태수였던
   데라자와 히로타가(寺澤廣高)를 가리킨다. 히로마사(寺澤 廣政)의 아들로 마사
   시게(寺澤正成), 사다마사(寺澤正政), 히로타다(廣忠)으로도 불렸으며 전국시대
   히젠(肥前) 가라츠(唐津) 번주였던 무장이다. 임진왜란 후 세키가하라 전투에
   서 도쿠가와 이에야스를 따랐으며 그 공으로 아마쿠사(天草)를 가증(加增)받았
   다. 오사카 동진(冬陣)에도 참가했으며 1633년 71세로 병사했다.

데라자와에게 친히 세례를 준 부관구장 페드로 고메스 신부일 것으로 추정된다. 그는 고니시의 요청에 응해 세스페데스 신부를 조선에 보냈고, 데라자와나 조선 진중의 천주교 장군들을 움직일 수 있는 가장 적격의 인물이었을 것이다. 고니시와 아리마와 오무라 영주들 또한 자기 자신과 자기의 가신, 병사들이 그 때문에 위해(危害)를 입을 것을 우려해 그 일을 중재하였다. 데라자와는 이들과의 친육(親睦)과 그들의 원(願)에 의해 태합(도요토미)과 교토 봉행에게 그것을 보고하지 않았다. 이 사건에 관련되어 조선에 왔던 신부는 좀 더 명확히 밝혀져야겠으나, 사건의 전말로 보아 이 사건이 조선 천주교 전교에는 영향이 전혀 없었으리라 보인다.

- 일본 평신자 병사들의 신앙 전교

임진왜란 중 조선에 왔던 예수회 신부들은, 그나마 1년 반을 조선에서 머물렀던 세스페데스 신부를 제외하고는 체류 기간이 지극히 짧았고 처음 세스페데스 신부의 파견 때보다 조금도 나아진 것이 없는 주변 상황이었으므로 이들에 의한 천주교의 정상적이고 공식적인 전교는 불가능했을 것으로 추정된다.

다만 이러한 선교사 신부로부터의 전교가 아니고 일본 병졸(兵卒) 천주교 신자들로부터 조선인에게 전교가 될 수도 있었음을 추정케하는 상황을 기록한 대목5)이 있어 언급해 둔다.

조선의 『징비록(懲毖錄)』이나 일본의 『서정일기(西征日記)』 등에 묘사된 당시 상황을 보면 조선을 침략한 일본군은 흩어진 조선 백성을

---

5) 야마지 아이잔(山路愛山) 저. 김소영 역 『도요토미 히데요시. 일본을 유혹한 남자』 21세기북스. 2012, 847쪽.

제32장. 조선 피로인(被擄人)

　　임진왜란과 정유재란 7년 동안 일본으로 끌려간 조선인 포로는 거의 5만 명 정도로 추정된다.[1] 개전 첫해부터 조선에 출병했던 일본 영주들은 전리품과 함께 조선 포로들을 본국으로 보내기 시작했다. 임진란 당시 조선인 포로들은 전쟁에 참여했던 순수한 군인들로부터 전쟁과는 전혀 상관이 없는 비전투원인 여성과 어린아이 등 다양한 계층의 사람들이었다.

　　조선의 왕자 순화군(順和君) 보(토)와 임해군(臨海君) 진(珒)이 포로로 붙잡혔고, 위로는 양반들로부터 아래로는 평민과 천민에 이르기까지 많은 다양한 계층의 조선인들이 붙잡혀 일본으로 연행되어 갔으니 이들을 피로인(被擄人) 혹은 조선부로(朝鮮俘虜)라고 불렀다.

　　조선인 포로들 중 왕자나 학자들처럼 특별한 신분으로 인해 높은 예우를 받았던 사람이 있었고, 각종 기능자는 보호·우대되어 이들은 훗날 일본의 공예 특히 요업(窯業)의 발달에 밑받침이 되었다. 그러나 일본으

---

1) 왜란 당시 일본으로 끌려간 조선인 포로의 수가 얼마나 되는지는 아직도 정확히 밝혀진 바가 없다. 각 연구자들에 따라 적게는 2~3만에서 많게는 15만 명 사이로 추정된다. 국내 학자들은 5~10만 명은 되지 않을까 추정한다. 일본 학자 야마구치 마사유키(山口 正之)도 『조선서학사』에서 적어도 5만 명 이하로 내려가지는 않는다고 하였다.

로 연행된 많은 조선인들은 주로 규슈 등지의 남부지역에 정착해 농업이나 천업에 종사하거나 노예의 신분으로 살게 되었으며 일본에 온 포르투갈 상인에 의해 마카오, 필리핀과 인도차이나 등의 동남아와 인도, 그리고 멀리는 유럽으로까지 팔려간 자도 있었다.

정유재란 당시 포로가 되어 일본으로 끌려갔던 주자학자 강항(姜沆 1567~1618)은 포로로서 연행 당시의 체험을 저서 『간양록(看羊錄)』에서 다음과 같이 기록했다.

> "그곳 전라남도 무안군에는 적선(敵船) 6~7백 척이 수리(數里)에 걸쳐 가득 차 있었고 그 배들에는 우리 조선의 남녀가 왜병과 거의 반반 정도 있었으며, 배마다 포로들의 통곡과 절규의 소리가 산을 울리고 바다를 뒤흔들더이다.… (중략) 해어름에 이요(伊豫)번의 오오즈(大津)에 당도해보니 앞서거니 뒤서거니 놈들에게 붙잡혀 온 우리나라 남녀의 수가 무려 1,000명은 훨씬 넘어 보였습니다. 새로 붙잡혀 온 무리들은 떼를 지어 밤낮으로 마을 거리를 헤젓고 다니면서 소리쳐 울며불며 야단법석들을 떨고, 진작 와서 있던 패들은 돌아갈 길이 막힌 탓인지 거의 왜놈이 다 되어 버린 성 싶었습니다. 돌아갈 생각은 이미 없어져 버렸기에 신(臣)이 몰래 탈출해 서쪽으로 달아나자고 슬쩍 그들을 구슬러 보아도 호응하는 놈이 한 놈도 없더이다."

수백 척의 왜선에 실려 강제로 연행된 조선 피로인들은 고국을 떠나 낯선 일본에 끌려감으로써 한 치 앞의 운명도 알 수 없었기에 울며불며 아우성을 쳤고, 이 절규의 소리는 가히 산을 울리고 바다를 뒤흔들었다고 그 비탄함을 기록했다. 방금 일본에 도착한 포로들은 실성한 듯 소리쳐 울며불며 거리를 헤집고 다니고, 먼저 온 패들은 돌아갈 길이 막혀 자포자기하여 벌써 왜놈이 다 되어버린 듯 같았다고 안타까움을 피력했다.

일본에 끌려간 조선인 피로인들은 어떻게 되었을까? 돌아오지 못해 영구히 일본에 살게 되었거나, 일본 밖 다른 지역으로 노예로 팔려갔거나, 운 좋게 고국으로 돌아올 수 있었던 세 가지 경우로 나눠졌을 것이다.

일본에 영구히 살게 된 경우는 고국으로 돌아올 기회를 얻지 못했거나 일본인의 남편이나 아내가 됨으로써 어쩔 수 없이 일본에 눌러 살게 된 자들이었으며, 반면 조선으로 돌아온 자들은 전후 쇄환사들에 의해서나 혹은 자력으로 고국으로 귀환한 자들이었다.

포로들 중 왕자나 유학자들처럼 특별한 신분으로 인해 높은 예우를 받았던 사람들도 있었다.

각종 특수한 기술을 가진 기능자는 보호·우대되어 일본의 문화 발전에 기여하게 했다. 특히 조선 도공들은 조선을 침략한 다이묘들이 앞다투어 일본으로 데려감으로써 후일 세계적으로 명성을 떨치게 되는 '일본 도자기'의 밑받침이 되어 일본 요업(窯業) 발전의 주체가 되었다. 그러나 그렇지 못한 대부분의 조선인들은 일본 남부 주로 규슈 등으로 끌려가 전쟁으로 인한 부족한 노동력을 보충하는데 이용됨으로써 농업이나 천업에 종사했다.

노예의 신분으로 일본 밖으로 팔려갔던 자들은 일본에 왔던 포르투갈 상인들에 의해 마카오 필리핀, 인도차이나 등의 동남아와 인도, 멀리는 유럽으로까지 팔려감으로써 영원히 조국 조선을 완전히 잊게 되었을 것이다.

임진왜란 직전 일본의 문화는 조선에 매우 뒤처져 있어 조선 문화에 대한 그들의 동경과 열망은 매우 지극했다. 따라서 그들은 조선을 침범한 직후부터 한편으로는 싸우면서 다른 한편으로는 조선 문화의 약탈에 전력을 기울였다. 도요토미는 전투병력 이외에 조선의 문화를 노략질하기 위한 특수부대까지 편성했다.[2] 전쟁은 문화의 모체가 된다고는 하나 임진왜란은 문화의 전파가 아닌 일방적 문화의 약탈 그 자체였으며 특히 도자기의 관점에서는 '일본에 약탈당한 조선의 도자기 문화'라고 할 수 있을 것이다. 따라서 '임진왜란은 문화전쟁이었다.'라는 말이 과언이 아니라 생각된다. 문화 약탈은 도자기뿐만이 아니었다. 조선 공격이 진행되는 동안 조선으로부터 많은 미술품과 공예품, 각종 서적, 불화와 불상, 사찰의 종과 탑, 조선의 목활자와 금속활자, 출판 기술 등 여러 분야에 걸쳐 문화의 약탈이 자행되었다.

임진왜란 당시 일본은 5만 명 이상의 사상자를 내 출정 병력의 약 1/3을 잃었고 명분과 이득 없이 철수한듯하나 전쟁 중 수많은 조선 문화재의 약탈과 그 문화의 근간인 조선인들을 납치해감으로써 일본 문화의 부흥을 일으키는 계기가 되었다. 이러한 관점에서 보면 일본은 비록 전쟁에서 승리하지는 못했으나 전쟁의 이면에 가려진 또 하나의 소기의 목적은 충분히 이루었다고 말할 수 있을 것이다

---

2) 임진왜란 당시 일본의 전투부대는 지상군 15만 8천 8백 명과 수군 1만 2천 명, 예비병력 14만여 명으로 총 32만 명으로 구성되었다. 전투부대는 서해도 1,2,3,4.6 군을 묶어 구주(九州)군으로 사국 5군을 사국(四國)군으로 산양도 7,8 군을 합해 중국(中國)군으로 3개의 편대로 나누었다. 이러한 전투병력과는 별도로 도요토미는 총사령관 우키타 히데이에(宇喜多秀家) 산하에 전투병력 이외의 조선의 문화를 노략질하기 위한 특수부대까지 편성했다. 6개의 특수부대를 설치하였는데 도서부(圖書部), 공예부(工藝部), 금속부(金屬部), 보물부(寶物部), 축부(畜部)와 함께 포로부(捕虜部)를 따로 두어 조선의 문화자원을 약탈함과 동시에 조선의 관리와 학자들 각종 기술공들을 납치하는 별도의 임무를 수행하게 함으로써 조선에 비해 뒤처진 그들의 문화를 전쟁을 통해 끌어 올려 보고자 하였다.(조선을 침략한 일본의 천주교 무장들편 참조)

- 조선 피로인 주자학자들

포로들 가운데는 유학자인 선비들도 있었는데 그 대표적 인물로서 주자학자 강항과 정희득(鄭希得)을 들 수 있다.

영광(靈光) 출신인 수은(睡隱) 강항은 명유(名儒) 이퇴계(李退溪) 학파에 속하는 인물이다. 1597년 정유재란 당시 분호조참판 이광정(李光庭)의 종사관으로 남원에서 군량 보급에 힘쓰다 남원이 함락당한 후 가족과 함께 해로로 탈출하려다 포로로 잡혔다. 일본의 이요(伊豫)번의 오오즈(大津)로 연행되었으나 그의 학식이 알려지자 일본 측은 높은 대우를 해줬다. 나중에는 교토(京都)로 옮겨져 당시 일본 제일의 학자인 후지하라 세이카(藤原惺窩)에게 주자학을 가르쳐 전함으로써 일본 주자학의 원조(元祖)가 되어 후일 일본의 정치·문화에 큰 영향을 주었다.3) 그는 1600년 조선으로 귀국할 때까지, 당시 일본 사정을 자세히 기록한 『간양록(看羊錄)』4)을 남겼다

---

3) 일본의 유학(성리학 혹은 주자학)은 후지하라 세이카(藤原惺窩 1561~1619년)로부터 시작된다. 그는 본래 불교의 승려였는데 임진왜란 전 일본에 온 조선 사신 학봉(鶴峰) 김성일(金誠一 1538~1593년)을 만나게 되고 이어 정유재란 당시 포로로 잡힌 우계(牛溪) 성혼(成渾 1535~1598년)의 문하였던 수은(睡隱) 강항(姜沆 1567~1618년)과 친교해 그의 가르침을 받아 불교를 포기하고 환속을 결심하게 된다. 그는 퇴계의 글을 읽고 그의 인격에 탄복해 그의 학문에도 관심을 갖게 된다. 그는 점차 퇴계의 사상에 심화되어 갔으며 궁극에는 일본의 퇴계학통을 만들게 되어 에도시대 일본 주자학을 열게 된다. 그는 도쿠가와 이에야스에게 유학을 가르치기도 했으나 벼슬을 싫어하여 도쿠가와의 청을 거절하고 평민으로 생을 마쳤다. 그의 제자로서는 유명한 하야시 라잔(林羅山 1583~1657년)이 있다. 스승 후지하라가 도쿠가와의 초빙을 거절하므로 도쿠가와의 어용학자가 되었다. 교토에 있는 코 무덤을 히데요시보(秀吉譜)에 귀 무덤으로 바꿨고, 히데요시 사후 호오고지(方廣寺) 종(鐘)에 새겨진 '국가안강(國家安康)'이라는 구절을 트집 삼아 도요토미 히데요리를 공격할 구실을 만들어 히데요시 가문을 멸망시키도록 사주한 인물이다.

정희득(1566년~?)은 경남 진주 출신으로 정유재란 당시 그의 형 정경득(鄭慶得)과 함께 일본 수군에 붙잡혀 아와(阿波)번의 도쿠시마(德島)로 연행되었으나, 주자학자로서 우대되었고 『월봉해상록(月峯海上錄)』을 남겼다.

강항과 정희득은 결국 조선으로 귀국했으나 일본에서 뼈를 묻은 유학자로서는 홍호연(洪浩然)이 있다. 홍호연은 제 2차 진주성 전투 때 12세의 나이로 일본의 나베시마 나오시게(鍋島直茂)에게 포로로 잡혀 일본 사가(佐賀)로 연행되었다. 그는 나오시게와 그 아들 가쓰시게(勝茂)의 측근으로 일했으며 나베시마의 후원으로 교토의 오산(五山)에서 수학하고 훗날 유명한 유학자가 되어 사가 유학의 시조가 되었다. 결국 고국으로 돌아오지 못하고 친구이자 번주인 가쓰시게가 에도에서 죽자 그도 76세로 순사했다.

창녕 출신인 이진영(李眞榮?~1633)은 포로가 되어 와가야마(和歌山)에 정착했는데 학문과 역학에 뛰어나 서당을 열고 제자를 가르쳤다. 아들 이매계(李梅溪)도 유명한 학자가 되어 많은 저서를 남겼고 부자의 묘비는 와가야마시 지정문화재가 되어있다. 그 외에도 나주의 노인(魯認), 함평의 정호인(鄭好人)등 포로로 잡혀간 조선 유학자들이 있었다.

- 일본에서 승려와 가신이 된 피로인

일본에 연행된 포로 중 일본의 승려가 되었거나 영주의 가신이 된

---

4) 처음 책이름은 포로가 된 자신이 죄인이라고 여겨 죄인이 탄 수레를 뜻하는 『건차록(巾車錄)』이라 하였다. 그런데 제자들이 고쳐 『간양록(看羊錄)』이라고 하였다. 이는 옛 중국의 한나라 신하가 흉노에 감금되었을 때 양을 치는 수모를 겪은 데서 유래했다. 피로인의 실기 가운데 가장 풍부한 내용을 지니고 있다고 평가되고 있다.

경우도 있었다. 하동 출신의 여대남(余大南)은 임진왜란 당시 12살이었다. 2차 진주성 전투를 끝내고 돌아가던 가토 기요마사군에 붙잡혀 일본 구마모토(熊本)로 연행되었다. 이곳에서 출가한 그는 가토 가문을 위한 절인 구마모토 혼묘지(本妙寺)의 승려가 되고 후일 그 절의 제3대 주지승인 니치요 화상(日遙和尙)이 되었다. 전쟁 후 조선통신사 편에 아들의 소식을 안 아버지에게서 28년 만에 편지를 받게 되며, 부자간의 눈물겨운 편지는 그 절의 보물로 남아있다고 한다. 또한 교토의 금계광명사(金戒光明寺) 서운원(西雲院)을 연 소겐화상(宗嚴和尙) 등이 있었다.

일본 영주의 가신이 된 이로서는 김여철(金如鐵)이 있다. 그는 마에다 도시나가(前田利長)의 근신으로 보좌하게 되었고 그의 재능을 인정받아 마침내 가나자와초(金澤町) 봉행(奉行)까지 되었다.

- 피로인 기능공들: 봉관녀(縫官女)와 도공(陶工)들

포로 중에서 가장 많았다고 보이는 것은 농민이었다. 당시 서쪽 지역 일본 영주들의 백성은 전시에 잡역을 위해 조선으로 동원되었으므로 노동력이 부족했는데, 연행된 조선 농민들이 이를 대체했다고 한다.

연행되어간 포로로서 특수한 기술을 가진 기능공들로 도공, 석공, 목공과 인쇄공들이 있었다. 또한 봉관녀라 하여 조선의 자수기술자에 대해서는 우대해 히데요시가 자신의 성으로 데려오도록 영주들에게 지시했으며, 후일 일본 직조기술 향상에 이바지하게 되었다. 음식 만드는 여성도 우대되었다. 도요토미 히데요시가 게이초(慶長)2년(1597) 11월 29일에 친필로 쓴 주인장(朱印狀)에는 "많은 조선 장인들을 잡아 오되 지금까지 포로로 잡혀온 조선인 가운데 세공자(細工者), 바느질 잘하는 자, 조선 요리를 잘하는 자를 각별히 뽑아 진사(進士)하도록 하고 진사된 자들은 성내에 거주하면서 각자의 직책에 종사하도록 하라."고 써 있다.

도공(陶工)의 사례는 익히 잘 알려져 있다. 규슈, 주고쿠 등 서부 지역 영주들은 조선의 관요에 있던 도공을 모두 연행해 갔다. 영주들은 연행된 도공들을 자신의 지역 내에서 도자기 만드는 일에 종사하게 하였다. 당시 일본은 다도가 유행이어서 도자기의 수요가 높았다. 그러나 당시 일본의 도자기 제작 기술은 유치했고 더욱이 제품도 충분하지 못했다. 그런 만큼 도자기는 영주들의 풍족한 재정 수입원이 되기도 하고 또한 영지 내 백성들의 일상생활에서도 필수적인 것이었다. 조선의 도공들이 일본으로 끌려감으로써 일본의 도업은 획기적인 전기를 맞이했고, 일본 각지에서는 도공과 그 후손들에 의해 지역을 대표하는 이름난 도자기가 쏟아져 나오게 되었다. 도자기 산지의 수는 이루 말할 수 없이 많았는데 이들 모두가 조선 도공들의 피와 땀으로 이루어진 결실이었다. 이로써 조선의 백자 기술은 쇠퇴의 위기에 빠졌던 반면, 일본은 오늘날 도자기의 세계적 명산지가 되었다.

대표적인 것으로 우선 아리타야키(有田燒), 사쓰마야키(薩摩燒)와 다카도리야키(高取燒) 등을 들 수 있다. 아리타야키(有田燒)는 공주 출신의 도공 이삼평(李參平, 金ケ江三兵衛 가나가에 산베에 ?~1655)이 1597년 정유재란 당시 사가(佐賀)의 나베시마 나오시게(鍋島直茂)에 포로로 잡혀와 1616년 아리타(有田)에서 질 좋은 백토를 발견하고, 훌륭한 조선식 도자기를 만들게 되면서부터 유래된다. 아리타가 오늘날 도자기의 세계적인 명산지가 된 것은 그 중심에 조선인들이 있었으며, 이삼평은 도죠(陶祖)로 모셔지고 있고 또한 조선 여인 백파선(百婆仙 1563~1656)은 '아리다 도업(陶業)의 어머니'로 불리고 있다. 그녀는 김해 출신의 도공인 남편 김태도(金泰度, 梁海宗傳 후카후미 소텐)와 함께 다케오(武雄)의 번주 고토 이에노부(後藤家信)에게 잡혀와 다케오에 가마를 열었다. 1618년 남편 사후 아리타에서 백토 광산이 발견되고 도자기 생산이 본격화되자 1631년 도공 960명과 함께 아리타의 히에코나(裨古場)로 이주하여 백자를 생산함으로써 일본의 도자기 발전에 큰 공헌을 하였다.

사쓰마야키(薩摩燒)는 1598년 정유재란 때 남원 전투에서 시마즈 요시히로(島津義弘)의 포로가 되어 강제 연행된 박평의(朴平意) 등 80여 명의 도공들이 1605년 사쓰마의 나에시로가와(苗代川)에 이주해 정착함으로써 만들어졌다. 이들은 나에시로가와로 이주해 강제로 집단생활을 하고 촌장 박평의를 중심으로 도자기 일에 종사했다. 박평의는 양질의 백토와 백사 그리고 유약을 발견하여 시마즈의 세공소에서 선물 답례용의 백색도자기(白薩摩 시로사쓰마)와 서민용의 흑색도자기(黑薩摩구로사쓰마)를 만들기 시작했으며 특히 조선의 백자 기술이 사쓰마야키로서 대성하게 된다.

한편 시마즈 가문은 나에시로가와의 조선인들에 대해서는 어느 정도의 자치를 허락하고, 일본인과의 혼인을 금했지만, 강제로 조선의 풍속과 습관을 유지시킴으로써 자신의 영지 내 조선인과 그들의 조선 문화를 보존·보호하며 이것들을 이국의 취미로서 즐겼다. 이러한 정책은 메이지 유신까지 계속되었다. 박평의는 이곳에 조선풍의 사당인 옥산궁(玉山宮)을 세워 조선식 제례를 지냄으로써 민족의식을 이어갔다. 옥산궁 유래기에 의하면 단군이 나에시로가와에 건너와 뜨거운 염기(炎氣)를 내는 가마터의 수호신이 되었다고 한다. 옥산궁은 후일 1907년에 중건하면서 현재의 일본풍의 신사로 개조되었다.

심수관(沈壽官)가의 시조인 심당길(沈當吉)도 여러 도공들과 함께 남원에서 끌려와 나에시로가와에 정착했고, 1614년 갖은 노력 끝에 박평의와 더불어 백토를 발굴해 시로사쓰마(白薩摩)를 만들어냈다. 12대 후손인 심수관은 1857년부터 번립(藩立) 백자공장(白瓷工場)의 책임자로 사쓰마도기 발전에 힘쓰고 시조 당길이 창시한 '시로사쓰마(白薩摩)의

스카시보리(透彫)를 개발한 공로로 1901년 료쿠주호쇼(綠綬褒章)를 받게 되었다. 이후 수관(壽官)을 가문의 세습명으로 사용하고 있으며 14대 심수관(본명 沈惠吉)의 활동에 의해 국내에도 잘 알려지게 되었다. 현재는 15대가 그 명성을 이어가고 있으며 심수관요(窯)의 사쓰마도기는 일본의 3대 도자기로 평가되고 있다. 한국식 이름을 계승한 심수관가는 초대 가문의 대표작부터 잘 보존되어 있고, 또한 초대부터 전해 내려오는 망건으로 조선 가문의 전통을 보여주고 있다.

남원 출신의 팔산(八山 高取八藏)은 정유재란 때 구로다 나가마사의 포로로 끌려와 지쿠젠(筑前)에서 다카토리야키(高取燒)라는 도자기를 만들게 되었으며, 이작광(李勺光)과 이경(李敬) 형제는 모리 데루모도(毛利輝元)에게 끌려와 야마구치(山口)현의 나가토(長門)에서 하기야키(萩燒)라는 조선식 도자기를 만들었는데, 촉감과 소박한 색사로 인해 다인들의 사랑을 받았다.

경상도 웅천 출신 거관(巨關)은 마츠우라 시게노부(松浦鎭信 1549~1614)에게 끌려와 그의 영내 히젠(肥前)에서 히라토야키(平戶燒)를 만들게 되며, 부산 출신의 존해(尊階 손가이)는 포로로 끌려와 1602년 호소카와 타다오키(細川忠興) 영내 부젠(豊前)의 우에노야키(上野燒)와 1632년 그 지류인 구마모도겐(雄本縣)의 야츠시로 시(八代市)에서 나오는 고오다야키(高田燒)의 시조가 된다. 그는 고려청자의 상감기법을 전수한 작품을 만들었다고 한다.

한편 경상도에서 고지성(高知城)의 성주 조소카베 모토치카의 포로가 된 박호인(朴好仁)은 성밑 마을에서 두부를 만들어 팔아 처음으로 일본으로 두부가 전래된 계기가 되었다. 본래 두부는 명군이 조선에 들어와 유행시켰던 음식인데 납치된 조선인에 의해 일본에 널리 보급된 셈이다.

제33장. 조선 피로인의 귀환

임진왜란으로 인해 조선도 명도 그리고 일본도 국력의 대부분을 헛되이 소비하고 말았다. 이로 인해 일본의 정권은 도요토미로부터 도쿠가와로 넘어갔으며, 중국은 명나라에서 청나라로 바뀌었다. 조선은 정권의 변화는 없었으나 국력 회복을 위한 정치개혁을 해나가지 않으면 안 되었다.

임진왜란 후 정권을 잡은 도쿠가와 막부는 조선과의 국교 회복을 위해 표면적으로는 조선 포로의 쇄환에 적극적이었던 것 같다. 조선과의 화친을 원했던 막부는 대마도주 소 요시토시를 앞세워 조선과의 모든 관계를 다시 전쟁 전의 상태로 회복하고자 하였다.

- 사명대사(四溟大師) 유정(惟政)과 탐적사(探賊使)

선조 37년, 1604년 7월 송운대사(松雲大師) 사명당 유정(四溟堂 惟政)과 손문욱(孫文彧)이 임진왜란 후 처음으로 조선의 특사로 일본에 파견되었다. 일행은 일본의 정세를 탐색하기 위한 '탐적사(探賊使)'로 파견되었다. 유정은 교토에서 새로 쇼군이 된 도쿠가와 히데타다(德川秀忠)를 만났고, 은퇴하여 슨푸(駿府)에 가 있던 이에야스도 교토의 후시미성에서 만났다.

막부의 이에야스는 "나는 임진년에 관동에 있었고 그 전쟁(임진왜란)과는 전혀 관계가 없다. 조선과 나와는 아무런 원한도 없으므로 화해를 바란다."고 하였다. 임진왜란 당시 자신이 비록 규슈의 나고야에 머물기는 했으나, 실제로 조선에 출진하지는 않았으니 다른 일본의 장군처럼 조선 침략에 대한 책임이 없다고 강변했다. 또 임진왜란을 일으킨 장본인인 도요토미 정권을 붕괴시키고, 도요토미가 축조한 오사카성, 그리고 임진왜란과 관련된 나고야성, 침략의 길목에 도요토미가 세웠던 이키(壹岐)의 카스모토(勝本)성, 쓰시마(對馬島)의 시미즈(淸水)성과 오우라(大浦)성을 모두 불태워 파괴하였노라고 하였다. 후일 이에야스는 1615년 교토 대방사의 대불전에 있던 도요토미의 위패를 모신 풍국사(豊國社)도 불태워 버림으로써 내부적으로는 도요토미의 흔적을 지워버리고자 했고, 외부적으로는 조선의 원수를 대신 갚아주었다는 명분을 내세워 조선과의 강화와 국교를 재개하고자 하였다.

이에 조선은 국교 재개를 위해 두 가지의 요구 조건 즉 빠른 시일 내 먼저 국서를 보낼 것과 선왕의 능묘를 파헤친 주범을 체포해 인도해 줄 것을 주문했다. 조선 조정은 이 모든 조건을 일본이 신속히 응한데 대해[1] 높이 평가했고, 막부의 요청에 화답해 선조 41년 1607년 여우길(呂祐吉)을 정사로 하여 제1차 회답겸쇄환사를 파견하게 되었다.

---

1) 도쿠가와 이에야스는 조선 철수 이듬해인 1599년 이미 대마번의 소 요시토시(宗義智)에게 조선과의 화친 회복의 중재를 요청했다. 중재를 맡은 대마도로서는 조선과의 국교 회복과 무역 재개가 대마도의 사활이 걸린 문제였다. 대마번의 소(宗)는 수차례에 걸쳐 사절을 파견해줄 것과 일본이 조선 포로를 송환할 뜻이 있음을 조선에 전했다. 이에 조선은 탐적사(探賊使)를 먼저 파견했다. 탐적사의 귀국 후 조선이 국교 회복을 위한 강화의 두 가지 요건을 제시하자 국교 회복이 지연될 것을 우려한 소(宗)는 중간에서 이에야스의 국서를 위조해 조선에 보냈고, 능묘를 파헤친 자로서 쓰시마인 3명을 조선에 인도했다.

- 탐적사(探賊使) 사명대사 유정과 함께 귀환한 피로인

조선의 특사로 파견된 사명대사 유정이 일본으로 건너가 도쿠가와 막부와 협상 후, 1605년 4월 조선으로 귀국할 당시, 사절단과 함께 돌아온 조선인 포로는 약 3천 명으로[2] 임진왜란 후 가장 많은 수의 포로가 쇄환되었다.

그러나 당시 일본으로 파견된 유정 일행은 쇄환사(刷還使)라기보다는 일본의 정세를 탐색하기 위한 탐적사로 파견되었다. 도쿠가와 막부의 계속되는 국교 재개 요구에 대한 저의를 알아보기 위해 파견된 이들은 포로의 쇄환을 목적으로 한 사절이 아니었으므로 포로의 모집을 위한 사전 준비는 전혀 없었다. 이러한 상황이었으므로 실제 쇄환의 주체는 조선과의 강화협상을 위해 앞장선 대마도주 소 요시토시였던 것으로 추정되며 왜의 다치바나 도모마사가 호송하여 귀국한 것으로 나타나 있다.

1605년(선조38) 포로 쇄환을 처음 시작한 이후, 조선통신사의 일본 방문 때마다 많은 포로들이 돌아오게 되어 귀국한 조선인은 모두 7천 5백 명 정도가 되었다.

조선을 건국한 태조 이성계는 600년간에 걸친 일본과의 외교 단절을 청산하고 국교를 재개했다. 일본의 무로마치 막부(室町幕府)는 일본 '국

---

2) 선조실록(宣祖實錄)에는 선조38년 5월 12일에 1,390명을 쇄환했다고 기록되어 있으나 선조수정실록(宣祖修正實錄)은 약 3천 명으로 기록되어 있어 차이를 보이고 있다. 이는 제 1차 통신사 파견으로 조·일간에 정식 국교 정상화가 이루어져 1,249명이 추가로 쇄환되는데 이때의 포로 송환에 사명대사가 이에야스 측근의 왜승들에게 서한을 보내 이에야스로 하여금 전일의 약속을 이행해 줄 것을 촉구해 이루어진 것이다. 따라서 사명대사의 역할로 송환된 포로는 사명대사 귀국 무렵 1605년의 1,390명, 2년 후인 1607년의 1,249명, 도합 2,639명으로서 얼추 3천 명에 육박하는 것으로 기록되어 있다.

〈조선통신사 일람표〉

회차	시기	조선연대	막부장군	사행 이름 및 목적
1	1607	선조 40년	도쿠가와 히데타다 德川秀忠	회답겸 쇄환 수호
2	1617	광해 9년	도쿠가와 히데타다	회답겸 쇄환
3	1624	인조 2년	도쿠가와 이에미쓰 德川家光	회답겸 쇄환 장군 습직 축하
4	1636	인조 14년	도쿠가와 이에미쓰	태평지하
5	1643	인조 21년	도쿠가와 이에미쓰	장군후사 탄생축하
6	1655	효종 6년	도쿠가와 히데스나 德川家綱	장군 습직축하
7	1682	숙종 8년	도쿠가와 스나요시 德川綱吉	장군 습직축하
8	1711	숙종 37년	도쿠가와 이에노부 德川家宣	장군 습직축하
9	1719	숙종 45년	도쿠가와 요시무네 德川吉宗	장군 습직축하
10	1748	영조 24년	도쿠가와 이에시게 德川家重	장군 습직축하
11	1764	영조 40년	도쿠가와 이에하루 德川家治	장군 습직축하
12	1811	순조 11년	도쿠가와 이에나리 德川家齊	장군 습직축하

왕사(國王使)'를 조선으로 보내고, 조선은 일본 막부에 '통신사(通信使)'-신의(信義)로서 통호(通好)한다. 라는 의미의 사절을 파견하였다. 대일본 외교사절인 통신사는 1428년 세종 10년에 최초로 파견되었다.

그러나 이러한 사행이 의례상 체계를 갖추고 정례화되어 흔히 '조선통신사(朝鮮通信使)'로 불렸던 대규모 사절단은 조선 초기를 지나 임진왜란 후 1607년 선조 10년부터 1811년 순조 11년까지 총 12회에 걸쳐 일본의 도쿠가와 막부로 파견되었다.[3] 처음 3회는 '회답겸쇄환사'라 불렸다. 이는 일본이 보내온 국서에 대한 회답 및 납치되어 간 사람들을 본국으로 데려오는 쇄환의 성격을 띠었기 때문이다. 그 후의 9회는 순수한 '통신사'로서 불리며 용어의 의미처럼 양국의 신뢰 관계를 공고히 했다.[4]

---

3)신성순, 이근성. 『조선통신사』 중앙일보사, 1994년.

통신사는 3사, 즉 정사(正史), 부사(副使), 종사관(從事官)을 포함해 350~
500여 명 정도로 이루어졌으며 문화교류에 대비하여 학자 문인을, 그리
고 의원(醫員)과 화원(畵員)이 동행했고 이들 일행이 에도까지 왕복하는
데 6~9개월이 걸렸다.5)

- 조선 피로인 쇄환과 관련된 조선통신사

임진왜란 후 조선에서 파견된 6차례의 사절단-탐적사(探賊使), 3회의 회답겸
쇄환사(回答兼刷還使), 2회의 조선통신사(朝鮮通信使)-은 조선 피로인의 송환에 특히
중요한 역할을 하였다.

임진왜란 후 세키가하라 전투에서 승리한 도쿠가와 이에야스는 1603
년 스스로 정이대장군(征夷大將軍)이 되었다. 그는 조선과의 국교 정상
화를 원했고, 전후 처리에서 성의를 보임으로써 조선은 1607년 '회답겸
쇄환사'를 파견해 다시 선린 관계를 열었다.

조선은 임진왜란이 끝나고 얼마 지나지도 않아 철천(徹天)지원수로
여겼던 일본에 통신사를 파견하는 등 의외로 국교를 쉽게 재개하였는
데 그 이유는 무엇이었을까? 이는 임진왜란 후 조·일 양국에 새롭게
전개된 정세에서 그 이유를 찾아야 할 것 같다.

임진왜란 후 일본은 도쿠가와 이에야스가 정권을 잡아 1603년에는
막부를 설립했다. 그러나 아직 도요토미 사후 전 일본을 완전 장악치

---

4) 최근 조선통신사의 성격을 두고 한일간에 미묘한 갈등을 보이는데, 한국은 '문
화사절단'으로 규정하고 있는데 반해, 일본은 쇼군의 습직(襲職) 축하를 위해
파견된 '조공사(朝貢使)'로 보고자 하는데서 기인하고 있다.
5) 764년(영조 40)의 11차 사행이 한양과 에도를 왕복한 마지막 사행이 되었고,
1811년(순조 11)의 12차 사행은 일본의 재정적 이유로 대마도까지 사신을 파견
하고 통신사를 통한 교류는 막을 내렸다.

못한 상태라 내정에 치중해야 했으므로 대외관계의 정상화가 필수적이었다. 막부는 대마도 도주 소로 하여금 조선과의 국교 재개를 명했다.

한편 조선으로서는 임진란으로 중국에서는 명이 쇠퇴하고, 만주의 여진이 후금을 창건함에 따라 북쪽의 국경 방위가 시급한 현안으로 대두되었다. 따라서 북쪽 변경에 치중하기 위해서는 남쪽 변경의 안전, 즉 일본과의 관계를 평화적으로 유지하는 것이 절대적으로 필요했다. 이를 위해서는 일본의 국정 상태를 탐색하는 것, 일본의 새로운 도쿠가와 막부는 어떠한 정권인지, 정말 조선과 강화를 원하는지, 혹은 진정 재침의 가능성은 없는 것인지 등 일본의 진의를 알아보는 것이 필요했다. 또 다른 한편으로는 모든 전쟁 후에는 항상 그러하듯, 일본으로 잡혀간 조선인 포로의 처리와 송환이 시급한 문제였다. 고국의 남겨진 가족들은 일본인의 포로가 된 그들 부모와 자녀들의 생사와 소식과 그들의 송환을 애타게 기다렸던 것이다. 이러한 필요성에 의해 조선통신사를 일본으로 다시 파견하게 되었다.

- 회답겸쇄환사 그리고 조선통신사와 함께 귀환한 피로인

일본에서 조선으로 귀환하게 된 조선인 피로인의 일부는 일본으로 파견된 조선사절단의 귀환 시 공식적으로 함께 돌아오게 된다.

일본으로 파견된 다섯 차례의 조선통신사, 즉 1607년을 효시로 해서 1617, 1624, 1636년과 1643년의 통신사의 귀환 때 조선의 포로가 함께 송환되었다. 이중 특히 1607, 1617년과 1624년의 첫 세 차례의 조선통신사는 포로의 송환이 주된 사명 가운데 하나였으므로 '회답겸쇄환사'라는 명칭으로 파견되었다. 이들은 사전 준비를 철저히 하고 일본에 있는 포로를 찾아 모으는데 있어서도 적극적이었으므로, 1636년(인조14) 이후 사절의 명칭이 '통신사'로 바뀌고 나서의 정례화 된 아홉 차례의 조선통신사와 구별되고 있다.

조선은 선조40년 1607년 1월에 제1차 쇄환사의 파견을 시작으로 본격적인 쇄환 외교에 착수하였다. 1607년 "수교 회답겸쇄환사(修交 回答兼刷還使)"에 정사 여우길(呂祐吉)이 파견되어 1,249명의 남녀를 쇄환해 왔다. 제2차 쇄환은 광해 9년, 1617년 10월 오윤겸(吳允謙)을 정사로 한 '대판평정 회답겸쇄환사(大坂平定 回答兼刷還使)'에 의해 321명이 쇄환되었으며, 인조 2년 1625년 3월에 제3차 회답겸쇄환사 '가강습직하사(家康襲職賀使)'로 정립(鄭岦)이 에도로 파견되었을 때 146명을 데려왔다. 그 이후 1636년 인조 14년 통신사 임광(任絖)이 태평축하(泰平之賀)의 명목으로 에도로 파견되어 귀환 때 피로인인 이수(李守) 1명, 인조 21년 1643년 11월에 통신사 윤순지(尹順之)가 장차 4대 쇼군이 될 도쿠가와 이에쓰나(德川家綱)의 탄생 축하사절로 에도에 파견되어 14명을 데려온 이후로는 국가 차원의 포로 쇄환은 이루어지지 않았다.

임란왜란 당시 포로들 중에 조선으로 돌아온 사람은 몇 차례에 걸친 조선통신사의 파견 때 데려온 사람을 합처 모두 약 7천 5백여 명 정도에 불과했다. 송환된 포로들의 숫자는 피로인 전체를 두고 볼 때 극히 일부에 지나지 않는데 이는 청(淸)의 조선 침략으로 인해6) 포로 쇄환 문제가 인조 21년(1643) 2월을 끝으로 더 이상 진전되지 못한 것에도 그 이유가 있겠으나, 일본이 자신들에게 쓸모 있는 포로들을 의도적으로 빼돌려 귀환의 기회를 열어주지 않은 데에도 더욱 큰 원인이 있다고 하겠다.7)

---

6) 여진족의 금(金)은 1차로 1627년 인조 5년 조선을 침공했고 이를 정묘호란(丁卯胡亂)이라 한다. 1636년 인조 14년 후금(後金)의 태종(太宗)은 국호를 청(淸)으로 바꾸고 조선을 침공(병자호란 丙子胡亂)했다. 이듬해 조선 인조는 삼전도(三田渡)에서 청 태종에게 항복하였다.

전 후 1604년 사명대사 유정이 강화사로 일본에 파견된 이래 1607년부터 1643년까지 다섯 차례에 걸쳐 파견된 사신은 포로를 데리고 오는 쇄환사의 역할을 겸했고 실제로 포로 송환이 파견의 중요한 목적의 하나였다. 조선으로 귀환한 포로는 총 7천 5백 명 정도이므로 나머지 일본으로 잡혀간 4만 명 이상은 일본 땅에서 영영 일본인으로 되어 버렸을 것이다. 선조 사후 1년 후인 1608년 광해군은 일본과 기유약조를 맺고 국교를 재재하여 일본과의 관계를 정상화했다.

인조 2년 1624년, 에도 막부의 삼대 쇼군 도쿠가와 이에미쓰(德川家光)의 취임 때 회답사행의 통신부사로 일본에 간 강홍중(姜弘重 1577~1642)의 동사록(東槎錄)에는 조선인 포로의 쇄환과정이 소상이 기록되어있다.

"피로인들을 쇄환하기 위해 감언이설로 이리저리 달래보았지만 몇 사람밖에 쇄환할 수 없었습니다. 피로인이 올 때에는 사절의 주방을 이용해 식사를 제공했지만 그들이 부산에 도착해서는 의뢰할 곳이 없어 저희가 부산을 출발해 상경하던 날 모두 따라오며 말 앞에서 크게 소리 내어 울었습니다. 그 심정을 생각하니 지극히 가련했습니다. 그래서 사행 때 쓰고 남은 쌀을 내어 각각 닷새분의 양식을 나눠주었습니다. 만약 일본에 있는 피로인들이 귀환한 자들의 낭패함을 듣는다면 이후에는 쇄환하려고 해도 반드시 용이하지 않을 것입니다. 또 귀환한 피로인들 가운데 수십 명이 포를 잘 쏘니 그들을 상경하게 하여 잘 대우하면서 별부대(別部隊)를 만들어 훈련도감의 포수로 삼는 것이 좋을 듯 합니다."

무엇보다 '감언이설로 피로인들을 모았다.'라는 말로 보아 피로인들

7) 이채연 『임진왜란 포로 실기 연구』, 박이정. 『임란과 조선 포로의 실상』, 28~48쪽.

이 순순히 고국으로 돌아오기를 꺼리고 있었음을 알 수 있다.

1607년의 처음 사행 때는 부산에 도착하자 피로인들을 인근 민가에서 나눠 묵게 하고 조정의 조치를 기다리라고 하고는 그냥 가버렸고, 1617년의 2차 사행 때도 마중 나오기로 한 관리가 나타나지 않아 모두가 끼니를 걸렀다고 한다. 사절들은 피로인을 부산에 상륙시킴으로써 그들의 임무가 끝나는 것으로 인식하고 있었으며 그곳에서 자신들의 고향까지 가는 방법이나 그때까지의 생활 방편에 대한 대책이 전혀 고려되지 않았다.

1617년 회답사 오윤겸(吳允謙)을 따라 종사관(從事官)으로 일본에 다녀온 이경직(李景稷)의 부상록(扶桑錄)에서도 쇄환에 관련되어 다음과 같은 기록을 볼 수 있다.

> "조선 사람으로서 쇄환된 자는 혹은 죽이고 혹은 절도(絶島)에 보내며, 또 사신이 각자 불러 모았다가 바다를 건너가서는 그 다소에 따라 자신의 종으로 만들어 사환으로 부려먹었다."

이와 같은 기록으로 보아 소문의 사실 여부와는 관계없이 실제로 이러한 소문을 믿고 조선으로의 귀환에 주저하는 경우가 많았던 것으로 추측된다. 당시 일본으로 끌려간 포로들은 귀국 후 자신들의 처지에 대해 매우 불안해했던 것처럼 보인다. 실제로 귀국 후 포로에 대한 무책임한 처우와 불이익의 소문으로 귀환을 원치 않는 포로들도 많았다고 한다.

실제로 조선 조정은 쇄환된 포로들에게 하나같이 '죄를 면해 준다.'고 하였다. 적군의 포로가 된 것 그 자체가 도의적인 죄이며, 끌려가 그들 아래에서 목숨을 부지하며 산 것이 죄였던 것이다. 이러한 생각에서 조선 사회는 포로에 대한 불신감을 감추지 않았고 그들을 차가운 시선으로 보게 되어, 포로들은 귀국 시 자신들에 대한 냉대와 대책 미비, 군오(軍伍)에 소집되거나 노비가 된다는 소문으로 귀환을 원치 않았다고 한다.

이에 조선 조정은 초기 통신사를 파견할 때부터 피로인들을 위해 쇄환 시 특전을 내려 "포로로 잡혀간 죄를 용서(免罪)하고 천민을 면제(免賤)해 줄 것이며, 부역을 면제해 줄 것이니 본국으로 돌아오라."는 개유문(開諭文)을 만들어 널리 홍보케 하였다. 사절들은 피로인의 쇄환에 이상할 정도의 열의를 보이고 반면 귀국을 주저하는 포로들이 있으면 극도로 비난했다.

한편 조선 조정은 개유문에도 불구하고 귀환한 포로들을 전혀 배려하지 않는 태도를 보였다. 이와 같은 완전한 모순은 앞서 말한 포로는 죄인이라는 생각에서 유래하였던 것 같다. 조선이 피로인의 쇄환에 집착했던 것은 어디까지나 그것이 국가의 체면에 관한 문제였기 때문이며, 단지 피로인을 불쌍히 여겨 집착했던 것은 아니었다. 사실 피로인들의 귀국 후 소식은 기록이 거의 없어 알 수가 없으나 귀국 후 우대를 받았던 경우는 불과 몇 사례에 지나지 않았던 것으로 보인다.[8] 제 나라 백성을 보호하지 못하고 조국을 위해 싸우다 붙잡혀간 백성을 포상은 커녕 큰 죄를 지은 죄인 취급한 당시 조선 조정과 우리 선조들의 태도는 두고두고 반성해야 할 역사적 교훈이다.

다른 경우로 일본 조정이 조선과의 수교 분위기 조성을 위해 포로들을 돌려보내준 경우가 있었다. 일본은 조선의 쇄환사가 파견되기 이전인 선조33년 1600년 2월에 울산의 정병(正兵) 장번석(張番石)을 비롯한

---

8) 정두희·이경순 엮음. 『임진왜란 동아시아 삼국 전쟁』 휴머니스트, 2007년, 87~112쪽.

57명을 풀어주었다. 이 경우는 일본 측이 그 목적이 강화에 있음을 밝히고 있다. 평조신(平調信)9)이 조선인을 돌려보내면서 이들에게 "지금 그대들을 조선으로 돌려보내는 것은 오로지 조선과의 강화를 위해서이다. 4~5월 이전에 다시 회답이 없으면 곡식이 익는 7~8월 사이에 대병력을 출동시켜 불의에 습격을 하게 될 것이다. 그렇게 되면 그대들의 족류는 하나도 살아남지 못할 것이다."라 하여 조선 조정에 일본의 강화 의지가 전달되기를 바라고 있음을 알 수 있게 하였다. 그렇게 해서 귀환하게 된 조선 포로도 적지 않은 수를 차지했다. 선조 33년 1600년 2월 24일자의 포로인들의 보고와, 선조 34년 4월 강사준의 송환, 선조 39년 120여 명의 포로를 송환해줄 때까지의 의도가 모두 국교 정상화에 있었다.

조선으로 귀환한 포로 중에는 조선사절단의 일본 방문 때 쇄환된 사람들 외에 대마도 소 씨의 중재로 송환되었거나, 드물게는 자력으로 배를 구입하거나 훔쳐서 혹은 직접 만든 배로 귀국한 경우도 있었다.

쓰시마 소 씨 등을 매개로 한 송환은 대마번주 소 요시토시와 가신인 야나가와 시게노부(柳川調信)가 자신들의 사선을 이용해 포로들을 조선에 보낸 경우로써 송환된 피로인은 쓰시마에 억류되어 있었거나 쓰시마까지 도망쳐 온 자 혹은 소 씨와 야나가와 씨가 일본 각지에서 모아 온 조선인들이었으며, 쓰시마는 조선과의 강화교섭의 실마리를 얻거나 혹은 유리하게 이끌기 위해 피로인들을 조선으로 송환했다. 또한 쓰시마는 '조선사절 방일(訪日) 때의 송환'의 경우에서도 피로인을 모집할 때 다이묘들과 교섭하는데 여러 형태로 관여했다. 1605년 유정 일행과 함께 귀환한 피로인은 도쿠가와 이에야스에게 재정적 지원을

---

9) 야나가와 시게노부(柳川調信 ?~1605년)와 동일인으로 소씨의 가신.

받은 소 요시토시가 일본 각지에서 모집한 이들이라고 한다. 원래 유정 일행은 일본 정세를 탐색하는 '탐적사'로 파견돼 피로인 쇄환을 목적으로 온 사절이 아니었기 때문에 피로인 모집을 위한 사전 준비를 전혀 하지 않았다. 이러한 상황에서 실제의 피로인 모집은 쓰시마의 노력에 전적으로 의존하지 않을 수 없었다고 한다.

한편 조선으로 돌아온 이들 중에는 적극적인 귀환 의지를 가지고 탈출을 시도해 성공한 이들도 있는데 이들로는 강항, 정희득, 정호인(鄭好仁), 노인(魯認)과 강사준(姜士俊) 등이 있다.

제34장. 일본에 남겨진 조선 피로인

일본으로 연행된 조선 피로인은 북으로는 도호쿠(東北) 지방으로부터 남으로는 규슈(九州)에 이르기까지 광범위하게 걸쳐 분산되어 있었다. 그들은 조선에 출병했던 각 지역 번주의 영지 내에 속해있었기 때문에 어느 한 곳에만 정착해 있었던 것이 아니고 사실상 일본 전역에 걸쳐 광범위하게 퍼져있었다. 재일 피로인은 특히 쓰시마와 이키(壹岐島), 규슈(九州), 시코쿠(四國), 주코쿠(中國)를 비롯한 서일본 지역과 오사카, 교토, 나고야, 슨푸와 에도 등의 도시와 항구에 거주하는 자가 많았다. 그중에는 동남아시아, 인도, 심지어는 유럽으로까지 팔려간 자도 있었다. 이런 점을 고려해볼 때 조선인 포로의 수는 일부 학자들이 주장하는 최소한 5만 명 이상까지 되지 않을까 생각된다.

한 때 포로였던 강항의 『간양록』을 보면 포로로 끌려간 많은 조선인들이 이미 피랍 초기부터 이런저런 이유로 혹은 자포자기해 귀국을 포기하고 일본으로 귀화하고 있음을 보여주고 있다. 고국으로 돌아오지 못하고 일본에 살 수밖에 없었던 경우로서는 본인 자신은 조선으로 돌아가기를 강력하게 원했으나 고의적인 방해로 쇄환의 기회를 얻지 못해 할 수 없이 일본에 남게 되었던 경우를 생각해 볼 수 있다. 그들은 어쩔 수 없이 억울하게 일본에 뿌리를 내려야만 했다. 그 후손들은 지금은 거의 완벽하게 일본인으로 동화되었을 것이며 이러한 집안의 역사는 전설처럼 가문의 비밀로 남겨져 내려오고 있는지도 모르겠다.

조선인 피로인 중 특히 기술과 학식이 뛰어나 우대받았던 자들은 조선으로의 귀환을 어렵게하여 어쩔 수 없이 일본에 머물러 그들의 문화 발전에 기여하게 되었고, 그렇지 못한 조선인들은 전쟁으로 인한 당시의 부족한 노동력을 보충하는데 이용되었다. 따라서 임진왜란 후 조선 포로의 쇄환에 일본의 관민 모두가 형식적으로는 협조하는 척 했으나 실상은 조선 포로들을 숨겨놓고 송환할 수 없게 하였다. 조선에서 통신사가 도착해 포로 쇄환의 업무를 추진하려고 했을 때, 막부의 협력 방침에도 불구하고 실제로 일본의 관리는 물론이고, 일반 백성들까지 조선 포로들을 숨겨놓아 송환할 수 없게 방해했다.

임진왜란 후 처음 정식 사행의 통신부사로 1607년(선조 40년) 일본을 다녀왔던 경섬(慶暹)이 그의 해사록(海佳錄)에 이에 대한 기록을 남겼다.

> "포로인들은 이 관(關)보다 더 많은 곳이 없는데, 관인(關人)들이 우리 일행이 온다는 말을 듣고 모조리 옮겨서 찾아내지 못하게 했다. 가령 지방관들도 거짓으로 찾는 척만 하니, 끝내 장부에 기록되어 있는 조선인의 수와 비교할 때 실제의 수가 없었음은 가는 곳마다 다 마찬가지였지만, 이 관(關)이 더욱 심하니, 통분하다."

조선에서 쇄환사나 통신사가 온다는 말을 듣고 조선 포로들을 모두 숨겨놓아 찾지 못하게 해놓고 일본의 지방 관리들은 거짓으로 찾는 척만 하니, 끝내 장부에 기록되어 있는 조선인 수와 실제의 수를 비교하면 실제로는 있어야할 수가 없었음이 가는 곳마다 모두 다 마찬가지니 원통하고 분하기만하다고 한탄하였다.

일본인들의 이러한 형태는 제2차 쇄환사로 교토로 파견되었던 정사 오윤겸(吳允謙)의 「동사상일록(東槎上日錄)」과 종사관 이경직(李景稷)의 제3차 쇄환사의 부사로 참여한 강홍중(姜弘重)의 「동사록(東槎錄)」 등 쇄환사들이 남긴 사행록에서도 잘 나타나있다.

또 일본에 남겨지게 된 한 부류의 조선 피로인은 일본인과 결혼해 귀화함으로써 그들의 남편이나 아내가 되니 현실적으로 귀국이 어렵게 된 경우이다. 정유재란 때 영광에서 형 경득과 함께 포로로 잡혀 일본으로 끌려간 정희득(鄭希得 1575~1640)이 남긴 「월봉해상록(月峰海上錄)」을 보면 당시 일본인 처를 둔 귀화한 조선인에 대한 기록이 있다.

　　"포로였던 조선인 박수영(朴壽永)의 집에 가보니 일본인 처자가 있어 한 살림을 차렸고, 생계도 풍부했다. 스스로 말하기를 '내 집은 건춘문밖에 있었소.' 하는데 이미 백발이 성성했다. 차를 끓여 내오고 대접이 융숭했다. 왜의 풍속에는 손님이 오면 반드시 차를 끓여 대접했다."

비록 이국 일본 객지에서 고생하여 백발이 성성했으나 일본인 처를 얻어 생활이 넉넉하고 어느덧 일본의 풍습도 제법 몸에 배 손님에게 차를 대접하는 등 조선으로 돌아갈 필요성을 느끼지 않게 되었음을 시사하고 있다.

경섬의 「해사록」에서도 비슷한 처지의 조선인에 대해 기록해두고 있다.

　　"막부의 쇼군이 돌아가기를 원하는 자는 다 찾아내게 하였으나 피로인들은 모두 젊었을 때 일본으로 들어와 결혼해 자식을 낳고 살림을 시작한지가 이제는 10년이나 되어 토박이와 같아졌습니다. 돌아가기를 원하는 자가 적은 것은 이와 같은 때문입니다."

특히 어린 나이에 일본으로 끌려온 경우 자연스럽게 일본인으로 동화되어갔다. 광해 9년(1617) 2차 쇄환사의 종사관이었던 이경직(李景稷)도 그의 「부상록(扶桑錄)」에서 이와 비슷한 실정을 말하고 있다.

> "10세 이전에 포로가 된 사람은 언어와 동작이 바로 하나의 왜인(倭人)이었는데, 특히 조선 사람이라는 것을 아는 까닭으로 사신이 왔다는 것을 듣고 우연히 와서 뵙는 것일 뿐, 고국을 그리워하는 마음이 조금도 없었다."

생활의 안정을 얻어 생계에 걱정이 없게 되었거나, 일본인과 결혼해서 자식을 낳은 장년들은 생활에 적응하고 일본에 뿌리를 내려 조선으로 돌아가기를 주저했고, 아주 어린 나이에 일본으로 끌려온 자들은 자연스레 일본에 동화되어 조선의 새로운 환경으로 들어가기를 원치 않았음을 짐작할 수 있다.

조선인 포로들 중 상당수는 일본군으로 편입되어 전쟁에 재투입되기도 했다. 그들은 돌아온 고국 땅에서 손쉽게 탈출할 수 있었으나 조선군의 이해 부족으로 기회를 놓쳐 할 수 없이 일본으로 돌아갈 수밖에 없었던 특별한 경우도 있었다. 정희득의 「월봉해상록」에서는 이런 안타까운 조선인에 대한 기록이 남겨져있다.

> "어린아이 때 잡혀와 장성한 조선인 포로 중에는 정유년 재침때 적(일본군)을 따라간 자가 무척 많지만, 본국(조선)으로 도망간자는 적고 적국(일본)으로 도로 돌아간 자가 많았습니다. 신(臣)이 꾸짖어 말하기를 '이미 고국에 갔으면 도망해 숨기가 쉬운데, 다시적국에 돌아왔으니 이것이 차마 할 짓인가?' 했더니, 대답하기를 '우리들이 약속을 맺고 빠져 달아나면 우리나라 복병(伏兵)들이 보

고는 쫓아오는데, 큰 소리로 '우리가 포로가 되었다가 도망해 오는 사람이다.'고 해도 쫓는 자가 더욱 빨리 달려오니 부득이 왜진(倭陣)으로 돌아올 수밖에 없었소. 이것은 조선 군사가 수급(首級)을 바쳐 공을 세우려는 생각 때문이니 어찌 아니 원통하오? 우리들이 왜인의 심부름을 하는 것이 어찌 본심으로 그러겠소? 죽음이 두려워서 할 뿐이지요."

이는 고국으로 귀환할 수 있는 절호의 기회를 얻었으나, 전투 중 자신은 포로가 되었다가 도망쳐 오는 조선인이라고 해도 조선군은 수급을 바쳐 공을 세우는 데만 정신이 팔려 죽임을 당할 위험이 있었기 때문에 부득이 다시 일본 진영으로 되돌아갈 수 갈 수밖에 없었다고 하였다. 결국 이들이 선택할 수 있는 삶은 일본으로 돌아와 영구 귀화할 수밖에 없었던 것으로 보인다.

임진왜란 피로인들 중 조선으로 돌아온 사람은 쇄환사와 통신사 파견 때 송환된 사람들을 합쳐 약 7천 5백여 명으로 추정된다. 조선의 피로인을 적어도 5~10만 명 정도로 추정해 볼 때 돌아온 사람은 극히 일부였으며 대다수는 어쩔 수 없이 일본인으로 귀화해 살아갔을 것으로 판단된다.

제35장. 조선 피로인의 매매와 선교사들의 구제

조선 침략 첫해부터 조선으로 출병했던 일본 영주들은 전리품과 함께 조선 포로들을 본국으로 보냈다. 일본으로 끌려온 포로들 가운데는 후일 고국으로 돌아올 수 있게 된 이들도 있었으나, 대부분은 북쪽 도호쿠로부터 남쪽 규슈에 이르기까지 널리 분산되어 일본에 정착하며 생을 마쳤다. 민족적인 박해 속에서 삶을 살다가 이국땅에 묻혀 버림으로써 자신의 핏줄을 영원히 잃게 되었을 것이다.

가장 비참한 경우는 포르투갈 상인들에게 노예로 팔려 오문(澳門 마카오), 동남아, 멀리는 유럽으로 가 그 행방을 전혀 알 수 없는 조선인들이다. 당시 포르투갈 상인들의 노예사냥은 매우 악명이 높아 모든 식민지에서 평판이 좋지 않았고 결국에는 포르투갈의 식민정책이 실패를 초래하는 유력한 원인의 하나가 되었다. 사실 포르투갈 상인들의 노예사냥은 조선인에만 국한된 것은 아니었다. 임진왜란 전부터 다수의 가난한 일본인들을 노예로 매매하고 있었으나 왜란 발발 이후로는 그것이 주로 조선인으로 바뀌었을 따름이었다. 포르투갈 상인들은 이러한 기회를 놓칠 리 없었으며 조선인 포로에 대해 눈길을 돌렸다. 포르투갈 상인들의 심중을 눈치 챈 일본 영주들은 매매를 목적으로 남녀노소를 가리지 않고 조선인을 붙잡았고, 일부러 노예 매매선을 파견해 일본으로 송환하는 사례도 있었다.

오이타 현 우스키 시에 있는 안요우지(安養寺).   종군 의승 게이넨이 이 절의 주지였다.

일본 노예 중매상들은 조선에서 끌고 간 포로들과, 일본 내 여러 지역으로 연행된 조선 포로들을 찾아내 주로 나가사키 방면에서 다시 포르투갈 상인들에게 팔았다. 이와 같이 조선 포로들의 일부는 노예 매매를 위해 일본으로 연행되어왔다.

가토 기요마사가 1597년 말 울산의 도산성(島山城)을 축조할 당시 이곳에 와 있었던 종군 의승(醫僧) 게이넨(慶念)[1]은 종군기를 남겼는데

---

1) 규수 오이타현 우스키(臼杵)시의 안요지(安養寺)의 주지였으며, 1597년 6월 24일부터 1598년 2월 2일까지 우스키성의 성주인 오다 히슈우(太田飛州)의 군의관 겸 종군 승으로 정유재란에 참전했다. 그는 임진왜란 종군기 「조선일 일기(朝鮮日 日記)」를 일기 형식으로 기록해 남겼다. 원본은 우스키 시의 안양사에 소장되어 있으며 국내에는 신용태 역주의 『임진왜란 종군기』라는 제목으로

이 속에 일본인 인신매매상에 대한 생생한 기록이 남겨져 있다.

> "일본에서 온갖 상인들이 왔는데, 그중에는 사람을 사고파는 인
> 신매매상도 섞여 있었다. 그들은 본진의 뒤를 따라 다니며 남녀노
> 소 할 것 없이 사서 새끼줄로 목을 묶어 모아 앞으로 몰고 가는데,
> 잘 걸어가지 못하면 뒤에서 지팡이로 몰아붙여 두들겨 패는 모습
> 이 지옥의 아방(阿防)이라는 사자가 죄인을 잡아들이는 것도 마치
> 이와 같을 것이다 하고 생각될 정도였다."

전쟁 중 일본에서 각종 상인들이 조선으로 왔는데 그중에는 사람을
사고파는 인신매매상도 있었다. 그들은 마치 군대의 일부인양 일본군
본진의 뒤를 따라 다니면서, 조선의 각지에서 잡혀온 남녀노소를 사고
팔았다. 그들은 조선인 포로들의 목을 밧줄로 묶어 모아, 몽둥이로 두
들겨 패며 마치 짐승처럼 앞으로 몰고 가는데, 오죽하면 그 모습이 적
국의 일본 승려의 눈에도 마치 저승사자인 아방(阿防)이 죄인을 잡아가
는 참혹한 광경을 보는 것과 같았다고 기록했을까.

이렇게 조선 포로와 매매된 조선 피로인들은 강제로 일본으로 끌려
가 노예로 팔려갔다. 이들 포로들은 조총이나 고급 옷감과 맞바꿔졌는
데 당시 조선인 노예가 넘쳐 국제 노예시세가 폭락할 정도였다고 한다.

임진왜란 당시 조선인 피로인의 실상에 대해 일본 주교 루이스 세르
케이라(Luis Serqueira)[2]가 1598년 9월 4일에 남긴 기록[3]을 보면 조선

1997년 경서원에서 출판되었다.

 2) 세르케이라(Luis de Cerqueira 1552~1614년) 주교는 1596년 일본으로 왔다. 그
  는 1598년 7월4일 나가사키에서 일본 각지의 선교사들을 소환하여 회의를 개
  최했다. 회의 내용은 당시 참석하였던 선교사 연명의 각서가 마드리드 고문서
  관에 보관되어 레옹 빠지스의 저서 『일본그리스도교사』의 부록으로 기록되어

인의 포획은 구매자인 포르투갈 상인과 노예사냥꾼인 일본인이 결탁해 이루어진 것임을 알 수 있다. 일본인은 포르투갈 상인들의 요구를 만족시키기 위해 일본 전역에 잡혀온 조선인은 물론이고 더 많은 조선인을 포획하기 위해 조선으로 건너가기까지 하였다.

> "배가 들어오는 항구인 나가사키에 인접한 곳의 많은 일본인들은 포르투갈 사람들이 포로를 찾아 사려는 의도를 알고 조선인들을 팔기 위해 일본의 여러 지역을 돌아 다녔을 뿐만 아니라 조선인들을 납치하기 위해 조선으로 갔습니다. 그리고 일본인들은 납치과정에서 이미 많은 사람들을 잔인하게 죽였고 중국 배[4]에서 이들을 포르투갈 사람들에게 팔았습니다.
>
> 포르투갈 상인들은 그들을 처참한 포로생활에서 벗어나게 해주기 때문에 자신들이 조선인과 일본인을 합법적으로 사들인다고 말하며 핑계를 대고 있습니다. 그러나 사실은 그렇지가 않습니다. 왜냐하면 일본인들은 자신들의 포로로 생각하는 사람들에게 훨씬 좋은 대우를 해주며 그들을 마치 자식처럼 대해주기 때문입니다. 그리고 어떤 사람들은 때때로 그들을 자식으로 입양하여 그들을 자신의 딸이나 친척들과 결혼시키기도 합니다. 노예가 취득하는 모든 것은 그들 자신의 것이며, 원하는 사람은 가능한 한 해방도 해주고 있습니다.
>
> 그러나 포르투갈 상인들은 그들을 괴롭힐 뿐만 아니라 일정 기간의 봉사 기한을 갖는 자들을 종신 포로로 팔며, 그들에게서 봉사의 기한이 찍혀있는 문서를 없애버리는 악한 짓거리를 하고 있습

있다.

3) 메디나 저, 박철 옮김. 『한국 천주교 전래의 기원』 173~181쪽.
4) 일본과의 무역을 위한 마카오의 공적(公的)인 선박으로 일 년에 한 번 수백 명씩의 일본인·한국인 포로를 수송하였다.

니다. 그 같은 일은 정신적으로나 육체적으로나 그들에게는 최악의 행위입니다.

또한 포르투갈 상인들은 만약 자신들의 젊은이(포로)들을 사지 않으면 판매자들이 그들을 죽인다고 말합니다. 그러나 사실을 말씀 드리자면 그 같은 일이 일어났을 경우 그것은 젊은이(포로)를 납치 했기 때문이며 그 같은 도둑질이나 납치행위에 대해 일본에서는 사형을 받기 때문에 매도자들은 발견될 것을 두려워해 그들을 죽이고 있습니다. 게다가 상인들은 자신들이 젊은이를 사지 않으면 이교도인 중국인, 태국인 혹은 바탄인[5]들이 그들을 사서 그들 나라로 데려간다고 말하고 있습니다. 이러한 말에는 '부를 이루기 위하여 악을 행하지 말라.'고 대답합니다."

포르투갈 상인들은 자신들이 노예를 사는 이유를 교묘하게 변명하며 합법적이라고 둘러대었다. 당시 서양의 법은 정당한 전쟁 중에만 포로로 잡는 권리를 인정하고 있었으므로 예수회 선교사들의 입장에서는 조선인 피로인은 당시 일본이 조선에 행한 전쟁의 부당성으로 인해 소위 '합법적인 포로'로 볼 수가 없었으며, 따라서 매매가 가능하지 않다는 견해였던 것 같다. 그리고 포로들에 대해서 일본인들이 노예매매상인 포르투갈인들 보다는 오히려 더 인간적으로 대해 주었고, 만약 유괴에 의해 매매가 발각되면 매매자는 사형에 처해짐으로 때때로 매도자들은 이 같은 사실이 발각될 것을 두려워해 조선 포로들을 죽이게 된다고 하였다. 조선인 피로인들이 포르투갈 매매상인에게 종속되는 것이 상대적으로 더욱 나쁜 환경에 처해지는 것이었다.

조선 포로의 비인도적 인신 매매행위의 실상을 목격한 당시 일본교구장 세르케이라 주교는 이를 혐기시 되어야 할 인도(人道)상의 가장

---

5) 말라카 반도의 말레이인.

큰 문제로 생각했다. 이에 주교는 당시 일본 각지에 주재하고 있던 선교사들을 소집해 1598년 7월 4일 나가사키에서 성직자 회의를 개최해 대책을 강구했다.

회의는 세르케이라 주교의 사회로 열렸고, 순찰사 발리냐노, 고메스 관구장, 일본지역 수석 신부 파시오, 메스키타, 루세나, 곤잘레스와 예수회 사제 솔도, 카르발호 등 12인의 선교사가 참석했다. 회의 내용은 주교단의 서기인 마테오 데 코로우스 신부가 기록으로 남겼는데 당일의 기록에 의하면 6년 동안 놀라울 만큼의 다수의 조선인 피로인이 일본으로 끌려와 주로 나가사키 방면에서 매각되었다고 하였다. 포르투갈 상인들은 이 조선인 노예매매로 막대한 이익을 얻을 수 있었고, 일본군이 한반도 남방에 주둔 시에는 일부러 노예매매 선(船)을 파견해 조선인을 납치·연행했다는 놀라운 실상을 보고했다.

세르케이라 일본 주교는 노예매매를 맹렬하게 비난했고, 매매를 행하는 자는 엄중히 처벌하기로 결정하였다. 영주들에게는 조선인 노예의 매매를 삼가도록 설득했다. 포르투갈 상인의 노예매매에 대한 제제로 결정된 사항은 인신매매에 종사한 상인에 대해서는 선교사에게 주어진 최고의 형벌이라 할 파문(破門)에 처하며 동시에 노예 1인의 매매에 대하여 약 10쿠루자아드의 벌금을 징수한다는 것이었다.

노예 매매의 문제는 그 이전부터 선교사뿐만 아니라 일본의 위정자들 간에도 논의되어 왔던 문제로 세르케이라 주교의 결의도 실은 1596년 일본 전임주교 마르티네스가 나가사키의 을명(乙名, 町總代)회의에서 결정된 사항을 답습한 것이었다. 나가사키 회의의 결정은 상인들의 이익은 전적으로 무시한 것이었으므로, 상인들은 이에 대해 크게 반발했고 선교사와 상인들 간에 사이가 벌어져 후일 예수회의 일본 전교 사업에 큰 지장을 초래하게 되었다.

또 다른 한편으로 선교사들은 직접 조선 피로인의 수용과 구제의 방법을 강구했다. 그들은 천주교 영주들에게 피로인에 대한 선처를 호소했고 순종(順從)적인 영주들은 선교사들의 권고에 따라 조선인 포로들을 석방시켰다. 해방된 조선인 포로들은 이로부터 일본인과 동등한 권리를 가질 수 있게 되었다. 또한 그들은 비용을 마련해 그 기금으로 조선인 포로와 고아 및 노예들을 되삼으로써 일본 중매인과 포르투갈 상인들의 손아귀에서 벗어날 수 있도록 조처했다. 선교사들은 나가사키로 이송된 조선인 피로인들을 가능한 한 코레지오에 수용했으며 일단 수용한 피로인들에게 천주교를 전교하고자 했다. 일본어 공부와 함께 조선어로 쓰인 수종의 천주교서(朝鮮語譯 切利支丹書)를 편찬했다.6) 이와 같이 선교사들에 의해 수용되고 보호를 받아 천주교 신자가 된 조선인은 나가사키 지역에만 거의 2천 명에 이르렀다.

많은 조선인 피로인이 일본에서 천주교 신자가 되었으며 일본에 정착한 조선인 신자 중 일부는 후일 도요토미의 금교정책을 계승한 도쿠가와 막부의 철저한 탄압과 박해로 순교하게 돼 일본에서 복자로 시복되었다.

일본 가톨릭사에 이름을 남긴 조선인은 30여명 정도인데, 그들 가운데 끝까지 신앙을 지킨 조선인은 25명이며 그로 인해 순교한 분은 21명이다. 그 가운데 9명은 1867년 7월 2일 교황 비오 9세에 의해 시복돼

---

6) 일본의 예수회 신부들은 글을 깨우친 조선인들에게 교리를 요약하고 기도서를 번역하게 하여 더 수월하게 가르칠 수 있게 했다. 기록에 의하면 당시 수종(數種)의 조선어로 번역된 천주교 서적이 편찬되었다고 한다. 일본의 연구에 의하면 1930년경까지 발견된 임진왜란 당시 사용된 예수회서적이 23종에 이르고 있으나 아직까지도 조선어번역서는 발견되지 않고 있다 하였다. 「耶蘇會士의 朝鮮俘虜救濟及 教化(야소회사의 조선부로구제급 교화)」 한국천주교회사 논문선집, 1977년, 51~60쪽.

일본 205위 순교 복자에 올려져있다.7) 당시 복자로 시복된 사람은 고스마 다케아(武谷)와 아들 프란치스코 다케야, 안토니오와 그의 두 아들 장남 요한과 차남 페드로, 가이오, 권 비센테, 가이오 지에몽과 가스파르 바즈 등 9명이다. 증거자로는 오다 줄리아, 마누엘, 이사벨이 있다.

- 임진왜란 때 포로가 되어 유럽으로 끌려간 조선인

근자에 임진왜란 당시 조선인 포로가 노예로 팔려가 이탈리아인이 되었으며 그의 자손들이 지금까지도 이탈리아에서 살고 있다고 보도된 바 있다. 이 역사적 사건의 실상은 이러하다.8)

이탈리아 플로렌스 출신인 프란치스코 카를레티(Francesco Carletti)와 그의 아버지 안토니오는 스페인 포르투갈 및 그 식민지들을 대상으로 중계무역을 하던 상인이었다. 이들 부자는 1594년 본국을 떠나 서인도제도를 거쳐 남미대륙에 기착하고 다시 태평양을 건너 필리핀으로부터 1597년 6월 나가사키에 도착했다. 일본에 약 8개월 정도 머문 후 이듬해인 1598년 3월 일본을 떠나 마카오로 향했다. 일본에 머무는 동안 그들은 조선인 노예 5명을 샀던 것이다. 프란치스코 카를레티는 그의

---

7) 우라카와 와사부로(浦川 和三郎).『조선천주교 선사朝鮮 天主敎 先史』한국천주교회사논문선집 제2집, 1977년, 38쪽. 복자로 시복된 아홉 분의 순교자로는 미카엘, 페드로, 페드로 아리조, 바오로, 요안, 토마스 증거자로는 오다 줄리아, 마누엘, 엘리사벳이 일본 기리시탄 사에 그 이름을 올리고 있다(한국 가톨릭대사전 부록 한국 교회사연구소 1985년 206쪽). 근자의 연구에 의하면 일본의 순교 복자 가운데 조선인 복자는 15위인 것으로 밝혀져 있다(본시 일본 내 조선인 신자들의 박해 와 순교편 참조). 향후 연구가 거듭돼 비록 이국땅이기는 하나 보다 많은 조선인 천주교인을 찾게 되리라 기대해본다.
8) 곽차섭.『조선청년 안토니오 코레아, 루벤스를 만나다』초판 2004년 1월, 푸른역사.

저서 『나의 세계일주기』에서 당시 상황을 다음과 같이 기술하고 있다.9)

"왜군들은 해안 가까운 지방에서 연령을 가리지 않고 헤아릴 수
없이 많은 남자와 여자, 소년, 소녀를 잡아왔는데 이들은 극히 헐값
에 노예로 팔려나갔다. 나도 12스쿠도(당시 이탈리아 은화)를 약간

알비마을.

넘는 가격으로 그중 5명을 샀다.
나는 그들에게 세례를 받게 한 뒤,
인도 고아로 데려가 그곳에서 해
방시켜 주었다. 나는 이중 한명을
나와 함께 피렌체까지 데리고 왔
는데 그는 지금 '안토니오 코레아
(Antonio Corea)'란 이름으로 로마
에 살고 있는 것으로 알고 있다."

이 기록에 등장하는 조선인 안
토니오 코레아는 아마도 유럽으로
건너간 최초의 한국인일 것으로 추
정된다. 그런데 한국의 천주교 사
학자들을 포함해 일부에서는 세례

9) 1594년 이탈리아를 떠난 프란치스코 카를레티(Francesco Carletti 1573~1636년)
는 1606년에 본국으로 돌아오는데 전후 13년 간의 그의 세계일주 기행을 적어
1708년 플로렌스에서 『나의 세계일주기』라는 책으로 출판하게 된다. 류홍렬의
『한국의 천주교 1575년』에 의하면 이 책이 조선의 사정을 수록한 가장 오래된
책 중 하나로, 이 책으로 인해 구미에서 우리나라를 코레아(Corea)라고 기술하
게 되었다고 한다. 이후 우리나라는 한미·한영조약 등에서 코레아(Corea)로 표
기되었으나 청일전쟁 후 일본의 농간으로 코리아(Korea)로 바뀌게 되었다고
한다.

를 받았던 그가 로마에서 신부 혹은 수사가 되었거나 천주교 교무에 종사했다고 말한다. 또한 그가 로마 근교의 알비(Albi)마을에 집단 거주하는 200여명 정도의 '코레아'라는 성씨들의 시조라는 것이다.

또한 1983년 12월 런던 크리스티 미술품 경매장에서 5억의 고가에 팔려 현재는 미국 로스앤젤레스의 폴 게티 미술관에 소장되어 있 는 바로크 미술의 거장 루벤스(Pieter Pauwel Rubens, 1577~ 1640)의 〈한복을 입은 남자(Man in Korean Costume)〉의 작품 속 모델, 즉 관모(官帽: 방건)를 쓰고

한복을 입은 남자(Man in Korean Costume). 피터 루벤스 Peter Paul, Rubens 作. 출처: Public Domain_Wikimedia Commons.

무관들이 평상시에 입는 천익(天翼)을 입은 조선 남자(Korean Man), 그가 바로 '안토니오 코레아'라는 것이다.[10]

이 드로잉 소품은 1620년경에 제작된 루벤스의 〈성 프란치스코 하비에르의 기적〉에서 여러 배경 인물을 그리기 위한 예비적인 작업으로 그

10) 루벤스의 이 작품은 서양미술계에서는 '한복을 입은 남자(Man in Korean Costume)'라는 이름으로 알려져 있었는데, 아마도 서양인이 한국인을 그린 최초의 그림으로 추정된다. 1983년 영국 크리스티 경매에서 드로잉으로는 최고가인 32만 4000파운드(당시 3억 8000만원)에 낙찰되었다. 현재는 미국 로스앤젤레스 폴 게티 미술관에 소장돼 있으며 미술관의 도록에는 '조선 남자(Korean Man)'로 등록되어 있다 한다.

려진 것일 수 있다고 한다. 그러나 그 어느 것 하나 명확한 증거가 확인
되지 않은 채 우리나라와 관련된 것들은 국내 특히 저널리즘에서는 모
두 사실로서 회자되고 있어 향후 보다 깊은 연구가 요구되고 있다.

제36장. 조선 피로인의 천주교 개종

도요토미 히데요시는 대륙 정복의 꿈을 이루지 못한 채 1598년 병사했다. 조선에 체재하고 있던 여러 다이묘들은 귀국 명령을 받아 돌아갔다. 실상 애초부터 일본의 그 어느 누구도 원치 않은 전쟁이었다. 모두 7년에 걸친 전쟁은 이렇게 막을 내렸다. 히데요시의 광기에 의한 이 전쟁이 초래한 것은 아무 것도 없었다. 다만 조선의 수많은 문화유산이 파괴되고 약탈되었으며, 죄 없는 많은 사람들이 죽어나갔을 뿐이다. 또한 이 전쟁으로 인해 많은 조선인이 전쟁 포로로서 일본에 끌려갔다. 조선을 침략한 영주들, 특히 규슈 지역의 많은 영주들은 약 5만 명 정도로 추정되는 조선인 포로를 연행해 자신의 영지로 보냈다.

도요토미 히데요시가 일으킨 임진왜란과 정유재란으로 조선은 많은 재난과 피해를 입었다. 그러나 천주(天主)는 이를 계기로 조선의 선한 사람들을 당신의 백성으로 삼으셨다. 전쟁 중, 그리고 이후 수천 명의 일본 내 조선인 피로인들은 빠르게 천주교 신앙을 포용했다. 조선인 포로 중 5천여 명이 기리시탄이 되었던 것으로 추정된다.[1] 이러한 대규모 개종은 그들이 포로라는 사회적 상황에서 유래한 심리적인 압박감과 천주교에 귀의해 교회로 들어감으로써 자신들의 처지가 보다 안전

---

[1] 박양자, 『일본에서 기리시탄이 되어 순교한 조선인』 순교의 맥, 2016년 214호, 35~57쪽.

하고 향상될 수 있으리라는 자연스러운 희망에서 비롯되었다. 확실히 선교사들과 천주교 신자들이 베풀었던 따뜻하고 사랑이 넘치는 호의에 조선인 포로들이 많은 영향을 받았던 것은 분명해 보인다.

일본 예수회는 조선 피로인을 노예매매로부터 구제하여 조선인들의 보호를 꾀했고 교리를 조선어로 번역해 그들에게 복음의 씨앗을 뿌리고자 하였다. 이와 같은 선교사들의 노력으로 인해 조선인 포로 중에는 세례를 받는 사람들이 나타나고 그 수도 점점 늘어갔다. 그러나 일본에 끌려간 포로들이 완전히 자유롭게 천주교로 개종하는 데는 많은 장애물도 있었는데 특히 포로들 중 완고하게 천주교를 반대하는 사람들도 많았기 때문이다.

1593년 예수회 부관구장 페드로 고메스가 오무라로 보낸 조선인 도주구(同宿)의 도움으로 오무라에서 조선인 포로 200여 명이 세례를 받았다. 이들은 붕고(豊後) 무사가 전쟁 중에 죽어가는 조선 어린이 200명에게 세례를 준 이후 두 번째로 세례를 받은 조선인들이었다. 페드로 고메스 신부의 기록(1594년 3월 15일)에 의하면 이 해(1593) 성탄일에 신부들이 여러 집들을 방문해서 100여 명에게 세례를 베풀었는데 그들 대부분이 조선인 포로들이었다. 이들은 나가사키의 새로운 개종자였다.

임진왜란 초기 오무라와 나가사키에서 조선인 포로들의 대규모 개종이 있은 이후에도 조선인들의 천주교로 개종이 연이어졌다.

1594년 부관구장 고메스 신부는 글을 읽고 쓸 수 있는 몇 명의 조선인을 찾도록 지시하였고, 그들은 일본어를 배운 후, 다른 조선인들을 보다 쉽게 가르칠 수 있도록 교리를 조선어로 요약하고 기도서를 번역했다. 그들의 이러한 사업은 성과를 거두어 이 해 2000명 이상의 조선인들이 세례를 받았다.

루이스 프로이스 신부는 1596년 12월 3일 나가사키에서 예수회 본부의 클라우디오 아쿠아비바 총장 앞으로 보낸 서신에서 다음과 같이 보고하고 있다.

"금년 이곳 나가사키에 있는 많은 조선인 포로들이 신앙교육을 받았는데, 남녀, 어린이까지 합해 1천 3백 명이 넘으며, 그들 중 대부분은 2년 전에 이미 세례를 받았고, 올해는 첫 고해성사를 받을 예정입니다. 우리는 오랜 경험으로 조선인은 우리의 성스러운 믿음을 기꺼이 받아들일 충분한 준비가 되어 있음을 명백히 알 수 있습니다. 그들은 매우 다정하며, 기쁨으로 가득 차 세례를 받았으며, 그들이 이제는 가톨릭 신자가 된 것을 알고 위안을 받고 있습니다. 그들은 기꺼이 고해성사를 받는데, 대부분의 사람들은 빨리 일본어를 배우고, 쉽게 일본어를 습득하여 고해성사 때도 통역이 거의 필요치가 않습니다.

성금요일[2] 저녁 성당이 정돈되고, 성토요일을 위해 성수반을 준비하고, 성당 문은 닫혀 있으며, 사제와 몇몇 형제들은 일을 끝내기 위해 분주했습니다. 그때 그들은 바깥의 성당 문 근처에서 나는 시끄러운 소리를 들었습니다. 그들은 창문을 열고 거기 누구냐고 물었습니다. 그러자 문밖의 사람들은 무릎을 꿇고 매우 공손하게 대답했습니다.

'신부님 놀라지 마십시오. 우리들은 조선인들이며 포로들입니다. 그래서 어제의 행렬에는 참가할 수 없었습니다. 하지만 하느님의 자비와 저희들 죄의 용서를 빌기 위해 지금 이렇게 모두 모여 왔습니다.'

그들에게서 많은 피가 흘러내려 그들의 이야기를 듣고, 그들이 행한 고행을 본 사람들은 감동하며 눈물을 멈출 수가 없었습니다.

---

2) 성금요일은 부활절 일요일 전의 금요일을 지칭한다. 따라서 1596년 4월 12일에 해당한다.

나가사키의 고려교(高麗橋).

그들은 이해심이 많고 진지하며, 그들의 행동을 통해 그들 자신이
어느 면에서도 일본인에 비해 뒤떨어지는 데가 없음을 증명하는
것 같아 보였습니다.

　'우리의 주님께서는 이번 전쟁을 계기로 영혼의 더 큰 결실을
위해 조선인들에게 첫 열매를 맺게 하신 것이다.' 만약 조선에 복
음이 전파된다면(이는 일본을 통해 매우 가능성이 있을 것으로 보
인다), 조선은 용이하게 신앙을 받아들이고 또한 조선 전역에 신앙
이 전파될 것이라고 모든 사람들이 말하고 있습니다."

　편지 내용으로 보아 임진왜란이 일어난 2년 후 1954년에 이미 조선
포로 중 상당수가 천주교 신자가 되었으며 이들은 비록 포로였으나 천
주 신앙의 관점에서는 그 어느 일본인에게도 뒤지지 않는다고 전하고
있다. 또한 조선인들은 성품상 신앙을 받아들일 좋은 바탕을 갖고 있으

며, 신앙을 깨달아가는 데도 누구보다 열심이었다고 밝히고 있다.

일본에 있는 조선 포로들의 동태를 보아서도 만약 조선에 복음이 전파된다면 이는 일본을 통해서 전파의 가능성이 매우 높다고 보며 일단 전파만 된다면 조선은 용이하게 신앙을 받아들이고 또한 쉽게 조선 전역에 신앙이 전파될 수 있을 것으로 생각하고 있었음을 알 수 있다.

프로이스 신부는 또한 전 해의 연보에서 고시니 유키나가가 조선 출병 중에 두 어린 조선 아이를 보호하고 대마도 영주의 아내인 자기 딸 마리아 곁으로 보냈는데, 그녀는 나이가 많은 아이를 예수회의 신학교에 보내고, 보다 연소한 아이는 신학교에 들어갈 수 있는 나이가 될 때까지 자기 곁에서 키우고 있음을 보고하고 있다.

이와 같이 불행한 전쟁을 계기로 일본에 연행된 조선인 포로와 전쟁 고아 등 많은 조선인이 그리스도의 복음을 듣게 되고 세례를 받아 이국 땅 일본에서 천주교 신자가 되었다. 일본 내 조선 신도회(Confraternity)는 자신들의 힘으로 교회를 세울 수 있을 만큼 성장했다. 그리하여 최초의 조선인 천주교회3)가 1610년 나가사키에 세워졌다. 그 최초 교회의 소재지를 정확하게 알 수는 없으나 아마도 당시 조선인이 많이 살고 있던 고오라이초, 지금의 이세마치(伊勢町)부근이었을 것으로 추정된다.

---

3) 성 라우렌시오(Lorenzo) 성당은 나가사키에 세워졌으며 역사상 최초의 조선인 천주교회였다. 현재 나가사키 이세마치(伊勢町) 2의 14번지에는 이세궁신사(伊勢宮神社)가 있고 신사 부근의 중도천(中島川)에는 고려교(高麗橋)가 걸려있다. 이세마치는 원래 신고려정(新高麗町)이라 했는데 조선인들이 이 지역에 집단을 이루며 살았다. 신고려정(新高麗町)에는 원래 작은 신사(神社)가 있었는데 기리시탄 영주에 의해 파괴되었다. 기리시탄 박해 시대가 되어 불교와 신사가 다시 힘을 얻게 되자 나가사키 부교는 원래 작은 신사가 있던 곳에 이세신사(伊勢神社)를 건립했다. 1639년에 이세신사(神社, 伊勢神宮)가 세워져 동네 이름도 이세마치로 바뀠다. 이로 보아 이세신사의 자리가 바로 조선인들의 라우렌시오 교회 자리였을 것으로 추정되고 있다.

기리시탄 전성기에 세워졌던 나가사키 다른 교회들의 주소는 남아 있지만 유독 조선인들이 세웠던 성 라우렌시오 성당만은 그 주소가 남아있지 않다. 1614년 도쿠가와 막부의 그리스도교 금지령이 선포된 후 교회를 파괴하라는 명령이 내려졌다. 조선인들의 교회였던 라우렌시오 성당은 나가사키 부교 하세가와 곤로쿠(長谷川權六)의 명으로 1620년 2월 12일에 파괴되었다. 그리고 그 자리에 이세신사가 들어선 것으로 보인다. 그해의 예수회 연보(Annual letter of 1610)에는 이러한 사실에 대해 다음과 같은 기록이 남겨져 있다.

> "나가사키에는 많은 조선인 천주교 신자들이 살고 있다. 그들은 매우 신심이 깊고 열심히 해서 자기들의 교회를 세우게 되었다. 가난한 중에서도 모두들 기부금을 모아 좋은 땅을 사서 정지했다. 훌륭한 교회를 건축할 여유는 없었으므로, 조그맣게 성당을 짓고 존경하는 스페인의 순교자 라우렌시오 성인(San Lawrence, Lorenzo)을 주보로 삼았다.
>
> 축성식은 조선인도 일본인도 다수 참석해 장엄하게 거행되었다. 특히 많은 일본인들이 온종일 끊이지 않고 성당을 방문했으며 조선인 기리시탄들의 깊은 신심과 정성, 구원을 위한 그들의 일치와 협력에 감동되었다고 하는데, 가난한 그들이지만 오직 주님이신 하느님과 라우렌시오 성인을 받드는 봉사, 그리고 자신들의 영혼을 위하여 온 전력을 다해 이 교회를 세웠기 때문이다."

많은 조선인 피로인들이 비록 조선 밖이기는 하나 처음으로 천주교인이 되고 그들의 자력으로 주님을 모실 수 있는 조선인 성당이 최초로 세워지게 되었다.

제37장. 조선인 천주교 신자의 귀환

임진왜란 후 1604년 송운대사 사명당 유정(惟政)의 '탐적사(探賊使)'와 연이은 3회의 쇄환사(刷還使), 그리고 통신사로 사절의 이름을 바꾼 후 몇 차례 사절단의 일본 방문을 통해 조선 포로들이 고국 조선으로 돌아올 수 있게 되었다. 이들 중에는 일본에서 세례를 받아 천주교 신자가 된 일군(一群)의 조선인 포로들도 귀국했다.

조선의 탐적 사절들이 일본으로 오기 일 년 전 박학한 수학자이며 천문학자였던 예수회의 카를로스 스피놀라(Carlos Spinola) 신부[1]가 로마의 포르투갈 보좌관에게 쓴 자필서신에 조선 선교에 대한 짧막한 기록이 담겨져 있는데 그 내용은 다음과 같다.

> "일본에서 그리스도교인이 된 많은 조선인들이 포로 생활로부터 풀려나 자신의 고국 조선으로 돌아갔으며, 스피놀라 신부 자신도 마침내 조선 선교를 위해 그들과 동행할 것을 자청했다. 일본 관구장은 이 청원을 처음에는 수락했으나 수많은 방해요소들이 나타나게 되어 신부는 조선인 신자들을 따라 조선으로 입국하려는 그의 계획을 실행에 옮길 수가 없었다고 하였다. 스피놀라 신부는 방해요소가 무엇이었는지는 대해서는 설명하지 않았다."

---

1) 카를로스 스피놀라(Carlos Spinola 1564~1622년). 인물 상세 정보 578쪽 참조.

일본에 왔던 사명대사 일행이 조선으로 귀국함에 따라 일본에서 천주교로 세례를 받은 일부 조선인 신자들도 함께 조선으로 돌아갈 수 있게 되었다. 로드리게스 히람 신부(Juan Rodrigues Giram)[2]는 당시 이들 중 한 자발적인 조선인 교리교사에 대해 명확히 언급했고 그는 다음과 같이 기록[3]해두고 있다.

> "어떤 한 신분이 높은 (일본인) 천주교 신자가 대마도에 있을 때 조선 출신의 지체 높은 천주교 신자가 이곳으로 왔다. 그는 조선의 사신들과 동행하여 많은 다른 이들과 함께 일본에서 조선으로 돌아가는 중이었다. 이 조선인은 일본인 천주교 신자가 한자로 쓰인 중국에서 전래된 교리서[4]를 가지고 있다는 것을 알았다. 이 선량

---

2) 후안 로드리게스 히람(Juan Rodrigues Giram, 1558/9~1629년). 인물 상세 정보 578쪽 참조..

3) 「후안 로드리게스 히람」 1605년 예수회 연례보고서.

4) 아마도 이 한역 천주교 교리서는 1584년 중국 광동에서 씌어져 중국에서 최초로 출간된 루지에리 신부의 『천주실록(天主實錄)』일 것으로 추정된다. 마테오 리치는 루지에리 신부가 『천주실록』을 집필 당시 그 일을 도왔다. 마테오 리치는 그 후 『천주실록(天主實錄)』을 수정해 『천주실의(天主實義)』를 저술하게 된다. 『천주실의』가 완성된 것은 1985년이며 이 책이 정식으로 간행된 것은 리치가 중국 황제로부터 북경체류 허가를 받은 1601년으로부터 2년 후, 즉 1603년이다. 따라서 이 교리서는 『천주실록』일 것으로 추정된다.
조선에서 예수회 선교사들의 한문 서학서에 대해 처음으로 언급한 사람은 이수광(李晬光)이다. 1614년 그가 집필한 『지봉유설(芝峯類說)』에서 자신이 『천주실의』와 『교우론』을 읽었다고 말하고 있다. 그러나 루지에리 신부의 저서 『천주실록』에 대해서는 전혀 언급이 없다. 그러나 1596년 11월 4일 두아르떼 데 산데(Duarte de Sande) 신부가 쓴 글에서는 "일본의 조선 침략 당시 중국에 있는 신부들이 만든 교리 문답서가 조선에서도 발견되었다. 이 책은 손에서 손으로 전해지면서 매우 닳아져 있었다. 이 사실은 일본으로부터 받은 소식이다." 라고 적고 있다. 따라서 루지에리 신부의 『천주실록』이 적어도 필사로라

한 천주교 신자는 그것을 얻기 위해 밤낮으로 쉬지 않고 필사를 했다. 결국 그는 필사본을 갖게 되었으며 그는 이 책으로 조선에서 하느님의 계율을 전도하기에 필요한 모든 것을 가졌다고 말했다. 왜냐하면 그가 신부님 한 분을 조선으로 모셔가기를 원했지만 당분간은 신부님을 모셔 갈 수가 없었기 때문이었다."

왜란 후 일본에 처음으로 파견된 조선특사 '탐적사' 유정과 손문욱(孫文彧)이 포로 약 1천 4백여 명과 함께 1년 후 조선으로 돌아왔다. 조선 포로로서 일본에서 천주교 신자가 된 이들도 함께 귀국했다. 히람 신부의 기록에 의하면 조선으로 귀환 당시 한 조선 고관이 대마도에서, 중국에서 전래된 천주교 교리서, 아마도 루지에리 신부가 편찬했을 것으로 추정되는 교리서를 필사해, 조선으로 가져왔고 이것으로 조선에서 신앙을 전교하고자 하였다. 당시 이 신분 높은 고관 포로는 예수회 신부를 조선으로 모셔가겠다는 제의를 하였으나 사명대사가 이를 허락하지 않아 당장 조선으로 신부를 모실 수는 없었다. 조선 고관인 이 열렬한 교리문답 교사의 이름은 알 수 없으나 그가 교리서를 조선으로 가져갔다는 사실은 명확해 보인다.

- 로드리게스 통사의 기록

포로가 되었던 수천 명의 조선인이 일본에서 천주교로 개종해 신자가 되었으며, 그중 상당 수가 조선으로 돌아왔고, 일본 기록에 의하면 그들은 조선으로 돌아온 이후에도 계속해서 신앙생활을 하였다 한다.

포르투갈의 역사가인 로드리게스 통사(Juan Rodrigues: Tsuzu 중국

도 우리나라에 전해졌으며, 마테오 리치의 『천주실록』보다는 먼저 전해졌을 것이다. 임진왜란 이전 천주교 교리서의 조선 도입 편 참조.

명 陸若漢)5)가 1624년 마카오에서 썼을 것으로 추정되는 편지6)에 의하면 후나이 주교의 대리인인 예수회 선교사들이 수차례에 걸쳐 조선을 다녀갔고 그 조선 지역의 법적인 관할권을 행사하였다는 사실을 알 수 있다.

> "현재 후나이 관구는 66개 전 영지와 8개 지역으로 구성되어 있는 일본 전역을 담당하고 있습니다. 조선 왕국은 일본에서 그곳 조선으로 간 2~3번의 선교단(혹은 선교사업)을 통해, 그리고 일본에서 천주교 신자가 된 수천 명의 조선인들이 고국으로 돌아가 그들의 신앙생활을 계속하고 있음으로 이러한 이유로 예수회가 이미 조선 왕국의 관할권을 가졌습니다. 이 조선 왕국은 일본으로부터 하루 반 내지 이틀 정도의 항해 거리에 있고 또 옛부터 일본에 예속되어 있다고 했습니다. 몽고족의 북해도(北海島 에조섬)에도 일본인들이 살고 있는데 이들 중에는 많은 천주교 신자들이 있습니다."

로드리게스 통사의 이 기록은 비록 잘못 알고 있는 부분이 있기는 하나 조선 천주교 전래의 관점에서만 본다면 지금까지는 알려지지 않았던 많은 중요한 사실들을 말하고 있다.

첫째, 임진왜란 이후부터 이 편지가 쓰인 1624년까지 일본에 있는 조선인들 중 수천 명이 천주교 신자가 되었다는 사실이며, 이는 16세기 말의 기록에 나타나있는 조선인 천주교 신자수가 2천~3천여 명 정도였

---

5) 로드리게스 통사(Juan Rodrigues Tsuzu 通事 중국명 陸若漢 1559~1633년). 인물 상세 정보 578쪽 참조..
6) 처음 필자미상의 이 기록은 마드리드의 역사 아카데미(Academia de la Historia)에서 발견되어 후일 로드리게스 통사의 것으로 밝혀졌으며, 1961년 리스본에서 개최된 〈발견의 역사에 대한 국제회의〉에서 처음 소개되었다. 메디나의 같은 책-139쪽.

다는 사실을 확인시켜주고 있다. 둘째, 정확한 숫자는 알 수 없으나 이들 중 많은 이들이 조선으로 돌아와 1624년 편지가 쓰일 당시에도 신앙생활을 계속하고 있었다는 것이다. 셋째, 일본으로부터 후나이 주교를 대리한 예수회 신부들이 조선으로 가서 2~3차례의 선교 사업을 수행하였다는 사실이다. 넷째, 위와 같은 여러 이유들로 인해 조선 왕국의 선교관할권이 이미 후나이 관구에 있다고 밝힌 점이다.

이러한 사실들에 기초해 볼 때 이 기록은 일본의 후나이 관구가 조선 교회의 감독 관구로서의 정당한 합법적인 지리적 지위를 가지고 있으며, 또한 동시에 조선의 가톨릭 집단이 교회로서 고려되어야할 조선의 권리를 언급하고 있다고 보인다. 일본에서 천주교 세례를 받은 수천 명의 조선인들은 일본 가톨릭교회에 소속되어 살아가고 있었으나, 일부는 고국으로 돌아와 조선에서 실제로 조선 가톨릭교회를 형성했다고 볼 수 있다.

로드리게스 통사가 언급한 1624년의 '선교사업'은 명확히 일시적인 성격의 사업을 의미하는 것으로, 통사는 조선에서 보다 항구적인 무언가를 수립해야할 필요성을 절감했을 것이다. 그러나 무엇보다도 중요한 사실은 후나이 주교가 파견한 예수회 신부가 2~3차례에 걸쳐 실제로 조선에 입국했는가의 사실 여부이며, 그렇다면 당시의 조선 교회가 합법적인 세례 신자들만으로 조직되었는지의 여부이다. 이 또한 향후에 더 많은 연구가 필요한 부분이다.

이탈리아 출신의 예수회 지안노네(Giacomo Antonio Giannone)신부[7]는 예수회 총장 무지오 비텔레스치(Muzio Vitelleschi)에게 조선 선교에

---

[7] 지안노네(Giacomo Antonio Giannone 1577~1633년) 신부. 이탈리아 출신으로 1609년 일본으로 건너와 활동 후 1614년에 추방 되었다. 다시 입국 후 활동하다 체포되어 순교했다.

관해 그가 처음으로 편지를 보낸 지 12년 이상이 지난 1628년 3월 14일 또다시 총장에게 예수회에 의한 지속적인 조선의 선교가 가능할 수 있도록 대책을 요구하는 편지를 보냈음을 알 수 있다.

"수 년 전에 저는 총장님께 이 지역의 순찰사 신부에게 조선 왕국의 선교에 착수하도록 당신께서 말씀드려 주십사고 편지를 올렸습니다. 저는 지금 총장님께 다시 한 번 그것을 일깨워 드립니다. 왜냐하면 제가 듣는 바로는 일단의 수사(friars)들이 그것을 시도하고 있다고 하며 얼마 전에 들은 바에 의하면 저는 그들이 이미 그곳으로 갔다고 믿습니다. 우리들 중 많은 이들이 마카오의 꼴레지오에서 한가로이 소일하고 있기 때문에 제가 쓰는 글을 빌어 순찰사 신부께 조선 선교를 다시 한 번 간청드립니다. 현재 일본으로의 입국은 매우 철저하게 폐쇄되어 있으므로 주님께서는 조선으로 들어가는 개방된 통로를 원하고 계시는 것처럼 보입니다. 그리고 그곳 조선에는 일본으로부터 돌아간 많은 신자들이 있습니다."

지안노네 신부는 오래전부터 조선 선교를 예수회가 관장해서 시작해야 한다고 예수회 총장에게 편지를 보냈고, 1628년에는 총장이 예수회의 동아시아 순찰사 신부에게 이 일을 착수하도록 요청하는 편지를 다시 일본에서 보내게 되었다. 지안노네 신부가 듣기로는 타 수도회, 아마도 프란치스코회나 도미니코회에서도 조선 선교를 위한 입국을 시도하고 있다고 하며, 전해들은 소문에 따르면 그들은 아마도 조선 입국에 성공한 것 같다고 편지에 기록해 두고 있다. 편지에 나타난 이 조선 선교가 로드리게스 통사가 4년 전인 1624년에 언급한 2~3번의 선교단(혹은 선교사업)일 수도 있을 것이다. 그러나 이는 어디까지나 소문으로만 들었을 뿐 이 소문의 진위를 아직 정확히 확인하지는 못했던 것으로 보인다.

당시 일본의 상황은 엄격한 통상수교거부정책(쇄국정책)으로 일본으로의 입국은 완전히 닫혀있고 선교사의 입국 또한 불가능해 보인다고 하였다. 선교사들은 1614년 이후 일본에서 추방돼 많은 신부들이 어쩔 수 없이 마카오의 꼴레지오에서 한가로이 소일하고 있는데, 반면 주님께서는 조선으로 입국해 그 땅에 선교하시기를 원하시는 것 같다고 했으며, 마침 그곳 조선에는 일본에서 돌아간 많은 신자들이 있다고 했다. 따라서 이 시점에서는 어려움이 예상되기는 하나 그곳에는 천주교 신자들도 있어 조선에서 선교를 펴는 것이 예수회로서는 바람직하고 효과적인 선교활동이라고 하였다.

이상의 기록들을 살펴보면 임진왜란 이후 국내에는 조선인 포로로서 일본에서 천주교 신자가 되어 귀국한 정확한 숫자는 확인이 불가능하나 많은 수의 사람들이 있었고, 일본 예수회 그리고 아마도 프란치스코회 혹은 도미니코회에서 조선 선교를 목적으로 정식 선교단이 파견되었을 가능성이 추정되고 있다.

그러나 이러한 역사적 기록들에도 불구하고 임진왜란 후 귀국한 조선인 신자들과 천주교의 활동에 대한 국내 기록이나 흔적이 어디에서도 전혀 발견되지 않고 있다. 그리고 1784년 이승훈의 북경 세례 이후 정상적으로 형성된 조선 천주교 공동체에서도 이에 대한 기록이 없을 뿐 아니라, 이러한 실체에 대해 전혀 모르고 있었던 것 같다. 참으로 불가사의한 일이다.

다만 1653년 조선에 표착한 하멜이 저술한『하멜표류기』에 나타난 조선의 종교, 불교에 관한 기록 중 '그들의 전설에 의하면 태초의 모든 인류의 언어가 오직 한가지였더니 천상에 올라가려고 탑(塔)을 건설하는 모계(謀計) 때문에 마침내 언어의 분잡(紛雜)이 야기하게 되었다.'는 전설을 기록하고 있다.8) 이는 조선인의 전설이라고는 하나 성경 구약의 바벨탑의 이야기와 너무나 흡사하여 아마도 당시에 성경의 내용을 알고 있는 사람들의 구전이지는 않을까, 그리고 이러한 기록이 어쩌면 임진왜란 당시 일본으로부터 귀국한 조선인 천주교 신자의 존재를 추정하게 하는 자료이지는 않을까 하는 의구심을 가져 보게 된다.

여하튼 조선에서뿐 아니라 사실 예수회의 기록에서도 짧고 확실히 증명되지 않은 이러한 극소수의 기록이 전부라는 것도 참으로 미스터리한 일이다. 이러한 이유 중 하나로 당시 조선 피로인의 천주교 입교의 동기에 그 원인이 있을 것이라는 주장9)은 매우 흥미로운 가설이다.

당시 일본으로 끌려간 조선인들은 그들의 운명이 어떻게 될지 한치 앞을 내다볼 수가 없을 것이다. 그만큼 하루하루가 절박하고 불안했을 것이다. 이때 예수회 선교사들은 그들을 구제해 수용하고 보살펴줌으로써, 그들을 극도의 공포로부터 벗어날 수 있게 하였고, 그들이 천주교에 의지함으로써 장차 이국 일본 땅에서 천주교와 선교사들의 보호 아래에서는 안전하게 살아갈 수도 있을 것이라는 가능성을 보았을 것이다. 따라서 그렇게 짧은 기간 동안에 그토록 많은 사람들이 언어의 장벽 등에도 불구하고 천주교로 개종했을 것이다.

그러나 일단 조선으로 돌아오게 된 바에는 더 이상 보호막이었던 천

---

8) 이병도(李丙燾)역.『하멜표류기』일조각, 77~78쪽. 네덜란드인 헨드릭 하멜(Hendrik Hammel)이 풍랑을 만나 제주도에 표착한 해는 1653년이다. 조선 피로인이 조선으로 귀환한 것은 1605년부터 1636년까지이다. 따라서 조선에 천주교가 전교되었거나 일본에서 세례를 받아 천주교인이 되어 귀환한 조선 피로인과 관련되어 구약의 바벨탑 이야기가 전래되었을 가능성은 없었을까 추정해 보았다.

9) 윤민구.『한국 천주교회의 기원』국학자료원, 2003년, 431~438쪽.

주교를 믿어야할 이유를 찾지 못했을 것이다. 더욱이 일본에 끌려갔다 온 사람이라는 주위의 곱지 않은 시선 속에서 굳이 일본에서 신앙하게 된 천주교를 고집해서 또 다른 불이익을 당할 필요가 없다고 생각했을 수 있다. 더욱이 짧은 기간 동안의 단단치 못한 신앙에, 이끌어주는 사람도 없이 혼자서 신앙을 이어가기는 어려웠을 것이며, 대를 이어 신앙을 지킨다는 것은 아마도 완전히 불가능했을 것이다.

일본에 남겨진 조선인 천주교 신자의 경우도 임진왜란 이후 도쿠가와 막부의 천주교 박해 때 천주교를 버리거나, 보다 안전한 다른 보호막인 불교로 개종하는 적극성을 보이는 것과도 일맥상통한 상황이었을 것이다. 물론 절박한 상황에서 얼떨결에 가진 신앙이었으나 시간이 흐름에 따라 점차 신앙이 깊어져 순교로까지 치달은 소수의 조선인도 있었음은 부인하지 못할 사실이기도 하다.

조선의 선교는 중국과 마찬가지로 1621년까지는 일본 예수회의 관할 아래에 있었으며[10] 중국이 독립적인 부관구(Vice-Province)로 승격한 이론상으로는 1619년에, 실제적으로 1623년에 공식적인 조정에 의해 중국의 관할 아래 놓이게 되었다.

---

10) Medina 신부의 『The Catholic Church in Korea Its Origins 1566-1784』에는 조선의 선교는 '아직 시작되지 않은 상태(yet unborn)' 인데 라고 기술되어 있다. 135쪽.

인물 상세 정보

1) 카를로스 스피놀라(Carlos Spinola 1564~1622년).

이탈리아 백작의 아들로 출생. 1584년 예수회에 입회한 수학자이며 천문학자이다. 1594년 밀라노에서 사제 서품을 받았다. 1596년 일본 선교를 지원, 1602년 나가사키에 도착했고 그 후 여러 분야에서 활동했다. 미야코에 재임 중인 1605년에 남만사에 천문학연구소를 설립하고 천체 관측기를 설치하여 천황과 쇼군까지 관심을 갖고 방문했다. 아카데미아를 개설하여 수학과 천문학을 강의했으며 1612년 11월 18일 나가사키에서 일본 최초로 월식의 과학적 관측도 시연해 보였다. 1614년 게이초 금령 (慶長禁令) 이후 숨어서 선교활동을 계속했고 1622년 체포되어 9월 10일 '겐나 대순교(元和 8)' 당시 나가사키의 니시자카에서 순교했다.

2) 후안 로드리게스 히람(Juan Rodrigues Giram, 1558/9~1629년).

뒤의 통사 로드리게스 신부와는 구별된다. 포르투갈 출신으로 1576년 코임브라의 예수회에 입회했다. 1585년 사제 서품을 받았으며, 1586년 일본에 와서 1614년까지 일본에서 활동했다. 1614년 마카오로 추방돼 1627년까지 활동 후 1629년 그곳에서 선종했다.

5) 로드리게스 통사(Juan Rodrigues Tsuzu, 陸若漢 1559~1633년).

예수회 소속 중국 선교사로 당대 최고의 통역사(通事)이며 역사학자였다. 동시대의 후안 로드리게스 히람(Juan Rodrigues Giram) 신부와 구별시켜 이 호칭을 사용했다. 1559년 포르투갈에서 태어나 어려서 고아가 되어 13~14세에 인도로 갔다. 1577년 일본으로 건너갔으며 그곳에서 예수회에 입회했고 1601년에 사제가 되었다. 일본의 권력자들, 히데요시와 이에야스 그리고 일본의 많은 영주들과 교제와 친분으로 인해 신부들이 일본에서 오랫동안 머무를 수 있었다. 언어에 뛰어난 재주가 있어 통역일을 했고 한때는 히데요시와 이에야스의 통역관으로 일한적도 있었으나, 후일 속세의 일과 정사와 상업에 너무 개입해 자신을 그르쳤다.

1610년 일본에서 마카오로 갔다. 여러 수도회를 연구하고 새 교리서를 만들기 위해 1613년부터 1615년까지 중국에 있었고 마카오로 돌아와 1617년부터 『일본교회사』의 저술을 시작해 1627년에 완성했다.

1623년부터 중국에 머물렀으며 1630년 8월 말 중국 황제에 의해 마카오로 보내져 요동을 점령하고 있던 후금과의 전쟁에 협력할 포르투갈 군인의 파견을 중재했다.

1631년 귀국하는 조선 사신 정두원(鄭斗源) 일행을 등주(鄧州)에서 우연히 만나 친교를 쌓은 후 그를 통해 천주교 서적과 마테오 리치의 세계지도 등 많은 선물을 조선 국왕 앞으로 보냈다. 조선 국왕은 그때까지 알지 못했던 천주 교리와 외국 소식 그리고 중국 황제가 신부들을 중히 여긴다는 것을 알았다. 이에 대한 보답으로 조선 국왕도 많은 좋은 물건들을 보냈다. 이러한 역사적 사실들은 그가 1633년 2월 5일 마카오에서서 남긴 기록을 통해 알 수 있다. 그는 이미 조선과 친교를 맺고 입국하기 위해 사신들에게 많은 서적들과 진기한 물건들을 보냈다고 했으며 그러나 수도가 점령당해 계획에 차질이 생기게 되었다고 밝히고 있다.

통사는 그해 8월 1일 마카오에서 사망했다 그러나 그의 이러한 노력으로 조선 조정과 국왕은 외부에서 조선에 대해 관심을 갖고 천주교를 전파하고자하는 외국인들이 존재한다는 사실을 깨닫게 되었다. 그러나 이 기록에는 자신이 언급한 7년 전의 지금 이 상황(1924년 편지에 기록된 상황)에 대해서는 한마디의 아무런 언급도 없었다. 또한 이에 대한 예수회의 다른 어떠한 기록도 찾을 수가 없다. 따라서 이 기록이 사실인지, 나아가 이 편지의 작성자가 정말 로드리게스인지에 대해서도 의문이 제기되고 있다.

제38장. 사명당과 일본 예수회: 해남 대흥사 황금십자가의 유래

일제 당시 1927년 11월 20일자 매일신보에 '전남 해남(海南) 대흥사 (大興寺)에서 기이(奇異)한 십자가 발견'이라는 제목의 기사가 실렸다. 경성제대의 오다 세이고(小田省吾)교수가 전라남도를 여행하던 중 해남 의 고찰 대흥사에서 휴정(休靜) 서산대사(西山大師)의 유품 중에서 순금 제 칠보십자가(十字架)를 발견했다는 기사와 함께 십자가 사진이 실려 있다.

십자가는 길이가 약 6cm 정도로 황금으로 만들어져 있었다. 앞과 뒤 그리고 측면은 아름다운 붉은 칠보로 아로새겼고 가운데는 비어있으며 표면 아래에 -NR-이라는 로마글자가 새겨져 있었고 밑바닥에는 S * V 라는 두자가 있었다. -NR-은 보통 십자가에서 볼 수 있는 INRI의 네 자 즉 '유대인의 왕 나자렛 예수(Iesus Nazarenus Rex Iudaeorum)'의 약 자로 추정되며 밑바닥의 S * V는 강생한 천주성자(Sanctum Verbum)의 약자이거나 혹은 제작자의 약호일 가능성이 큰 것으로 추정되었다.

그 후 이 황금십자가는 1955년 호남신문사에서 발간한 광주-전남지 역 주요문화재와 명승사진 수백 점을 담은 사진첩『전남 명승 고적도 집성(全南 名勝 古蹟圖集成)』의 서산대사의 유물들 가운데에서 찾아 볼 수 있다.

가톨릭 광주교구에서는 1962년 한국 최초의 십자가 유물이 대흥사

해남(海南) 대흥사(大興寺)의 황금십자가(十字架).

에 서산대사 유물로 전해지고 있다는 사실을 알게 되어 양도를 문의했는데, 대흥사의 총무원은 서산대사 유물은 양도할 수 없다는 입장을 전했다고 한다. 이 십자가는 해남 대흥사 휴정 서산대사 표충사(表忠祠)내의 유물 진열실에 소장되어 왔으나 1974년 십자가가 도난을 당했고 도난 후 십자가상은 목포의 금방에서 그저 몇 돈의 금으로 허망하게 녹여져 팔렸다는 것이다.

더 이상은 볼 수 없는 이 천주교의 황금 십자가가 어떻게 서산대사의 유품 속에 포함되어 있었을까? 이 십자가의 전래에는 여러 가지 설이 있다. 하멜이 가져왔다는 하멜 전래설, 임진왜란 당시 명의 강화사인 심유경의 선물이었다는 중국 사신 전래설 등도 있으나 가장 가능성이 큰 것은 유정 전래설과 세스페데스 신부의 전래설이다.

- 유정 전래설

이 설은 임진왜란 후 조선의 협상 팀으로 일본에 파견된 송운대사 사명당 유정이 일본에서 선교사로부터 선물을 받았거나 혹은 천주당에 들러 얻은 것을 스승인 서산대사 휴정께 드렸다는 설이다.

선조 37년인 1604년 임진왜란 후 사명당 유정은 손문욱과 함께 일본의 정세를 탐색하기 위한 '탐적사'로 일본에 파견되었다. 그해 6월 어명을 받고 7월 1일 서울을 떠나 부산의 다대포를 거쳐 8월 20일 대마도에 도착했다. 사명당 유정은 대마도에서 3개월을 체제한 후 도쿠가와 이에야스의 초청으로 11월 일본 본토로 건너갔다. 사명당은 일본 국정을 탐정하고, 화평 교섭의 가능성을 타진하고자 하였다. 그리고 왜란으로 5만 명 이상의 조선인이 일본으로 끌려갔으므로 이들 조선 포로[1]를 쇄환하기 위한 목적도 있었다.

1604년 12월 27일 교토에 도착한 사명대사는 불법을 강설(講說)하고 일본의 고승들과 불도를 논하며 상당기간을 보냈다. 다음 해 1605년 3월 5일 도쿠가와 이에야스를 만나 조선-일본 간 화의를 결정했고 이때 포로의 송환을 요구했다. 화의가 결정된 후 이에야스는 회담의 성사에 기여한 자들에게 상당한 선물을 준 것으로 보아 이 강화방침에 매우 만족한 듯 하며, 사명대사의 귀국 후 조선 조정도 알선에 기여한 대마도의 야나가와 시게노부(柳川調信)에게 가선대부(嘉善大夫)라는 직위를 부여한 것으로 보아 조선 조정 역시 사명당의 강화협상에 크게 만족했던 것 같다.

조선은 화평에 응하는 조건으로 다시는 조선을 침략하지 않겠다는 이에야스의 서약을 요구하였다. 1606년 11월 다치바나를 통해 이에야스의 국서가 전달되었고, 동시에 조선이 요구한 두 번째의 조건인 조선 왕릉을 도굴한 법릉적(法陵賊)[2]도 조선에 인도되었다.

조선 측의 요구에 대해 일본 측, 정확히 말하면 대마도는 신속한 반

---

1) 이들 중 2천 명이 넘는 조선인 포로들이 세례를 받고 천주교 신자가 되었다.
2) 임진왜란 당시 중종의 정릉과 성종비의 선릉을 도굴한 일본군을 말한다.

응을 보였고3) 조선으로서는 의심스럽기는 하나 조선이 내세운 조건에 대한 이에야스의 성의를 인정하여 일본과의 화평을 받아들였다. 사실 조선으로서도 전쟁으로 황폐화된 경제를 다시 일으켜 세우기 위해서는 우선 국가의 안정을 필요로 했으므로 우선적으로 일본과의 긴장을 해소하기를 원했다. 더욱이 북방 누루하치의 금이 급격히 세력을 확장하여 북쪽 국경이 불안해짐에 따라 남방 일본과의 관계 개선으로 남쪽 국경의 안정이 절대적으로 필요했다. 이를 계기로 사명대사가 귀국한 다음 해 1607년 1월 여우길(呂祐吉)을 정사로 하는 제 1차 통신사 460명의 수교 회답겸쇄환사가 일본을 방문하여 5월 6일 히데타다(德川秀忠) 쇼군을 접견함에 따라 양국 간 국교 정상화가 이루어지게 되었던 것이다.

사명대사가 일본에 체류한 9개월 동안 예수회 선교사들과의 교류가 있었음이 근자에 밝혀졌다.4) 당시 교토에 있었던 일본인 예수회 평수사 호인 비센테(Hoin Vicente)는 예수회에서 작성된 불교에 관한 요약본을 사명대사에게 보냈다. 수사는 불교 교리에는 영혼의 개념이 나타나있지 않으며 구원도 없고 모두가 무(無)로 돌아간다는 사실을 지적하고 이 요약본에 대해 사명대사에게 의견을 피력해주도록 자문을 구했다. 사명대사는 일본에서 이처럼 불교 교리를 심도 있게 이해하는 사람이 있다는 사실에 대해 감동했고 존경의 뜻을 전했다.

예수회는 조선에서 온 탁월한 고승 사명대사에 종교적, 외교적으로

---

3) 이때 전달된 국서와 왕릉을 도굴한 범인 모두가 대마도가 꾸며낸 일이었다. 당시 조선 조정은 일본의 이러한 반응이 의심스러웠으나 여러 대내외적 사정을 고려해 이를 인정하고 화평을 받아들인 듯하다.

4) 예수회 선교사 후안 로드리게스 히람(Joao Rodrigues Giram) 신부가 1606년 3월 10일 나가사키에서 기록한 「일본과 중국에 관한 예수회 선교연보」에 기록되어 있다.

접근하여 조선에 예수회 선교사의 입국을 허락받기를 원했으나 이 일에는 동의를 얻지 못했다고 하였다. 사명대사는 전통적인 음력설(양력 1605년 2월 18일)에 도쿠가와 이에야스를 알현했다. 이때 영주들은 쇼군에 대한 존경의 표시로 선물을 주는 관례가 있었는데 특히 이 해 음력 1월 4일에는 아들 히데타다가 이에야스의 쇼군 직을 계승하는 날이었다. 새로운 쇼군을 임명하는 예식에도 사명대사가 초대되었다. 아마도 음력설과 히데타다의 쇼군 임명식에 여러 영주들과 함께 외국인 선교사들도 함께 참석했을 것이 분명하며 선물을 주는 관례에 따라 조선의 선교를 간절히 원했던 선교사들이 당시 사명대사에게 십자가를 포함한 여러 선물을 전달했을 가능성을 충분히 추정해 볼 수 있다.

그런데 서산대사 휴정은 사명대사 유정이 일본에서 돌아오기 한 해 전인 1603년에 입적했으므로 사명대사가 서산대사에게 직접 전해 준 것이라고 볼 수는 없으며, 조선으로 귀국 후 아마도 다른 경로를 통해 서산대사의 유품에 포함돼 대흥사 내 휴정의 표충사 내 유물 전시관에 소장되었을 것으로 추정해 볼 수 있을 것이다.

- 세스페데스 신부 전래설

이 설은 황금십자가가 세스페데스 신부가 소장했던 것이라는 학설이다. 이 십자가는 보통의 십자가가 아닌 사제용의 특제품이고, 바로코 계통의 공예품인데 1580년 이래 유럽에서 성행한 바로코 시대가 세스페데스 신부의 활동 시기와 일치하기 때문이라 하겠다. 즉 세스페데스 신부가 조선 진중에서 사용했던 십자가라는 것이다. 세스페데스 신부가 고니시의 웅천왜성에 머물며, 천주교 영주가 주둔했던 주위의 5개의 왜성을 다니며 사목활동을 하던 중 십자가를 분실했으며, 이를 서산대사 휘하의 조선 승병이 주워 신기한 물건이라 하여 서산대사에게 전했다는 것이다. 특히 임진왜란 당시 이들 왜성에 대진(對陣)하고 있던 조선군은 주로 서산대사 휘하의 승병이었음을 들고 있다. 이 두 설은 모두 너무나 우연한 혹은 가능성에 기초해 추정되고 있으므로 향후 좀 더 철저한 고증이 필요해 보인다.

새로 복원된 칠보장식의 황금십자가.

근자에 대흥사와 해남 군청의 후원 아래 이 잃어버린 황금십자가 세 점을 옛 사진에 근거해 복원했다. 새로 복원된 칠보 장식의 황금십자가는 해남 대흥사와 서산대사와 승군의 군사장비 유물들이 보존되어 있는 북한 묘향산 보현사의 수충사에 한 점씩을 보관하고 나머지 한 점은 천주교에 기증한다고 알려졌다.5) 황금십자가의 복원은 우리나라 최초의 천주교 관련 십자가 유물의 복원6)이

---

5) 법보신문 2018년 12월 26일자 1470호.
6) 965년 경주 불국사 경내에서 돌십자가가 출토된 적이 있고, 또한 경주에서 2점의 철제 십자문 장식과 안압지에서 성모소상이 발견된 적이 있다. 그러나 이 유물들은 아마도 삼국시대에 전해진 경교(景敎)의 흔적으로 생각되고 있다. 경교는 대진교(大秦敎)라고도 불리는데 이는 중국 당나라의 태종 때(635년) 페르시아인 아라본(阿羅本 아브라함의 중국명 Alopen)이 당의 수도 장안(長安)에 도착해서 전교한데서 비롯된다. 처음에는 페르시아에서 전래되어 파사교(波斯敎)라 하였으나 교의 본거지가 로마(大秦)인 것을 알게 되어 대진교 혹은 광명의 종교, 경교라고 불리게 되었다. 경교는 에페소 공의회(431년)에서 성모 교리 논쟁으로 알렉산드리아 학파에 패하여 이단으로 선고된 콘스탄티노플의 대주교 네스토리우스(Nestorius)가 주장한 교리를 신봉하는 그리스도교의 일파로, 추방된 네스트리우스 일파는 시리아를 거쳐 이란 지방에 정착했다. 후에 동방

라는 점에서 매우 의미 있는 일이라 하겠다.

으로 전래되었고 중국에서는 당 황실의 보호 속에 한때 크게 융성하였으나 당 말기에 이르러 무종(武宗)의 회창금교(會昌禁敎 845년)로 쇠퇴하기 시작했다. '황소(黃巢)의 난(875년)' 때 많은 신자들이 학살되면서 신자들은 몽고, 거란과 중앙아시아 등 변방으로 쫓겨나고 나머지 신자들도 불교 등으로 개종했다. 원 나라 때 다시 세력을 회복했으나 원의 멸망과 더불어 소멸되었다.

경교가 당나라에 전래된 때 우리나라는 삼국시대였다. 당시 신라는 당과 밀접 한 관계와 빈번한 교류가 있었으며 매년 학승들을 불교 관계로 당으로 유학을 보냈다. 이러한 교류로 인해 신라에 당으로 전래된 경교의 영향이 미쳤을 것이 며 이들 유물들은 아마도 이러한 경교의 흔적으로 추정된다.

제39장. 조선인 신자들의 박해와 순교

"나는 내 나라를 떠나 일본으로 온 지 30년이 됩니다. 나는 이 나라에서 아주 많은 쌀을 먹었습니다. 그러므로 일본의 그 쌀에 의해 지탱되어진 내 몸은 이 나라의 주인이신 장군님(막부의 쇼군)께 돌려드림이 당연합니다. 내 몸을 던져 장군님의 뜻대로 죽을 수 있지만, 그러나 내 영혼은 나의 주인이신 천주님께 바치겠습니다. 그러니 이 문제에 대해 더 이상은 거론하지 마십시오."
 - 일본 나가사키의 한 이름 없는 조선인 기리시탄의 신앙고백, 1626년

임진왜란을 기점으로 많은 조선 피로인들이 천주교로 개종했다. 임진왜란·정유재란 때 연행되어간 조선인 포로 5만여 명 중에 기리시탄이 된 자는 약 5천 명이라고 추정되고 있다.[1] 일본 내 조선인 천주교 신자들은 자신들의 힘으로 교회를 세울 만큼 성장했고 이후 이들 조선인 천주교 신자들은 일본 기리시탄들과 함께 운명을 같이하며 걸어갔다. 그들 중에는 수도자나 전교자가 된 사람, 엄격한 금교령과 격심한 박해 속에서 은밀히 포교하며 다니는 신부들의 숙식을 제공함으로써 포교활동에 협력한 사람, 더욱이 선교를 목표로 조선으로 귀국을 시도

---

1) 박양자. 『일본에서 기리시탄이 되어 순교한 조선인』 순교의 맥, 2016년 214호, 35~57쪽.

한 사람도 있었다. 그리고 무엇보다도 자신의 목숨을 걸고 그리스도를 증거하며 이국땅 일본에서 순교함으로써 복자2)로 올림을 받은 분들도 있었다.

임진왜란 후 세워진 에도의 도쿠가와 막부는 강력한 기리시탄 금제 정책을 취해 그리스도교를 사교 및 이단으로 규정하며 단죄함으로써 특히 조선인 기리시탄들은 더욱 처참한 궁지에 몰릴 수밖에 없었다. 조선인 천주교 신자들도 일본인 신자들과 마찬가지로 대부분은 살아남기 위해 배교함으로써 '고로비 기리시탄'이 되거나, 배교를 가장하고 비밀리에 신앙을 지켜나갈 수밖에 없는 소위 '가쿠레 기리시탄'이 되었을 것이다. 드물게는 배교자가 정통의 기리시탄으로 회두하는 경우 막부는 이를 '다치 가에리' 라고 하여 가차 없이 극형에 처했다.

데라우케(寺請)제도가 도입돼 모든 백성들은 불교사찰에 신자로 등록해야 했고 한 개인의 삶과 죽음 그리고 모든 일상사가 불교 사찰의 통제 아래 놓이게 되었다. 도쿠가와 막부의 금제정책과 통상수교거부 정책으로 천주교의 박해는 점차 강화되었다. 기리시탄들은 점차 산 속이나 섬 지방으로 피신했고 이들 가쿠레 기리시탄들이 발각됨으로써 대규모의 박해가 일어나게 되었다. 이 대규모의 박해를 '쿠즈레(崩壞)' 라고 하였다.

조선인 기리시탄들은 피랍인과 그 후손들이었으므로 일본인들보다 더욱 심한 박해에 놓여있었을 것으로 추정된다. 이와 같은 이국의 고난

---

2) 일본의 순교복자는 394위이다. 1867년 205위가 시복되었으며 축일은 9월 10일 이다. 이후 2008년 나가사키에서 188위가 시복되었으며, 2017년 다카야마 우콘 이 시복되었다. 처음 교황 비오 9세에 의해 시복된 205위는 1614년 도쿠가와 이에야스의 선교사 추방령으로부터 1630년까지 계속된 박해 기간 동안 순교한 분들이다. 이 205위 순교복자 가운데 조선인 복자 15위가 포함되어있다고 알려 져 있다.

의 역사 속에서도 꿋꿋하게 신앙을 지켜나간 조선인 천주교 신자들을
이제부터 소개하고자 한다. 여기에서 소개할 수 있는 사람은 기록에 이
름이 남겨져 있는 사람들뿐으로 조선인 천주교 신자들의 극히 일부라
는 것은 말할 나위도 없다. 일본 기리시탄사의 대략적인 변천 속에서
그들 신앙의 발자취를 되돌아보고자 한다.

<조선인 순교자>

회	이름	순교일	순교 장소	비고
1	하치칸 호아킨	1613년 8월 16일	에도 참수	
2	코라이 미겔	1614년 11월 22일	구치노츠 고문사	
3	페드로 진구로	1614년 11월 22일	구치노츠 고문사	
4	아리조 페드로	1619년 6월 21일	구바라 오무라 참수	
5	쇼사쿠 토마스	1619년 6월 21일	스즈타 오무라 참수	
6	다케야 소자부로 코스메	1619년 11월 18일	나가사키 화형	복자
7	야곱 주안	1622년 8월 19일	나가사키 참수	복자
8	코라이 안토니오	1622년 9월 10일	나가사키 화형	복자
9	마리아	1622년 9월 10일	나가사키 참수	복자
10	요한	1622년 9월 10일	나가사키 참수	복자
11	페드로	1622년 9월 10일	나가사키 참수	복자
12	다케야 이네스	1622년 9월 10일	나가사키 참수	복자
13	다케야 프란치스코	1622년 9월 11일	나가사키 참수	복자
14	구자에몬 시스토	1624년 9월 4일	시모 이나이 데와 참수	
15	카타리나	1624년 9월 4일	시모 이나이 데와 참수	
16	가이오	1624년 11월 5일	나가사키 화형	복자
17	권 비센테	1626년 6월 20일	나가사키 화형	복자
18	아카시 지에몬 카요	1627년 8월 16일	나가사키 화형	복자
19	가스파르 바즈	1627년 8월 16일	나가사키 화형	복자
20	츠치 마리아	1627년 8월 16일	나가사키 참수	복자
21	츠치 키에몬 루카	1627년 8월 16일	나가사키 참수	복자
21	사토 시네몬 토마스	1627년 8월 16일	나가사키 화형	복자
22	바오로	1630년 1월 12일	시키 익사	

회	이름	순교일	순교 장소	비고
23	주안	1633년 8월 15일	나가사키 화형	
24	주안의 아내	1633년 8월 15일	나가사키 화형	
25	토마스	1643년 3월 20일	나가사키 아나츠루시형	

일본의 순교 복자 가운데 조선인 복자는 15위인 것으로 밝혀져 있다.[3] 일본 내 조선인 순교자와 복자의 수는 현재는 과거의 통계보다는 늘어나 있다. 이는 아마도 연구가 깊어짐에 따라 일본 내 순교자와 복자 중 조선인임이 밝혀짐으로서 그 수가 늘어난 것으로 보인다. 향후 보다 많은 연구가 진행됨으로써 그 수도 더욱 늘어날 것으로 보인다.

3) 이 율리에타 예수성심시녀회. 나가사키의 조선인 교회 400주년(하). 가톨릭 신문 2010년 8월 1일.

제3부
조선인 순교자와 증거자

제40장. 조선 최초의 순교자 하치칸 호아킨, 1613년

1614년의 전면적인 박해의 서곡은 1612년 쇼군 도쿠가와 히데타다의 명령으로 에도에서 시작되었다. 그리고 다음 해 1613년 8월 16일 오늘날 도쿄 근교인 아사쿠사(淺草) 부근의 토리코에(鳥越)에서 조선 최초의 순교자가 된 하치칸(八官)호아킨(Joaquin 요아킴)이 참수되었다.

조선인 하치칸과 동료 순교자 7인의 목은 판결문과 함께 7일간 밤낮으로 판자에 못 박혀 전시되었다. 그와 다른 두 명은 '타메시기리'라는 참혹한 분시를 당하지는 않았으나 나머지 다섯 명의 순교자들의 유해는 토막토막이 되었다. 하치칸은 순교 주간에 아사쿠사에 묻혔다.

에도의 기리시탄이었던 하치칸 호아킨이 순교하게 된 이유는 이러하다. 슨푸성에서 기리시탄 금제가 발령되고 이에야스의 가신들과 슨푸성 내 시녀들의 개역과 유배 소식이 퍼졌다. 이에야스는 에도와 교토의 기리시탄 색출을 명했고 이에 부교(奉行)는 기리시탄의 실태조사에 나섰다.

프란치스코회의 에도 원장 루이스 소텔로(Luis Sotelo)신부[1]는 조선인 숙주(宿主)[2] 하치칸 호아킨의 집에 머물고 있었다. 그는 방 한 칸을 성당으로 꾸며 극히 신중하게 성사를 집행하고 있었다. 그러나 많은 신

---

1) 루이스 소텔로(Luis Sotelo)신부는 다테 마사무네(利達正宗)와 게이초견구사절(慶長遣歐使節)편을 참조.
2) 숙주(宿主)는 신부의 숙박과 사목을 도와주는 자를 말한다.

자들이 이 집을 드나들게 됨으로 부교3)는 소텔로 신부에게 숙박을 제
공한 집주인을 즉시 부르도록 명령하였다. 집주인 하치칸은 조선인으
로 쿠미노오에(租의 親)4)였다. 부교가 누구의 허가로 신부를 집에 들여
숙식을 제공하였느냐고 묻자 하치칸은 사도 도노(佐渡殿 Sado dono)5)의
허락으로 그 일을 하게 되었다고 대답했다. 사도 도노는 이에야스의 옛
가신으로, 후계자인 히데타다의 가정교사(Tutor)겸 비서였던 고츠게 도
노(Kozuke dono)의 부친이었다. 부교는 입을 닫고 아무 말도 덧붙이지
않은 채 하치칸을 자신의 자택에 감금하도록 명령했다.

이를 알아보기 위해 부교는 사도 도노를 만나러 갔고, 신부를 하치
칸의 집에 머물게 해도 된다는 허락을 하치칸에게 해주었는지를 물었
다. 사도 도노는 "하치칸이 우라가와에 있던 신부가 병이 들어 자신의
집으로 모셔와 그를 치료할 수 있도록 나의 허락을 청했기에 그것을

---

3) 부교(奉行)는 에도의 통치자를 말한다.
4) 쿠미노오에(租의 親) 신심회의 단체장을 말한다.
5) 사도 도노(佐渡殿)의 이름은 혼다 마사노부(本多正信)로서 별명(別名)은 혼다
   사도(本多佐渡)이다. 그래서 사도 도노(佐渡殿)로 불렸다. 아들은 혼다 마사즈
   미(本多正純)로서 상야개(上野介 고츠게 노스케)라는 관위(官位)를 가지고 있
   었다. 따라서 고츠게도노(上野澱)라고 불렸다. 마사즈미는 어린 시절부터 도쿠
   가와 이에야스를 가까이 모셨고 아버지 마사노부와 함께 이에야스의 신임을
   바탕으로 승승장구했다. 마사즈미는 세키가하라 전투와 오사카 겨울 전투에서
   난공불락의 오사카성의 함락에 큰 공을 세워 도요토미 가문을 멸망시키는데
   큰 공을 세웠다. 세키가하라 전투 후 고츠케노카미(上野守)에 서임되었다. 1616
   년 이에야스가 죽고 2개월 후 아버지 마사노부도 죽었다. 에도와 슨푸 이원정
   치가 끝나고 마사즈미는 에도성으로 옮겨 로쥬(老中 막부의 정무를 총괄하는
   직책)에 취임했다. 그러나 '우츠노미야 츠리덴죠 사건(宇都宮釣 天井事件)'-히
   데타다 암살음모에 휘말려 실각하고 유배되어 명예를 회복하지 못한 채 사망
   했다. 박양자 수녀의 저서 『일본기리시탄 순교사와 조선인』에서는 우에노도노
   (上野澱)로 표기되어 있다.

허가했다."고 말했다. 부교는 하치칸이 도노의 허락을 구실로 삼아 자신의 집을 테라(교회 ᄒ)로 만들었고 매주 일요일에 신자들이 그곳에서 모여 설교를 듣고 신자가 되며, 보다 많은 배교자들이 자신들의 신앙으로 되돌아갔는데 이 모두가 사도 도노 당신 때문이며, 이것으로 인해 우에사마(上樣)6)가 몹시 진노하고 있다고 말했다. 사도 도노는 이 일로 인해 쇼군 히데타다가 몹시 진노하고 있다는 말에 마음이 매우 상했고 매우 화가나 "그 조선인은 매우 사악한 사람이고 사기꾼이다. 지금까지 나는 그를 착하고 정직한 사람으로 여겨 그를 좋아했으나 그가 나를 속였으므로 그로 하여금 그의 사악함에 대한 대가를 치르게 하겠다."고 말했다.

하치칸은 4년 전에 천주교로 개종했는데 그의 개종은 다음과 같이 이루어졌다. 하치칸은 주님의 뜻에 의해 마음의 변화를 일으켜 하루는 에도에 있는 성프란치스코 수도원으로 갔다 그곳에서 매우 성스러운 신앙심을 가진 알론소 데 라 마드레 데 디오스(Alonso de la Madre de Dios) 신부를 만났고 신부와의 대화 중 그는 일본인이나 중국인이 아니며 중국에 접경하고 있는 조선 왕국으로부터 온 사람이라고 밝혔다. 알론소 신부는 그를 구원해주길 간절히 원했으나 그는 거의 일본말을 할 수 없었고 성당 내에 그의 언어를 아는 사람이 없었으므로 그 일은 더 이상의 진전 없이 그대로 남겨졌다.

알론소 신부는 미야코(京都)로 옮겨갔고, 그 후 에도로 다시 왔을 때 하치칸은 신부를 또다시 만나게 되었다. 그는 신부에게 천주교 신자가 되고 싶다고 간청했다. 그는 이미 마을의 한 천주교인으로부터 천주교 교리에 관하여 설명을 들었고, 신앙에 관해 배웠다. 하치칸의 부인 역시 천주교인이 되기를 소망했다. 알론소 신부는 매우 기뻐하며 그에게

---

6) 우에사마(上樣 상진): 높은 주인을 의미하며 여기에서는 도쿠가와 히데타다를 말한다.

는 요아킴이라는 세례명으로, 그의 부인에게는 안나라는 세례명으로 세례를 주었다. 알론소 신부는 착하고 나이든 하치칸이 세례를 받고 기뻐 어찌할 바를 몰라했으며, 일상생활에서도 헌신적이고 선하게 살고 있어 수일 전에 세례를 받은 사람이라기보다는 아주 오래전부터 천주교인이었던 것처럼 보인다고 말했다. 신중한 그는 세례를 받은 지 4년밖에 되지 않았으나 주위의 모든 그리스도인들의 존경을 받았으며 모든 면에서 성인처럼 살았다.

그리고 성당이 파괴되고 신부들이 에도로부터 내쫓겨서 아무도 그들을 돌보려고 하지 않았을 때 하치칸은 신부를 맞아들여 깊은 사랑으로 그들을 보살폈다. 그리고 그의 집을 미사를 들이기에 매우 알맞은 장소로, 그리고 교인들이 발각되지 않고 미사에 참여할 수 있도록 조성했다. 그는 신앙을 받아들인 후 4년밖에 살지 못했으나 결코 잊지 못할 은총을 소중히 하고 감사히 여겼다.

부교는 하치칸이 자신의 집에 감금되어 있음을 그 거리에 사는 모든 사람들에게 알리도록 지시했다. 그리고 한 오토나(大人)[7]는 그에게 경비를 세웠고, 모든 오토나들에게는 각자의 마을에 있는 모든 천주교인들을 조사해 그들의 명단을 가져올 것을 명령하는 방들을 모든 거리에 붙이게 했다. 그들은 면밀하게 조사를 했고 많은 사람들이 누락되었지만 3천 7백 명 이상이 적발되었고 그 명단은 공정치 못한 재판관에게로 넘겨졌다.

부교는 1613년 8월 16일 금요일 10시에서 11시 사이에 하치칸 요하킴과 루이스 소텔로 신부 그리고 중국인의 아들인 그의 전도사 이타쿠라(析倉) 라우렌시오를 잡아들이라고 명령했다.[8] 그들은 곧 어떤 일이

7) 오토나(大人)는 장교를 뜻하는 일본어로 여기서는 부교의 부하 대장 정도를 의미한다.

일어날지를 예상했고 눈물을 흘리며 제단 앞에서 기도했다. 그들은 무장한 병사 15명에 의해 곧바로 감옥으로 연행되었다. 감옥에는 이미 6명이 갇혀 있었고 곧이어 지도자이며 선봉인 사사다(笹田) 미겔이 잡혀왔다.

이들 여덟 명은 말에 태워져 시내 여러 곳으로 끌려다닌 후, 시내 밖의 토리코라는 곳으로 끌려갔다. 그곳에는 이 광경을 보러 많은 사람들이 몰려들었다. 말에서 내려진 성스러운 순교자들은 땅에 무릎을 꿇고 각자 하느님께 최대의 감사를 드렸다. 그 후 그들은 참수되었다. 다음과 같은 판결문과 함께 순교자들의 성스러운 머리는 7일 동안 판자에 못 박혀 있었다.

> "이자들은 천황의 명령을 거역했고, 조상들의 법을 어겼으며 게다가 종교단체의 우두머리들이었으므로 이 같은 방법으로 처벌을 받는다. 음력 7월 1일(양력 8월 22일)."

병사들은 선고문 옆의 8개의 머리를 7일간 밤낮으로 감시했다. 감시인들의 우두머리는 천주교 신자였다. 그는 비록 굴복했으나 신앙을 지키고 있었고 머리를 되돌려 주겠다고 약속했다. 교인들은 하치칸의 시신을 요구했고 몸의 나머지 부분들을 수습해 아사쿠사(淺草)의 병원 안에 묻었다. 이리하여 하치칸 요아킴은 조선인으로서는 첫 순교의 영광을 받게 되었다.

---

8) 루이스 소텔로 신부도 하치칸이 체포될 당시 같이 체포되었으나 센다이 번주 다테 마사무네가 도쿠가와 이에야스에게 구명 청원함으로써 풀려나 마사무네의 게이초견구사절의 정사로 유럽에 파견되었다.

제41장. 아리마 궁의 조선 여인 막시마, 1613년

1612년 6월 아리마 하루노부(有馬晴信)가 오카모토 다이하치(岡本大八) 수뢰 사건으로 처형을 당하자 아리마 영지의 소유권은 하루노부의 장남 나오즈미(直純) 미겔(미카엘)에게 넘어갔다. 나오즈미는 고니시 유키나가의 형 조세이(如淸)의 딸이었던 마르타와 이혼하고 이에야스의 증손녀 쿠니히메(國姬)와 재혼했으며, 어린 두 이복동생들을 살해했다.

이에야스로부터 참수당한 아버지의 영지 소유권을 인정받은 나오즈미는 이에야스의 명에 따라 가톨릭을 버리고 불교로 개종했다. 아리마로 내려오자 가톨릭을 금지하고 박해했으며 영내의 가톨릭 신자들에게 배교를 강요했다. 가톨릭 신자인 숙부와 선교사를 추방하고 교회를 파괴하는 등 기리시탄의 박해자로 변했다. 추방으로 시작되었던 박해는 결국 사형집행으로 끝맺게 되었다.

아리마 나오즈미-쿠니히메 영주 부부는 천주교 신자들이 박해로 형벌이나 죽음을 무서워하기는 고사하고 도리어 이를 바라고 있다는 사실을 잘 알고 있었다. 그리하여 1613년 당시 일본에서 고명하다는 승려 판즈이 하쿠도(幡隨意自道)라는 정토종(淨土宗) 승려를 에도에서 아리마로 모셔왔고 영지를 불교화해서 천주교를 말살하고자 하였다.

승려가 아리마에 도착했을 때 천주교 신자들은 양심에 거스르지 않았고 영주에 대한 의무도 소홀하지 않았기 때문에 당당한 태도를 취했으며 많은 사람들은 그를 영접하러 가지도 않았다. 영주의 명령으로 영접 나간 영민(領民)들도 자신들이 그리스도 신자라는 징표로 손에는 묵주를, 목에는 십자가 목걸이를 걸고 있었다. 사찰 건립이 시작되었을 때도 목공들이 일을 하지 않았기 때문에 할 수 없이 외지에서 목공을 데려올 수밖에 없었다. 영민 모두에게는 그의 설교에 참석하도록 명령이 내려졌다. 그러나 그 설교에 참석했던 몇몇의 사람들조차도 그의 설교를 듣기보다는, 거리의 소년들이 했던 것처럼, 승려를 비웃고 조롱하기 위해 강연에 참석하였다. 승려는 처음으로 겪는 이와 같은 상황에 대해 곤혹스러워했고, 자신에게 거의 존경을 보여주지 않는 것에 대해 불만을 나타냈다. 이러한 불만에 앞서 나오즈미 도노(殿)는 그리스도교의 우두머리는 산채로 화형에 처할 것이라는 명령을 함으로써 그리스도교 신자는 엄중한 처벌을 받을 것이라는 징후를 보였다.

재혼한 부인 쿠니히메도 아리마 성안의 기리시탄들을 박해했다. 그녀는 승려에게 자신이 얼마나 호의를 베풀려고 하는지 보여주고자 했다. 그를 성으로 초대해 자신의 면전에서 성내에 있는 그리스도교 신자 신하들과 시녀들에게 불교의 염주를 나누어 주고자 했다. 비록 강제적이지만 적어도 시녀들만이라도 염주를 받기를 원했지만, 승려의 손에서 염주를 갖고자 하는 사람은 아무도 없었으며 손에 염주가 놓이더라도 그들은 그것들을 곧 땅에 버렸다.

아리마 궁에는 임진왜란 당시 포로로 잡혀가 궁녀가 된 막시마(Maxima 막센시아)라는 조선 여인이 있었다. 막시마는 쿠니히메의 시녀였다. 시녀 막시마는 분노에 차 땅에 떨어진 염주를 주워 승려의 얼굴에 던졌다. 승려는 매우 곤혹스러웠고, 그를 불렀던 쿠니히메는 매우 격분했다.

막시마에 관한 기록은 순교한 선교사 세바스티안 비에이라(Sebestian

Vieira S.J.) 신부가 나가사키에서 클라우디오 아쿠아비바(Claudio Aquaviva) 예수회 총장에게 보낸 1614년 3월 16일자 편지에 잘 나타나 있다.

"그녀의 하인들이 불교의 염주를 받지 않자 그들의 천주교 묵주를 빼앗도록 명령했다. 그들이 빼앗기려고 하지 않자 부인은 완력으로 빼앗도록 부관에게 명령했다. 부관은 자신은 묵주의 탈취자가 아니라고 대답하며 이를 거절했다. 승려와 연관된 곤란한 일로 그녀는 진저리가 났다. 그녀는 할 수 없이 많은 호의를 베풀고 선물을 주며 승려를 보냈다.

그리스도 신자의 새로운 박해자인 왕녀는 조선인 막시마에 대해 크게 분노했다. 막시마를 성안에 있는 탑에 가두고 밧줄로 돌기둥에 묶어 움직일 수 없게 했으며, 목숨이 끊어져도 상관없으니 신앙을 포기할 때까지 먹을 것과 마실 것을 주지 말도록 지시했다.

탑 속에 감금되어 있던 막시마에게 이교도 여인들을 보내 회유했으나 아무 소용이 없었다. 막시마가 1주일 동안 이러한 고통을 겪게 되었을 때, 그들은 자연스러운 동정심에서 막시마를 풀어주었다. 이 기간 동안 막시마의 유일한 위안은 기도와 하느님의 사랑으로 인해 자신이 이러한 상태에 놓여 있음을 상기하는 일이었다.

주님은 결코 그녀를 저버리지 않았다. 그녀가 심하게 목말랐을 때 갑자기 비가 내려 종이 몇 장으로 그녀의 입술을 적실 수 있었다. 그러나 계속 목이 마를 때 그녀는 그곳에 있었던 조개껍질에 빗물을 모아 마셨는데, 그것은 매우 써서 그리스도가 십자가상에서 마셨던 식초를 생각하지 않을 수 없었다. 이러한 일로 그녀는 크게 위안을 얻었고 감옥에서 지냈던 12일 동안 먹지 않고 마시지 않았으나 더 이상 배고프거나 목마르지 않았다고 한다.

밤중에는 고귀한 부인들이 나타나 먹을 것을 주어 그녀를 지탱하게 하였다고 증언했다. 이것은 하늘로부터 온 음식임에 틀림이 없었다. 왜냐하면 그녀는 실로 천사의 향연에 참가했던 사람처럼 건강하고 혈색이 좋은 상태로 당당하게 감옥으로부터 나왔기 때문이다. 이는 그녀를 보았던 도노나 다른 사람들, 심지어는 배교자까지도 부정할 수 없는 사실이었다. 그들은 자신들의 의지에 반해 이 사실을 고백했으며, 이러한 놀라운 사실이 진실임을 말하지 않을 수 없었다. 그리스도 신앙은 강한 신비를 간직하고 있으며 많은 성인과 순교자에 대해 말해지는 것들이 진실임을, 즉 오래도록 음식을 먹지 않고도 건강히 지낼 수가 있음이 진실이라는 사실을 말하지 않을 수 없었다.

일이 이렇게 진행되었음에도 불구하고 박해자들은 막시마에 대한 학대를 멈추지 않았다. 그러나 그녀가 항상 처음처럼 일관됨을 고수하자 도노는 관리들 중 한 사람에게 그녀를 이첩하도록 명령했다. 막시마는 그 관리의 집에서 세속을 떠났다는 징표로 머리를 잘랐으며 누더기옷을 입었다. 그녀는 가난하나 덕을 실천하며 모두에게 교화와 표양을 보이며 살아가고 있다."

나오즈미 미겔은 영내의 기리시탄 무사와 신자들을 박해하고 처형했다. 그러나 순교를 영광으로 생각하는 신자들로 인해 그의 아리마 영지 내에서는 순교가 계속되자, 궁극에는 막부에 영지를 바꾸어 줄 것을 스스로 청해 1614년 8월 휴가(日向)로 이봉하였다.

제42장. 구치노츠의 대순교:
코라이 미겔과 베드로 진구로, 1614년

시마바라 반도의 남단에 위치한 구치노츠(口之津)는 기리시탄 다이묘 아리마 하루노부(有馬晴信)의 영지로서 일찍부터 그리스도교가 전파되어 있던 곳이다. 1562년 아르메이다 수사가 초대되어 교회[1]가 세워졌고, 1579년에는 발리냐노 순찰사가 이곳에 도착해 제1차 선교사 회의가 개최된 곳이다. 그런데 그의 아들 나오즈미(直純) 미겔은 가톨릭을 버리고 불교로 개종하여 그리스도교를 탄압했다. 그러나 영민(領民)들의 신앙이 더욱 열렬해져 자신의 마음대로 되지 않자 결국 나오즈미는 막부에 영지 변경을 자청하여 1614년 8월 아리마를 떠나 휴가 노베오카(日向延岡)[2]로 영지를 변경(移封)했다.

아리마는 나가사키의 부교 하세가와 사효에(長谷川左兵衛)[3]의 지배 아래 놓이게 되었다. 그는 에도 막부의 파테렌 추방령에 따라 1614년 11월 7일과 8일 이틀에 걸쳐 서양 선교사와 일본의 천주교 지도자들을 마카오와 마닐라로 추방했다. 그리고 나가사키 교회들을 거의 파괴한

---

1) 현 옥봉사 터.
2) 현 미야자키(宮崎).
3) 도쿠가와 이에야스의 애첩 오나츠노가타(御夏)의 오빠로 본명은 하세가와 후지히로(長谷川藤廣(1567~1617년)이다. 나가사키의 부교로 가톨릭 신자의 감시를 철저히 했다. 나오즈미 이후 아리마의 지배권을 얻었으며 오사카 여름 전투 이후 사카이 부교와 쇼도지마 다이칸도 겸했다.

후 아리마로 탄압을 확대했다. 아리마의 그리스도교 탄압이 시작되면서 구치노츠로 박해가 확대되었다. 하세가와는 동생 곤자에몬 로쿠(權左衛門六)을 보내 박해를 시작했다. 이 박해로 1614년 11월 22일과 23일 이틀 동안 22명의 순교자가 발생했는데, 이를 '구치노츠의 대순교'라고 한다.

구치노츠 순교자 중에는 두 조선인이 포함되어 있었다. 한 사람은 코라이(高麗) 미겔(Corai Miguel, 미카엘), 다른 한 사람은 베드로 진구로(Corai Pedro)로 두 사람 모두 농부였으며 11월 22일 같은 날, 같은 장소에서 순교하였다. 이 두 조선인 순교자에 관한 기록은 카를로스 스피놀라 신부가 1615년 3월 18일 나가사키에서 예수회 총장 클라우디오 아쿠아비바 신부에게 보낸 편지[4]에 잘 나타나 있다.

편지의 첫머리는 사효에 도노(殿)가 1614년 11월 21일 금요일 밤 아리마에서 천주교인들의 처형을 완전히 끝낸 후 구치노츠로 돌아와 그의 방식대로 구치노츠의 신자들도 설득시킬 수 있을지 알아보기 위해 마을의 촌장에게 자신의 병사를 보냈음을 기록하고 있다. 다음 날 22일 토요일 아침부터 마을 신자들에게 엄청난 박해를 가했음을 자세히 기록하고 있는데 그들이 가하는 고문은 가히 상상을 초월하는 정도였다.

"그렇게나 심한 고문에도 영광스러운 승리를 얻은 사람의 이름은 조선 출신의 미겔과 베드로였다."라는 문장으로 그들의 영광스러운 행적을 기록해두고 있다. 스피놀라 신부의 또 다른 편지에서는 순교 직전에 행한 미겔의 이적을 기록하고 있으며, 히론 신부의 편지에서도 이 사실이 확인되고 있다.

---

4) Juan Ruiz-de-Medina S. J. 『The Catholic Church in Korea. Its Origins 1566-1784』 English translation-Instituto Storico S. I.- Roma 1991, pp.248~253.

17세기 스페인의 극작가 로페·데·베가의 작품『일본 왕국에서의 신앙의 승리』에서 1614년 일본의 천주교 박해 중 조선인 미겔 데 꼬레아(Miguel de Corea)와 베드로 데 꼬레아(Pedro de Corea)라는 두 조선인의 구치노츠에서의 순교를 묘사하고 있다5). 우리의 역사 속에서는 전혀 기억되고 있지 않은 두 조선인이 오히려 스페인의 문학작품 속에서 묘사되고 있다. 이는 비록 조선에서의 직접적인 복음의 전파는 아니나 일본에서 열절하게 신앙의 증거에 앞장섰던 조선인이 있었으며, 외국에서 그들의 높은 신앙심을 기리고 있음을 보여주는 증거라고 생각된다.

- 코라이 미겔(Miguel 미카엘)

구치노츠(口之津)에서 결혼하여 살고 있는 미겔은 48세 된 조선 태생으로서, 임진왜란 당시 나가사키에 끌려 온 전쟁포로였다. 구치노츠 박해 때 그는 학춤 고문 등 모든 고문을 다 겪었으며, 두 통나무 사이에서 그의 다리는 눌려 으스러졌으나 그는 모든 사람들 앞에서 "나는 조선인 미겔이다. 천주께서 나에게 베푸신 이러한 은총에 깊이 감사드린다."고 말했다. 발목이 절단되었고 옥봉사의 10미터나 되는 계단 밑으로 밀어 굴러떨어져 숨을 거둔 후 다시 목이 잘리고 몸은 갈기갈기 토막 내어졌다.

미겔은 임진왜란 이듬해 포로가 되어 나가사키로 와서 세례를 받았고 이후 굳은 신앙심을 보였다. 그는 조선으로 다시 보내져 전쟁에 참가했고, 전쟁 중 조선으로 도망칠 수도 있었으나 그렇게 하지 않았다.

---

5) 박철.『예수회 신부 세스뻬데스-한국 방문 최초 서구인』서강대학교 출판부, 1987년, 92쪽. 박철은 그의 저서에서 17세기 스페인의 극작가 로페. 데. 베가의 작품『일본 왕국에서 신앙의 승리』속에서 이 두 순교자에 대해 묘사되어 있음을 새로이 발견했다고 하였다.

그 이유는 포로로 일본에 잡혀와 노예 생활을 하고 있는 누이를 구출하기 위해서였다. 그는 다시 일본으로 돌아와서 함께 끌려와 노예가 된 누이를 구하기 위해 몇 년간을 봉사했다. 그는 한평생을 언제나 겸손하게 행동했으므로 모든 이들이 그를 천주교인의 표상으로 생각했다.

그는 구치노츠에서 결혼했고 그가 결혼함으로써, 주님께서 그에게 예전과 같은 큰 은총을 베풀지 않는다고 그의 부인에게 종종 말했다. 당시 구치노츠에는 신부님이 계시지 않았으므로 밤에 신부님이 살고 계시는 카츠사(加津佐)로 가곤 하였다. 그는 가난했고 노동으로 생계를 유지했으므로 낮에는 그곳으로 갈 시간이 없었다. 주님은 그를 위해 그의 길을 별로서 밝혀주셨으니 그는 전혀 두려움 없이 그곳 카츠사로 왕래할 수 있었다. 그러나 결혼 후에는 더 이상 별을 볼 수 없었기 때문에 부인에게 그렇게 말했던 것이다.

그럼에도 불구하고 그는 밤에 자주 공경할 부인이나 때로는 천사들을 보았다고 부인에게 말했다. 그리고 이 사실을 다른 사람들에게 말하면 안 된다고 당부했다. 그는 단지 부인이 열절한 신자가 되도록 하기 위해 그녀에게 말했던 것이다.

미겔은 비록 그 자신이 실로 매우 가난했지만 더 가난한 자들에게 큰 자비를 베풀었다. 그는 그들에게 돈이나 선물을 줄 수 없었기 때문에 자신이 금식하는 날인 금요일과 토요일 오후 일할 때 그에게 주어지는 음식을 가난한 이들에게 나누어 주었다. 그리고 자주 나병 환자들을 어떤 거리낌도 없이 집으로 초대해서 그의 곁 불 앞에 앉히고 그들에게 따뜻한 물을 대접했다. 왜냐하면 그것이 그가 그들에게 줄 수 있는 모든 것이었기 때문이다. "두려워하지 마십시오, 우리 모두는 형제들입니다. 내가 만일 당신과 같은 병에 걸렸다면, 나도 당신들 중 한 사람과

똑같을 것입니다."라고 그들에게 말했다

그리고 미겔은 순교에 대한 갈망이 컸다. 아리마에서 박해가 시작되자마자 그는 순교에 대해 진지하게 준비했다. 그가 순교하기 6개월 전에 박해에 대한 영적인 힘을 얻기 위해 성령의 결사(Confraternity of Holy Spirit)에 입회를 요청했다. '성령의 결사' 회원이 된 후 그는 부인에게 딴 방을 사용하도록 진지하게 부탁했고, 부인은 그 제안에 동의했다. 부인은 남편이 그의 가슴속에 성령의 선물인 새로운 열정을 느꼈다고 말했다.

사효에 도노가 그의 병사들과 함께 구츠노츠에 도착하기 하루 전 미겔은 그의 부인과 장모 그리고 누이에게 그의 꿈속에서 아름답고 존귀한 부인을 보았으며, 그녀는 천주교인들을 박해하기 위해 오고 있는 병사들을 태운 배가 곧 도착할 것이므로 준비하라 이르고, 그는 순교할 것이라고 말했다. 배가 도착하고 있다는 소리를 들었을 때 그는 곧 큰 기쁨에 차 외치기 시작했다. "지금이 축제이다. 내일도 우리는 잔치를 계속할 것이다(Now is the Jubilee, Tomorrow We shall keep the Feast)."

그리고 그때부터 자신을 순교자로 생각했고, 그를 위해 자신의 목숨을 내려놓는 큰 호의를 그에게 허락하신 천주께 감사함을 결코 잊지 않았다. 그리고 그는 "그 배들은 우리들에게 좋은 것(善)을 가져오기 위해 천주께서 보내신 것입니다. 병사들을 두려워하거나, 증오할 필요가 없습니다. 오히려 우리는 그들을 사랑하고 환대해야 합니다."라고 말했다.

미겔의 '밀알의 기적(The Miracle of the Ears of Wheat)'

순교자 미겔이 순교 직전에 행한 이적(異蹟)에 관한 이야기는 두 신부의 편지6)에 기록되어 있다. 한 편지는 1615년 3월 25일 스피놀라 신부가 나가사키에서 예수회 총장 아쿠아비바에게 보낸 편지이며, 다른 편지는 베르나르디오 데 아빌라 히론(Bernardio de Avia Giron) 신부의 1615년 수취인 불명의 편지이다.

미겔은 관리들이 구치노츠에 와서 박해가 일어나고 그때 자신은 붙잡혀 죽게 될 것임을 예지하고 있었다고 한다. 미겔은 순교하기 전 집안에 먹을 것을 저장해두기 위해 약간의 밀을 심었는데, 집에는 너무 먹을 것이 없었기 때문에 어떤 이는 그의 입안에 든 밀을 꺼내 모아 심었다고 하였다. 그는 철이 지났음에도 불구하고 밀을 심었다. 아내가 이상히 생각하고 "제 철도 아닌데 어째서 밀을 심는지요?"고 묻자 그는 자신이 수난을 겪을 것을 예언이라도 하듯 "나를 위해서가 아니라 당신들 모두를 위해서 밀을 심는 것이다."라고 대답했다.

이 밀은 늦게 씨가 뿌려져서 보통보다 한 달 이상 늦게 싹이 트게 되는데, 그해 1월 5일에 4횡지(손가락 하나의 폭) 이상 자라, 눈이 오고 얼음이 어는 추운 겨울임에도 이삭이 나와 꽃이 피었다. 반면 훨씬 그 전에 심은 다른 밀들은 아직 푸르고 약간 정도 자라 겨우 3~4인치 정도에 불과했다고 한다.

히론 신부가 쓴 편지의 내용은 이러하다.

"미겔은 순교하기 3일 전에 철이 지난 때 밀을 심었는데 다른 밭의 밀은 아직 조금 밖에 올라오지 않았는데 반해 그 밀은 순교 후 50일이 되는 12월 28일 하룻밤 사이에 자라 이삭을 맺었다. 밀 알은 익어가고 있었으며 만일 천주교 신자들과 이교도들이 그것들 모두를 거두어들이지 않았다면 확실히 익었을 것이다. 이삭은 이

6) 앞의 Juan Ruin-de-Medina의 같은 책, pp.253~255.

도시(나가사키)로 가져 왔고 1615년 1월 6일에 자신도 그것을 보았으며 당시 이삭은 이미 익어 있었다.

이삭은 익어가고 있었고 이 기적의 소식이 알려지자 사람들은 기적의 밀알 이삭을 가져갔다. 그곳에 오는 천주교 신자들과 이교도들이 따지 않았다면 익어 갈 것이 분명했다. 그러나 이 사건은 그 전 일본에서는 들어본 적이 없는 매우 특별한 사건이었으므로 기적의 밀알을 고향으로 가져가는 것을 막을 수 없었다. 그리고 첫 번째 이삭을 다 따내었을 때, 두 번째, 세 번째 이삭이 나왔다.

다음 날 나는 보리나 밀의 이삭이 어느 곳에 있는지를 알아보기 위해 들판으로 나갔고 여러 곳을 둘러보았지만, 어떤 이삭도 그리고 이삭이 나오려는 징조도 발견하지 못했다. 후에 구치노츠에서 이삭 하나를 누가 보내주어 기적의 유물로 그것을 조심스럽게 보관하고 있다.

이와 관련하여 아주 확실한 것은 전날 순교한 미겔의 부인이 밭에서 어린 자녀와 함께 슬퍼하고 있을 때 밭에 있던 밀은 아직 자라지 않아 익지도 않았다. 다음 날 사람들이 와서 밀이 익었다고 그녀에게 말했을 때 그녀는 믿지 않았다. 그러나 사람들은 그것을 보았고, 그녀에게 그 이삭을 가져다주었다는 것이다.

이 기적으로 천주교 신자들은 큰 용기를 얻었다. 우리의 주님께서는 이러한 방법으로 박해의 얼음과 눈 속에서 순교자의 피를 통해 우리들에게 말씀하고 계신다고 믿었다. 일본에서 그리스도교는 점차로 자라나고 있다. 순교자의 이삭은 더 많이 잘릴수록 항상 더 많이, 백 배 이상으로 자라날 것이다."

- 베드로 진구로(Pedro 甚九郎)

조선 출신의 베드로 진구로는 38세로 구치노츠에 정착해 결혼도 하고 잘 살고 있었다. 그러나 구치노츠 박해 당시 병사들은 그의 다리에 주리를 튼 후, 땅으로 거꾸로 내동댕이치고, 그의 허리에 큰 돌을 올려놓았다. 그는 계속해서 성스러운 예수님의 이름을 불렀고, 결코 굴복하지 않을 것이라고 담대하게 선언하자, 그들은 망치로 입을 내리쳐 그의 입술을 으깨었다. 그럼에도 불구하고 굴복하지 않자 "항복하라."고 소리치며 그의 어깨를 칼로 난도질했다. "그러한 일은 결코 없을 것이다."라고 그가 말하자 그들은 그의 머리를 자르고 몸을 토막 내었다.

베드로는 임진왜란 당시 열세 살 때 전쟁포로로 끌려왔다. 17년간 이교도들 사이에서 서른 살까지 노예 생활을 하면서 많은 고난을 겪었다. 그리고 구치노츠로 와서 천주교인이 되었고, 항상 선한 생활을 하여 모두에게 모범이 되었다. 3년 전 박해가 시작되자 순교를 갈망했다.

구치노츠의 우두머리들이 사효에 도노에게 보여주려고 집을 가진 천주교인들을 등록할 때, 그들은 페드로가 집을 갖지 않았고 단지 집을 임대했으므로 그 명단에 포함시키지 않았다.

그는 이 소식을 듣자 매우 슬퍼했고, 순교자가 되기를 원하지 않았던 집주인 대신에 자신을 명부에 올려주도록 간절하게 청했다. 모든 이들이 이것은 천주께서 베드로에게 베푸는 특별한 은총이라고 말했다. 베드로는 이미 자신이 순교자라고 간주했고 모든 일에서 손을 떼고 순교 준비를 위해 밤낮으로 시간을 보냈다. 그 이전부터 그는 1주일에 3일 금식을 하고 두 번 설교를 듣는 습관이 되어있었다.

순교하기 전날 밤, 베드로와 그의 친구가 그들 자신을 하느님께 맡기는 동안, 베드로는 성모님이 자신에게 나타났으며, 그것이 그에게는 큰 위안이 되었고, 그가 순교자가 될 것이라 확신했으며, 그의 친구 또한 똑같이 순교를 위해 준비해야 한다고 말했다.

다음 날 아침 그는 맨 처음 순교의 장소에 도착했고 그의 얼굴은 기쁨에 가득 차 있음을 볼 수 있었다. 구치노츠의 순교자에 의해 행해진 그들 생명의 헌신에 대해 천주께서 얼마나 기꺼워하시는지를 보여주기 위해, 천주는 옛날 몇몇 순교자들을 영광스럽게 하셨던 것처럼, 그들의 피 뿌린 순교 장소 위로 하늘로부터 왔을 것으로 보이는 빛과 광채로 그들을 영광스럽게 하셨다. 어떤 때는 그것이 별과 같았고, 또 다른 때는 큰 불덩이 같았는데 그것은 많은 작은 불덩이로 갈라졌다. 별들은 순교자 아카호시 호르헤(Jorge)의 머리가 잘린 곳으로 내려오는 것 같았다. 그리고 이 빛들은 아래로 내려왔다가 다시 올라가 사라졌다. 이 빛들은 특히 순교일이었던 토요일과 일요일에 다른 사람들에 의해서도 보였다. 그리고 성탄절 밤에는 매우 특이하게 비가 많이 내렸는데도 큰 광채가 나타났다.

이 기적으로 신자들은 순교자의 성스러운 행동을 더욱 존경하게 되었고, 순교의 월계관에 대한 자신들의 갈망을 더욱 키우게 되었다. 왜냐하면 하느님께서는 하늘에서 주시는 영광을 이 땅에서까지도 보여주시며, 당신의 성스러운 이름을 위해 고통을 받는 모든 이에게 이 영광을 주실 것임을 그들이 알았기 때문이다.

제43장. 벙어리 마누엘, 1614년

1614년 2월 스루가(駿河)에서 도쿠가와 이에야스에 의해 천주교인에 대한 잔인한 박해가 시작되었다. 성목요일인 3월 27일 스루가의 부교인 히코사카 큐뵤에(彦坂久兵衛)는 그곳의 행정관에게 기리시탄 명단에 있는 신자들을 소환토록 했고 그들 모두 신앙을 버리도록 요구했다. 그러나 그들 대부분이 신앙에 대한 믿음이 매우 강하다는 사실을 알게 되자 그들을 체포하도록 명령했다. 그러나 그에게 간청한 친구와 친척들의 중재를 통해 대다수의 많은 신자들이 풀려났고, 귀머거리이며 벙어리인 마누엘(Manuel)을 포함해 단지 4명만이 남겨졌다. 마침내 그들은 마누엘도 귀머거리이고 벙어리라는 이유로 또한 풀어주었다.

마누엘은 그의 믿음 때문에 체포되었으나 그 후에 풀려났다. 신앙을 고백한 세 사람은 스루가에서 손가락과 다리의 힘줄이 잘렸는데, 그들은 나가사키에 살고 있으며 마누엘과 함께 많은 일을 같이 한 사이라 그에 대한 많은 이야기를 들려주었다.

마누엘은 스루가(駿河) 출신으로 태어날 때부터 귀머거리였고 벙어리였다 그의 부모는 임진왜란 때 포로가 되었고, 일본에서는 다다미를 만드는 직업을 가진 가난한 조선인이었다. 부모는 우상 숭배자(idolators)였고 어린 시절의 마누엘도 부모와 같은 믿음을 가졌다.

마누엘이 20세가 되었을 때 다다미 직공으로 스루가에서 에도 (江戸)로 갔으며 프란치스코회 성당 근처에 기거하게 되었다. 그는 천주교 성당이 근처에 있는 것을 알게 돼 매일 아침 미사에 참석하게 되었다. 그는 비록 들을 수 없고 말할 수도 없었으나 그의 탁월한 판단력으로 기리시탄과 이교도의 생활의 차이를 깨닫게 되었다. 몸짓으로 많은 사람들과 대화를 나누었고 그들이 흠숭하는 하느님의 선한 생각이 더욱 명확하게 되었다. 그는 몸짓을 통해 표현하고 다른 교인들이 그에게 이야기해줬던 것을 이해함으로써 천주교를 이해하게 되어 마침내 신자가 되고 싶다는 뜻을 표했다. 몸짓으로 교리를 익힌 후 기쁨과 헌신을 표시하며 세례를 받았다. 이후에는 그리스도인으로서의 모든 관례를 잘 지켰으며 그의 육체적 결함이 이를 행하는데 방해가 되지 않았다. 미사를 결코 빠트린 적이 없고 다른 신자들의 고통을 같이 나누었다.

세례를 받아 신자가 된 후 마누엘은 고향인 스루가로 돌아갔다. 그가 기리시탄이 되었음을 알게 된 부모는 그의 신앙을 버리게 하려고 최선을 다하였다. 그러나 어떠한 실효도 거둘 수 없게 되자 크게 노한 부모는 매정하게 그를 쫓아냈다. 그는 가지고 있던 약간의 돈을 이별의 선물로 부모에게 남기고, 집을 나와 그가 잘 아는 천주교 신자들의 도움에 의존하여 그들과 함께 생활했다.

마누엘에 관한 기록은 후안 로드리게스 히람(Joao Rodrigues Giram S.J.)이 1617년 11월 마카오에서 예수회 총장 무지오 비텔레스치(Muzio Vitelleschi)에 보낸 편지[1]에 기록되어 있다.

---

1) Juan Ruiz-de-Medina S. J. 『The Catholic Church in Korea. Its Origins 1566-1784』 English translation-Instituto Storico S. I.- Roma 1991, pp.255~259.

"천주교인에 대한 도쿠가와 이에야스의 잔인한 박해가 시작되었음을 친구가 마누엘에게 알려주었다. 신자 몇 명이 이로 인해 체포되었음을 안 마누엘은 그들에 돌아가 함께 했다. 어떤 이교도들이 그에게 배교하라고 몸짓으로 신호하자 그는 온몸으로 격렬하게 그러지 않겠노라고 선언했다.

모든 이들의 감탄을 불러일으켰던 것은 체포된 신자들이 관리장의 집으로 끌려갈 때 마누엘이 내내 그들 한가운데 머물러 있어 그를 결코 떼어내지 못한 일이었다. 그의 아버지가 와서 그의 팔과 옷을 잡고, 힘으로 막으려 했으나 그는 주님께서 주시는 더 큰 힘으로 아버지를 밀치고 교인들의 따라 그의 길로 갔다. 그가 체포된 다른 교인들과 함께 관리장의 집으로 끌려갈 때 박해자들은 그를 배교시키기 위해 그가 이해할 수 있는 신호와 몸짓을 시작했다. 그는 열정에 가득 찬 몸짓으로 비록 그들이 자신의 코와 귀와 손가락 그리고 머리를 자르더라도 배교는 하지 않을 것이라고 답했다. 이리하여 그들은 그의 손을 묶고 다른 교인들과 함께 감옥에 가두었다. 2주간 감옥에 갇혀 있었을 때 그의 어머니가 와서 그리스도 신앙을 포기하도록 간청했다. 그는 감옥 깊은 곳에 숨어 더 이상 어머니를 만나보려고 하지 않았다. 결국에 그의 어머니는 어떤 이의 권유로 스루가 부교에게 청원을 하였다. 부교는 그가 날 때부터 귀머거리요 벙어리여서 도쿠가와 쇼군의 명령이 그와 같은 부류의 사람들에게 적용되지 않는 이유로 그를 석방하도록 명령했다.

그와 같은 조처가 내려졌음에도 마누엘은 감옥에서 나가려고 하지 않았다. 하느님의 계율에 따라 자유스럽게 살기 위해 그가 풀려나야 한다는 것을, 묵주와 다른 몸짓의 도움으로, 설명했다. 감옥에서 나온 그는 경제적 상황이 허락하는 한 먹을 것을 가지고 투옥된 이들을 자주 방문했다. 그 당시 그는 기독교 신자들의 가가호호를 방문해 신앙고백을 죽을 때까지 지키도록 몸짓으로 그들의 용기를 북돋웠으며, 그들에게 도움을 청해 감옥에 갇힌 신자들을 헌신적으로 도왔다.

아라이(新居)²)로 가는 중에 스루가에서 천주교인들에게 가해진 박해의 소식을 듣자 그는 모든 것을 제쳐두고 스루가로 갔다. 그들이 몸이 심하게 다친 채 마을의 빈민가에 있는 가난한 나병 환자의 통나무 오두막집에 있음을 발견하고 그는 많은 동정의 눈물을 흘렸다. 그들은 양쪽 손가락이 잘리고 힘줄이 끊어져 길거리에 넘어진 채 방치되었으나 이들을 돌보지 못하도록 금지되어 있었다. 이들은 동네를 기어 다니면서 걸식을 하며 살아가지 않으면 안 되었다. 마누엘은 그곳에서 그들에게 봉사했는데, 그들의 상처를 씻어주고, 헌신적으로 그리고 부지런히 그들을 돌보았으며, 자신이 벌어온 모든 것들을 필요로 하는 다른 신자들과 나누며 지냈다.

그는 기도에 많은 시간을 보냈으며 특히 그리스도의 성화 앞에 무릎을 꿇었을 때 자주 눈물을 흘렸다. 거대한 내적 광채와 하늘로부터의 선물을 받았음이 입증된 이 선량한 사람의 많은 다른 일들에 대해 이야기되고 있다. 그는 현재 약 25세이다."

2) 시즈오카(靜岡) 현 남서쪽 하마나코(濱名湖)호수와 세토 내해(內海)를 나누는 좁은 땅에 위치한 마을.

제44장. 군나이 도마, 1614년

군나이 도마(도메)[1]는 28세가량의 청년으로, 사가(佐賀)에서 세례를 받았고 이어 아내와 부모를 인도해 그들을 세례받게 하였다. 또한 본인은 신앙을 더욱 깊게 하기 위해 신심회(信心會)에 입회했고, 영세받은 지 얼마 되지 않은 젊은이였음에도 불구하고 열절한 신앙 때문에 신심회를 지도하는 회장이 되었다.

1612년에 내려진 도쿠가와 막부의 금교령 이후 박해가 사가까지 미치게 돼 1614년 체포되었다. 체포되어 관리로부터 배교를 강요받고 협박도 받았지만 완강히 거부했기 때문에 사가로부터 추방되었다. 그의 부친도 처음에는 배교를 강력하게 거부했으나 고문을 견디지 못해 배교에 서명하고 말았다. 그러나 곧 배교를 뉘우치고 아들 도마의 권고로 나가사키까지 가서 신부님께 고해성사를 하고 다시금 신앙을 되찾았다.

도마와 그의 아버지는 사가로 되돌아와 아버지가 신앙을 되찾았음을 모두들 앞에 표명했고, 또한 관청에 가서 배교증명서를 되돌려줄 것을 요청했다. 네 번이나 찾아가서 반환을 요구했지만 허사였다. 관장이 반환을 거부하자 그들은 십자가를 짊어지고 사가 시내 거리를 다니면서 신앙을 되찾았음을 밝히고자 했다. 그러나 이러한 실행을 행하기

---

[1] 최석우.『일본교회의 한국인 순교자들』한국교회사의 탐구 II 한국교회사 연구소, 1991년, 40쪽. 군나이 도메로 기록되어 있음.

전 관청에서 배교증명서를 돌려받고 사가 영내에서 추방되었다. 그들은 나가사키로 갔다. 그리고 몹시 궁색해져 신부의 도움과 보호를 받아야만 되었다. 그 후 그들의 생애에 관해 현재 전해지는 것은 아무것도 없다.[2]

---

2) 김옥희·이성일. 『일본 안의 한국인 그리스도교인들』 계성출판사, 1986년, 64~65쪽.

제45장. 조선 승지의 아들 도주쿠 토마스, 1618년

"이번 몬순기[1]에 필리핀에서 10명의 수도자들이 일본으로 왔습니다. 산토 도밍고(Santo Doming)회 소속의 도미니칸스(Dominicans) 4명,[2] 산 프란치스코(San Francisco)회 소속의 프란치스칸스(Franciscans) 3명, 산 아우구스티노(San Agustin)회 소속의 아우구스티니안스(Augustinians) 3명입니다. 모두 사제들인데 한 명은 평수도사(lay-brother)였습니다. 그들 중 산 프란치스코회의 한 사제는 이전에 얼마 동안 일본에 머문 적이 있으나 다른 사제들은 일본에 처음 왔습니다. 그들은 일본어를 잘 할 수 없어, 현재 스페인 일반인으로 속여 이곳에 머무르고 있습니다.

산토 도밍고회의 사제 두명, 리바벨로사(Ribabellosa)와 카노(Cano)는, 우리 예수회에서 오랫동안 키웠고 돌보아 온 조선 출신의 토마스(Tomas)라는 젊은이를 앞세워 조선으로 건너갈 의도를 가지고 왔습니다. 토마스는 조선 유수 가문 출신이었는데[3] 그의 아버지는

---

1) 몬순(monsoon)은 계절풍. 여기서는 계절풍이 부는 우기 장마철을 의미한다.
2) 도미니코회 수사 리바벨로사(Diego de Ribabellosa)와 카노(Juan Bautista Cano) 그리고 후에 순교한 후안 데 산토 도밍고(Juan de Santo Domingo) 그리고 안내자 토마스가 조선 입국을 위해 나가사키에 도착했다.
3) 토마스는 1598년 정유재란 당시 포로가 되어 일본으로 끌려갔으며 아버지는 승지였다고 한다. 그는 노예 상태에서 천주교에 귀의했고 예수회 신부들에 의탁되어 수 년 동안 지도를 받았다. 마닐라로 추방된 후에는 도미니코회 신부들과 친하게 지냈다. 그의 부친이 그의 소식을 알고 일본으로 파견되는 사신 편에 자신의 아들을 데려오도록 부탁했는데 이 사실을 안 도미니코회 신부들은

아들에 관한 소식을 들었습니다. 그래서 지난해(1617) 조선 왕이
일본의 왕에게 사절단을 보낼 때[4] 그는 사절들에게 그의 아들을
조선으로 데리고 올 방법을 찾아보라고 지시했습니다. 그러나 그의
아들이 마닐라에 있다는 것을 알게 되자, 사절들은 그에게 편지를
보내 아버지가 그가 조선으로 돌아오길 학수고대하고 있다고 알렸
습니다.

이 같은 사실을 알게 되자 마닐라의 산토 도밍고회 사제들은 자
신들 이외에 다른 종파의 종교인들을 조선으로 데려가지 않겠다는
내용의 약속에 서명하도록 그를 설득했습니다. 그는 이러한 조건에
약속을 했고 그래서 사제 두 명은 그 같은 목적 아래 일본으로 온
것입니다."

조선 승지의 아들이었던 도주쿠(同宿) 토마스에 관한 사적은 예수회
마테오 데 코우로스(Mateo de Couros) 신부가 1618년 10월 8일 나가사
키에서 무지오 비텔레스치(Muzio Vitelleschi) 예수회 총장에게 보낸 편
지 속에 자세히 기록되어 있다.

"일본에 도착한 후, 토마스를 통해 그 일의 진상을 알아본바 그
의 아버지는 생각했던 것처럼 높은 지위에 있거나 권력을 가진 것
이 아니었으며 또한 사제들을 조선으로 데려가기 위해 조선 왕의
허가를 받지 못했습니다. 그리고 조선으로 들어가는 모든 사람들

토마스를 설득해 오직 자기회(도미니코회)의 신부들만을 조선으로 데려가겠다
는 약속을 받아냈다. 토마스를 앞세워 도미니코회의 주도로 조선을 선교할 계
획을 실현하기 위해 1618년 2명의 도미니코회 신부들이 마닐라로부터 일본으
로 건너오게 되었다.
4) 아마도 1617년 광해군 9년에 제2차 회답겸쇄환사로 보내진 사절단을 의미하며,
이는 오윤겸(吳允謙)을 정사로 한 '대판평정 회답겸쇄환사(大坂平定 回答兼刷
還使)'이며, 일본의 왕은 도쿠가와 히데타다(德川秀忠)를 지칭한다.

에 대한 검문이 매우 심해 조선에 입국하는 것은 거의 불가능했습니다.

그러나 토마스는 산토 도밍고회의 사제들에게 했던 약속 때문에 사제들을 데려가려는 의도를 우리에게 숨겼고 다른 조선인들과 함께 배를 구입해서 산토 도밍고회의 사제 두 명을 데리고 자신들과 함께 떠날 준비를 갖추고 있었습니다.

그런데 조선으로 가는 일반 항로는 조선에서 가까이 위치한 쓰시마라고 불리는 일본의 섬에 들러야하며, 그곳에서 승선한 사람들과 화물들은 검문과 검색을 받아야 했습니다. 그런데 만약 그 섬에서 그들이 수도자들임이 발각되면 모두 목숨을 잃을 위험에 처하게 되기 때문에 그들은 그 섬에 들르지 않고 조선으로 직접 항해할 것을 결정했습니다. 그래서 먼저 여기 나가사키에서 25~30레구아(약 140km~168km)떨어져 있는 고토(五島)로 가기로 했습니다.5)

그러나 나가사키의 관리(오토나)6)들이 그 같은 계획을 알게 되었습니다. 오토나들은 그들이 조선으로 직접 건너가는 것을 허락했는데 훗날 쇼군의 지휘를 받고 있는 이교도인 영주와 쇼군으로부터 문책을 받지 않을까 염려해, 왕7)의 허락이 없이는 그것을 실행하지 않겠다는 서약을 조선인들로부터 받았습니다.

산토 도밍고회의 사제들은 이 사건을 매우 유감스럽게 받아들였고, 그들의 장상인 프라이 프란시스코 모랄레스(Fray Francisco de Morales) 신부는 항상 우리 예수회에 대해 어떠한 애정도 결코 보인 바가 없으셨으므로 그들 도밍고회의 목적을 좌절시킨 것이 우리 예수회라고 생각하셨고 그는 나에게 쓰디쓴 불평을 퍼부었습니

5) 그들은 고토에서 출발해 쓰시마를 거치지 않고 직접 조선으로 가기로 하였다. 1레구아는 약 5.57km이다.
6) 오토나 관리(Otona Governors) 오토나는 대인(大人)이라는 의미로서 현재는 일본에서 사용되지 않는 용어이다. 문관 관리 혹은 수장으로 풀이될 수 있다.
7) 왕은 실제로는 막부의 쇼군 도쿠가와 히데타다를 의미한다.

다. 그러나 저희 중 그 누구도 그 일에 개입하지 않았고, 오토나들의 일처리 방향을 전혀 알지 못했으며 사후에야 비로소 알게 되었습니다.

이곳 우리 예수회에서 조선 유수 가문의 아이를 어릴 적부터 키워 왔습니다. 2년 전에 조선의 사신들이 왕을 예방하기 위해 일본에 오게 되자 아이의 아버지는 자식을 찾아 집으로 데려오도록 조선 사신들에게 부탁했다고 합니다. 그는 이번 몬순 때 필리핀에서 돌아왔고 조선 왕의 허락을 얻어 그곳 수도자들을 조선으로 데려가기 위해 먼저 떠났습니다. 그의 아버지에게 부탁하면 성공의 희망 즉 허락을 얻어낼 가능성이 있다고 보는 것 같습니다."

이상이 예수회 마테오 데 코우로스 신부의 1618년 10월 8일 서신이다. 서신의 내용에서처럼 임진왜란 후 또 다른 유능한 교리교사 한 명이 조선으로 들어가게 된다. 그는 토마스라는 세례명을 가진 조선 승지의 아들로서, 1958년 정유재란 중 포로가 되어 일본으로 끌려간 후 세례를 받고 천주교 신자가 되었다. 후일 마닐라로 추방되었으나 그곳에서 계속 신앙생활을 하였다.

소식을 알게 된 그의 아버지는 아들을 찾는 편지를 마닐라로 보냈고 토마스는 아버지의 소식을 전해 듣게 된다. 토마스는 마닐라에 있던 도미니코회 수사들과 함께 일본으로 돌아와 조선으로 귀국하려고 했다. 그러나 왜란 후 조선의 입국에 대한 엄격한 검문으로 인해 도미니코회 선교사들이 조선에 입국하는 것은 거의 불가능했다.[8] 1618년 토마스는

---

8) 도미니코 신부 3명은 1618년 6월 13일 나가사키에서 조선으로 출발하고자 했으나 출항 직전 나가사키의 영주에 의해 출항이 금지되었다. 1640년 디에고 데 아두아르테(Diego de Aduarte)가 이 사건에 대해 언급했는데 출항을 금지한 영주가 다른 사람의 사주를 받았다고 했으며 1964년 도미니코회의 역사학자 호세 마리아 곤잘레스(Jose Maria Gonzalez) 신부는 아두아르테의 언급을 정리하

후일 신부들을 꼭 초청하겠다는 약속을 하고, 혼자 고국으로 돌아왔다.[9] 조선으로 돌아온 이후의 그에 관한 행적은 전혀 알려지지 않고 있다. 그러나 깊은 신앙심과 함께 교리교육과 선교에 필요한 제반 교육을 철저히 받은 유능한 교리교사가 조선으로 입국했다는 사실은 조선에서의 선교활동에 매우 긍정적이었으리라 생각된다.

먼서 다른 사람의 사주를 받았다는 언급을 '보이지 않는 손(Hidden Hand)'이 작용했다는 말로 바꾸었으며 그 실패의 원인을 일본 예수회의 장상 마테오 데 코우로스 신부에게 전가시켰다. 조선으로의 항해를 허가받지 못한 세 신부 중 리바벨로사(Diego de Ribabellosa)와 카노(Juan Bautista Cano)는 마닐라로 되돌아가고 후안 데 산토 도밍고(Juan de Santo Domingo)는 나가사키에 머물렀으나 그 후 체포되어 1619년 5월 19일 오무라 감옥에서 처형당했다.

토마스는 혼자 고국 조선으로 돌아갔으나 꼭 신부들을 초청하겠다고 약속했다. 그러나 그 후 그에 대한 소식은 아무 것도 알려진 바가 없었다. 조선에 복음을 전파하고자 하는 이 새로운 계획은 실패로 끝났다. 그러나 그 결과가 전적으로 부정적인 것만은 아니었다. 아직 천주교가 전해지지 않은 조선으로 토마스가 입국하였다는 사실 그 자체가 어쩌면 매우 의미 있는 일이었을 수도 있다. 그는 단순한 개종자 한 명에 불과 한 것이 아니라 유능한 교리교사였다. 그는 25년 전부터 예수회에 소속되어 교리교육뿐 아니라 인문학과 문학교육을 받은 유능한 인재였다. 따라서 그가 조선으로 돌아가 천주교 전파의 구심점이 되었을 수도 있었으리라 충분히 추정하여 볼 수 있다. 다만 그에 대한 이후의 소식이 밝혀진 바가 없으므로 이에 대한 향후 연구가 필요하다고 생각된다.

9) 도미니코회 신부들과 같이 조선으로 오지는 못했으나 조선인 다른 동료들을 동반해서 조선으로 귀국했다.

제46장. 아리조 베드로와 쇼사쿠 토마스, 1619년

오무라 영지인 구바라(久原)[1]와 스즈다(鈴田)에서 두 조선인 아리조 베드로(Arizo Pedro)와 쇼사쿠(小作) 토마스(Shosaku Tomas)가 1619년에 순교했다.

오무라에 살고 있던 아리조 베드로는 28세의 조선인으로 세 아들의 가장이었다. 아리조 베드로는 한때 도노의 재무관(집사)였으며 관리들의 장이었고 도노에 의해 가장 신임받는 관리들 중 한 사람이었다. 그러나 외국인 신분이었기 때문에 모략을 받을까 염려하여 그의 직책을 사임하고 은퇴해 그의 수입으로만 살았다. 그는 매우 선량한 천주교 신자였으며 도노와 함께 에도에서 지낸 적이 있었는데 그곳의 천주교 신자들은 그에게 신도회의 회장으로 봉사해 주기를 요청했다. 그는 신도회의 모임에 모두 참석했고, 노동자와 평범한 신자들 속에 마치 그들 중의 한 사람인 것처럼 자리 잡고 그들에게 믿음과 봉사를 지켜나가도록 조언했다.

그는 오무라의 스즈타(鈴田) 감옥에 갇혀 있는 선교사들에게 깊은 동정심을 가지고 있었다. 그는 참외밭을 가지고 있었고 관례적으로 그가 수확한 첫 과일을 이곳 감옥으로 보냈다. 수일 전 감옥에 갇혀 있던 카를로스 스피놀라 신부 일행에게 가끔씩 참외를 보내겠다는 편지와

---

1) 구바라(久原)는 스즈다강 북쪽지역이다.

함께 약간의 참외를 보내주었다. 그리고 6월 19일인 지난 수요일 각각의 이름을 과일 껍질에 적어 신부들과 동숙들 각자에게 보내주고자 하였다. 그는 같은 동포인 조선인 소작인이며 결혼해서 이곳에 살고 있는 쇼사쿠 토마스에게 신부들에게 과일을 전해줄 수 있는 방법을 찾아보라고 부탁했다.[2] 쇼사쿠 토마스는 전에도 다른 이들과 협력해 감옥에 있는 신부와 동숙들에게, 특히 카를로스 스피놀라 신부에게 음식을 가져다주곤 하였다.

착한 토마스는 해질녘까지 기다려야 했으나 감시자들이 자고 있을 것이라 기대하고 하느님의 인도로 한낮의 열기 속에 감옥으로 갔다. 보통은 경비병들이 식사를 하러 집으로 갔을 때 그곳에 갔다. 그러나 그날 그 감시자는 배교자였으며 그 어느 누구보다도 악한 사람이었는데, 자지 않고 그리 멀지 않은 그늘에 쉬고 있었다. 토마스가 바깥으로부터 문을 열고 들어갔을 때 그가 있는 것을 보았다. 따라서 그는 돌아가거나 아니면 경비병들 중 누구를 만나기 위해 온 것처럼 꾸며야 했다. 그러나 그는 오래전부터 주님의 사랑에 보답하기 위해 목숨을 바칠 준비를 해왔기 때문에 뒤로 돌아서는 것은 비겁한 행동이라 여겼다. 그래서 들어가 동숙들에게 참외를 나누어 주었다.

경비병은 그를 체포했고 그는 조금도 망설이지 않고 "모든 것을 각오하고 들어왔다."고 말했다. 경비병들은 참외를 보낸 사람이 누구인가를 물었으나 그는 단지 자신이 천주교 신자이며 따라서 감옥에 갇혀 있는 이들에게 참외를 가져왔다는 말 이외는 아무 말도 하지 않았다.

이들에 관한 기록은 순교에 직면한 카를로스 스피놀라(Carlos Spinola) 신부의 편지[3]를 통해 알려지게 되었으므로 신부의 편지를 발췌하여 기

---

2) 쇼사쿠 토마스는 아리조 베드로의 사환 혹은 머슴이었다.
3) Juan Ruiz-de-Medina S. J. 『The Catholic Church in Korea. Its Origins 1566-1784』

록해두고자 한다.

"경비병들은 곧 그곳의 대장과 당직장에게 알렸다. 그들이 와서 토마스에게 신앙을 포기하도록 설득했다. 그러나 그는 단호하게 거부했다. 이후에 그들은 참외를 보냈던 인물에 대해 조사했고, 그가 베드로임을 밝혀냈다. 베드로는 토마스의 체포 소식을 알게 되자, 자신에게 일어날 일들을 예측했고 부인에게 참외들로 인해 하늘나라로 가게 될 것이므로 그 참외들은 무척 가치가 있는 물건이라고 말했다.

행정관은 즉시 베드로에게 전갈을 보냈고, 그는 자신이 천주교 신자이며 그 같은 일들을 지시했다고 자백했다. 그들은 베드로가 신앙을 포기하도록 설득했으나 그를 굴복시키지 못했다. 그들 둘은 배교를 서약만 하면 감금에서 풀려나 자유로울 수 있었다. 그러나 그들에게 신앙은 생명보다도 더 소중한 것이었다.

어제(21일) 금요일인 오전에 처남(Wife's Brother-in-Law)이 행정관의 명령에 따라 그를 죽이러 왔다고 말했을 때 그는 무척 기뻐했다. 그는 집으로 들어가 사카즈키를 내주고, 잠시 기다려 달라고 했다. 그리고 그는 무릎을 꿇고 한참 동안 기도를 했다. 그리고 바깥으로 나가자 그의 처남이 그의 목을 쳤다. 착한 천주교 신자였던 그의 부인은 남편과 함께 죽기를 원했으나, 그들은 큰 아들은 단지 윗옷만을 입히고 어린 두 아이는 옷도 입히지 않고, 그리고 부인은 옷만 걸치게 하고 집에서 쫓아냈다.

구바라(久原)에서 아리조 베드로를 처형하는 동안, 그들은 다른 곳에서 토마스를 괴롭혔으나 그가 굴복하지 않자 어제(21일) 저녁에 스즈타 감옥의 반대편에 있는 언덕으로 그를 데려가 마지막으로 다시 한 번 그를 윽박질렀다. 그러나 결코 신앙을 버리지 않겠

English translation-Instituto Storico S. I.- Roma 1991, pp.263~266.

다고 대답하자 그의 목을 치고 바로 그곳에 그의 성스러운 시신을 묻었다."

　이상이 카를로스 스피놀라 신부의 편지 내용이다. 편지에서 보면 이들 두 명 주님의 종들은 그 지방의 영주인 오무라 민부 타유 도노(Omura Minbu no Tayu Dono)의 명에 의해 1619년 6월 21일 금요일에 오무라 영지인 구바라와 스즈타에서 순교한 것으로 확인된다.

제47장. 복자 다케야 소자부로 코스메, 1619년

일본 조선인 천주교 공동체는 1619년 세 분의 새로운 순교자를 탄생시켰다. 즉 아리조 페드로와 쇼사쿠 토마스, 그리고 다케야 소자부로 코스메이다.

다케야 소자부로(竹屋政三郎)[1]는 조선에서 태어났다. 임진왜란 중 11세 때 포로가 되어 일본으로 끌려왔으며, 13세에 예수회 교회에서 코스메(Cosme)로 세례를 받았다. 구루메(久留米)의 한 부호의 집에서 오랫동안 충실히 봉사했기 때문에 그의 주인은 다케야를 포로 신분에서 해방시켜 자유를 주었을 뿐 아니라 살 집을 마련해주며 나가사키에 정착하게 해주었다.

다케야는 신앙에 마음이 끌려 사제들을 집으로 초대했다. 그는 도미니코회의 신심 단체인 '누메로 로자리오회'의 회원으로 도미니코회 전선교사들의 숙주가 되어 잠복사목을 도왔다.

1618년 8월 두 명의 도미니코회 신부 후안 데 산토 도밍고(Juan de Santo Domingo ?~1619년, 복자)와 훼레루 오르스치(Orsucci 1573~1622

---

1) 다케야는 기록에 따라 竹屋 또는 竹谷 혹은 武谷으로 표시되어 있다. 그는 다케야 나가베에(竹屋 長兵衛)라는 이름으로도 불린다. 그는 시복되어 복자품에 올라 오늘날 복자 코스메 다케야로 호칭된다. 그의 이러한 호칭은 그의 세례 당시 1597년 순교하여 성인 품에 오른 일본 26순교 성인 중 한명인 성 코스메 다케야의 이름을 세례명으로 정했기 때문이다.

년, 복자)가 필리핀에서 나가사키의 코스메 집에 잠복해서 일본어를 배우고 있었다. 필리핀의 도미니코회 관구는 조선 선교를 결정하고 7월 15일 산토 도밍고(도미니코) 신부 등 4명을 일본 나가사키로 파견했다. 그들은 조선 양반 출신인 토마스라는 젊은이를 앞세워 조선으로 건너갈 의도를 가지고 일본으로 왔다(조선 승지의 아들 도주쿠 토마스 참조). 그러나 나가사키에 도착 후 곧 조선으로 들어가려 했으나 문제가 발생하여 입국이 어렵게 되고 조선의 선교 계획은 좌절되었다. 그리하여 산토 도미니코회의 두 신부는 마닐라로 되돌아갔고 산토 도밍고 신부는 선교를 위해 일본에 잔류하며 오르스치 신부와 함께 코스메의 집에서 숨어 살았던 것이다.

12월 13일 밤 병사들이 다케야의 집을 덮쳐 두 신부와 집주인 다케야가 체포되었다. 또 다른 곳에서는 모랄레스 신부와 숙주인 무라야마 도쿠안 안드레아(村山 德安 Murayama Tokuan Andrea), 카를로 스피노라(Carlos Spinola) 신부와 숙주 포르투갈인 도밍고 호르헤(Domingo Jorge 도미니코 죠류지)가 체포되어 신부들은 오무라의 스즈다 감옥에, 다케야와 다른 신자들은 나가사키 감옥에 갇혔다.

그는 감옥에서도 천사와 같은 생활을 하였다. 그는 수, 금, 토요일마다 금식했고 교회의 규율을 지켰다. 그가 매주 금요일과 토요일에 단식을 해온지는 10년이 넘었다. 그는 끊임없이 기도했고 더욱 많은 지식을 얻기 위해 감옥에서 종교서적을 열심히 읽었다. 그의 대화는 항상 하늘에 관한 것이었고 결코 남을 험담하지 않았다. 그는 자신의 하인들에게 천주교 교리를 가르쳤고 주님의 계율을 계속 지키도록 권했다.

나가사키의 부교[2])이며 박해자였던 하세가와 곤로쿠(長谷川權六)와

---

2) 막부 파견 행정관.

나가사키 다이칸(代官)3)으로 배교자였던 헤이조(平藏)는 신부들의 숙주인 조선인 코스메 다케야, 두 일본인 안드레아 무라야마 도쿠안(村山德安), 요시다(吉田) 쇼운 후안(Juan), 그리고 포르투갈인 도밍고 호르헤(도미니코 죠류지) 이상 네 명을 화형에 처하도록 명령했다. 이들 모두는 결혼해서 이 도시에 살고 있었다.

다케야 소자부로 코스메에 대한 기록은 후안 로드리게스 히람 신부가 1620년 1월 10일 마카오에서 예수회 총장 무지오 비텔레스치(Muzio Vitelleschi)에게 보낸 편지4)에 잘 나타나 있다.

"산채로 화형에 처해질 것이라는 전갈이 오자 코스메는 '주님께서는 저 같이 큰 죄인에게 그렇게나 큰 자비를 베푸시는 것이 어찌 가능하겠습니까?'라고 말하며 기쁨으로 눈물이 가득 차 찬가를 부르고 기도를 드렸으며 창조주 천주께 자신을 맡겼다.

많은 신자들이 옥으로 그들을 찾아와 마지막 인사를 나누었고 그들을 축하하고, 부러워하며 그들과 운명을 같이하고 싶은 심정을 토로했다. 그들은 하늘에 올라 자신들과 교회공동체를 위해 중계역할을 부탁했다. 그들은 다음 날 화형당하는 사람들이 아닌 마치 여흥을 즐기러 가는 사람들 같았다. 그것으로 만족하지 않고 밖에 투옥되어 있는 성자들을 한사람씩 돌아가며 크게 소리쳐 부르고, 그들이 기억할 수 있도록 자신들의 뭔가를 남기길 원했다. 묵주와 상본 그리고 그가 가지고 있던 모든 것을 나눠주고 더 이상 남아있는 것이 없음에도 신자들이 끊임없이 진지하게 요청하자 그들은 종이 위에 자신들의 이름을 적어주었다.

---

3) 지방 민정관.

4) Juan Ruiz-de-Medina S. J. 『The Catholic Church in Korea. Its Origins 1566-1784』 English translation-Instituto Storico S. I.- Roma 1991, pp.266~272.

밤이 깊어지자 4개의 기둥이 세워진 처형 장소에 하나가 더 세워졌다는 전갈이 왔으며 1616년에 체포된 레오나르도 기무라(木村) 예수회 수사는 그 기둥이 자신을 위한 것임을 확신했다. 이리하여 총 5명이 화형에 처해지게 되었다.

1619년 11월 18일 이들의 사형장은 26위가 순교한 나가사키의 니시자카였다. 막부의 명에 의해 천주교 신자들에 대한 사형집행에는 누구든 참석할 수 있었다. 집행시간이 다가오자 너무나 많은 신자들이 모여들어 순교지 가까이 언덕은 인파로 뒤덮였을 뿐 아니라, 인근의 바다에도 수많은 배들로 가득 찼으며 성자들이 지나가는 길 또한 인파로 가득 찼다. 천주교 신자들은 순교자들의 몸이 불타는 것을 보면서 한 목소리로 예수와 마리아의 이름을 외쳐 언덕과 골짜기에 울려 퍼졌고, 배에서는 아이들이 불타는 순교자를 보면서 기도와 성가를 불렀다

순교자들이 죽자 신자들은 성스러운 육체를 받으려 했으나 집행관들은 어느 누구도 접근하는 것을 허락하지 않았다. 그리고 성해(聖骸)를 신자들의 손에 들어가지 못하게 하루 온종일 태웠고, 남아 있는 뼈는 잘게 부수어 불속으로 던졌으며, 재와 작은 뼈 조각은 모아서 바다에 던져버렸다. 그렇게 했음에도 불구하고 장소를 알아두었다가 집행관이 떠나자 그들은 성해를 꺼내었다. 신자들이 성해를 갖지 못하도록 이교도들이 했던 노력은, 오히려 마을 사람들 전체가 그것의 일부를 가지게 되는 결과를 초래했다. 왜냐하면 그들이 뼈를 작은 조각으로 부수었기 때문에 신자들의 신앙을 만족시킬 성해의 수가 많아졌기 때문이다. 그들의 순교는 1619년 11월 18일 에도의 쇼군 도쿠가와 히데타다의 명에 의해 나가사키의 총독이자 집행의 최고 책임자인 하세가와 곤로쿠에 의해 나가사키에서 이루어졌다."

    조선인 코스메 다케야가 순교한 후 3년이 지난 1622년 9월 10일 '겐나 대순교' 당시 남겨진 부인 이네스와 아들 프란치스코도 순교했다. 부인 이네스는 체포돼 감옥에 들어가 있었고 아들 프란치스코는 히라도의 어떤 기리시탄 군인이 입양해 데려갔다. 그러나 순교자의 부인과 아이들도 죽어야 한다는 쇼군의 명령으로 프란치스코는 나가사키로 다시 데려오게 되는데 처형할 시간에 도착할 수 없어 다음 날 순교하게 되었다. 아들 프란치스코는 겨우 12세였다. 그의 어머니 이네스는 프란치스코 보다 하루 앞서 대순교일인 9월 10일 42세의 나이로 참수되어 순교했다.

제48장. 복자 코라이 안토니오 일가의 순교, 1622년

1622년 9월 10일 겐나(元和) 8년 나가사키의 니시자카 언덕에서 화형과 참수로 대규모의 순교가 이루어지는데 이를 일본 가톨릭사에서는 '겐나 대순교'라고 부른다. 25명은 화형으로, 30명은 참수로 순교했다. 이날 순교한 55명중 조선인 코라이(高麗) 안토니오(Antonio)와 그의 부인 마리아(Maria), 그리고 아들 요한(Juan)과 페드로(Pedro)가 있었다.

이날 순교한 분들 중에는 1618년 12월 13일 조선인 다케야 코스메가 붙잡혔던 날 다른 곳에서 붙잡힌 예수회 카를로스 스피놀라 신부와 1621년 체포된 일본인 최초의 신부 세바스티안 기무라(木村),[1] 도미니코회의 관구장 대리 모랄레스 신부와 오르스치 신부, 프란치스코회의 페드로 다비라와 리샤르 산타 안나 신부와 전도사 안토니오 산카, 그리고 조선인 숙주 코라이 안토니오 등 오무라의 스즈다(鈴田) 감옥에서

---

1) 일본 최초의 신부인 복자 세바스티안 기무라(木村 1565~1622년)는 하비에르가 히라도에서 세례를 준 숙주 기무라의 손자이다. 아리마 신학교가 설립되었을 때 제1회 입학생으로 들어갔다. 1584년 예수회에 입회했고 전도사로 사목 후 1595년 마카오로 가서 신학을 공부하였다. 1600년 귀국하여 부제품을 받고 나가사키의 대신학교에서 공부를 마쳤다. 히라도 출신의 니아바라 루이스와 함께 1601년 9월 21일 나가사키에서 세르케이라 주교로부터 사제 서품을 받음으로써 일본인 최초의 신부가 되었다. 조선인 코라이 안토니오는 기무라 신부를 도와 일하던 숙주였다.

화형 선고를 받았던 신부와 숙주 전도사들이었으며, 또한 나가사키의 사쿠라초(櫻町)감옥에서 참수 선고를 받았던 숙주와 그 가족들이었다.

순교의 시간이 다가오자 병사들은 참수형을 먼저 집행할 것을 결정했다. 30명이나 되는 주님의 종들의 목을 곧 거리낌 없이 치기 시작했다. 그리고 그들의 목은 화형에 처해질 성자들이 보도록 앞에 있는 판자위에 올려놓았다. 그 후 기둥에 묶인 성자들을 화형시키기 위해 모든 곳에 불을 놓았다. 절규와 울음이 가득 찼고 지켜보던 천주교 신자들은 큰소리로 기도를 올려 순교자들의 말소리는 들리지 않았다. 화염은 2시간이나 계속되었으나 화염 속에서도 그들은 움직이지 않았고 고통을 들어내지 않은 채 용기와 기쁨과 인내로서 고통을 참았다.

장작더미에 불이 점화되고, 고통을 연장시키기 위해 타오르는 장작 위로 물이 뿌려져 장작은 천천히 약하고 오래도록 탔다. 이는 그 사이에 배교할 시간을 주기 위함이었다. 노약한 스피노라 신부의 검은 수도복이 타고 신부는 열기와 연기로 질식하여 제일 먼저 주님의 부르심을 받았다. 조선인 안토니오는 오랏줄이 불에 타 풀리자 자신이 묶였던 십자가를 안고 숨을 거두었다. 기무라 신부는 경탄할 정도로 3시간을 몸 한번 움직이지 않았고 인사하듯 고개를 숙이며 영원한 생으로 들어갔다.

코라이 안토니오 일가의 순교에 대한 기록은 후안 로드리게스 히람 신부가 1623년 3월 15일 마카오에서 무지오 비텔레스치(Muzio Vitelleschi) 예수회 총장에게 보낸 편지[1]에 언급되어 있다. 이날 화염 속에 25명이 순교의 영광을 얻었으며, 순교한 숙주들의 남은 가족 30명은 참수를 받

---

1) Juan Ruiz-de-Medina S. J. 『The Catholic Church in Korea. Its Origins 1566-1784』 English translation-Instituto Storico S. I.- Roma 1991, pp.280~283.

아 주님의 영광스러운 종으로 하늘에 올랐다.

박해자들은 남겨진 천주교 신자들에게 공포심을 주기 위해 성자들의 시신을 3일 동안 그대로 두었다. 이 순교자들의 유골은 전부 모아 이틀간 계속 불태워 재로 만들고 피가 묻었던 흙까지도 파 모아서 자루에 넣어 깊은 바다에 버렸다. 순교자의 먼지 한 톨도 남기지 않기 위해 이를 운반한 선장은 나체로 바다를 헤엄쳐 나오게 하였다. 박해자들은 순교자의 유골이 공경의 대상이 되는 것을 두려워하여 남은 신자의 손에 넘겨지지 않도록 하였다.

코라이 안토니오는 화형으로, 그리고 일본인 부인 마리아와 12세의 장남 요한과 세 살 난 아들 차남 페드로가 같은 날 같은 장소에서 참수로 순교했다. 이들 가족 모두에게 1867년에 시복의 영광이 주어졌다.

에도 막부는 과거에 순교한 자의 가족 전부를 찾아 처형하도록 명령했다. 그리하여 겐나 대순교가 있었던 날에는 1619년에 순교한 조선인 다케야 코스메의 부인 이네스, 그리고 다음 날에는 12살 난 아들 코스메 프란치스코가 참수되었다.

코라이 안토니오는 임진왜란 당시 일본으로 끌려간 전쟁 포로로 그가 세례를 받은 날짜와 장소는 분명하지 않다. 그는 일본인 최초의 신부 세바스티안 기무라(木村)의 숙주였다. 그는 예수회 뿐 아니라 당시 도미니코회 관구장 대리였던 티에고 코라도(Collado) 신부의 요청으로 도미니코회 선교사들의 숙주이기도 하였다. 코라이 안토니오는 하마노라는 동네에 살았다하여 하마노마치(浜町) 안토니오라고도 불린다. 안토니오는 세바스티안 기무라(木村)가 거처하는 집주인이었는데 다른 하숙 주인 17명과 협력하여 선교사에 관한 일체에 대해서는 비밀을 지키고 서로 연대책임을 지도록 약속했다. 그런데 이들이 기록된 서류가 발각됨으로써 신자 색출과 체포의 요인이 되고 말았다. 그는 세바스티안 기무라 신부와 함께 체포되었다.

안토니오는 임진왜란 때 포로로 끌려와 노예로 팔린 조선인 여자를 사서 자유인으로 풀어줘 집에서 부리고 있었는데, 1621년 6월 29일 기리시탄 고발 포상금에 탐이 난 이 조선인 여종의 밀고로 안토니오 가족 모두와 기무라 신부가 체포되고 재산도 몰수되었다. 그는 재산이 몰수될 때 자신을 고발한 이 여종을 재산목록에서 빼주고 친척에게 그녀를 해방해 줄 것을 부탁했다. 만약 그녀가 재산 목록에 실려 있으면 이 여자는 노예의 신분에서 벗어날 수 없으며, 평생 혹독한 운명에 처하게 될 것이기 때문이었다. 그는 자신을 밀고한 원수를 이처럼 사랑으로 대했다. 착하고 신앙심 깊었던 조선인 안토니오는 1622년 겐나 대순교 때 존경하던 신부들과 함께 순교했으며, 1867년에 시복되었다.

제49장. 에도의 레오 다케야 곤시치와
모친 마리아, 1623년

1623년 8월 21일 도쿠가와 히데타다(德川秀忠)의 적자 이에미쓰(德川家光)는 교토에서 에도 막부의 세 번째 새로운 세이이타이 쇼군(征夷大將軍)으로 취임했다. 이후 1651년까지 그가 재직한 30여 년간 막부체제의 확립을 위해, 봉건제와 그리스도교 금교에 의한 사상 통제 그리고 통상수교거부정책 등의 3대 정책을 강력하게 펼쳐 막부 정권의 정점으로 치달았다. 그의 통치 말년에 이르러 그리스도교의 탄압은 더욱 광적으로 변해 배교하는 것조차도 용서치 않고 모두를 몰살시키도록 명령했다. 다이묘들 또한 쇼군의 의지에 순순히 따름으로써 일본의 전토는 그리스도교 신자의 피로 넘쳐흘렀다.

그는 쇼군에 취임하자마자 에도에 선교사가 잠복해 있다는 사실에 격노했고, 체포령을 내렸다. 당시 에도에는 예수회의 예로니모 데 안젤리스(Angelis 1568~1623) 신부와 프란치스코회의 프란치스코 가르베스(Galvez) 신부 2명이 체제하고 있었다. 안젤리스 신부는 초기에는 슨푸(駿府)에 포교소를 설치하고 관동지방에 순회활동을 하였으며 1614년 선교사 추방 때 일본에 잠입해서 동북지방, 멀리는 홋카이도까지 포교에 나섰다. 1621년부터는 에도로 돌아와 잠복 순회활동을 하고 있었다.

가르베스 신부는 1614년 마닐라로 추방당했다가 4년 후 재입국하여 아사쿠사(淺草)의 프란치스코회 나병환자 수용소에서 잠복 포교를 하고 있었으며 1623년 가을에는 에도 근교의 순회 지도를 위해 가마쿠라(鎌倉)에 머물고 있었다.

1623년 10월 18일 이에미쓰가 교토에서 에도로 돌아왔고, 체포령이 내려짐에 따라 10월 말 에도에서 안젤리스 신부와 조선인 숙주 레오 다케야 곤시치(竹屋權七) 등이 체포되었고 가르베스 신부 등은 가마쿠라에서 체포돼 모두 약 50여명이 에도의 감옥에 갇혔다.

레오 다케야 곤시치는 조선 성(姓) '박(朴)'씨 였던 귀화 조선인 다케야 야자에몬(竹屋 彌左衛門)의 아들로 당시 20세였다. 지방 유지인 부친은 당시 아시카가 대학의 학장을 주지로 하는 장덕사의 신도이고 주지와도 특별한 관계를 가지고 있었다. 일찍이 레오와 그의 처 루시아, 그리고 모친 마리아는 기리시탄에 귀의하고 있었다.

레오 곤시치는 안젤리스 신부의 숙주였다. 그는 위험을 알고 사전에 신부를 피신시켰다. 그는 체포되어 고문을 당했고, 자신이 기리시탄임은 분명히 밝혔으나 신부의 행방에 대해서는 한마디도 하지 않아 고문은 더욱 심해졌다. 소식을 들은 안젤리스 신부는 더 이상 신자들이 다치지 않도록 자진 출두해 투옥되었다.

당시 에도의 감옥은 처참했다. 옥내는 심히 좁고 천정은 낮아 어두우며 조그마한 창 하나밖에 없었다. 거의 병에 걸려 움직일 수 없어 자신이 누워있는 곳에서 용변을 보기 때문에 악취는 견딜 수 없이 심했다. 옆 사람은 악취뿐 아니라 오물이 몸에 묻어 그 고통이 심한 나머지 병자의 머리를 기둥에 때리기도 하고 목을 졸라매기도 했다.

부교의 허락 없이는 시체를 밖으로 내어갈 수가 없어 시체가 부패하여 썩은 핏물이 나왔다. 핏물이 옆 사람에게 묻어나 몸에 종기가 생기고, 고름이 나오고, 손발이 부어올랐으며, 어떤 이는 손발가락이 썩어 떨어져 나갔다. 그 무서운 악취에 감옥에 있던 사람들은 마치 고문을 당하듯이 울부짖었다. 어떤 이는 이 고통을 견디는 것 보다 죽는 편이 낫다하여 자살하는 이도 있었다. 아침저녁으로 물 한 컵만 주기 때문에 아사하는 자가 많았고 신부가 세례를 주기 위해 아껴놓은 물을 빼앗아 마시기도 하였다.

1623년 12월 4일, 추운 겨울바람 속에 감옥을 나온 50명은 세 무리로 나눠져 당시 관습에 따라 에도 시가지를 돌며 온갖 조롱을 다 받아가면서 사형장으로 갔다. 첫 번째 무리는 등에 선고문을 단 안젤리스 신부가 말에 태워져 선두에 세워졌고 뒤를 이어 조선인 숙주 레오 다케야 곤시치, 수사 시몬 엔보(遠甫)를 비롯한 14명의 신자가 뒤따라 걸어갔다. 두 번째 무리는 선두에 가르베스 신부가 말에 태워졌고 16명이 그의 뒤를 따랐으며 세 번째 무리는 말에 태워진 조안 하라몬도가 선두에 섰고 그 나머지 신자들이 여기에 포함되었다.

당시 지방 각지의 많은 다이묘들이 이에미쓰의 3대 쇼군 취임을 축하하기 위해 에도에 일시적으로 체제하고 있었다. 따라서 이번 처형은 이들 다이묘들에게 처형 광경을 보여주겠다는 막부의 의도에서 계획된 것이었다. 이 때문에 형장은 통상적으로 처형이 이루어진 아사쿠사(淺草)가 아닌 사람들의 왕래가 잦은 도카이도와 인접한 레이노츠지(禮盡)로 택해졌다.

형장에는 50개의 십자가에 장작이 싸여있었다. 화형 선고를 받고 감옥에서 끌려나온 자는 원래 51명이었으나 한 사람이 마음이 약해져 형장에 도착하자 배교하였다고 한다. 그들은 십자가 앞에 경배하며 입을 맞추었다. 곧이어 형장은 화염과 연기로 가득 찼다. 신자들은 화염 속에서도 기쁜 얼굴로 숨을 거두었다. 신부들과 하라몬도에게는 말위에서 신자들이 당하는 화형의 고통을 눈앞에서 보게 했다. 재판관들은 그들의 의지를 꺾고자 시도했으나 그들은 전혀 동요하지 않았다. 불에 탄 순교자들의 시체는 형장 광장에 버려진 채 3일간 병사들이 지켰다. 하지만 경계에도 불구하고 두 신부의 유해는 다른 곳으로 옮겨졌다. 나머지 유해들은 모두 재가 되어 에도 앞바다에 버려졌다. 이 사건이 바로 1623년 12월 4일 에도에서 기리시탄 50인이 처형된 '에도 대순교'이다.

12월 29일에는 순교자들의 가족과 기리시탄을 숨겨준 죄로 체포된 이교도들 37명이 참수당했다. 이들 순교자 중에 레오 곤시치의 모친 조선인 마리아 다케야가 있었다. 마리아는 "아무리 혹독한 것이라 할지라도 천주는 나를 이끌어 부르고 있습니다."라고 했고 순교한 자들의 부인 4명과 함께 이들의 본보기로 선두에서 기도하며 아들이 순교한 같은 장소에서 순교했다.

다음 해 1624년 3월 막부는 마닐라 사절의 접견을 거부하고 스페인 선박의 일본 내항을 금지했으며 스페인과의 통교를 단절함으로써 점차 통상수교거부정책과 그리스도교 국가와의 단절로 나아갔다.

제50장. 오다(太田) 줄리아

천주교인으로 신앙을 굳게 지키며 일본에서 생을 마감한 오다(太田) 줄리아(Ota Julia)라는 조선 여성이 있었다. 고니시 유키나가에게 잡혀 고니시 처의 시녀로 있다가 후에 슨푸성의 시녀가 된 조선인 신자 오다 줄리아는 1612년 오카모도 다이하치(岡本大八)사건을 계기로 에도 막부의 기독교 금지령에 의해 슨푸에서 쫓겨나 이즈(利豆)반도의 앞바다에 남쪽으로 줄지어 위치한 오시마(大島), 니지마(新島), 그리고 고즈시마(神津島) 섬1)으로 유배되어 그곳에서 생을 마감했다.

그녀는 평양의 왕실 고위 관리였던 황충극(黃忠克)의 둘째딸로 본이름은 황도옥(桃玉)이었다. 그녀는 1592년 임진왜란 때 평양성에서 다섯 살의 어린 나이로 천주교 신자였던 고니시 유키나가 아우구스티노에게 붙잡혀 고니시의 진영에서 지내게 되었다. 고니시는 줄리아를 대마도에 있는 그의 딸 마리아에게 보냈다가, 다시 일본 우토성(宇土城)의 부인 쥬스타(혹은 유스티나)에게 보내 고니시 집안의 양녀로 학문과 신앙을 익혔다. 천주교 신자였던 그녀들은 줄리아에게 자연스럽게 세례를 베풀었다. 그녀가 언제 천주교에 입교했는지는 정확히 알 수 없다. 아마도 다카야마 우콘의 지도 사제였던 페드로 모레혼(Pedro Morejon) 신

---

1) 고즈시마(神津島)는 이즈 시치도(伊豆 七島) 군도에 속한 작은 섬이다.

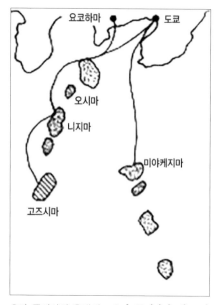

부에게 1596년 5월 세례를 받았다고 추정되며 세례를 받은 곳은 스루가2)가 아닌 모레혼 신부가 주재했던 교토나 후시미(伏見)인 것으로 알려지고 있다. 그녀는 도쿠가와 막부 초기 슨푸성의 금교령 직후 기리시탄 검색에서 적발되어 1612년 4월 20일 이즈의 오시마(大島)로 추방령이 내려졌고, 오시마에서 30일 후 니지마(新島)로 추방되었다가, 다시 15일 후에는 고도 고즈시마(神津島)로 유배되었다. 그녀의 이러한 혹심한 추방령과 유배형은 천주교 신앙 때문이었다.

오다 줄리아의 유배처. 오다 줄리아가 에도 막부의 기독교 금지령에 의해 슨푸(駿府)에서 쫓겨나 유배간 이즈(利豆)반도의 앞바다에 위치한 오시마, 니지마, 그리고 고즈시마(神津島)

기리시탄이었던 고니시 집안이 몰락하자 고니시의 가속(家屬)들은 새로운 통치자 도쿠가와 이에야스에게로 넘겨졌다. 줄리아도 후시미(伏見)성에서 에도성으로 그리고 슨푸성으로 전전하며 도쿠가와의 어전 시녀가 되었다. 여러 어전 시녀 중에서도 조선 여인인 줄리아가 가장 도쿠가와 이에야스의 총애를 받은 것으로 알려졌다. 이에야스는 그녀의 미모와 재능에 사로잡혀 후실로 삼고자 했으나 그녀는 기독교 교리에 어긋난다하여 이를 거절했다고 한다.

---

2) 스루가(駿河) 현 시즈오카(靜岡) 현 중부.

뿐만 아니라 줄리아는 슨푸에 있는 도쿠가와 막부의 역인(役人)들에게까지 존경을 한 몸에 받는 고상한 인격의 정숙한 미인이었으므로, 모든 이교인(異敎人)들도 그녀의 덕행의 모범에 감심하였다. 그녀는 가난한 사람에게 더욱 친절했고, 고관들에게도 친절하여 그들에게 천주교 교리를 듣도록 안내하기도 하였다.[3]

'오카모토 다이하치 사건'을 계기로 1612년 3월 도쿠가와 이에야스는 기리시탄 금지령을 내리고 슨푸성 내의 기리시탄 가신 14명을 개역(改易)·추방하고, 다음으로 궁중 내 어전 시녀들을 심문했다. 그 결과 이에야스 부인의 처소 오오쿠(大奧)[4]에서 일하던 어전시녀 줄리아와 루시아, 글라라가 적발되었다. 이미 금교령을 내린 이에야스는 3명의 어전 시녀들에게 배교할 것을 명하였다. 그러나 그들은 모두 그리스도를 배반하는 것이라면 차라리 죽을 것이라고 대답하며 신앙을 고수하자, 이에야스는 매우 분노했다. 그는 기리시탄을 신봉하는 자라면 여하한 고관대작이라도 용납하지 않겠노라고 선언한 터였으므로, 형벌과 죽음의 앞에 서슴없이 나서는 그녀들의 떳떳한 태도에 더욱 분노했다. 그래서 세 여인을 궁중의 별실에 감금하고 우상을 섬기는 부인들을 시켜 유혹하고 위협하고 타일러 보았으나 허사였다.

1612년 4월 20일 줄리아에게는 추방령이 내려져, 슨푸에서 쫓겨나 이즈의 오시마 섬, 니지마 섬, 그리고 마지막으로는 에도에서 5백 리나 떨어진 절해고도 고즈시마 섬으로 유배되었다. 줄리아는 비록 연약한

---

3) 오다 줄리아가 스루가 궁 의 다른 두 시녀에게 교리를 전파하고 마리아와 막달레나라는 이름을 지어주었다. 후일 그녀들 또한 유배를 당했는데, 막달레나는 그때까지 세례를 받지 못한 신자에 불과했으나 자신의 신앙과 고결함을 지키기 위해 하치쓰시마 섬에서 참수형을 당했다.(메디나 신부 지음, 박철 역. 『조선 천주교 전래의 기원』 서강대학교 출판부, 1993년, 52쪽 참조)

4) 오오쿠(大奧) 장군 부인의 처소.

여인이었으나 신앙의 절개는 물론 영육의 동정을 끝까지 지킬 수 있는 긴 순교의 길을 택하고자 하였다.

유배 후 그녀의 상황에 대한 자세한 기록은 1613년 1월 12일 나가사키에서 예수회 총장 글라우디오 아쿠아비바에게 보낸 일본 선교사 마테오 데 코로우스 신부의 편지에 잘 나타나 있는데 이 편지는 오다 줄리아가 오시마 섬(大島)으로 유배되고 약 10개월 후에 쓰인 것이다. 편지에는 줄리아가 천주교를 신봉하다가 궁중에서 체포된 경위와 그녀의 경건한 신앙심과 그녀가 겪은 형벌에 관해 잘 기록하고 있다. 이 편지를 통해 오다 줄리아의 사적과 그녀의 특별한 신앙생활의 생애를 알 수 있다.

이에야스는 다른 두 여인 루시아와 글라라와는 달리 줄리아가 신앙을 버리라는 자신의 명령에 따르지 않는 것은 참을 수 없는 일이며 배은망덕하다고 말했다. 이에야스는 그녀가 전쟁에서 붙잡힌 불쌍한 외국여성임에도 슨푸성에서 인정받는 위치에 올랐으며, 자신이 행차하는 모든 곳에 대동시키면서 가장 신뢰하는 중요한 여인 중의 하나가 되었다는 사실을 되새겨야 하고, 자신으로부터 받았던 많고 은혜로운 일들을 기억해야 하며, 이러한 은총에 대한 큰 배은과 명령에 대한 불복종 때문에 벌을 받아 마땅하다고 하였다.

이에 줄리아는 신중하고 조심스럽게 말했다. "도쿠가와님으로부터 많은 은혜를 입었음을 결코 부인하지 않으며 마땅히 은혜에 보답하고 싶다. 그러나 생명을 주신 하느님에게 더 큰 은혜를 입고 있으며, 주님께서는 당신에 대한 믿음이 없는 조선에서 태어난 자신을 인도하시고자 아우구스티노 쓰노가미 도노5)를 통해 일본으로 오게 하시고, 유일

---

5) 쓰노가미도노(津守殿) 고니시 유키나가.

한 구원이 있는 성스러운 계율과 당신의 소식을 알게 하시는 커다란 사랑을 베푸셨다."고 말했다. 덧붙여 "지상의 왕을 기쁘게 하기 위해 하늘의 왕이신 주님을 불편하게 할 수는 없다."고 하였다.

오시마 섬으로의 귀양은 주님이 자신에게 베푸신 따뜻한 손길이라고 생각하고 이 같은 판결을 기쁜 마음으로 받으며, 비록 하인들까지 포함된 모든 것을 빼앗겼지만 성상과 묵주와 신자들이 사용하는 다른 물건들을 가져가게 하였으므로 매우 부유하게 귀양을 간다고 하였다.

스루가에서 귀양가는 배를 타야할 이즈의 아지로 마을까지는 15레구아(약 84km)인데, 길은 험하고 돌이 많았으며, 그곳까지는 감시병이 붙어 수레에 실려 보내졌다.

그녀는 수레에서 내려 걸어가게 해줄 것을 감시병에게 부탁했다. 그녀는 맨발로 기쁨에 가득 차서 걷기 시작했다. 우리 주 예수 그리스도께서는 십자가를 등에 지고 골고다 언덕으로 가실 때 차나 수레를 타지도 않으셨고, 신발을 신지도 않으시고 많은 피를 흘리며 가셨으므로 주님의 종인 자신도 이 길에서 주님의 고행을 겪어보고 싶다고 하였다. 길은 매우 거칠어 그녀의 발에서는 많은 피가 흐르고 깊은 상처를 입었기 때문에 감시병들은 이 같은 일로 이후에 자신들이 불행을 당하지 않을까 걱정하여 거의 강제로 수레에 오르게 했다. 왜냐하면 스루가 영주 집에서 도쿠가와 쇼군이 다시 그녀를 궁으로 불러들일 것이라는 말을 들었기 때문이었다. 아지로 항구에서 귀양 갈 배를 탈 즈음(1612년 4월 26일)에 줄리아는 자신의 지도 신부인 프란치스코 파시오 신부에게 편지를 썼다.

"천주께서 제게 크신 자비를 내리시어 비록 힘에 겨운 투쟁이었으나 그 끝에 궁중을 벗어나게 하시었습니다. 저는 오시마(大島)에

간히게 됩니다. 주님께 해드린 바 아무 것도 없는데도 그를 사랑하게 하고 귀양의 은혜를 내리시니, 뭐라 감사하여 주님의 안배(按排)를 찬송해야 할지 모르겠습니다. 이 은총을 지상의 어떤 선(善)보다도, 어떤 쾌락보다도 귀중히 여깁니다. 어떠한 형고(刑苦), 제 아무리 무거운 형고가 닥쳐도 이를 거부하지 않을 뿐 아니라, 오히려 반가히 맞아 겪으리라 마음먹고 있습니다. 그러니 신부님은 저 때문에 슬퍼하지 마십시오. 단지 신부님께서 집전하시는 미사와 기도에서 주님께 저를 저버리지 않도록 기도해 주시기를 부탁드립니다. 자주 서신을 주시어 저를 붙들어 주시기 바랍니다. 어디에 있거나 항상 신부님의 겸손하고 순량한 딸이 되겠습니다. 승선을 재촉하기 때문에 더 길게 쓰지 못합니다."

부두에서 몇몇 지인 신자들과 작별할 때 그녀는 귀양에서 가장 슬픈 일은 고해를 하거나 미사에 참례할 수 없는 것이며, 또한 귀양으로 인해 순교의 길에서 주께 생명을 바칠 수 있는 희망을 잃음을 안타까워했다. 신부로부터 교리를 배웠던 한 교우가 신앙으로 인한 귀양도 역시 순교의 길이며, 만일 그곳에서 죽게 된다면 진정한 순교자가 되는 것이고, 교회에서는 신앙을 위해 피를 흘리지는 않았으나 신앙으로 인해 귀양을 떠나 죽어 간 많은 순교자들의 축일를 기린다고 말하자 기쁨을 표하며 작별을 나누었다.

그녀가 오시마 섬에서 지낸 것은 30일 밖에 되지 않는다. 다음은 니지마(新島)라는 더 멀고 외딴 섬으로 끌려갔다. 그 섬에서 유배가 있었던 루시아와 글라라를 만나 서로 기뻐했다. 그러나 그 기쁨도 15일 만에 빼앗기고 다시 그녀는 고즈시마(神津島)로 끌려갔는데, 이곳은 섬이라기보다 한 덩어리 바위산이었다. 그곳은 7, 8명의 어부들이 고생하며 근근이 연명하고 있고, 집이라고는 갈대로 덮은 움막 몇 채였다.

이에야스의 명령으로 모든 보급이 끊겼다. 이렇게 궁핍하게 만들어 서라도 그녀의 마음을 돌이키게 해보려 했던 것이다. 그러나 이미 하느님께 자신을 바쳐 정결을 서원한 줄리아인 만큼 가난과 핍박 속에서도 황궁에서보다 더욱 풍요함을 느끼고, 세상과 멀리 떨어질수록 주님을 더욱 가까이 모실 수 있게 되었다. 스루가의 신부에게 쓴 그녀의 편지에서 그녀의 소원은 오직 성인들의 전기, 모래시계 하나, 미사성제에 사용할 초 두 자루와 조그마한 종을 갖길 원했다. 그녀는 이 귀양살이에서 가장 가슴 아픈 일은 고해와 영성체를 할 수 없고, 미사에 참례할 수 없는 일이라고 덧붙였다. 그녀는 귀양 온 이 작은 섬이 자신의 생을 마칠 골고다 언덕이라고 생각하고 있으며, 미사에 실제 참석치는 못하나, 자신이 미사에 직접 참례하고 있다고 상상함으로써 미사참례를 대신하고 있다고 하였다. 그녀가 최후를 마친 때는 1614년이었다고 한다. 그녀가 외딴 고도로 귀양 와 있는 동안 평화와 자비로움으로 섬사람들을 대했고 높은 덕망과 매일의 실천하는 봉사생활로 섬사람들에게 큰 감동을 주어, 현재 그녀를 기념하는 섬사람들의 유습(遺習)이 많이 남아 있다고 한다. 오시마에서 니지마로 가기 위해 배를 타는 해안을 '오다아 하마'라 하고 해안의 동산 위에는 '오다아네 명신(明神)6)'사당을 세워 줄리아를 신처럼 모시고 있다고 한다.

일본사가(日本史家)들의 오다 줄리아 조사보고서에는 "빛나는 신앙의 불을 끄려 했던 도쿠가와 이에야스(德川家康)는 점점 사람들의 뇌리에서 사라져갔고, 그 자자손손들의 무덤이 파헤쳐 텔레비전 탑이 서고 있지만, 이 신앙 있는 생활과 가난하고 영악한, 전쟁 포로로 잡혀온 한 여성의 생애와 그 신앙의 항거는 영원히 사라지지 않고 현재까지 섬사

---

6) 아네는 존경하는 무인들에게 사용하는 존칭.

오다 줄리아 묘비. 고즈시마 소재.

람들이 기념하는 증거로 이러한 습관이 민속(民俗)으로 변하여 뚜렷이 남아있다."라고 서술하고 있다.[7]

1972년 줄리아의 유품이 모국인 한국으로 옮겨져 왔다. 현재 고즈시마에는 오다 줄리아의 묘비가 있으며 그녀는 섬의 수호신으로 모셔지고 있다. 매년 5월 셋째 주일에는 그녀의 신앙을 기리고자 '한일 친선 오다 줄리아제'가 열리고 있다.

끝으로 오다 줄리아의 생애에 대해 좀 다른 두 가지 기록들이 있음을 밝혀둔다. 1620년 3월 25일 나가사키에서 쓴 도미니코회 호세 데 산 하신토 살바네스(Jose de San Jacinto Salvanes)신부의 편지[8]에는 "1619년 9월 무렵 소녀들과 탄원 성가를 부르고 교리를 가르치던 여성수도자 몇 명을 나가사키의 봉행 미즈노 가와치(水野河內)에게 데려 왔습니다, 앞으로는 그 같은 일을 하지 말라고 했습니다. 그들 중 조선 태생의 줄리아라는 수도자는 로자리오 기도와 신심회의 활동에 전념[9]하면서 항상 믿음 안에서 생활했기 때문에 수차례 집에서 쫓겨났고 지금은 집도 없이 주님의 은총으로 이집

7) 김옥희·이성일. 『일본 안의 한국인 그리스도교인들』 계성출판사, 1986년, 43쪽.
8) Juan Ruiz-de-Medina S. J. 『The Catholic Church in Korea. Its Origins 1566-1784』 English translation-Instituto Storico S. I.- Roma 1991, p.278.
9) 도미니코회의 심심 단체인 성 콘프라디아(Confradia)의 활동을 도왔다.

저집 옮겨 다니고 있습니다."라고 기록하고 있다. 또한 오다 줄리아에 대한 마지막 기록은 프란치스코 파체코(Francisco Pacheco) 신부가 1622년 2월 15일자 보낸 편지에 나타나 있는데 그는 편지에서 "오다 줄리아가 신앙으로 인해 박해를 받고 지금은 오사카에 있는데, 저는 그녀를 돕기 위해 왔고 지금도 제 힘이 닿는 대로 그녀를 돕고 있습니다."라고 적고 있다

도미니코회의 수도원장이었던 프란치스코 모랄레스 신부는 당시 필리핀에 있는 후안 루이스 데 이코아가(Juan Ruiz de Icoaga) 사령관에게 가끔 지원을 요청하고 있었는데, 그가 보낸 두 통의 편지10)를 통해 당시 오다 줄리아의 상황을 짐작할 수 있다. 첫 번째 1618년 3월 22일자 편지는 스페인 루이스 이코아가 사령관이 줄리아에게 은을 보낸 것에 대한 자필의 감사 서한이다.

"각하가 줄리아에게 보낸 은은 그쪽으로 가는 신부에게 넘겨주었습니다. 확실히 이미 받았다고 생각이 되지만 그분은 멀리 살고 있고 또 검문이 심해 아직 답장이 없습니다. 각하의 이와 같은 자선에 감사를 드리며 계속해 주시리라 믿습니다."

모랄레스 신부는 1619년에 3월에 체포돼 이키 감옥에 투옥되었다가 스즈타 감옥으로 옮겨졌는데, 그곳에서 이코아가 사령관에게 1620년 2월 28일 두 번째 편지를 보냈다.

"각하께서 줄리아 부인에게 처음으로 보냈던 400레아르(은화:

---

10) Juan Ruiz-de-Medina S. J. 『The Catholic Church in Korea. Its Origins 1566-1784』 English translation-Instituto Storico S. I.- Roma 1991, p.279.

Reales)와 두 번째로 보냈던 200레아르를 그녀가 확실히 받았다고
알고 있습니다. 그러나 천주교 신자들은 매우 힘든 시기를 보내고
있으므로, 그녀로부터 그것을 받았다는 편지를 받지는 못했습니다.
그러나 당신이 돈을 보내도록 저에게 알려준 부인으로부터는 소식
을 받았습니다."

이 두 편지를 통해 모랄레스 신부가 줄리아의 곤궁한 처지를 보고
이코아가 사령관에게 도움을 청했던 것을 알 수 있다. 이러한 편지에
나타나 있는 사실로 보아 오다 줄리아가 1920년 전후 나가사키와 오사
카에 머물러 신앙생활을 계속하였던 것으로 보인다. 따라서 고즈시마
에서 선종했다기보다는 도쿠가와 이에야스가 죽은 1616년 이전에 사면
되었을 가능성이 보다 높은 것으로 추정되며 풀려나 나가사키로 옮겨
왔을 것으로 보인다. 줄리아는 다른 동료들과 함께 교리를 가르치고 성
가를 불렀다는 죄목으로 1619년 9월 하세가와 곤로쿠(長谷川催六) 영주
로부터 재판을 받았고 그 이전에도 당국과의 마찰로 여러 차례 숙소에
서 쫓겨나곤 하였다. 1620년 3월까지는 여러 형제들의 도움 아래 떠돌
이 생활을 했으며 또한 도미니코회의 후원으로 자선사업을 펼치고 있
었을 가능성이 예측된다. 오래지 않아 그녀는 오사카로 옮겨 갔으며,
오사카에서는 예수회 관구장인 프란치스코 파체코 신부가 그를 보살펴
주었다는 1622년의 기록이 있다.

향후 말년의 그녀의 행보에 대해 보다 철저한 연구가 필요할 것으로
보인다. 근자에 오다 줄리아에 대한 관심이 높아지면서 그녀의 특이한
생애가 다양한 문학작품11)12)으로 부각됨으로써, 오다 줄리아가 사적인

11) 후데우치 우키코, 신영언 편역. 『오다 줄리아』 성바오로, 1996년.
12) 엔도 슈사쿠(遠藤周作), 성옥천 역. 『오따아 줄리아』 홍신문화사, 1973년.

사실의 인물이라기보다 전설적인 인물 같은 인상을 주기도 한다. 보다 사실적인 사료를 바탕으로 그녀의 종교적 생애가 조명되기를 기대해 본다.

제51장. 구자에몬(嘉佐衛門) 시스토와 부인 카타리나, 1624년

　　도호쿠(東北) 지방은 혼슈 제일 북쪽의 아오모리(靑森), 동쪽 아래로 이와테(岩手), 미야기(宮城), 후쿠시마(福島)현과 서쪽으로 아키다(秋田)와 야먀가타(山形) 현으로 이루어지는데 과거 무쓰(陸奧)와 데와(出羽)로 불렸던 지역이다. 이곳은 남북으로 오우(奧羽)산맥이 뻗혀 있어 예로부터 금은 광산으로 유명한 지역이었다. 에도 막부 당시 광산개발에 대한 열의로 오우의 여러 도시에는 각 지방의 노동자들과 영지에서 방출된 유랑 무사들 특히 세키가하라 전투에서 패한 서군의 무사들이 모여들었다. 이들 중에는 천주교 박해로 추방되거나 신앙을 지키기 위해 이곳으로 흘러들어온 기리시탄들도 많았다.

　　도호쿠 지방은 오다 노부나가의 차남인 오다 노부카츠가 1588년 데와의 아키타로 유배됨으로써 이곳 최초의 기리시탄으로 기록되었으며, 1601년에는 배교한 기리시탄 영주 오토모 요시무네(大友義統) 콘스탄티노가 임진왜란 중 평양성 철수의 사건으로 아키타로 유배되어 1년간 머문 적이 있었다. 1590년에는 오다 노부나가의 사위로 기리시탄 다이묘이었던 가모 우지사토(蒲生氏鄕 세례명 레오)가 아이즈(會津)의 와카마쓰(若松) 영주로 봉해짐에 따라 가신과 영민들에게 많은 신앙적 영향을 주었다.

　　도호쿠 지방에 선교사가 처음으로 온 것은 센다이의 다이묘 다테 마사무네의 초청으로 프란치스코회의 루이스 소텔로 신부가 처음이었다. 그는 에도를 오가며 동북 지역을 사목하였다. 1614년 게이초 금령 이후에는 예수회의 안젤리스 예로니모 신부가 에도에서 이곳으로 잠입했고 마카오로 추방되었던 디에고 갈바리오 신부가 다시 잠입하여 이곳에서 순교할 1624년까지 전도 기지인 센다이를 중심으로 각 동네를 넘나들며 주로 오우의 광산에서 일하는 사람들에게 포교했고, 홋카이도의 에조까지도 복음을 전했다. 그러나 센다이 다이묘 다테 마사무네가 에도 막부의 압력으로 1620년 기리시탄 박해를 시작하더니 에도 대순교(1623) 후 본격적으로 박해를 시작했다.

1624년 9월 4일 14명이 아키다의 북부 지역인 시모이나이(下院內)에서 참수당했는데 이들 중 조선인 부부 구자에몬(嘉佐衛門 혹은 加左衛門) 시스토(Sixto)와 부인 카타리나(Catalina)가 있었다.[1]

1624년 1월 우토로 부터 기리시탄 죄수 14명이 요코테(橫手)라 불리는 마을의 감옥으로 보내졌다. 요코테로 이감된 14명의 죄수들은 같은 센보쿠(仙北) 지역의 테라자와(寺澤)라고 불리는 마을로 보내져 이미 있던 2명의 하느님의 종과 함께 수감되었다. 그들은 감옥이 협소하고, 박해자가 그들의 신앙을 부정하도록 하기 위해 가장 가혹하게 다뤄 엄청난 고통을 겪어야 했다. 그러나 그들은 그러한 시련으로부터 더 큰 힘을 얻어 자신들을 영광스럽게 하였고 압제자에게 저항했다. 이러한 일들에 대해 그들이 신부들에게 쓴 편지에서 "저희들이 비록 이 감옥에 갇혀 100년간의 고통 속에 있을지라도 저희의 믿음은 결코 약해지지

---

1) 박양자 저. 『일본 기리시탄 순교사와 조선인 순교의 맥』 2008년, 203쪽. 박양자의 책에는 8월 4일로 되어 있으나 편지 원문에는 9월 4일로 나타나 있다. 옥중에서 사망한 두 사람의 사망 시점이 7월 13일과 8월 21일인 것으로 보아 9월 4일이 순교일이 맞는 것 같다.

조선인 순교자부부 구자에몬 시스토와 카타리나 부부 현양비.

않을 것입니다. 그러니 저희들의 견고한 신앙을 신부님께서는 믿어 의심치 마시옵소서."라고 말했다.

그럼에도 불구하고 협소한 감옥에서 엄청난 시련과 고통으로 건강과 기력이 쇠하여 2명이 죽었다. 그외 수감된 신자들은 9월 4일까지 고통스러운 옥중생활을 계속했다. 그날 감옥에서 나와 박해자인 재판관이 있는 곳으로 끌려가 배교하도록 강요당했으나 그들 모두 한마디로 거부했다. 이들 모두는 아키타 북부의 시모이나이(Shimo Innai 下院內)의 구소즈(草生津) 강변 형장에서 참수되었다. 아키타에서 순교한 이들 14명의 기리시탄 중에 조선인 부부인 구자에몬 시스토와 부인 카타리나도 순교의 은총을 받았다. 이들 조선인 부부가 언제 어디서 왔는지는 잘 알 수 없다. 아마도 임진왜란 당시 포로로 끌려와 일본에서 세례를 받았으며 1614년 금교령으로 전국적인 박해가 심해지자 이를 피해 데라자와 은광산 인근 마을로 흘러들어와 생활했던 것으로 보인다.[2]

---

2) 이들 조선인 순교자 부부 현양비는 아키타 북부 구소즈(草生津) 강에서 조금 떨어진 불교사찰 젠료지(全良寺) 영내에 세워져 있다. 재일 한인 순교자비건립위원회는 젠료지 소유의 땅 일부인 형장터를 사찰로부터 영구 임대하여 2014년 11월 3일 이곳에 현양비를 세웠다.

현재의 아키타(秋田) 구소즈(草生津)강변. 구소즈 강변 부근의 젠료지(全良寺) 입구.

영광스러운 순교자는 16명이었는데 2명은 옥중에서 선종했으며 14명은 참수되었다. 본래 우토에서 온 14명 중 어린 소녀 한 명이 있었는데, 그녀 대신에 와카사 호아킨(Wakasa Joaquin)이라는 70세가 넘은 노인이 대체되어 순교했다.[3] 순교자들이 처형장으로 이송될 때, 그가 전에는 나약함을 보였음에도 불구하고, 모든 이들 앞에서 공개적으로 자신이 천주교 신자라고 자백했다. 그는 바로 붙잡혀 다른 이들과 같이 참수됨으로써 순교자의 수는 14명으로 남겨졌다. 이 성스러운 시신들은 구보타(久保田)에서 온 천주교 신자들에 의해 거두어졌다.

조선인 부부 구자에몬 시스토와 부인 카타리나에 관한 사적은 후안 로드리게스 히람(Joao Rodrigues Giram) 신부가 1626년 3월 15일 마카오에서 예수회 총장 무지오 비텔레스치(Muzio Vitelleschi)에 보낸 편지[4]에 기록되어 있다.

---

3) 위의 박양자의 책에는 형장으로 가는 도중에 소녀와 대체되어 순교한 자는 요아킴 가부야소(若狹)라는 37세의 기리시탄이라고 되어 있다.

4) Juan Ruiz-de-Medina S. J. 『The Catholic Church in Korea. Its Origins 1566-1784』 English translation-Instituto Storico S.I.- Roma 1991, pp.294~296.

제52장. 조선인 최초의 예수회 수사 가이오, 1624년

일본 내 조선인 천주교 신자 중 선교사와 함께 활동하며 선교에 종
사했던 전교자들이 있었는데, 여기서 소개하는 가이오(Gayo)와 권 비센
테가 그들이다. 가이오는 예수회에 입회한 최초의 조선인으로, 예수회
수사(Jesuit Novice)가 되었고, 조선인 최초의 세례자였던 권 비센테도
연이어 예수회에 수사로 입회했다.

- 세례를 받기 전까지 가이오에게 일어났던 일들

가이오는 조선 태생으로 도요토미 히데요시가 조선을 침략하기 전
에 태어났다.[1] 가이오의 생은 파란만장한 일들로 가득 차있다. 그는 이
미 12세의 어린 나이 때부터 진정한 행복을 동경하고 진리를 찾기 시작
했다. 그는 적막한 곳으로 들어가서 은수자(隱修者)와 같은 생활을 했
다. 그래서 황야의 커다란 바위의 동굴 속에 자신의 집을 마련했고, 그
곳에서 수년간 풀과 솔잎으로 연명하며 수년을 지냈다. 그때 그에게 이
런 일화가 있었다. 한적한 곳에서 생활하고 있는 그에게 살 곳이라고는

---

1) 가이오가 선종할 때 53세였다는 기록이 있다. 이를 근거로 추정해보면 그의
   출생년은 1571년이 된다. 임진왜란 당시 그는 20세 경이었을 것이다. 스페인어
   판 짧은 그의 전기에도 1571년생으로 나타나 있다고 한다. 『예수회 성인전』(조
   지프 틸렌다 저 박병훈역 이나시오 영성연구소 2014년 75쪽)에는 1572년으로
   기록되어 있다.

동굴밖에 없었다. 어느 날 살기에 알맞은 좋은 동굴을 발견하고 안으로 들어가 보니 이미 선주자가 있었다. 한 마리의 호랑이였다. 이 호랑이는 매우 친절해서 그를 손님으로 맞아들여 사이좋게 지냈다. 그리고 며칠 후 호랑이는 그에게 이 동굴을 양보하고 자기는 다른 동굴로 찾아나갔다고 한다. 우리의 주님께서는 이미 말씀드린 영광을 그에게 내리시기 위해 그를 보호하셨는데, 그가 있는 동굴로 호랑이(혹은 늑대)가 들어왔으나 그에게 아무 해도 끼치지 않고 잠시 동안 그와 함께 누웠다가 바깥으로 나갔다는 것이다.[2] 또한 그가 원하는 보다 나은 구원을 얻기 위해 조선에 있었던 어린 시절부터 사찰의 승려가 되었다고 한다.

그가 스무 살 쯤 되었을 때 꿈속에서 귀한 노인이 나타나 그에게 "금년에 큰 고통과 위험을 겪으며 바다를 건너게 될 것이고, 그가 소망하는 것을 얻게 될 것"이라는 말을 들었다. 그러나 그가 머물고 있는 이 황야는 바다로부터 멀리 떨어져 있었기 때문에 이를 어처구니없는 것으로 여겼고, 이 꿈에 별로 주목하지 않았다. 그러나 그해 일본은 임진왜란을 일으켜 조선을 침략했고 그는 전쟁 포로가 되어 일본으로 끌려가게 됨으로써 꿈꾸었던 일이 현실이 되었다

그를 태운 배가 난파되었으나 운 좋게도 그는 대마도 해안으로 떠밀려 올라와 구사일생으로 살아났다. 마침내 그는 미야코(京都)에 도착했고 그곳에서 호케(Hokke)라는 한 종파의 승려들과 자주 만나게 되어, 그곳에 있는 한 중요한 사찰에서 그 종파의 승려가 되었다.

조선의 수도자였던 그가 일본에서 종교인으로 변했고, 많은 불가사의와 거짓된 기적이 관련되어있는 이 종파의 추종자가 되었다. 그러나 이 가련한 이방인은 전에 그의 고국에서 독거하며 작은 동굴 속에서

---

2) 이러한 신비스러운 이야기들은 1626년 후안 로드리게스 히람 신부가 마카오에서 예수회 총장 비텔레스치에게 보낸 3월 15일자 편지에 기록되어 있다.

얻은 것 이상의 평화와 안식을 그 속에서도 결코 찾을 수 없었다.

그는 구원의 바른 길을 잃었고 바르지 못한 길을 가고 있는 것처럼 느꼈다. 어렸을 때부터 그렇게나 진지하게 갈망하고 찾아왔던 것을 찾지 못했음으로 고통과 슬픔은 나날이 커져만 갔고 그 문제로 중병이 들기에 이르렀다. 그가 병중에 있던 어느 날 그가 머무르던 사찰에 불이 났다. 이 같은 일은 천주께서 이러한 놀라운 광경과 출현을 통해 그 사찰로부터 그를 구원하기를 원하신 것으로 여겨진다.

그런 일이 있은 후 그가 말한 바에 의하면 그는 꿈속에서 특별히 우아하고 아름다운 한 소년 혹은 우리들 중 한 사람 같은 신부를 보았는데 꿈속에서 그는 가이오에게 곧 그가 원하는 것을 이룰 수 있을 것이라고 말했다. 꿈을 꾸고 난 후 그 꿈이 그를 치유하는 약인 것처럼 병이 곧 나았음을 느꼈다. 병에서 회복되었을 때 그는 그곳에서 찾지 못한 구원의 길을 찾아 떠날 수 있도록 사찰 원장의 허락을 요청했다. 그리하여 그는 사찰을 떠났고 천주교 신자를 찾아갔다.[3]

---

3) 페드로 모레혼 신부(Pedro Morejon SJ)는 1627년 3월 31일 마카오에서 보낸 편지를 통해 가이오에 대해 다음과 같은 기록을 남겼다. "우리 집(예수회)에 들어왔던 많은 조선인들 중 내가 세례를 주었던 두 사람, 가이오와 비센테는 거룩한 순교자가 되었습니다.

가이오는 고국 조선에서 어릴 적부터 사찰의 승려였습니다. 그가 전쟁 포로로 일본으로 왔을 때 그의 주인은 그가 홀로 생활해 나갈 수 있는 일자리를 마련해 주려고 했습니다. 가이오는 주인에게 그의 부모가 어릴 적부터 자신을 승려가 되도록 했기 때문에 자신은 오로지 영혼을 구제하는 일을 하도록 태어난 것 같다고 말했습니다. 그래서 그의 주인은 그가 해줄 수 있는 최선의 방법으로 가이오를 미야코에 있는 사찰로 보냈습니다. 가이오는 매우 기뻐했습니다. 그러던 중 가이오의 주인의 가까운 친척 중에 천주교 신자가 있었는데 가이오는 그와의 접촉을 통해 천주교에 대해 많은 것을 배우게 되었고 은밀하게 교리를 들은 뒤 천주교인이 되기로 마음을 정했습니다. 그는 바깥세상에 머물러 있기를 원하지 않았으므로 자신을 우리 집(예수회)에 데려가 주기를 진지하게 요

- 세례의 은총

그는 미야코의 교회에서 교리를 배우기 시작했다. 그는 교리문답을 아주 잘 이해하여 페드로 모레혼 신부로부터 세례를 받았다. 그가 세례를 받을 때 우리 형제 중의 한 분이 그에게 상본(像本)을 주었더니 그는 그 모습을 알고 있다고 말했다. 그 모습은 조선의 황야의 산속에서 그에게 나타나서 부단한 시도로 바다를 건널 것이고 마침내 그의 소망이 현실이 되는 것을 볼 것이라고 말했던 바로 그분이며 그리고 이 모든 것이 지금 이루어졌다고 대답했다.

- 전도자로서 활동: 오사카, 사카이와 가나자와에서 봉사

그는 예수회에서 동숙(同宿)으로서 봉사하기를 원했다. 전교자가 되어 선교사의 포교활동을 돕겠다고 자청했고, 그가 그런 일을 할 수 있는 자격을 갖추었기에 그 간청이 받아들여졌다. 그는 모레혼 신부의 지도를 받으며 예수회의 전도사·동숙으로서 오사카에서 일하기 시작해 여러 해 동안 오사카, 사카이와 홋코쿠(北國)의 거주지에서 항상 교화시키고 덕을 쌓으며 일했다. 그는 성서를 읽어 다른 이들을 도왔으며, 이교도들에게는 열절하게 설교했고, 불쌍한 나환자들을 잘 돌보았다. 그들을 자주 방문해서 정신적으로 도왔고 구원을 위해 필요한 것들을 가

청 했습니다. 그는 사찰을 떠나 영세했으며, 수년 동안 우리 집에서 좋은 표상을 보이고, 조선인 동포에게 그리고 일본어를 익힌 후에는 일본인들에게도 교리를 가르치며 우리를 도왔습니다.

모레혼 신부는 "일본어를 열심히 배워 일본인뿐 아니라 3년 전에 끝난 전쟁으로 많은 조선인이 있어 그들에게 자국 말로 설교를 해주었기에 우리들로서는 큰 행복이었다."고 기록했다. 그 후 그는 가나자와(金澤)로 가 다카야마 우콘의 봉사자로서 유스토 우콘과 모레혼 신부의 지도를 받아가며 가나자와 교회의 중심이 되어 가나자와 교회에서 봉사하였다.

르쳤다. 그들이 궁핍해서 죽지 않도록 최선을 다해 생필품을 지원하고, 항상 그들에게 사랑과 자비를 보였다.

- 필리핀으로 추방과 일본으로의 귀환

1614년 도쿠가와 이에야스가 선교사들과 천주교 신자들에게 추방령을 내렸다. 기리시탄 추방령이 내려졌을 때 그는 추방에서 제외돼 일본에 머물 수도 있었지만 추방령을 받은 다카야마 우콘과 함께 하기를 원해 자진해서 추방되는 길을 택했고, 우콘의 봉사자로 스스로 마닐라로 떠났다. 마닐라에서의 생활 40여 일 만에 우콘이 열병에 걸려 그곳에서 선종하자 가이오는 2년 후 예수회의 두 선교사와 함께 다시 일본으로 잠입하여 나가사키에 정착했다.

그는 그곳에서 조선인 기리시탄의 집에 거처를 정하고 7~8년 동안 전도사로서 그리고 특히 예수회 모든 신부들의 동숙으로서 봉사하며 '작은 사도(小使徒)'라고 불릴 만큼 오로지 포교활동에만 전념했다. 선교사와 함께 행동하면서 병자 특히 나병 환자들 간호에 헌신했으며, 또한 조선인 및 일본인을 위한 전교자로서 활동했다. 그는 그가 머무는 집에서 마치 하인들 중 한 사람인 것처럼 봉사했다. 그는 나가사키에서 봉사하는 동안 박해가 심해져 조선인 최초의 교회 '성 라우렌시오 성당'이 파괴되는 것을 목격했을 것이다.

- 순교

가이오는 히라야마(平山) 사건과 이에 연이은 프로레스 신부 유체 이장 사건으로 체포되어 순교하게 된다.

1620년(元和 6) 7월 마닐라를 출발한 일본 선박이 대만 근해에 왔을 때 영국 선박 엘리자베스 호에 나포되는 사건이 발생하였다. 일본 배의 선장은 요아킴 티아스 히라야마 조친(平山 常陣)이었는데 이 배는 해외 무역 통상허가증인 막부의 주인장(朱印狀)을 가지고 있었다. 그러나 선박에는 금교의 일본 선교를 지망하여 일본으로 가는 아우구스티노회의 페드로 즈니가(Zuniga)와 도미니코회의 루이스 프로레스 신부가 타고 있었다. 선교사를 태웠다는 사실이 탄로가 나면 선교사는 물론 선장과 선원 모두가 사형에 처해지게 되었던 것이다. 그들은 히라도로 끌려갔고 그곳에서 두 신부는 자신들을 상인이라고 신분을 속이고 버텼다. 그들은 2년에 걸친 혹독한 고문을 받았으며 결국에는 신부들도 어쩔 수 없이 자백하고 말았다.

히라도 영주로부터 선교사의 잠입 사실을 보고 받은 나가사키 부교 하세가와 곤로쿠(長谷川 權六)와 다이칸 헤이조(平藏)가 막부와 이 문제를 의논하기 위해 에도로 갔다. 그동안 도미니코회는 신부들을 구하기 위해 천주교도 수부 4인을 히라도로 파견했다. 이들 4인 중에는 조선인인 47세의 안드레아 쿠로베(九郎兵衛)가 있었다. 일행은 신부를 구출했으나 도망 중 관헌에게 잡혀 나가사키 감옥에 갇히게 되었다. 책임자였던 전도사 야키치(彌吉)는 필설로 다할 수 없는 고문을 받았으나 결코 신앙을 버릴 수 없다고 하였다.

두 신부와 히라야마 선장 그리고 선원들은 1622년 8월 19일 화형에 처해졌다. 책임자 야키치도 화형되고, 그의 처 루시아와 아들 둘도 참수되었다. 신부의 구출에 나섰던 조선인 안드레아 쿠로베아와 수부들은 10월 2일 나가사키 니시자카 언덕에서 참수되고 유체는 토막나 불에 태워져 재는 바다에 버려졌다. 수부들은 배교하면 풀어준다 했으나 모두 "우리들은 은혜로이 신앙을 얻어서 그것을 버릴 수는 없습니다."라고 하였다. 사건은 막부의 엄한 감시 체제 중에 일어난 사건이었으므로 막부는 대단한 충격을 받았으며 다음 달 9월 겐나 대순교 사건으로 이어지게 되었다.

나가사키의 부교 곤로쿠는 히라야마 사건의 전모를 에도의 쇼군에게 보고하기 위해 상경하며 선교사를 모두 체포하도록 명령했다. 이에 1623년 성주간(聖週間)에 나가사키는 엄중한 검문과 가택 수사가 행해졌다. 당시 나가사키에는 아네스라는 한 조선인 기리시탄 부인이 있었다. 그녀는 조선인이었으나 임진왜란 때 포로가 되어 노예로서 마카오에 팔려갔다. 그녀는 그곳에서 천주교 신자가 되었으며, 마카오에 사는 포르투갈인 요안 오리베이라 베르흐의 부인이 되었는데 당시 남편은 북인도함대 사령관이었다. 아네스 코라이는 일본에서의 천주교 전교활동에도 적극 가담하여 선교사들을 지원하고 특히 생명의 위협을 무릅쓰고 도미니코회 선교사들을 보호하기 위해 나가사키에 있는 자신의 집을 이용해 몇 번이나 그들을 관리들의 손에서 구했다.

나가사키에 있었던 조선인 아네스 코라이는 히라야마 사건으로 프로레스 신부가 화형으로 순교하자 목숨을 내놓고 프로레스 신부의 유해를 처형장에서 찾아 모셔와 자신의 집 정원에 안장했다. 1623년 성주간에 가택 수색이 심해지자 성주간이 끝난 날 산중의 동굴로 옮기기로 하였다. 아네스가 도미니코회의 두 신부[4]의 지도 아래 산중으로 순교자의 유해를 옮기는 과정에 병사들에게 발각되자 카스테렛트 신부는 산으로 피하고, 바스케스 신부는 잡혀 나가사키 감옥에 갇히게 되었다. 그녀는 딸 마리아와 함께 마카오로 추방되었다. 그녀가 처형 대신 마카오로 추방당했던 것은 그녀의 남편 지위로 보아 일본에 머물고 있는

---

4) 히라야마 사건으로 도미니코회의 프로레스(Flores)신부가 순교하고 도미니코회는 페드로 바스케스(Pedro Vazquez), 도미니코 카스테렛트(Castellet) 두 신부만이 남게 되었다.

외국인 취급을 받았을 것으로 추정된다.

당시 가이오의 일상생활은 옥에 갇혀있는 기리시탄들을 방문해 교리를 가르치는 일이었다. 관리들은 그의 사람됨을 높이 사고 있어서 그가 전교활동만 중지한다면 눈감아 줄 심산이었다. 그러나 그는 이를 거부했으며 목숨을 걸고 그 일을 계속했다. 가이오는 감옥에 갇혀있는 페드로 바스케스 신부를 찾아갔다. 엄한 감시가 펼쳐져 세 번이나 쫓겨났으나 결국 체포되어 감옥에 갇혔다. 관리들도 그의 성품을 잘 알아 그를 풀어주고자 하였다. 그에게 천주교 신자들을 돕지 않겠다는 단 한마디의 약속이 필요하다고 했으나 그는 거절했고 "자신이 감옥에 들어온 날이 그에게는 세례를 받은 날 같으며, 감옥에 갇히는 것은 순교를 통해 행복하게 하늘나라로 데려가 질 것으로 기대되기 때문에 좋은 징조"라고 하였다. 전에 가이오가 불교 승려였음을 알고 높은 직위의 불승을 보내 설득하기도 했으나 그는 결코 변함이 없었다.

관리들은 가이오가 그토록 원하던 페드로 바스케스 신부와 함께 있지 못하도록 다른 감옥으로 그를 보냈다. 며칠 뒤 페드로 바스케스 신부는 오무라의 쿠바라 감옥으로 옮겨졌으며 가이오는 페드로 바스케스 신부가 있었던 감옥에서 신부의 숙주 야고보 고이치(小市)와 함께 지내게 되었다. 이 두 사람이 감옥에서 행한 성스러운 행동은 거의 순교에 가까웠다. 그들의 감옥에서의 성스러운 고행의 생활은 1년 반 이상 지속되었다.

나가사키의 부교 곤로쿠는 1624년 8월 25일 감옥에 있던 바스케스, 갈바리오, 소테로. 사사다 신부들과 수도자들을 호코바라(放虎原)에서 화형에 처했다. 가이오는 1624년 11월 5일 금요일 야고보 고이치와 함께 니시자카 형장에서 화형에 의해 순교했다. 관리들은 불로 태우는 시간을 오래 끌기 위해 거리를 두고 장작을 쌓아 약한 불로 천천히 타게 하였다고 한다. 가이오의 유골과 재는 바다에 뿌려졌다. 당시 그의 나이 53세였다.

- 예수회의 입회

1608년 예수회 총장은 일본 부관구장 프란치스코 파체코가 조선인 지원자 가이오의 입회 요청에 승인의 회답을 내었다. 가이오는 조선인으로서는 최초로 예수회에 입회 허가가 있었으나 그에게 이를 알릴 기회가 없었고, 안타깝게도 그는 입회의 사실을 모른 채 순교했다. 그는 신에 대한 사랑과 영광을 위하여 고난을 당했고, 순교로서 그 노력의 대가를 주님으로부터 받았다. 가이오에 뒤이어 1626년에 순교한 비센테 가운이 조선인으로는 두 번째 예수회 수사가 되었고 두 순교자는 1867년 복자위에 올라 조선인으로서 일본 가톨릭 박해사에 큰 빛을 남기고 있다.

제53장. 조선인 첫 천주교 신자, 복자 권 비센테, 1626년

　　임진왜란 초기의 조선 포로 중에 13세의 한 조선 고관의 아들이 있었다. 고니시 유키나가의 진영에 포로로 붙잡힌 권(權)이라는 이 소년은 고니시의 부장(部將)인 아마쿠사(天草) 시키(志岐)의 도노 히비야 헤이에몬 비센테에게 맡겨져 그의 보호 아래에 있었다. 비센테(Vicente)는 이 아이를 일본 시키의 교회로 보내 주임신부인 페드로 모레혼(Pedro Morejon)신부에게 맡겼다. 소년은 곧 세례를 받았고 예수회 신학교에 입학해 수학하였다.

　　임진왜란 후 일본 예수회는 조선 선교를 위해 권 비센테(Vicente)를 그의 모국 조선으로 파견코자 했다. 1612년 권 비센테는 지오반니 바티스타 졸라(Giovanni Battista Zola) 신부와 함께 조선으로 가려 하였으나 전쟁 후 조선 측의 경비가 삼엄해 입국이 어려웠다. 그래서 중국을 통해 입국하기 위해 1614년 홀로 북경으로 파견되었다. 그러나 당시 만주에서 일어난 금(金)나라 때문에 중국을 통한 조선 입국 또한 여의치 않았다. 결국 7년간의 중국을 통한 조선 입국 시도는 실패했고 조선 선교의 시도는 중단되었다. 그는 1620년 일본으로 되돌아갔고, 일본에서 전교 중 붙잡혀 1626년 6월 26일 나가사키에서 46세의 나이로 화형에 처해져 순교했다.

　　조선 최초의 천주교 신자였던 그는 순교 직전 예수회 입회의 승인을 받음으로써 가이오에 이어 조선인 두 번째 예수회 수사가 되었다. 그는 비록 실패로 끝나기는 했으나 고국인 조선 전교를 위해 많은 노력을 기울였으며, 종내에는 이국땅 일본에서 순교하게 되었다.

권 비센테는 권 빈센트, 권 빈첸시오, 권 원선시오 등으로도 불리는데 권(權)은 성(姓)으로 가운(加運, Kaun)으로도 나타난다. 세속의 이름은 카헤에(Kahyoe 嘉兵衛)이다. 그는 무관의 아들로 태어났다. 그가 13세 때 임진왜란이 일어났는데 당시 그의 아버지는 3천여 명의 기마병을 지휘하던 조선 장군이었다. 전쟁 중 일본군들이 궁으로 쳐들어오고 있는 것을 알게 된 조선의 왕은 궁을 나와 산중으로 피신했다. 비센테의 아버지는 그의 가족 모두를 데리고 왕과 함께 피신하였다. 일본군은 왕궁과 도성을 점령했는데 그 와중에 비센테는 가족과 헤어져 길을 잃고 일본군 쪽으로 가게 되었던 것 같다. 모레혼 신부는 마카오에서 쓴 편지[1]에서 당시 상황을 자세히 기록해 남겨두었다.

비센테는 당시 열두세 살의 나이였는데 포로가 아닌 자유롭고 안전한 상태였고, 멀리 떨어져서 일본군들을 보고 있었다. 그때 비센테는 자신 속에 주님으로부터의 큰 충동을 느껴 그의 가족들과 헤어졌고, 그의 수호천사가 그를 적장인 고니시 유키나가 아우구스티노의 진영으로 이끌었다. 이는 주의 큰 영광을 위해 주님께서 그에게 이미 예정해 두었던 일이었다. 천사 같은 이 아이는 장군의 친척인 부하 장수가 데려왔다.

일본으로 돌아갔을 때 그는 아이를 시키(志岐) 섬의 어느 교회에 맡겼는데 아이는 그곳에서 세례를 받았다. 그는 일본어를 배웠고 훌륭한

---

1) 페드로 모레혼(Pedro Morejon)신부가 1627년 3월 31일 마카오에서 쓴 편지. Juan Ruiz-de-Medina S. J. 『The Catholic Church in Korea. Its Origins 1566-1784』 English translation-Instituto Storico S. I.- Roma 1991, pp.298~299.

교리교사가 되었으며 한편으로 선량하며, 재능이 뛰어나고 아름다운 용모의 젊은이가 되었다. 그는 동료들에게 큰 도움을 주었고, 훗날 그들이 천주교인이 되고 믿음을 꾸준히 간직하게된 것은 비센테로부터 받은 은혜 덕분이었다고 단언했다.

다른 편지[2])에서는 권 비센테에 대해 다음과 같은 기록이 있다.

> "비센테 형제, 성은 권이고 세속의 이름은 카헤에(嘉兵衛)이며 조선 태생이고 양반 출신이었습니다. 일본이 조선을 침략해 전쟁을 하던 시기에 어느 천주교 신자의 포로가 되어 일본으로 오게 되었으며 시키 섬의 교회에서 13세 때 세례를 받았습니다."

스페인 예수회 메다나 신부의 『조선 천주교 전래의 기원』에서도 비센테의 어린 시절을 기록했다.[3])

> "그러나 그들 모두가 전쟁 포로는 아니었다. 그들 중에 3천 명의 기마병을 지휘하던 조선 무관의 아들이 수도가 점령을 당했을 때 자신 스스로 일본 진영에 나타났다. 그의 수호천사가 그를 고니시 아우구스티노 장군의 진영으로 이끌었으며 장군의 친척이 천사와 같은 소년을 데려왔다. 고니시의 부장이며 아마쿠사(天草) 시키의 영주였던 히비야 헤이에몬 비센테가 아이를 일본으로 데려가 자신의 영지인 아마쿠사(天草) 시키의 페드로 모레혼 신부에게 맡겼다.

---

2) 후안 로드리게스 히람 신부가 1627년 3월 24일 마카오에서 예수회 총장 무지오 비텔레스치에게 보낸 편지. Juan Ruiz-de-Medina S. J. 『The Catholic Church in Korea. Its Origins 1566-1784』 English translation-Instituto Storico S. I.- Roma 1991, p.313.

3) 메다나 지음, 박철 옮김. 『한국 천주교 전래의 기원 1566-1784』 서강대학교출판부, 1993년, 38쪽.

모레혼 신부는 그 소년을 다른 일본인 소년들과 똑같이 양육했다. 이 소년은 몇 달간의 준비 끝에 1592년 12월 세례를 받았다. 세례 명은 은인의 이름을 따 비센테(Vicente)라 하고 동양의 관습에 따라 성(姓)인 권(權) 뒤에 혹은 앞에 붙여 불렀다."

권 비센테는 아마도 조선인으로는 최초 천주교 신자가 된 사람일 것이다. 권 비센테는 곧 예수회 신학교에 들어갔고 5년간 일본어와 유럽어를 배웠다. 그는 포로가 된 조선인들에게 조선어로 교리를 가르쳤고 일본어를 배운 후에는 일본 이교인들에게도 똑같이 교리를 가르쳤다. 동숙으로 그는 여러 교회에서 전교를 도왔다. 그는 신학생(Seminarist), 복사(Dojuku), 교리교사(Catechist), 설교사(Preacher)와 예수회의 수사(Jesuit Brother)를 거쳐 1626년 마침내 순교자(Martyr)가 되었다.

예수회의 메디나 신부는 권 비센테의 세례가 비록 비정상적인 국내 상황으로 외국 땅에서 이루어지긴 했지만, 조선 최초의 신자 이승훈도 외국 땅에서 세례를 받았음을 고려해 볼 때, 이 사건은 조선에 천주교회가 탄생했음을 단적으로 보여주는 한 증거라고 말했다.

그러나 권 비센테에 대해 이와는 약간은 상이한 국내외 기록들도 있다. 대표적으로 루이스 데 구스만(Luis de Guzman) 신부[4]의 『선교사들의 이야기』에서는 이와는 상당히 달리 기록되어 있다.[5]

---

[4] 1543년 스페인 북부 발렌시아 지방에서 출생한 예수회 신부. 그 자신이 직접 동양 땅을 밟지는 않았으나 예수회 선교사들의 편지와 연례보고서 등을 근거로 하여 1601년 스페인에서 『선교사들의 이야기』를 출간했다. 인도, 일본, 중국 등지에서 동료 선교사들의 활동을 중심으로 하여 16세기 동양에 대한 역사적 사실을 상세히 기록해 두고 있다.

[5] 박철. 『예수회 신부 세스페데스 - 한국 방문 최초 서구인』 서강대학교 출판부, 1987년, 91쪽에서 인용.

"그레고리오 데 세스페데스 신부는 그의 동료와 조선 땅에서 일본으로 돌아가는 도중에 쓰시마 섬에 다시 들러 아우구스티노의 딸이자 도주의 부인인 마리아의 고해성사를 받고 또한 50여 명의 이교도들에게 세례를 주었다. 세스페데스 신부는 그곳에서 오래 머물 수는 없었다.… (중략)

　　소 요시토시 다리오가 그의 부인 도냐 마리아에게 매우 어리지만 기품이 있는 아이 두 명을 포로로 보내 왔는데 한 아이는 조선 왕 신하의 아들이었다. 부인은 불쌍히 여겨 두 아이를 포로로 생각할 수 없다고 했으며 그들을 자신의 자식처럼 생각하며 교회에 바쳤다. 둘 중 나이가 많은 왕 신하의 아들은 신부를 따라 신학교에서 수학하기 위하여 보내졌으며, 또 다른 아이는 아직 나이가 어려 신학교 교육을 받기에 적합한 나이가 될 때까지 자기 집에서 키운 후 보내기로 했다."

　　이 기록에 의하면 임진왜란 중 조선의 고니시 유키나가 진영에서 고니시나 사위 소 요시토시에 의해 어린아이 둘이 포로로 대마도의 고니시 마리아에게 보내졌고, 조선의 웅천에서 사목을 하던 세스페데스 신부가 일본으로 돌아가는 도중에 대마도에 들러 그중 한 소년을 일본에 있는 예수회 신학교로 데리고 갔으며 이 소년은 비센테(Vicente)로 세례를 받았고, 신학교에서 교육을 받아 훗날 훌륭한 교리 강론자가 되었다는 것이다. 국내에서도 유사한 기록들6)7)8)9)이 보이는데 아무튼 어린

---

6) 비첸시오(비센테)의 아버지는 일본군과의 한 차례의 교전에 앞서 가족과 빈첸시오를 신뢰할 수 있는 부하에게 맡긴 다음, 그들을 안전한 성으로 피난시켰다. 그런데 빈첸시오는 길을 잃고 가족과 헤어지게 되어 일본군 쪽으로 가고 말았다. 닿은 곳이 마침 유키나가의 진영이었으며, 다행히도 유키나가는 그 아이를 전쟁고아로서 보호하여 대마도로 보낸 것이다. 빈첸시오는 그 후 예수회 신학교에서 교육을 받고 1603년 모레혼 신부로부터 세례를 받았다.(김옥희·이성일.

시절의 비센테에 대한 기록은 여러 문헌에 따라 달리 기록되어 있다..

이러한 기록들은 권 비센테가 고니시의 부장인 시키의 히비야 비센테 영주의 보호 아래에 있다가 1592년 말 일본으로 보내졌으며 시키에서 모레혼 신부에게 세례를 받았다는 기록과는 매우 상이하다.

비센테가 모레혼 신부에게 세례를 받은 시기는 1592년 12월, 그의 나이 13세 때로 여러 편지에 일관되게 나타나 있다. 그가 직접 쓴 편지에서도 이를 확인할 수 있다.

『일본 안의 한국인 그리스도교인들』 계성출판사, 1986년, 50쪽)

7) 조선인 빈센트(비센테) 카운은 13세 때 임진왜란으로 고니시 유키나가에 의해 쓰시마 다이묘 부인인 딸 마리아에게 보내었다. 마리아는 비센테를 신학교로 보내기 위하여 세스페데스 신부에 딸려 규슈의 아마쿠사의 시키에 있는 모레혼 신부에게 맡겼다. 모레혼 신부로부터 세례를 받고 신학 공부를 시작하면서 조선인과 일본인들을 위한 전도를 담당하고 있었다.(박양자『일본 기리시탄 순교사와 조선인』 도서출판 순교의 맥, 2008년, 195~196쪽).

8) 고니시 유키나가는 세스페데스 신부를 초청해 조선의 남쪽에 있는 김해 웅천의 진영에 머물면서 병사들의 영신 사정을 도와주고 있었다. 세스페데스 신부가 일본으로 돌아올 때 쓰시마에 들러 조선 귀족의 두 소년 중, 한 소년을 데리고 나왔다. 세스페데스 신부가 데리고 나온 소년은 고니시 유키나가의 영지인 아마쿠사 시키(志岐)의 히비야 비센테 영주의 보호를 받다가 예수회 모레혼 신부에 맡겨져 가운(加運) 비센테로 세례를 받았다. 그는 신학 공부를 하는 도중에 박해가 심해지자 잠복하여 전도사로서 잠복 사목 을 돕다가 체포되어 예수회 회원으로 순교하게 된다.(박양자.『일본 기리시탄 순교사와 조선인』 도서출판 순교의 맥, 2008년, 78쪽).

9) 한국에서 일본으로 돌아가는 도중에 세스페데스 신부는 또다시 쓰시마 섬에 들렀는데, 그곳에서 아우구스티노의 딸이자 쓰시마 도주의 부인인 마리아의 집에 포로로 잡혀 온 두 명의 한국인 아이들을 본 후 그는 일본에 있는 예수회 신학교로 그 두 어린이 중 한 명을 데리고 갔다.(박철.『예수회 신부 세스뻬데스 - 한국 방문 최초 서구인』 서강대학교 출판부, 1987년, 91쪽)

"나는 1592년에 조선으로부터 일본으로 왔으며 바로 그해 12월 에 교회에 들어가 주님의 은총으로 그곳에서 33년 이상을 지냈습니다.…(중략)

나 비센테는 예수회 지오반니 바티스타 졸라(Giovanni Battista Zola) 신부의 동숙(同宿)으로서 조선 태생이고 조선의 수도(한양)에 서 태어났으며, 13세때 쓰노가미(津守)도노 아우구스티노의 보좌관 인 고니시 헤이에몬과 함께 일본으로 왔습니다. 바로 그해 시키(志 岐) 섬에서 천주교 신자가 되었으며 교회로 들어가 여러 곳에서 봉 사했습니다. 33세 때 중국으로 가서 7년간 머물렀습니다. 42세 때 다시 일본으로 돌아와 박해 중에 지오반니 바티스타 졸라 신부를 만났으며 그와 함께 11월 23일 체포되었습니다."

세스페데스 신부가 일본으로 돌아간 시기는 1595년 초 아마도 6월 경임으로, 비센테가 일본으로 보내져 세례를 받은 사건과 세스페데스 의 일본 귀환과의 관련성을 기록한 구스만 등의 여러 기록들은 잘못된 것으로 보인다.

권 비센테는 덕과 학식이 특별히 뛰어나 전교자로 뽑혀 신앙을 전파 했다. 그는 교리 교수법과 그의 선량한 표상으로 많은 신부들을 도왔다.

1612년 도쿠가와의 금교령이 내려지고 일본에서의 전교가 벽에 부 딪치자 예수회에서는 조선 선교가 다시 시도되었다. 권 비센테는 졸라 신부를 동반해 그의 안내자로서 그리고 통역으로서 모국 조선으로 파 견하기로 예정되었다. 그러나 졸라 신부는 알 수 없는 이유로 일본에 잔류했고, 권 비센테는 33세 때인 1612년 10월에 마카오로 건너갔으며 1614년에 그는 먼저 북경으로 갔다. 북경에서 그는 예수회의 동숙으로 서 그곳에서 사제들과 함께 약 7년을 보냈다. 그는 중국 관리를 포함해 많은 중국인들에게 신앙을 교육했다. 또한 모국어로 매년 북경으로 오는 조선의 사신들에게도 교리를 가르쳤다. 북경에 머물면서 조선 북쪽의 국경을 통해 입국할 기회를 기다리고 있었는데, 조선과 인접한 만주에는 여진족의 청나라가 장악해 입국의 가망이 어려워졌다. 그는 1618년 북경으로부터 마카오를 거쳐 나가사키로 되돌아갔고, 시도되었던 조선의 선교는 결국 이루어지지 못했다.

비센테는 중국어와 중국의 학문을 통달하고 중국옷을 입고 중국인으로 가장해 일본으로 돌아왔는데, 이는 나가사키에 살거나 매년 나가사키로 오는 중국인 무역업자들을 가르치고 돕기 위함이었다. 그러나 이러한 모든 중국인 거주자나 방문객들은 중국의 법을 어기고 있었기 때문에, 그들은 비센테를 중국 관리가 보낸 첩자로 의심했다. 그래서 그들은 매우 조심했고 그를 피했다.

그의 예수회 입회를 위해 1619년 교회의 장상들(Superior)은 그를 마카오로 다시 파견했다. 그들은 그에 대해 매우 만족스러워 했으며 그는 중국 거주지 한 곳을 도울 수 있었다. 그러나 일본 내에도 훌륭하고 잘 훈련된 전도자와 교리교사가 부족했으므로 그는 마카오에서 아직 예수회에 입회되지 않은 상태였으나 일본 장상들의 소환에 의해 1920년 다시 일본으로 돌아가게 되었다. 일본으로 돌아온 비센테는 일본인처럼 옷을 입고 여러 방면에서 신부들을 돕기 시작해 신자들을 보살폈다. 그리고 마침내 시마바라에서 타카쿠(高求)의 주임사제(Rector)인 지오반니 바티스타 졸라 신부를 도와 시마바라에서 포교활동에 종사했다.

박해가 심해지자 일본예수회 관구장인 프란치스코 파체코는 예수회의 전도소를 시마바라 최남단의 구치노츠(口之津)에 두었고 교토·나가사키·에도 대순교로 인해 예수회 선교사들은 시마바라 남쪽으로 피신했다.

1625년 12월 배교자의 밀고에 의해 17일 관구장 파체코 신부와 동숙 등이, 그리고 22일에는 권 비센테가 졸라 신부와 그의 숙주 등과 함께 체포돼 시마바라 감옥에 갇혔다. 일본인 영주는 비센테에게 자신의 수하로 들어오길 바랐고 그의 마음을 돌리기 위해 노력했으나 허사였다. 비센테는 그곳에서 혹독한 고문을 받았다.

> "저는 영혼과 육체를 완전히 성삼위께 바치기를 원했으며 제가 고통을 참고 견딜 수 있었던 것은 주님의 권능과 굳셈 때문이었습니다. 따라서 제가 겪었던 고문은 너무나 가벼워 거의 느끼지 못했습니다. 그들이 나에게 행한 물고문으로 입으로 많은 피를 토해도 감옥으로 돌아가면 전처럼 검은 쌀을 먹었고, 단지 5일 동안 손과 팔이 마비되었을 뿐입니다. 그래서 저는 그리스도의 이름으로 견디지 못할 고통은 없을 것이라고 믿습니다."

1626년 도쿠가와 이에미쓰(德川家光)의 일족인 미즈노 카와우치(水野河內)가 나가사키 부교로 임명되었다. 그는 쇼군의 뜻에 따라 기리시탄을 더욱 엄중하게 다스렸다. 우선 시마바라와 오무라 감옥의 예수회 신부와 수사 9명을 나가사키에서 처형하기로 했다. 당시 오무라 감옥에는 발타사르 토레스 신부와 수사 미겔 도죠(東臓)가 있었다.

한편 비센테는 예수회 관구장 프란치스코 파체코(Francisco Pacheco) 신부에게 예수회 입회의 허가를 청했다. 관구장 파체코 신부는 감옥에서 이 청원을 받아들여 1626년 1월에 그의 입회가 이루어졌다. 그리하여 체포된 지 2달 후인 2월 25일 발타사르 토레스 신부는 그를 비센테 수사라고 불렀다. 권 비센테는 화형 선고를 받았고 파체코, 졸라 신부 등 다른 이들과 함께 6월 18일 시마바라에서 나가사키로 이송되어, 오무라 감옥의 발타사르 토레스 신부 등과 함께 그렇게 염원하던 예수회 수사(Brother of Society)로서 6월 20일 순교하게 된다. 그는 조선인 두 번째 예수회 수사로 46세의 나이로 선종했고 33년간을 동숙과 전도사로 예수회 교단에 머물러 살았다. 권 비센테의 체포와 순교에 관해서는 히람 신부의 편지10)에 자세히 나타나 있어 그 편지를 통해 그의 마지막 생을 따라가 본다.

일본의 통치자들은 타카쿠(高求)의 주임사제인 지오반니 바티스타 졸라 신부가 그들이 살고 있는 대 도시 시마바라(島原)내에 거주하고 있음을 알았다. 그들은 관구장인 프란치스코 파체코 신부와 구치노츠(口之津)에 있는 그의 동료들을 체포했고 졸라 신부도 체포하기로 결정했다. 이러한 의도를 간파한 신자들은 신부를 바다 건너 주민의 대부분이 천주교 신자인 히고의 한 섬에 피신시키고자 했다. 그리하여 1625년 12월 21일 그들이 미리 준비한 배에 다음 날 밤에 신부를 태우기로 결정했다. 그러나 22일 새벽에 한 배반자에 의해 밀고를 당해 신부와 복사 권 비센테, 집주인 나이젠 후안 그리고 다른 신자들이 체포되었다. 그들은 관구장이 감금되어 있는 곳의 다른 방에 투옥되었다. 통치자들은 신앙을 포기하도록 종용했고 생각을 바꾸지 않자 온갖 고문을 행하였다.
1626년 6월 18일 깊은 밤 교구장 프란치스코 파체코 신부와 바티스타 졸라 신부, 권 비센테와 원로 수사 등 7명은 다카구의 감옥으로부터 나와 6월 20일 토요일 나가사키로 옮겨졌고 오무라 감옥에 있던 신부와 수사 등과 함께 니시자카 언덕에서 화형에 의해 순교했다. 그들의 육신은 재가 되어 바다에 뿌려졌다.

10) Juan Ruiz-de-Medina S. J. 『The Catholic Church in Korea. Its Origins 1566-1784』 English translation-Instituto Storico S. I.- Roma 1991, pp.300~301.

제54장. 복자 아카시 지에몬 카요와 부인 마르타, 1627년

조선인 복자 아카시 지에몬 카요(名石 次右衛門: Akashi Jiemon Cayo)는 도미니코회의 제3회원이며 도미니코회의 신도 사도직 신심단체인 로자리오 회원이었다. 1619년 이후 나가사키에서 와서 잠복전도를 하고 있던 도미니코회의 발타사르 데 토레스(Baltasar de Torres) 신부의 숙주로서 적극적으로 신부의 활동을 돕고 있었다.

아카시 지에몬 카요와 그의 부인 마르타(Marta)[1]는 자택에 신부들을 투숙시켰으며 기도소를 설치하고 종교 물품을 은닉한 죄로 1626년 체포되었다.

"조선 출생의 카요는 아주 훌륭한 천주교인으로 자신의 집에 신부들을 투숙시켰다. 1626년 2월 5일 박해자들은 한 중국인 신자[2]

---

1) 부인이 조선인인지 여부는 확실치가 않다. 다만 "조선인이 아니라는 증거는 없다."로 기술되어 있어 조선인으로 추정해 보는 것이 타당할 듯하다.
2) 발타사르 데 토레스 신부(Baltasar de Torres)의 1627년 3월 24일 편지 내용에 의하면 벵갈 출신인 벤투라(Ventura)라는 스페인인의 노예가 절도로 감옥에 갇히게 되었는데, 그는 풀려나기 위해 배교하고 자신이 그 전에 전갈을 가져갔던 가톨릭 신자들의 거처를 알려줌으로써 천주교인을 색출하게 되었다. 이 중국인 천주교인은 실제로는 변장한 스페인 사람으로 프란치스코회의 최상급자

를 색출하던 중 카요의 집에 있는 발타사르 데 토레스 신부의 방을 우연히 보게 되었다. 신부는 결혼할 남녀의 고해를 듣고 혼배성사를 주기 위해 바로 직전에 나갔기 때문에 그들이 발견한 것은 단지 신부의 책과 미사용 성구들뿐이었다. 그러나 그 집에 신부가 머물고 있다는 명백한 증거가 드러나게 되어 집주인인 조선인 아카시 지에몬 카요가 체포되었다. 그들은 신부를 찾기 위해 대단히 집요했고 그로 인해 집주인 카요는 많은 고통을 받았다. 그들은 카요의 부인도 거칠게 다뤘고 공포를 심어줘 신부를 찾아내려 했고, 또한 촛불로 부인의 얼굴에 화상을 입혔다.

그러나 이들 부부는 변함없이 신부의 행방을 숨겼다. 그들은 카요를 따로 불러 신부를 밀고한다면 그의 행위를 용서하고 그의 십인조 신도단 사람들의 생명도 보장하며 후하게 상도 내리겠다고 회유했다. 카요는 '주님께서는 조선으로부터 나를 이곳으로 데려와 천주교인으로 만들었고, 나는 믿음 속에서 생활하다 구원받기를 기다리고 있다. 수년 전부터는 이를 위해 내 목숨을 내놓기로 결심했으니 비록 사제들이 있는 장소는 안다고 할지라도 밀고할 정도의 인간은 아니다.'라고 말했다."

그는 감옥에 투옥되어 신부가 발각되지 않도록 하기 위해, 그리고 또한 주님의 계율을 포기하지 않아 큰 고통을 받았고, 1627년 8월 16일 나가사키에서 산채로 화형을 당함으로써 영원한 생명을 얻었다. 카요의 부인 마르타도 체포되어 혹독한 고문까지 받았으나, 남편과 함께 순교한 것 같지는 않다.

이들 부부에 대한 기록은 발타사르 데 토레스 신부가 마카오에서 쓴 1627년 3월 24일 편지, 그리고 후안 로드리게스 히람 신부가 1627년

인 것으로 알려져 있다.

3월 31일 마카오에서 써서 각각 예수회 총장 무지오 비텔레스치(Muzio Vitelleschi)에게 보낸 편지, 그리고 1928년 마카오에서 쓴 페드로 모레혼(Pedro Morejon) 신부의 수취인 불명의 편지에 나타나 있다.

나가사키 영주는 1627년 8월 3일 천주교인들을 화형시킬 것이라고 하여, 성스러운 순교자의 언덕에 기둥을 세우고 많은 양의 나무를 준비하도록 지시했다. 그러나 실제로 집행은 16일까지 연기되었고 10명은 화형으로, 8명은 참수로 순교했다.

화형을 받은 사람은 프라이 프란치스코 데 산타 마리아(Fray Francisco de Santa Maria) 신부, 바르톨로메오 라루엘(Bartolome Laruel) 수사, 감옥에서 예수회에 받아들여졌던 일본인 수사 프라이 안토니오(Fray Antonio), 가스파르 바즈(Gaspar Vaz),[3] 프란치스코 큐호이에(Francisco Kuhyoe)[4], 조선 태생의 카요(Cayo), 레온(Leon)과 토마스(Thomas)[5] 그리고 두 명의 거룩한 여성 막달레나(Magdalena)[6]와 프란치스카(Francisca)였다.

참수로 순교의 영광을 받았던 사람은 가스파르의 처 마리아와 아들 루카, 프란치스카의 아들 안토니오, 미겔과 아들 후안, 그리고 루이스와 두 아들 마누엘과 후안이었다. 이들 순교자중 아카시 지에몬 카요, 가스파르 바즈와 부인 마리아 아들 루카 그리도 사토 시네몬 토마스는 조선인이었으며 모두 복자로 시복되었다.

---

3) 뒤쪽 '가스파르 바즈와 부인 마리아' 편 참조.
4) 가스파르 바즈(Gaspar Vaz)의 친구로서 프란치스코 큐호이에(Francisco Kuhyoe 久兵衛) 혹은 쿠로베에라고도 한다. 그는 이교도 이면서 가스파르의 집 앞쪽에 살았고 신부들을 더 잘 숨겨주었으며 이러한 선행으로 그는 감옥에서 세례를 받았고 순교의 월 관을 받았다.
5) 뒤쪽 '토마스' 편 참조.
6) 키요타 막달레나(Magdalena)는 오토모 소린(大友宗麟)의 자손으로 복자이다.

박양자의 『일본 기리시탄 순교사와 조선인』7)에서는 조선인 카요에 대해 다음과 같이 기록되어 있다.

'1626년 사순절 제3주일에 토레스 신부는 아카시 지에몬 카요의 집에서 나와 시마바라에서 미사를 봉헌하려 할 때 고발에 의해 일본인 전도사 미카엘 도죠(東藏)와 함께 체포되었으며 오무라 감옥에 갇혀 있다가 6월 20일 권 비센테 수사 이하 8명의 신부 수사와 함께 나가사키에서 순교했다. 카요도 토레스 신부 일행과 함께 체포되었는데 문초 당시 나가사키 부교의 배려로 부인과 함께 우선 감옥에 갇혀 있다가 1627년 8월 17일 부인과 함께 나가사키 니시자카에서 화형으로 순교했다.'

---

7) 박양자. 『일본 기리시탄 순교사와 조선인』 순교의 맥, 2008년, 205쪽.

제55장. 복자 가스파르 바즈,
부인 마리아와 아들 키에몬 루카, 1627년

  조선인 가스파르 바즈(Gaspar Vaz)는 프란치스코회 일본 관구장인 프라이 프란치스코 데 산타 마리아(Fray Francisco de Santa Maria)의 숙주이며 프란치스코회의 제3회원이었다. 그는 츠치[1] 쇼보에(Tsuji Shobyoe), 부인 마리아는 츠치 마리아(Tsuji Maria)라고도 불린다.

  가스파르 바즈의 출생년도는 불분명하며 임진왜란 때 포로가 되어 일본으로 끌려왔고, 마카오의 포르투갈 상인에 의해 노예로 팔려가 마카오에서 지냈다. 포르투갈인은 그를 마카오에서 공부시켰으며, 수년 후 그는 일본으로 다시 돌아와서 나가사키 출생인 마리아와 결혼하였다. 그는 선교사들을 숨겼다는 죄로 집을 강제로 팔아야만 했으나, 수도자들을 보호하기 위해 친구인 프란치스코 쿠로베에(久郎兵衛)의 이름으로 인적이 드문 바닷가에 집을 다시 구입하여 선교사들의 숙주가 되어 봉사하고 있었다.

  1627년 5월 가스파르 바즈는 집에서 산타 마리아 관구장과 바르톨로메오 라루엘(Bartolome Laruel) 수사와 함께 체포되었다. 일본인 전도사 안토니오[2]는 체포 소식을 듣고 감옥에 찾아와 자수해 함께 투옥되

---

  1) 츠치(Tsuji)는 통사(通事)를 의미한다.
  2) 그는 감옥에서 프란치스코회에 받아들여져 프란치스코회의 수사가 되었다.

었다. 같은 날 가스파르 바즈의 부인 마리아도 프란치스코 쿠로베에 등
과 함께 체포되었다.

　가스파르 바즈는 나가사키 니시자카에서 1627년 8월 16일 체포된
관구장 신부와 수사들과 함께 화형으로 순교했으며, 가스파르 바즈의
부인 마리아와 아들 츠치 키에몬 루카는 참수로 순교하였다.[3]

---

3) 예수 성심 시녀회 이건숙 율리에타 수녀는 일본의 조선인 출신 순교 복자 2명
　을 더 찾아냄으로써 기존 13명에서 15명으로 늘어났다고 하였다. 이 두 조선인
　순교 복자는 가스파르 부인 마리아와 나가사키에서 결혼해서 낳은 키에몬 루
　카이다. 지금까지 두 조선인 복자를 찾을 수 없었던 것은 시복 선언서에 키에
　몬 루카는 나가사키 출생으로, 마리아는 출생지가 조선임에도 불구하고 일본
　인으로 기록되었기 때문이었다고 하였다. 그리고 츠치 부부는 화형으로 어린
　키에몬 루카는 참수되었다고 하였다(가톨릭 평화신문 2009년 12월 13일).

제56장. 복자 사토 시네몬 토마스, 1627년

사토 시네몬 토마스(Sato Shinemon Thomas)의 사적은 1928년 마카오에서 쓴 페드로 모레혼(Pedro Morejon) 신부의 수취인 불명의 편지에 자세히 나타나 있다. 짧게나마 모레혼 신부는 그의 편지[1]에서 1627년 나가사키의 니시자카에서 화형으로 순교한 순교자 중 8번째로 시네몬의 이름을 올렸다.

사토 시네몬 토마스(Sato Shinemon Thomas)는 거구였으므로 그의 체격으로 인해 지네몬 오(大) 토마스, 오(大) 지네몬 등으로도 불렸으며 'Big Thomas'라고도 불렸다. 그는 나가사키에서 순교했고, 그의 가족들은 체포되었으나 방면되었다.

> "여덟 번째인 마지막 포로 토마스는 나가사키에서 매우 잘 알려진 천주교인으로 자신의 영혼의 구원뿐 아니라 그의 친지들과 친구들의 구원에 대해서도 대단한 열의를 가졌던 사람입니다. 이를 위해 토마스는 가끔 신부들을 자신의 집으로 불렀고 그들을 동행했습니다. 그는 박해자 사쿠에몬(Sakuemon)에 의해서 소환되었는데 사쿠에몬은 토마스가 자신의 신앙을 부정하기를 기대하지는 않는다고 말했습니다. 왜냐하면 그가 얼마나 구원을 바라고 있는지

---

1) Juan Ruiz-de-Medina S. J. 『The Catholic Church in Korea. Its Origins 1566-1784』 English translation-Instituto Storico S. I.- Roma 1991, pp.320~321.

알기 때문이며, 그가 결코 신앙을 포기하지 않을 것임을 알기 때문이었습니다. 이 박해 시기에도 변함없이 신앙을 지속하고 박해에 저항하도록 친구들을 북돋우며 다닌다는 소문을 들었기 때문입니다.

토마스는 자신은 문맹이라 읽을 줄도 쓸 줄도 모르며 더군다나 천주교인을 가르치는 일은 결코 할 수가 없었다고 그에게 모든 것을 설명했습니다. 그는 사위들에게는 이러한 어려운 시기에 신앙이 비틀거려 넘어지지 않도록 많은 노력을 해야만 한다고 말했고, 그의 친구들에게는 임종 시에 그들을 방문해서 예수님과 마리아에게 간구하도록 권고했지만 이 일들 이외에는 다른 것은 아무것도 가르치지 못했다고 말했습니다. 사쿠에몬은 너의 죄를 확인할 증인이 있다고 말했습니다. 그러자 토마스는 격렬하게 그를 부르라고 대답했습니다. 그리고 만약 그것이 사실이라면 자신은 감옥에 갈 것이며 그곳에서 화형을 당할 것이라고 대답했습니다. 이것으로 심문은 끝났습니다.

사쿠에몬은 토마스와 있었던 일에 대해 새로운 영주 미즈노 가와치(水野河內)에게 보고했습니다. 그러자 새 영주는 그를 자신의 앞에 불러 그의 주요 관리로 하여금 그를 조사토록 지시했습니다. 토마스는 그에게도 사쿠에몬에게 한 것과 똑같은 대답을 했습니다. 관리는 사위들에게 전한 똑같은 충고를 친구들에게도 했는지에 대해 물었습니다. 열렬한 그리스도교 신자였던 토마스는 그 질문에 대해 박해가 심한 그러한 시기이므로 주님의 계율과 신앙이 줄어들지 않도록 하기 위해 친구들에게 용기를 북돋아 주었다고 대답했습니다.

영주는 그를 감옥에 보내고, 그의 모든 것을 몰수하도록 판결을 내렸습니다. 토마스는 그 판결에 매우 기쁘다고 말하면서 영주에게 고마워했습니다. 영주는 그가 도망치기를 바라면서, 집으로 돌아가 식사를 하고 가족과 작별인사를 나눈 후 감옥으로 다시 오라고 말했습니다. 그리고는 감시인을 딸려 보내지 않은 채 집으로 보냈습니다. 그러나 그는 당당하게 나서 그의 부인, 아들들, 그리고 사위들과 이별을 고했고 가지고 있는 것 모두를 남긴 채 다시 감옥으로 갔습니다. 그는 감옥에서 여러 달 동안 고통을 받으며 순교를 준비했고 마침내 말씀드렸던 것처럼 성스러운 언덕에서 순교했습니다."

제57장. 운젠(雲仙)의 이사벨, 1629년

　　운젠다케(雲仙岳)는 나가사키에서 약 10레구아(약 56km) 떨어진 타카쿠에 있는 아름다운 산이다. 이곳은 또한 '운젠 지옥'이라는 무서운 이름이 붙여져 있는 곳이기도 하다. 이는 산의 곳곳에 있는 분출구로부터 이글거리는 유황 온천물이 흘러나와 유황 냄새가 진동하고, 온천 수증기의 열기와 습기가 주위를 뿌옇게 뒤덮어 흡사 지옥과도 같다고 하여 붙여진 이름이다. 그곳에서는 내부에서 타오르는 화력으로 거대한 분출이 있으며 온천물은 너무나 뜨거워 아무리 작은 물방울일지라도 신체의 어느 부분에 떨어지기만 해도 심한 상처를 낼 정도이다.

　　이 산이 제단으로서 등장한 것은 1627년에서 1632년 이르는 5년 사이의 일이다.[1] 시마바라의 영주 마츠쿠라 시게마사(松倉重政)는 1627년부터 운젠 지옥의 펄펄 끓는 열탕을 기리시탄의 고문에 사용했다. 열탕에 담그기를 반복하며 배교를 강요했던 것이다. 일본 통상수교거부정책의 결정적 계기가 된 '시마바라의 난'도 마츠쿠라(松倉)부자-시게마

---

1) 전율할 운젠 지옥의 고문은 1627년부터 시작하여 5년간 계속되었는데, 1631년 12월에는 복자 아우구스티노회의 비센테 갈바리오 신부(1590~1632년) 등도 부교 우네메로부터 운젠 고문을 받았다. 1669년 암스테르담에서 발행된 '일본지'에는 '운젠 지옥의 순교'라는 그림이 실려 있어 악명과 함께 그 처참함을 잘 보여주고 있다.

운젠 온천.

사(重政)와 아들 가츠이에(勝家)의 2대에 걸친 학정과 수탈에 의해 일어
났다.

1629년 나가사키 부교[2]로 취임한 다게나가 우네메 시게마사(竹中 采
女 重信)는 취임하자마자 기리시탄의 묘를 파 남아 있는 유골을 불태워
바다에 버리도록 지시했다. 또한 나가사키의 감옥에 수감되어 있는 천
주교인들을 운젠 지옥의 끓는 물로 고문하기 위해 연행해 갔다. 최초의
희생자는 64명이었는데 그중 27명은 여자였다.

1629년 8월 3일 처음으로 그곳으로 떠났고 뒤이어 다섯 그룹으로
나뉘어 며칠 간격으로 그들을 뒤따랐다. 그들을 고문하기 위해 다음과
같은 방법을 사용했다. 산에 도착 후 가장 큰 못에 그들을 데리고 가서
못 가장자리에 세운 다음, 주님의 계율을 포기하라고 윽박지르며 만약

2) 막부 파견 행정관이나 시장.

운젠 지옥 고문도. Arnold Montanus의 「일본견사기행(日本遣使紀行)」에 수록
되어 있다. 일본 나가사키 역사문화박물관 소장.

거부하면 끓어오르는 온천물로 고문하겠다고 위협했다.

그러나 그들은 자신들을 구원할 유일하고 진정한 길인 주님의 계율
을 포기하는 것을 원치 않았기 때문에 어느 때나 고문받을 각오가 되어
있다고 대답했다. 박해자들은 그들의 마음을 바꿀 것을 수차례 요구했
으나 모두들 같은 대답으로만 일관했기 때문에 남자들의 옷을 완전히
벗기고 팔과 다리를 밧줄로 묶고 큰 돌을 목에 매단 후 끓는 물을 오랜
시간 동안 천천히 몸에 끼얹었다. 그리고 서로 용기를 북돋우지 못하도
록 평소처럼 함께 고문하지 않고 한 사람씩 나눠서 고문했다.

이사벨(Isabel)에 관한 기록은 일본에서 크리스토벌 페레이라(Cristo-
bal Fereira S.J.) 신부가 무시오 비델레스치(Muzio Vitlleschi) 예수회 총
장에게 보낸 1631년 8월 20일 편지3)에 잘 나타나 있다.

---

3) Juan Ruiz-de-Medina S. J. 『The Catholic Church in Korea. Its Origins 1566-1784』

"온천물로 고문이 끝난 후, 상처를 햇볕에 노출되도록 했는데 이것 또한 견딜 수 없는 고통이었다. 그리고 밤에도 잠시 휴식을 취할 시간을 주지 않았다. 다음 날 같은 고문을 되풀이했다. 그렇게 며칠간 고문했지만 그들 중 어느 누구도 고문으로 인해 신앙을 포기하지 않았다.

그러나 박해자들은 모든 충고와 경고와 함께, 신자들이 죽기를 원하지만 결코 일찍 죽이지 않을 것이며, 단지 그들이 신앙을 포기할 때까지 점차적으로 조금씩 고문하겠다고 했다. 그들 모두는 차츰 용기를 잃어갔고 특별히 후에 언급할 한두 사람을 제외하고는 모두가 포기하고 말았다. 고문이 없었던 여자들도 신앙을 포기했다. 그들 중에 오직 한 사람, 조선인 이사벨(Isabel)[4]은 신앙고백으로 주님의 명예와 성스러운 계율을 옹호한 강하고 용기 있는 여자로서 진정 찬양받을 만했다. 신앙을 포기하는 사람들이 늘어감에도, 남편의 나약함도 그리고 박해자들의 설득이나 고문의 잔혹함도 그녀의 신앙에 대한 항구함을 압도하지는 못했다. 박해자들은 '부인은 모든 일에 있어서 남편을 따라야 하며, 부인은 모든 결정에 있어 남편보다 더 권위가 있지는 않다.'는 일본의 법과 관습에 따라, 남편처럼 신앙을 버리라고 강요했다.

이사벨은 '비록 남편이 신앙을 부정했다 하여도, 그것이 내가 또한 신앙을 부인할 만큼 충분한 이유가 되지 못합니다. 왜냐하면 다른 문제에 있어서는 모든 일에 아내가 남편을 따라야 하지만, 구원에 관해서는 남편의 판단에 달려 있지 않기 때문입니다. 더구나 나는 하늘에 다른 배우자를 가지고 있으며, 나는 그를 따르고 있습니다. 그래서 비록 당신들이 나에게 말하는 나의 남편이 하느님의 계율을 버렸을지라도, 나는 이 문제에 대해서는 어떤 경우에도 결코 그를 따르지 않을 것입니다.'라고 대답했다.

English translation-Instituto Storico S. I.- Roma 1991, pp.321~325.
4) 엘리사벳과 같은 프랑스식 본명.

이러한 대답과 그녀의 확고한 의지를 듣고 그들은 그녀를 못의 가장자리로 데리고 갔다. 20명 이상의 남자들이 그녀를 둘러싸고, 그들 중 한 명이 그녀를 고문하기 위해 또는 모욕과 치욕을 주기 위해 그녀에게 다가갔다. 그때 갑자기 거기에 있는 모든 못의 물이 솟구치기 시작해 평상시보다 더 맹렬히 끓어오르고, 하늘이 유난히 어두워지자 그들은 두려움에 가득 차 재빨리 도피해 근처에 있는 오두막으로 피신했다.

이사벨은 후에 박해자들이 그 광경을 보고 엄청난 두려움을 느꼈으며 당시 못에 나타났던 서너 살쯤 되는 매우 하얀 한 어린아이에 대해 그들끼리 이야기했다고 말했다.

다음 날 그들은 다시 그녀를 바로 그 장소로 데리고 가서 손을 등 뒤로 묶고 2시간 이상 작은 돌 위에 세워두었다. 그래도 생각을 바꾸거나 그들의 권고에 전혀 관심을 두지 않았으므로 커다란 돌을 목에 매달고, 입에는 몇 개의 돌을 넣고 머리 위에는 다른 둥근 돌을 올려놓았다. 그리고 만약 이것이 떨어지면 그녀가 신의 계율을 부정하는 신호나 증거로 간주할 것이라고 말했다. 이에 그녀는 비록 돌이 내 머리에서 떨어질지라도, 혹은 내가 넘어지더라도 그것은 내가 신의 계율을 포기하는 것을 뜻하는 것은 아니며 이들을 조정할 수 있는 능력이 나의 능력 밖에 있기 때문이라고 말했다. 그러나 그녀는 넘어지지도 않았고, 머리에 있는 돌도 떨어지지 않았다. 그녀가 단언한 것처럼 몇 시간 동안 그 자세로 있었고, 돌이 매우 큰 것이었음에도 불구하고 목 주위에 매달린 돌의 무게를 느끼지 못했다. 그녀는 기도하면서 온 밤을 보냈고, 그날 밤 주님은 서너 살 난 매우 아름다운 어린아이로 변해 그녀에게 나타났으며 그 광경은 그녀에게 큰 기쁨과 신앙의 군건함을 주었다."

이미 이전에도 바로 그 산에서 다른 환영과 환상이 있었는데(그 산에서 일어난 일들이 그녀를 신앙에 대해 견고하게 했고, 고문에 어떤 두려움도 없게 해 준 효과로 보아) 그것은 초자연적이고 진실임을 입증했다. 또한 좋은 징조는 그녀가 그것들에 대해 간직했던 최상의 비밀이었다. 그녀가 억지로라도 그것을 말해주지 않았다면 우리들조차도 그것에 대해 알지 못했을 것이다.

다음 날 그들은 그녀를 같은 연못으로 데려가 신앙을 포기하라고 말하면서 그녀를 괴롭힌 후, 옷을 모두 벗기고 손과 발을 묶고 오랫동안 끓는 물을 몸에 뿌렸다. 고문은 매우 악랄하고 잔인했지만 그녀는 고문과 함께 전해지는 모든 사악한 조언에 저항했다. 이 고문이 끝나자 다른 고문을 시작했는데 사람들을 바꾸어가며 오랜 시간 동안 지속했다. 그러나 고문의 효과는 매우 적었고, 잔혹함에 이를 정도의 노여움으로 그날 다시 물고문으로 되돌아왔다. 그러나 그것마저도 그녀를 두렵게 할 수는 없었다.

다음 날도 같은 고문을 집행했으며 더 잔인하게 긴 시간 동안 이어졌다. 그러나 여인은 고문에는 개의치 않았고, 믿을 수 없는 용기로 고문을 견뎌냈다. 고문 집행자들은 그녀를 굴복시키는 것을 단념했고 고문을 포기했다. 그러나 또다시 설득과 충고로 그녀를 괴롭혔다.

그들이 밤낮으로 휴식도 주지 않고 그녀를 괴롭힌 간청과 위협, 비난, 모욕, 속임수 등은 헤아릴 수도, 말로 표현할 수도 없을 정도로 많았다. 그들은 죽이지 않고 단지 포기할 때까지 실시한 무한정 고문으로 많은 사람들이 굴복한 것을 알았으므로 이사벨에게도 이 방법을 사용했다. 그들은 결국 그녀가 신앙을 부인할 때까지 10년 혹은 20년이 걸릴지라도, 이러한 방법으로 그녀를 괴롭힐 것이라고 말했다. 이에 이 용감한 여인은 다음과 같이 대답했다.

"10년 혹은 20년은 그리 오랜 기간이 아니오. 만약 내 생명이 그렇게만 지속만 된다면 100년 아니 그 이상도 당신들이 나를 죽이거나 죽이지 않거나 간에, 나는 당신들이 내게 집행하는 모든 고문을 견뎌낼 것이오. 내가 살아있거나 혹은 죽어있던 간에 다만 내가 신봉하는 신앙을 부인하지만 않는다면 나는 그것으로 충분하오. 그러니 당신들의 충고는 아껴두시오. 왜냐하면 내게서 결코 다른 대답을 얻지 못할 것이기 때문이요."

박해자들은 한 여자가 자신들을 이겨내고 있음을 보면서 그리고 그녀에게 맞설수록 더욱더 강해지고 용기를 얻는 것을 보고는 인내심을 잃어버렸다. 마침내 어떠한 방법도 그녀를 지치게 할 수 없음을 깨닫고 고문 13일째 그녀를 다시 나가사키로 연행해 왔는데, 그중 10일 동안 한숨도 재우지 않았으며 아무것도 먹지도 마시지도 못하게 하였다. 그들은 크게 놀라며 한 여인에게서 그 같은 용기와 의지를 결코 본적이 없었다고 솔직하게 털어놓았다. 그녀는 고문과 상처로 인해 매우 약해져서 나가사키에 도착했고, 부교 앞으로 끌려갔다. 그곳에서 그들은 그녀가 할 수 있는 모든 힘을 내 저항하는 가운데 강제로 그녀의 손을 잡고 배교하겠다고 쓰인 신앙포기서 위에 승인하는 것처럼 지장을 찍게 했다. 그리고 한 마디도 말하지 못하게 하고는 밖으로 쫓아내 집으로 보냈다.

그러나 이후 이사벨에 관한 더 이상의 기록이 없어 그 후의 행적은 알 수 없다.

제58장. 바다에 던져진 파울로, 1630년

　영광스러운 훌리오(Julio)의 순교 후 얼마 지나지 않아, 천주교인이며 파울로(Paulo)라고 불리는 조선 태생의 천주교인의 순교가 있었다. 이 훌륭한 천주교인은 시키(志岐)에 살았다. 그는 신앙 속에서 생활하기를 원했고, 박해 기간에는 숨어서 살았다. 그래서 그는 1629년 12월 말까지 때로는 산에서, 때로는 그의 아들 집에서 숨어 지냈다.

　아들의 집에 숨어 있을 지낼 때 그 마을의 쇼야(庄屋)¹⁾가 우연히 그곳에 와 숨어 있는 그를 발견했다. 그는 이교인이었음으로 관리에게 일러 바쳤다. 관리는 그를 붙잡아 신앙을 버리도록 지시했다. 관리의 부하들은 그에게 위협과 경고로 큰 소란을 피웠지만, 그에게 어떤 동요도 일으키지 못했다. 그의 발에 족쇄를 채워 쇼야의 축사에 가두고, 그곳에서 10일 동안 아주 잔인하게 다루었으며, 내내 주님의 계율을 부정하도록 그를 다그쳤다. 그러나 다그치면 다그칠수록, 그는 한결같고 더욱 강해져 간다는 것을 관리는 알았다. 그래서 영주는 시마 도노(志摩殿)²⁾의 명령에 따라 바다 깊이 그를 던지도록 판결을 내렸다. 이런 판결에도 파올로는 조금도 두려워하지 않았고, 오히려 그러한 행운을 매우 기뻐했으며 그토록 큰 영광을 가져다 준 쇼야에게 특별히 감사했다.

---

　1) 쇼야(庄屋 장옥)은 마을의 사무소나 이장을 말한다.
　2) 막부 파견 행정관이나 시장.

1630년 1월 12일 아침 병사들은 그를 배로 바다 멀리 데려갔고 그곳에서 그가 기도를 끝낸 후, 훌리오에게 한 것처럼 그에게도 똑같이 집행했다. 몇 개의 돌을 목에 묶고, 마리아와 예수님의 성스러운 이름으로 간구하는 동안 그들은 그를 바다에 던졌다.

파울로에 관한 기록은 크리스토벌 페레이라(Cristobal Ferreira S. J.) 신부가 무지오 비델레스치 예수회 총장 신부에게 일본에서 보낸 1631년 8월 20일자 편지에서 잘 나타나 있다.[3]

---

3) Juan Ruiz-de-Medina S. J. 『The Catholic Church in Korea. Its Origins 1566-1784』 English translation-Instituto Storico S. I.- Roma 1991, pp.325~326.

제59장. 아우구스티노회 수사
루이스 하치로(八郎), 1630년

아우구스티노회의 일본 포교는 1602년부터 히라도에서 시작되었다. 이는 교황 클레멘스 8세가 1600년 예수회 이외의 다른 수도회들도 일본 포교를 인정했기 때문이었다. 그 후 분고 우스기(臼杵)에 본거지를 정하고 선교를 시작해 1612년에는 나가사키, 오무라로 진출하여 활발한 사목활동을 전개했다.

1614년 게이초 금령(慶長禁令)으로 사목이 일시 중단되었으나 페르난도 산 요셉 신부가 잠입해서 다시 아우구스티노회의 사목을 이어갔다. 그러나 그는 오무라 스미요리(大村純頼)의 박해로 도미니코회의 나바렛트 신부와 함께 타가시마(高島)에서 참수당해 순교하였다.

오무라 감옥은 체포된 신자들로 만원이 되었다. 에도 막부의 박해와 쇄국이 극에 달해 잠입해 들어오는 선교사는 없으나, 체포되는 신자들은 점점 많아졌다. 신자들은 박해를 피해 산속으로 들어가고 선교사들도 신자들을 따라갔다. 산속의 선교사들과 많은 신자들이 체포되었다.

나가사키의 부교 다케나가 우네메(竹中采女)는 1930년 9월 신부이외의 사람들은 28일 처형하겠다는 사형집행 날짜를 통보했다. 아우구스티노회의 프란치스코 데 지저스(Jesus) 신부는 감옥의 신자 중 전도사로 활동한 제3회원 세 사람에게 수도허원을 허락해 아우구스티노회의 회원으로 받아드렸다. 그중에 66세의 조선인 루이스 하치로(八郎)에게는 '루이스 데 산 미겔 하치로'라는 수도명을 주었다. 순교 전 감옥에서의 은혜였다. 1630년 9월 28일 하치로는 아우구스티노회 수도자로서 순교함에 감사드리며 프란치스코 신부와 많은 신도들과 함께 오무라에서 순교했다.

제60장. 요한과 아내 마리아, 1633년

1633년 8월 15일 나가사키에서 5명의 천주교 신자가 산채로 화형에 처해졌다. 조선인 요한(Juan)은 프라이 야고보(Fray Jacobo) 신부의 집사였는데 그의 아내 마리아와 함께 화형으로 순교했다.[1] 요한은 디에고 신부의 집주인이었으며 산타 마리아 등 도미니코회 신부들에게 숙식을 제공한 죄로 붙잡혀 아내 마리아와[2] 함께 화형에 처해져 순교했다.

---

1) 최석우. 『한국교회사의 연구 II: 일본교회의 한국인 순교자들』한국 교회사연구소, 1991년, 34쪽.
2) 최석우의 『한국교회사의 연구 II』에서는 요한의 아내 마리아가 일본인이라 하였으나 예수 성심시녀회 이율리에타의 최근 연구에서는 조선인으로 밝혀져 있다(일본 내 조선인 신자들의 박해와 순교 표 참조).

제61장. 도미니코회 수사 요한네 요베에(與兵衛), 1633년

　도미니코회는 1587년 동아시아 선교를 위해 필리핀에 로자리오 관구를 설립했다. 관구장은 사츠마의 다이묘 시마즈 이에히사(島津家久)에게 서한을 보내 선교 허락을 받고 1602년 프란치스코 모랄레스 신부를 비롯 5명을 사츠마로 파견했으며 이후 나가사키, 교토와 오사카로 선교를 넓혀나갔다.

　1614년 게이초 금령으로 선교사의 추방 당시에도 7명의 도미니코회 신부가 일본에 잠복해서 선교를 계속하였다. 박해가 점차 더욱 심해져도 신자들의 신앙은 변함이 없고 도리어 순교의 열정이 더 높아지고 있음을 알게 된 박해자들은 죽이지 않고 배교시키는 고문 방법들을 고안했다. 박해를 피해 산으로 들어가 산속에서 풀과 나무뿌리 등으로 연명해 가는 신자들도 늘어갔다.

　도미니코회 일본인 토모나가 고로베에(朝永五郎兵衛 수도명 야고보 산타 마리아) 신부는 체포돼 투옥된 신자 10명을 만났다. 10명 중 4명은 숙주이며 전도사로 일해 왔는데 이들 중 2명은 아우구스티노회의 프란치스코 데 지저스 신부가 수도자로 서원을 받아주었다. 1633년 8월 14일, 이들 중 나머지 2명의 전도사는 도미니코회 수도자로 받아들여졌다. 이중 한 사람이 조선인 요한네 요베에(與兵衛)였다. 조선인 요한네는 토모나가 고로베에 신부의 숙주이며 전도사로서 일해 오다가 감옥에서 순교 전날 도미니코회 수도자로 받아들여졌다.

15일, 4명의 수도자들은 니시자카 언덕에서 사카사 아나츠루시 고문(逆穴吊)[1]을 받았다. 죽지 않고 오랫동안 고통을 주기 위해 관자노리에 작은 구멍을 내어 피가 똑똑 흐르게 하였다. 3일 후에는 모두 숨을 거두었다. 그 외 6명은 화형, 참수를 당했다.

1633년 8월 17일, 조선인 요한네 요베에도 구덩이에 거꾸로 매달린 채 숨을 거두었다.

---

1) 구덩이에 거꾸로 매달리는 고문.

제62장. 조선 최초의 가톨릭 수도녀
박 마리나, 1636년

박 마리나에 대한 사적은 1655년 필리핀의 산 페드로 마카티(San Pedro Macati)에서 쓴 프란치스코 콜린(Francisco Colin) 신부의 편지[1]에 잘 기록되어 있다. 이 편지의 원문을 번역하여 실어 두고자 한다.

"1636년 5월 25일 축복받은 조선 출신의 처녀 박 마리나(Pak Marina)가 하늘나라로 갔습니다. 그녀는 1606년 우리의 성스러운 신앙으로 개종했고 주님에 대한 사랑과 신앙이 그의 영혼에 깊은 뿌리를 내리면서, 세례받은 후 여섯 번째 해에 줄리아와 그의 축복받은 동료들과 함께 청빈, 정결, 순종의 3가지 맹세로 그녀 자신을 주님께 봉헌했습니다.

그녀는 공동체의 이익을 위해 사용되도록 그의 재산을 모두 헌납했습니다. 그녀는 계율을 대단히 잘 지켰고, 자루에 넣어지는 모욕과 고문을 다른 이들과 함께 잘 참아냈습니다. 그리고 박해자들이 그녀들을 자루에 넣어 미야코로 다시 데려갔을 때 그녀는 어색한 일본말로(그녀는 조선인이었으므로 일본말을 잘하지 못했습니다.) 자신은 주님을 위해 죽기를 희망하며 주님의 대한 믿음을 더욱 군건히 하여 돌아왔다고 크게 소리쳤습니다.

---

1) Juan Ruiz-de-Medina S. J. 『The Catholic Church in Korea. Its Origins 1566-1784』 English translation-Instituto Storico S. I.- Roma 1991, pp.327~328.

주님께서는 그녀를 필리핀 유배지로 데려가 그녀에게 많은 질병, 특히 시력의 소실로 그녀를 시험하셨는데 그녀는 믿을 수 없는 인내심으로 견뎌냈고, 그것에 대해 주님께 감사드리며, 마음속으로는 천국과 영원한 세계를 관상하도록 경험하였습니다. 임종 당시 그녀의 대모이자 후견인인 줄리아 나이토가 나타났음을, 봉사하고 있던 모니카(Monica)에게 말했습니다.

'모니카야, 너는 이렇게 아름답고 찬란히 빛나는 줄리아가 나를 맞이하기 위해 오는 것이 보이지 않느냐? 그리고 내 주위에 서 있는 이 천사들이 보이지 않느냐?'

그녀는 이러한 모든 하늘의 방문과 위로를 받은 후 64세의 나이로 죽음의 달콤한 꿈속으로 빠져들었습니다."

일본 최초 여자 수도회는 미야코(京都)에 살던 한 아미타종 비구니가 줄리아라고 불리는 기리시탄으로 개종함으로써 시작된다. 그녀는 나이토 도쿠안(內藤德安) 조안의 여동생이었다. 오빠 도쿠안은 신앙을 버리지 않아 영지를 몰수당했고 유키나가의 측근 무장으로 일하다가 가토 기요마사에게 추방당했다. 그 후 다카야마 우콘의 권유로 가나자와 교회에서 일했다,

나이토 줄리아는 22세에 남편과 사별하고 비구니가 되었는데 31세인 1596년에 교토의 포교장 오르간티노 신부로부터 세례를 받았다. 1601년 청빈, 정결, 순종의 서원을 발해 머리를 깎은 후 고복으로 검은 수도복을 입고 공동생활을 시작함으로써 일본 최초의 여자 수도회인 '미야코의 수녀회(Beatas de Miyako 혹은 Miyako no Bikuni)'가 시작되었다. 줄리아는 지체 높은 부인들에게 복음을 전함으로써 예수회의 포교에 큰 힘이 되었다.

1614년 전국 금교령이 내려지자 이들은 자루 속에 넣어져[2] 교토 시

천주교 신자 퇴치 이야기(吉利支丹 退治物語) 삽화.

가를 돌며 치욕을 당했으며 결국 마닐라로 추방되었다.3)

박마리나(1573~1636)는 조선 양반 출신으로 임진왜란 때 일본으로 잡혀 왔다고 추정된다. 그녀는 교토의 한 사원의 비구니가 되었는데 같은 비구니였던 나이토 줄리아의 개종과 수도 생활을 보고 박마리나도 개종과 더불어 1606년 세례를 받고 6년 후에는 청빈, 정결, 순종을 서원하고 줄리아와 그녀의 동료들과 같이 그녀의 일생을 하느님께 봉헌했다. 자신의 모든 재산은 수녀회에 기증했다.

1614년 미야코의 동정녀들은 마닐라로 추방되어 이국에서 신앙을 이어갔다. 박마리나는 비록 이국땅이기는 하나 조선인 최초로 천주교 여자 수도회에서 수도 생활을 한 분으로 영광스럽게 기록될 것이다.

2) 杉野榮.『또 하나의 교토(京都). 교토의 기리시탄 사적을 찾다』三學出版, 2012년, 70쪽.
3) 그녀들은 나가사키에서 추방되어 1614년 12월 21일에 마닐라에 도착했다. 줄리아와 13명의 동료들이 예수회의 보호 아래 마을의 한집에 거처하며 종교 생활에 전념했다.

제63장. 마지막 조선인 순교자 토마스, 1643년

    마지막 조선인 순교자는 캄보디아로 추방당했던 예수회 소속의 교리교사 토마스였다. 그는 루비노 제1단으로 합류해 일본으로 들어왔으나 곧 발각되어 심한 고문을 받은 후 1643년 3월 21일 아나츠루시(逆穴吊)형 즉 구덩이를 파고 거꾸로 매다는 고문으로 순교했다.

    1633년 예수회 일본 관구장 대리 크리스토벌 페레이라 신부[1]가 배

---

1) 크리스토벌 페레이라(Christobal Ferreira, 1580~1650년). 페레이라는 1633년 사카사 아나츠루시(逆穴吊) 고문 5시간 후 배교했다. 그는 포르투갈 리스본 태생으로 1596년 예수회에 입회했고 1608년 마카오에서 서품을 받았다. 이듬해 6월 나가사키로 왔다. 1614년 선교사 추방 때 금령을 어기고 일본에 남아 잠복 사목했다.

배교 당시 그는 54세로 예수회 회원이 된 지 37년 째였으며 당시 기리시탄의 종문부교(宗門奉行)는 이노우에 치구고 가미(井上 筑後守政重)였다. 배교 후 일본 이름 사와노 주안(澤野忠庵)으로 일본인 부인을 얻었고 코다이지(皓太寺)의 불교 신도가 되었다. 나가사키에 거주하고 에도를 오가며 기리시탄을 적발하는 후미에 관리와 통역관으로 일했으며 1636년에는 배야서(排耶書)인 『현위록(顯僞錄)』과 『천문비용(天文備用)』을 저술했다. 1638년 키베 페드로가 체포돼 에도로 송치되어 심문을 당할 때 동석하여 배교를 설득했다고 한다. 그는 의학, 천문학, 지리학 등에도 조예가 깊어 일본 서양의학의 문을 열었으며 『남만류외과서(南蠻流外科書)』를 저술함으로써 특히 일본 외과 분야에 큰 업적을 남겼다. 예수회 기록에는 그가 20년 후 회심하여 순교했다는 설이 있기는 하나, 동경 서린사(瑞輪寺)의 사위 집안의 묘비에 의하면 병사한 것으로 확인된다. 그

교했다. 일본 예수회 책임자 신부의 배교 소식에 예수회는 물론 바티칸과 온 유럽이 충격에 휩싸였다. 예수회 수도자들은 자신의 희생으로 이 신부의 죄를 보상하기 위해 일본 파견을 다투어 지원했다. 이를 위해 1635년 34명의 예수회 수도자가 리스본을 떠나 일본으로 향했다. 단장은 나폴리 후작의 아들인 마르셀로 프란치스코 마스토리리(1603~1637) 신부였다. 이들은 마닐라까지 왔지만 일본 도항이 거절돼 마카오로 갔다.

마스토리리 신부만은 마닐라에 남아 일본 잠입의 기회를 기다렸는데, 당시 마닐라에 있었던 많은 일본인들이 동행하기를 청했다. 신부 일행은 1637년 9월 19일 사츠마 해안에 상륙했고, 마스토리리 신부는 휴가(日向)에 상륙했다. 다른 사람들은 해안을 따라가다 발각되었고 고문에 의해 마스토리리 신부의 잠입을 자백했다. 신부는 산에 숨어 있다 체포되었고, 나가사키로 호송되어 심한 고문을 당한 후 1637년 10월 14일 사카사 아나츠루시형에 의해서도 목숨이 끊어지지 않자 참수되었다. 사체는 토막이 난 후 불에 태워져 강물에 버려졌다.

마카오에 남은 일행은 1642년 캄보디아로 왔다. 그곳에는 본국으로부터 추방된 일본인들이 많이 있었다. 이탈리아인 예수회의 루비노(Rubino, 1578~1643) 신부 등 5명의 신부와 캄보디아의 일본 교회에서 수사와 같은 생활을 하고 있었던 조선인 토마스 등 일단이 7월 9일 필리핀을 떠나 8월 11일 사츠마에 잠입했다. 이들을 통칭 루비노 제1단이라고 부른다. 이들은 상륙 후 곧 발각되었고 나가사키로 연행되었다. 심문을 받을 때 통역자가 바로 배교한 신부 페레이라였다고 한다. 그들은 7개월간 심한 고문을 받았다. 1643년 3월 17일 아나츠루시형에 처해

는 문하생이며 양딸의 사위였던 스기모토 타다 메구미(杉本忠惠)와 함께 동경 서린사에 합장되어 있다. 그는 엔도 슈사쿠(遠藤周作)의 소설 『침묵』의 배교 신부의 모델로 잘 알려진 인물이다.

져 조선인 토마스는 5일째 되는 날 순교했다. 그 후 신부님들도 차례로 배교 신부의 대속으로 하느님께 받쳐졌다. 이리하여 루비노 제1단은 모두 순교로 끝났다.

막부는 루비노 제1단의 잠입으로 더욱 쇄국을 강화했다. 1640년 초대 슈몬 아라타메 야쿠(宗門改役) 총부교에 이노우에 마사시게를 임명해 잠입해 들어오는 선교사들을 더욱 철저히 색출하고자 하였다.

토마스에 대한 기록은 페드로 마르케스 신부(Pedro Marques S.J.)가 1644년 10월 7일 마카오에서 예수회 총장 무지오 비텔레스치(Muzio Vitelleschi)에 보낸 편지2)에 기록되어 있다.

1643년 6월 27일 예수회 페드로 마르케스 신부를 단장으로 하는 통칭 루비노 제2단이 치쿠고(筑後)의 오시마(大島)에 상륙했다. 이들 10명 역시 도착 즉시 체포되었다. 체포된 10인은 나가사키로 연행되고 그곳에서 다시 에도로 송치되었다. 3개월간의 심문과 고문 결과 루비노의 제2단은 모두가 배교하게 되고 이들에게는 일본 이름과 처자를 강제적으로 붙여 주었다. 박해자들은 조용히 기리시탄 말살 정책을 펴고 있었다.

이후 1708년 이탈리아의 예수회 조바니 밥티스타 시돗치 신부를 마지막으로 더 이상 일본으로 잠입한 선교사는 없었다. 그는 사츠마의 야쿠시마(屋久島)로 들어오자마자 바로 잡혀 에도로 송치되었다. 석학 아라이 하쿠세키(白石)의 심문을 받았고 1714년 47세로 이국의 지하 감방에서 선종했다.

2) Juan Ruiz-de-Medina S. J. 『The Catholic Church in Korea. Its Origins 1566-1784』 English translation-Instituto Storico S. I.- Roma 1991, pp.328~331.

임진왜란 전후 조선 관련 천주교 연표

1586년 5월 4일   예수회 부관구장 가스파르 코엘료가 오사카성의 도요토
미 히데요시를 예방하고 중국 정복과 전쟁 계획 및 이후
중국과 조선 선교에 관해 들음.

1587년 7월 25일   도요토미 히데요시, 파테렌 추방령 발포.

1592년 4월 13일   임진왜란 발발.

분고의 일본인 무사가 죽음에 처한 조선 어린이 200여 명
에게 세례를 베품.

전쟁 중 1584년 마카오에서 출판된 중국어 천주교 교리
서 조선에서 발견.

이 해 중기 일본군의 귀국 때 첫 조선인 포로 약간 명이
일본으로 끌려가 아리마와 오무라에 도착함.

10월 이전 조선 교회 탄생(예수회 메디나 신부의 주장).

12월   권 비센테가 시키에서 세례를 받음.–조선 교회의 첫 성인
신자가 됨.

1592/1593년   수백 명의 조선인 포로들 교리공부 시작/조선인 도주쿠
(同宿)가 조선어로 교육.

가이오, 교토의 절에 일본 승려로 입적.

1593년   오무라와 아리마에서 200여 명의 조선인이 세례를 받음.

성탄절에 나가사키에서 약 100여 명이 세례를 받음.

조선인 도주쿠를 위한 작은 신학교(Seminary)가 생김.

짧은 교리서와 기도서가 조선어로 번역됨.

12월 27일   그레고리오 데 세스페데스 신부와 한칸 레온 수사, 내한

1594년   규슈 내 2,000명 이상의 조선인 신자가 생겨남.

나가사키에서만 1,300명 이상의 조선인이 세례를 받음.

일본 전역에서 조선인 천주교 신자 발생.

	3월	세스페데스 신부가 명나라 관리를 만남 – 중국과 조선의 전교 허가를 명 황제로부터 받아줄 것을 요청.
1595년		규슈와 고토에서 세례를 받은 조선인 신자가 3,000명이 넘음.
1596년		오르간티노 솔도와 프란치스코 파시오 신부가 명나라 사신에게 평화조약 체결 시 중국과 조선에 전교 자유를 보장하는 조항을 포함시켜 줄 것을 요청.
		오다 줄리아가 고니시 유키나가 부인의 보호를 받게 되고 우토성에서 5월 중순 경 세례를 받음.
1597년	1월	정유재란 발발.
		주교 페드로 마르틴스, 노예 매매 상인을 파문.
	11월 말	프란치스코 데 라구나 신부와 타무라 로만 수사 내한.
1598년	2월 초	라구나 신부와 타무라 수사, 조선에서 2개월간 머문 후 일본으로 돌아감.
		주교 루이스 세르케이라가 또다시 노예 매매 상인들을 비난하고 노예 매매 시 파문을 결정함. 그리고 일본의 조선 침략이 불법임을 선언.
1599년		가이오, 천주교로 개종하고 도주쿠가 됨.
1600년		오다 줄리아, 도쿠가와 이에야스 부인의 시녀가 됨.
1603년		나가사키의 선교사들 일본어가 서투른 조선인 가톨릭 신자들에게 교리 교육을 강화. 300여 명의 조선인 가톨릭 신자가 혜택을 받음.
1604년 7월		사명대사 유정이 '탐적사'로 일본으로 파견됨.
		예수회 수사 호인 비센테가 사명대사와 만나 불교 교리에 대해 토론함.
1605년 4월		조선인 신자들이 사명대사와 함께 고국으로 귀환.
		한 조선 고관이 신부와 동행하여 조선으로 가고자 하였으나 불허됨. 조선인 신자가 귀국 시 대마도에서 한자 교리서를 직접 필사.
		조선인 파울로가 고토(五島)열도에서 같은 조선인에게 교리를 가르치기 시작함.
1606년		조선인 박마리나, 천주교인이 됨.

오다 줄리아, 에도 궁에서 시녀가 됨.

1610년   최초의 조선인 천주교회 성 라우렌시오 성당이 나가사키에 설립됨.

1612년   박 마리나, '미야코의 동정녀회'에 입회.

권 비센테, 지오반니 바티스타 졸라 신부와 조선 선교의 임무를 부여받음.

권 비센테가 마카오를 거쳐 북경으로 건너감.

오다 줄리아가 배교를 거부해 오시마를 거쳐 니지마로, 최종 고즈시마로 유배.

1613년 8월 16일   하치칸 호아킨이 에도의 도리코에서 참수됨으로써 조선의 첫 순교자가 됨.

조선 여성 막시마가 아리마 궁에서 신앙으로 인해 수난.

볼드리노 신부가 아쿠아비바 총장에게 조선 복음화 시작의 도덕적 의무에 관한 서한을 발송함.

1614년 11월 22일   조선인 코라이 미겔과 베드로 진구로가 구치노츠에서 순교.

일본 태생 조선인 벙어리이며 귀머거리인 마누엘이 스루가에서 신앙으로 인해 박해를 받음.

가이오가 다카야마 우콘을 동행하여 마닐라로 추방됨.

박 마리나도 마닐라로 추방됨.

군나이 도마가 배교증명서 사건으로 사가에서 추방됨.

볼드리노 신부가 아쿠아비바 총장에게 또 다른 서한을 보내 조선 복음화의 당위성을 주장.

1615년   가이오가 마닐라로에서 나가사키로 되돌아와 도주쿠와 교리 교사로서 활동.

1616년   지안노네 신부, 조선 선교가 자금 부족으로 진행되지 못하고 있다고 한탄.

볼드리노 신부, 아쿠아비바 총장으로부터 조선 선교를 권고하는 답신을 받음.

아쿠아비바 총장이 1615년 1월 21일에 사망함.

1617년   볼드리노 신부, 새 총장 비텔레스치에게 조선의 선교 개시의 의무와 이를 위해 교황으로부터 도움의 정당성에 관해 언급함.

에우제니오 신부, 총장에게 자신이 조선으로 가 선교단을
세우겠다고 청원.

오다 줄리아가 고즈시마 유배를 끝내고 나가사키로 옴.

이코아가 스페인 제독, 도미니코회 관구장 모랄레스 신부
를 통해 오다 줄리아에게 재정적인 도움을 줌 .

1618년 6월   조선 승지의 아들 토마스의 안내로 도미니코회 수사 리바
벨로사와 카누가 조선 입국을 위해 나가사키에 도착.

토마스 혼자 조선으로 귀국.

도미니코회 관구장 모랄레스, 조선으로 입국이 불가능한
것으로 판단, 그의 계획을 포기함.

권 비센테가 북경에서 마카오를 거쳐 나가사키로 돌아옴.

1619년 6월 21일   아리조 베드로와 쇼사쿠 토마스, 오무라에서 순교.

     9월   오다 줄리아 등 나가사키 행정관 앞으로 소환

  11월 18일   조선인 다케야 소자부로 코스메, 나가사키에서 순교.

권 비센테가 예수회에 입회하기 위해 마카오로 돌아감.

조선 전교를 위한 공식적인 책임이 일본 예수회 관구로부
터 중국 부관구로 이관.

스페인 제독 이코아가가 모랄레스 신부를 통해 오다 줄리
아에 도움을 줌.

1620년 2월 12일   조선인 최초 성당인 성 라우렌시오 성당이 파괴됨.

권 비센테가 일본으로 귀환함.

1621년   일본과 마카오 예수회가 계속적인 재정 위기로 인해 조선
의 새로운 전교 사업을 연기.

1622년   오다 줄리아, 오사카에서 극도로 궁핍한 삶을 유지. 예수
회 관구장 파체코가 경제적으로 도움을 줌.

   9월 2일   조선인 선원 구료보예 안드레스가 나가사키에서 순교함.

  9월 10일   나가사키 겐나(元和) 대순교.

코라이 안토니오와 처 마리아, 아들 후안과 페드로 순교.

조선인 순교자 다케야 코스메의 미망인 이네스 순교.

코스메와 이네스의 아들 다케야 프란치스코 순교.

1623년   조선인 안토니오가 투옥된 신자들을 방문한 죄로 투옥됨.

    12월   에도 대순교 때 곤시치 모자 순교.

1624년		1592년 이래 일본에서 수천 명의 조선인들이 개종함. 예수회는 2~3회의 선교단을 조선으로 파견했는데 로드리게스 통사에 의하면 "조선에서는 많은 가톨릭 신자들이 신앙을 지켜가고 있다."고 함.
	9월 4일	조선인 부부 쿠자에몬 시스토와 카타리나, 순교함.
	11월 5일	가이오, 조선의 첫 예수회 수사로서 나가사키에서 순교.
1625년		바티스타 졸라 신부가 조선 선교가 인력 부족으로 시작할 수가 없으나 시간이 지남에 따라 이러한 어려움은 극복될 것이라는 편지를 보냄.
		관구장 프란치스코 파체코를 포함한 일군의 선교사들도 예수회 총장 바텔레스치 앞으로 비슷한 내용의 편지를 보냄.
1626년	6월 20일	권 비센테, 시마바라 감옥에서 예수회에 입회해 두 번째 조선인 예수회 수사가 되었으며 나가사키에서 화형으로 순교. 조선인 2명이 나가사키 법정에 용감하게 맞서 그들의 생명과 신앙을 지킴.
		조선인 도주쿠 마르티노와 가족의 처형이 예정되었으나 그의 용기로 사면됨. 그리스도교 신자가 아닌 몇 명의 조선인이 몇몇 순교자의 사형집행인이 됨.
		무명의 조선인이 시마바라에서 순교함.
1627년	8월 16일	조선인 통사 가스파르 바즈, 부인 마리아와 아들 루카, 아카시 지에몬 카요 그리고 사토 시네몬 토마스가 순교함. 카요의 처 마르타는 고문당한 후 석방됨.
1628년		지안노네 신부가 조선 전교의 시작을 요청하는 편지를 다시 바텔레스치 총장에게 보냄.
		일단의 선교사가 조선으로 들어갔으며 조선에는 일본에서 귀국한 많은 그리스도교 신자가 있다는 확인되지 않은 소문이 있었음.
1629년	8월	나가사키의 조선인 여인 이사벨, 운젠산의 끓는 유황 온천에서 13일간 고문을 받음. 그녀의 한결같은 신앙심에 압도된 집행관들은 만신창이가 된 그녀를 집으로 돌려보냈고 그녀가 배교한 것처럼 꾸몄음. 그녀는 고문받는 동안 신비스러운 은총을 받았다고 말함.

1630년	1월 12일	아마쿠사 시키의 조선인 파울로, 수장(水葬)되어 순교함.
	9월 28일	루이스 하치로가 아우구스티노회 수사가 된 후 오무라에서 순교함.
1631년		포르투갈 예수회 신부인 호안 로드리게스 통사, 중국에서 조선 왕에게 가톨릭 신앙에 관한 많은 서적과 선물을 보냈고 왕은 답신으로 선물과 친서를 보냈음. 청나라의 침공으로 더 이상의 교류는 이루어지지 않았음.
1633년	8월 15일	조선인 후안과 아내 마리아, 나가사키에서 화형으로 순교함.
	8월 17일	요한네 요베에가 도미니코회 수사가 된 후 니시자카에서 순교함.
1636년	5월 25일	박 마리나, 마닐라에서 선종.
1640년		예수회의 조선 선교에 관한 공식 책임이 국외로 추방된 예수회 일본 관구로 이관.
		순찰사 루비노가 3~4명의 예수회 선교사의 조선 파견을 결정함. 그러나 재정난으로 시행을 보류함.
		마카오 출생의 조선 선원 미겔 카르발호가 나가사키에서 포르투갈 사신단의 처형을 목격하고 12명의 동료들과 함께 노 젓는 배로 마카오로 돌아가 소식을 전함.
1642년		마카오의 일본 관구장 가스파르 데 아마랄이 조선 내에서 거점이 발견되었음을 주장. 그러나 아직까지도 그 어떤 신부도 그곳으로 가지 못했음. 만약 조선에서 거점이 확보된다면 조선에서 일본 북쪽으로 건너갈 수 있을 것이며 박해자들을 피할 수 있을 것이라 함.
1643년	3월 20일	조선인 토마스가 캄보디아에서 예수회 간보로 활동함. 일본 잠입 때 잡혀 안토니오 루비노 신부 등 다른 여섯 명과 함께 나가사키에서 순교함.
1784년		이승훈, 북경에서 그라몽 신부로부터 세례를 받음.

일본 전국시대 지도

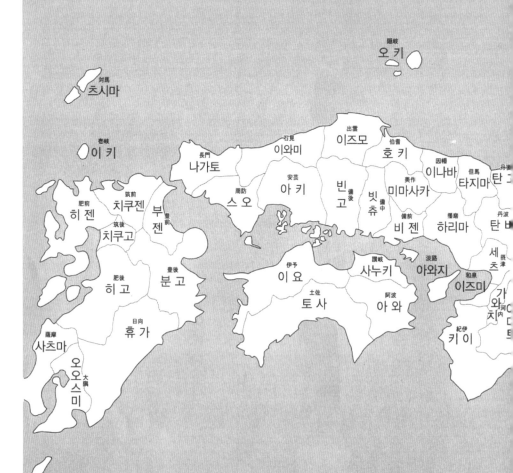

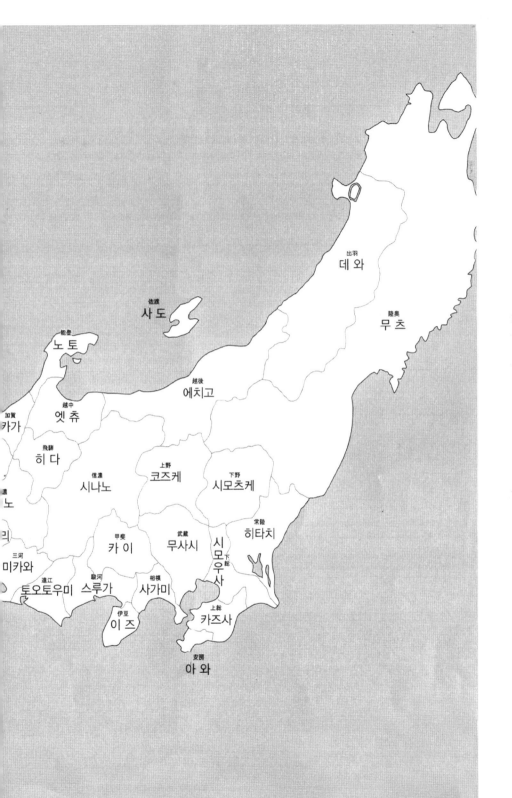

데 와
出羽

무 츠
陸奥

사 도
佐渡

노 토
能登

에치고
越後

엣 츄
越中

카가
加賀

히 다
飛驒

시나노
信濃

코즈케
上野

시모츠케
下野

노

카 이
甲斐

무사시
武藏

히타치
常陸

리

미카와
三河

토오토우미
遠江

스루가
駿河

사가미
相模

시모우사
下総

이 즈
伊豆

카즈사
上総

아 와
安房

국현(國顯) 대조표

사이카이도(西海道)	
치쿠고(筑後)	후쿠오카(福岡)
치쿠젠(筑前)	후쿠오카(福岡)
부젠(豊前)	후쿠오카(福岡)·오이타(大分)
분고(豊後)	오이타(大分)
히젠(肥前)	사가(佐賀)·나가사키(長崎)
히고(肥後)	구마모토(熊本)
휴가(日向)	미야자키(宮岐)
오스미(大隅)	가고시마(鹿兒道)
사쓰마(薩摩)	가고시마(鹿兒道)
쓰시마(對馬)	나가사키(長崎)
이키(壹岐)	나가사키(長崎)

산요도(山陽道)	
하리마(播磨)	효고(兵庫)
미마사카(美作)	오카야마(岡山)
비젠(備前)	오카야마(岡山)
빗츄(備中)	오카야마(岡山)
빈고(備後)	히로시마(廣道)
아키(安藝)	히로시마(廣道)
스오(周防)	야마구치(山口)
나가토(長門)	야마구치(山口)

산인도(山陰道)

단바(丹波)	교토(京道)·효고(兵庫)
단고(丹後)	교토(京道)
다지마(但馬)	효고(兵庫)
이나바(因幡)	돗토리(鳥取)
호키(伯耆)	돗토리(鳥取)
이즈모(出雲)	시마네(島根)
이와미(石見)	시마네(島根)

호쿠리쿠도(北海道)

와카사(若狹)	후쿠이(福井)
에치젠(越前)	후쿠이(福井)
가가(加賀)	이시카와(石川)
노토(能登)	이시카와(石川)
엣츄(越中)	도야마(富山)
에치고(越後)	나가타(新潟)
사도(左渡)	나가타(新潟)

난카이도(南海道)

기이(紀伊)	와카야마(和歌山)·미에(三重)
아와지(淡路)	효고(兵庫)
아와(阿疲)	도쿠시마(德道)
사누키(讚岐)	가가와(香川)
이요(伊豫)	에히메(愛媛)
도사(土佐)	고치(高知)

도산도(東山道)	
오미(近江)	시가(滋賀)
미노(美濃)	기후(崎阜)
히다(飛驒)	기후(崎阜)
시나노(信濃)	나가노(長野)
고즈케(上野)	군마(群馬)
시모즈케(下野)	도치기(栃木)
무쓰(陸奧)	아오모리(靑森)·이와테(岩手)·미야기(宮城)·후쿠시마(福島)
데와(出羽)	아키타(秋田)·야마가타(山形)

도카이도(東海道)	
이가(伊賀)	미에(三重)
이세(伊勢)	미에(三重)
시마(志摩)	미에(三重)
오와리(尾張)	아이치(愛知)
미카와(三河)	아이치(愛知)
도오토미(遠江)	시즈오카(靜岡)
스루가(駿河)	시즈오카(靜岡)
이즈(伊豆)	시즈오카(靜岡)
가이(甲斐)	야마나시(山梨)
사가미(相模)	가나카와(神奈川)

기나이(機内)	
야마시로(山城)	교토(京都)
야마토(大和)	나라(奈良)
가와치(河內)	오사카(大阪)
이즈미(和泉)	오사카(大阪)
셋쓰(攝津)	오사카(大阪)·효고(兵庫)

참고문헌

Cory Ralph M. 『Some notes on father Gregorio de Cespedes, Korea's first European Visitor』 Transactions of the Korea branch of the Royal Asiatic Society, 1937.

Juan Ruiz-de-Medina S. J. 『The Catholic Church in Korea. Its Origins 1566-1784』 English translation by John Bridges S. J. Instituto Storico S. I.- Roma, 1991.

Juan G. Ruiz de Medina S. I. 『Origenes de la Iglesia Catolica Coreana desde 1566 hasta 1784』 Institutum Historicum S. I, 1986.

Stephen Turnbull, Illustrated by Peter Dennis 『Japanese Castles in Korea 1592-98』 Osprey Publishing, 2007.

강재언 지음, 이규수 옮김. 『조선 통신사의 일본견문록』 한길사, 2005.

고노이 다카시(五野井隆史) 지음, 이원순 옮김. 『일본 그리스도교사』 분도출판사, 2008.

구로다 케이이치(黑田慶一). 『한국의 왜성과 임진왜란』 岩田書院, 2004.

기타지마 만지(北島万次) 지음, 김유성·이민웅 옮김. 『도요토미 히데요시의 조선 침략』 경인문화사, 2008.

김문길. 『빼앗긴 문화유산을 찾아서. 임진왜란은 문화전쟁이다』 도서출판 혜안, 1995.

김상근. 『아시아 선교의 개척자 프란치스코 하비에르』 홍성사, 2010.

김수진. 『일본 기독교의 발자취』 한국장로교출판사, 2003.

김양선. 『임진왜란 종군신부 세스뻬데스의 내한 활동과 그 영향』 사학연구 제18호, 한국사학회, 1964.

김옥희·이성일. 『일본 안의 한국인 그리스도교인들』 계성출판사, 1986.

김원중.『근세초 대항해 시대의 마지막 승자는 누구인가?』민음인, 2010.

김윤덕.『우리 땅의 왜성(일본성)을 찾아서…』동영원색인쇄, 2010.

노성환.『임란포로 끌려간 사람들의 이야기』박문사, 2015.

동경대 교양학부 일본사연구실 편, 김현구·이언숙 역.『일본학 총서 1. 일본
사 개설』지영사, 1994.

루이스 프로이스 지음, 강병구 옮김.『포르투갈 신부가 본 임진왜란 초기의
한국.「일본사」내 16세기 한국에 관한 최초의 세부적인 기술』까몽이
스 재단/주한 포르투갈 문화원, 1999.

루이스 프로이스 지음, 정성화·양윤선 옮김.『임진난의 기록. 루이스 프로이
스가 본 임진왜란』살림출판사, 2008.

루이스 프로이스 지음, 이건숙 옮김.『거룩한 불꽃. 26순교성인, 나가사키로
기쁨의 길을 가다』가톨릭 출판사, 2018.

(松田毅一) 가와사키 모모타(川崎桃太) 編訳.『秀吉と文禄の役 フロイス「日
本史」より. '高麗発信'グレゴリーオ·デ·セスペデス師の書簡'』中公新
書, 1989년.

메디나 신부 지음, 박철 옮김.『한국 천주교 전래의 기원 1566-1784』서강대
학교 출판부, 1993.

박덕규.『사명대사 일본탐정기』랜덤하우스코리아, 2010.

박수철 편역.『오다 노부나가와 도요토미 히데요시는 어떤 인물인가 16세기
예수회 선교사 루이스 프로이스의 기록』위더스북, 2017.

박명희, 현혜경, 김충실, 신선희 역주.『어우야담』전통문화연구회, 2001.

박양자.『일본 키리시탄 순교사와 조선인』도서출판 순교의 맥, 2008.

박양자.『일본 순교지, 유적지를 따라보는 한국인의 사적지 1. 오사카와 키리
시탄 2. 교토와 키리시탄』도서출판 순교의 맥, 2012.

박양자.『일본 순교지, 유적지를 따라보는 한국인의 사적지 3. 나가사키와 키
리시탄 오오무라시마바라 아마쿠사』도서출판 순교의 맥, 2014.

박양자.『일본 순교지, 유적지를 따라보는 한국인의 사적지 4. 도쿄와 키리시

탄5. 나고야와 키리시탄』 도서출판 순교의 맥, 2018.

박양자.『일본에서 기리시탄이 되어 순교한 조선인』 순교의 맥, 2016, 214호
1/7

박이정.『임란과 조선포로의 실상』

박철.『예수회 신부 세스뻬데스 -한국 방문 최초 서구인』 서강대학교 출판부,
1987.

박희봉.『천주교순교성지 절두산』 가톨릭출판사, 1994.

백지원.『세계 최강 해군국 조선과 세계 최강 육군국 일본의 격돌. 조일전쟁』
진명출판사, 2009.

법보신문 2018년 12월 26일자 1470호.

부경대학교 해양문화연구소.『조선전기 해양개척과 대마도』 국학자료원, 2007.

부산역사교사모임·양산역사교사모임.『일본 고대사여행 동아시아인의 길을
따라』 너머북스, 2012.

사명당 기념사업회.『사명당과 임란 및 강화교섭 사명당 기념 1·2차 학술회
의 자료집』 삼성기획, 1999.

사지마 야키코(佐島顯子).『임진왜란과 정유재란 크리스천 장병』 누리와 말
씀, 1999 제6권.

샤를르 달래 저, 안응렬·최석우 역주.『한국천주교회사 상』 한국천주교회사
연구소, 1987.

서양자.『16세기 동양 선교와 미테오 리치 신부』 성요셉출판사, 1980.

스기노 사카에(杉野榮).『또 하나의 교토(京都). 교토의 기리시탄 사적을 찾다』
三學出版, 2012.

신동명·최상원·김영동.『역사의 불랙박스 왜성 재발견』 산지니, 2016.

신성순·이근성.『조선통신사』 중앙일보사, 1994.

알베르 주 지음, 박금옥 옮김.『성 프란치스코 하비에르』 성 바오로, 1996.

야마구치 마사유키(山口正之).『耶蘇會士의 朝鮮 俘虜救濟와 교화』 한국 천
주교회사 논문선집 제2집, 한국교회사연구소, 1977, 51~60쪽.

야마지 아이잔(山路愛山) 저, 김소영 역. 『도요토미 히데요시. 일본을 유혹한 남자』 21세기북스, 2012.

엄주일. 『조일전쟁 최후의 전투. 순천 왜성대첩과 충무사』 늘보기획, 2011.

엔도 슈사쿠(遠藤周作) 저, 성옥천 역. 『오따아 줄리아』 홍신문화사, 1973.

연민수. 『일본역사』 도서출판 보고사 5쇄, 2001.

오만, 장원철 역. 『프로이스의 「일본사」를 통해 다시 보는 임진왜란과 도요토미 히데요시』 도서출판 부키, 2003,

오쿠무라 요시타로(奧村芳太郎). 『기리시탄 풍토기(風土記)』 每日新聞社, 昭和 50年.

우라카와 와사부로(浦川 和三郎). 『조선 천주교 선사(先史)』 한국 천주교회사 논문선집 제2집, 한국교회사연구소, 1977, 29~50쪽.

유몽인 지음, 이희준 옮김. 『계서야담·어우야담』 명문당, 1993,

유성룡 지음, 김흥식 옮김. 『지옥의 전쟁 그리고 반성의 기록. 징비록』 서해문집, 2003.

유우키 료고(結城了悟). 『キリシタンになった大名(기리시탄이 된 다이묘)』 聖母文庫, 1999.

유홍렬. 『간추린 한국 천주교회 역사』 성요셉출판사 7판, 1996.

윤인식. 『역사추적 임진왜란. 임진왜란 한국 일본기록 비교』 북랩, 2013.

윤민구. 『한국 천주교회의 기원』 국학자료원, 2003.

이노우에 무네카즈(井上宗和). 『名城을 찾아』 三共구라비아 인쇄주식회사, 昭和 35年.

이만열. 『한국기독교사 특강』 성경읽기사, 1989.

이병도역. 『하멜표류기』 일조각, 1989.

이원순. 『한국 천주교회사-주고 받는 이야기로 된-』 탐구당 7판, 1995.

이원순. 『세스페데스 신부와 라구나 신부. 임진·정유재란 때 조선 땅에 건너왔던 일본 기리시탄 교회의 예수회 신부』 교회와 역사, 2002년 제324호, 19쪽.

이원순.『일본 기리시탄 교회 내의 예수회 조선인 수사와 수련자』교회와 역사, 2002년 제325호, 17쪽.

이원순.『일본 기리시탄 교회의 조선인 박마리나』교회와 역사, 2002년 제326호, 25쪽.

이원순.『일본 기리시탄 교회의 조선인 순교자들』교회와 역사, 2002년 제327호, 12쪽.

이원순『바로알고 현양하자, 오타 줄리아 이야기』교회와 역사, 2002년 제328호, 16쪽.

이원순.『에도 막부 치하의 조선인 기리시탄 후예들』교회와 역사, 2002년 제329호, 9쪽.

이원순.『최석우 신부 수품 50주년 기념 논총 제 1집. 민족사와 교회사 - 한국 천주교회 기원에 대한 검토』한국교회사연구소, 2000.

이종락.『성웅 이순신 그리고 일본성 왜성』선인, 2010.

이채연.『임진왜란 포로 실기 연구』도서출판 박이정, 1995.

이충우.『우리 신앙유산 역사기행』사람과 사람, 2005.

이형석.『임진잔란사 상권·하권』서울대학교출판부, 1967.

일본가톨릭주교협의회 시복시성특별위원회 편/ 가톨릭중앙협의회.『베드로 키베(岐部)와 187 순교자(일본)』가톨릭 신문사, 2008.

임윤석.『일본그리스도교회사 전편 일본 가톨릭사(기리시탄사)』대한예수교 장로회 총회출판국, 2011.

정두희·이경순 엮음.『임진왜란 동아시아 삼국 전쟁』휴머니스트, 2007.

정성화·양윤선.『임진란의 기록들』살림, 2008.

조성을 편역.『아시아의 전제국가들. 명·청대의 아시아』집현전, 1989.

조셉 제네스 지음, 홍성언 옮김.『일본의 천주교 수용사』경희대학교 출판문화원, 2013.

조중화.『다시 쓰는 임진왜란사』학민사, 1996.

조지프 틸렌다 지음, 박병훈 엮음.『예수회 성인전. 예수회 고유미사에서 기넘하는 성인과 복자의 약전』 도서출판 이나시오 영성연구소, 2014.

최남선 지음, 최상진 해제. 『조선의 상식』 두리미디어, 2007.

최병욱. 『중국 근현대 천주교사 연구』 경인문화사, 2020.

최석우. 『한국교회사의 탐구 II: 일본교회의 한국인 순교자들』 한국교회사연 구소, 1991.

최영희. 『교양 국사총서 7. 임진왜란』 세종대왕기념사업회, 1974.

츠루타겐지로(鶴田源次郎). 『日本二十六聖人殉教者畵集』 藤木博英社, 昭和 十五年.

카타노 츠기오(片野次雄) 저, 김택수 역. 『이순신과 히데요시』 광명당, 1992년.

케이넨 저, 나이또오 순뽀, 교주(校注), 신용태 역주. 『임진왜란 종군기-조선 일일기(日日記)』 경서원, 1997.

토리츠료지(鳥津亮二). 『소서행장(小西行長)』 八木書店, 2010.

파리외방전교회 저, 김승욱 역. 『조선 천주교 그 기원과 발전』 살림출판사, 2015.

한국교회사연구소. 『한국천주교회사 1』 분도출판사, 2009.

현승건. 『나가사키의 십자가』 예영커뮤니케이션, 2008.

후데우치 우키코 저, 신영언 편역. 『오타 줄리아』 성바오로, 1996.

히라카와 스케히로(平川祐弘) 지음, 노영희 옮김. 『마테오 리치. 동서문명교 류의 인문학 서사시』 동아시아, 2002.

찾아보기

ㅈ

임진왜란과 조선 그리스도교 전사(前史)

초판 인쇄 | 2021년 9월 09일
초판 발행 | 2021년 9월 16일

지 은 이   박형무
발 행 인   한정희
발 행 처   경인문화사
편   집   김지선 유지혜 박지현 한주연 이다빈
마 케 팅   전병관 하재일 유인순
출판번호   406-1973-000003호
주   소   경기도 파주시 회동길 445-1 경인빌딩 B동 4층
전   화   031-955-9300 팩   스   031-955-9310
홈페이지   www.kyunginp.co.kr
이 메 일   kyungin@kyunginp.co.kr

ISBN 978-89-499-4988-8 03200
값 43,000원